ALL THAT

올댓 형사법 수사·증거

조중환·양건·오상훈

경찰(순경·해경)채용 전용서

동영상강의 pmg.co.kr

기본서 + 기출문제

• 최근 7개년(2015 ~ 2021년) 경찰채용·해경채용 시험 기출문제 + 해설
• 법조문 + 이론 + 기출 한 권으로 총정리
• 개정 형사소송법, 최신판례(2022. 1. 1. 판례공보까지) 완벽 반영

PMG 박문각

ALL THAT
형사법

본 교재는 경찰공무원시험(순경채용, 해경채용)을 준비하는 수험생을 위한 전용 수험서 (기출문제 포함)입니다.

갈수록 지문이 길어지고, 단순 암기로는 쉽게 답을 찾기 어려운 문제가 늘어나는 최근의 출제경향에 맞추어 다음과 같은 점에 중점을 두었습니다.

첫째, 각종 개정법령과 최근 판례(2022년 1월 1일 대법원 판례 공보까지)를 전부 반영하였습니다.

둘째, 순경·해경·경력채용은 물론 경찰승진시험, 경찰간부·해경간부·소방간부시험, 7급 국가직, 9급 법원직, 9급 검찰·마약·교정·보호·철도경찰직 등 각종 기출문제를 빠짐없이 반영하였습니다.

셋째, 법조문, 이론, 판례 사안마다 키워드와 기출표기를 색표기하여 한눈에 내용이 정리되고, 중요도를 파악할 수 있도록 하였습니다.

넷째, 최근 7개년(2015년~2021년) 순경채용 기출문제와 2개년(2020년~2021년) 해경채용 기출문제를 발췌하여 수록하고 풍부한 해설을 달았습니다.

다섯째, 기본적으로 물 흐르듯이 이해 위주로 서술하였으며, 시험에서 틀린 표현으로 나오는 것들을 ×(틀림)로 표기해 두었습니다.

본 교재를 이해 위주로 반복학습하신다면 본 교재 한 권만으로도 고득점으로 합격하는 데 아무런 지장이 없을 것이라 확신합니다.

여러 가지로 모두가 힘든 시기에 무엇보다도 건강에 유의하시고 수험생 여러분의 우수한 성적으로의 조기합격을 간절히 기원합니다.

2022. 1.

조충환, 양건, 오상훈

이 책의 차례

PART 02 ｜ 증 거

ALL THAT

ALL THAT
형사법

수사

Chapter 01 수사 총설

형사소송법이란 형사절차를 규정하는 법률을 말한다. 형사절차는 피고사건의 실체적 진실을 밝히고 이에 형법상 형벌규정을 적용함으로써 형벌권을 실현시키는 과정을 말하며, 수사절차(범인을 발견하고 증거를 수집하기 위한 절차), 공판절차(공소제기한 때부터 재판이 확정되기까지의 절차), 집행절차(확정된 형을 집행하는 절차) 등으로 구성된다. 이하에서는 순경시험(해양경찰 포함) 범위인 수사절차와 증거(사실관계 확인자료)를 중심으로 살펴보기로 한다.

제1절 ┃ 수사의 의의와 구조

1 수사의 의의

(1) 수사의 개념

수사라 함은 형사사건에 관하여 범죄혐의의 유무를 명백히 하여 공소제기 여부 및 공소유지 여부를 결정하기 위하여 범인을 발견·확보하고 증거를 수집·보전하는 수사기관의 활동을 말한다(대판 1999.12.7, 98도3329). 13. 경찰간부, 16·17. 수사경과, 10·16·21. 경찰승진

① 사인의 현행범체포, 법원의 피고인구속 등 ⇨ 수사기관의 활동이 아니므로 수사가 아님.
① 수사는 공소제기 후에도 공소유지를 위하거나 공소유지 여부를 결정하기 위해 허용된다. 95. 경찰승진
① 수사기관의 범죄에 대한 주관적인 혐의로 언제든지 수사에 착수할 수 있다. 98. 경찰승진, 03. 순경
① 개정법에 의하면, 제1차적인 수사개시권은 형사소송법상의 일반사법경찰관이 가지며, 검사는 부패범죄, 경제범죄, 공직자범죄, 선거범죄, 방위사업범죄, 대형참사 등 대통령령으로 정하는 중요범죄와 경찰공무원이 범한 범죄에 한하여 제1차적인 직접수사개시를 할 수 있다(검찰청법 제4조 제1항).

⚖ 관련판례

수사, 즉 범죄혐의의 유무를 명백히 하여 공소를 제기·유지할 것인가의 여부를 결정하기 위하여 범인을 발견·확보하고 증거를 수집·보전하는 수사기관의 활동은 수사 목적을 달성함에 필요한 경우에 한하여 사회통념상 상당하다고 인정되는 방법 등에 의하여 수행되어야 한다(대판 1999.12.7, 98도3329).

💬 수사와 내사의 구별

1. 수사는 범죄혐의가 인정된다고 생각할 때 수사기관이 개시하는 조사활동이라는 점에서 범죄혐의가 확인되지 아니한 단계에서 단순히 혐의 유무만을 조사하는 내사와 구별된다. 내사를 받고 있는 자를 피내사자(용의자)라고 하며, 수사기관의 범죄인지에 의해 피내사자는 피의자가 된다. 수사와 내사는 그 성질을 달리하므로 피의자

는 소송법상의 각종 권리가 인정되지만 피내사자에게는 그러하지 아니하는 등 근본적으로 차이가 있다(피내사자 ⇨ 형사소송법 준용 ×). 14. 순경 1차, 19. 수사경과

① 수사 이전의 단계를 내사라 하며, 형사소송법은 피의자의 권리에 관한 규정 중 일부를 피내사자에게 준용하는 규칙을 두는 방법으로 피내사자의 권리를 보호한다. (×) 20. 경찰승진

① 내사사건의 피혐의자를 수사기관으로 임의동행하여 조사하는 것은 피혐의자의 수사기관 출석조사에 해당하여 수사가 개시된 것으로 간주된다(수사준칙 제16조 제1항).

🔎 관련판례

피의자의 지위에 있지 아니한 자에 대하여는 진술거부권이 고지되지 아니하였더라도 진술의 증거능력을 부정할 것은 아니다(대판 2011.11.10, 2011도8125).

2. 내사와 수사의 구별의 기준에 대하여 형식적인 형사입건(형사사건등재부에 사건번호가 부여되는 때)으로 보는 입장과 실질적으로 범죄혐의가 있다고 보아 그에 대한 조사를 행하는 때로 보는 입장이 있다. 후자의 견해에 의하면 아직 형식적인 형사입건은 되지 아니하였더라도 실질적으로 조사를 행한 경우라면 수사개시로 본다(판례).

🔎 관련판례

1. 검사가 범죄인지서를 작성하여 사건을 수리하는 절차를 거치기 전에 범죄의 혐의가 있다고 보아 수사를 개시하는 행위를 한 때에는 이때에 범죄를 인지한 것으로 보아야 하고, 그 뒤 범죄인지서를 작성하여 사건수리 절차를 밟은 때에 비로소 범죄를 인지하였다고 볼 것이 아니며, 이러한 인지절차가 이루어지기 전에 수사를 하였다는 이유만으로 그 수사가 위법하다고 볼 수는 없고, 그 수사과정에서 작성된 피의자신문조서나 진술조서 등도 인지절차가 이루어지기 전이라는 이유만으로 그 증거능력을 부인할 수 없다(대판 2001.10.26, 2000도2968). 15. 수사경과, 19. 경찰간부, 19·20. 경찰승진, 20. 순경 1차, 21. 7급 국가직

2. 수사기관에 의한 진술거부권 고지의 대상이 되는 피의자의 지위는 수사기관이 범죄인지서를 작성하는 등의 형식적인 사건수리 절차를 거치기 전이라도 조사대상자에 대하여 범죄의 혐의가 있다고 보아 실질적으로 수사를 개시하는 행위를 한 때에 인정된다. 특히 조사대상자의 진술 내용이 단순히 제3자의 범죄에 관한 경우가 아니라 자신과 제3자에게 공동으로 관련된 범죄에 관한 것이거나 제3자의 피의사실뿐만 아니라 자신의 피의사실에 관한 것이기도 하여 실질이 피의자신문조서의 성격을 가지는 경우에 수사기관은 진술을 듣기 전에 미리 진술거부권을 고지하여야 한다(대판 2015.10.29, 2014도5939). 21. 해경 1차

💬 범죄인지

범죄인지라 함은 수사기관이 고소·고발·자수 이외의 원인에 의하여 직접 범죄혐의를 인정하고 수사를 개시하는 것을 말한다(범죄인지 = 수사개시). 범죄인지는 수사기관이 직접 범죄혐의를 인정하고 수사를 개시하는 경우이므로 고소·고발·자수에 의해서 수사를 개시하는 경우는 범죄를 인지하는 경우가 아니다. 검사 또는 사법경찰관은 범죄인지 권한이 있으나 사법경찰리에게는 권한이 없다.
범죄인지의 경우 검사나 사법경찰관은 범죄인지서를 작성(경찰수사규칙 제18조)하여야 한다(종래 : 사법경찰관은 범죄인지보고서 작성). 범죄인지서 작성시가 수사개시는 아니며, 범죄인지는 실무상 용어일 뿐 아니라 법령상 용어이기도 하다.

내사단계와 수사단계의 비교

구 분	내사단계	수사단계
지 위	용의자	피의자
증거보전청구 여부	×	○
재정신청	×	○
헌법소원	×	○
변호인접견교통권	○	○

(2) 수사절차의 특성

공판절차에서는 이미 공소제기를 통하여 피고인과 피고사건이 한정되고 그 절차도 법률에 따라 정형적으로 진행된다. 이에 대하여 수사절차는 대상이나 사건이 다양하고 유동적이므로 공판절차와는 달리 획일적인 절차에 따라 진행할 수 없고 수사활동의 탄력성, 기동성, 임기응변성, 광역성 등이 요청되는 등 합목적적인 활동이 필요하게 된다. 21. 경찰승진

2 수사의 구조

수사구조론이란 형사절차 가운데 수사절차가 차지하는 성격을 분명히 하고 수사절차에서 등장하는 활동주체의 관계를 어떻게 정립시킬 것인가를 규명하는 이론이다.

이러한 수사구조론에는 수사는 수사기관이 피의자를 조사하는 과정이며, 수사기관과 피의자 간의 불평등한 수직관계로 이해하는 견해인 규문적 수사관(영장은 허가장으로서의 성질을 가진다), 수사를 재판의 준비활동으로 이해하는 탄핵적 수사관(법원 중심 수사개념, 영장은 명령장의 성질을 가진다. 95. 7급 검찰), 수사는 기소·불기소의 결정을 목적으로 하는 독자적 절차로서 검사를 종국적 판단자로 하고, 사법경찰관리와 피의자가 당사자로서 대립하는 3면관계를 가진다는 소송적 수사관(수사절차의 독자성을 강조하는 견해로서 피의자는 수사의 객체가 아니라 주체로 봄) 등이 있다.

✔ **Key Point**

- **수사와 내사의 구별기준** : 실질적인 수사개시 여부(판례)
- **수사의 성격** : 합목적성, 임기응변성, 기동성, 광역성, 탄력성
- **규문적 수사관** : 피의자를 조사의 객체로 봄
- **탄핵적 수사관** : 법원 중심 수사개념(영장 ⇨ 명령장)
- **소송적 수사관** : 피의자를 수사의 주체로 봄

제2절 ┃ 수사의 조건

1 의 의

수사의 조건이란 수사절차의 개시와 실행에 필요한 전제조건을 말한다. 일반적으로 요구되는 수사의 조건으로는 수사의 필요성과 상당성을 들 수 있다.

ⓘ 수사의 조건은 수사의 합목적성을 강조하기 위함이 아니고, 인권보장을 위해서이다. 00. 경찰승진

ⓘ 수사의 조건 ⇨ 임의수사와 강제수사에 모두 적용 20. 순경 1차

2 수사의 필요성

수사의 필요성이란 수사는 수사목적을 달성하기 위하여 필요한 때에 할 수 있다는 것을 말하며, 이에는 범죄혐의와 공소제기 가능성을 들 수 있다.

(1) 범죄혐의와 수사

수사를 위해서는 일차적으로 수사기관에 의한 주관적인 범죄혐의가 존재함을 요한다. 주관적 혐의란 구체적 사실에 근거를 둔 혐의(구체적 혐의)여야 하며, 수사가 단순한 추측에 의하는 것처럼 자의적으로 개시되는 것은 허용되지 않는다.

ⓘ 체포, 구속 ⇨ 증거에 의해 뒷받침되는 객관적 혐의 필요

(2) 공소제기의 가능성

① 수사절차는 공판절차를 위한 사전절차라는 측면을 감안할 때, 공소제기의 가능성이 없는 사건은 수사의 필요성이 없다.

② 이와 관련하여 문제되는 것이 친고죄의 고소와 수사와의 관계이다. 친고죄에 있어 고소는 소송조건이므로 고소가 없으면 공소를 제기할 수 없다. 문제는 고소가 없더라도 수사는 개시할 수 있는가이다. 이에 대하여 견해의 대립이 있는바, 고소의 가능성이 있으면 수사를 할 수 있다는 견해(제한적 허용설)가 다수설·판례의 태도이다. 10. 경찰승진, 13. 경찰간부

ⓘ 고소의 가능성이 있을 때의 수사 ⇨ 임의수사는 물론 강제수사도 허용된다(다수설).

🔎 관련판례

1. 친고죄나 세무공무원 등의 고발이 있어야 논할 수 있는 죄(즉시고발사건)에 있어서 고소 또는 고발은 이른바 소추조건에 불과하고 당해 범죄의 성립요건이나 수사의 조건은 아니므로, 고소나 고발이 있기 전에 수사를 하였다는 이유만으로 그 수사가 위법하다고 볼 수 없다(대판 1995.2.24, 94도252). 10. 순경·7급 국가직, 10·16. 경찰승진, 18·21. 수사경과

2. 세무공무원의 고발은 공소제기의 요건이고 수사개시의 요건은 아니므로 수사기관이 고발에 앞서 수사를 하고 피고인에 대한 구속영장을 발부받은 후 검찰의 요청에 따라 세무서장이 고발조치를 하였다고 하더라도 공소제기 전에 고발이 있은 이상 공소제기의 절차가 무효라고 할 수 없다(대판 1995.3.10, 94도3373). 10. 경찰승진

3 수사의 상당성

수사의 상당성은 수사개시의 상당성과 수사방법의 상당성으로 구분할 수 있다.

(1) 개시의 상당성

수사개시의 상당성은 범죄인지의 상당성을 의미하므로 범죄로 인한 피해가 극히 경미한 사건에 대해서 범죄인지를 하는 것은 범죄인지권의 남용으로 상당한 수사라고 볼 수 없다.

ⓘ 극히 경미사건에 대한 범죄인지 ⇨ 수사개시의 상당성이 없다.

(2) 방법의 상당성

수사방법의 상당성이라 함은 수사방법이 사회통념상 상당하다고 인정되는 것을 말하며 구체적인 내용으로 수사비례의 원칙과 신의칙을 들 수 있다.

① **수사비례의 원칙** : 수사는 그 목적달성을 위해 필요한 최소한에 그쳐야 하며 수사결과 얻어지는 이익과 수사에 의한 법익침해가 부당하게 균형을 잃을 때는 수사의 방법으로 허용되어서는 안 된다는 것을 수사비례의 원칙이라 한다(**예** 여자에 대한 전라수색, 경미사건 피의자구속). 따라서 임의수사라도 상당한 범위 내에서만 가능하며, 강제수사는 법률의 규정이 있는 경우에 한하여 예외적으로만 그리고 가장 경미한 수단을 통하여 이루어져야 한다. 수사기관의 범인식별 절차, 운전자에 대한 혈중알코올농도 측정에 대해서도 수사의 상당성은 존중되어야 한다.

㉠ **범인식별 절차** : 범인식별절차에서 용의자 한 사람을 단독으로 목격자와 대질시키거나 용의자 사진 한 장만을 목격자에게 제시하여 범인 여부를 확인하게 하는 것은 수사의 상당성이 의심된다. 이와 같이 상당성이 결여된 범인식별 절차에서의 목격자 진술은 그 신빙성이 낮다. 범죄식별절차에 있어 목격자의 진술의 신빙성을 높게 하기 위해서는 ⓐ 목격자의 진술 또는 묘사를 사전에 상세히 기록화한 다음, ⓑ 여러 사람을 동시에 목격자와 대면하게 한 후 범인을 지목하게 하여야 하고, ⓒ 상호 사전접촉을 못하도록 하여야 하며, ⓓ 대질과정·결과를 서면화하는 등의 조치를 취하여야 한다(대판 2008.1.17, 2007도5201). 10. 경찰승진, 17·21. 경찰간부 그러나 범죄발생 직후 목격자에 의한 생생하고 정확한 식별가능성이 열려 있고, 범죄의 신속한 해결을 위한 해결의 필요성이 인정된 경우에는 목격자의 일대일 대면도 허용된다(대판 2009.6.11, 2008도12111).

ⓘ 범인식별 절차와 관련하여, 용의자 한 사람을 단독으로 목격자와 대질시키거나 용의자의 사진 한 장만을 목격자에게 제시하여 범인 여부를 확인하게 하는 것은 부가적인 사정이 없는 한 그 신빙성이 높다고 보아야 한다. (×) 15. 순경 2차, 17. 경찰간부

ⓘ 강간피해자가 수사기관이 제시한 47명의 사진 속에서 피고인을 범인으로 지목하자 이어진 범인식별 절차에서 수사기관이 피해자에게 피고인만을 촬영한 동영상을 보여주거나 피고인만을 직접 보여주어 피해자로부터 범인이 맞다는 진술을 받고, 다시 피고인을 포함한 3명을 동시에 피해자에게 대면시켜 피고인이 범인이라는 확인을 받은 경우, 위 피해자의 진술은 그 신빙성이 낮다. (○) 10. 경찰승진

ⓘ 피해자가 경찰관과 함께 범행 현장에서 범인을 추적하다 골목길에서 범인을 놓친 직후 골목길에 면한 집을 탐문하여 용의자를 확정한 경우, 예외적으로 그 현장에서 용의자와 피해자의 일대일 대면이 허용된다(대판 2009.6.11, 2008도12111). 10. 경찰승진, 17. 경찰간부, 19. 수사경과

ⓘ 야간에 짧은 시간동안 강도의 범행을 당한 피해자가 어떤 용의자의 인상착의 등에 의하여 그를 범인으로 진술하는 경우에 피해자가 범행 전에 용의자를 한번도 본 일이 없고 피해자의 진술 외에는 그 용의자를 범인으로 의심할 만한 객관적인 사항이 존재하지 않는 상태에서, 수사기관이 잘못된 단서에 의하여 범인으로 지목하고 그 신변을 확보한 피의자를 일대일로 대면하고 그가 범인임을 확인한 것이라면, 위 피해자의 진술은 그 신빙성이 낮다(대판 2001.2.9, 2000도4946). 19. 수사경과

ⓒ **음주측정** : 혈중 알콜농도의 측정에도 수사의 상당성은 존중되어야 한다. 호흡측정기에 의한 음주측정은 운전자가 호흡측정기에 숨을 세게 불어넣는 방식으로 행하여지는 것으로 운전자의 자발적인 협조가 필수적이다. 따라서 주취운전 혐의자에게 영장 없는 음주측정에 응할 의무를 지우고 이에 불응한 사람을 처벌한다고 하더라도 영장주의에 위배되지 아니한다.

🔎 관련판례

[음주측정 관련]

ⓘ 도로교통법 개정으로 인하여 2019.6.25.부터 음주운전 단속기준이 현행 혈중 알콜농도 0.05%에서 0.03%로 강화되었다. 이에 따라 혈중 알콜농도 0.05%와 관련한 종전 판례의 내용도 현행법에 맞도록 조정이 있으리라고 본다. 다만, 법률이 개정된 관계로 출제하기에 부적절한 판례도 간혹 시험에 출제되는 경우가 있기 때문에 당분간은 개정된 내용을 숙지하면서 종전 판례까지도 그대로 정리할 필요는 있을 것이다.

● **측정이 위법 ○**

1. 위법한 강제연행 상태에서 호흡측정 방법에 의한 음주측정을 한 다음 강제연행 상태로부터 시간적·장소적으로 단절되었다고 볼 수도 없고 피의자의 심적 상태 또한 강제연행 상태로부터 완전히 벗어났다고 볼 수 없는 상황에서 피의자가 호흡측정 결과에 대한 탄핵을 하기 위하여 스스로 혈액채취 방법에 의한 측정을 할 것을 요구하여 혈액채취가 이루어졌다고 하더라도 그러한 혈액채취에 의한 측정 결과 역시 유죄인정의 증거로 쓸 수 없다(피고인이나 변호인이 이를 증거로 함에 동의한 경우에도 동일 : 대판 2013.3.14, 2010도2094). 14. 변호사시험, 16. 경찰간부·9급 교정·보호·철도경찰, 17·18. 경찰승진, 19. 수사경과

2. 음주측정을 위하여 당해 운전자를 강제로 연행하기 위해서는 수사상의 강제처분에 관한 형사소송법상의 절차에 따라야 하고, 이러한 절차를 무시한 채 이루어진 강제연행은 위법한 체포에 해당한다. 이와 같은 위법한 체포 상태에서 음주측정요구가 이루어진 경우, 운전자가 주취운전을 하였다고 인정할 만한 상당한 이유가 있다 하더라도 위법한 음주측정요구에 해당하므로 음주측정불응죄로 처벌할 수 없다(대판 2006.11.9, 2004도8404).

ⓘ 도로교통법상 음주측정에 관한 규정들을 근거로 음주운전을 하였다고 인정할 만한 상당한 이유가 있는 자에 대하여 경찰관서에 강제연행하여 음주측정을 요구할 수 있다. (×) 15. 순경 2차

3. 甲은 저녁을 먹으면서 술을 마신 뒤 빌라 주차장에 주차되어 있던 甲의 차량을 그대로 둔 채 귀가하였다. 다음날 아침에 공사를 할 수 없다며 차량을 이동시켜 달라는 취지의 신고전화를 하였고, 이에 경찰관은 차량을 이동할 것을 요구하는 전화를 하였다. 甲은 위 빌라 주차장에 도착하여 술 냄새가

나고 눈이 빨갛게 충혈 되어 있는 상태에서 차량을 약 2m 가량 운전하여 이동·주차하였으나, 누군가 피고인이 음주운전을 하였다고 신고를 하여 경찰관은 다시 현장에 출동하였고, 음주감지기에 의한 확인을 요구하였으나 '이만큼 차량을 뺀 것이 무슨 음주운전이 되느냐.'며 응하지 아니하였고, 임의동 행도 거부하였다. 이에 경찰관은 甲을 음주운전죄의 현행범으로 체포하여 위 지구대로 데리고 가 음주측정을 요구한 경우, 사안이 경미하고, 도망하거나 증거를 인멸하였다고 단정하기 어려워 甲을 현행범으로 체포한 것은 위법하고, 그와 같이 위법한 체포상태에서 이루어진 음주측정요구 또한 위법 하다고 보지 않을 수 없다(대판 2017.4.7, 2016도19907).

4. 동행하기를 거절하는 피고인의 팔을 잡아끌고 교통조사계로 데리고 간 것은 위법한 강제연행에 해당 하므로, 교통조사계에서의 음주측정요구 역시 위법하다고 할 것이어서, 피고인이 그와 같은 음주측정요 구에 불응하였다고 하여 음주측정불응죄로 처벌할 수는 없다(대판 2015.12.24, 2013도8481).

5. 음주종료 후 4시간 정도 지난 시점에서 물로 입 안을 헹구지 아니한 채 호흡측정기로 측정한 혈중알 코올농도 수치가 0.05%로 나타난 사안에서, 위 증거만으로는 피고인이 혈중알코올농도 0.05% 이상 의 술에 취한 상태에서 자동차를 운전하였다고 인정하기 부족하다(대판 2010.6.24, 2009도1856).

6. 음주운전을 종료한 후 40분 이상이 경과한 시점에서 길가에 앉아 있던 운전자를 술냄새가 난다는 점만을 근거로 음주운전의 현행범으로 체포한 것은 적법한 공무집행으로 볼 수 없다(대판 2007.4.13, 2007도1249). 19. 경찰승진

7. 물로 입 안을 헹굴 기회를 달라는 피고인의 요구를 무시한 채 호흡측정기로 측정한 혈중알코올농도 수치가 0.05%로 나타난 사안에서, 피고인이 당시 혈중알코올농도 0.05% 이상의 술에 취한 상태에서 운전하였다고 단정할 수 없다(대판 2006.11.23, 2005도7034).

8. 피고인에 대한 음주측정시 구강 내 잔류 알코올 등으로 인한 과다측정을 방지하게 하기 위한 조치를 전혀 취하지 않았고, 1개의 불대만으로 연속적으로 측정한 점 등의 사정에 비추어, 혈중알코올농도 측정치가 0.058%로 나왔다는 사실만으로는 피고인이 음주운전의 법정 최저기준치인 혈중알코올농 도 0.05% 이상의 상태에서 자동차를 운전하였다고 단정할 수 없다(대판 2006.5.26, 2005도7528).

● **측정이 위법 ×**

1. 경찰관이 음주운전 단속시 운전자의 요구에 따라 곧바로 채혈을 실시하지 않은 채 호흡측정기에 의한 음주측정을 하고 1시간 12분이 경과한 후에야 채혈을 하였다는 사정만으로는 법령에 위배되지 아니한다(대판 2008.4.24, 2006다32132). 11. 순경, 14. 경찰승진, 18. 수사경과

2. 음주운전을 목격한 피해자가 있는 상황에서 경찰관이 음주운전 종료시부터 약 2시간 후, 집에 있던 피고인을 임의동행하여 음주측정을 요구하였고, 음주측정 요구 당시에도 피고인은 상당히 술에 취한 것으로 보이는 상황이었다면 그 음주측정 요구는 적법하다(대판 1997.6.13, 96도3069). 10·14·17. 경찰승진

3. 경찰관이 술에 취한 상태에서 자동차를 운전한 것으로 보이는 피고인을 경찰관직무집행법 제4조 제1항에 따른 보호조치 대상자로 보아 경찰서 지구대로 데려온 직후 3회에 걸쳐 음주측정을 요구한 것은 적법한 음주측정요구에 해당한다(대판 2012.2.9, 2011도4328). 15. 순경 2차

4. 음주측정은 당사자의 자발적 협조가 필수적인 것이므로 영장을 필요로 하는 강제처분이라 할 수 없다. 따라서 주취운전의 혐의자에게 영장 없는 음주측정에 응할 의무를 지우고 이에 불응한 사람을 처벌한다고 하더라도 헌법 제12조 제3항에 규정된 영장주의에 위배되지 아니한다(헌재결 1997.3.27, 96헌가11). 15. 순경 2차

5. 운전자가 주취운전을 하였다고 인정할 만한 상당한 이유가 있다 하더라도 그 운전자에게 경찰공무원의 위법한 음주측정요구에 대해서까지 그에 응할 의무가 있다고 보아 이를 강제하는 것은 부당하므로 그에 불응하였다고 하여 음주측정 거부에 관한 도로교통법 위반죄로 처벌할 수 없다(대판 2006.11.9, 2004도8404). 10. 경찰승진

6. 운전자의 자발적인 동의를 얻어 혈액 채취에 의한 측정의 방법으로 다시 음주측정을 하는 것을 위법하다고 볼 수는 없다. 운전자의 혈액 채취에 대한 동의의 임의성을 담보하기 위하여는 운전자의 자발적인 의사에 의하여 혈액 채취가 이루어졌다는 것이 객관적인 사정에 의하여 명백한 경우에 한하여 혈액 채취에 의한 측정의 적법성이 인정된다(대판 2015.7.9, 2014도16051).

7. 피고인이 술냄새가 나고, 혈색이 붉으며, 말을 할 때 혀가 심하게 꼬이고 비틀거리며 걷는 등 술에 취한 것으로 보이자 피고인을 경찰관직무집행법 제4조 제1항에 따른 보호조치 대상자로 보아 순찰차 뒷자리에 태운 뒤 경찰서지구대로 데려왔으며, 경찰관들은 피고인이 지구대에 도착한 직후인 2009. 11. 3. 00 : 47부터 같은 날 01 : 09까지 피고인에게 3회에 걸쳐 음주측정을 요구한 것은 도로교통법 제44조 제2항에 따른 것이라고 할 것이므로, 그러한 음주측정 요구에 불응한 피고인의 행위는, 음주측정불응죄에 해당한다(대판 2012.2.9, 2011도4328). 20. 수사경과

  ▶ **비교판례** : 화물차 운전자인 피고인이 경찰의 음주단속에 불응하고 도주하였다가 다른 차량에 막혀 더 이상 진행하지 못하게 되자 운전석에서 내려 다시 도주하려다 경찰관에게 지구대로 보호조치된 후 음주측정요구에 불응하고 경찰관을 상해한 경우, 술에 만취하여 정상적인 판단능력이나 의사능력을 상실할 정도에 있었다고 보기 어려운 점, 당시 상황에 비추어 평균적인 경찰관으로서는 보호조치를 필요로 하는 상태에 있었다고 판단하지 않았을 것으로 보이는 점, 경찰관이 보호조치를 하고자 하였다면, 당시 옆에 있었던 피고인 처에게 피고인을 인계하였어야 하는데도, 피고인 처의 의사에 반하여 지구대로 데려간 점 등 제반 사정을 종합할 때 피고인을 지구대로 데려간 행위를 적법한 보호조치라고 할 수 없고, 그와 같이 위법한 체포 상태에서 이루어진 음주측정요구에 불응하였다고 하더라도 음주측정거부나 공무집행방해죄로 처벌할 수 없다(다만, 상해죄 처벌은 가능)(대판 2012.12.13, 2012도11162).

  ⓘ 경찰관직무집행법 제4조 제1항 제1호의 보호조치요건이 갖추어지지 않았음에도, 경찰관이 실제로는 범죄수사를 목적으로 피의자에 해당하는 사람을 이 사건 조항의 피구호자로 삼아 그의 의사에 반하여 경찰서에 데려간 행위는 현행범체포나 임의동행 등의 적법요건을 갖추었다고 볼 사정이 없다면 위법한 체포에 해당한다. (○) 16. 경찰간부, 17. 순경 2차

8. 운전자가 경찰공무원에 대하여 호흡측정기에 의한 측정결과에 불복하고 혈액채취의 방법에 의한 측정을 요구할 수 있는 것은 경찰공무원이 운전자에게 호흡측정의 결과를 제시하여 확인을 구하는 때로부터 상당한 정도(30분)로 근접한 시점에 한정된다 할 것이고(음주측정 불응에 따른 불이익을 10분 간격으로 3회 이상 명확히 고지하고 최초 측정요구시로부터 30분이 경과한 때에 측정거부로 처리) 운전자가 정당한 이유 없이 그 확인을 거부하면서 상당한 시간이 경과한 후에야 호흡측정 결과에 이의를 제기하면서 혈액채취의 방법에 의한 측정을 요구하는 경우에는 이를 정당한 요구라고 할 수 없으므로, 이와 같은 경우에는 경찰공무원이 혈액채취의 방법에 의한 측정을 실시하지 않았다고 하더라도 호흡측정기에 의한 측정의 결과만으로 음주운전 사실을 증명할 수 있다(대판 2002.3.15, 2001도7121).

● 기 타

1. 음주운전과 관련한 도로교통법 위반죄의 범죄수사를 위하여 미성년자인 피의자의 혈액채취가 필요한 경우에도 피의자에게 의사능력이 있다면 피의자 본인만이 혈액채취에 관한 유효한 동의를 할 수 있고, 피의자에게 의사능력이 없는 경우에도 명문의 규정이 없는 이상 법정대리인이 피의자를 대리하여 동의할 수는 없다(대판 2014.11.13, 2013도1228). 16. 경찰간부, 17. 경찰승진, 18. 순경 3차, 20. 9급 법원직, 21. 순경 2차

  ⚠ 음주운전과 관련한 도로교통법 위반죄의 범죄수사를 위하여 미성년자인 피의자의 혈액채취가 필요한 경우에 피의자 의사능력 유무와 관계없이 미성년자인 피의자를 대리하여 채혈에 관해 동의할 수 있다. (×)

2. 호흡측정기에 의한 음주측정을 요구하기 전에 사용되는 음주감지기 시험에서 음주반응이 나왔다고 할지라도 그것만으로 바로 운전자가 혈중알코올농도 0.05% 이상의 술에 취한 상태에 있다고 인정할 만한 상당한 이유가 있다고 볼 수는 없고, 거기에다가 운전자의 외관·태도·운전행태 등의 객관적 사정을 종합하여 술에 취한 상태에 있다고 인정할 만한 상당한 이유가 있는지 여부를 판단하여야 한다(대판 2003.1.24, 2002도6632). 14. 경찰승진

3. 운전자의 신체 이상 등의 사유로 호흡측정기에 의한 측정이 불가능 내지 심히 곤란하거나 운전자가 처음부터 호흡측정기에 의한 측정의 방법을 불신하면서 혈액채취에 의한 측정을 요구하는 경우 등에는 호흡측정기에 의한 측정의 절차를 생략하고 바로 혈액채취에 의한 측정으로 나아가야 할 것이고, 이와 같은 경우라면 호흡측정기에 의한 측정에 불응한 행위를 음주측정 불응으로 볼 수 없다. 한편, 특별한 이유 없이 호흡측정기에 의한 측정에 불응하는 운전자에게 경찰공무원이 혈액채취에 의한 측정방법이 있음을 고지하고 그 선택 여부를 물어야 할 의무가 있다고는 할 수 없다(대판 2002.10.25, 2002도4220). 14. 경찰승진, 18. 순경 2차

4. 호흡측정기에 의한 음주측정치와 혈액검사에 의한 음주측정치가 다른 경우에 혈액검사에 의한 음주측정치가 호흡측정기에 의한 음주측정치보다 측정 당시의 혈중알코올농도에 더 근접한 음주측정치라고 보는 것이 경험칙에 부합한다(대판 2004.2.13, 2003도6905). 11. 순경, 18. 순경 2차

5. 위드마크 공식을 사용하여 수학적 방법에 따른 결과로 운전 당시의 혈중알코올농도를 추정할 수 있고, 이때 운전시점의 혈중알코올농도를 추정함에 있어서는, 피검사자의 평소 음주정도, 체질, 음주 속도, 음주 후 신체활동의 정도 등 다양한 요소들이 시간당 혈중알코올의 감소치에 영향을 미칠 수 있으나 그 시간당 감소치는 대체로 0.03%에서 0.008% 사이라는 것은 이미 알려진 신빙성 있는 통계자료에 의하여 인정되는바, 위와 같은 역추산 방식에 의하여 운전시점 이후의 혈중알코올분해량을 가산함에 있어서 시간당 0.008%는 피고인에게 가장 유리한 수치이므로 특별한 사정이 없는 한 이 수치를 적용하여 산출된 결과는 운전 당시의 혈중알코올농도를 증명하는 자료로서 증명력이 충분하다(대판 2001.8.21, 2001도2823). 10. 경찰승진, 16. 수사경과

6. 경찰공무원이 운전자에게 음주 여부를 확인하기 위하여 음주측정기에 의한 측정의 전 단계에 실시되는 음주감지기에 의한 시험을 요구하는 경우, 음주감지기에 의한 시험을 거부한 행위도 음주측정기에 의한 측정에 응할 의사가 없음을 객관적으로 명백하게 나타낸 것으로 볼 수 있다(대판 2017.6.8, 2016도16121). – 따라서 음주감지기 시험 거부는 음주측정불응죄에 해당한다. 18. 순경 2차

7. 경찰공무원이 음주감지기에 의한 시험을 요구하였을 당시 피고인은 이미 운전을 종료한 지 약 2시간이 경과하였던 점, 피고인은 자신의 차량을 운전하여 이 사건 현장에 도착한 이후 일행들과 40분 이상 편의점 앞 탁자에 앉아 있었고 그 위에는 술병들이 놓여 있었으므로, 피고인이 운전을 마친

이후 이 사건 현장에서 비로소 술을 마셨을 가능성도 없지 않았던 점 등을 종합적으로 고려하여 보면, 피고인이 술에 취한 상태에서 자동차를 운전하였다고 인정할 만한 상당한 이유가 있다고 하기에 부족하다(대판 2017.6.8, 2016도16121). – 이 경우처럼 술에 취한 상태에서 자동차를 운전하였다고 인정할 만한 상당한 이유가 없으면 음주감지기 시험 거부는 음주측정불응죄에 해당하지 아니한다.

8. 음주측정불응죄에서 말하는 '경찰공무원의 측정에 응하지 아니한 경우'라 함은 전체적인 사건의 경과에 비추어 술에 취한 상태에 있다고 인정할 만한 상당한 이유가 있는 운전자가 음주측정에 응할 의사가 없음이 객관적으로 명백하다고 인정되는 때를 의미하는 것으로 봄이 타당하고, 그러한 운전자가 경찰공무원의 1차 측정에만 불응하였을 뿐 곧이어 이어진 2차 측정에 응한 경우와 같이 측정거부가 일시적인 것에 불과한 경우까지 음주측정불응죄가 성립한다고 볼 것은 아니다(대판 2015.12.14, 2013도8481).

9. "비록 운전시점과 혈중알코올농도의 측정 시점 사이에 시간 간격이 있고 그때가 혈중알코올농도의 상승기로 보이는 경우라 하더라도, 그러한 사정만으로 무조건 실제 운전 시점의 혈중알코올농도가 처벌기준치를 초과한다는 점에 대한 입증이 불가능하다고 볼 수는 없다." 이러한 경우 운전 당시에도 처벌기준치 이상이었다고 볼 수 있는지 여부는 운전과 측정 사이의 시간 간격, 측정된 혈중알코올농도의 수치와 처벌기준치의 차이, 음주량과 운전자의 행동 양상 등 증거에 의해 인정되는 여러 사정을 종합적으로 고려해 합리적으로 판단해야 한다(대판 2013.10.24, 2013도6285).

10. 음주측정불응죄에 있어서 경찰공무원의 측정은 같은 법 제44조 제2항의 호흡조사에 의한 측정만을 의미하는 것으로서 같은 법 제44조 제3항의 혈액채취에 의한 측정을 포함하는 것으로 볼 수 없음은 법문상 명백하다. 따라서, 신체 이상 등의 사유로 인하여 호흡조사에 의한 측정에 응할 수 없는 운전자가 혈액채취에 의한 측정을 거부하거나 이를 불가능하게 하였다고 하더라도 이를 들어 음주측정에 불응한 것으로 볼 수는 없다(대판 2010.7.15, 2010도2935).

11. 음주측정불응죄가 성립하기 위하여는 음주측정 요구 당시 운전자가 반드시 음주운전죄로 처벌되는 음주수치인 혈중알코올농도 0.05% 이상의 상태에 있어야 하는 것은 아니고 혈중알코올농도 0.05% 이상의 상태에 있다고 인정할 만한 상당한 이유가 있으면 되는 것이고, 나아가 술에 취한 상태에 있다고 인정할 만한 상당한 이유가 있는지 여부는 음주측정 요구 당시 개별 운전자마다 그의 외관·태도·운전 행태 등 객관적 사정을 종합하여 판단하여야 한다(대판 2004.10.15, 2004도4789).

12. 경찰공무원의 음주측정 요구에 응하지 아니한 이상 그 후 피고인이 스스로 경찰공무원에게 혈액채취의 방법에 의한 음주측정을 요구하였다 하더라도 음주측정불응죄의 성립에 영향이 없으며, 그 혈액채취에 의한 음주측정 결과 음주운전으로 처벌할 수 없는 혈중알코올농도 수치가 나왔다고 하여 음주측정 불응 당시 피고인이 혈중알코올농도 0.05% 이상의 술에 취한 상태에 있다고 인정할 만한 상당한 이유가 없었다고 볼 수는 없다(대판 2004.10.15, 2004도4789). 18. 순경 2차

13. 호흡측정기에 의한 음주측정을 요구하기 전에 사용되는 음주감지기 시험결과 음주반응이 나온 점, 음주측정을 요구받을 당시 피고인에게서 술 냄새가 났고, 혈색이 붉은 색을 띠고 있었으며, 걸음걸이 등 보행상태가 약간 흔들거렸던 점, 음주측정을 요구받은 피고인이 군인신분증을 보여주면서 자신은 군인이니 좀 봐주면 안 되겠냐고 부탁한 점 등을 종합해 볼 때, 음주측정 요구를 받을 당시 술에 취한 상태에 있다고 인정할만한 상당한 이유가 있다고 판단되므로 음주측정요구에 불응한 경우 음주측정불응죄가 인정된다(대판 2004.10.15, 2004도4789).

14. 약 21분간 불대에 입을 대고 부는 시늉만 하면서 입을 떼버리는 것을 반복하여 호흡측정기에 음주측정 수치가 나타나지 아니하도록 한 행위는 음주측정 불응의 죄에 해당한다(대판 2002.10.25, 2002도4220).

② **수사의 신의칙**

　㉠ **의의** : 범죄의 혐의를 밝히기 위해 사술을 사용하거나 피의자를 곤궁·궁박상태에 빠뜨리는 방법은 사용해서는 안 된다는 것을 수사의 신의칙이라 한다. 이와 관련하여 수사기관이 함정수사의 방법으로 수사를 행하는 것이 수사의 상당성에 부합하는가 하는 문제가 생긴다.

　㉡ **함정수사**

　　ⓐ 함정수사란 수사기관이 신분을 숨기고 범죄를 교사한 후 범죄의 실행을 기다렸다가 범인을 체포하는 수사방법을 말한다.

　　ⓑ 함정수사는 기회제공형 함정수사(이미 범의를 가지고 있는 자에 대하여 범죄로 나아갈 기회를 제공하는 데 그치는 경우)와 범죄유발형 함정수사(전혀 범의가 없는 자에게 범의를 유발케 하는 경우)로 구분하는 것이 일반적이나, 판례는 후자의 경우를 함정수사로 본다. 범죄유발형 함정수사에 의해 공소가 제기된 경우 법원은 어떠한 재판을 할 것인가에 견해의 대립이 있으나, 판례와 다수설은 공소제기가 무효인 경우에 해당하므로 공소기각판결을 하여야 한다는 입장이다. 14·15·16·18·20. 수사경과

　　ⓒ 기회제공형의 경우는 수사의 상당성이 인정되어 적법하다는 점에 이론이 없다(따라서 피교사자 처벌 가능).

　　ⓓ 범죄유발형 함정수사의 경우 신의칙에 반하므로 위법하다는 입장이 판례·다수설이다.

　　ⓔ 범죄유발형 함정수사는 수사기관(또는 수사기관과 밀접한 관련을 맺는 자)의 적극적인 유인·기망이 있어야 한다(수사기관과 직접 관련이 없는 자가 범행을 교사하는 경우 ⇨ 함정수사 ×).

　　ⓕ 비록 위법수사가 있더라도 공소제기 절차는 유효하므로(그 위법수사에 의해 수집한 증거를 배제할 이유는 될 지언정) 실체재판을 하여야 하나(대판 1996.5.14, 96도561), 함정수사의 경우는 예외적으로 공소제기 자체를 무효로 보아 공소기각판결로 종결하여야 한다는 것이 판례의 입장(대판 2005.10.28, 2005도1247)임에 주의

　　ⓖ 위법한 함정수사의 경우는 무죄판결을 하여야 한다. (×) 10. 9급 국가직, 11·16. 경찰승진, 14. 순경 1차, 15. 순경 2차, 15·16·20. 수사경과·해경

🔖 관련판례

1. 범의를 가지지 아니한 자에 대하여 수사기관이 사술이나 계략 등을 써서 범의를 유발케 하여 범죄인을 검거하는 함정수사는 위법함을 면할 수 없고, 이러한 함정수사에 기한 공소제기는 그 절차가 법률의 규정에 위반하여 무효인 때에 해당한다고 볼 것이다(대판 2005.10.28, 2005도1247). ∴ 공소기각판결 10·11·16. 순경 2차, 12·14·15·17. 경찰승진, 17. 변호사시험·해경간부, 14·18. 경찰간부, 16·18. 9급 검찰·마약수사, 17·18. 수사경과, 16·18·20. 9급 교정·보호·철도경찰

2. 범의를 가진 자에 대하여 범행의 기회를 주거나 범행을 용이하게 한 것에 불과한 경우에는 함정수사라고 말할 수 없다(대판 1992.10.27, 92도1377). 11. 순경, 15. 경찰승진, 16. 순경 2차·수사경과, 17. 경찰간부

3. 구체적인 사건에 있어서 위법한 함정수사에 해당하는지 여부는 해당 범죄의 종류와 성질, 유인자의 지위와 역할, 유인의 경위와 방법, 유인에 따른 피유인자의 반응, 피유인자의 처벌 전력 및 유인행위 자체의 위법성 등을 종합하여 판단하여야 한다(대판 2008.7.24, 2008도2794).

관련판례

[함정수사]

● 함정수사에 해당 ○

1. 경찰관들이 노래방의 도우미 알선 영업 단속 실적을 올리기 위하여 그에 대한 제보나 첩보가 없는데도 손님을 가장하고 들어가 도우미를 불러낸 경우 수사기관이 사술이나 계략 등을 써서 피고인의 범의를 유발케 한 것으로서 위법한 함정수사에 해당한다(대판 2008.10.23, 2008도7362). 15. 순경 2차, 16. 경찰승진·경찰간부·7급 국가직, 17. 변호사시험, 18. 9급 검찰·마약·교정·보호·철도경찰, 16·18·20. 수사경과, 20. 해경

2. 수사기관과 직접 관련이 있는 유인자가 피유인자와의 개인적인 친밀관계를 이용하여 피유인자의 동정심이나 감정에 호소하거나, 금전적·심리적 압박이나 위협 등을 가하거나, 거절하기 힘든 유혹을 하거나, 또는 범행방법을 구체적으로 제시하고 범행에 사용될 금전까지 제공하는 등으로 과도하게 개입함으로써 피유인자로 하여금 범의를 일으키게 하는 것은 위법한 함정수사에 해당한다(대판 2008.7.24, 2008도2794). 11. 경찰승진

3. 게임장에 잠복근무 중인 경찰관으로부터 게임점수를 환전해 줄 것을 요구받고 거절하였음에도 위 경찰관의 지속적인 요구에 어쩔 수 없이 게임점수를 현금으로 환전해 준 것은 본래 범의를 가지지 않은 자에 대하여 수사기관이 계략으로 범의를 유발하게 한 함정수사에 해당한다(대판 2021.7.29, 2017도16810).

● 함정수사에 해당 ×

1. 경찰관이 취객을 상대로 한 이른바 부축빼기 절도범을 단속하기 위하여 공원 인도에 쓰러져 있는 취객 근처에서 감시하고 있다가, 마침 피고인이 나타나 취객을 부축하여 10m 정도 끌고 가 지갑을 뒤지자 현장에서 체포하여 기소한 경우, 위법한 함정수사라고 볼 수 없다(대판 2007.5.31, 2007도1903). 14. 순경 1차, 16. 7급 국가직·순경 2차, 16·18. 경찰간부, 16·17·18·19·20. 수사경과, 14·16·17·21. 경찰승진

   ⓘ 경찰관들이 경찰관직무집행법 제4조에 규정된 구호의무에 위반하여 노상에 정신을 잃고 쓰러져 있는 피해자를 이용하여 부축빼기 절도범에 대한 단속 및 수사에 나아가는 것은 경찰의 직분을 도외시하여 범죄수사의 한계를 넘어선 것으로서 위법한 함정수사에 해당하므로 이에 기초한 공소제기는 무효이다. (×) 17. 경찰간부

2. 유인자가 수사기관과 직접적인 관련을 맺지 아니한 상태에서, 피유인자를 상대로 단순히 수차례 반복적으로 범행을 교사하였을 뿐, 수사기관이 사술이나 계략 등을 사용하였다고 볼 수 없는 경우는, 설령 그로 인하여 피유인자의 범의가 유발되었다 하더라도 위법한 함정수사에 해당하지 아니한다(대판 2008.7.24, 2008도2794). 10. 순경 2차, 11. 순경 1차, 14. 변호사시험, 14·16. 수사경과, 17·18. 경찰간부, 18. 9급 검찰·마약·교정·보호·철도경찰, 20. 해경, 10·14·16·17·21. 경찰승진

3. 甲이 수사기관에 체포된 동거남의 석방을 위한 공적을 쌓기 위하여 乙에게 필로폰 밀수입에 관한 정보제공을 부탁하면서 대가의 지급을 약속하고, 이에 乙이 丙에게, 丙은 丁에게 순차 필로폰 밀수입을 권유하여, 이를 승낙하고 필로폰을 받으러 나온 丁을 체포한 경우, 乙, 丙 등이 각자의 사적인 동기에 기하여 수사기관과 직접적인 관련이 없이 독자적으로 丁을 유인한 것으로서 위법한 함정수사에 해당하지 않는다(대판 2007.11.29, 2007도7680). 11. 순경 2차, 16. 경찰간부·7급 국가직, 20. 해경

4. 수사기관이 피고인의 범죄사실을 인지하고도 피고인을 바로 체포하지 않고 추가 범행을 지켜보고 있다가 범죄사실이 많이 늘어난 뒤에야 피고인을 체포하였다는 사정만으로는 피고인에 대한 수사와 공소제기가 위법하다거나 함정수사에 해당한다고 할 수 없다(대판 2007.6.29, 2007도3164). 18. 경찰간부, 15·16·17·20. 수사경과, 14·17·21. 경찰승진, 20·21. 해경

5. 피고인의 뇌물수수가 공여자들의 함정교사에 의한 것이기는 하나, 뇌물공여자들에게 피고인을 함정에 빠뜨릴 의사만 있었고 뇌물공여의 의사가 전혀 없었다고 보기 어려울 뿐 아니라, 뇌물공여자들의 함정교사라는 사정은 피고인의 책임을 면하게 하는 사유가 될 수 없다(대판 2008.3.13, 2007도10804). – 유인자가 수사기관과 직접적인 관련을 맺고 있는 상황은 아니므로 함정수사문제는 아님. 14. 순경 1차, 16. 경찰승진, 21. 수사경과

6. 이미 범행을 저지른 피고인을 검거하기 위하여 수사기관이 정보원을 이용하여 피고인을 검거장소로 유인한 것에 불과한 경우는 함정수사에 해당하지 아니한다(대판 2007.7.26, 2007도4532). 16. 수사경과, 16·17. 경찰간부, 21. 경찰승진

7. 甲이 2005.5.25. 乙에게 필로폰 약 0.03g이 든 1회용 주사기를 교부하고, 같은 달 28. 18:00 무렵 필로폰 약 0.03g을 1회용 주사기에 넣고 생수로 희석한 다음 자신의 팔에 주사하여 투약하였는바, 乙이 위 사실을 검찰에 신고하여 甲이 체포되도록 한 경우, 乙이 수사기관과 관련을 맺은 상태에서 위 甲으로 하여금 위와 같이 필로폰을 교부하도록 하거나 필로폰을 투약하도록 유인했다고 볼 아무런 자료가 없다면 위 甲의 필로폰 투약 등이 함정수사에 의한 것이라고 할 수 없다(대판 2008.7.24, 2008도2794). 11. 경찰승진

8. 경찰관은 게임장에서 불법 환전이 이루어지고 있다는 신고를 받고 위 게임장에 손님으로 가장하여 잠입수사를 하였는데, 그 과정에서 위 게임장 종업원의 제안에 따라 회원카드를 발급받아 게임점수를 적립하였을 뿐 피고인 등에게 회원카드 발급 및 게임점수 적립을 적극적으로 요구하거나 다른 손님들과 게임점수의 거래를 시도한 적은 없는 경우라면, 이 부분 범행은 수사기관이 사술이나 계략 등을 써서 피고인의 범의를 유발한 것이 아니라 이미 이루어지고 있던 범행을 적발한 것에 불과하므로 이에 관한 공소제기가 함정수사에 기한 것으로 볼 수 없다(대판 2021.7.29, 2017도16810).

4 수사조건 위반의 효과

수사조건을 위반한 수사는 준항고(제417조)의 대상이 될 뿐 아니라, 이에 의하여 수집된 증거는 위법수집증거 배제법칙에 의거 증거능력이 배제된다. 뿐만 아니라 형법상 직권남용죄(형법 제123조)를 구성할 수도 있다.

✓ Key Point

- **수사의 필요성** : 범죄혐의, 공소제기 가능성
- **수사의 상당성** ┌ 개시의 상당성(범죄인지의 상당성) : 경미사건 범죄인지 ⇨ 상당한 수사 ×
  └ 방법의 상당성 ┌ 수사비례원칙 : 전라수색, 경미사건구속 ⇨ 상당한 수사 ×
  └ 신의칙 : 함정수사 ⇨ 상당한 수사 ×
- **함정수사** ┌ 기회제공형 함정수사 – 적법(판례)
  └ 범의유발형 함정수사 – 위법(공소제기 ⇨ 공소제기 절차 무효 ∴ 공소기각판결 : 판례)
  ▶ 함정수사, 음주측정 관련판례

01 수사의 조건에 대한 설명 중 가장 적절하지 않은 것은?(다툼이 있는 경우 판례에 의함)

20. 순경 1차

① 수사기관은 범죄혐의가 있다고 사료하는 때에 수사를 개시하여야 하며, 여기서의 범죄혐의는 수사기관의 주관적 혐의일 뿐만 아니라 구체적 범죄혐의이다.

② 필요성과 상당성이라는 수사의 조건은 임의수사에는 적용되지 않고 강제수사에만 적용된다.

③ 친고죄나 세무공무원 등의 고발이 있어야 논할 수 있는 죄에 있어서 고소 또는 고발은 이른바 소추조건에 불과하고 당해 범죄의 성립 요건이나 수사의 조건은 아니므로 위와 같은 범죄에 관하여 고소나 고발이 있기 전에 수사를 하였다고 하더라도 그 수사가 장차 고소나 고발이 있을 가능성이 없는 상태하에서 행해졌다는 등의 특단의 사정이 없는 한 고소나 고발이 있기 전에 수사를 하였다는 이유만으로 그 수사가 위법하다고 볼 수는 없다.

④ 위법한 함정수사에 해당하는지 여부는 해당 범죄의 종류와 성질, 유인자의 지위와 역할, 유인의 경위와 방법, 유인에 따른 피유인자의 반응, 피유인자의 처벌 전력 및 유인행위 자체의 위법성 등을 종합하여 판단하여야 한다.

해설\ ① 수사기관은 범죄혐의가 있다고 사료하는 때에 수사를 개시하여야 하며, 여기서의 범죄혐의란 증거에 의한 뒷받침이 필요한 객관적인 혐의가 아니라, 구체적인 사실에 근거를 둔 수사기관의 주관적인 혐의를 뜻한다. ② 필요성과 상당성이라는 수사의 조건은 임의수사와 강제수사 모두에 적용된다.
③ 대판 2011.3.10, 2008도7724 ④ 대판 2013.3.28, 2013도1473

02 음주측정에 관한 다음 설명 중 가장 적절한 것은?(다툼이 있으면 판례에 의함) 15. 순경 2차

① 도로교통법의 음주측정불응죄를 근거로 영장 없이 호흡측정기에 의해 음주측정을 하는 것은 강제수사에 해당하는 것으로 영장주의에 반한다.

② 음주운전과 관련한 도로교통법 위반죄의 범죄수사를 위하여 미성년자인 피의자의 혈액채취가 필요한 경우, 피의자에게 의사능력이 없다면 피의자의 법정대리인이 피의자를 대리하여 피의자의 혈액채취에 관한 유효한 동의를 할 수 있다.

③ 도로교통법상 음주측정에 관한 규정들을 근거로 음주운전을 하였다고 인정할 만한 상당한 이유가 있는 자에 대하여 경찰관서에 강제연행하여 음주측정을 요구할 수 있다.

④ 술에 취한 상태에서 자동차를 운전한 것으로 보이는 피고인을 경찰관이 적법하게 보호조치한 상태에서 3회에 걸쳐 음주측정을 요구한 것은 적법한 음주측정요구에 해당한다.

Answer **01.** ② **02.** ④

해설\ ① 도로교통법 제41조 제2항에 규정된 음주측정은 성질상 강제될 수 있는 것이 아니며 궁극적으로 당사자의 자발적 협조가 필수적인 것이므로 이를 두고 법관의 영장을 필요로 하는 강제처분이라 할 수 없다. 따라서 주취운전의 혐의자에게 영장 없는 음주측정에 응할 의무를 지우고 이에 불응한 사람을 처벌한다고 하더라도 헌법 제12조 제3항에 규정된 영장주의에 위배되지 아니한다(헌재결 1997.3.27, 96헌가11).
② 음주운전과 관련한 도로교통법 위반죄의 범죄수사를 위하여 미성년자인 피의자의 혈액채취가 필요한 경우에도 피의자에게 의사능력이 있다면 피의자 본인만이 혈액채취에 관한 유효한 동의를 할 수 있고, 피의 자에게 의사능력이 없는 경우에도 명문의 규정이 없는 이상 법정대리인이 피의자를 대리하여 동의할 수는 없다(대판 2014.11.13, 2013도1228).
③ 교통안전과 위험방지를 위한 필요가 없음에도 주취운전을 하였다고 인정할 만한 상당한 이유가 있다는 이유만으로 이루어지는 음주측정은 이미 행하여진 주취운전이라는 범죄행위에 대한 증거 수집을 위한 수사 절차로서의 의미를 가지는 것인데, 도로교통법상의 규정들이 음주측정을 위한 강제처분의 근거가 될 수 없으므로 위와 같은 음주측정을 위하여 당해 운전자를 강제로 연행하기 위해서는 수사상의 강제처분에 관한 형사소송법상의 절차에 따라야 하고, 이러한 절차를 무시한 채 이루어진 강제연행은 위법한 체포에 해당한다 (대판 2006.11.9, 2004도8404).
④ 대판 2012.2.9, 2011도4328

03 함정수사에 대한 설명으로 가장 적절한 것은?(다툼이 있는 경우 판례에 의함)   19. 순경 2차

① 수사기관과 직접적인 관련을 맺지 않은 유인자가 수차례 반복적으로 범행을 부탁하였을 뿐 수사기관이 사술이나 계략을 사용한 것으로 볼 수 없는 경우라도, 그로 인하여 피유인 자의 범의가 유발되었다는 점이 입증되면 위법한 함정수사에 해당한다.

② 위법한 함정수사에 기한 공소제기는 그 절차가 법률의 규정에 위반하여 무효인 때에 해 당하므로 그 수사에 기하여 수집된 증거는 증거능력이 없으며, 따라서 법원은 형사소송 법 제325조에 의하여 무죄판결을 선고해야 한다.

③ 경찰관이 이른바 부축빼기 절도범을 단속하기 위하여 취객 근처에서 감시하고 있다가, 피고인이 나타나 취객을 부축하여 10m 정도를 끌고 가 지갑을 뒤지자 현장에서 체포하여 기소한 경우 수사기관이 위계를 사용한 것으로 볼 수 있으므로 위법한 함정수사에 해당한다.

④ 수사기관이 피고인이 범죄사실을 인지하고도 피고인을 바로 체포하지 않고 추가 범행을 지켜보고 있다가 범죄사실이 많이 늘어난 뒤에야 피고인을 체포하였다는 사정만으로는 피고인에 대한 수사와 공소제기가 위법하다거나 함정수사에 해당한다고 할 수 없다.

해설\ ① 유인자가 수사기관과 직접적인 관련을 맺지 아니한 상태에서, 피유인자를 상대로 단순히 수차례 반복적으로 범행을 교사하였을 뿐, 수사기관이 사술이나 계략 등을 사용하였다고 볼 수 없는 경우는, 피유인 자의 범의가 유발되었다 하더라도 위법한 함정수사에 해당하지 아니한다(대판 2008.7.24, 2008도2794).
② 위법한 함정수사에 기한 공소제기는 그 절차가 법률의 규정에 위반하여 무효인 때에 해당한다(대판 2005. 10.28, 2005도1247). ∴ 공소기각판결
③ 위법한 함정수사라고 볼 수 없다(대판 2007.5.31, 2007도1903).
④ 대판 2007.6.29, 2007도3164

Answer   03. ④

04 함정수사에 관한 설명으로 가장 옳지 않은 것은?(다툼이 있는 경우 판례에 의함)　　20. 해경

① 甲이 수사기관에 체포된 동거남의 석방을 위한 공적을 쌓기 위하여 乙에게 대가의 지급을 약속하며 도움을 부탁하였고, 이를 승낙한 乙은 마약수사관에게 연락하여 甲의 동거남을 석방해주는 조건으로 필로폰 밀수입에 관한 정보를 제공하기로 협의한 다음 丙에게 필로폰 밀수입을 권유하였고, 丙은 다시 丁에게 필로폰 밀수입을 권유하여 丁이 이를 승낙하고 필로폰을 받으러 나오자 乙의 연락을 받은 마약수사관이 丁을 체포한 경우 乙, 丙 등이 각자의 사적인 동기에 기하여 수사기관과 직접적인 관련이 없이 독자적으로 丁을 유인한 것으로서 위법한 함정수사에 해당하지 않는다.

② 경찰관이 노래방의 도우미 알선영업 단속실적을 올리기 위하여 그에 대한 제보나 첩보가 없는데도 손님을 가장하고 들어가 도우미를 불러낸 경우, 이러한 단속은 수사기관이 사술이나 계략 등을 써서 피고인의 범의를 유발케 한 것으로서 위법하고, 이러한 함정수사에 기한 이 사건 공소제기 또한 그 절차가 법률의 규정에 위반하여 무효인 때에 해당한다.

③ 수사기관이 피고인의 범죄사실을 인지하고도 피고인을 바로 체포하지 않고 추가 범행을 지켜보고 있다가 범죄사실이 많이 늘어난 뒤에야 피고인을 체포하였다는 사정만으로 피고인에 대한 수사와 공소제기가 위법하다거나 함정수사에 해당한다고 할 수 없다.

④ 유인자가 수사기관과 직접적인 관련을 맺지 않은 상태에서 피유인자를 상대로 단순히 수차례 반복적으로 범행을 부탁하였을 뿐 수사기관이 사술이나 계략 등을 사용하였다고 볼 수 없는 경우라 하더라도 그로 인하여 피유인자의 범의가 유발되었다면 위법한 함정수사에 해당한다.

해설 ① 대판 2007.11.29, 2007도7680
② 대판 2008.10.23, 2008도7362
③ 대판 2007.6.29, 2007도3164
④ 유인자가 수사기관과 직접적인 관련을 맺지 않은 상태에서 피유인자를 상대로 단순히 수차례 반복적으로 범행을 부탁하였을 뿐 수사기관이 사술이나 계략 등을 사용하였다고 볼 수 없는 경우는, 설령 그로 인하여 피유인자의 범의가 유발되었다 하더라도 위법한 함정수사에 해당하지 않는다(대판 2007.7.12, 2006도2339).

Answer　**04.** ④

Chapter 02 수사기관과 피의자

제1절 ▌ 수사기관의 의의와 종류

1 수사기관의 의의

수사기관이란 법률상 수사권이 인정되는 국가기관을 말한다. 수사기관에는 원칙적으로 수사대상에 제한이 없는 일반수사기관과 수사대상을 일정한 범위의 범죄로 제한된 특별수사기관으로 나누어 볼 수 있다.

2 수사기관의 종류

일반수사기관으로는 검사, 경찰공무원인 사법경찰관리, 검찰청직원인 사법경찰관리가 있으며, 특별수사기관으로는 각종 특별법에 의하여 설치되며, '고위공직자범죄수사처 설치 및 운영에 관한 법률'에 의한 고위공직자범죄 수사처의 검사 및 수사관도 특별수사기관에 속한다.

3 검 사

(1) 검사의 의의 · 성격

① **검사의 의의** : 검사란 검찰권을 행사하는 국가기관을 말한다. 현행법하에서 검사는 범죄수사로부터 재판의 집행에 이르기까지 형사절차 전과정에 걸쳐 광범위한 권한을 가지고 있다.

▶ 이하에서는 수사기관으로서의 검사뿐만 아니라 형사절차 전 과정에서의 검사를 중심으로 살펴보기로 한다.

② **검사의 성격**

㉠ **단독제의 관청** : 검사는 일반 행정공무원과는 달리 개개의 검사가 자기의 책임하에 검찰권을 행사하는 단독제 관청이다.

㉡ **준사법관** : 검사는 행정관인 동시에 준사법관적 성격을 가지고 있다.

(2) 검찰조직의 특수성

① **양면성의 조화** : 검사는 독립된 관청으로서의 지위를 가지고 있는 동시에 다른 한편으로는 범인의 발견 · 검거, 증거의 수집 · 보전이라는 수사목적을 달성하기 위해서 전국적인 수사조직이 필요하며, 기소 · 불기소의 기준을 전국적으로 통일시키고 검찰권 행사의 공정성을 위

해서는 검찰조직의 일체성이 요구된다. 이러한 상호 모순된 양면성의 문제를 어떻게 하면 조화를 이룰 것인가의 여부가 중요한 문제이다.

① 법무부장관은 검찰사무에 대하여 일반적인 지휘·감독권이 있을 뿐 구체적 사건에 대해서는 검찰총장만을 지휘·감독한다고 규정(검찰청법 제8조)하여 구체적 사건의 처리가 정치적 영향에 의하여 좌우됨을 막고 있다. 따라서 검사의 독립성은 검찰총장의 인격과 소신에 달려 있다 하겠다. 98. 7급 검찰, 01. 행시, 07. 7급 국가직

② **구체적 내용**

㉠ **지휘·감독관계** : 검찰청법 제7조 제1항은 "검사는 검찰사무에 관하여 소속 상급자의 지휘·감독에 따른다."고 규정하고 있으며, 제2항에서 "검사는 구체적 사건과 관련된 상급자의 지휘·감독의 적법성 또는 정당성 여부에 대하여 이견이 있는 때에는 이의를 제기할 수 있다."고 규정하고 있다. 01. 행시 2004년 개정 전 검찰청법에서는 상명하복의 관계를 규정하고 있었으나, 검사의 소신 있는 사건처리에 지장을 주고 경직된 검찰구조를 심화시킨다는 이유에서 상급자의 지휘·감독권으로 대처하였다. 지휘·감독권은 기관 내부에서만 효력을 가지는 데 그친다. 따라서 소속상급자의 지휘·감독에 따르지 않거나 결재 없이 행해진 처분이라도 여전히 효력을 가진다(단독제 관청이라는 성격 때문). 98. 7급 검찰, 14. 경찰간부

⚖ 관련판례

재기수사(再起搜査)의 명령이 있는 사건에 관하여 지방검찰청 검사가 다시 불기소처분을 하고자 하는 경우에는 미리 그 명령청의 장의 승인을 얻도록 한 검찰사건사무규칙의 규정은 검찰청 내부의 사무처리 지침에 불과한 것일 뿐 법규적 효력을 갖는 것은 아니다(헌재결 1991.7.8, 91헌마42).

㉡ **직무승계와 이전의 권한** : 검찰총장과 각급 검찰청의 검사장 및 지청장은 소속검사의 직무를 자신이 직접 처리(직무승계)하거나, 다른 검사로 하여금 이를 처리(직무이전)하게 할 수 있다(검찰청법 제7조의 2 제2항). 01. 행시, 02. 경찰승진, 07. 7급 국가직, 15. 9급 검찰·마약수사

① 법무부장관 ⇨ 직무승계·직무이전권 ×

⚖ 관련판례

검찰청의 장이 아닌 상급자가 검사의 직무를 다른 검사에게 이전하기 위해서는 검사 직무의 이전에 관한 검찰청의 장의 구체적·개별적인 위임이나 그러한 상황에서의 검사 직무의 이전을 구체적이고 명확하게 정한 위임규정 등이 필요하다(대판 2017.10.31, 2014두45734).

㉢ **직무대리권** : 각급 검찰청의 차장검사는 소속장에게 사고가 있을 때에는 특별한 수권 없이도 그 직무를 대리하는 권한을 가진다(검찰청법 제13조, 제18조, 제23조).

③ **효 과**

㉠ **검사교체의 효과** : 검사동일체의 원칙상 검사가 검찰사무의 취급 도중에 교체되더라도 그가 행한 행위의 소송법상 효과에는 아무런 영향이 없다. 이는 판사가 경질되면 공판절차의 갱신이 요구되는 경우와 대비된다.

① 공판 개정 후 검사가 교체된 때에는 공판절차를 갱신하여야 한다. (×) 13. 9급 검찰·마약수사

   ⓛ **검사에 대한 제척·기피** : 검사에게도 제척·기피제도를 유추적용할 것인가에 대하여 논란이 있으나, 검사동일체 원칙상 특정검사를 직무집행에서 배제함은 아무런 의미가 없다는 이유로 이를 부정함이 다수설이다. 98. 7급 검찰, 13. 9급 국가직

     ⑪ 수사기관(검사, 사법경찰관리)의 회피의무 규정 ○(수사준칙 제11조)

(3) 검사의 소송법상 지위

① 수사의 주체로서의 지위

   ⊙ **수사권**

     ⓐ 검사는 범죄혐의가 있다고 사료하는 때에는 범인, 범죄사실과 증거를 수사한다(제196조).

     ⓑ 개정 형사소송법에 의하면 모든 범죄의 제1차적 수사개시권은 경찰이 가지고 있으며, 검사에게는 일정 부분만을 부여하고 있다.

검사가 수사를 개시할 수 있는 범죄의 범위

> **검찰청법 제4조, 검사의 수사개시 범죄 범위에 관한 규정 제2조**
> 1. 부패범죄, 경제범죄, 공직자범죄, 선거범죄, 방위사업범죄, 대형참사 등 6대 범죄
> 2. 경찰공무원이 범한 범죄
> 3. 위 1.과 2.의 범죄 및 사법경찰관이 송치한 범죄와 관련하여 인지한 각 해당 범죄와 직접 관련성이 있는 범죄

     ⓒ 사법경찰관리에게는 인정되지 않고 검사에게만 인정하는 권한으로 영장청구권(제201조, 제215조), 판사에 대한 증거보전청구권(제184조), 참고인에 대한 증인신문청구권(제221조의 2), 피의자에 대한 감정유치청구권(제221조의 3), 변사체검시권(제222조), 보완수사요구권(제197조의 2), 시정조치요구권(제197조의 3), 재수사요청권(제245조의 8) 등이 있다.

     ⓓ 서장이 아닌 경정 이하의 사법경찰관리가 직무 집행과 관련하여 부당한 행위를 하는 경우 지방검찰청 검사장은 해당 사건의 수사 중지를 명하고, 임용권자에게 그 사법경찰관리의 교체임용을 요구할 수 있다. 이러한 요구를 받은 임용권자는 정당한 사유가 없으면 교체임용을 하여야 한다(검찰청법 제54조).

   ⓛ **수사지휘권** : 검사의 '형사소송법상' 일반사법경찰관에 대한 수사지휘권은 폐지되었다. 다만, '검찰법상' 일반사법경찰관과 '사법경찰관리의 직무를 수행할 자와 그 직무범위에 관한 법률상'의 특별사법경찰관에 대하여는 검사의 수사지휘권이 인정된다.

검사의 수사지휘권

> • 사법경찰관의 직무를 행하는 검찰청직원은 검사의 지휘를 받아 수사하여야 한다(제245조의 9 제2항).
> • 특별사법경찰관은 모든 수사에 관하여 검사의 지휘를 받는다(제245조의 10 제2항).

ⓒ **수사종결권** : 종래, 수사종결처분은 검사만이 가능하였으나(단, 즉결심판절차에 의해 처리될 경미사건은 경찰서장이 수사종결권을 가짐), 최근 개정법에 의하면 수사종결은 검사뿐만 아니라 형사소송법상 일반사법경찰관, 공수처검사(판사·검사·경무관 이상 부패범죄) 등도 가능하게 되었다.

② **공소권의 주체로서의 지위** : 검사는 공소제기의 독점자이며, 공소유지의 담당자이다. 공소제기의 독점자이므로 공소제기권·공소취소권 등을 가지며, 공소유지의 담당자이므로 피고인에 대립된 당사자의 지위에 서서 형사소송을 형성하고 법령의 정당한 적용을 청구할 권한을 가진다.

③ **집행기관으로서의 지위** : 재판의 집행은 검사가 지휘한다(제460조). 다만, 예외적으로 재판장·수명법관·수탁판사가 재판의 집행을 지휘할 수 있는 경우도 있다(제81조, 제115조). 검사는 사형·자유형의 집행을 위하여 형집행장을 발부하여 구인할 수 있으며(제473조), 검사가 발부한 형집행장은 구속영장과 같은 효력이 있다.

④ **공익적 지위**(객관의무) : 검사는 피고인의 반대당사자로 행동할 뿐 아니라, 공익의 대표자로서 피고인의 정당한 이익을 옹호해야 할 의무가 있다. 13. 9급 검찰·마약수사 이와 같은 피고인 보호의무를 검사의 객관의무라 한다.

⚖ 관련판례

검사는 공익의 대표자로서 실체적 진실에 입각한 국가 형벌권의 실현을 위하여 공소제기와 유지를 할 의무뿐만 아니라 그 과정에서 피고인의 정당한 이익을 옹호하여야 할 의무를 진다고 할 것이고, 13. 9급 검찰·마약수사 따라서 검사가 수사 및 공판과정에서 피고인에게 유리한 증거를 발견하게 되었다면 피고인의 이익을 위하여 이를 법원에 제출하여야 한다(대판 2002.2.22, 2001다23447). 15. 9급 검찰·마약수사

⑤ **인권침해방지기관으로서의 지위** : 검사장 또는 지청장은 불법체포·구속의 유무를 조사하기 위하여 검사로 하여금 매월 1회 이상 관하수사관서의 피의자의 체포·구속장소를 감찰하게 하여야 한다. 감찰하는 검사는 체포 또는 구속된 자를 심문하고 관련서류를 조사하여야 한다. 검사는 적법한 절차에 의하지 아니하고 체포 또는 구속된 것이라고 의심할 만한 상당한 이유가 있는 경우에는 즉시 체포 또는 구속된 자를 석방하거나 사건을 검찰에 송치할 것을 명하여야 한다(제198조의 2).

검사의 직무와 권한 정리(검찰청법 제4조 제1항)

- 범죄수사, 공소의 제기 및 그 유지에 필요한 사항
- 범죄수사에 관한 사법경찰관리 지휘·감독
- 법원에 대한 법령의 정당한 적용 청구
- 재판 집행 지휘·감독
- 국가를 당사자 또는 참가인으로 하는 소송과 행정소송 수행 또는 그 수행에 관한 지휘·감독
- 다른 법령에 따라 그 권한에 속하는 사항

⚠ 법정질서유지권 ⇨ 검사권한 ×(재판장 권한) 90. 9급 법원직

관련판례

검사직무대리가 처리하지 못하는 합의부의 심판사건은 검사직무대리가 처리할 당시 법원조직법 등 법률 자체로 합의부의 심판사건에 해당하는 사건을 의미하고, 검사직무대리가 처리할 당시에는 법원조직법에 의하더라도 단독판사에게 심판권이 있는 사건인데도 공소가 제기된 후에 합의부의 결정에 따라 비로소 합의부 심판사건으로 되는 재정합의사건과 같은 사건은 특별한 사정이 없는 한 여기에서 제외된다고 보아야 한다(대판 2012.6.28, 2012도3927).

✓ **Key Point**

- **검사의 성격** : 단독제 관청, 준사법관
- **검사의 소송법상 지위** : ① 수사의 주재자 ② 공소권의 주체 ③ 집행기관 ④ 공익적 지위 ⑤ 인권침해방지기관
- **검찰조직의 특수성** : ① 지휘・감독관계 ② 직무승계・이전권 ③ 직무대리권
- **검사교체** : 수사절차 갱신 불요
- **검사의 제척・기피제도** × (회피규정 ○)
- **법무부장관** : 구체적 사건에 대한 검사의 지휘・감독 ×

4 사법경찰관리

사법경찰관리 분류

	형사소송법	사법경찰관	경무관, 총경, 경정, 경감, 경위
일반사법경찰관리	제197조(경찰청 소속)	사법경찰리	경사, 경장, 순경
	검찰청법 제47조 (검찰청 소속)	사법경찰관	검찰주사(보), 마약수사주사(보)
		사법경찰리	검찰서기(보), 마약수사서기(보)
특별사법경찰관리	삼림, 해사, 전매, 세무, 군수사기관 기타 특별한 사항에 관하여 사법경찰관리의 직무를 수행하는 자('사법경찰관리의 직무를 수행할 자와 그 직무범위에 관한 법률'에 근거)		

ⓘ 일반사법경찰관리와 특별사법경찰관리는 직무권한범위의 제한 여부에 의한 기준이다.

(1) 일반사법경찰관리

① **경찰청 소속 일반사법경찰관리**

㉠ 경찰공무원 가운데 경무관, 총경, 경정, 경감, 경위는 사법경찰관으로서 범죄혐의가 있다고 사료하는 때에는 범죄사실과 증거를 수사한다(제197조 제1항).

ⓛ 종래에는 사법경찰관에 '수사관'이 포함되었으나, 개정법에서 삭제됨.

경사, 경장, 순경은 사법경찰리로서 수사의 보조를 하여야 한다(동조 제2항). 사법경찰관과 사법경찰리를 통칭하여 사법경찰관리라고 부른다.

🗨 **사법경찰관사무취급** : 사법경찰리가 검사 또는 사법경찰관으로부터 구체적 사건에 관하여 특정한 수사명령을 받으면 사법경찰관 사무를 취급할 권한이 인정되는데 이를 실무상 사법경찰관사무취급이라고 한다.

관련판례

사법경찰관사무취급이 작성한 피의자신문조서, 참고인 진술조서, 압수조서는 형사소송법 제196조 제2항, 사법경찰관리집무규칙 제2조에 의하여 사법경찰관리가 검사 등의 지휘를 받고 조사사무를 보조하기 위하여 작성한 서류이므로 이를 권한 없는 자가 작성한 조서라고 할 수 없다(대판 1981.6.9, 81도1357).

사법경찰관의 권한	검사에 대한 구속영장 신청(제201조 제1항), 피의자구속(제201조 제1항), 피의자신문(제200조 제1항), 참고인조사(제221조), 감정·번역·통역의 위촉(제221조), 실황조사(수사준칙 제43조), 피의자체포(제200조의 2, 제200조의 3, 제212조) 등을 들 수 있다.
사법경찰리의 권한	경사, 경장, 순경은 사법경찰리로서 수사의 보조를 하여야 한다(제197조 제2항). 현행법상 사법경찰리는 수사의 보조기관이다. 각종 영장의 집행은 검사의 지휘에 의하여 사법경찰관리가 행하므로(제81조, 제115조), 영장집행권은 사법경찰리에게도 인정된다.

ⓛ 경찰공무원은 상관의 지휘·감독을 받아 직무를 수행하고, 그 직무수행에 관하여 서로 협력하여야 하며, 구체적 사건수사와 관련된 지휘·감독의 적법성 또는 정당성에 대하여 이견이 있을 때에는 이의를 제기할 수 있다(국가경찰과 자치경찰의 조직 및 운영에 관한 법률 제6조).

ⓒ 사법경찰관리는 피의자나 사건관계인과 친족관계 또는 이에 준하는 관계가 있거나 그 밖에 수사의 공정성을 의심 받을 염려가 있는 사건에 대해서는 소속 기관의 장의 허가를 받아 그 수사를 회피해야 한다(수사준칙 제11조).

② **검찰청 소속 일반사법경찰관리**

ㄱ 검찰청 직원 가운데 검찰수사서기관, 검찰사무관, 검찰주사, 마약수사주사, 검찰주사보, 마약수사주사보는 사법경찰관의 직무를 수행하며, 검찰서기, 마약수사서기, 검찰서기보 및 마약수사서기보는 사법경찰리로서 직무를 수행한다(검찰청법 제46조, 제47조).

ⓛ 사법경찰관리의 직무를 행하는 검찰청 직원에 대하여는 경찰공무원인 사법경찰관에게 인정하는 수사종결권이 없다.

ⓒ 검찰청 소속 일반사법경찰관리에 대하여는 보완수사(제197조의 2), 시정조치(제197조의 3), 수사경합시 사건송치(제197조의 4), 영장이의신청권(제221조의 5), 사건송치·불송치(제245조의 5), 고소인 불송치 통지서(제245조의 6), 불송치사건의 재수사(제245조의 8) 등은 적용되지 아니한다.

ㄹ 검사는 피의자나 사건관계인과 친족관계 또는 이에 준하는 관계가 있거나 그 밖에 수사의 공정성을 의심 받을 염려가 있는 사건에 대해서는 소속 기관의 장의 허가를 받아 그 수사를 회피해야 한다(수사준칙 제11조).

ㅁ 사법경찰관의 직무를 행하는 검찰청 직원은 검사의 지휘를 받아 수사하여야 한다(제245조의 9 제2항).

(2) 특별사법경찰관리

① 삼림, 해사, 전매, 세무, 군수사기관 기타 특별한 사항에 관하여 사법경찰관리의 직무를 수행하는 자를 특별사법경찰관리라고 한다('사법경찰관리의 직무를 수행할 자와 그 직무범위에 관한 법률'에 근거). '고위공직자범죄수사처 설치 및 운영에 관한 법률'에 의한 고위공직자범죄 수사처의 검사 및 수사관도 특별수사기관에 속한다.

② 특별사법경찰관은 범죄혐의가 있다고 인식하는 때에는 범인·범죄사실과 증거에 관하여 수사를 개시·진행하여야 한다(제245조의 10 제3항).

③ 경찰공무원인 사법경찰관리와는 달리 특별사법경찰관리는 모든 수사에 관하여 검사의 지휘를 받는다(동조 제2항).

④ 특별사법경찰관리에 대하여는 수사종결권이 없으며, 보완수사(제197조의 2), 시정조치(제197조의 3), 수사경합시 사건송치(제197조의 4), 영장이의신청권(제221조의 5), 사건송치·불송치(제245조의 5), 고소인 불송치 통지서(제245조의 6), 불송치사건의 재수사(제245조의 8) 등의 규정은 적용되지 아니한다.

5 검사와 사법경찰관리와의 관계

최근 형사소송법 개정으로 형사법체계에 많은 변화가 있었다. 개정된 형사소송법에 의하면, 검사와 형사소송법상 사법경찰관(경찰청 소속 일반사법경찰관)의 관계를 상호 협력관계로 설정하였으며, 모든 범죄의 1차적 수사권을 경찰에게 부여하고, 몇몇 범죄에 대해서만 검찰의 제1차적인 수사개시권을 인정하면서, 경찰은 자신이 수사한 사건이 범죄 혐의가 없다고 사료되는 때에는 검사에게 사건을 송치하지 않고 자체적으로 종결할 수 있게 되었다. 이하에서 주요내용을 살펴보기로 한다.

ⓘ 검·경수사권 조정을 위한 개정 형사소송법은 2020. 2. 4. 공포되었으며, 2021년 1월 1일부터 시행(다만, 제312조 제1항은 2022년 1월 1일부터 시행)

(1) 경찰청 소속 일반사법경찰관리와의 관계

① 상호협력관계

㉠ 검사와 사법경찰관은 수사, 공소제기 및 공소유지에 관하여 서로 협력하여야 한다(제195조 제1항 : 개정).

ⓘ 검사수사지휘권 삭제 21. 해경간부·해경승진

㉡ 수사를 위하여 준수하여야 하는 일반적 수사준칙에 관한 사항은 대통령령으로 정한다(제195조 제2항).

ⓘ 대통령령 ⇨ 검사와 사법경찰관의 상호협력과 일반적 수사준칙에 관한 규정(이하 수사준칙)

㉢ 검사와 사법경찰관은 공소시효가 임박한 사건이나 내란, 외환, 선거, 테러, 대형참사, 연쇄살인 관련 사건, 주한 미합중국 군대의 구성원·외국인군무원 및 그 가족이나 초청계약자

의 범죄 관련 사건 등 많은 피해자가 발생하거나 국가적·사회적 피해가 큰 중요한 사건의 경우에는 송치 전에 수사할 사항, 증거수집의 대상, 법령의 적용 등에 관하여 상호 의견을 제시·교환할 것을 요청할 수 있다(수사준칙 제7조).

㉣ 검사와 사법경찰관은 수사와 사건의 송치, 송부 등에 관한 이견의 조정이나 협력 등이 필요한 경우 서로 협의를 요청할 수 있다(수사준칙 제8조 제1항). 다만, 다음 각 호의 어느 하나에 해당하는 경우에는 상대방의 협의 요청에 응해야 한다(동항 단서).

> 1. 중요사건에 관하여 상호 의견을 제시·교환하는 것에 대해 이견이 있거나, 제시·교환한 의견의 내용에 대해 이견이 있는 경우(제1호)
> 2. 법 제197조의 2 제2항(검사의 보완수사요구) 및 제3항(사법경찰관이행)에 따른 정당한 이유의 유무에 대해 이견이 있는 경우(제2호)
> 3. 법 제197조의 3 제4항(사법경찰관의 시정조치이행) 및 제5항(검사의 사건송치요구)에 따른 정당한 이유의 유무에 대해 이견이 있는 경우(제3호)
> 4. 법 제197조의 4 제2항 단서(사법경찰관 영장청구사건)에 따라 사법경찰관이 계속 수사할 수 있는지 여부나 사법경찰관이 계속 수사할 수 있는 경우 수사를 계속할 주체 또는 사건의 이송 여부 등에 대해 이견이 있는 경우(제4호)
> 5. 법 제222조에 따라 변사자검시를 하는 경우에 수사의 착수 여부나 수사할 사항 등에 대해 이견의 조정이나 협의가 필요한 경우(제5호)
> 6. 법 제245조의 8 제2항(사법경찰관 재수사)에 따른 재수사의 결과에 대해 이견이 있는 경우(제6호)
> 7. 법 제316조 제1항(조사자증언)에 따라 사법경찰관이 조사자로서 공판준비 또는 공판기일에서 진술하게 된 경우(제7호)

㉤ 수사준칙 제8조 제1항 제1호, 제2호, 제4호 또는 제6호의 경우 해당 검사와 사법경찰관의 협의에도 불구하고 이견이 해소되지 않는 경우에는 해당 검사가 소속된 검찰청의 장과 해당 사법경찰관이 소속된 경찰관서(지방해양경찰관서 포함)의 장의 협의에 따른다(수사준칙 제8조 제2항).

㉥ 대검찰청, 경찰청 및 해양경찰청 간에 수사에 관한 제도 개선 방안 등을 논의하고, 수사기관 간 협조가 필요한 사항에 대해 서로 의견을 협의·조정하기 위해 수사기관협의회를 둔다(수사준칙 제9조 제1항).

㉦ 수사기관협의회는 다음 각 호의 사항에 대해 협의·조정한다(수사준칙 제9조 제2항).

> 1. 국민의 인권보호, 수사의 신속성·효율성 등을 위한 제도 개선 및 정책 제안
> 2. 국가적 재난 상황 등 관련 기관 간 긴밀한 협조가 필요한 업무를 공동으로 수행하기 위해 필요한 사항
> 3. 그 밖에 제1항의 어느 한 기관이 수사기관협의회의 협의 또는 조정이 필요하다고 요구한 사항

㉧ 수사기관협의회는 반기마다 정기적으로 개최하되, 제1항의 어느 한 기관이 요청하면 수시로 개최할 수 있다(수사준칙 제9조 제3항).

② **사법경찰관리에 대한 검사의 통제**

㉠ **위법 · 부당행위에 대한 통제**

ⓐ 등본송부요구

㉮ 사법경찰관은 피의자를 신문하기 전에 수사과정에서 법령위반, 인권침해 또는 현저한 수사권 남용이 있는 경우 검사에게 구제를 신청할 수 있음을 피의자에게 알려주어야 한다(제197조의 3 제8항).

! 사법경찰관은 법 제197조의 3 제8항에 따라 검사에게 구제를 신청할 수 있음을 피의자에게 알려준 경우에는 피의자로부터 고지 확인서를 받아 사건기록에 편철한다. 다만, 피의자가 고지 확인서에 기명날인 또는 서명하는 것을 거부하는 경우에는 사법경찰관이 고지 확인서 끝부분에 그 사유를 적고 기명날인 또는 서명해야 한다(수사준칙 제47조).

㉯ 검사는 사법경찰관리의 수사과정에서 법령위반, 인권침해 또는 현저한 수사권 남용이 의심되는 사실의 신고가 있거나 그러한 사실을 인식하게 된 경우에는 사법경찰관에게 사건기록 등본의 송부를 요구할 수 있다(제197조의 3 제1항). 21. 순경 2차 검사는 사법경찰관에게 사건기록 등본의 송부를 요구할 때에는 그 내용과 이유를 구체적으로 적은 서면으로 해야 한다(수사준칙 제45조 제1항). 송부 요구를 받은 사법경찰관은 지체 없이 검사에게 사건기록 등본을 송부하여야 한다(제197조의 3 제2항).

! **수사준칙 제45조 제2항** : 요구를 받은 날로부터 7일 이내에 검사에게 사건기록 등본을 송부하여야 한다.

ⓑ 시정조치요구

㉮ 등본송부를 받은 검사는 필요하다고 인정되는 경우에는 사법경찰관에게 시정조치를 요구할 수 있다(제197조의 3 제3항). 검사는 사건기록 등본을 송부받은 날부터 30일(사안의 경중 등을 고려하여 10일의 범위에서 한 차례 연장할 수 있다.) 이내에 법 제197조의 3 제3항에 따른 시정조치 요구 여부를 결정하여 사법경찰관에게 통보해야 한다. 이 경우 시정조치 요구의 통보는 그 내용과 이유를 구체적으로 적은 서면으로 해야 한다(수사준칙 제45조 제3항).

㉯ 사법경찰관은 시정조치 요구를 통보받은 경우 정당한 이유가 있는 경우를 제외하고는 지체 없이 시정조치를 이행하고, 그 이행 결과를 서면에 구체적으로 적어 검사에게 통보해야 한다(수사준칙 제45조 제4항).

ⓒ 송치요구

㉮ 통보를 받은 검사는 시정조치 요구가 정당한 이유 없이 이행되지 않았다고 인정되는 경우에는 사법경찰관에게 사건을 송치할 것을 요구할 수 있다(제197조의 3 제5항). 21. 순경 1차 · 2차

! 사법경찰관에게 사건송치를 요구하는 경우에는 그 내용과 이유를 구체적으로 적은 서면으로 해야 한다(수사준칙 제45조 제5항).

㉯ 송치 요구를 받은 사법경찰관은 검사에게 사건을 송치하여야 한다(제197조의 3 제6항).

ⓘ 사법경찰관은 제197조의 3 제5항에 따라 서면으로 사건송치를 요구받은 날부터 7일 이내에 사건을 검사에게 송치해야 한다. 이 경우 관계 서류와 증거물을 함께 송부해야 한다(수사준칙 제45조 제6항).

ⓘ 검사는 공소시효 만료일의 임박 등 특별한 사유가 있을 때에는 송치요구서면에 그 사유를 명시하고 별도의 송치기한을 정하여 사법경찰관에게 통지할 수 있다. 이 경우 사법경찰관은 정당한 이유가 있는 경우를 제외하고는 통지받은 송치기한까지 사건을 검사에게 송치해야 한다(수사준칙 제45조 제7항).

ⓓ 징계요구 : 검찰총장 또는 각급 검찰청 검사장은 사법경찰관리의 수사과정에서 법령위반, 인권침해 또는 현저한 수사권 남용이 있었던 때에는 권한 있는 사람에게 해당 사법경찰관리의 징계를 요구할 수 있고, 그 징계 절차는 공무원 징계령 또는 경찰공무원 징계령에 따른다(제197조의 3 제7항).

ⓘ 검찰총장 또는 각급 검찰청 검사장은 사법경찰관리의 징계를 요구할 때에는 서면에 그 사유를 구체적으로 적고 이를 증명할 수 있는 관계 자료를 첨부하여 해당 사법경찰관리가 소속된 경찰관서의 장에게 통보해야 하며(수사준칙 제46조 제1항), 경찰관서장은 징계요구에 대한 처리 결과와 그 이유를 징계를 요구한 검찰총장 또는 각급 검찰청 검사장에게 통보해야 한다(동조 제2항).

ⓛ **송치처분에 대한 통제**

ⓐ 보완수사요구

㉮ 검사는 송치사건의 공소제기 여부 결정 또는 공소의 유지에 관하여 필요한 경우, 사법경찰관이 신청한 영장의 청구 여부 결정에 관하여 필요한 경우에 사법경찰관에게 보완수사를 요구할 수 있다(제197조의 2 제1항). 20. 해경, 21. 해경승진 · 해경

ⓘ 검사는 사법경찰관에게 송치사건 및 관련사건에 대해 다음 각 호의 사항에 관한 보완수사를 요구할 수 있다(수사준칙 제59조 제2항).

> 1. 범인에 관한 사항
> 2. 증거 또는 범죄사실 증명에 관한 사항
> 3. 소송조건 또는 처벌조건에 관한 사항
> 4. 양형 자료에 관한 사항
> 5. 죄명 및 범죄사실의 구성에 관한 사항
> 6. 그 밖에 송치받은 사건의 공소제기 여부를 결정하는 데 필요하거나 공소유지와 관련해 필요한 사항

ⓘ 검사는 사법경찰관이 신청한 영장(통신제한조치허가서 및 통신사실 확인자료 제공 요청 허가서를 포함)의 청구 여부를 결정하기 위해 필요한 경우 사법경찰관에게 보완수사를 요구할 수 있다. 이 경우 보완수사를 요구할 수 있는 범위는 다음 각 호와 같다(수사준칙 제59조 제3항).

> 1. 범인에 관한 사항
> 2. 증거 또는 범죄사실 소명에 관한 사항
> 3. 소송조건 또는 처벌조건에 관한 사항
> 4. 해당 영장이 필요한 사유에 관한 사항
> 5. 죄명 및 범죄사실의 구성에 관한 사항
> 6. 법 제11조(법 제11조 제1호의 경우는 수사기록에 명백히 현출되어 있는 사건으로 한정한다)와 관련된 사항
> 7. 그 밖에 사법경찰관이 신청한 영장의 청구 여부를 결정하기 위해 필요한 사항

ⓒ 검사는 사법경찰관으로부터 송치받은 사건에 대해 보완수사가 필요하다고 인정하는 경우에는 특별히 직접 보완수사를 할 필요가 있다고 인정되는 경우를 제외하고는 사법경찰관에게 보완수사를 요구하는 것을 원칙으로 한다(수사준칙 제59조 제1항). 21. 순경 1차

ⓓ 검사는 법 제197조의 2 제1항에 따라 보완수사를 요구할 때에는 그 이유와 내용 등을 구체적으로 적은 서면과 관계 서류 및 증거물을 사법경찰관에게 함께 송부해야 한다. 다만, 보완수사 대상의 성질, 사안의 긴급성 등을 고려하여 관계 서류와 증거물을 송부할 필요가 없거나 송부하는 것이 적절하지 않다고 판단하는 경우에는 해당 관계 서류와 증거물을 송부하지 않을 수 있다(수사준칙 제60조 제1항).

ⓔ 보완수사를 요구받은 사법경찰관은 제1항 단서에 따라 송부받지 못한 관계 서류와 증거물이 보완수사를 위해 필요하다고 판단하면 해당 서류와 증거물을 대출하거나 그 전부 또는 일부를 등사할 수 있다(동 준칙 제60조 제2항).

ⓕ 사법경찰관은 검사의 보완수사 요구가 있는 때에는 정당한 이유가 없는 한 지체 없이 이를 이행하고 그 결과를 검사에게 통보하여야 한다(제197조의 2 제2항). 20. 해경

ⓖ 사법경찰관은 법 제197조의 2 제2항에 따라 보완수사를 이행한 경우에는 그 이행 결과를 검사에게 서면으로 통보해야 하며, 제1항 본문에 따라 관계 서류와 증거물을 송부받은 경우에는 그 서류와 증거물을 함께 반환해야 한다. 다만, 관계 서류와 증거물을 반환할 필요가 없는 경우에는 보완수사의 이행 결과만을 검사에게 통보할 수 있다(동 준칙 제60조 제3항).

ⓗ 사법경찰관은 법 제197조의 2 제1항 제1호에 따라 보완수사를 이행한 결과 법 제245조의 5 제1호(검사에 송치)에 해당하지 않는다고 판단한 경우에는 사건을 불송치하거나 수사중지할 수 있다(동 준칙 제60조 제4항).

ⓑ 징계요구

ⓒ 검찰총장 또는 각급 검찰청 검사장은 사법경찰관이 정당한 이유 없이 검사의 보완수사 요구에 따르지 아니하는 때에는 권한 있는 사람에게 해당 사법경찰관의 직무배제 또는 징계를 요구할 수 있다(제197조의 2 제3항).

ⓓ 검찰총장 또는 각급 검찰청 검사장은 법 제197조의 2 제3항에 따라 사법경찰관의 직무배제 또는 징계를 요구할 때에는 그 이유를 구체적으로 적은 서면에 이를 증명할 수 있는 관계 자료를 첨부하여 해당 사법경찰관이 소속된 경찰관서장에게 통보해야 한다(수사준칙 제61조 제1항).

ⓔ 직무배제 요구를 통보받은 경찰관서장은 정당한 이유가 있는 경우를 제외하고는 그 요구를 받은 날부터 20일 이내에 해당 사법경찰관을 직무에서 배제해야 한다(수사준칙 제61조 제2항).

ⓓ 경찰관서장은 사법경찰관의 직무배제 또는 징계를 요구의 처리결과와 그 이유를 직무배제 또는 징계를 요구한 검찰총장 또는 각급 검찰청 검사장에게 통보해야 한다 (수사준칙 제61조 제3항).

ⓒ **불송치처분에 대한 통제**

　ⓐ 이의신청

　　㉮ 사법경찰관은 (고소·고발사건을 포함)범죄를 수사한 때에 범죄혐의가 있다고 인정되지 않는 경우에는 그 이유를 명시한 서면과 함께 관계 서류와 증거물을 지체 없이 검사에게 송부하여야 한다. 21. 7급 국가직 이 경우 검사는 송부받은 날부터 90일 이내에 사법경찰관에게 반환하여야 한다(제245조의 5 제2호). 21. 순경 1차

　　　ⓘ 사법경찰관은 불송치 결정을 하는 경우 불송치의 이유를 적은 불송치 결정서와 함께 압수물 총목록, 기록목록 등 관계 서류와 증거물을 검사에게 송부해야 한다(수사준칙 제62조 제1항).

　　㉯ 사법경찰관은 불송치의 경우에는 그 송부한 날부터 7일 이내에 서면으로 고소인·고발인·피해자 또는 그 법정대리인(피해자가 사망한 경우에는 그 배우자·직계친족·형제자매를 포함한다)에게 사건을 검사에게 송치하지 아니하는 취지와 그 이유를 통지하여야 한다(제245조의 6).

　　㉰ 통지를 받은 사람은 해당 사법경찰관의 소속 관서의 장에게 이의를 신청할 수 있다(제245조의 7 제1항).

　　㉱ 사법경찰관은 이의 신청이 있는 때에는 지체 없이 검사에게 사건을 송치하고 관계 서류와 증거물을 송부하여야 하며, 처리결과와 그 이유를 제1항의 신청인에게 통지하여야 한다(제245조의 7 제2항).

　ⓑ 재수사요청

　　㉮ 검사는 사법경찰관이 사건을 송치하지 아니한 것이 위법 또는 부당한 때에는 그 이유를 문서로 명시하여 사법경찰관에게 재수사를 요청할 수 있다(제245조의 8 제1항).

　　㉯ 사법경찰관은 재수사 요청이 있는 때에는 사건을 재수사하여야 한다(동조 제2항). 21. 순경 2차

　　㉰ 검사는 사법경찰관에게 재수사를 요청하려는 경우에는 관계 서류와 증거물을 송부받은 날부터 90일 이내에 해야 한다. 다만, 다음 각 호의 어느 하나에 해당하는 경우에는 관계 서류와 증거물을 송부받은 날부터 90일이 지난 후에도 재수사를 요청할 수 있다(수사준칙 제63조 제1항).

> 1. 불송치 결정에 영향을 줄 수 있는 명백히 새로운 증거 또는 사실이 발견된 경우
> 2. 증거 등의 허위, 위조 또는 변조를 인정할 만한 상당한 정황이 있는 경우

　　㉱ 검사는 재수사를 요청할 때에는 그 내용과 이유를 구체적으로 적은 서면으로 해야 한다. 이 경우 법 제245조의 5 제2호에 따라 송부받은 관계 서류와 증거물을 사법경찰관에게 반환해야 한다(수사준칙 제63조 제2항).

ⓜ 검사는 법 제245조의 8에 따라 재수사를 요청한 경우 그 사실을 고소인 등에게 통지해야 한다(수사준칙 제63조 제3항).

ⓑ 사법경찰관은 재수사요청에 따라 재수사를 한 경우 다음 각 호의 구분에 따라 처리한다(수사준칙 제64조 제1항).

> 1. 범죄의 혐의가 있다고 인정되는 경우 : 법 제245조의 5 제1호에 따라 검사에게 사건을 송치하고 관계 서류와 증거물을 송부
> 2. 기존의 불송치 결정을 유지하는 경우 : 재수사 결과서에 그 내용과 이유를 구체적으로 적어 검사에게 통보

ⓐ 검사는 사법경찰관이 기존의 불송치결정을 유지하는 경우 재수사 결과를 통보한 사건에 대해서 다시 재수사를 요청을 하거나 송치 요구를 할 수 없다. 다만, 사법경찰관의 재수사에도 불구하고 관련 법리에 위반되거나 송부받은 관계 서류 및 증거물과 재수사결과만으로도 공소제기를 할 수 있을 정도로 명백히 채증법칙에 위반되거나 공소시효 또는 형사소추의 요건을 판단하는 데 오류가 있어 사건을 송치하지 않은 위법 또는 부당이 시정되지 않은 경우에는 재수사 결과를 통보받은 날부터 30일 이내에 법 제197조의 3에 따라 사건송치를 요구할 수 있다(수사준칙 제64조 제2항).

ⓐ 사법경찰관은 불송치사건에 대하여 검사의 재수사요청으로 재수사 중인 사건에 대해 고소인 등의 이의신청(제245조의 7 제1항)이 있는 경우에는 재수사를 중단해야 하며, 제245조의 7 제2항에 따라 해당 사건을 지체 없이 검사에게 송치하고 관계 서류와 증거물을 송부해야 한다(수사준칙 제65조).

③ **수사의 경합시 사건처리**

㉠ 검사는 사법경찰관과 동일한 범죄사실을 수사하게 된 때에는 사법경찰관에게 사건을 송치할 것을 요구할 수 있다(제197조의 4 제1항).
ⓘ 검사는 사법경찰관에게 사건송치를 요구할 때에는 그 내용과 이유를 구체적으로 적은 서면으로 해야 한다(수사준칙 제49조 제1항).

㉡ 동일 범죄사실 수사로 인한 검사로부터 사건송치요구를 받은 사법경찰관은 지체 없이 검사에게 사건을 송치하여야 한다. 다만, 검사가 영장을 청구하기 전에 동일한 범죄사실에 관하여 사법경찰관이 영장을 신청한 경우에는 해당 영장에 기재된 범죄사실을 계속 수사할 수 있다(제197조의 4 제2항). 21. 순경 2차
ⓘ 사법경찰관은 수사의 경합에 따른 송치요구를 받은 날부터 7일 이내에 사건을 검사에게 송치해야 한다. 이 경우 관계 서류와 증거물을 함께 송부해야 한다(수사준칙 제49조 제2항).

㉢ 검사와 사법경찰관은 수사의 경합과 관련하여 동일한 범죄사실 여부나 영장청구·신청의 시간적 선후관계 등을 판단하기 위해 필요한 경우에는 그 필요한 범위에서 사건기록의 상호 열람을 요청할 수 있다(수사준칙 제48조 제1항).

       ㉣ 영장 청구·신청의 시간적 선후관계는 검사의 영장청구서와 사법경찰관의 영장신청서가 각각 법원과 검찰청에 접수된 시점을 기준으로 판단한다(수사준칙 제48조 제2항).

       ㉤ 검사는 제2항에 따른 사법경찰관의 영장신청서의 접수를 거부하거나 지연해서는 안 된다(수사준칙 제48조 제3항).

  ④ **검사의 영장불청구에 대한 심의**

       ㉠ 검사가 사법경찰관이 신청한 영장을 정당한 이유 없이 판사에게 청구하지 아니한 경우 사법경찰관은 그 검사 소속의 지방검찰청 소재지를 관할하는 고등검찰청에 영장청구 여부에 대한 심의를 신청할 수 있다(제221조의 5 제1항). 21. 순경 2차·해경승진·7급 국가직

       ㉡ 제1항에 관한 사항을 심의하기 위하여 각 고등검찰청에 영장심의위원회(이하 이 조에서 "심의위원회"라 한다)를 둔다(동조 제2항).

       ㉢ 심의위원회는 위원장 1명을 포함한 10명 이내의 외부 위원으로 구성하고, 위원은 각 고등검찰청 검사장이 위촉한다(동조 제3항).

       ㉣ 사법경찰관은 심의위원회에 출석하여 의견을 개진할 수 있다(동조 제4항).

       ㉤ 심의위원회의 구성 및 운영 등 그 밖에 필요한 사항은 법무부령으로 정한다(동조 제5항).

  ⑤ **형사사법업무와 관련된 문서작성** : 검사 또는 사법경찰관은 형사사법절차 전자화촉진법 제2조 제1호에 따른 형사사법업무와 관련된 문서를 작성할 때에는 형사사법정보시스템을 이용해야 하며, 그에 따라 작성한 문서는 형사사법정보시스템에 저장·보관해야 한다. 다만, 다음 각 호의 어느 하나에 해당하는 문서로서 형사사법정보시스템을 이용하는 것이 곤란한 경우는 그렇지 않다(수사준칙 제67조).

> 1. 피의자나 사건관계인이 직접 작성한 문서
> 2. 형사사법정보시스템에 작성 기능이 구현되어 있지 않은 문서
> 3. 형사사법정보시스템을 이용할 수 없는 시간 또는 장소에서 불가피하게 작성해야 하거나 형사사법정보시스템의 장애 또는 전산망 오류 등으로 형사사법정보시스템을 이용할 수 없는 상황에서 불가피하게 작성해야 하는 문서

(2) 그 밖의 사법경찰관리와의 관계

  ① **검찰청 소속 일반사법경찰관리**

       ㉠ 사법경찰관의 직무를 행하는 검찰청 직원은 검사의 지휘를 받아 수사하여야 한다(제245조의 9 제2항).

       ㉡ 사법경찰리의 직무를 행하는 검찰청 직원은 검사 또는 사법경찰관의 직무를 행하는 검찰청 직원의 수사를 보조하여야 한다(동조 제3항).

       ㉢ 사법경찰관리의 직무를 행하는 검찰청 직원에 대하여는 사법경찰관리의 규정(제197조의 2부터 제197조의 4까지, 제221조의 5, 제245조의 5부터 제245조의 8까지)을 적용하지 아니한다(동조 제4항).

② **특별사법경찰관리**

　㉠ 삼림, 해사, 전매, 세무, 군수사기관 기타 특별한 사항에 관하여 사법경찰관리의 직무를 행할 특별사법경찰관리와 그 직무의 범위는 법률로 정한다(제245조의 10 제1항).

　　① 특별사법경찰관리와 그 직무의 범위는 '사법경찰관리의 직무를 수행할 자와 그 직무범위에 관한 법률'에 규정을 두고 있다.

　㉡ 특별사법경찰관은 모든 수사에 관하여 검사의 지휘를 받는다(동조 제2항).

　㉢ 특별사법경찰관은 범죄의 혐의가 있다고 인식하는 때에는 범인, 범죄사실과 증거에 관하여 수사를 개시·진행하여야 한다(동조 제3항).

　㉣ 특별사법경찰관리는 검사의 지휘가 있는 때에는 이에 따라야 한다. 검사의 지휘에 관한 구체적 사항은 법무부령으로 정한다(동조 제4항).

　㉤ 특별사법경찰관은 범죄를 수사한 때에는 지체 없이 검사에게 사건을 송치하고, 관계 서류와 증거물을 송부하여야 한다(동조 제5항).

　㉥ 특별사법경찰관리에 대하여는 사법경찰관리의 규정(제197조의 2부터 제197조의 4까지, 제221조의 5, 제245조의 5부터 제245조의 8까지)을 적용하지 아니한다(동조 제6항).

① 검찰청법상 일반사법경찰관, 특별사법경찰관(사법경찰관직무법) ⇨ 검사의 포괄적인 지휘와 통제를 받으며, 형사소송법상의 사법경찰관과는 달리 수사종결권이나 영장청구심의신청권 등의 권리는 부여되지 않음.

▶▶ 정리

검사와 경찰청 소속 일반사법경찰관리와의 관계	상호협력관계	대통령령(검사와 사법경찰관의 상호협력과 일반적 수사준칙에 관한 규정 : 수사준칙)으로 정함 ▶ 검사의 수사지휘권 폐지
	사법경찰관리에 대한 검사의 통제	위법·부당행위에 대한 통제 1. 등본송부요구 2. 시정조치요구 3. 송치요구 4. 징계요구
		송치처분에 대한 통제 1. 보완수사요구 2. 징계요구
		불송치처분에 대한 통제 1. 이의신청 2. 재수사요청
	수사경합시 사건처리	검사의 사건송치요구
	검사의 영장불청구	사법경찰관의 고등검찰청에 심의신청
검사와 그 밖의 사법경찰관리와의 관계	검찰청 소속 일반사법경찰관리	검사의 지휘를 받아 수사
	특별사법경찰관리	검사의 지휘를 받아 수사

6 수사기관의 관할구역 및 준수사항

(1) 수사기관의 관할구역

① **검사의 관할구역** : 검사는 법령에 특별한 규정이 있는 경우를 제외하고는 소속 검찰청의 관할구역에서 직무를 수행함이 원칙이나 수사에 필요할 때에는 관할구역이 아닌 곳에서 직무를 수행할 수 있다(검찰청법 제5조).

② **사법경찰관리의 관할구역** : 사법경찰관리는 각 소속관서의 관할구역 내에서 직무를 행한다. 다만, 관할구역 내의 사건과 관련성이 있는 사실을 발견하기 위한 경우, 관할구역이 불분명한 경우, 긴급을 요하는 등 수사에 필요한 경우에는 관할구역 외에서도 직무를 행할 수 있다(경찰수사규칙 제15조). 사법경찰관리가 관할구역 외에서 수사를 하거나, 관할구역 외의 사법경찰관의 촉탁을 받아 수사하는 경우에는 관할 지방검찰청의 검사장 또는 지청장에게 보고하여야 한다(제210조).

(2) 수사기관의 준수사항

① 피의자에 대한 수사는 불구속 상태에서 함을 원칙으로 한다(제198조 제1항). 11 · 14 · 16. 경찰승진
　ⓘ 불구속수사원칙(○), 불구속재판원칙(×)

② 검사 · 사법경찰관리와 그 밖에 직무상 수사에 관계있는 자는 피의자 또는 다른 사람의 인권을 존중하고 수사과정에서 취득한 비밀을 엄수하며 수사에 방해되는 일이 없도록 하여야 한다(제198조 제2항).

③ 검사 · 사법경찰관리와 그 밖에 직무상 수사에 관계있는 자는 수사과정에서 수사와 관련하여 작성하거나 취득한 서류 또는 물건에 대한 목록을 빠짐 없이 작성하여야 한다(제198조 제3항).
14. 경찰승진, 20. 순경 2차
　ⓘ 검사 및 사법경찰관리와 그 밖에 수사에 관계있는 자는 수사과정에서 수사와 관련하여 작성하거나 취득한 서류 또는 물건에 대하여 중요목록을 작성하여야 한다. (×) 12. 9급 교정 · 보호 · 철도경찰

④ 검사 또는 사법경찰관리는 피의자나 사건관계인과 친족관계 또는 이에 준하는 관계가 있거나 그 밖에 수사의 공정성을 의심 받을 염려가 있는 사건에 대해서는 소속 기관의 장의 허가를 받아 그 수사를 회피해야 한다(수사준칙 제11조).

⑤ 검사 또는 사법경찰관은 피의자의 범죄수법, 범행 동기, 피해자와의 관계, 언동 및 그 밖의 상황으로 보아 피해자가 피의자 또는 그 밖의 사람으로부터 생명 · 신체에 위해를 입거나 입을 염려가 있다고 인정되는 경우에는 직권 또는 피해자의 신청에 따라 신변보호에 필요한 조치를 강구해야 한다(수사준칙 제15조 제2항). 21. 순경 2차

⑥ 검사 또는 사법경찰관은 수사 중인 사건의 범죄 혐의를 밝히기 위한 목적으로 관련 없는 사건의 수사를 개시하거나 수사기간을 부당하게 연장해서는 안 된다(수사준칙 제16조 제2항).

⑦ 검사 또는 사법경찰관은 입건 전에 범죄를 의심할 만한 정황이 있어 수사 개시 여부를 결정하기 위한 사실관계의 확인 등 필요한 조사를 할 때에는 적법절차를 준수하고 사건관계인의

인권을 존중하며, 조사가 부당하게 장기화되지 않도록 신속하게 진행해야 한다(수사준칙 제16조 제3항).

⑧ 검사 또는 사법경찰관은 수사준칙 제16조 제3항에 따른 조사 결과 입건하지 않는 결정을 한 때에는 피해자에 대한 보복범죄나 2차 피해가 우려되는 경우 등을 제외하고는 피혐의자 및 사건관계인에게 통지해야 한다(수사준칙 제16조 제4항).

⑨ 수사기관이 준수사항을 위반한 경우 위법수사를 행한 수사기관에게 징계처분이 부과될 수 있으며(제197조의 3 제7항 참조), 국가는 국가배상책임을 진다.

🔨 관련판례

1. 국가배상책임에 있어 공무원의 가해행위는 법령을 위반한 것이어야 하고, 법령을 위반하였다 함은 엄격한 의미의 법령 위반뿐 아니라 인권존중, 권력남용금지, 신의성실과 같이 공무원으로서 마땅히 지켜야 할 준칙이나 규범을 지키지 않고 위반한 경우를 포함하여 널리 그 행위가 객관적인 정당성을 결여하고 있음을 뜻하는 것이므로, 수사기관이 범죄수사를 하면서 지켜야 할 법규상 또는 조리상의 한계를 위반하였다면 이는 법령을 위반한 경우에 해당한다(대판 2020.4.29, 2015다224797).

2. 수사기관은 피의자의 진술을 조서화하는 과정에서 조서의 객관성을 유지하여야 하고, 고의 또는 과실로 위 직무상 의무를 위반하여 피의자신문조서를 작성함으로써 피의자의 방어권이 실질적으로 침해되었다고 인정된다면, 국가는 그로 인하여 피의자가 입은 손해를 배상하여야 한다(대판 2020.4.29, 2015다224797).

7 고위공직자범죄수사처

고위공직자범죄수사처 설치 및 운영에 관한 법률(공수처법)이 2020년 1월 14일 제정·공포되었으며, 2020년 7월 15일부터 시행되었다. 이 법의 제정이유는 고위공직자와 그 가족의 직무 관련 부정부패를 독립된 위치에서 엄정수사하고 판사, 검사, 경무관급 이상 경찰에 대해서는 기소할 수 있는 기관인 고위공직자범죄수사처를 설치하여 고위공직자의 범죄 및 비리행위를 감시하고 이를 척결함으로써 투명성과 공직사회의 신뢰성을 높이기 위함이다.

(1) 고위공직자 및 그 가족

고위공직자	"고위공직자"란 다음의 어느 하나의 직(職)에 재직 중인 사람 또는 그 직에서 퇴직한 사람을 말한다. 다만, 장성급 장교는 현역을 면한 이후도 포함된다(제2조 제1호). ① 대통령 ② 국회의장 및 국회의원 ③ 대법원장 및 대법관 ④ 헌법재판소장 및 헌법재판관 ⑤ 국무총리와 국무총리비서실 소속의 정무직공무원 ⑥ 중앙선거관리위원회의 정무직공무원 ⑦ 공공감사에 관한 법률 제2조 제2호에 따른 중앙행정기관의 정무직공무원

	⑧ 대통령비서실 · 국가안보실 · 대통령경호처 · 국가정보원 소속의 3급 이상 공무원 ⑨ 국회사무처, 국회도서관, 국회예산정책처, 국회입법조사처의 정무직공무원 ⑩ 대법원장비서실, 사법정책연구원, 법원공무원교육원, 헌법재판소 사무처의 정무직공무원 ⑪ 검찰총장 ⑫ 특별시장 · 광역시장 · 특별자치시장 · 도지사 · 특별자치도지사 및 교육감 ⑬ 판사 및 검사 ⑭ 경무관 이상 경찰공무원 ⑮ 장성급 장교 ⑯ 금융감독원 원장 · 부원장 · 감사 ⑰ 감사원 · 국세청 · 공정거래위원회 · 금융위원회 3급 이상 공무원
가 족	"가족"이란 배우자, 직계존비속을 말한다. 다만, 대통령의 경우 배우자와 4촌 이내의 친족을 말한다(제2조 제2호).

(2) 고위공직자범죄 및 관련범죄

	"고위공직자범죄"란 고위공직자로 재직 중에 본인 또는 본인의 가족이 범한 다음의 어느 하나에 해당하는 죄를 말한다. 다만, 가족의 경우에는 고위공직자의 직무와 관련하여 범한 죄에 한정한다(제2조 제3호). ① 형법 제122조부터 제133조까지의 죄(다른 법률에 따라 가중처벌되는 경우를 포함한다.) 　　**예** 직무유기, 직권남용, 불법체포감금, 폭행가혹행위, 피의사실공표, 공무상 비밀누설, 선거방해, 뇌물죄, 알선수뢰 등 ② 직무와 관련되는 형법 제141조, 제225조, 제227조, 제227조의 2, 제229조(제225조, 제227조 및 제227조의 2의 행사죄에 한정한다.), 제355조부터 제357조까지 및 제359조의 죄(다른 법률에 따라 가중처벌되는 경우를 포함한다.) 　　**예** 공용서류 등 무효, 공용물파괴, 공문서위조, 공전자기록위작 · 변작, 허위공문서작성, 위조 등 공문서행사, 횡령 · 배임, 배임수증재 등 ③ 알선수재(특정범죄 가중처벌 등에 관한 법률 제3조의 죄) ④ 알선수재(변호사법 제111조의 죄) ⑤ 정치자금법 제45조의 죄 ⑥ 국가정보원법 제21조, 제22조의 죄 ⑦ 국회에서의 증언 · 감정 등에 관한 법률 제14조 제1항의 죄 ⑧ ①부터 ⑤까지의 죄에 해당하는 범죄행위로 인한 범죄수익은닉의 규제 및 처벌 등에 관한 법률 제2조 제4호의 범죄수익 등과 관련된 같은 법 제3조 및 제4조의 죄
고위공직자범죄	(위 내용 참조)
관련범죄	"관련범죄"란 다음의 어느 하나에 해당하는 죄를 말한다(제2조 제4호). ① 고위공직자와 형법 제30조부터 제32조까지의 관계에 있는 자가 범한 제3호의 어느 하나에 해당하는 죄 ② 고위공직자를 상대로 한 자의 형법 제133조, 제357조 제2항의 죄 ③ 고위공직자범죄와 관련된 형법 제151조 제1항, 제152조, 제154조부터 제156조까지의 죄 및 국회에서의 증언 · 감정 등에 관한 법률 제14조 제1항의 죄 ④ 고위공직자범죄 수사 과정에서 인지한 그 고위공직자범죄와 직접 관련성이 있는 죄로서 해당 고위공직자가 범한 죄

(3) 수사처조직과 독립성

조 직	처장, 차장 등	① 수사처에 처장 1명과 차장 1명을 두고, 각각 특정직공무원으로 보한다(제4조 제1항). ② 수사처에 수사처검사와 수사처수사관 및 그 밖에 필요한 직원을 둔다(제4조 제2항).
	처장의 자격과 임명	① 처장은 다음의 직에 15년 이상 있던 사람 중에서 고위공직자범죄수사처장후보추천위원회가 2명을 추천하고, 대통령이 그중 1명을 지명한 후 인사청문회를 거쳐 임명한다(제5조 제1항). 　㉠ 판사, 검사 또는 변호사 　㉡ 변호사 자격이 있는 사람으로서 국가기관, 지방자치단체, 공공기관의 운영에 관한 법률 제4조에 따른 공공기관 또는 그 밖의 법인에서 법률에 관한 사무에 종사한 사람 　㉢ 변호사 자격이 있는 사람으로서 대학의 법률학 조교수 이상으로 재직하였던 사람 ② 처장의 임기는 3년으로 하고 중임할 수 없으며, 정년은 65세로 한다(제5조 제3항).
	처장추천 위원회	① 처장후보자의 추천을 위하여 국회에 고위공직자범죄수사처장후보추천위원회를 둔다(제6조 제1항). ② 추천위원회는 위원장 1명을 포함하여 7명의 위원으로 구성한다(제6조 제2항). ③ 위원장은 위원 중에서 호선한다(제6조 제3항). ④ 국회의장은 다음의 사람을 위원으로 임명하거나 위촉한다(제6조 제4항). 　㉠ 법무부장관 　㉡ 법원행정처장 　㉢ 대한변호사협회장 　㉣ 대통령이 소속되거나 소속되었던 정당의 교섭단체가 추천한 2명 　㉤ ㉣의 교섭단체 외 교섭단체가 추천한 2명 ⑤ 추천위원회는 국회의장의 요청 또는 위원 3분의 1 이상의 요청이 있거나 위원장이 필요하다고 인정할 때 위원장이 소집하고, 재적위원 3분의 2 이상의 찬성으로 의결한다(제6조 제7항). <개정 2020.12.15>
	수사처 검사	① 수사처검사는 7년 이상 변호사의 자격이 있는 사람 중에서 제9조에 따른 인사위원회의 추천을 거쳐 대통령이 임명한다. 이 경우 검사의 직에 있었던 사람은 제2항에 따른 수사처검사 정원의 2분의 1을 넘을 수 없다(제8조 제1항). <개정 2020.12.15> ② 수사처검사는 특정직공무원으로 보하고, 처장과 차장을 포함하여 25명 이내로 한다(제8조 제2항). ③ 수사처검사의 임기는 3년으로 하고, 3회에 한하여 연임할 수 있으며, 정년은 63세로 한다(제8조 제3항). ④ 수사처검사는 직무를 수행함에 있어서 검찰청법 제4조에 따른 검사의 직무 및 군사법원법 제37조에 따른 군검사의 직무를 수행할 수 있다(제8조 제4항).
	인사 위원회	① 처장과 차장을 제외한 수사처검사의 임용, 전보, 그 밖에 인사에 관한 중요 사항을 심의·의결하기 위하여 수사처에 인사위원회를 둔다(제9조 제1항). ② 인사위원회는 위원장 1명을 포함한 7명의 위원으로 구성하고, 인사위원회의 위원장은 처장이 된다(제9조 제2항).

PART

01

	수사처 수사관	① 수사처수사관은 다음의 어느 하나에 해당하는 사람 중에서 처장이 임명한다(제10조 제1항). ㉠ 변호사 자격을 보유한 사람 ㉡ 7급 이상 공무원으로서 조사, 수사업무에 종사하였던 사람 ㉢ 수사처규칙으로 정하는 조사업무의 실무를 5년 이상 수행한 경력이 있는 사람 ② 수사처수사관의 임기는 6년으로 하고, 연임할 수 있으며, 정년은 60세로 한다(제10조 제3항).
독립성	독립수행	수사처는 그 권한에 속하는 직무를 독립하여 수행한다(제3조 제2항).
	관여금지	대통령, 대통령비서실의 공무원은 수사처의 사무에 관하여 업무보고나 자료제출 요구, 지시, 의견제시, 협의, 그 밖에 직무수행에 관여하는 일체의 행위를 하여서는 아니 된다(제3조 제3항).

(4) 직무와 권한

수사처장	① 처장은 수사처의 사무를 통할하고 소속 직원을 지휘·감독한다(제17조 제1항). ② 처장은 제8조에 따른 수사처검사의 직을 겸한다(제17조 제5항). ③ 처장은 수사처검사로 하여금 그 권한에 속하는 직무의 일부를 처리하게 할 수 있다(제19조 제1항). ④ 처장은 수사처검사의 직무를 자신이 처리하거나 다른 수사처검사로 하여금 처리하게 할 수 있다(제19조 제2항).
수사처차장	① 차장은 처장을 보좌하며, 처장이 부득이한 사유로 그 직무를 수행할 수 없는 때에는 그 직무를 대행한다(제18조 제1항). ② 차장은 제8조에 따른 수사처검사의 직을 겸한다(제18조 제2항).
수사처검사	① 수사처검사는 제3조 제1항 각 호(고위공직자범죄)에 따른 수사와 공소의 제기 및 유지에 필요한 행위를 한다(제20조 제1항). ▶ 판사(대법원장·대법관 포함), 검사(검찰총장 포함), 경무관 이상 경찰관 ⇨ 수사처검사가 공소제기 및 유지까지 가능(제3조 제1항 제2호) ② 수사처검사는 처장의 지휘·감독에 따르며, 수사처수사관을 지휘·감독한다(제20조 제2항). ③ 수사처검사는 구체적 사건과 관련된 제2항의 지휘·감독의 적법성 또는 정당성에 대하여 이견이 있을 때에는 이의를 제기할 수 있다(제20조 제3항).
수사처수사관	① 수사처수사관은 수사처검사의 지휘·감독을 받아 직무를 수행한다(제21조 제1항). ② 수사처수사관은 고위공직자범죄 등에 대한 수사에 관하여 형사소송법 제197조 제1항에 따른 사법경찰관의 직무를 수행한다(제21조 제2항).

⑸ 수사처검사의 수사와 공소제기 및 유지

수사처검사의 수사	수사처검사는 고위공직자범죄의 혐의가 있다고 사료하는 때에는 범인, 범죄사실과 증거를 수사하여야 한다(제23조).
다른 수사기관과의 관계	① 수사처의 범죄수사와 중복되는 다른 수사기관의 범죄수사는 처장이 수사의 진행정도 및 공정성 논란 등에 비추어 수사처에서 수사하는 것이 적절하다고 판단하여 이첩을 요청하는 경우 해당 수사기관은 이에 응하여야 한다(제24조 제1항). ② 다른 수사기관이 범죄를 수사하는 과정에서 고위공직자범죄 등을 인지한 경우 그 사실 을 즉시 수사처에 통보하여야 한다(제24조 제2항). ③ 처장은 피의자, 피해자, 사건의 내용과 규모 등에 비추어 다른 수사기관이 고위공직자 범죄 등을 수사하는 것이 적절하다고 판단될 때에는 해당 수사기관에 사건을 이첩할 수 있다(제24조 제3항). ④ ②에 따라 고위공직자범죄 등 사실의 통보를 받은 처장은 통보를 한 다른 수사기관의 장에게 수사처규칙으로 정한 기간과 방법으로 수사개시 여부를 회신하여야 한다(제24 조 제4항).
수사처검사 및 검사범죄에 대한 수사	① 처장은 수사처검사의 범죄 혐의를 발견한 경우에 관련 자료와 함께 이를 대검찰청에 통보하여야 한다(제25조 제1항). ② 수사처 외의 다른 수사기관이 검사의 고위공직자범죄 혐의를 발견한 경우 그 수사기관 의 장은 사건을 수사처에 이첩하여야 한다(제25조 제2항).
수사처검사의 관계 서류와 증거물송부	① 수사처검사는 제3조 제1항 제2호에서 정하는 사건(수사처검사가 공소제기 가능사건)을 제외한 고위공직자범죄 등에 관한 수사를 한 때에는 관계 서류와 증거물을 지체 없이 서울중앙지방검찰청 소속 검사에게 송부하여야 한다(제26조 제1항). ② ①에 따라 관계 서류와 증거물을 송부받아 사건을 처리하는 검사는 처장에게 해당 사건 의 공소제기 여부를 신속하게 통보하여야 한다(제26조 제2항).
인지사건 이첩	처장은 고위공직자범죄에 대하여 불기소 결정을 하는 때에는 해당 범죄의 수사과정에서 알게 된 관련범죄 사건을 대검찰청에 이첩하여야 한다(제27조).
형의 집행	① 수사처검사가 공소를 제기하는 고위공직자범죄 등 사건에 관한 재판이 확정된 경우 제1심 관할 지방법원에 대응하는 검찰청 소속 검사가 그 형을 집행한다(제28조 제1항). ② ①의 경우 처장은 원활한 형의 집행을 위하여 해당 사건 및 기록 일체를 관할 검찰청의 장에게 인계한다(제28조 제2항).
재판관할	수사처검사가 공소를 제기하는 고위공직자범죄 등 사건의 제1심 재판은 서울중앙지방법원 의 관할로 한다. 다만, 범죄지, 증거의 소재지, 피고인의 특별한 사정 등을 고려하여 수사처 검사는 형사소송법에 따른 관할 법원에 공소를 제기할 수 있다(제31조).

(6) 재정신청에 대한 특례

고소 · 고발인의 재정신청	① 고소 · 고발인은 수사처검사로부터 공소를 제기하지 아니한다는 통지를 받은 때에는 서울고등법원에 그 당부에 관한 재정을 신청할 수 있다(공수처법 제29조 제1항). ▶ 형사소송법상 재정신청의 관할 ⇨ 불기소처분을 한 검사소속의 지방검찰청소재지를 관할하는 고등법원 ② 제1항에 따른 재정신청을 하려는 사람은 공소를 제기하지 아니한다는 통지를 받은 날부터 30일 이내에 처장에게 재정신청서를 제출하여야 한다(동조 제2항). ③ 재정신청서에는 재정신청의 대상이 되는 사건의 범죄사실 및 증거 등 재정신청을 이유 있게 하는 사유를 기재하여야 한다(동조 제3항). ④ 재정신청서를 제출받은 처장은 재정신청서를 제출받은 날부터 7일 이내에 재정신청서 · 의견서 · 수사관계 서류 및 증거물을 서울고등법원에 송부하여야 한다. 다만, 신청이 이유 있는 것으로 인정하는 때에는 즉시 공소를 제기하고 그 취지를 서울고등법원과 재정신청인에게 통지한다(동조 제4항). ⑤ 이 법에서 정한 사항 외에 재정신청에 관하여는 형사소송법 제262조 및 제262조의 2부터 제262조의 4까지의 규정을 준용한다(동조 제5항).

제2절 ▌ 피의자

1 피의자의 의의

피의자라 함은 수사기관에 의해 범죄혐의를 받고 수사가 개시된 자를 말한다.
ⓘ 수사개시 전(용의자), 수사개시(피의자), 공소제기(피고인), 유죄확정(수형자)

2 피의자 지위의 발생시점

① 피의자의 지위는 수사를 개시한 때부터 발생한다.

ⓘ 수사기관의 현행범체포시, 범죄인지의 경우 입건(사건접수부에 등재) 전이라도 실제 조사를 행한 경우(대판 2001.10.26, 2000도2968), 임의동행 형식으로 연행시, 사인으로부터 현행범 인도시에 피의자 지위 발생
ⓘ 고소 · 고발 · 자수가 있는 때 피의자 지위 발생(서면에 의한 고소 · 고발 ⇨ 서면이 수사기관에 접수된 때, 구두에 의한 고소 · 고발 ⇨ 수사기관이 조서를 작성한 때)

② 검사와 사법경찰관의 상호협력과 일반적 수사준칙에 관한 규정에 의하면 아래 어느 하나에 해당하는 행위에 착수한 때를 수사를 개시한 것으로 본다(수사준칙 제16조 제1항). 21. 순경 2차 따라서 이 경우에도 피의자가 된다.

> 1. 피혐의자의 수사기관 출석조사
> 2. 피의자신문조서의 작성
> 3. 긴급체포
> 4. 체포·구속영장의 청구 또는 신청
> 5. 사람의 신체, 주거, 관리하는 건조물, 자동차, 선박, 항공기 또는 점유하는 방실에 대한 압수·수색 또는 검증영장(부검을 위한 검증영장은 제외한다)의 청구 또는 신청

3 피의자의 대리·대표

① 형법 제9조 내지 제11조의 규정의 적용을 받지 아니하는 범죄사건에 관하여 피의자가 의사능력이 없는 때에는 그 법정대리인이 소송행위를 대리한다(제26조).
② 피의자가 법인인 때에는 그 대표자가 소송행위를 대표한다. 수인이 공동하여 법인을 대표하는 경우에도 소송행위에 관하여는 각자가 대표한다(제27조).
③ 피의자를 대리 또는 대표할 자가 없는 때에는 법원은 검사 또는 이해관계인의 청구에 의하여 특별대리인을 선임하여야 한다. 특별대리인은 피고인 또는 피의자를 대리 또는 대표하여 소송행위를 할 자가 있을 때까지 그 임무를 행한다(제28조).

4 피의자 지위의 소멸

피의자의 지위는 경찰공무원인 사법경찰관의 불송치처분에 의하여 소멸하며, 검사의 공소제기, 고위공직자범죄수사처의 공소제기, 경찰서장의 즉결심판청구에 의해 피의자의 지위는 소멸되고 피고인의 지위로 전환된다. 또한 검사의 불기소처분확정에 의해 피의자의 지위가 상실되므로, 검사의 불기소처분에 대한 검찰항고, 재정신청, 헌법소원을 제기한 경우에는 절차가 종결될 때까지는 피의자의 지위가 존속된다. 13. 경찰간부

5 피의자의 소송법상 지위

① 수사기관에 의하여 범죄혐의가 인정된 피의자는 수사의 대상이 된다. 그러나 피의자는 단순한 조사의 객체가 아니라 인격권의 주체로서의 지위를 가지고 있다.
② 수사절차에서 사실해명을 위해 불가피한 활동에 협조할 의무를 진다.

6 피의자의 권리

현행 형사소송법상 피의자의 권리는 피고인이 가지고 있는 권리와 대부분 중복되지만 체포 · 구속적부심사청구권은 피의자에게만 인정되는 권리(피고인 권리 ×)이다.

① 피고인에게만 인정된 권리(피의자에게는 인정 ×) ⇨ 보석청구권, 정식재판청구권, 기피신청권, 관할이전청구권

피의자의 권리 ○	피의자의 권리 ×
• 증거보전청구권 09. 순경 1차, 09 · 16. 경찰승진 • 긴급체포 후 석방시 관련서류에 대한 열람 · 등사청구권 • 접견교통권 • 체포 · 구속적부심사청구권 09 · 16. 경찰승진 • 진술거부권 09 · 16. 경찰승진	• 수사서류 열람 · 등사권 01. 순경 1차, 02. 순경 2차, 04. 경찰승진 • 보석청구권 12. 경찰간부 • 수사상 증인신문청구권 12. 경찰간부, 16. 경찰승진 • 수사중지청구권 • 정식재판청구권 02. 경찰승진 • 기피신청권 • 관할이전청구권

01 다음 중 2021. 1. 1.부터 시행된 개정 형사소송법의 내용으로 가장 옳지 않은 것은? 21. 해경 1차

① 경무관, 총경, 경정, 경감, 경위는 사법경찰관으로서 모든 수사에 관하여 검사의 지휘를 받는다.

② 검사는 송치사건의 공소제기 여부 결정 또는 공소의 유지에 관하여 필요한 경우나 사법경찰관이 신청한 영장의 청구 여부 결정에 관하여 필요한 경우 사법경찰관에게 보완수사를 요구할 수 있다.

③ 사법경찰관은 고소·고발사건을 포함하여 범죄를 수사한 때 범죄의 혐의가 있다고 인정되는 경우에는 지체 없이 검사에게 사건을 송치하고, 관계 서류와 증거물을 검사에게 송부하여야 한다.

④ 검사가 사법경찰관이 신청한 영장을 정당한 이유 없이 판사에게 청구하지 아니한 경우, 관할 고등검찰청 영장심의위원회에 영장청구에 대한 심의를 청구할 수 있다.

해설 \ ① 경무관, 총경, 경정, 경감, 경위는 사법경찰관으로서 범죄의 혐의가 있다고 사료하는 때에는 범인, 범죄사실과 증거를 수사한다(제197조 제1항). 경찰청소속 사법경찰관에 대한 검사수사지휘권은 폐지되었다.
② 제197조의 2 제1항
③ 제245조의 5 제1호
④ 제221조의 5 제1항

02 수사절차에 대한 설명으로 가장 적절하지 않은 것은?　　　　　　21. 순경 1차

① 사법경찰관이 검찰송치 결정을 한 경우에는 그 내용을 고소인·고발인·피해자 또는 그 법정대리인(피해자가 사망한 경우에는 그 배우자·직계친족·형제자매를 포함한다)과 피의자에게 통지해야 한다.

② 사법경찰관이 범죄를 수사한 후 범죄의 혐의가 인정되는 경우에는 지체 없이 검사에게 사건을 송치하고, 검사는 송치 사건의 공소제기 여부 결정 또는 공소의 유지에 관하여 필요한 경우 사법경찰관에게 보완수사를 요구할 수 있으며, 특별히 직접 보완수사를 할 필요성이 인정되는 경우에는 예외적으로 직접 보완수사를 할 수 있다.

Answer　01. ①　02. ④

③ 사법경찰관리의 수사과정에서 현저한 수사권 남용이 의심되는 사실에 대하여, 형사소송 법 제197조의 3의 절차에 따라 사법경찰관으로부터 사건기록 등본을 송부받은 검사는 필요하다고 인정되는 경우 사법경찰관에게 시정조치를 요구할 수 있고, 그 이행 결과를 통보받은 후 시정조치 요구가 정당한 이유 없이 이행되지 않았다고 인정되는 경우에는 사법경찰관에게 사건을 송치할 것을 요구할 수 있다.

④ 사법경찰관이 범죄를 수사한 후 범죄의 혐의가 인정되지 않아 불송치 결정을 하는 경우, 사법경찰관은 그 이유를 명시한 서면과 함께 관계 서류와 증거물을 지체 없이 검사에게 송부해야 하며, 검사는 송부받은 날로부터 60일 이내에 사법경찰관에게 그 서류 등을 반 환하여야 한다.

해설 \ ① 수사준칙 제53조 제1항
② 제245조의 5 제1호, 제197조의 2 제1항, 수사준칙 제59조 제1항
③ 제197조의 3 제1항부터 제5항
④ 사법경찰관이 범죄를 수사한 후 범죄의 혐의가 인정되지 않아 불송치 결정을 하는 경우, 사법경찰관은 그 이유를 명시한 서면과 함께 관계 서류와 증거물을 지체 없이 검사에게 송부해야 하며, 검사는 송부받은 날로부터 90일 이내에 사법경찰관에게 그 서류 등을 반환하여야 한다(제245조의 5 제2호).

03 검사와 사법경찰관의 관계에 관한 설명으로 옳지 않은 것을 모두 고른 것은? 21. 순경 2차

⊙ 검사는 사법경찰관과 동일한 범죄사실을 수사하게 된 때에는 사법경찰관에게 사건을 송치할 것을 요구할 수 있고 그 요구를 받은 사법경찰관은 지체 없이 검사에게 사건을 송치하여야 하나, 검사가 영장을 청구하기 전에 범죄사실에 관하여 사법경찰관이 영장을 신청한 경우에는 해당 영장에 기재된 범죄사실을 계속 수사할 수 있다.

⊙ 사법경찰관이 범죄를 수사하여 범죄의 혐의가 있다고 인정되는 경우에는 지체 없이 검사에게 사건을 송치하고 관계 서류와 증거물을 검사에게 송부하여야 하고, 그 밖의 경우에는 그 이유를 명시한 서면과 함께 관계 서류와 증거물을 지체 없이 검사에게 송부하여야 한다. 후자의 경우 검사는 관계 서류와 증거물을 사법경찰관에게 반환할 필요가 없다.

⊙ 위 ⊙의 밑줄 친 경우 사법경찰관이 사건을 검사에게 송치하지 아니한 것이 위법 또는 부당한 때에는 검사는 그 이유를 문서로 명시하여 사법경찰관에게 재수사를 요청할 수 있고, 검사가 재수사를 요청한 경우 사법경찰관은 사건을 재수사하여야 한다.

⊙ 검사는 사법경찰관리의 수사과정에서 법령위반, 인권침해 또는 현저한 수사권 남용이 의심되는 사실의 신고가 있거나 그러한 사실을 인식하게 된 경우에는 즉시 사법경찰관에게 사건의 송치를 요구할 수 있고, 검사의 송치요구를 받은 사법경찰관은 검사에게 사건을 송치하여야 한다.

① ⊙, ⊙   ② ⊙, ⊙   ③ ⊙, ⊙   ④ ⊙, ⊙

Answer   03. ③

해설\ ㉠ ○ : 제197조의 4 제1항·제2항

㉡ × : 사법경찰관이 범죄를 수사하여 범죄의 혐의가 있다고 인정되는 경우에는 지체 없이 검사에게 사건을 송치하고 관계 서류와 증거물을 검사에게 송부하여야 하고(제245조의 5 제1호), 그 밖의 경우에는 그 이유를 명시한 서면과 함께 관계 서류와 증거물을 지체 없이 검사에게 송부하여야 하고, 검사는 송부받은 날부터 90일 이내에 관계 서류와 증거물을 사법경찰관에게 반환하여야 한다(제245조의 5 제2호).

㉢ ○ : 제245조의 8 제1항·제2항

㉣ × : 검사는 사법경찰관리의 수사과정에서 법령위반, 인권침해 또는 현저한 수사권 남용이 의심되는 사실의 신고가 있거나 그러한 사실을 인식하게 된 경우에는 사법경찰관에게 사건기록등본의 송부를 요구할 수 있으며, 송부요구를 받은 사법경찰관은 지체 없이 검사에게 사건기록등본을 송부하여야 한다. 송부를 받은 검사는 필요하다고 인정되는 경우에는 사법경찰관에게 시정조치를 요구할 수 있다(제197조의 3 제1항부터 제3항).

04 검사와 사법경찰관의 상호협력과 일반적 수사준칙에 관한 규정의 내용으로 가장 적절한 것은?

21. 순경 2차

① 검사 또는 사법경찰관은 피의자신문에 참여한 변호인이 피의자의 옆자리 등 실질적인 조력을 할 수 있는 위치에 앉도록 해야 하고, 정당한 사유가 없으면 피의자에 대한 신문이 아닌 단순 면담 등이라는 이유로 변호인의 참여·조력을 제한해서는 안 된다.

② 피의자신문에 참여한 변호인은 검사 또는 사법경찰관의 신문 후 조서를 열람하고 의견을 진술할 수 있으며, 신문 중이라도 부당한 신문방법에 대해서는 검사 또는 사법경찰관의 승인을 받아 이의를 제기할 수 있다.

③ 검사 또는 사법경찰관은 피의자의 범죄수법, 범행 동기, 피해자와의 관계, 언동 및 그 밖의 상황으로 보아 피해자가 피의자 또는 그 밖의 사람으로부터 생명·신체에 위해를 입거나 입을 염려가 있다고 인정되는 경우에는 피해자의 신청이 있는 때에 한하여 신변보호에 필요한 조치를 강구할 수 있다.

④ 검사 또는 사법경찰관은 피의자에게 출석요구를 하려는 경우에는 피의자와 조사의 일시·장소에 관하여 협의해야 하고 변호인이 있는 때에는 변호인과도 협의해야 하나, 피의자 외의 사람에 대한 출석요구의 경우에는 협의를 요하지 아니한다.

해설\ ① 수사준칙 제13조

② 피의자신문에 참여한 변호인은 검사 또는 사법경찰관의 신문 후 조서를 열람하고 의견을 진술할 수 있으며, 신문 중이라도 부당한 신문방법에 대해서는 검사 또는 사법경찰관의 승인 없이 이의를 제기할 수 있다(수사준칙 제14조 제3항).

③ 검사 또는 사법경찰관은 피의자의 범죄수법, 범행 동기, 피해자와의 관계, 언동 및 그 밖의 상황으로 보아 피해자가 피의자 또는 그 밖의 사람으로부터 생명·신체에 위해를 입거나 입을 염려가 있다고 인정되는 경우에는 직권 또는 피해자의 신청에 따라 신변보호에 필요한 조치를 강구해야 한다(수사준칙 제15조 제2항).

④ 검사 또는 사법경찰관은 피의자에게 출석요구를 하려는 경우에는 피의자와 조사의 일시·장소에 관하여 협의해야 하고 변호인이 있는 때에는 변호인과도 협의해야 한다(수사준칙 제19조 제2항). 제2항의 규정은 피의자 외의 사람에 대한 출석요구의 경우에도 적용한다(수사준칙 제19조 제6항).

Answer 04. ①

05 검사와 사법경찰관의 상호협력과 일반적 수사준칙에 관한 규정상 사법경찰관이 그 행위에 착수한 때에는 수사를 개시한 것으로 보고 해당 사건을 즉시 입건해야 하는 경우가 아닌 것은?

21. 순경 2차

① 피혐의자의 수사기관 출석조사

② 피의자신문조서의 작성

③ 현행범인 체포

④ 체포·구속영장의 청구 또는 신청

해설\ 검사 또는 사법경찰관이 다음 각 호의 어느 하나에 해당하는 행위에 착수한 때에는 수사를 개시한 것으로 본다. 이 경우 검사 또는 사법경찰관은 해당 사건을 즉시 입건해야 한다(수사준칙 제16조 제1항).

> 1. 피혐의자의 수사기관 출석조사
> 2. 피의자신문조서의 작성
> 3. 긴급체포
> 4. 체포·구속영장의 청구 또는 신청
> 5. 사람의 신체, 주거, 관리하는 건조물, 자동차, 선박, 항공기 또는 점유하는 방실에 대한 압수·수색 또는 검증영장(부검을 위한 검증영장은 제외한다)의 청구 또는 신청

Answer 05. ③

Chapter

03 수사의 개시

제1절 ▎ 수사의 단서

1 수사단서의 의의

수사기관은 범죄혐의가 있다고 사료하는 때에는 범인, 범죄사실과 증거를 수사하게 된다(제196조, 제197조 제1항 참조). 수사기관이 범죄혐의가 있다고 판단하게 된 원인을 수사의 단서라고 한다. 수사의 단서는 수사개시의 시발점이 된다. 수사기관의 현행범체포나 고소·고발·자수가 있는 때에는 즉시 수사가 개시되고, 그 이외의 것들은 수사의 단서가 있다고 하여 바로 수사가 개시되는 것은 아니고 수사기관의 범죄인지에 의하여 비로소 수사가 개시된다.

2 수사단서의 유형

수사의 단서에는 수사기관 자신의 체험에 의한 경우와 타인의 체험을 근거로 하는 경우로 나눌 수 있다. 현행범체포·변사자검시·불심검문·다른 사건 수사 중 범죄발견·기사·풍문 등은 전자에 해당하고, 고소·고발·자수·진정·범죄신고 등은 후자에 포함된다.

▶▶ 정리

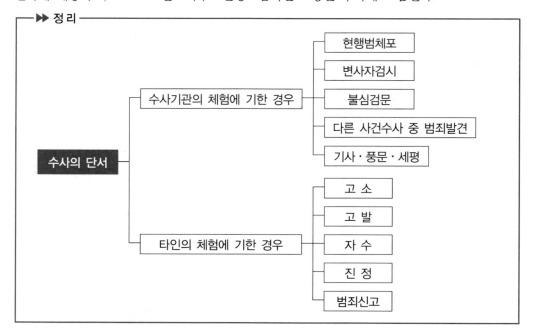

ⓘ 고소 · 고발 · 자수 ⇨ 수사단서이면서 수사개시요건임.

ⓘ 고소 · 고발 · 자수를 제외한 수사단서 ⇨ 범죄인지에 의해 수사개시

ⓘ 형사소송법에 규정된 수사단서 ⇨ 현행범체포, 변사자검시, 고소, 고발, 자수

ⓘ 수사가 개시(입건)되면 그 대상이 되는 사람은 피의자로 전환된다.

ⓘ 형사소송법은 수사의 단서로 현행범체포, 불심검문 등을 규정하고 있다. (×)

ⓘ 고소나 세평은 수사의 단서 중 즉시 수사가 개시되어 피고인의 지위를 갖게 된다. (×)

ⓘ 진정 · 자수 · 범죄신고는 타인의 체험에 의한 수사단서이나, 불심검문은 수사기관 자신의 체험에 의한 수사단서이다. (○) 15. 경찰승진

제2절 | 불심검문

1 불심검문의 의의 · 성격

(1) 불심검문의 의의

불심검문(직무질문)이란 경찰관이 거동이 수상한 자를 발견한 때에 이를 정지시켜 질문하는 것을 말한다(경찰관직무집행법 제3조 제1항). 15. 경찰승진

(2) 불심검문의 성격

불심검문은 행정경찰작용 특히 보안경찰분야에 속하는 것으로 형사소송법상의 수사와는 엄격히 구별하는 견해(보안경찰작용설)와 행정경찰작용뿐만 아니라 수사목적 달성을 위한 사법경찰작용도 동시에 내포하고 있다는 견해(병유설)가 대립하고 있다.

보안경찰작용설에 의하면 불심검문은 수사 이전단계에서 행해지는 것으로 수사의 단서에 지나지 않는다고 보게 되나, 병유설에 의하면 불심검문은 수사 이전 단계뿐만 아니라, 수사개시 이후에도 가능하다고 한다.

ⓘ 2006년 순경 기출문제에서 '수사상 증거자료를 수집하기 위해 불심검문을 할 수 있다.'를 ○, ×로 묻는 박스형으로 출제된 바 있었는데, 이는 어느 학설을 취하느냐에 따라 달라질 수 있으므로 논란의 여지가 있다.

2 불심검문의 대상 03 · 04 · 15. 경찰승진, 16. 순경 2차

(1) 수상한 행동이나 그 밖의 주위의 사정을 합리적으로 판단하여 볼 때 죄를 범하였거나 범하려고 하고 있다고 의심할 만한 상당한 이유가 있는 사람(경찰관직무집행법 제3조 제1항 제1호)

(2) 이미 행하여진 범죄나 행하여지려고 하는 범죄행위에 관하여 그 사실을 안다고 인정되는 사람
(동법 제3조 제1항 제2호)

ⓘ 범인으로 호창되어 추적되고 있는 자 ⇨ 불심검문대상 ×〔준현행범이므로 무(無)영장 체포대상임〕

△ 관련판례

1. 피고인의 인상착의가 미리 입수된 용의자에 대한 인상착의와 일부 일치하지 않는 부분이 있다고 하더라도 그것만으로 경찰관들이 피고인을 불심검문 대상자로 삼은 조치가 위법하다고 볼 수는 없다 (대판 2014.2.27, 2011도13999).

2. 불심검문대상자 해당 여부를 판단할 때에는 불심검문 당시의 구체적 상황은 물론 사전에 얻은 정보나 전문적 지식 등에 기초하여 불심검문 대상자인지를 객관적·합리적인 기준에 따라 판단하여야 하나, 반드시 불심검문 대상자에게 형사소송법상 체포나 구속에 이를 정도의 혐의가 있을 것을 요한다고 할 수는 없다(대판 2014.2.27, 2011도13999). 15. 9급 교정·보호·철도경찰, 17. 순경 2차, 20. 해경, 17·21. 경찰승진

3 불심검문의 방법

불심검문은 정지, 질문, 질문을 위한 동행요구를 그 내용으로 한다. 이와 관련하여 정지를 위해 자동차검문이 허용되는가, 질문의 일환으로 소지품검사가 허용되는가 하는 특수한 문제가 제기된다.

(1) 정지 및 질문

① **정지의 의의** : 정지는 질문을 하기 위하여 그를 멈추어 세우는 것을 말한다.

② **정지와 그 한계** : 정지는 질문을 위한 수단이므로 강제수단에 의하여 정지시키는 것은 허용되지 아니한다. 이와 관련하여 정지요구에 응하지 않고 지나가거나 질문 도중에 떠나는 경우 실력행사를 인정할 수 있는가가 문제된다. 다수설은 사태의 긴급성, 혐의 정도, 질문의 필요성과 수단의 상당성을 고려하여 강제에 이르지 않는 정도의 유형력의 행사는 허용된다고 본다(예 길을 막거나 몸에 손을 대는 정도). 08. 경찰승진

ⓘ 답변을 강요하기 위한 유형력의 행사는 허용 × 08. 경찰승진

ⓘ 수갑을 채운 뒤 질문을 하는 것은 허용 ×

△ 관련판례

자전거를 이용한 날치기 사건이 발생한 직후 그 인근에서 검문을 실시 중이던 경찰관들이 위 날치기 사건의 범인과 흡사한 인상착의의 피의자를 발견하고 소속과 성명을 고지하면서 검문에 협조해 달라고 하였을 때, 피의자가 자전거를 타고 그대로 진행하였고 이에 경찰봉으로 그 앞을 가로막으면서 진행을 제지하였다면 그 범행의 경중, 범행과의 관련성, 상황의 긴박성, 혐의의 정도, 질문의 필요성 등에 비추어 그 목적달성에 필요한 최소한의 범위 내에서 사회통념상 용인될 수도 있는 상당한 방법으로 적법한 공무집행에 해당한다(대판 2012.9.13, 2010도6203). 20. 해경, 21. 경찰승진·경찰간부·소방간부

③ **질문의 방법** : 거동불심자에게 행선지나 용건 또는 성명·주소·연령 등을 묻고 필요시 소지품 내용을 질문하여 수상한 점을 밝히는 방법에 의한다. 질문을 하는 경우 경찰관은 상대

방에게 신분증을 제시하면서 소속과 성명을 밝히고 그 목적과 이유를 설명하여야 한다(경찰관직무집행법 제3조 제4항). 질문에 대하여 상대방은 답변을 강요당하지 아니한다(동법 제3조 제7항). 다만, 상대방을 설득하여 번의를 구하는 것은 허용될 수 있다.

⚠ 질문을 하는 경우 경찰관은 질문 전에 진술거부권을 고지하여야 한다. (×)

관련판례

1. 불심검문시 경찰관이 정복을 입고 있었다면, 신분증 제시가 없었더라도 정당하다(대판 2004.10.18, 2004도4029).

 ⚠ 직무질문을 할 당시에 경찰복을 입고 있었다면, 상대방이 요구하더라도 경찰관에게는 상대방에게 자신의 신분을 표시하는 증표를 제시하거나 소속과 성명을 밝힐 의무가 없다. (×) 11. 경찰승진

2. 불심검문을 하게 된 경위, 불심검문 당시의 현장상황과 검문을 하는 경찰관들의 복장, 피고인이 공무원증 제시나 신분 확인을 요구하였는지 여부 등을 종합적으로 고려하여, 검문하는 사람이 경찰관이고 검문하는 이유가 범죄행위에 관한 것임을 피고인이 충분히 알고 있었다고 보이는 경우에는 신분증을 제시하지 않았다고 하여 그 불심검문이 위법한 공무집행이라고 할 수 없다(대판 2014.12.11, 2014도7976). 15. 9급 교정·보호·철도경찰, 19. 변호사시험, 20. 9급 검찰·마약·교정·보호·철도경찰, 17·18·20. 경찰승진, 20. 해경, 19·21. 수사경과, 21. 경찰간부·소방간부

(2) 동행요구

① 정지한 장소에서 질문함이 당해인에게 불리하거나, 교통에 방해가 된다고 인정되는 때에 한하여 부근의 경찰서 등에 동행을 요구할 수 있다(경찰관직무집행법 제3조 제2항). 14. 9급 교정·보호·철도경찰, 16. 순경 2차, 11·17. 경찰승진, 18. 수사경과 이 경우에도 상대방은 동행요구를 거절할 수 있음은 물론이다. 11. 경찰승진, 15. 9급 교정·보호·철도경찰

 ⚠ 불심검문에 대하여 응답을 거부한 자 ⇨ 동행요구 대상 ×
 ⚠ 누구임을 물음에 대하여 도망하려는 자 ⇨ 동행요구 대상 ×(준현행범 ○)
 ⚠ 동행요구시 경찰장구 사용 ×(경찰관직무집행법 제10조의 2 참조) 13. 9급 검찰·마약수사, 15. 경찰승진

② 동행요구에 의하여 연행된 상대방은 변호인과의 접견교통권을 행사할 수 있으며, 동행을 한 경우에 경찰관은 상대방을 6시간 초과하여 머무르게 할 수 없다(동조 제6항). 13. 9급 검찰·마약수사, 15·17. 경찰승진, 20. 수사경과

 ⚠ 6시간 동안 구금을 허용하는 것은 아니다. 16·18. 수사경과, 21. 경찰간부

관련판례

1. 임의동행의 형식으로 수사기관에 연행된 피의자에게도 변호인 또는 변호인이 되려는 자와의 접견교통권은 당연히 인정된다고 보아야 할 것이고, 임의동행의 형식으로 연행된 피내사자의 경우에도 마찬가지라 할 것이다(대결 1996.6.3, 96모18).

2. 임의동행은 상대방의 동의 또는 승낙을 그 요건으로 하는 것이므로 경찰관으로부터 임의동행 요구를 받은 경우 상대방은 이를 거절할 수 있을 뿐만 아니라 임의동행 후 언제든지 경찰관서에서 퇴거할 자유가 있다 할 것이고, 임의동행한 자를 6시간 동안 경찰관서에 구금하는 것을 허용하는 것은 아니다(대판 1997.8.22, 97도1240).

ⓛ 경찰관으로부터 임의동행 요구를 받은 경우 상대방은 이를 거절할 수 있을 뿐만 아니라 임의동행 후 언제든지 경찰관서에서 퇴거할 자유가 있다. (○) 13. 경찰간부

ⓛ 6시간까지 구금할 수 있다. (×) 06. 순경 2차, 14. 경찰간부

3. 행정경찰 목적의 경찰활동으로 행하여지는 경찰관직무집행법 제3조 제2항의 질문을 위한 동행요구도 형사소송법의 규율을 받는 수사로 이어지는 경우에는 역시 형사소송법에 의한 임의동행과 동일하게 보아야 한다(대판 2006.7.6, 2005도6810).

＋ 보충 절차적 보장과 관련하여

1. 실무상 신원을 확인하기 위하여 주민등록증 제시를 요구하는 것은 법적인 근거가 불확실하다. 주민등록법 제26조에 따르면, 사법경찰관리가 범인의 체포 등 그 직무를 수행함에 있어서 17세 이상인 주민의 신원 또는 주민관계를 확인할 필요가 있는 경우에만 주민등록증의 제시를 요구할 수 있다고 하여 제한적으로만 허용하고 있기 때문이다.
   ▶ 주민등록법에 의하면 사법경찰관리는 범인의 체포 등 그 직무를 수행함에 있어서 주민의 신원 또는 거주관계를 확인할 필요가 있는 경우에는 17세 이상의 자에 대하여 주민등록증의 제시를 요구할 수 있고, 이 경우 사법경찰관리는 정복근무 중인 경우 외에는 미리 신원을 표시하는 증표를 지니고 이를 관계인에게 내보여야 한다. (○) 11. 경찰승진

2. 불심검문시 질문하거나 동행을 요구할 경우 자신의 신분을 표시하는 증표를 제시하면서 소속과 성명을 밝히고 질문이나 동행의 목적과 이유를 설명하여야 하며, 동행을 요구하는 경우에는 동행장소를 밝혀야 한다(경찰관직무집행법 제3조 제4항). 18. 경찰승진 동행 후에는 가족 등에게 동행한 경찰관의 신분, 동행장소, 동행목적과 이유를 알리거나 본인으로 하여금 즉시 연락할 기회를 부여하여야 하며, 변호인의 조력을 받을 권리가 있음을 고지하여야 한다(동조 제5항). 13. 9급 검찰·마약수사, 14. 경찰간부, 11·15. 경찰승진, 20. 해경 이는 임의동행이 체포·구속은 아니지만 실제에 있어서는 유사하므로 인권보장적인 측면에서 규정하고 있는 것으로 볼 수 있다.
   ▶ 경찰관은 동행 후에는 동행한 사람의 가족이나 친지 등에게 동행한 경찰관의 신분, 동행장소, 동행목적과 이유를 알리거나 본인으로 하여금 즉시 연락할 기회를 주어야 하나, 변호인의 조력을 받을 권리가 있음을 알려야 할 필요는 없다. (×) 14. 9급 교정·보호·철도경찰, 16. 순경 2차

---

(3) 소지품검사

① **의의** : 소지품검사란 불심검문을 하는 과정에서 흉기 기타 물건의 소지 여부를 밝히기 위하여 거동불심자의 착의 또는 휴대품을 조사하는 것을 말한다.

② **소지품검사의 허용성** : 경찰관직무집행법은 거동수상자에 대하여 질문을 할 때 흉기소지 여부를 조사할 수 있다고 규정하고 있다(제3조 제3항). 08. 경찰승진, 13. 9급 검찰·마약수사 경찰관직무집행법에 흉기소지 여부만을 조사할 수 있도록 규정하고 있으나, 흉기 이외의 다른 물건(예 마약, 장물, 위조지폐 등)을 불심검문의 방법으로 조사할 수 있는가가 문제가 된다. 다수설에 따르면 불심검문자의 안전확보와 질문의 실효성을 유지하기 위하여 흉기 이외의 소지품검사도 허용함이 합리적이라 한다. 10. 9급 검찰, 14. 9급 교정·보호·철도경찰

ⓛ 경찰관직무집행법은 흉기소지조사 및 흉기 이외의 다른 물건 조사에 대하여도 명문의 규정을 두고 있다. (×)

③ **소지품검사의 한계**

　㉠ 어떤 범위까지 허용할 것인가에 대해서는 견해가 일치하지 않고 있으나 Stop and Frisk, 즉 상대방을 정지시키고(Stop) 의복 또는 휴대품의 외부를 손으로 만져서 확인하는 것(Frisk)은 허용된다.

　　ⓘ Stop and Frisk의 허용은 미국 Terry사건에서 확립

　　ⓘ Sibron사건에서는 pocket에 손을 넣어 마약을 찾아낸 경우 Frisk(외표검사)의 범위를 벗어나므로 허용되지 않는다고 하였다.

　㉡ 실력행사 허용 여부에 대하여 흉기조사의 경우는 폭력을 사용하지 않는 범위 내에서 상대방의 승낙 없이 호주머니에 손을 넣거나 가방 등을 열어 본다든지 물건을 끄집어 내는 행위는 가능하다고 해야 하나, 흉기 이외의 일반 소지품검사의 경우에는 이러한 실력행사에 의한 조사를 허용할 것인가에 대하여 견해의 대립이 있다.

(4) **자동차검문**

① **자동차검문의 의의** : 자동차검문이란 범죄예방과 검거를 목적으로 통행 중인 자동차를 정지케 하여 운전자 또는 동승자에게 질문하는 것을 말한다. 자동차검문에는 교통검문·경계검문·긴급수배검문이 있다.

　ⓘ 불심검문의 법리에 의하여 자동차에 대한 검문을 하는 경우도 있다. (○) 01. 여경 2차

② **자동차검문의 법적 근거** : 교통검문만이 직접적인 근거규정이 있다(도로교통법 제47조). 그러나 경계검문은 경찰관직무집행법 제3조 제1항에 근거를, 긴급수배검문은 경찰관직무집행법과 형사소송법의 임의수사규정에 근거를 가진다고 해석함이 일반적이다.

③ **자동차검문의 내용**

　㉠ **교통검문** : 도로교통법 위반의 단속을 위한 검문(❹ 무면허운전, 음주운전)

　㉡ **경계검문** : 불특정한 일반범죄의 예방과 검거를 목적으로 하는 검문 10. 9급 국가직

　㉢ **긴급수배검문** : 특정범죄가 발생한 때 범인검거와 수사정보수집을 목적으로 행하는 검문

④ **자동차검문의 한계** : 경계검문과 긴급수배검문은 구체적 범죄혐의가 없는 모든 시민에 대하여 무차별적으로 실시된다는 점에서 자동차를 이용한 중대범죄에 제한되어야 하며, 범죄예방과 검거에 필요한 최소한도에 그쳐야 할 것이다.

✓ **Key Point**

• **불심검문 대상** : 경찰관직무집행법 제3조 제1항
• **불심검문** : 답변 의무 ×
• **동행요구** : 당해인에게 불리 / 교통방해, 6시간 초과하여 머무르게 할 수 없음(구금 ×), 동행 후 가족·친지 등에게 변호인의 조력을 받을 권리 고지
• **불심검문시 소지품검사** : 흉기조사규정 ○(흉기 이외 물건 ⇨ 규정 ×)
• **불심검문에 의해 혐의 인정** : 수사개시

제3절 ┃ 변사자검시

1 변사자검시의 의의

(1) 변사자검시란 사람의 사망이 범죄로 인한 것인가의 여부를 판단하기 위하여 **변사체의 상황을 조사하는 것**을 말한다(제222조 제1항). 변사자검시의 주체는 검사이며 검사는 사법경찰관리에게 검시를 명할 수 있다(제222조 제3항). 15. 경찰승진

ⓘ 판례에 의하면 변사자라 함은 자연사 이외의 사망으로 그 원인이 분명하지 않은 자를 말한다. 따라서 범죄로 인하여 사망한 것이 명백한 자도 변사자에 포함되지 않는다(대판 2003.6.27, 2003도1331). 20. 순경 2차
  ⓘ 익사 또는 천재지변에 의하여 사망한 것이 명백한 사체 ⇨ 검시대상 ×
  ⓘ 변사자검시의 주체 : 검사(사법경찰관 ×) 10. 순경 2차
  ⓘ 변사자검시는 수사 전의 처분이므로 검사의 명령 없이 사법경찰관의 권한으로 이루어진다. (×) 14. 경찰간부

(2) 변사자검시는 **수사의 단서**에 불과하므로 15. 경찰승진 **영장이 필요 없다.** 변사자검시를 통해 범죄혐의가 인정되면 수사를 개시하게 되는데 20. 순경 2차 변사자의 사인을 보다 분명히 하고 증거를 확보하기 위하여 행하는 사체해부 등의 검증처분은 수사개시 이후의 처분이므로 변사자검시와 구별되며 영장에 의하여야 한다. 그러나 대상이 사체라는 특수성과 수사의 긴급성 때문에 영장주의 예외가 인정된다(제222조 제2항). 20. 순경 2차

ⓘ 변사자검시는 강제처분의 일종이므로 영장주의가 적용된다. (×) 95. 경찰승진
ⓘ 사체의 경우 검시를 받지 않으면 원칙적으로 해부할 수 없다(시체의 해부 및 보존에 관한 법률 제7조 제1항).
ⓘ 수사기관은 변사자검시로 범죄혐의를 인정하고 긴급을 요할 때에도 영장이 있어야만 검증을 할 수 있다. (×)
  14·16. 경찰승진, 19. 경찰간부, 20. 순경 2차

2 변사자검시의 절차

① 변사자검시의 주체는 변사자 또는 변사의 의심이 있는 사체의 소재지를 관할하는 지방검찰청 검사이다(제222조 제1항).

② 사법경찰관은 변사자 또는 변사한 것으로 의심되는 사체가 있으면 변사사건 발생사실을 검사에게 통보해야 한다(수사준칙 제17조 제1항).

③ 검사는 사법경찰관에게 변사자검시를 명할 수 있다(제222조 제3항).

④ 검사는 변사자검시를 했을 경우에는 검시조서(검증조서 ×)를, 검증영장이나 검시로 범죄혐의를 인정하고 긴급을 요하여 영장 없이 검증을 했을 경우에는 검증조서를 각각 작성하여 사법경찰관에게 송부해야 한다(수사준칙 제17조 제3항).

⑤ 검사와 사법경찰관은 변사자의 검시를 한 사건에 대해 사건 종결 전에 수사할 사항 등에 관하여 상호 의견을 제시·교환해야 한다(수사준칙 제17조 제4항).

⑥ 변사자검시를 하는 경우에 수사의 착수 여부나 수사할 사항 등에 대해 이견의 조정이나 협의가 필요한 경우 검사와 사법경찰관은 상대방의 협의 요청에 응해야 한다(수사준칙 제8조 제1항 제5호).

⑦ 변사자검시를 위해 타인의 주거에 들어갈 필요가 있을 경우 주거권자의 동의가 없는 한 영장을 요한다(다수설).

✓ **Key Point**

- **변사자검시** : 수사의 단서, 검사의 권한, 검시조서 작성(검증조서 ×), 영장 ×
- **변사자검시 후 사체해부** : 검증영장 要(긴급시 영장 ×)
- 사법경찰관리는 변사자 또는 변사의 의심이 있는 사체가 있으면 관할 지방검찰청 또는 지청의 검사에게 보고하고 지휘를 받아야 한다(×).

제4절 ┃ 고 소

1 고소의 의의

고소는 범죄의 피해자 또는 그와 일정한 관계에 있는 자(고소권자)가 수사기관에 범죄사실을 신고함으로써 범인의 처벌을 구하는 의사표시를 말한다.

💬 **고발·자수와의 구별**
고소는 피해자나 고소권자의 의사표시인 점에서 그 이외의 사람이 수사기관에 범죄사실을 신고하는 고발과 구별되며, 자기의 범죄사실을 신고하는 것이 아닌 점에서 자수와 구별된다.

(1) 수사기관에 대한 신고

고소는 수사기관에 대한 범죄사실의 신고이다. 따라서 법원에 진정서를 제출하거나 98. 경위승진 피고인의 처벌을 바란다고 증언함은 고소가 아니다.

⚖ **관련판례**

고소는 서면 또는 구술로써 검사 또는 사법경찰관에게 하여야 하는 것이므로 피해자가 피고인을 심리하고 있는 법원에 피고인을 엄벌에 처하라는 내용의 진술서를 제출하거나 증인으로서 증언하면서 판사의 신문에 대해 피고인의 처벌을 바란다는 취지의 진술을 하였다 하더라도 이는 고소로서의 효력이 없다(대판 1984.6.26, 84도709). 13. 경찰간부

(2) 범죄사실의 신고

고소는 범죄사실의 신고이므로 범죄사실을 특정해야 한다. 그 특정의 정도는 고소인의 의사가 구체적으로 어떤 범죄사실을 지정하여 범인의 처벌을 구하고 있는지를 확정할 수만 있으면 족하다. 05. 순경 2차, 11. 경찰승진

⚠ 상대적 친고죄의 경우(비동거친족의 물건을 절취하는 경우처럼 일정한 신분관계가 있기 때문에 친고죄로 되는 범죄)에는 범인과의 신분관계를 적시하여야 한다.

🔍 **관련판례**

1. 범행기간을 특정하고 있는 고소에 있어서는 그 기간 중의 어느 특정범죄에 대하여 범인의 처벌을 원치 않는 고소인의 의사가 있다고 볼 만한 특단의 사정이 없는 이상 그 고소는 특정된 기간 중에 저지른 모든 범죄에 대하여 범인의 처벌을 구하는 의사표시라고 봄이 상당하다(대판 1985.7.23, 85도 1213). 12. 순경 1차

2. 범인이 누구인가를 적시할 필요도 없다. 따라서 범인의 이름을 모르거나 잘못 기재했더라도 고소로 서 유효하다(대판 1999.4.23, 99도576).

3. 범행의 일시·장소·방법·죄명 등을 명확하게 기술하지 않았거나 틀린 곳이 있더라도 고소의 효력 에는 영향이 없다(대판 1984.10.23, 84도1704).

4. 고소는 고소장에 붙인 죄명에 구애될 것이 아니라 고소 내용에 의하여 결정해야 할 것이므로 **명예훼 손죄**라는 죄명을 붙이고, 명예훼손에 관한 사실을 적어 두었으나 그 사실이 명예훼손죄를 구성하지 않고 모욕죄를 구성하는 경우에는 위 고소는 모욕죄에 대한 고소로서의 효력을 갖는다(대판 1981.6.23, 81도1250). 18. 순경 1차

5. 어떤 죄로 고소를 당한 사람(甲)이 그 죄의 혐의가 없다면 고소인(乙)이 자신을 무고한 것이므로 처벌을 해달라는 무고죄의 고소장을 제출한 것은 甲의 행위가 유죄로 인정될 경우에, 설사 그것이 자신의 결백을 주장하기 위한 것이라고 하더라도 고소인(乙)을 무고한다는 범의를 인정할 수 있다 (대판 2007.3.15, 2006도9453). ∴ 고소 당한 범죄가 유죄로 인정되는 경우에는 '고소인(乙)을 처벌해 달라.'는 甲의 고소장 제출은 무고죄가 될 수 있다.

⚠ 어떤 죄로 고소를 당한 사람이 그 죄의 혐의가 없다면 고소인이 자신을 무고한 것이므로 처벌을 해달라 는 고소장을 제출한 것은 자신의 결백을 주장하기 위한 것이라고 할 수 있으므로 고소인을 무고한다는 범의 를 인정할 수 없다고 할 것이다. (×)

(3) 범인의 처벌을 구하는 의사표시

① 고소는 범인처벌을 구하는 의사표시이어야 하므로 단순히 도난신고나 피해전말서 제출만으 로는 고소가 아니다(대판 2008.11.27, 2007도4977). 15. 경찰승진, 15·16. 9급 교정·보호·철도경찰

🔍 **관련판례**

1. 피해자가 고소장을 제출하여 처벌을 희망하는 의사를 분명히 표시한 후, 고소를 취소한 바 없다면 비록 고소 전에 피해자가 처벌을 원치 않았다 하더라도 그 후에 한 피해자의 고소는 유효하다(대판 2008.11.27, 2007도4977). 13. 순경 2차

2. 고소인이 사건 당일 범죄사실을 신고하면서 현장에 출동한 경찰관에게 고소장을 교부하였다고 하더 라도, 경찰서에 도착하여 최종적으로 고소장을 접수시키지 아니하기로 결심하고 고소장을 반환받은 것이라면, 고소장이 수사기관에 적법하게 수리되어 고소의 효력이 발생되었다고 할 수 없다(대판 2008.11.27, 2007도4977). 17·20. 7급 국가직, 18. 수사경과

3. 피해자가 경찰청 인터넷 홈페이지에 '피고인을 철저히 조사해 달라.'는 취지의 민원을 접수하는 형태로 피고인에 대한 조사를 촉구하는 의사표시를 한 것은 형사소송법에 따른 적법한 고소로 보기 어렵다 (대판 2012.2.23, 2010도9524). 20. 경찰승진

② 고소권자는 처벌의사를 표시할 능력, 즉 고소능력이 있어야 한다. 고소능력은 피해를 입은 사실을 이해하고 고소에 따른 사회생활상의 이해관계를 알아차릴 수 있는 사실상의 의사능력으로서 민법상 행위능력과 구별된다(대판 2011.6.24, 2011도4451). 13. 9급 법원직, 14. 9급 검찰 · 마약수사, 17 · 21. 경찰승진 · 경찰간부, 20. 순경 1차

ⓘ 민법상 행위무능력자(19세 미만)도 고소능력은 인정된다. 13. 9급 법원직, 15. 경찰승진

ⓘ 피해사실을 이해하고, 고소에 따른 사회생활상의 이해관계를 알아차릴 수 있는 사실상의 의사능력이 있다 하더라도 민법상의 행위능력이 없으면 고소능력은 인정되지 않는다. (×) 16. 9급 교정 · 보호 · 철도경찰, 14. 수사경과

ⓘ 판례에 의하면 11세의 초등학교 6학년생에 대해 고소능력을 인정(대판 2011.6.24, 2011도4451)

✓ **Key Point**
- 고소 ⇨ 수사기관에(법원 ×)
  ▶ 고소취소 ⇨ 수사기관 또는 법원에
- 고소 ⇨ 범인, 범행일시, 장소, 방법, 죄명 등 ⇨ 오기, 불명확해도 고소 효력(○)
- 도난신고, 피해전말서 ⇨ 고소 ×
- 민법상 행위무능력자도 고소능력 인정

2 고소와 친고죄

국가형사소추권은 개인의 의사표시에 따라 좌우되지 않는다. 그러나 친고죄나 반의사불벌죄와 같은 특수한 범죄유형의 경우에는 국가의 형사소추권이 사인의 의사표시에 따라 제한을 받는다.

친고죄	친고죄란 피해자의 고소가 있을 때에만 공소제기가 가능한 범죄를 말한다[피해자의 명예보호, 침해법익의 경미함, 가족관계의 정의(情誼) 등을 고려한 것임]. ⓘ 친고죄의 경우 고소 × ⇨ 공소제기 ×, 고소 없이 공소제기 ⇨ 공소기각판결 • **절대적 친고죄** : 범인의 신분관계와는 무관하게 범죄성질 자체로 인하여 친고죄로 된 경우임 예 모욕죄, 사자명예훼손죄, 비밀침해죄, 업무상 비밀누설죄 • **상대적 친고죄** : 범인과 피해자와의 일정한 신분관계가 있는 경우에만 친고죄로 된 경우임 예 분가하여 살고 있는 형의 물건을 훔친 동생은 형법 제328조 제2항(친족상도례)에 의거 친고죄가 됨(함께 살고 있는 경우 ⇨ 형면제) 💬 **친족상도례**(형법 제328조) • **제1항** : 직계혈족, 배우자(내연의 처 ×), 동거친족, 동거가족 또는 그 배우자 간의 재산범죄는 그 형을 면제 예 아들이 아버지물건 절취 ⓘ 배우자 ⇨ 직계혈족, 동거친족, 동거가족 모두의 배우자를 의미(대판 2011.5.13, 2011도1765)

	• **제2항** : 제1항 이외의 친족간의 재산범죄는 친고죄 ⓘ 친족관계에 있는 자에 대하여 흉기를 휴대해서 공갈죄를 범한 경우에(폭력행위 등 처벌에 관한 법률 제3조 제1항 위반) 친족상도례가 적용된다(대판 2010.7.29, 2010도5795). ⓘ 특정경제범죄 가중처벌에 관한 법률 제3조 제1항에 의해 가중처벌되는 사기죄의 경우에도 친족상도례가 적용된다(대판 2010.2.11, 2009도12627). ⓘ 사돈지간인 자를 기망하여 재물을 편취한 경우에 사돈은 민법상 친족으로 볼 수 없으므로 친족상도례를 적용할 수 없다(대판 2011.4.28, 2011도2170). 12. 경찰승진 • **제3항** : 친족상도례는 친족관계에 있는 자에게만 적용되므로 비친족에게는 친족상도례의 적용이 없다. **예** 甲과 乙이 공동하여 따로 살고 있는 乙의 외사촌 동생의 물건을 절취한 경우 ⇨ 甲(비친고죄), 乙(친고죄)
반의사 불벌죄	반의사불벌죄란 피해자가 처벌을 원치 않는다는 명시적인 의사표시를 하는 경우에 그 의사에 반하여 처벌할 수 없는 범죄를 말한다(피해자에 대한 신속한 피해배상을 촉진하고, 개인적 차원의 분쟁해결을 존중하려는 취지). **예** 폭행죄, 협박죄, 명예훼손죄, 출판물에 의한 명예훼손죄 등 ⓘ 반의사불벌죄는 고소 없어도 공소제기 가능 ⓘ 다만, 처벌불원의사표시 有 ⇨ 공소제기 × ⓘ 처벌불원의사표시가 있는데도 공소제기 ⇨ 공소기각판결 ⓘ 처벌불원의사 부존재는 법원이 직권으로 조사·판단하여야 한다(대판 2009.12.10, 2009도9939). 15. 순경 1차, 18. 9급 법원직, 19. 경찰승진, 21. 순경 2차 ⓘ 처벌불원의 의사표시는 의사능력이 있는 피해자가 단독으로 할 수 있는 것이고, 피해자가 사망한 후 그 상속인이 피해자를 대신하여 처벌불원의 의사표시를 할 수는 없다(대판 2010.5.27, 2010도2680). 16. 9급 교정·보호·철도경찰, 17. 순경 2차, 18. 순경 1차·수사경과, 19. 경찰승진

ⓘ 강간 등 성범죄, 결혼 목적 약취·유인죄 등 ⇨ 친고죄 ×, 공중 밀집 장소에서의 추행, 통신매체를 이용한 음란행위 ⇨ 친고죄 ×, 간통죄와 혼인빙자간음죄 ⇨ 범죄 폐지

ⓘ 친고죄에 있어 고소나 반의사불벌죄에 있어 처벌을 원치 않는다는 의사표시는 모두 소송조건으로서 수사절차 및 공판절차의 진행 여부를 좌우하는 중요한 의미를 갖는다. 친고죄에 대하여 고소가 없거나, 반의사불벌죄에 대하여 불처벌의 희망표시가 있으면 수사절차는 불기소처분으로 종결되며, 공판절차는 공소기각판결로 종료되기 때문이다.

ⓘ 디지털콘텐츠 거래가 이루어지는 웹사이트를 운영하면서 영리를 위해 상습적으로 다른 사람의 저작재산권을 침해한 경우 비친고죄이므로(저작권침해는 일반적으로는 친고죄임) 고소가 소추조건에 해당하지 않는다(대판 2011.9.8, 2010도14475).

ⓘ 반의사불벌죄에 있어서 피고인 또는 피의자에 대한 처벌을 희망하지 않는다는 의사표시 또는 처벌을 희망하는 의사표시의 철회는, 의사능력이 있는 피해자가 단독으로 이를 할 수 있고, 법정대리인의 동의가 필요하지 아니하며, 법정대리인에 의해 대리되어야 할 필요도 없다(대판 2009.11.19, 2009도6058 전원합의체). 15. 순경 1차, 17·18. 수사경과, 19. 경찰승진, 20. 7급 국가직

ⓘ 피해자가 의식을 회복하지 못하고 있는 이상 피해자에게 반의사불벌죄에서 처벌희망 여부에 관한 의사표시를 피해자의 아버지가 피해자를 대리하여 피고인에 대한 처벌을 희망하지 아니한다는 의사를 표시하는 것 역시 허용되지 아니한다(대판 2013.9.26, 2012도568). 20. 7급 국가직

💬 비친고죄와 고소

1. 고소가 있어야 죄를 논할 수 있는 친고죄의 경우와는 달리 비친고죄에 있어서 고소는 단순한 수사의 단서가 됨에 지나지 아니하므로 고소의 유무 또는 그 고소의 취소 여부에 관계없이 그 죄를 논할 수 있다(대판 1987.11.10, 87도2020).

2. 고소권자가 비친고죄로 고소한 사건이라도 검사가 사건을 친고죄로 공소제기하였다면 법원으로서는 친고죄에서 소송조건이 되는 고소가 유효하게 존재하는지를 직권으로 조사·심리하여야 한다(대판 2015.11.17, 2013도7987). 17. 해경·순경 2차, 20. 경찰승진·순경 1차, 21. 순경 2차

💬 비친고죄로 공소장변경

고소가 없거나 고소가 취소되었음에도 친고죄로 기소되었다가 그 후 비친고죄로 공소장변경이 허용된 경우 그 공소제기의 흠은 치유된다(대판 2011.5.13, 2011도2233). 14. 9급 법원직

▶ **비교판례** : 비친고죄로 기소(고소 없거나 고소취소)되었다가 친고죄로 공소장이 변경된 경우에 나중에 고소장의 제출이 있더라도 공소제기 절차의 하자는 치유되지 아니한다(대판 1982.9.14, 82도1504).

💬 친고죄와 양벌규정

양벌규정이란 직접 행위를 한 자연인 이외에 법인 또는 본인을 처벌하는 규정을 말한다. 친고죄에 있어 행위자의 범죄에 대한 고소가 있으면 양벌규정에 의하여 처벌받는 자에 대하여 별도의 고소를 필요로 하지 않는다(대판 1996.3.12, 94도2423). 11. 7급 국가직, 15. 경찰승진

■3 고소의 절차

(1) 고소권자

고소는 고소권자에 의하여 행하여져야 한다. 따라서 고소권이 없는 자의 고소는 고소로서의 효력이 없다. 형사소송법이 규정하고 있는 고소권자는 다음과 같다.

① **피해자**

㉠ 범죄로 인한 피해자는 고소할 수 있다(제223조). 피해자란 자연인에 한하지 않고 법인은 물론 법인격 없는 단체도 포함한다.

㉡ 피해자는 직접피해자에 한하며 간접적으로 피해를 당한 자는 포함되지 아니한다. 00. 7급 검찰, 10·15. 경찰승진

예 처가 강간당한 경우 남편 ⇨ 피해자 × 20. 수사경과

예 사기죄에 있어서 피해자에게 채권이 있는 자 ⇨ 피해자 ×

㉢ 고소권은 상속이나 양도의 대상이 될 수 없다. 00. 경찰승진 다만, 특허권·저작권과 같이 침해가 계속적인 경우에는 권리이전에 따라 고소권도 이전된다(다수설).

⚖ 관련판례

1. 저작재산권을 양도받은 사람은 그 양도에 관한 등록 여부에 관계없이 그 저작재산권을 침해한 사람을 고소할 수 있다(대판 2002.11.26, 2002도4849). 18. 수사경과

2. 구 컴퓨터프로그램 보호법 제48조는 '프로그램저작권자 또는 프로그램배타적발행권자' 등의 고소가 있어야 공소를 제기할 수 있다고 규정하고 있는데, 프로그램저작권이 명의신탁된 경우 대외적인 관계에서는 명의수탁자만이 프로그램저작권자이므로 제3자의 침해행위에 대한 구 컴퓨터프로그램 보호법 제48조에서 정한 고소 역시 명의수탁자만이 할 수 있다(대판 2013.3.28, 2010도8467). 21. 경찰승진

3. 저작재산권자와 사이에 국내 상품화 계약을 체결한 사람은(저작물의 이용을 허락받은 자에 해당할 수는 있다고 하더라도 저작재산권자로 볼 수는 없으므로) 저작재산권침해에 관하여 독자적으로 고소할 수 있는 권한이 있다고 할 수 없다(대판 2006.12.22, 2005도4002).

② **피해자의 법정대리인**

　㉠ 피해자의 법정대리인은 독립하여(피해자 본인의 명시적 또는 묵시적 의사에 불구하고) 고소할 수 있다(제225조 제1항). 13. 순경 1차, 15. 수사경과

　⚠ 피해자의 법정대리인은 독립하여 고소할 수 없다. (×) 05. 순경 3차

　㉡ 법정대리인의 지위는 고소시에 존재하면 충분하며, 범죄시에 존재하지 않았거나 고소 후에 지위를 상실하여도 고소의 효력에는 영향이 없다.

　㉢ 법정대리인의 고소권의 성질에 관하여 독립대리권설과 고유권설이 대립하고 있다. 독립대리권설(다수설)은 피해자의 고소권이 소멸하면 피해자의 대리인인 법정대리인의 고소권도 소멸된다고 본다(∴ 피해자 본인은 법정대리인이 한 고소를 취소 가능). 반면, 고유권설(판례)은 법정대리인의 고소권은 무능력자 보호를 위하여 법정대리인에게 주어진 고유한 권리로서 피해자의 고소권이 소멸되어도 법정대리인의 고소권은 소멸되지 않는 것으로 본다(∴ 피해자 본인은 법정대리인이 한 고소를 취소 불가). 따라서 고소기간도 법정대리인이 범인을 안 날로부터 진행한다고 보게 된다. 20. 순경 1차

　⚠ 위 학설의 대립은 법정대리인이 행한 고소의 성질에 관한 것이지 피해자 본인이 행한 고소의 성질에 관한 문제는 아니다. 따라서 피해자 본인이 행한 고소에 대하여 법정대리인은 취소할 수 없음에 주의

　⚠ 피해자 법정대리인의 고소는 취소되었다고 하더라도 본인의 고소가 취소되지 아니한 이상 친고죄의 공소제기 요건은 여전히 충족된다(대판 2011.6.24, 2011도4451). 17. 수사경과

　⚠ 개정민법 시행(2013. 7. 1)으로 성년은 19세 이상(미성년자는 19세 미만)이며, 한정치산자와 금치산자는 각각 피한정후견인과 피성년후견인으로 변경되었다.
개정민법 시행 당시 이미 한정치산 또는 금치산을 선고 받은 사람에 대해서는 종전의 규정을 그대로 적용한다(민법 부칙 제2조).

💬 **법정대리인**
친권을 행사하는 부모(미성년자), 한정후견인, 성년후견인 등과 같이 무능력자의 행위를 일반적으로 대리할 수 있는 자를 말함(재산관리인 · 파산관재인 · 법인의 대표자 ⇨ 법정대리인 ×).

🔎 **관련판례**

1. 법정대리인의 고소권은 무능력자의 보호를 위하여 법정대리인에게 주어진 고유권이므로, 법정대리인은 피해자의 고소권 소멸 여부에 관계없이 고소할 수 있고 14. 9급 검찰 · 마약수사, 이러한 고소권은 피해자의 명시한 의사에 반하여도 행사할 수 있다(대판 1999.12.24, 99도3784). 02. 7급 검찰, 09 · 10. 경찰승진, 12 · 17 · 19. 경찰간부, 21. 변호사시험

2. 법정대리인의 고소권은 피해자의 고소권 소멸 여부와 관계없이 고소할 수 있는 것이며, 그 고소기간은 법정대리인 자신이 범인을 알게 된 날로부터 진행한다(대판 1987.6.9, 87도857).

③ **피해자의 배우자 · 친족**

　ⓐ 피해자의 법정대리인이 피의자이거나, 피해자의 법정대리인의 친족이 피의자인 때에는 피해자의 친족은 독립하여 고소할 수 있다(제226조). 12. 순경 3차, 09 · 16. 경찰승진, 17. 경찰간부

　　◙ 미성년자인 딸을 아버지가 추행하였을 때 피해자의 생모가 고소하는 경우가 이에 해당

　　① 이 경우 친족의 고소권도 미성년자 보호차원에서 고유권으로 새기는 것이 타당하다(∵ 피해자의 친족은 법정대리인의 명시적인 의사에 반해서도 고소 가능).

🔔 관련판례

1. 모자관계는 호적에 입적되어 있는 여부와는 관계없이 자의 출생으로 법률상 당연히 생기는 것이므로 고소 당시 이혼한 생모라도 피해자에 대한 친권자로서 미성년자인 피해자의 법정대리인을 독립하여 고소할 수 있다(대판 1987.9.22, 87도1707). 09. 경찰승진

　① 생모라 하더라도 고소 당시 배우자 甲과 이혼하였다면 甲의 아들(피해자)을 위하여 독립하여 고소할 수 없다. (×) 17. 경찰간부

2. 피고인이 자신의 딸에게 강제추행을 한 경우 피고인의 생모가 고소를 한 것은 피해자의 법정대리인에 대한 적법한 고소라 할 것이다(대판 1986.11.11, 86도1982). 09. 경찰승진

　ⓑ 피해자가 사망한 때에는 그 배우자, 직계친족 또는 형제자매는 피해자의 명시적인 의사에 반하지 아니하는 범위 내에서 고소할 수 있다(제225조 제2항). 07. 9급 법원직, 09. 경찰승진

　　◙ 살인죄의 경우 피살자의 처 ⇨ 고소권자 ○ 15. 경찰승진, 13 · 16. 수사경과

　　　강간죄의 피해자가 사망한 경우 그 배우자 ⇨ 고소권자 ○(강간 피해자가 생존한 경우 ⇨ 그 남편은 고소권자 아님)

　　① 피해자가 사망한 때 그 배우자는 명시한 의사에 반하여 고소할 수 있다. (×) 01. 경찰간부, 05. 순경 3차, 10. 순경 1차

　　① 피고인에게 미안하다는 말을 했더라도 이를 피고인의 처벌을 희망하지 아니하는 의사가 있었다고는 할 수 없으므로, 사망한 피해자의 동생이 행한 고소를 피해자의 명시한 의사에 반하는 무효의 것이라고 할 수 없다(대판 1985.8.20, 85도1288).

　　① 신분관계의 존부는 피해자 사망시점을 기준

　　① 피해자 사망시 고소인과 피해자의 신분관계 소명하는 서면을 제출하여야 함(규칙 제116조 제1항).

　ⓒ 사자명예훼손의 경우 친족이나 자손은 고소할 수 있다(제227조).

　　◙ 사망한 자의 동생 09. 경찰승진

　　① 친족이나 자손의 고소권은 피해자의 고소권을 대리행사 하는 것이 아닌 고유권

　　① 고소인과 피해자와의 신분관계를 소명하는 서면을 제출하여야 함(규칙 제116조 제1항).

④ **지정고소권자** : 친고죄의 경우에 고소권자가 없는 때에는 이해관계인의 신청이 있으면 검사는 10일 이내에 고소할 수 있는 자를 지정하여야 한다(제228조). 14. 순경 2차, 16. 경찰승진, 18. 수사경과, 20 · 21. 해경

친고죄에 대하여 고소권자가 없기 때문에 소추할 수 없게 되는 사태를 막기 위한 규정이다.

　① 검사의 지정을 받은 고소인이 고소를 하는 경우에는 지정을 받은 사실을 소명하는 서면을 제출하여야 함(규칙 제116조 제2항).

　① 이해관계는 법률상 · 사실상 사유 모두 포함(단순한 감정상 관계는 ×).

ⓘ 피해자와 내연관계에 있는 자도 신청에 의하여 고소권자 지정을 받을 수 있다.

ⓘ 지정고소권자 ⇨ 검사(×), 검사로부터 지정받은 자(○) 09. 경찰승진

ⓘ 원래의 고소권자가 고소권상실, 고소하지 아니할 의사를 명시하고 사망 ⇨ 고소권자 지정 ×

ⓘ 이해관계인의 신청이 있으면 검사는 7일 이내에 고소할 수 있는 자를 지정하여야 한다. (×) 14. 순경 2차, 16. 경찰승진

✓ Key Point

- **간접피해자** : 고소권 ×
- **고소권의 양도·상속** : 대상 ×
- **법정대리인의 고소권** : 고유권(판례), 독립대리권(다수설)
- **생존 중인 강간피해자의 남편, 피해자의 숙부** ⇨ 고소권 ×
- **지정고소권자** : 이해관계인의 신청에 의해 10일 이내 검사가 지정

(2) 고소의 제한 및 고소기간의 제한

① **고소의 제한** : 자기 또는 배우자의 직계존속은 고소하지 못한다(제224조). 10·13. 9급 법원직

💬 1. 성폭력특별법에 의한 성폭력범죄에 대하여는 자기 또는 배우자의 직계존속도 고소할 수 있음(성폭력범죄의 처벌 등에 관한 특례법 제18조). 📖 딸이 아버지를 강간죄로 고소

ⓘ 공연음란죄를 범한 자기의 직계존속 : 고소 가능(동법 제17조) 10. 경찰승진

2. 가정폭력범죄의 처벌 등에 관한 특례법에 의해서도 자기 또는 배우자의 직계존속을 고소할 수 있음(제6조 제2항). 📖 사위가 장인을 상해죄로 고소

⚖ 관련판례

범죄피해자의 고소권은 형사절차상의 법적인 권리에 불과하므로 원칙적으로 입법자가 그 나라의 고유한 사법문화와 윤리관, 문화전통을 고려하여 합목적적으로 결정할 수 있는 넓은 입법형성권을 갖는다. 12. 순경 1차 이러한 측면에서 '효'라는 우리 고유의 전통규범을 수호하기 위하여 비속이 존속을 고소하는 행위의 반윤리성을 억제하고자 이를 제한하는 것은 합리적인 근거가 있는 차별이라고 할 수 있다(헌재결 2011.2.24, 2008헌바56).

② **고소기간의 제한**

㉠ 일반범죄의 경우 고소는 기간에 제한이 없으나, 친고죄의 경우에는 범인을 알게 된 날로부터 6개월을 경과하면 고소하지 못한다(제230조 제1항). 06. 9급 교정직 이처럼 고소기간을 둔 이유는 친고죄의 고소는 소송조건이므로 공소제기의 여부를 오랫동안 개인의 의사에 맡겨둘 경우 법률관계의 불확정한 상태가 지속되기 때문이다.

ⓘ 성폭력범죄 중 친고죄 범죄의 고소기간은 1년으로 한다는 규정(성폭력범죄의 처벌 등에 관한 특례법 제19조)은 삭제되었다(2013. 4. 5).

ⓘ 범인이란 교사범·종범을 포함하며, 범인을 안다는 것은 범인이 누구인가를 특정할 수 있을 정도로 알게 된다는 것을 의미하고, 범인의 성명·주소·연령까지 알 필요는 없다.

관련판례

1. 형사소송법 제230조 제1항 본문은 "친고죄에 대하여는 범인을 알게 된 날로부터 6월을 경과하면 고소하지 못한다."고 규정하고 있는바, 여기서 범인을 알게 된다 함은 통상인의 입장에서 보아 고소권자가 고소를 할 수 있을 정도로 범죄사실과 범인을 아는 것을 의미하고, 범죄사실을 안다는 것은 고소권자가 친고죄에 해당하는 범죄의 피해가 있었다는 사실관계에 관하여 확정적인 인식이 있음을 말한다(대판 2001.10.9, 2001도3106). 12. 순경, 18. 경찰간부, 20. 7급 국가직·해경

   ⚠ 확정적인 인식이 있음을 말하는 것이 아니다. (×) 12. 순경 2차, 18. 경찰간부

   ⚠ 범죄의 피해가 있었다는 사실관계에 관하여 미필적 인식이 있음을 말한다. (×) 16. 순경 1차, 17. 해경

2. 사돈지간은 친족이 아니므로 사기 피해자가 사돈지간이라고 하더라도 친족상도례가 적용되는 친고죄가 아니므로 고소기간이 경과하였다는 이유로 공소기각판결을 할 수 없다(대판 2011.4.28, 2011도2170). 12. 경찰승진

3. '범인을 알게 된 날'이란 범죄행위가 종료된 후에 범인을 알게 된 날을 가리키는 것으로서, 고소권자가 범죄행위가 계속되는 도중에 범인을 알았다 하여도, 고소기간은 범죄행위가 종료된 때로부터 계산하여야 하며, 동종행위의 반복이 예상되는 영업범 등 포괄일죄의 경우에는 최후의 범죄행위가 종료한 때에 전체 범죄행위가 종료된 것으로 보아야 한다(대판 2004.10.28, 2004도5014). 21. 변호사시험

ⓛ 수인의 공범이 있는 경우에는 공범 중 1인을 알면 족하다. 상대적 친고죄의 경우 신분관계 있는 공범을 알게 된 날을 기준으로 한다.

   ⚠ 고소기간은 공범 중 1인을 안 때로부터 진행되므로, 상대적 친고죄의 공범 중 신분관계가 있는 자에 대한 고소기간은 그 자를 알지 못하여도 신분관계가 없는 자를 안 때로부터 진행한다. (×) 14. 9급 검찰·마약수사

ⓒ 고소의 대리의 경우에는 대리고소인이 아니라 정당한 고소권자를 기준으로 고소권자가 범인을 알게 된 날로부터 고소기간이 진행된다. 11. 9급 법원직

ⓔ 고소할 수 있는 자가 수인인 때에는 1인의 기간해태(기간을 지나쳐 버린 경우)는 타인의 고소에 영향이 없다(제231조). 14. 순경 2차

ⓜ 친고죄의 경우에 고소할 수 없는 불가항력의 사유가 있는 때에는 그 사유가 없어진 날로부터 기산한다(제230조 제1항 단서). 07. 9급 법원직

관련판례

1. 범행 당시 피해자가 11세에 불과하여 고소능력이 없었다가 고소 당시에 비로소 고소능력이 생겼다면 그 고소기간은 고소능력이 생긴 때부터 기산되어야 한다(대판 1995.5.9, 95도696). 07. 7급 검찰, 10. 순경

2. 강간피해 당시 14세 4개월 남짓의 지체장애아가 범행일로부터 약 1년 5개월 후에 기숙사 생활지도원과의 상담 중에 범행사실을 말함으로써 주위 사람들에게 범행사실이 알려지게 되어 피해자가 그들로부터 고소의 의미와 취지 등을 설명 들은 경우, 이러한 설명을 들은 때 비로소 고소능력이 생겼다고 보아야 하므로 그로부터 1년 내에 행한 고소(당시 성폭력범죄 고소기간 1년)는 고소기간 내에 제기된 것으로 적법하다(대판 2007.10.11, 2007도4962).

3. 해고될 것이 두려워 고소를 하지 않는 것만으로는 고소를 할 수 없는 불가항력의 사유에 해당하지 않는다(대판 1985.9.10, 85도1273).

4. 한번 적법한 고소를 한 때부터 이혼심판청구소송이 각하되어 위 고소가 그 효력을 상실당할 때까지 다시 새로운 고소를 하지 못할 상태에 있었다거나 그 후 피고인의 주소를 알지 못하였던 사유는 형사소송법 제230조 제1항 단서 소정 고소할 수 없는 불가항력의 사유에 해당한다고 볼 수 없다(대판 1977.3.8, 77도421).

   ⓗ 범죄가 아직 진행 중인 경우에는 범인을 알게 되었을지라도 범죄가 종료한 때로부터 고소기간이 진행된다.
   ⓢ 법정대리인의 고소기간은 법정대리인 자신이 범인을 알게 된 날로부터 진행한다(대판 1987.6.9, 87도857). 08. 경찰승진

> ✓ **Key Point**
> • **고소의 제한** : 자기 또는 배우자의 직계존속은 고소 ×
> • **친고죄의 고소기간** : 범인을 안 날로부터 6월
>   ▶ 비친고죄는 고소기간 제한 ×
> • **고소기간의 기산** : 범행 당시에 고소능력이 없었다가 나중에 고소능력이 생기면 고소기간은 고소능력 생긴 때부터 기산
> • **수인의 고소권자 중 1인의 기간해태** : 다른 고소권자 고소 가능

(3) 고소의 방식

① **서면 또는 구술** : 고소는 서면 또는 구술로써 검사 또는 사법경찰관에게 하여야 한다(제237조 제1항). 16. 경찰간부, 17. 수사경과 검사 또는 사법경찰관이 구술에 의한 고소를 받은 때에는 조서를 작성하여야 한다.

  ⚠ 1. 전화·전보·팩시밀리에 의한 고소 ⇨ 조서작성이 없는 한 유효한 고소로 볼 수 없음
    2. 고소조서는 반드시 독립된 조서일 필요는 없다. 처벌을 희망하는 의사표시만 있으면 되기 때문(예 참고인 조사과정에서 고소권자가 처벌을 원하는 의사표시를 하여 참고인진술조서에 기재하더라도 유효한 고소가 될 수 있음) 12. 순경 1차, 14. 순경 2차, 17. 7급 국가직, 21. 해경·9급 법원직

  ⚠ 조건부 고소(고소취소)의 허용 여부에 대해 견해가 대립되나, 이해관계인이 다수 관여하고 있는 형사절차에 있어서 명확성을 꾀하고 사인에 의한 국가 소추권행사에 지나친 관여를 방지하기 위해서는 조건부 고소(고소취소)는 허용되지 않는다고 보는 견해가 타당 20. 9급 법원직

> 🔍 **관련판례**
>
> 수사기관이 고소권자를 참고인으로 신문하여 조사하는 과정에서 고소권자가 처벌을 희망하는 의사표시를 하여 이를 참고인 진술조서에 기재한 경우도 유효한 고소이다(대판 1966.1.31, 65도1089). 06. 9급 교정직, 12. 순경 1차, 13. 수사경과, 18. 경찰승진, 20. 9급 검찰·마약·교정·보호·철도경찰

② **고소의 대리** : 고소 또는 그 취소는 대리인(대리권 수여에 의한 대리)으로 하여금 하게 할 수 있다(제236조). 대리인에 의한 고소의 경우에도 방식에 제한은 없다(∴ 구술 방식 가능). 15. 7급 국가직 대리인이 고소를 하거나 고소를 취소한 때에는 본인의 위임장을 받아야 한다(경찰수사규칙 제23조 제1항). 그러나 대법원은 방식에 특별한 제한은 없다고 하는 입장이다.

1. 형사소송법 제236조의 대리인에 의한 고소의 경우, 대리권이 정당한 고소권자에 의하여 수여되었음이 실질적으로 증명되면 충분하고, 그 방식에 특별한 제한은 없으므로, 고소를 할 때 반드시 위임장을 제출한다거나 '대리'라는 표시를 하여야 하는 것은 아니고, 또 고소기간은 대리고소인이 아니라 정당한 고소권자를 기준으로 고소권자가 범인을 알게 된 날부터 기산한다(대판 2001.9.4, 2001도3081). 11. 9급 법원직·경찰승진, 12. 순경, 16. 수사경과, 18·20. 순경 1차

① 대리인에 의한 고소의 경우 구술에 의한 방식으로 고소할 수 없으며, 대리권이 정당한 고소권자에 의하여 수여되었음이 반드시 위임장이나 대리의 표시를 통해 증명되어야 한다. (×) 15. 7급 국가직, 17. 순경 2차

2. 고소기간은 고소대리인이 아니라 정당한 고소권자를 기준으로 고소권자가 범인을 알게 된 날로부터 기산한다(대판 2001.9.4, 2001도3081). 12. 순경, 21. 변호사시험

✓ **Key Point**

- 고소는 서면 또는 구술(조서 작성)
- 전화·전보에 의한 고소는 별도의 조서가 작성되지 않으면 효력 ×
- 고소조서 ⇨ 독립조서일 필요 없음
- 고소대리(○)

(4) 고소사건 처리

① 사법경찰관이 고소 또는 고발을 받은 때에는 신속히 조사하여 관계 서류와 증거물을 검사에게 송부하여야 한다(제238조).

① 사법경찰관이 고소 또는 고발에 의하여 범죄를 수사할 때에는 고소 또는 고발을 수리한 날로부터 3개월 이내에 수사를 완료하여야 한다(경찰수사규칙 제24조).

② 검사는 고소 또는 고발에 의하여 범죄를 수사할 때에는 고소 또는 고발을 수리한 날로부터 3월 이내에 수사를 완료하여 공소제기 여부를 결정하여야 한다(제257조).

4 고소불가분의 원칙

(1) 의 의

친고죄에 있어서 고소의 효력은 불가분적으로 미치는데, 이를 고소불가분의 원칙이라고 한다(객관적 불가분의 원칙과 주관적 불가분의 원칙). 친고죄에 있어서 고소의 효력이 미치는 범위에 관한 원칙이다.

① 형사소송법은 고소의 주관적 불가분원칙만 규정하고 있으나(제233조), 09. 7급 국가직, 13. 경찰승진 객관적 불가분원칙도 이론상 당연한 것으로 인정되고 있다. 이는 한 개의 사건은 나눌 수 없다는 형사소송 전 과정을 관통하는 원칙의 한 표현이기 때문이다.

① 친고죄의 고소는 소송조건(실체재판을 위한 전제조건)이므로 고소가 없이 공소제기 ⇨ 공소제기 자체가 부적법하므로 공소기각판결로 종결(제327조 제2호)

① 고소의 추완(친고죄에 대하여 공소제기 후 고소가 있는 경우 그 공소를 적법한 것으로 보게 되는 것) ⇨ 부정(판례)

⚠ 특허권침해죄(친고죄)의 경우, 특허를 무효로 하는 심결이 확정된 때에는 그 특허권은 처음부터 없었던 것으로 보게 되므로, 무효심결 확정 전의 고소라 하더라도 그러한 특허권에 기한 고소는 무효심결이 확정되면 적법한 고소로 볼 수 없다 할 것이므로, 이러한 고소를 기초로 한 공소는 공소제기의 절차가 법률의 규정에 위반되어 무효(제327조 제2호)인 때에 해당한다(대판 2008.4.10, 2007도6325).

(2) 객관적 불가분의 원칙

① 의의 및 취지

㉠ 친고죄의 경우에 1개 범죄사실의 일부에 대한 고소 또는 고소의 취소는 그 범죄사실 전부에 대해 효력이 발생한다는 원칙을 고소의 객관적 불가분의 원칙이라 한다. 18. 경찰승진

㉡ 범죄사실의 신고가 반드시 정확할 수는 없고, 처벌의 범위까지 고소권자의 의사에 좌우되어서는 안 된다는 취지에서 인정하고 있다.

② 적용범위

㉠ **단순1죄의 경우** : 단순1죄에 대하여는 이 원칙이 예외 없이 적용된다.

> 예 수개의 저작권법 위반행위(친고죄)가 포괄일죄의 관계에 있는 경우에 일부의 행위만을 고소한 경우에 그 고소는 포괄일죄의 관계에 있는 모든 행위 전부에 미친다.

㉡ **과형상 1죄의 경우**

모두 친고죄이고 피해자가 동일한 경우	동일 피해자에 대한 2개 이상의 친고죄가 상상적 경합인 경우, 그 일부죄에 대한 고소 또는 취소는 다른 친고죄에 대한 고소 또는 취소로서도 효력이 있다. 예 동일 피해자에 대한 업무상 비밀누설죄(친고죄)와 모욕죄(친고죄)가 상상적 경합한 경우에 과형상 일죄의 일부에 대한 고소는 전체범죄에 대하여 효력이 미친다. 18. 7급 국가직 ▶ 강간죄를 친고죄로 하는 종래의 규정에 의하면 동일 피해자에 대한 강간죄와 모욕죄가 상상적 경합인 경우(여러 사람 앞에서 강간하면서 모욕적인 언사 사용) 모욕죄에 대한 고소는 강간죄에 대한 고소로서도 효력이 있다고 보게 되나 강간죄의 친고죄 규정이 삭제된 현행법상으로는 모욕죄에 대한 고소는 강간죄에 미치지 아니할 뿐 아니라, 강간죄는 고소와 무관하게 처벌이 가능하다.
모두 친고죄이고 피해자가 다른 경우	1인의 피해자가 하는 고소의 효력은 다른 피해자에 대한 범죄사실에는 미치지 않는다. 예 1개의 문서로 甲·乙·丙을 모욕한 경우 甲의 고소는 乙·丙에 대한 범죄사실에는 효력이 없다(∵ 친고죄를 인정하는 취지에 반하기 때문). 09. 순경, 10. 경찰승진, 18. 7급 국가직 ⚠ 하나의 문서로 여러 사람을 모욕한 경우 피해자 1인의 고소는 다른 피해자에 대한 모욕에 대해서도 효력이 있다. (×) 13. 경찰간부, 20. 해경승진
일부만이 친고죄인 경우	동일 피해자에 대한 2개 이상의 죄가 친고죄와 비친고죄의 상상적 경합인 경우에 비친고죄에 대한 고소나 취소는 친고죄에 대하여 효력이 없다. 04. 여경, 09. 7급 국가직, 10. 경찰승진 뿐만 아니라, 친고죄에 대한 고소나 그 취소는 비친고죄에 미치지 않는다(친고죄에 대한 고소나 그 취소와 무관하게 비친고죄는 처벌이 가능).

PART

01

> **예** 모욕죄(친고죄)와 감금죄(비친고죄)가 상상적 경합하는 경우 감금죄에 대한 고소의 효력은 모욕죄에 미치지 않는다.
>
> **예** 업무상 비밀누설죄는 친고죄이나 명예훼손죄는 반의사불벌죄이지 친고죄는 아니므로 명예훼손행위에 대한 B의 고소는 업무상 비밀누설행위에 미치지 아니한다. 18. 7급 국가직, 21. 경찰간부

　ⓒ **수죄의 경우** : 객관적 불가분의 원칙은 1개의 범죄사실을 전제로 하는 원칙이므로 수죄, 즉 경합범에 대하여는 적용되지 않는다.

　　⚠ 경합범의 관계에 있는 수개의 범죄사실 중 일부 범죄사실에 대한 고소의 효력은 그 이외의 범죄사실에 미친다. (×) 12. 해경간부, 14. 9급 교정·보호·철도경찰, 09·18. 7급 국가직

　　⚠ 수죄 중 일부만이 친고죄일 때 친고죄 부분에 대하여 고소가 없거나 취소된 경우 친고죄가 중한 죄라도 경한 비친고죄의 처벌에 영향을 미치지 아니한다. (○) 15. 9급 교정·보호·철도경찰

(3) 주관적 불가분의 원칙

① 의의 및 취지

　ⓐ 친고죄의 공범 중 1인 또는 수인에 대한 고소 또는 고소의 취소는 다른 공범자에 대하여도 효력이 있다(제233조)는 원칙을 고소의 주관적 불가분의 원칙이라 한다. 12. 순경, 11·15. 9급 법원직, 16. 경찰승진, 18. 순경 1차 여기서 공범이라 함은 형법총칙에 규정된 공범(임의적 공범, 즉 단독으로 범할 수 있는 범죄를 수인이 범하는 경우)뿐 아니라 필요적 공범(단독으로는 범할 수 없고 2인 이상이 있어야 범할 수 있는 범죄)도 포함한다. 13. 수사경과

⚖ 관련판례

1. 고소불가분의 원칙상 공범 중 일부에 대하여만 처벌을 구하고 나머지에 대하여는 처벌을 원하지 않는 내용의 고소는 적법한 고소라고 할 수 없고, 공범 중 1인에 대한 고소취소는 고소인의 의사와 상관없이 다른 공범에 대하여도 효력이 있다. 한편, 친고죄에서 공소제기 전에 고소의 취소가 있었다면 법원은 직권으로 이를 심리하여 공소기각의 판결을 선고하여야 한다(대판 2009.1.30, 2008도7462).
2. 실용신안권을 침해한 공범자(친고죄) 중의 1인에 대한 고소취하의 효력은 형사소송법 233조에 의하여 다른 공범자에 대하여도 효력이 있다(대판 1976.4.27, 76도578).
3. 고소권자가 비친고죄로 고소한 사건이더라도 검사가 사건을 친고죄로 구성하여 공소를 제기하였다면 친고죄에서 고소와 고소취소의 불가분 원칙이 당연히 적용되므로, 만일 공소사실에 대하여 피고인과 공범관계에 있는 사람에 대한 적법한 고소취소가 있다면 고소취소의 효력은 피고인에 대하여 미친다(대판 2015.11.17, 2013도7987).

　　⚠ 고소불가분의 원칙은 임의적 공범에게는 적용되지 않는다. (×) 10. 경찰승진

　　⚠ 고소불가분의 원칙상 공범 중 일부에 대하여만 처벌을 구하고 나머지에 대하여는 처벌을 원하지 않는 내용의 고소는 적법한 고소라고 할 수 없다. (○) 16. 경찰승진

　　⚠ 친고죄의 공범 중 일부에 대하여만 처벌을 구하고 나머지에 대하여는 처벌불원의 의사를 표시한 고소에 대하여 공소기각결정을 하여야 한다. (×) 12. 9급 검찰·마약·교정·보호·철도경찰

ⓛ **취지** : 고소권자가 처벌할 사람의 범위까지 정하는 것은 형사처벌의 공평성을 지나치게 그르친다는 점에서 인정된 것이다.

② **적용범위**

절대적 친고죄	절대적 친고죄에 있어서는 언제나 이 원칙이 적용된다. 따라서 공범자 중 1인에 대한 고소나 그 취소의 효력은 전원에 대하여 미친다. 11. 9급 법원직, 16. 경찰승진 ⓘ 절대적 친고죄 ⇨ 모욕죄, 비밀침해죄, 업무상 비밀누설죄, 사자명예훼손죄
상대적 친고죄	⑦ 공범자 전원이 피해자와 신분관계가 있는 경우 ⇨ 이 원칙이 적용됨(1인의 친족에 대한 고소의 효력은 다른 친족에게도 미침) **예** 조카 2명이 삼촌집에 가서 절도를 한 경우 친족상도례규정(형법 제328조 제2항)에 의거 조카들은 친고죄가 되는바, 삼촌이 조카 1명에게만 고소하여도 다른 조카에게도 고소의 효력이 미침. ⓛ 공범자 중 일부가 비신분자인 경우 ⇨ 비신분자에 대한 고소의 효력은 신분자에게 미치지 않으며03. 법원사무관, 신분자에 대한 고소취소는 비신분자에게 효력이 없다. 0 2·03. 행시, 04. 순경, 10·11·13·16. 경찰승진, 12. 9급 검찰 **예** 조카와 타인이 공범으로 절도하였다면 조카는 친고죄가 되나 타인은 비친고죄가 된다. 따라서 타인에 대한 삼촌의 고소는 조카에게 미치지 아니하며, 삼촌의 조카에 대한 고소취소는 타인에게 효력이 없다.

고소불가분의 원칙은 반의사불벌죄(**예** 폭행죄, 협박죄, 명예훼손죄, 출판물에 의한 명예훼손죄 등)에 적용되지 않으며, 09. 7급 국가직, 11·12. 순경 2차, 12. 9급 국가직, 14. 9급 검찰·마약수사, 15. 9급 법원직, 18·19. 경찰간부 즉시고발사건에도 그 적용이 없다. 08. 순경 1차, 10·11·14. 경찰승진, 14. 9급 교정·보호·철도경찰

ⓘ 甲·乙·丙은 공동으로 출판물을 통해서 A의 명예를 훼손(반의사불벌죄)하였다. 피해자가 甲에 대해서만 처벌을 희망하지 않은 의사표시를 한 경우 甲에 대해서만 처벌불원의 효력이 미친다. 06. 순경, 20. 9급 검찰·마약수사

ⓘ 출판물에 의한 명예훼손죄의 공범 중 1인에 대한 고소의 효력은 다른 공범에 대해서도 미친다. (×) 16. 9급 법원직, 18. 경찰간부, 17·20. 수사경과

ⓘ 즉시고발의 경우 피고발인 1인에 대한 고발의 효력은 그 피고발인에 대해서만 미칠 뿐 다른 공범자에게는 미치지 아니한다. 따라서 고발을 당하지 아니한 공범자에 대하여는 공소제기 불가

ⓘ 고소주관적 불가분의 원칙은 조세범처벌법위반죄에서 소추조건으로 되어 있는 세무공무원의 고발에도 적용된다. (×) 14. 변호사시험

⚖ **관련판례**

1. 세무공무원의 고발이 있어야 공소제기할 수 있는 조세범처벌법위반죄에 대하여 고발을 받아 수사한 검사가 불기소처분을 하였다가 나중에 공소제기를 하는 경우에는 세무공무원 등의 새로운 고발이 있어야 하는 것은 아니다(대판 2009.10.29, 2009도6614). 14. 변호사시험

2. 친고죄에 관한 고소의 주관적 불가분원칙을 규정하고 있는 형사소송법 제233조가 공정거래위원회의 고발에는 유추적용되지 아니한다(대판 2010.9.30, 2008도4762). 18. 경찰간부, 20·21. 순경 1차

   ⓘ 고소의 주관적 불가분의 원칙을 규정하고 있는 형사소송법 제233조는 반의사불벌죄에는 준용되지 않으나, 공정거래위원회의 고발에는 유추적용된다. (×) 13. 경찰승진

3. 조세범처벌법에 의한 고발에 있어서는 고소·고발 불가분의 원칙이 적용되지 아니하므로, 고발의 구비 여부는 양벌규정에 의하여 처벌받는 자연인인 행위자와 법인에 대하여 개별적으로 논하여야 한다(대판 2004.9.24, 2004도4066). 12. 7급 국가직

4. 조세범처벌법이나 관세법상의 즉시고발사건(세무공무원 등의 고발이 있어야 논할 수 있는 사건)의 경우에 즉시고발의 특별요건의 구비 여부는 범인 개개인에 대하여 따져야 하므로 고소불가분의 원칙이 적용되지 않는다. 반의사불벌죄에 있어서도 공범자 사이에 불가분의 원칙이 적용되지 않는다(대판 2004.9.24, 2004도4066). 21. 경찰승진

5. 고소와 고소취소의 불가분에 관한 규정을 반의사불벌죄에 준용하는 규정을 두지 아니한 것은 처벌을 희망하지 아니하는 의사표시나 처벌을 희망하는 의사표시의 철회에 관하여 친고죄와는 달리 공범자간에 불가분의 원칙을 적용하지 아니하고자 함에 있다고 볼 것이지, 입법의 불비로 볼 것은 아니다(대판 1994.4.26, 93도1689). 18. 순경 1차, 21. 해경승진·9급 법원직

6. 세무공무원의 고발(전속고발사건)은 공소제기의 요건이고 수사개시의 요건은 아니므로 이 사건에 있어서 수사기관이 고발에 앞서 수사를 하고 피고인에 대한 구속영장을 발부받은 후 검찰의 요청에 따라 세무서장이 고발조치를 하였다고 하더라도 공소제기 전에 고발이 있은 이상 피고인들에 대한 공소제기의 절차가 법률의 규정에 위반하여 무효라고 할 수는 없다(대판 1995.3.10, 94도3373). 21. 순경 1차

7. 공정거래위원회가 사업자에게 독점규제 및 공정거래에 관한 법률의 규정을 위반한 혐의가 있다고 인정하여 공정거래법 제71조에 따라 사업자를 고발하였다면 이로써 소추의 요건은 충족되며 공소가 제기된 후에는 고발을 취소하지 못함에 비추어 보면, 법원이 본안에 대하여 심판한 결과 공정거래법의 규정에 위반되는 혐의 사실이 인정되지 아니하거나 그 위반 혐의에 관한 공정거래위원회의 처분이 위법하여 행정소송에서 취소된다 하더라도 이러한 사정만으로는 그 고발을 기초로 이루어진 공소제기 등 형사절차의 효력에 영향을 미치지 아니한다(대판 2015.9.10, 2015도3926). 21. 순경 1차

✓ Key Point

• 고소불가분원칙 ⇨ 친고죄에만 적용 ▶ 반의사불벌죄와 즉시고발의 경우 적용 ×

• **고소불가분원칙**

```
                    ┌ 적용(○) ┬ 단순1죄
    ┌ 객관적 불가분원칙        └ 모두 친고죄, 피해자 동일
    │               │        ┌ 모두 친고죄, 피해자 다른 경우
    │               └ 적용(×) ┼ 일부만 친고죄
    │                        └ 수 죄
    └ 주관적 불가분원칙 ┬ 절대적 친고죄 : 언제나 적용
                      └ 상대적 친고죄 ┬ 공범자 전원이 피해자와 신분관계에 있는 경우 : 적용(○)
                                    └ 공범자 일부만이 피해자와 신분관계에 있는 경우 : 적용(×)
```

5 고소의 취소

(1) 의의 및 취지

① 고소의 취소라 함은 일단 제기한 고소를 철회하는 소송행위를 말한다. 이는 수사기관 또는 법원에 대한 소송행위로서 그 법률적 성질은 법률행위적 소송행위이다. 10. 교정특채

ⓘ 공소제기 전에는 고소사건을 담당하는 수사기관에, 공소제기 후에는 수소법원에 하여야 한다(대판 2012.2. 23, 2011도17264). 14. 9급 법원직

ⓘ 고소의 취소나 처벌을 희망하는 의사표기의 철회는 수사기관 또는 법원에 대한 법률행위적 소송행위이므로 공소제기 전에는 고소사건을 담당하는 수사기관에, 공소제기 후에는 고소사건의 수소법원에 대하여 이루어져야 한다. (○) 14. 9급 법원직

② 범인과 피해자 사이의 사적 분쟁해결이 원만하게 이루어지도록 하기 위해서 인정된 제도로서 실제에 있어 피해자의 권리구제에 중대한 역할을 하고 있다.

(2) 고소취소의 시기

① 고소는 제1심판결 선고 전까지 취소할 수 있다(제232조 제1항). 07. 9급 법원직, 10. 7급 국가직, 13. 9급 검찰, 14. 수사경과, 16. 경찰승진 이는 국가사법권발동이 고소인의 자의에 의하여 좌우됨을 막기 위함이다(이 규정은 친고죄에 관한 것으로 이해하여야 하므로 비친고죄의 고소취소는 기간의 제한이 없는 것으로 보아야 한다. 그러나 법조문상으로는 구분되어 있지 않다).

관련판례

1. 항소심에서 공소장의 변경에 의하여 친고죄가 아닌 범죄를 친고죄로 인정하였더라도 항소심을 제1심이라 할 수는 없는 것이므로, 항소심에 이르러 비로소 고소인이 고소를 취소하였다면 이는 친고죄에 대한 고소취소로서의 효력은 없다(대판 1999.4.15, 96도1922 전원합의체 ∴ 실체판결을 하여야 함). 08 · 17. 7급 국가직, 12 · 20. 9급 법원직, 18. 순경 3차, 21. 변호사시험 · 순경 1차

   ▶ 비교판례 : 비친고죄로 기소되어 항소심에서 친고죄에 해당하는 죄로 공소장이 변경된 경우, 공소제기 전에 이미 고소취소가 있었다면 제327조 제2호에 의거 공소기각판결을 하여야 하고, 실체판결을 해서는 안된다(대판 2002.7.12, 2001도6777).

   ⓘ 비친고죄에 해당하는 죄로 기소되어 항소심에서 친고죄에 해당하는 죄로 공소장이 변경된 후 공소제기 전에 행하여진 고소가 항소심단계에서 취소되었다면 항소심법원은 공소기각의 판결을 선고하여야 한다. (×) 14. 변호사시험, 20. 9급 검찰 · 마약 · 교정 · 보호 · 철도경찰

2. 상소심에서 제1심 공소기각판결을 파기하고 사건을 제1심법원에 환송함에 따라 다시 제1심 절차가 진행된 경우, 종전의 제1심판결은 이미 파기되어 효력을 상실하였으므로 환송 후의 제1심판결 선고 전에는 고소취소의 제한사유가 되는 제1심판결 선고가 없는 경우에 해당한다. 따라서 파기환송 후 다시 진행된 제1심판결 선고 전에 고소가 취소되면 형사소송법 제327조 제5호에 의하여 판결로써 공소를 기각하여야 한다(대판 2011.8.25, 2009도9112). 12. 9급 법원직 · 순경, 19. 경찰간부 · 경찰승진

   ⓘ 친고죄에서 고소권자가 고소가 유효함에도 고소의 효력이 없다는 이유로 공소를 기각한 제1심판결에 대하여 항소심절차가 진행되던 중 고소인이 고소를 취소하였는데 항소심이 제1심의 공소가 각 부분이 위법하다는 이유로 사건을 파기환송한 경우, 환송 후의 제1심법원은 고소취소를 이유로 공소기각판결을 선고할 수 없다. (×) 18. 변호사시험

3. 흉기 기타 위험한 물건을 휴대하고 공갈죄를 범하여 폭력행위 등 처벌에 관한 법률에 의하여 가중 처벌되는 경우에도 친족상도례가 적용되어 친고죄에 해당하므로 제1심판결 선고 전에 피고인의 처벌을 바라지 아니하는 의사가 표시된 합의서가 제출되었다면 공소기각의 판결을 하여야 한다(대판 2010.7.29, 2010도5795). 12. 경찰승진

② 반의사불벌죄 사건에 있어서 처벌을 희망하는 의사표시의 철회에 관하여도 고소의 취소에 관한 규정이 준용된다(제232조 제3항). 따라서 제1심판결 선고 후에 행한 처벌희망의 의사표시 철회는 효력이 없다. 07 · 11. 9급 법원직, 10. 7급 국가직, 13. 9급 검찰

관련판례

1. 항소심에서 반의사불벌죄가 아닌 죄가 반의사불벌죄로 공소장변경(⑩ 상해죄 ⇨ 폭행죄)이 있었다 하더라도 항소심인 제2심을 제1심으로 볼 수 없으므로 항소심에서 처벌희망의 의사표시를 철회할 수 없다(대판 1988.3.8, 85도2518). 10. 7급 국가직, 12. 경찰간부, 13. 9급 검찰 · 마약수사, 11 · 12 · 18. 9급 법원직, 15 · 18. 순경 1차, 10 · 12 · 18 · 19. 경찰승진

2. 퇴직금 미지급으로 인한 근로기준법 위반에 대하여 공소제기 후에 일반범죄에서 반의사불벌죄로 개정된 경우, 공소제기 전에 피고인에 대한 처벌을 원하지 아니한다는 진술을 하였다면, 유리한 신법이 적용되어 형사소송법 제327조 제2호에 따라 공소제기의 절차가 법률의 규정에 위반된다고 하여 공소기각의 판결을 선고하여야 한다(대판 2005.10.28, 2005도4462). 11. 7급 국가직

3. 반의사불벌죄에 있어서 피해자의 피고인 또는 피의자에 대한 처벌을 희망하지 않는다는 의사표시 또는 처벌을 희망하는 의사표시의 철회는 의사능력이 있는 미성년인 피해자가 단독으로 이를 할 수 있고, 법정대리인의 동의나 법정대리인에 의해 대리되어야 할 필요는 없다(대판 2009.11.19, 2009도6058 전원합의체). 15. 순경 1차, 19. 경찰승진, 20. 9급 법원직

4. 제1심 법원이 반의사불벌죄로 기소된 피고인에 대하여 소송촉진 등에 관한 특례법 제23조에 따라 피고인의 진술 없이 유죄를 선고하여 판결이 확정된 경우, 피고인이 제1심 법원에 재심을 청구하여 재심개시결정이 내려졌다면 피해자는 그 재심의 제1심판결 선고 전까지 처벌을 희망하는 의사표시를 철회할 수 있다(대판 2016.11.25, 2016도9470). 21. 9급 법원직

③ 문제는 공범자 1인에 대하여 제1심판결이 선고되어 고소를 취소할 수 없게 되었을 때 아직 제1심판결 선고 전의 다른 공범자에 대하여 고소를 취소할 수 있는가이다. 판례에 의하면, 공범자 1인에 대하여 제1심판결이 선고되어 고소를 취소할 수 없게 되었을 때 제1심판결 선고 전의 다른 공범에 대해서도 고소는 취소할 수 없다는 입장이다. 고소취소를 허용하게 되면 고소주관적 불가분의 원칙에 반하고, 고소권자의 선택에 의해 불공평한 결과를 초래하기 때문이다.

관련판례

친고죄의 공범 중 그 일부에 대하여 제1심판결이 선고된 후에는 제1심판결 선고 전의 다른 공범자에 대하여는 그 고소를 취소할 수 없고 그 고소의 취소가 있다 하더라도 그 효력을 발생할 수 없으며, 이러한 법리는 필요적 공범이나 임의적 공범이나를 구별함이 없이 모두 적용된다(대판 14 · 17. 수사경과 1985.11.12, 85도1940). 14. 변호사시험, 15. 지능특채, 12 · 13 · 16. 경찰승진, 16. 순경 1차, 18. 변호사시험 · 9급 법원직, 20. 해경

ⓘ 친고죄의 공범 중 그 일부에 대하여 제1심판결이 선고된 후에는 제1심판결 선고 전의 다른 공범자에 대하여는 그 고소를 취소할 수 있다. (×) 13. 경찰간부

ⓘ 친고죄의 공범인 甲·乙 중 甲에 대하여 제1심판결이 선고되더라도 제1심판결선고 전의 乙에 대하여 고소를 취소할 수 있고, 그 효력은 제1심판결선고 전의 乙에게만 미친다. (×) 14. 변호사시험

(3) 고소취소권자

고소의 취소권자는 고소를 제기한 자이다. 그러나 고유의 고소권자(피해자)가 행한 고소는 대리권에 근거한 고소권자(☞ 피해자의 父)가 취소할 수 없으며, 03. 순경, 07. 9급 법원직 역으로 대리권에 근거한 고소권자의 고소는 고유의 고소권자가 이를 취소할 수 있다.

🔒 관련판례

1. 피해자가 제1심 법정에서 피고인들에 대한 처벌희망 의사표시를 철회할 당시 나이가 14세 10개월이었더라도 그 철회의 의사표시가 의사능력이 있는 상태에서 행해졌다면 법정대리인의 동의가 없었더라도 유효하다. 따라서 청소년 성보호에 관한 법률 제16조에 규정된 반의사불벌죄에서 피해 청소년이 처벌불원 여부 등의 의사표시를 하는 데에 법정대리인의 동의는 불필요하다(대판 2009.11.19, 2009도6058 전원합의체). 12. 9급 법원직, 14. 변호사시험, 19. 경찰간부, 21. 경찰승진

2. 피해자의 부친이 피해자 사망 후에 피해자를 대신하여 그 피해자가 이미 하였던 고소를 취소하더라도 이는 적법한 고소취소라 할 수 없다(대판 1969.4.29, 69도376). 08. 순경, 11. 경찰승진, 18. 경찰간부

3. 폭행죄는 피해자의 명시한 의사에 반하여 공소를 제기할 수 없는 반의사불벌죄로서 처벌불원의 의사표시는 의사능력이 있는 피해자가 단독으로 할 수 있는 것이고, 피해자가 사망한 후 그 상속인이 피해자를 대신하여 처벌불원의 의사표시를 할 수는 없다고 보아야 한다(대판 2010.5.27, 2010도2680). 12. 경찰승진, 16. 9급 교정·보호·철도경찰, 18. 순경 1차

(4) 고소취소의 방식

① 고소취소의 방식은 고소의 경우와 같다(제239조). 고소의 취소는 서면 또는 구술로써 할 수 있으며, 13. 9급 검찰·마약수사, 21. 경찰승진 구술에 의한 취소는 조서를 작성하여야 한다. 사법경찰관이 고소의 취소를 받은 때에는 즉시 수사서류와 함께 검찰에 송치한다(제239조). 고소의 취소는 공소제기 전에는 수사기관에, 10. 교정특채 공소제기 후에는 수소법원에 하여야 한다(대판 2012.2.23, 2011도17264). 17. 수사경과, 19. 5급 검찰·교정승진 따라서 합의서가 작성된 것만으로는 고소취소라고 할 수 없다.

🔒 관련판례

• 취소 or 철회 인정

1. 피해자가 당사자 간의 원만한 합의로 민·형사상의 문제를 일체 거론하지 않기로 화해되었다는 취지의 합의서를 작성해 주고 관대한 처분을 바란다는 취지의 탄원서를 법원에 제출한 경우에는 고소의 취소가 있은 것으로 보아야 한다(대판 1981.11.10, 81도1171). 02. 7급 검찰, 03. 순경

2. "가해자와 피해자 간에 원만한 합의를 하였으므로 차후 민·형사상 어떠한 이의도 제기치 않을 것을 서약하면서 합의서를 제출합니다."라는 내용과 "합의금 이백 중 나머지 일백만원은 11월부터 매월 10만원씩 송금하기로 함."이라는 내용이 기재된 합의서를 제1심법원에 제출하였다면 피고인에 대한 처벌을 희망하지 아니한다는 의사를 명시적으로 표시한 것으로 봄이 상당하다(대판 2008.2.29, 2007도 11339). 16. 경찰간부

3. 비록 합의서에 피고인에 대한 고소를 취소한다거나 형사책임을 묻지 않는다는 표현을 명시적으로 기재하지는 않았지만, 피고인의 처벌을 구하는 의사를 철회한다는 의사로 합의서를 제1심법원에 제출하였다면 피고인에 대한 고소는 적법하게 취소되었다고 할 것이고, 따라서 그 후 피해자가 제1심 법원에 증인으로 출석하여 위 합의를 취소하고 다시 피고인의 처벌을 원한다는 진술을 함으로써 고소취소를 철회하는 의사표시를 하였다고 하여도 그것은 아무런 효력이 없다(대판 2009.9.24, 2009 도6779). 12. 경찰승진

⚠ 고소권자가 피고인의 처벌을 구하는 의사를 철회한다는 취지의 합의서를 제1심 법원에 제출하였다면 그 고소는 적법하게 취소되었다고 할 것이고, 그 후 고소취소를 철회하는 의사표시를 다시 하여도 그 의사 표시는 효력이 없다. (○) 17. 7급 국가직

4. 경찰에서 처벌의사를 밝혔던 피해자가 가해자와 함께 합의하고 그 합의서를 경찰에 제출하였다면 고소를 취소한 것으로 볼 수 있다(대판 2002.7.12, 2001도6777). 12. 경찰간부

5. 피해자 母명의로 작성된 합의서에 기재된 합의내용이 '피해자는 가해자측으로부터 50만원을 받아 합의를 하였기에 차후 이 사건으로 민·형사상의 이의를 제기하지 않겠다.'는 취지로 작성되어 있고, 그 이전에 母가 피고인에 대한 처벌의 의사를 별도로 표시한 바 없으며, 합의서 작성 당시 피해자가 14세에 불과한 경우 피해자 母명의로 작성된 합의서에 피해자 자신의 처벌불원의 의사가 포함되어 있다고 볼 여지가 있다(대판 2009.12.24, 2009도11859).

6. 고소취소는 범인의 처벌을 구하는 의사를 철회하는 수사기관 또는 법원에 대한 고소권자의 의사표시 로서 서면 또는 구술로써 하면 족한 것이므로, 고소권자가 서면 또는 구술로써 수사기관 또는 법원에 고소를 취소하는 의사표시를 하였다고 보여지는 이상 그 고소는 적법하게 취소되었다고 할 것이고, 그 후 고소취소를 철회하는 의사표시를 다시 하였다고 하여도 그것은 효력이 없다 할 것이다(대판 2009.9.24, 2009도6779).

7. 피고인이 그 합의서를 수사기관에 제출한 이상 피해자의 처벌불원의사가 수사기관에 적법하게 표시 되었으며, 이후 피고인이 피해자에게 약속한 치료비 전액을 지급하지 아니한 경우에도 민사상 치료 비에 관한 합의금지급채무가 남는 것은 별론으로 하고 처벌불원의사를 철회할 수 없다(대판 2001. 12.14, 2001도4283). 21. 경찰승진

8. 검사의 진술조서 작성시에 고소취소의 진술이 있었다면 그 고소는 적법하게 취소되었다고 할 수 있다(대판 1983.7.26, 83도1431).

● 취소 or 철회 부정

1. 고소인이 합의서를 피고인에게 작성해 준 것만으로는 고소취소라고 할 수 없다(대판 1983.9.27, 83도 516). 10. 교정특채, 18. 9급 법원직, 21. 순경 1차

2. "피의자들의 처벌을 원하는가요?"라는 물음에 대하여 "법대로 처벌하여 주시기 바랍니다."로 되어 있고, 이어서 "더 할 말이 있는가요?"라는 물음에 대하여 "젊은 사람들이니 한번 기회를 주시면 감사

하겠습니다."로 기재되어 있었다면, 그 진술의 취지는 법대로 처벌하되 관대한 처분을 바란다는 취지로 보아야 하고 고소를 취소한 것으로 볼 수는 없다(대판 1981.1.13, 80도2210). 09 · 19. 경찰승진

3. 피고인이 제출한 합의서에 피해자의 성명이 기재되어 있기는 하나 피해자의 날인은 없고, 피해자의 법정대리인인 父의 무인 및 인감증명서가 첨부되어 있을 뿐이어서 피해자 본인이 고소를 취소한다는 의사표시가 여기에 당연히 포함되어 있다고 볼 수는 없다(대판 2011.6.24, 2011도4451).

4. 부도수표가 제권판결에 의하여 무효로 됨으로써 수표소지인이 더 이상 발행인 등에게 수표금의 지급을 구할 수 없게 되었다고 하더라도, 이러한 사정만으로는 수표가 회수되거나 수표소지인이 처벌을 희망하지 아니하는 의사를 명시한 경우에 해당한다고 볼 수는 없다(대판 2006.5.26, 2006도1711).

5. 관련 민사사건에서 '이 사건과 관련하여 서로 상대방에 대하여 제기한 형사 고소 사건 일체를 모두 취하한다.'는 내용이 포함된 조정이 성립된 것만으로는 고소취소나 처벌불원의 의사표시를 한 것으로 보기 어렵다(대판 2004.3.25, 2003도8136). 21. 변호사시험

6. 피해자가 고소장을 제출하여 처벌을 희망하는 의사를 분명히 표시한 후 고소를 취소한 바 없다면 비록 피해자가 고소 전에는 처벌을 원치 않았다 하더라도 그 후에 한 피해자의 고소는 여전히 유효하다(대판 1993.10.22, 93도1620).

7. 피고인의 변호인에 의하여 고소인 명의의 합의서가 제1심 법원에 제출되었으나 위 합의서는 고소인이 고소사실 일체에 대하여 상호간에 원만히 해결되었으므로 이후에 민 · 형사 간 어떠한 이의도 제기하지 아니할 것을 합의한다는 취지가 기재된 서면에 불과하고, 고소인은 제1심 법정에 나와 고소취소의 의사가 없다고 말함으로써 오히려 피고인에 대한 처벌희망의사를 유지하고 있으므로 위 합의서로 고소취소의 효력이 발생할 수 없다(대판 1981.10.6, 81도1968). - 처벌을 구하는 의사를 철회한다는 취지의 합의서가 아닌 것으로 보는 판례임.

---

② 고소취소에 대하여도 대리가 허용된다(제236조). 고소취소의 대리인이 고소를 취소하면 고소권자 본인의 고소권이 소멸한다.

ⓘ 고소취소할 수 있는 자 ⇨ 고소를 제기한 자(고소인) 또는 고소취소의 대리인
ⓘ 대리인을 통한 고소 ⇨ 고소권자 본인이 대리인의 고소를 취소 가능
ⓘ 고유의 고소권자(피해자)의 고소 ⇨ 대리권에 근거한 고소권자가 고소의 취소 불가(예 피해자가 고소를 한 후에 사망을 한 경우 그의 부친이 취소불가)
ⓘ 대리권에 근거한 고소권자의 고소 ⇨ 고유의 고소권자가 취소 가능

③ 고소를 취소한다는 의사 또는 반의사불벌죄에서 처벌희망의사의 철회는 명백하다고 믿을 수 있는 방법으로 하여야 한다.

🔺 관련판례

1. 건설업에서 2차례 이상 도급이 이루어진 경우 건설업자가 아닌 하수급인이 그가 사용한 근로자에게 임금을 지급하지 못할 경우에, 하수급인의 처벌을 희망하지 아니하는 근로자의 의사표시에는, 직상 수급인의 처벌을 희망하지 아니하는 의사표시도 포함되어 있다고 볼 수 있는지를 살펴보아야 하고, 직상 수급인을 배제한 채 오로지 하수급인에 대하여만 처벌을 희망하지 아니하는 의사를 표시한 것으로 쉽사리 단정할 것은 아니다(대판 2015.11.12, 2013도8417). 17. 순경 2차

2. 피해자들과의 전화통화 내용을 기재한 수사보고서는 그 증거능력이 없으나, 위 각 수사보고서를 피해자들의 처벌희망 의사표시 철회의 효력 여부를 판단하는 증거로 사용한 것 자체는 정당하다(대판 2010.10.14, 2010도5610 · 2010전도31).

3. 반의사불벌죄에 있어서 피해자가 처벌을 희망하지 아니하는 의사표시나 처벌을 희망하는 의사표시의 철회를 하였다고 인정하기 위해서는 피해자의 진실한 의사가 명백하고 믿을 수 있는 방법으로 표현되어야 하는바, 21. 경찰승진 피해자가 나이 어린 미성년자인 경우 그 법정대리인이 피고인 등에 대하여 밝힌 처벌불원의 의사표시에 피해자 본인의 의사가 포함되어 있는지는 대상 사건의 유형 및 내용, 피해자의 나이, 합의의 실질적인 주체 및 내용, 합의 전후의 정황, 법정대리인 및 피해자의 태도 등을 종합적으로 고려하여 판단하여야 할 것이다(대판 2010.5.13, 2009도5658).

4. 동생집 현관에 '군입대 후 돈을 주고 제대시켰다.'는 등의 내용이 적힌 편지를 붙여 동생의 명예를 훼손한 혐의로 기소된 피고인에 대하여, 피해자(동생)가 상해부분에 대해서만 고소하겠다고 경찰에 진술한 것만으로는 피해자가 피고인에 대해 명예훼손의 공소사실에 관한 처벌을 희망하지 않은 의사를 표시했다거나 처벌을 희망하는 의사를 철회했다고는 볼 수 없다(대판 2009.12.24, 2009도11610).

5. 피해자가 피고인을 고소한 다음 증인소환을 연기해 달라고 하거나 기일변경신청을 하고 출석하지 않은 것만으로는 처벌희망의 의사표시의 철회로 볼 수 없다(대판 2001.6.15, 2001도1809). 21. 경찰승진

(5) 고소취소의 효과

① 고소를 취소한 자는 다시 고소하지 못하며(제232조 제2항), 12 · 16. 경찰승진, 21. 순경 1차 **고소취소**에 대해서도 고소불가분의 원칙이 적용된다(제233조). 따라서 공범자의 1인 또는 수인에 대한 고소의 취소는 다른 공범자에 대해서도 효력이 있고(주관적 불가분의 원칙), 06. 9급 교정직, 16. 경찰승진 **1개 범죄사실의 일부에 대한 고소의 취소는 전부에 대하여 효력을 미친다(객관적 불가분의 원칙).**

ⓘ 친고죄의 공범 중 1인 또는 수인에 대한 고소는 다른 공범자에게도 효력이 있으나, 그 취소는 취소의 상대방으로 지정된 피고소인에 대해서만 효력이 있다. (×) 11. 9급 법원직

ⓘ 친고죄로 고소하였다가 공소제기 전에 고소를 취소한 후 고소기간 내에 다시 동일한 친고죄로 고소하여 공소제기된 경우, 수소법원은 형사소송법 제327조 제2호에 해당함을 이유로 판결로써 공소를 기각하여야 한다. (○) 18. 변호사시험, 19. 5급 검찰 · 교정승진

ⓘ 고소권자가 비친고죄로 고소한 사건이더라도 검사가 친고죄로 구성하여 공소를 제기하였다면 공소장 변경 절차를 거쳐 공소사실이 비친고죄로 변경되지 아니하는 한 공소사실에 대하여 피고인과 공범관계에 있는 사람에 대한 고소취소의 효력이 피고인에게도 미친다. 따라서 피고인에 대하여 공소기각판결을 선고하여야 한다. (○) ∴ 피고인 ⇨ 공소기각판결 18. 5급 검찰 · 교정승진, 19. 경찰간부

② 반의사불벌죄의 경우에도 고소취소규정이 준용되므로 처벌을 원치 않는 의사를 표시한 후에 다시 처벌을 구하는 것은 불가능하다. 12. 9급 법원직

③ 친고죄나 반의사불벌죄에 있어서 고소가 취소되면 법원은 공소기각판결로 사건을 종결한다.

> **✓ Key Point**
>
> - **고소취소** : 제1심판결 선고 전까지
> - **반의사불벌죄** : 고소취소 규정 적용
>   - 대리인을 통한 고소 ⇨ 고소권자 본인이 대리인의 고소를 취소 가능
>   - 고유고소권자의 고소 ⇨ 대리권에 근거한 고소권자가 취소 ×
>   - 대리권에 근거한 고소권자의 고소 ⇨ 고유고소권자가 취소 ○
> - **공범자의 고소취소** : 공범자 1인에 대하여 제1심판결 선고 후 다른 공범자의 고소취소 불가
> - **고소취소의 주관적 불가분원칙** : 친고죄의 공범 중 1인과 합의하고 그 1인에 대하여 고소를 취소한 경우 다른 공범에 대해서도 고소취소 효력 ○
> - **합의서와 고소취소** : 합의서 작성만으로는 고소취소 ×(제출 필요)
> - **재고소 금지** : 고소취소한 자는 재고소 ×

6 고소권의 포기

(1) 의 의

고소권의 포기란 친고죄의 고소기간 내에 장차 고소권을 행사하지 아니한다는 의사표시를 하는 것을 말한다. 반의사불벌죄의 경우에 처음부터 불처벌 희망의사를 표시한 것도 동일한 성격을 갖는다.

(2) 허용성

고소권의 포기는 인정하지만 고소의 취소와 같은 방식으로 하여야 한다는 절충설이 다수설이며, 판례는 고소권의 포기를 인정하지 않는 소극설의 입장에 있다. 03. 법원사무관, 07. 9급 법원직, 11. 경찰승진 고소권은 형사소송법에 의해 인정되는 공권이므로 사인의 처분에 맡길 수 없고, 포기를 허용한다는 명문규정이 없을 뿐 아니라 포기를 허용한다면 범인과 피해자 사이에 폐단이 야기될 우려가 있는 점을 감안할 때 판례의 태도가 타당하다고 볼 것이다.

> **⚖ 관련판례**
>
> 고소권의 포기에 관하여서는 아무러한 규정이 없으므로 고소 전에 고소권을 포기할 수는 없다고 함이 상당할 것인바, 고소 전에 피해자가 고소포기의 의사를 표하였더라도 그 후에 한 피해자의 고소는 유효하다고 할 것이다(대판 1967.5.23, 67도471). 07. 9급 법원직, 12. 해경간부, 13. 순경 2차, 20. 9급 검찰·마약·교정·보호·철도경찰, 21. 순경 1차

제5절 ┃ 고발 · 자수

1 고 발

(1) 의 의

고발이란 고소권자와 범인 이외의 제3자가 수사기관에 대해 범죄사실을 신고하여 범인의 처벌을 희망하는 의사표시를 말한다.

ⓘ 고소권자 및 범인 이외의 제3의 의사표시라는 점이 고소와 구별

ⓘ 단순한 범죄신고는 고발 ×(처벌희망 의사표시가 없으므로)

ⓘ 고발이란 범죄사실을 수사기관에 고하여 그 소추를 촉구하는 것으로서 범인을 지정할 필요가 없으며, 지정한 범인이 진범인이 아니더라도 고발의 효력에는 영향이 없음.

㉤ 고발인이 농지전용행위를 한 사람을 甲으로 잘못 알고 甲을 피고발인으로 하여 고발하였다고 하더라도 乙이 농지전용행위를 한 이상 乙에 대하여도 고발의 효력이 미친다(대판 1994.6.15, 94도458). 05 · 10. 순경

ⓘ 고발은 수사의 단서에 불과(예외적으로 즉시고발사건은 친고죄의 고소처럼 소송조건으로서의 성질을 가진다.)

💬 즉시고발사건

① 처벌의 필요성을 당해 행정청의 판단에 맡기는 것이 바람직한 경우 공무원의 고발을 소송조건으로 하고 있는데 이를 즉시고발사건이라 한다.

㉤ 관세법 위반의 경우 세관장의 고발이 있어야 검사는 공소제기할 수 있음.

② 조세범처벌법, 관세법, 독점규제 및 공정거래에 관한 법률, 물가안정에 관한 법률, 출입국관리법, 의무경찰대설치 및 운영에 관한 법률 등

③ 즉시고발사건에는 고발의 주관적불가분의 원칙을 인정하고 있지 않다(피고인에게 불이익한 유추해석에 해당하므로)(대판 2010.9.30, 2008도4762).

④ 즉시고발의 경우 고발기간의 제한이 없다. 21. 순경 1차

(2) 고발권자

누구든지 범죄가 있다고 사료되는 때에는 고발할 수 있다(제234조 제1항). 공무원은 그 직무를 행함에 있어 범죄가 있다고 사료되는 때에는 고발하여야 한다(동조 제2항). 다만, 공무원이라도 직무집행과 관련 없이 우연히 발견한 범죄는 고발의무가 없다. 11. 경찰승진

ⓘ 고발 의무자로서의 공무원 ⇨ 수사기관은 포함되지 아니함(수사기관은 범죄혐의를 발견하면 수사를 개시하여야 하기 때문)

(3) 고발의 제한

자기 또는 배우자의 직계존속은 고발할 수 없다(제235조). 11. 경찰승진

(4) 고발의 방식 · 절차

① 고발의 방식 · 절차는 고소의 경우에 준한다(제237조, 제238조, 제239조). 다만, 대리인에 의한 고발이 허용되지 않고(대판 1989.9.26, 88도1533), 14. 경찰승진, 20. 수사경과 고발기간의 제한이 없으며, 고발을 취소한 후에도 다시 고발을 할 수 있다는 점이 고소와 다르다.

② 사법경찰관이 고소·고발을 받은 때에는 신속히 조사하여 관계 서류와 증거물을 검사에게 송부하여야 한다(제238조).

✓ Key Point 고소와 고발

구 분	고 소	고 발
주 체	고소권자	제3자
대 리	허 용	불허용
기 간	범인을 안 날로부터 6월	무제한
취 소	제1심판결 선고 전까지	무제한
취소 후 재고소·재고발	불허용	허 용
헌법소원	고소인 불가능	고발인 불가능
직계존속	불허용	불허용
방 식	서면 또는 구술	서면 또는 구술

🔎 관련판례

1. 조세범처벌법 위반죄에 관하여 일단 불기소처분이 있었더라도 세무공무원 등이 종전에 한 고발은 여전히 유효하다(대판 2009.10.29, 2009도6614 ∴ 나중에 공소를 제기함에 있어 새로운 고발 불필요함).
   12. 경찰간부, 14. 변호사시험, 21. 경찰승진

2. 고발인은 개인적 주관적 권리나 재판절차에서의 진술권 등의 기본권이 허용될 수 없다(헌재결 2013. 10.24, 2012헌마41). 15. 순경 1차

3. 주관적 불가분의 원칙은 고발의 경우에는 적용되지 않는다. 따라서 공정거래위원회의 고발 대상에 서 제외된 피고인들에 대한 독점규제 및 공정거래에 관한 법률 위반의 공소사실에 관해서는 소추요 건의 결여로 공소기각판결을 선고하여야 한다(대판 2010.9.30, 2008도4762). 13. 순경

   ▶ 비교판례

   • 고발은 고발장에 기재된 범죄사실과 동일성이 인정되는 사실 모두에 미치므로 16. 7급 국가직, 범칙 사건에 대한 고발이 있는 경우 그 고발의 효과는 범칙사건에 관련된 범칙사실의 전부에 미치고 한 개의 범칙사실의 일부에 대한 고발은 그 전부에 대하여 효력이 생기므로, 동일한 부가가치세의 과세기간 내에 행하여진 조세포탈기간이나 포탈액수의 일부에 대한 조세포탈죄의 고발이 있는 경우 그 고발의 효력은 그 과세기간 내의 조세포탈기간 및 포탈액수 전부에 미친다. 21. 경찰승진 따라서 일부에 대한 고발이 있는 경우 기본적 사실관계의 동일성이 인정되는 범위 내에서 조세포 탈기간이나 포탈액수를 추가하는 공소장변경은 적법하다(대판 2009.7.23, 2009도3282). 10. 순경 2차

   • 수개의 범칙사실 중 일부만을 범칙사건으로 하는 고발이 있는 경우 고발장에 기재된 범칙사실과 동일성이 인정되지 않는 다른 범칙사실에 대해서까지 고발의 효력이 미칠 수는 없다(대판 2014. 10.15, 2013도5650). 21. 경찰승진

4. 위증사실의 신고는 고소의 형식을 취하였더라도 고발이며, 고발의 대리는 허용되지 않으므로 타인 명의의 고소장 제출에 의해 위증사실의 신고가 행하여졌더라도 피고인이 위증죄 고소장을 작성하여 수사기관에 제출하고 수사기관에 대하여 고발인 진술을 하는 등 피고인의 의사로 고발행위를 주도 하였다면 그 고발인은 피고인이다(대판 1989.9.26, 88도1533). 03. 순경

5. 지방국세청장 또는 세무서장이 조세범칙행위에 대하여 고발을 한 후에 통고처분을 하였다면 그 통고처분은 효력이 없고, 조세범칙행위자가 이러한 통고처분을 이행하였더라도 일사부재리의 원칙이 적용될 수 없다(대판 2016.9.28, 2014도10748).

6. 조세범칙사건에 대하여 관계 세무공무원의 즉시고발이 있으면 그로써 소추의 요건은 충족되는 것이고, 법원은 본안에 대하여 심판하면 되는 것이지 즉시고발 사유에 대하여 심사할 수 없다(대판 2014.10.15, 2013도5650).

7. 특정범죄 가중처벌 등에 관한 법률 제8조의 2 제1항의 죄는 조세범 처벌법 제10조 제3항 및 제4항 전단의 죄 중 영리의 목적이 있고 공급가액 등의 합계액이 일정금액 이상인 경우를 가중 처벌하는 것에 불과하므로, 특가법 제8조의 2 제1항의 죄는 조세범 처벌법 제21조에 따라 국세청장 등의 고발을 소추조건으로 한다고 봄이 타당하다(대판 2014.9.24, 2013도5758).

8. 일반사법경찰관리가 출입국사범에 대한 출입국관리사무소장 등의 고발이 있기 전에 수사를 하였더라도, 달리 위에서 본 특단의 사정이 없는 한 그 사유만으로 수사가 소급하여 위법하게 되는 것은 아니다(대판 2011.3.10, 2008도7724). 21. 경찰승진

9. 고발하였다는 사실이 주위에 알려졌다고 하여 그 고발사실 자체만으로 고발인의 사회적 가치나 평가가 침해될 가능성이 있다고 볼 수는 없다. 다만, 그 고발의 동기나 경위가 불순하다거나 온당하지 못하다는 등의 사정이 함께 알려진 경우에는 고발인의 명예가 침해될 가능성이 있다(대판 2009.9.24, 2009도6687).

10. 조세범처벌법에 의한 고발장은 반드시 공소장 기재요건과 동일한 범죄의 일시·장소를 표시하여 사건의 동일성을 특정할 수 있을 정도로 표시하여야 하는 것은 아니고, 조세범처벌법이 정하는 어떠한 태양의 범죄인지를 판명할 수 있을 정도의 사실을 일응 확정할 수 있을 정도로 표시하면 족하다(대판 2009.7.23, 2009도3282).

11. 세무서장이 특정 업체의 조세포탈 범칙행위를 조세범처벌법 등 위반으로 고발하면서, 그중 일부 관련 업체에 대해서는 개개 업체별로 죄명, 범칙자의 주소·성명, 범칙년월일 및 범칙사실 등을 구체적으로 기재한 각 고발장을 제출한 사안에서, 위 고발이 해당 공소사실에 대하여 피고인의 처벌을 구하는 의사표시로서 유효하다(대판 2009.7.23, 2009도3282).

12. 통고처분을 할 것인지의 여부는 관세청장 또는 세관장의 재량에 맡겨져 있고, 따라서 관세청장 또는 세관장이 관세범에 대하여 통고처분을 하지 아니한 채 고발하였다는 것만으로는 그 고발 및 이에 기한 공소의 제기가 부적법하게 되는 것은 아니다(대판 2007.5.11, 2006도1993).

13. 고발에 있어서는 고소·고발 불가분의 원칙이 적용되지 아니하므로, 고발의 구비 여부는 양벌규정에 의하여 처벌받는 자연인인 행위자와 법인에 대하여 개별적으로 논하여야 한다. 따라서 피고발인을 법인으로 명시한 다음, 법인의 등록번호와 대표자의 인적 사항을 기재한 고발장의 표시를 자연인인 개인까지를 피고발자로 표시한 것이라고 볼 수는 없다(대판 2004.9.24, 2004도4066).

14. 세무서에서 근무하는 공무원이 그 관할 검찰청 검사장으로부터 범칙사건을 조사할 수 있는 자로 지명을 받지 않은 경우, 조세범처벌절차법에 따른 통고처분이나 고발을 할 권한이 없다(대판 1997.4.11, 96도2753).

15. 조세범처벌법 위반 사건에 대한 세무공무원의 고발취소는 제1심판결 선고 전에 한하여 취소할 수 있다(대판 1957.3.29, 4290형상58).

16. 국회증언감정법은 국정감사나 국정조사에 관한 국회 내부의 절차를 규정한 것으로서 국회에서의 위증죄에 관한 고발 여부를 국회의 자율권에 맡기고 있고, 위증을 자백한 경우에는 고발하지 않을 수 있게 하여 자백을 권장하고 있으므로 국회증언감정법 제14조 제1항 본문에서 정한 위증죄는 같은 법 제15조의 고발을 소추요건으로 한다고 봄이 타당하다(대판 2018.5.17, 2017도14749 전원합의체).

17. 국회에서의 증언 · 감정 등에 관한 법률 제15조 제1항 본문의 고발은 위원회가 존속하고 있을 것을 전제로 한다. 국회증언감정법 제15조 제1항 단서는 "다만, 청문회의 경우에는 그 위원의 이름으로 고발할 수 있다."라고 규정하고 있다. 이 단서에 의한 고발도 위원회가 존속하는 동안에 이루어져야 한다고 해석하는 것이 타당하다(대판 2018.5.17, 2017도14749 전원합의체).

18. 조세범처벌법 제6조의 세무종사 공무원의 고발은 공소제기의 요건이고 수사개시의 요건은 아니므로 수사기관이 고발에 앞서 수사를 하고 피고인에 대한 구속영장을 발부받은 후 검찰의 요청에 따라 세무서장이 고발조치를 하였다고 하더라도 공소제기 전에 고발이 있은 이상 조세범처벌법 위반사건 피고인에 대한 공소제기의 절차가 법률의 규정에 위반하여 무효라고 할 수 없다(대판 1995.3.10, 94도3373).

2 자 수

① 자수란 범인이 수사기관에 대하여 자신의 범죄사실을 신고하여 자신에 대한 처벌을 희망하는 의사표시를 말한다.
   ⓘ 수사기관의 질문에 범죄사실 진술(대판 2011.12.22, 2011도12041) ⇨ 자수 ×(자백 ○) 13. 수사경과
   ⓘ 범죄발각 전후불문(지명수배 중인 자도 수사기관에 스스로 출석한 때는 자수에 해당)
   ⓘ 친지에게 전화로 자수의사 전달 ⇨ 자수 ×

② 자수는 수사의 단서이면서 동시에 형법상 임의적 감면사유이다. 03. 순경, 04. 9급 법원직

③ 자수는 수사기관에 대한 의사표시라는 점에서 반의사불벌죄의 경우 피해자에게 범죄사실을 알려서 용서를 구하는 자복과도 구별된다(자복은 임의적 감면사유라는 점에서 자수와 동일하므로 준자수라고도 함).

④ 자수는 성질상 대리인에 의하여 할 수 없다.
   ⓘ 제3자를 통한 자수는 가능(부탁받은 제3자가 수사기관에 신고 ○ ⇨ 자수 ○, 신고 × ⇨ 자수 ×) 17 · 20. 수사경과

⑤ 자수의 절차는 고소 · 고발의 방식에 관한 규정(제237조, 제238조)을 준용한다.
   ⓘ 자수는 서면 또는 구술로서 수사기관에 하여야 함.

⑥ 사법경찰관이 자수를 받은 때에는 신속히 조사하여 관계 서류와 증거물을 검사에 송부하여야 한다(제240조). 11. 경찰승진, 19. 수사경과

⑦ 일단 자수가 성립한 이상 자수의 효력은 확정적으로 발생하고, 그 후에 범인이 번복하여 법정에서 범행을 부인하여도 일단 발생한 자수의 효력이 소멸되지는 않는다(대판 1999.7.9, 99도1695). 10. 경찰승진, 18 · 20. 수사경과

⚠ 피고인이 검찰의 소환에 따라 자진 출석하여 검사에게 범죄사실에 관하여 자백함으로써 형법상 자수의 효력이 발생하였다고 하더라도, 그 후 검찰이나 법정에서 범죄사실을 일부 부인하였다면 일단 발생한 자수의 효력은 소멸한다. (×) 15. 경찰승진

⚖ 관련판례

1. 신문지상에 혐의사실이 보도되기 시작하였는데도 자진출석하여 담당 검사에게 전화를 걸어 조사를 받게 해달라고 요청하여 출석시간을 지정받은 다음 자진출석하여 혐의사실을 모두 인정하는 내용의 진술서를 작성하고 검찰 수사과정에서 혐의사실을 모두 자백한 경우 피고인은 수사책임 있는 관서에 자기의 범죄사실을 자수한 것으로 보아야 하고 법정에서 수수한 금원의 직무관련성에 대하여만 수사 기관에서의 자백과 차이가 나는 진술을 하였다 하더라도 자수의 효력에는 영향이 없다(대판 1994.9.9, 94도619). 11. 경찰승진

   ▶ 유사판례 : 범죄사실이 발각된 후에 신고하거나, 지명수배를 받은 후라 할지라도 체포 전에 자발 적으로 신고한 이상 자수에 해당한다(대판 1968.7.30, 68도754). 03. 순경

2. 세관 검색시 금속탐지기에 의해 대마 휴대 사실이 발각될 상황에서 세관 검색원의 추궁에 의하여 대마 수입 범행을 시인한 경우, 자발성이 결여되어 자수에 해당하지 않는다(대판 1999.4.13, 98도4560). 11. 경찰승진, 14 · 21. 수사경과

3. 법률상의 형의 감경사유가 되는 자수를 위하여는, 범인이 자기의 범행으로서 범죄성립요건을 갖춘 객관적 사실을 자발적으로 수사관서에 신고하여 그 처분에 맡기는 것으로 족하고, 더 나아가 법적으로 그 요건을 완전히 갖춘 범죄행위라고 적극적으로 인식하고 있을 필요까지는 없다(대판 1995.6.30, 94도1017). 10. 경찰승진, 21. 해경

4. 뉘우침이 없는 자수는 자수라고 볼 수 없다(대판 1994.10.14, 94도2130). 10. 경찰승진, 20 · 21. 수사경과, 21. 해경

5. 범인이 수개의 범죄사실 중의 일부라도 수사기관에 자진 신고한 이상, 그 동기가 투명치 않고 그후 공범을 두둔하더라도 그 자수한 부분 범죄사실에 대하여는 자수의 효력이 있다(대판 1969.7.22, 69 도779). 10. 경찰승진, 16. 수사경과

6. 제3자에게 자수의사를 전달하여 달라고 한 것만으로는 자수라고 할 수 없다(대판 1967.1.24, 66도 1662). 03. 순경

7. 피고인이 자수하였다 하더라도 자수한 자에 대하여는 법원이 임의로 형을 감경할 수 있음에 불과한 것으로서 원심이 자수감경을 하지 아니하였다거나 자수감경 주장에 대하여 판단을 하지 아니하였 다 하여 위법하다고 할 수 없다(대판 2004.6.11, 2004도2018).

8. 법인의 직원 또는 사용인이 위반행위를 하여 양벌규정에 의하여 법인이 처벌받는 경우, 법인에게 자수감경에 관한 형법 제52조 제1항의 규정을 적용하기 위하여는 법인의 이사 기타 대표자가 수사 책임이 있는 관서에 자수한 경우에 한하고, 그 위반행위를 한 직원 또는 사용인이 자수한 것만으로 는 위 규정에 의하여 형을 감경할 수 없다(대판 1995.7.25, 95도391).

9. 범죄사실을 신고하는 한 범죄사실의 세부에 다소 차이가 있어도 관계가 없다(대판 1969.4.29, 68도1780).

10. 신고하는 방법에는 제한이 없으므로 3자를 통하여 자수를 할 수 있다(대판 1964.8.31, 64도252).

11. 수개의 범죄사실 중 일부에 관하여만 자수한 경우에는 그 부분 범죄사실에 대하여만 자수의 효력이 있다(대판 1994.10.14, 94도2130). 21. 수사경과

12. 수사기관에 뇌물수수의 범죄사실을 자발적으로 신고하였으나 그 수뢰액을 실제보다 적게 신고함으로써 적용법조와 법정형이 달라지게 된 경우, 자수가 성립하였다고 할 수 없다(대판 2004.6.24, 2004도2003). 21. 수사경과

용어 해설 **자수 · 자복 · 자백**

자 수	자 복	자 백
범인이 죄를 범한 후 수사책임이 있는 관서에 대하여 자발적으로 자기의 범죄사실을 신고하는 것을 말함.	피해자의 명시한 의사에 반하여 처벌할 수 없는 범죄(반의사불벌죄)에 있어서 피해자에게 범죄를 고백하여 용서를 구하는 것을 말함.	자신의 범죄사실의 전부 또는 일부를 인정하는 진술을 말함. 재판상 자백(법원), 수사상 자백(수사기관), 상대방 없는 자백(예 일기장)
▶ 타인의 범죄사실을 신고하는 고소 · 고발과 구별되며, 비자발성을 가진 자백과도 구별됨.	▶ 상대방이 수사기관이 아닌 점에서 자수와 구별되나, 효과측면에서 자수와 동일(준자수)	▶ 구성요건해당사실을 긍정하면서 위법성조각사유나 책임조각사유의 주장도 자백에 해당

Chapter 03 기출문제

01 불심검문에 대한 설명이다. 아래 ㉠부터 ㉣까지의 설명 중 옳고 그름의 표시(○, ×)가 바르게 된 것은?(다툼이 있는 경우 판례에 의함)   19. 순경 1차

㉠ 행정경찰 목적의 경찰활동으로 행하여지는 경찰관 직무집행법 제3조 제2항 소정의 질문을 위한 동행요구도 형사소송법의 규율을 받는 수사로 이어지는 경우에는 수사관이 동행에 앞서 피의자에게 동행을 거부할 수 있음을 알려 주었거나 동행한 피의자가 언제든지 자유로이 동행과정에서 이탈 또는 동행장소로부터 퇴거할 수 있었음이 인정되는 등 오로지 피의자의 자발적인 의사에 의하여 수사관서 등에의 동행이 이루어졌음이 객관적인 사정에 의하여 명백하게 입증된 경우에 한하여 적법하다.

㉡ 경찰관이 불심검문 대상자에의 해당 여부를 판단할 때에는 불심검문 당시의 구체적 상황은 물론 사전에 얻은 정보나 전문적 지식 등에 기초하여 불심검문 대상자인지를 객관적·합리적인 기준에 따라 판단하여, 반드시 불심검문 대상자에게 형사소송법상 체포나 구속에 이를 정도의 혐의가 있을 것을 요한다.

㉢ 검문 중이던 경찰관들이, 자전거를 이용한 날치기 사건의 범인과 흡사한 인상착의의 피고인이 자전거를 타고 다가오는 것을 발견하고 정지를 요구하였으나 멈추지 않아, 앞을 가로막고 검문에 협조해 달라고 하였음에도 불응하고 그대로 전진하자 따라가서 재차 앞을 막고 검문에 응하라고 요구하였다면, 그러한 경찰관들의 행위는 적법한 불심검문에 해당하지 않는다.

㉣ 불심검문을 하게 된 경위, 불심검문 당시의 현장상황과 검문을 하는 경찰관들의 복장, 피고인이 공무원증 제시나 신분 확인을 요구하였는지 여부 등을 종합적으로 고려하여, 검문하는 사람이 경찰관이고 검문하는 이유가 범죄행위에 관한 것임을 피고인이 충분히 알고 있었다고 보이는 경우에는 신분증을 제시하지 않았다고 하여 그 불심검문이 위법한 공무집행이라고 할 수 없다.

① ㉠(○), ㉡(×), ㉢(○), ㉣(×)
② ㉠(○), ㉡(×), ㉢(×), ㉣(○)
③ ㉠(×), ㉡(○), ㉢(×), ㉣(○)
④ ㉠(×), ㉡(○), ㉢(○), ㉣(×)

해설\ ㉠ ○: 대판 2006.7.6, 2005도6810
㉡ ×: 반드시 불심검문 대상자에게 형사소송법상 체포나 구속에 이를 정도의 혐의가 있을 것을 요한다고 할 수는 없다(대판 2014.2.27, 2011도13999).
㉢ ×: 경찰관들의 행위는 적법한 불심검문에 해당한다(대판 2012.9.13, 2010도6203).
㉣ ○: 대판 2014.12.11, 2014도7976

Answer 01. ②

02 다음 중 불심검문에 대한 설명으로 옳은 경우(○)와 옳지 않은 경우(×)를 바르게 표시한 것은?
(다툼이 있는 경우 판례에 의함)

20. 해경

> ⊙ 경찰관이 경찰관직무집행법 제3조 제1항에 규정된 대상자 해당 여부를 판단함에 있어 불심검문 당시의 구체적 상황은 물론 사전에 얻은 정보나 전문적 지식 등에 기초하여 불심검문 대상자인지 여부를 객관적·합리적인 기준에 따라 판단하여야 할 것이나, 반드시 불심검문 대상자에게 형사소송법상 체포나 구속에 이를 정도의 혐의가 있을 것을 요한다고 할 수는 없다.
>
> ⓛ 불심검문을 하게 된 경위, 불심검문 당시의 현장상황과 검문을 하는 경찰관들의 복장, 피고인이 공무원증 제시나 신분 확인을 요구하였는지 여부 등을 종합적으로 고려하여, 검문하는 사람이 경찰관이고 검문하는 이유가 범죄행위에 관한 것임을 피고인이 충분히 알고 있었다고 보이는 경우에도 신분증을 제시하지 않았다면 그 불심검문은 위법한 공무집행이라고 보아야 한다.
>
> ⓒ 경찰관은 경찰관직무집행법 제3조 제1항에 규정된 대상자에게 질문을 하기 위하여 범행의 경중, 범행과의 관련성, 상황의 긴박성, 혐의의 정도, 질문의 필요성 등에 비추어 목적 달성에 필요한 최소한의 범위 내에서 사회통념상 용인될 수 있는 상당한 방법으로 대상자를 정지시킬 수 있고 질문에 수반하여 흉기의 소지여부도 조사할 수 있다.
>
> ⓔ 검문 중이던 경찰관들이 자전거를 이용한 날치기 사건 범인과 흡수한 인상착의의 피고인이 자전거를 타고 다가오는 것을 발견하고 정지를 요구하였으나 멈추지 않아 앞을 가로막고 소속과 성명을 고지한 후 검문에 협조해 달라는 취지로 말하였음에도 불응하고 그대로 전진하자, 따라가서 재차 앞을 막고 검문에 응하라고 요구한 것은 적법하다.
>
> ⓜ 경찰관은 동행한 사람의 가족 또는 친지 등에게 동행한 경찰관의 신분, 동행 장소, 동행 목적과 이유를 고지하거나 본인으로 하여금 즉시 연락할 수 있는 기회를 부여하여야 하나, 변호인의 조력을 받을 권리가 있음을 고지하여야 하는 것은 아니다.

① ⊙(○), ⓛ(○), ⓒ(×), ⓔ(○), ⓜ(×)

② ⊙(○), ⓛ(×), ⓒ(○), ⓔ(○), ⓜ(○)

③ ⊙(○), ⓛ(×), ⓒ(○), ⓔ(○), ⓜ(×)

④ ⊙(×), ⓛ(○), ⓒ(×), ⓔ(×), ⓜ(○)

해설\ ⊙ ○ : 대판 2014.2.17, 2011도13999

ⓛ × : 불심검문을 하게 된 경위, 불심검문 당시의 현장상황과 검문을 하는 경찰관들의 복장, 피고인이 공무원증 제시나 신분 확인을 요구하였는지 여부 등을 종합적으로 고려하여, 검문하는 사람이 경찰관이고 검문하는 이유가 범죄행위에 관한 것임을 피고인이 충분히 알고 있었다고 보이는 경우에는 신분증을 제시하지 않았다고 하여 그 불심검문이 위법한 공무집행이라고 할 수 없다(대판 2014.12.11, 2014도7976).

ⓒⓔ ○ : 대판 2012.9.13, 2010도6203

ⓜ × : 경찰관은 동행한 사람의 가족이나 친지 등에게 동행한 경찰관의 신분, 동행 장소, 동행 목적과 이유를 알리거나 본인으로 하여금 즉시 연락할 수 있는 기회를 주어야 하며, 변호인의 도움을 받을 권리가 있음을 알려야 한다(경찰관직무집행법 제3조 제5항).

Answer 02. ③

03 고소에 대한 설명으로 옳은 것을 모두 고른 것은?(다툼이 있는 경우 판례에 의함) 18. 순경 1차

> ㉠ 형사소송법 제236조의 대리인에 의한 고소의 경우, 대리권이 정당한 고소권자에 의하여 수여되었음이 실질적으로 증명되면 충분하고 그 방식에 특별한 제한은 없지만, 고소를 할 때 반드시 위임장을 제출하거나 '대리'라는 표시를 하여야 한다.
> ㉡ 고소장에 명예훼손죄의 죄명을 붙이고 그 죄에 관한 사실을 적었으나 그 사실이 명예훼손죄를 구성하지 않고 모욕죄를 구성하는 경우 위 고소는 모욕죄에 대한 고소로서의 효력은 갖지 않는다.
> ㉢ 친고죄의 공범 중 그 1인 또는 수인에 대한 고소 또는 그 취소는 다른 공범자에 대하여는 효력이 없다.
> ㉣ 고소능력은 피해를 입은 사실을 이해하고 고소에 따른 사회생활상의 이해관계를 알아차릴 수 있는 사실상의 의사능력으로 충분하지만, 민법상 행위능력이 없는 사람은 위와 같은 능력을 갖추었더라도 고소능력이 인정되지 않는다.

① ㉠, ㉢   ② ㉡, ㉣   ③ ㉡, ㉢, ㉣   ④ 없 음

해설\ ㉠ × : 형사소송법 제236조의 대리인에 의한 고소의 경우, 대리권이 정당한 고소권자에 의하여 수여되었음이 실질적으로 증명되면 충분하고 그 방식에 특별한 제한은 없으므로, 고소를 할 때 반드시 위임장을 제출한다거나 '대리'라는 표시를 하여야 하는 것은 아니다(대판 2001.9.4, 2001도3081).
㉡ × : 고소장에 명예훼손죄의 죄명을 붙이고 그 죄에 관한 사실을 적었으나 그 사실이 명예훼손죄를 구성하지 않고 모욕죄를 구성하는 경우 위 고소는 모욕죄에 대한 고소로서의 효력을 갖는다(대판 1981.6.23, 81도1250).
㉢ × : 친고죄의 공범 중 그 1인 또는 수인에 대한 고소 또는 그 취소는 다른 공범자에 대하여도 효력이 있다(제233조).
㉣ × : 고소능력은 피해를 입은 사실을 이해하고 고소에 따른 사회생활상의 이해관계를 알아차릴 수 있는 사실상의 의사능력으로서 민법상 행위능력과 구별된다. 따라서 민법상 행위능력이 없는 사람도 고소능력이 있을 수 있다(대판 2011.6.24, 2011도4451).

04 반의사불벌죄에 대한 설명으로 가장 적절하지 않은 것은?(다툼이 있는 경우 판례에 의함)
18. 순경 1차

① 폭행죄는 피해자의 명시한 의사에 반하여 공소를 제기할 수 없는 반의사불벌죄로서 처벌불원의 의사표시는 의사능력이 있는 피해자가 단독으로 할 수 있는 것이고, 피해자가 사망한 후 그 상속인이 피해자를 대신하여 처벌불원의 의사표시를 할 수는 없다고 보아야 한다.
② 반의사불벌죄에 있어서 처벌불원의 의사표시의 부존재는 소위 소극적 소송조건으로서 직권조사사항이라 할 것이므로 당사자가 항소이유로 주장하지 아니하였다고 하더라도 원심은 이를 직권으로 조사·판단하여야 한다.
③ 형사소송법 제233조에서 고소와 고소취소의 불가분에 관한 규정을 함에 있어서 반의사불벌죄에 이를 준용하는 규정을 두지 아니한 것은 입법의 불비로 볼 것은 아니다.

Answer   03. ④   04. ④

④ 형사소송법 제232조 제1항 및 제3항에 의하면, 반의사불벌죄에 있어서 처벌을 희망하는 의사표시의 철회는 제1심판결 선고 전까지 이를 할 수 있다고 규정하고 있는데, 항소심에 이르러 비로소 반의사불벌죄가 아닌 죄에서 반의사불벌죄로 공소장변경이 있었다면 항소심인 제2심을 제1심으로 볼 수 있다.

해설\ ① 대판 2010.5.27, 2010도2680 ② 대판 2009.12.10, 2009도9939 ③ 대판 1994.4.26, 93도1689 ④ 형사소송법 제232조 제1항 및 제3항에 의하면, 반의사불벌죄에 있어서 처벌을 희망하는 의사표시의 철회는 제1심판결 선고 전까지 이를 할 수 있다고 규정하고 있는데, 항소심에 이르러 비로소 반의사불벌죄가 아닌 죄에서 반의사불벌죄로 공소장변경이 있었다 하여 항소심인 제2심을 제1심으로 볼 수는 없다(대판 1988.3.8, 85도2518).

05 고소 등에 대한 설명 중 옳은 것만을 모두 고른 것은?(다툼이 있는 경우 판례에 의함)

17. 순경 2차

> ㉠ 근로기준법 제44조의 2, 제109조는 건설업에서 2차례 이상 도급이 이루어진 경우, 건설산업기본법 규정에 따른 건설업자가 아닌 하수급인이 그가 사용한 근로자에게 임금을 지급하지 못할 경우 하수급인의 직상 수급인은 하수급인과 연대하여 하수급인이 사용한 근로자의 임금을 지급할 책임을 지도록 하면서 이를 위반한 직상 수급인을 처벌하되, 근로자의 명시적인 의사와 다르게 공소를 제기할 수 없도록 규정하고 있다. 이때 하수급인의 처벌을 희망하지 아니하는 근로자의 의사표시가 있을 경우, 직상 수급인의 처벌을 희망하지 아니하는 의사표시도 포함되어 있다고 볼 수 있는지를 살펴 보아야 하고, 직상 수급인을 배제한 채 오로지 하수급인에 대하여만 처벌을 희망하지 아니하는 의사를 표시한 것으로 쉽사리 단정할 것은 아니다.
> ㉡ 피해사실을 이해하고, 고소에 따른 사회생활상의 이해관계를 알아차릴 수 있는 사실상의 의사능력이 있다 하더라도 민법상의 행위능력이 없으면 고소능력은 인정되지 않는다.
> ㉢ 폭행죄는 피해자의 명시한 의사에 반하여 공소를 제기할 수 없는 반의사불벌죄로서 처벌불원의 의사표시는 의사능력이 있는 피해자가 단독으로 할 수 있는 것이고, 피해자가 사망한 후 그 상속인이 피해자를 대신하여 처벌불원의 의사표시를 할 수는 없다.
> ㉣ 형사소송법 제236조의 대리인에 의한 고소의 경우, 대리권이 정당한 고소권자에 의하여 수여되었음을 증명하기 위해 반드시 위임장을 제출한다거나 '대리'라는 표시를 하여야 한다.
> ㉤ 고소권자가 비친고죄로 고소한 사건이더라도 검사가 사건을 친고죄로 구성하여 공소를 제기하였다면, 공소장 변경절차를 거쳐 공소사실이 비친고죄로 변경되지 아니하는 한, 법원으로서는 친고죄에서 소송조건이 되는 고소가 유효하게 존재하는지를 직권으로 조사·심리하여야 한다.

① ㉠, ㉡   ② ㉠, ㉢, ㉤   ③ ㉢, ㉤   ④ ㉢, ㉣, ㉤

해설\ ㉠ ○ : 대판 2015.11.12, 2013도8417
㉡ × : 고소능력은 피해사실을 이해하고, 고소에 따른 사회생활상의 이해관계를 알아차릴 수 있는 사실상의 의사능력으로 충분하므로, 민법상의 행위능력이 없는 사람이더라도 위와 같은 능력을 갖추었다면 고소능력은 인정된다(대판 2011.6.24, 2011도4451).

Answer   **05.** ②

ⓒ ○ : 대판 2010.5.27, 2010도2680

ⓔ × : 형사소송법 제236조의 대리인에 의한 고소의 경우, 대리권이 정당한 고소권자에 의하여 수여되었음이 실질적으로 증명되면 충분하고, 그 방식에 특별한 제한은 없으므로, 고소를 할 때 반드시 위임장을 제출한다거나 '대리'라는 표시를 하여야 하는 것은 아니다(대판 2001.9.4, 2001도3081).

ⓜ ○ : 대판 2015.11.17, 2013도7987

06 고소 등에 대한 다음의 설명(㉠~㉤) 중 옳고 그름이 표시(○, ×)가 바르게 된 것은?(다툼이 있는 경우 판례에 의함)
20. 순경 1차

┌───┐
㉠ 고소능력은 피해를 입은 사실을 이해하고 고소에 따른 사회생활상의 이해관계를 알아차릴 수 있는 사실상의 의사능력으로 충분하므로, 민법상 행위능력이 없는 사람이라도 위와 같은 능력을 갖추었다면 고소능력이 인정된다.

㉡ 고소권자가 비친고죄로 고소한 사건이더라도 검사가 사건을 친고죄로 구성하여 공소를 제기하였다면, 공소장 변경절차를 거쳐 공소사실이 비친고죄로 변경되지 아니하는 한, 법원으로서는 친고죄에서 소송조건이 되는 고소가 유효하게 존재하는지를 직권으로 조사·심리하여야 한다.

㉢ 법정대리인의 고소권은 무능력자의 보호를 위하여 법정대리인에게 주어진 고유권이어서 피해자의 고소권 소멸 여부에 관계 없이 고소할 수 있는 것이며, 그 고소기간은 법정대리인 자신이 범인을 알게 된 날로부터 진행한다.

㉣ 형사소송법 제236조의 대리인에 의한 고소의 경우, 대리권이 정당한 고소권자에 의하여 수여되었음을 증명하기 위해 반드시 위임장을 제출한다거나 '대리'라는 표시를 하여야 한다.

㉤ 친고죄에 관한 고소의 주관적 불가분 원칙을 규정한 형사소송법 제233조는 공정거래법상 공정거래위원회의 고발에 준용된다.
└───┘

① ㉠(○), ㉡(×), ㉢(○), ㉣(○), ㉤(×)

② ㉠(○), ㉡(○), ㉢(×), ㉣(×), ㉤(×)

③ ㉠(×), ㉡(×), ㉢(×), ㉣(○), ㉤(○)

④ ㉠(○), ㉡(○), ㉢(○), ㉣(×), ㉤(×)

해설 \ ㉠ ○ : 대판 2011.6.24, 2011도4451

㉡ ○ : 대판 2015.11.17, 2013도7987

㉢ ○ : 대판 1987.6.9, 87도857

㉣ × : 형사소송법 제236조의 대리인에 의한 고소의 경우, 대리권이 정당한 고소권자에 의하여 수여되었음이 실질적으로 증명되면 충분하고, 그 방식에 특별한 제한은 없으므로, 고소를 할 때 반드시 위임장을 제출한다거나 '대리'라는 표시를 하여야 하는 것은 아니고, 또 고소기간은 대리고소인이 아니라 정당한 고소권자를 기준으로 고소권자가 범인을 알게 된 날부터 기산한다(대판 2001.9.4, 2001도3081).

㉤ × : 대판 2010.9.30, 2008도4762

Answer　06. ④

07 다음 중 고소에 관한 설명으로 가장 옳은 것은?(다툼이 있는 경우 판례에 의함)   20. 해경

① 친고죄에 대하여 고소할 자가 없는 경우에 이해관계인의 신청이 있으면 검사는 7일 이내에 고소할 수 있는 자를 지정하여야 한다.

② 형사소송법은 고소의 주관적 불가분 원칙 및 객관적 불가분 원칙 모두 명문으로 규정하고 있다.

③ 형사소송법 제230조 제1항 본문은 "친고죄에 대하여는 범인을 알게 된 날로부터 6월을 경과하면 고소하지 못한다."고 규정하고 있는 바, 여기서 범인을 알게 된다 함은 통상인의 입장에서 보아 고소권자가 고소를 할 수 있을 정도로 범죄사실과 범인을 아는 것을 의미하고, 여기서 범죄사실을 안다는 것은 고소권자가 친고죄에 해당하는 범죄의 피해가 있었다는 사실관계에 관하여 미필적인 인식이 있음을 말한다.

④ 친고죄의 공범 중 그 일부에 대하여 제1심 판결이 선고된 후에는 제1심 판결 선고 전의 다른 공범자에 대하여는 그 고소를 취소할 수 없고 그 고소의 취소가 있다 하더라도 그 효력을 발생할 수 없으며, 이러한 법리는 필요적 공범인지 임의적 공범인지를 구별함이 없이 모두 적용된다.

해설\ ① 친고죄에 대하여 고소할 자가 없는 경우에 이해관계인의 신청이 있으면 검사는 10일 이내에 고소할 수 있는 자를 지정하여야 한다(제228조).
② 형사소송법은 고소의 주관적 불가분 원칙만 규정하고 있으나(제233조), 객관적 불가분 원칙도 이론상 당연히 인정되고 있다. 이는 한 개의 사건은 나눌 수 없다는 형사소송 전 과정을 관통하는 원칙의 표현이기 때문이다.
③ 형사소송법 제230조 제1항 본문은 "친고죄에 대하여는 범인을 알게 된 날로부터 6월을 경과하면 고소하지 못한다."고 규정하고 있는바, 여기서 범인을 알게 된다 함은 통상인의 입장에서 보아 고소권자가 고소를 할 수 있을 정도로 범죄사실과 범인을 아는 것을 의미하고, 범죄사실을 안다는 것은 고소권자가 친고죄에 해당하는 범죄의 피해가 있었다는 사실관계에 관하여 확정적인 인식이 있음을 말한다(대판 2001.10.9, 2001도3106).
④ 대판 1985.11.12, 85도1940

08 친고죄에서의 고소취소 및 고소권 포기에 대한 설명으로 가장 적절하지 않은 것은?(다툼이 있는 경우 판례에 의함)   21. 순경 1차

① 고소를 한 피해자가 가해자에게 합의서를 작성하여 준 것만으로는 적법한 고소취소로 보기 어렵지만, '가해자와 원만히 합의하였으므로 피해자는 가해자를 상대로 이 사건과 관련한 어떠한 민·형사상의 책임도 묻지 아니한다.'는 취지의 합의서를 공소제기이전 수사기관에 제출하였다면 고소취소의 효력이 있다.

② 고소는 제1심판결 선고 전까지 취소할 수 있지만, 항소심에서 공소장변경절차를 거치지 아니하고 법원이 직권으로 친고죄가 아닌 범죄를 친고죄로 인정한 경우, 항소심에서 고소인이 고소를 취소하였다면 친고죄에 대한 고소취소로서 효력을 갖는다.

Answer   07. ④   08. ②

③ 일단 고소를 취소한 자는 고소기간이 남았더라도 다시 고소하지 못한다.

④ 고소권은 고소 전에 포기될 수 없으므로, 비록 고소 전에 피해자가 처벌을 원치 않았다 하더라도 피해자가 고소장을 제출하여 처벌을 희망하는 의사를 분명히 표시한 후 그 고소를 취소한 바 없다면 피해자의 고소는 유효하다.

해설\ ① 대판 2002.7.12, 2001도6777
② 국가형벌권의 행사가 피해자의 의사에 의하여 좌우되는 현상을 장기간 방치하지 않으려는 목적에서 고소취소의 시한을 획일적으로 제1심판결 선고시까지로 한정한 것이고, 그 규정을 현실적 심판의 대상이 된 공소사실이 친고죄로 된 당해 심급의 판결 선고시까지 고소인이 고소를 취소할 수 있다는 의미로 볼 수는 없다. 따라서 항소심에서 공소장의 변경에 의하여 또는 공소장변경절차를 거치지 아니하고 법원 직권에 의하여 친고죄가 아닌 범죄를 친고죄로 인정하였더라도 항소심을 제1심이라 할 수는 없는 것이므로, 항소심에 이르러 비로소 고소인이 고소를 취소하였다면 이는 친고죄에 대한 고소취소로서의 효력은 없다(대판 1999.4.15, 96도1922 전원합의체).
③ 제232조 제2항 ④ 대판 2008.11.27, 2007도4977

09 전속고발에 대한 설명으로 가장 적절하지 않은 것은?(다툼이 있는 경우 판례에 의함)

21. 순경 1차

① 공정거래위원회의 고발이 있어야 공소를 제기할 수 있는 독점규제 및 공정거래에 관한 법률 위반죄를 적용하여 위반행위자들 중 일부에 대하여 공정거래위원회가 고발을 하였다면 나머지 위반행위자에 대하여도 위 고발의 효력이 미친다.

② 전속고발사건에 있어서 수사기관이 고발에 앞서 수사를 하고 甲에 대한 구속영장을 발부받은 후 검찰의 요청에 따라 관계 공무원이 고발조치를 하였다고 하더라도 공소제기 전에 고발이 있은 이상 甲에 대한 공소제기의 절차가 법률의 규정에 위반하여 무효라고 할 수는 없다.

③ 세무공무원 등의 고발이 있어야 공소를 제기할 수 있는 조세범처벌법 위반죄에 관하여 일단 불기소처분이 있었더라도 세무공무원 등이 종전에 한 고발은 여전히 유효하고, 따라서 나중에 공소를 제기함에 있어 세무공무원 등의 새로운 고발이 있어야 하는 것이 아니다.

④ 공정거래위원회가 사업자에게 독점규제 및 공정거래에 관한 법률의 규정을 위반한 혐의가 있다고 인정하여 동법 제71조에 따라 사업자를 고발하였다면, 법원이 본안에 대하여 심판한 결과 위반되는 혐의 사실이 인정되지 아니하더라도 이러한 사정만으로는 그 고발을 기초로 이루어진 공소제기 등 형사절차의 효력에 영향을 미치지 아니한다.

해설\ ① 형사소송법 제233조가 공정거래위원회의 고발에도 유추적용된다고 해석한다면 이는 공정거래위원회의 고발이 없는 행위자에 대해서까지 형사처벌의 범위를 확장하는 것으로서, 결국 피고인에게 불리하게 형벌법규의 문언을 유추해석한 경우에 해당하므로 죄형법정주의에 반하여 허용될 수 없다(대판 2010.9.30, 2008도4762). 따라서 위반행위자들 중 일부에 대하여 공정거래위원회가 고발을 하였다면 나머지 위반행위자에 대하여는 위 고발의 효력이 미치지 아니한다.
② 대판 1995.3.10, 94도3373 ③ 대판 2009.10.29, 2009도6614 ④ 대판 2015.9.10, 2015도3926

Answer 09. ①

10 고소와 고발에 대한 다음 설명 중 적절하지 않은 것을 고르면 모두 몇 개인가?(다툼이 있는 경우 판례에 의함)

> ⊙ 성폭력범죄의 처벌 등에 관한 특례법 제27조에 따라 성폭력 범죄 피해자의 변호사는 피해자를 대리하여 피고인에 대한 처벌을 희망하는 의사표시를 철회하거나 처벌을 희망하지 않는 의사표시를 할 수 있다.
> ⓛ 반의사불벌죄에 있어서 미성년인 피해자에게 의사능력이 있는 이상, 법정대리인의 동의 없이 단독으로 고소취소 또는 처벌불원의 의사를 표시할 수 있다.
> ⓒ 제1심 법원이 반의사불벌죄로 기소된 피고인에 대하여 소송촉진 등에 관한 특례법 제23조에 따라 피고인의 진술 없이 유죄를 선고하여 판결이 확정된 후 피고인이 제1심 법원에 동법 제23조의 2에 따른 재심을 청구하는 대신 항소권 회복 청구를 하여 항소심 재판을 받게 된 경우, 항소심 절차일지라도 처벌을 희망하는 의사표시를 철회할 수 있다.
> ② 세무공무원 등의 고발에 따른 조세범처벌법 위반죄 혐의에 대하여 검사가 불기소처분을 하였다가 나중에 공소를 제기하는 경우에는 세무공무원 등의 새로운 고발이 있어야 한다.
> ⑩ 수개의 범칙사실 중 일부만을 범칙사건으로 하는 고발이 있는 경우에 고발장에 기재된 범칙사실과 동일성이 인정되지 않는 다른 범칙사실에 대해서는 고발의 효력이 미치지 않는다.

① 1개   ② 2개   ③ 3개   ④ 4개

해설\ ⊙ ○ : 대판 2019.12.13, 2019도10678
ⓛ ○ : 대판 2009.11.19, 2009도6058 전원합의체
ⓒ × : 항소심은 제1심이라 할 수 없으므로 그 항소심절차에서는 처벌을 희망하는 의사표시를 철회할 수 없다(대판 2016.11.25, 2016도9470).
② × : 종전에 한 고발은 여전히 유효하므로 나중에 공소를 제기함에 있어 세무공무원 등의 새로운 고발이 있어야 하는 것은 아니다(대판 2009.10.29, 2009도6614).
⑩ ○ : 대판 2014.10.15, 2013도5650

Answer 10. ②

04 임의수사

제1절 ▮ 임의수사와 강제수사

1 임의수사의 의의

수사의 방법에는 임의수사와 강제수사가 있다.

임의수사란 강제력을 행사하지 않고 상대방의 동의나 승낙을 받아서 행하는 수사를 말하고, 강제수사는 강제처분에 의한 수사를 말한다.

① ┌ 임의수사 ⇨ 피의자신문, 참고인조사, 공무소에 대한 사실조회, 감정·통역·번역의 위촉
 └ 강제수사 ⇨ 체포, 구속, 압수·수색·검증

① 강제수사에는 영장주의와 법률주의가 적용되며, 위법수집증거에 대하여 증거능력을 부정

① 임의수사의 경우에도 법률이 수사활동의 요건·절차를 규정하고 있는 경우에 그에 위반하여 수집한 증거는 위법수집증거로서 증거능력 부정

예 피의자신문시 진술거부권 불고지 ⇨ 증거능력 부정

2 임의수사와 강제수사의 구별기준

임의수사와 강제수사의 구별기준에 관하여, 형사소송법에 규정된 강제처분만이 강제수사이고 그 밖의 것은 임의수사라는 견해인 형식설, 기본권침해의 위험성 여부를 기준으로 하여 판단하려는 견해인 적법절차기준설, 상대방의 법익침해를 수반하지 않는 수사는 임의수사이고 상대방의 의사에 반하여 실질적으로 그 법익을 침해하는 처분을 강제수사라고 보는 실질설(다수설) 등이 대립하고 있다.

제2절 ▮ 임의수사의 원칙과 강제수사의 규제

1 임의수사의 원칙

(1) 수사는 원칙적으로 임의수사에 의하고(임의수사의 원칙), 강제수사는 법률에 규정된 경우에 한하여 예외적으로 허용된다(제199조 제1항).10·14·16. 경찰승진 그러나 임의수사라고 하여 인권침해의

가능성이 전혀 없는 것은 아니므로 형사소송법은 임의수사에 대해서도 일정한 경우 통제장치를 두고 있다(피의자신문에 관한 적법절차규정).

ⓘ 비례원칙(수사는 필요한 한도 내에서 허용되어야 한다)은 임의수사에도 적용됨.

(2) 피의자에 대한 수사는 불구속상태에서 함을 원칙으로 한다(제198조 제1항). 11 · 14 · 16. 경찰승진

ⓘ 피고인에 대한 불구속재판원칙 ⇨ 규정 × 16. 경찰간부

2 강제수사의 규제

강제수사는 임의수사에 비해서 개인의 기본권을 중대하게 제한하는 결과를 초래하므로, 강제수사의 엄격한 요건과 절차를 규정하고 있다(제199조 제1항 단서). 이와 같이 강제수사는 법률에 특별히 규정되어 있는 경우에만 허용하고 있는데, 이를 강제수사법정주의라고 한다.

💬 **비례의 원칙**
비례의 원칙이란 형사절차에 의한 개인의 기본권침해는 사건의 중요성과 기대되는 형벌에 비추어 상당성이 유지될 때에만 허용된다는 원칙을 말한다. 형사소송법이 "강제처분은 필요한 최소한도의 범위 안에서만 하여야 한다."고 규정하고 있는 것도(제199조) 비례성의 원칙을 선언한 것이다.

제3절 ┃ 임의수사와 강제수사의 한계영역

임의수사에 해당하는가, 강제수사에 해당하는가에 관해 논란이 있는 문제로 임의동행, 전기통신의 감청, 사진촬영, 거짓말탐지기 사용, 보호실유치, 승낙수색 · 검증, 공도상 수색 · 검증, 마취분석 등이 있다.

1 임의동행

임의동행이란 수사기관이 피의자의 동의를 얻어 함께 수사관서로 가는 수사방법을 말한다.

ⓘ 형사소송법 자체에는 임의동행을 허용하는 명문의 규정이 없다.

ⓘ 당사자의 진실한 동의를 전제로 한 임의동행은 임의수사의 일종으로서 허용된다고 보며, 다만 그 과정에서 강제력이나 심리적 압박이 개입된 경우에는 강제연행에 해당한다.

ⓘ 검사 또는 사법경찰관은 임의동행을 요구하는 경우 상대방에게 동행을 거부할 수 있다는 것과 동행하는 경우에도 언제든지 자유롭게 동행 과정에서 이탈하거나 동행 장소에서 퇴거할 수 있다는 것을 알려야 한다(수사준칙 제20조).

💬 임의동행은 경찰관직무집행법 제3조 제2항에 따른 행정경찰 목적의 경찰활동으로 행하여지는 것 외에도 형사소송법 제199조 제1항에 따라 범죄수사를 위하여 수사관이 동행에 앞서 피의자에게 동행을 거부할 수 있음을 알려주었거나, 동행한 피의자가 언제든지 자유로이 동행과정에서 이탈 또는 동행장소로부터 퇴거할 수 있었음

이 인정되는 등 오로지 피의자의 자발적인 의사에 의하여 이루어진 경우에도 가능하다(대판 2020.5.14, 2020도 398). 21. 7급 국가직 전자는 범죄의 예방과 진압을 위한 행정경찰상의 처분이라는 성질을 가지나, 후자는 임의수 사로서의 성질을 가지기 때문에 양자가 구별된다는 견해와 경찰관직무집행법 제3조는 보안경찰작용으로서의 불심검문과 범죄수사작용으로서의 불심검문을 함께 규정하고 있기 때문에 경찰관직무집행법상의 동행요구는 보안경찰작용으로서의 동행요구와 범죄수사작용으로서의 동행요구로 나누어진다고 보는 견해가 대립한다. 불심검문에 의한 임의동행으로 인하여 수사가 계속된 경우에는 형사소송법에 의한 임의동행과 동일하게 보아야 함은 물론이다.

🔎 관련판례

1. 수사관이 수사과정에서 당사자의 동의를 받는 형식으로 수사관서 등에 동행하는 것은 피의자의 자발적인 의사에 의하여 수사관서 등에의 동행이 이루어졌음이 객관적인 사정에 의하여 명백하게 입증된 경우에 한하여, 그 적법성이 인정되는 것으로 봄이 상당하다(대판 2006.7.6, 2005도6810). 16. 7급 국가직, 14 · 16 · 17. 경찰간부, 15 · 16 · 17. 순경 2차, 18. 경찰승진, 16 · 20. 수사경과, 21. 소방간부

2. 사법경찰관이 피고인을 수사관서까지 동행한 것이 사실상의 강제연행, 즉 불법체포에 해당한다면 불법체포로부터 6시간이 경과한 후에 이루어진 긴급체포 또한 위법하며, 16. 경찰간부, 18. 경찰승진 법률에 의하여 체포 또는 구금된 자가 아니므로 도주죄의 주체가 될 수 없다(대판 2006.7.6, 2005도6810). 09. 순경 2차, 15. 변호사시험, 16 · 20. 수사경과

   ① 수사관이 피의자에게 동행거부권을 고지하지 않는 등 임의동행이 사실상의 강제연행에 해당하더라도 임의동행 이후 긴급체포의 절차를 밟았다면, 긴급체포가 반드시 불법이라고 볼 수 없으므로 법원은 긴급체포의 요건을 따로 심리하여 불법 여부를 밝혀야 한다. (×) 09 · 15. 순경 2차, 15 · 16 · 20 · 21. 수사경과

   ① 경찰관직무집행법상 보호조치 요건이 갖추어지지 않았음에도, 경찰관이 실제로는 범죄수사를 목적으로 피의자에 해당하는 사람을 피구호자로 삼아 그의 의사에 반하여 경찰관서에 데려간 행위는, 달리 현행범체포나 임의동행 등의 적법 요건을 갖추었다고 볼 사정이 없다면, 위법한 체포에 해당한다. (○) 18. 경찰승진

3. 피고인은 경찰관들로부터 언제라도 자유로이 퇴거할 수 있음을 고지받고 파출소까지 자발적으로 동행한 경우, 위 파출소에서의 음주측정요구를 위법한 체포 상태에서 이루어진 것이라고 할 수 없다(대판 2015.12.24, 2013도8481).

4. 피의자가 동행을 거부하는 의사를 표시하였음에도 불구하고 경찰관들이 영장에 의하지 아니하고 피의자를 강제로 연행한 행위는 수사상의 강제처분에 관한 형사소송법상의 절차를 무시한 채 이루어진 것으로 위법한 체포에 해당한다(대판 2013.3.14, 2012도13611).

5. 경찰관은 불심검문에서 당시 피고인의 정신 상태, 신체에 있는 주사바늘 자국, 알콜솜 휴대, 전과 등을 근거로 피고인의 마약류 투약 혐의가 상당하다고 판단하여 경찰서로 임의동행을 요구하였고, 동행장소인 경찰서에서 피고인에게 마약류 투약 혐의를 밝힐 수 있는 소변과 모발의 임의제출을 요구하였으므로 피고인에 대한 임의동행은 마약류 투약 혐의에 대한 수사를 위한 것이어서 형사소송법 제199조 제1항에 따른 임의동행에 해당한다는 이유로, 피고인에 대한 임의동행은 경찰관 직무집행법 제3조 제2항에 의한 것인데 같은 조 제6항을 위반하여 불법구금 상태에서 제출된 피고인의 소변과 모발은 위법하게 수집된 증거라고 본 원심판단에 임의동행에 관한 법리를 오해한 잘못이 있다(대판 2020.5.14, 2020도398).

2 감청 등 통신제한조치

(1) 의 의

국가기관이 행하는 통신비밀침해 행위를 통신제한조치라고 하는데 통신제한조치는 우편물의 검열과 전기통신의 감청 등으로 이루어진다.

▶ 전기통신(전화·전자우편·회원제정보서비스·모사전송·무선호출 등과 같이 유선·무선·광선 및 기타의 전자적 방식에 의하여 모든 종류의 음향·문언·부호 또는 영상을 송신하거나 수신하는 것)의 감청이라 함은 전기통신에 대하여 당사자의 동의없이 전자장치·기계장치 등을 사용하여 통신의 음향·문언·부호·영상을 청취·공독(共讀)하여 그 내용을 지득 또는 채록하거나 전기통신의 송·수신을 방해하는 것을 말한다(통신비밀보호법 제2조).

① 통신비밀보호법은 감청, 우편물의 검열, 통신사실 확인자료 제공, 타인 간의 대화녹음 등을 규정하고 있다.

① 통신비밀보호법상 '통신'이라 함은 우편물 및 전기통신을 말한다(제2조 제1호). 16. 경찰승진

① 무전기와 같은 무선전화기를 이용한 통화 ⇨ 통신비밀보호법상 '전기통신'에 해당 16. 7급 국가직, 14·15·16. 수사경과, 18. 경찰간부

① 발신자 전화번호 추적이나 전자우편의 IP추적은 감청에 해당하지 않는다.

① 통신제한조치의 대상인 전기통신에는 전화뿐 아니라 전자우편도 포함된다. 15. 경찰승진

① 이미 수신이 완료된 전자우편의 수집행위가 통신비밀보호법이 금지하는 '전기통신의 감청'에 해당한다고 볼 수 없다(대판 2012.11.29, 2010도9007). 14. 순경 1차, 16. 7급 국가직·수사경과, 17. 변호사시험

관련판례

1. 전기통신의 '감청'은 전기통신이 이루어지고 있는 상황에서 실시간으로 전기통신의 내용을 지득·채록하는 경우와 통신의 송·수신을 직접적으로 방해하는 경우를 의미하는 것이지, 이미 수신이 완료된 전기통신에 관하여 남아 있는 기록이나 내용을 열어보는 등의 행위는 포함하지 않는다(대판 2016.10.13, 2016도8137). 20·21. 경찰승진

2. 통신제한조치허가서에 기재된 통신제한조치의 종류는 전기통신의 '감청'이므로, 수사기관으로부터 집행위탁을 받은 카카오는 통신비밀보호법이 정한 감청의 방식, 즉 전자장치 등을 사용하여 실시간으로 카카오톡에서 송·수신하는 음향·문언·부호·영상을 청취·공독하여 그 내용을 지득 또는 채록하는 방식으로 통신제한조치를 집행하여야 하고 임의로 선택한 다른 방식으로 집행하여서는 안 된다고 할 것이다. 17. 검찰·교정승진 그런데도 카카오는 이 사건 통신제한조치허가서에 기재된 기간 동안, 이미 수신이 완료되어 전자정보의 형태로 서버에 저장되어 있던 것을 3~7일마다 정기적으로 추출하여 수사기관에 제공하는 방식으로 통신제한조치를 집행하였다. 이러한 카카오의 집행은 통신비밀보호법이 정한 감청이라고 볼 수 없으므로 위법하다고 할 것이고, 이 사건 카카오톡 대화내용은 적법절차의 실질적 내용을 침해하는 것으로 위법하게 수집된 증거라 할 것이므로 유죄인정의 증거로 삼을 수 없다(대판 2016.10.13, 2016도8137).

(2) 통신제한조치의 법적 성질

통신비밀보호법이 일정한 요건 아래 법원의 허가를 얻은 때에만 전기통신의 감청을 할 수 있게 하고 있을 뿐 아니라(통신비밀보호법 제6조), 도청이 물리적 강제는 없지만 개인의 프라이버시에 대한 중대한 침해를 가져온다는 점에서 강제수사에 해당한다.

(3) 범죄수사를 위한 통신제한조치

① **통신제한조치 인정요건** : 범죄를 계획 또는 실행하고 있거나 실행하였다고 의심할 만한 사유가 있는 경우에 인정된다(동법 제5조).

⚠️ 중대한 범죄가 실행 중인 경우뿐만 아니라 예비·음모단계에 있는 경우라도 통신제한조치를 취할 수 있다. (○) 19. 경찰간부

② **통신제한조치가 가능한 범죄**(동법 제5조)

형 법	내란의 죄, 18. 수사경과 외환의 죄(전시군수계약불이행죄 제외), 국교에 관한 죄(외국국기국장모독죄 제외), 공안을 해하는 죄(다중불해산죄, 전시공수계약불이행죄 제외), 폭발물에 관한 죄, 공무원 직무에 관한 죄 중 공무상 비밀누설죄와 뇌물죄, 도주와 범인은닉죄(집합명령위반죄 포함), 방화관련 범죄(연소죄, 진화방해죄, 실화죄 제외), 아편에 관한 죄, 통화에 관한 죄, 유가증권에 관한 죄, 살인의 죄(자살방조 포함), 체포·감금죄, 협박죄(존속협박죄 제외), 약취와 유인죄, 강간과 추행죄(미성년자 등에 대한 간음죄, 업무상 위력에 의한 간음죄 제외), 경매입찰방해죄, 인질강요죄, 절도죄, 강도죄, 공갈죄, 상습장물죄
기 타	• 군형법의 일부(예 반란죄, 이적죄, 항명죄, 폭행·협박·상해·살인죄, 군용물죄 등) • 국가보안법에 규정된 범죄 • 군사기밀보호법에 규정된 범죄 • 군사기지 및 군사시설보호법에 규정된 범죄 • 마약류관리에 관한 법률에 규정된 범죄 중 일부 • 폭력행위 등 처벌에 관한 법률에 규정된 범죄 중 제4조 및 제5조의 죄 • 총포·도검·화약류 등의 안전관리에 관한 법률에 규정된 범죄 중 일부 • 특정범죄 가중처벌 등에 관한 법률에 규정된 범죄 중 일부 • 특정경제범죄 가중처벌 등에 관한 법률에 규정된 범죄 중 일부 • 국제상거래에 있어서 외국공무원에 대한 뇌물방지법에 규정된 범죄 중 일부

⚠️ ┌ **대상범죄 ○** ⇨ 도주와 범인은닉의 죄(집합명령위반죄)06. 경찰승진, 통화에 관한 죄08. 순경, 살인의 죄(자살방조 포함)04. 여경, 협박죄11·12. 경찰승진, 강간죄04. 여경, 12. 경찰승진, 체포·감금죄08. 순경, 약취·유인죄08. 순경, 강제추행죄, 미성년자간음죄(형법 제305조), 경매입찰방해죄04. 여경, 10·12·14. 경찰승진, 인질강요죄, 인질살해(상해)치사(치상)죄, 절도죄, 강도죄, 공갈죄11·14·15. 경찰승진
  └ **대상범죄 ✕** ⇨ 존속협박죄08. 순경, 사기죄04. 여경, 10·21. 경찰승진, 횡령죄, 배임죄, 장물죄, 손괴죄, 권리행사방해죄, 강요죄, 강제집행면탈죄, 자동차불법사용죄, 상해죄, 폭행죄, 공무방해에 관한 죄, 미성년자 등에 대한 간음죄(형법 제302조)08. 순경, 업무상 위력 등에 의한 간음죄(형법 제303조)

⚠️ 강간죄, 협박죄, 경매입찰방해죄는 통신제한조치가 가능한 범죄이다. (○) 15. 수사경과, 18. 경찰승진

③ 통신제한조치의 허가절차

　　㉠ 검사는 법원에 대하여 통신제한조치를 허가하여 줄 것을 청구할 수 있다(동법 제6조 제1항). 사법경찰관은 검사에게 신청하고 검사는 법원에 대하여 그 허가를 청구할 수 있다(동법 제6조 제2항).

　　　　⚠ 각 피의자별 또는 피내사자별로 청구(사건단위 ×) 21. 순경 2차

　　㉡ 관할법원은 통신당사자의 쌍방 또는 일방의 주소지, 소재지, 범죄지 또는 통신당사자와 공범관계에 있는 자의 주소지, 소재지를 관할하는 지방법원 또는 지원이다(동법 제6조 제3항).

　　㉢ 청구방식은 반드시 서면이어야 하며, 청구이유에 관한 소명자료를 첨부하여야 한다(동법 제6조 제4항).

　　㉣ 통신제한조치의 기간은 2개월을 초과하지 못하고 그 기간 중 통신제한조치의 목적이 달성되었을 경우에는 즉시 종료하여야 한다(동법 제6조 제7항). 14. 수사경과, 11 · 14 · 16. 경찰승진

　　㉤ 허가의 요건이 존속하는 경우에는 절차에 따라 소명자료를 첨부하여 2개월의 범위 안에서 통신제한조치기간의 연장을 청구할 수 있다(동법 제6조 제7항 단서).

　　㉥ 검사 또는 사법경찰관이 제7항 단서에 따라 통신제한조치의 연장을 청구하는 경우에 통신제한조치의 총 연장기간은 1년을 초과할 수 없다. 다만, 예외적으로 내란죄 · 외환죄 등 국가안보와 관련된 범죄 등에 대해서는 통신제한조치의 총 연장기간이 3년을 초과할 수 없다(동법 제6조 제8항). 21. 순경 2차

　　　　⚠ 통신비밀보호법 제6조 제7항 단서 중 전기통신에 관한 '통신제한조치기간의 연장'에 관한 부분은 헌법에 위반된다는 헌법재판소의 헌법불합치결정(헌재결 2010.12.28, 2009헌가30)에 따라 개정된 부분이다.

⚖ 관련판례

1. 통신제한조치기간의 연장을 허가함에 있어 총연장기간 또는 총연장횟수의 제한을 두지 아니한 통신비밀보호법 제6조 제7항 단서 중 전기통신에 관한 '통신제한조치기간의 연장'에 관한 부분은 헌법에 위반된다 할 것이다(헌재결 2010.12.28, 2009헌가30).

2. 통신제한조치에 대한 기간연장결정을 원허가의 내용에 대하여 단지 기간을 연장하는 것일 뿐 원허가의 대상과 범위를 초과할 수 없다 할 것이므로 통신제한조치허가서에 의하여 허가된 통신제한조치가 '전기통신 감청 및 우편물 검열'뿐인 경우 그 후 연장결정서에 당초 허가내용에 없던 '대화녹음'이 기재되어 있다 하더라도 이는 대화녹음의 적법한 근거가 되지 못한다(대판 1999.9.3, 99도2317). 10 · 12 · 14. 경찰승진, 14 · 15. 수사경과, 19. 경찰간부

3. 통신제한조치에 대한 법원의 허가는 법원의 재판에 해당하므로, 이에 대한 헌법소원 심판청구는 부적법하다(헌재결 2018.8.30, 2016헌마263).

4. 헌법재판소는 인터넷회선감청(패킷감청)을 가능하게 하는 통신비밀보호법 제5조 제2항 중 '인터넷회선을 통하여 송 · 수신하는 전기통신'에 관한 부분은 인터넷 감청의 특성상 다른 통신제한조치에 비하여 수사기관이 취득하는 자료가 매우 방대함에도 불구하고 수사기관이 감청 집행으로 취득한 자료에 대한 처리 등을 객관적으로 통제할 수 있는 절차가 마련되어 있지 않다는 취지로 **헌법불합치** 결정을 하였다(헌재결 2018.8.30, 2016헌마263).

▶ 이와 같은 헌법불합치 결정에 따라 통신비밀보호법 제12조의 2(감청 집행으로 취득한 자료에 대한 법적통제)가 신설되었으며(신설 2020. 3. 24), 패킷감청의 위헌성은 통신비밀보호법 제12조의 2에 의하여 해소되었다(∴ 패킷감청 허용).

▶ 다만, 패킷감청을 허용하였던 종래의 대법원판례(대판 2012.10.11, 2012도7455)는 헌법불합치 결정이 나온 통신비밀보호법 제5조 제2항에 근거하고 있는 것이므로 폐기하는 것이 적절해 보인다.

⑷ 국가안보를 위한 통신제한조치(제7조)

① **인정요건** : 정보수사기관의 장은 국가안전보장에 상당한 위험이 예상되는 경우 또는 대테러활동에 필요한 경우에 한하여 그 위해를 방지하기 위하여 이에 관한 정보수집이 특히 필요한 경우에 통신제한조치를 할 수 있다(특정한 범죄혐의의 존재를 필요로 하지 아니함)(제7조 제1항).

② **허가절차**

㉠ 통신의 일방 또는 쌍방이 내국인인 때에는 고등검찰청 검사의 신청으로 고등법원 수석판사의 허가를 받아 통신제한조치를 할 수 있다(제7조 제1항 제1호). 05. 순경

ⓘ 국가안보를 위한 통신제한조치에서 통신 쌍방 당사자가 내국인인 경우에는 고등법원 수석판사의 허가를 필요로 하고 통신 당사자 일방만 내국인인 경우에는 대통령의 승인이 필요하다. (×) 11. 경찰승진, 19. 경찰간부

㉡ 대한민국에 적대하는 국가, 반국가활동의 혐의가 있는 외국기관·단체·외국인, 대한민국의 통치권이 미치지 아니하는 한반도 내의 집단이나 외국에 소재하는 그 산하단체의 구성원의 통신인 때에는 국가정보원장을 거쳐 대통령의 승인을 얻어 통신제한조치를 할 수 있다(동조 제1항 제2호).

㉢ 통신제한조치기간은 4월을 초과하지 못하며, 그 기간 중 통신제한조치의 목적이 달성되었을 경우에는 즉시 종료하여야 한다. 고등법원의 수석판사의 허가 또는 대통령의 승인을 얻어 4월의 범위 안에서 통신제한조치의 기간을 연장할 수 있다(동조 제2항).

⑸ 긴급통신제한조치

① 긴급한 사유가 있는 경우에는 법원의 허가 또는 대통령의 승인 없이 통신제한조치를 할 수 있다. 검사, 사법경찰관 또는 정보수사기관의 장은 집행착수 후 지체 없이 법원의 허가(또는 대통령의 승인)를 청구하여야 하며, 집행한 때로부터 36시간 이내에 법원의 허가 또는 대통령의 승인을 얻지 못하면 즉시 통신제한조치를 중지하여야 한다(제8조 제1항). 04. 여경, 21. 경찰승진

ⓘ 36시간 이내에 법원의 허가 또는 대통령의 승인을 신청(신고)하여야 한다. (×)

② **긴급처분의 요건** : 검사, 사법경찰관 또는 정보수사기관의 장은 국가안보를 위협하는 음모행위, 직접적인 사망이나 심각한 상해의 위험을 야기할 수 있는 범죄 또는 조직범죄의 계획이나 실행 등과 같은 긴박한 상황이 있고, 법원의 허가나 대통령의 승인에 필요한 절차를 거칠 수 없는 긴급한 사유가 있는 경우에 한하여 긴급처분을 할 수 있다(제8조 제2항).

ⓛ 사법경찰관이 긴급통신제한조치를 할 경우에는 미리 검사의 지휘를 받아야 한다. 다만, 특히 급속을 요하여 미리 지휘를 받을 수 없는 사유가 있는 때에는 긴급통신제한조치의 집행착수 후 지체 없이 검사의 승인을 얻어야 한다(제8조 제3항).

(6) 통신제한조치의 집행

① 통신제한조치는 검사·사법경찰관이 집행하며, 통신기관 등에 그 집행을 위탁하거나 협조요청을 할 수 있다(제9조 제1항).

② 통신제한조치의 집행을 위탁하거나 집행에 관한 협조를 요청한 자는 통신기관 등에 통신제한조치 허가서 또는 긴급감청서 등의 표지의 사본을 교부하여야 한다(동조 제2항).

③ 통신기관 등은 통신제한조치허가서 또는 긴급감청서 등에 기재된 통신제한조치 대상자의 전화번호 등이 사실과 일치하지 않을 경우에는 그 집행을 거부할 수 있으며, 어떠한 경우에도 전기통신에 사용되는 비밀번호를 누설할 수 없다(동조 제4항). 18. 경찰승진

④ 검사는 통신제한조치를 집행한 사건에 관하여 공소를 제기하거나, 공소의 제기 또는 입건을 하지 아니하는 처분(기소중지 결정, 참고인중지 결정을 제외한다)을 한 때에는 그 처분을 한 날부터 30일 이내에 우편물 검열의 경우에는 그 대상자에게, 감청의 경우에는 그 대상이 된 전기통신의 가입자에게 통신제한조치를 집행한 사실과 집행기관 및 그 기간 등을 서면으로 통지하여야 한다. 다만, 고위공직자범죄수사처 검사는 고위공직자범죄수사처 설치 및 운영에 관한 법률 제26조 제1항에 따라 서울중앙지방검찰청 소속 검사에게 관계 서류와 증거물을 송부한 사건에 관하여 이를 처리하는 검사로부터 공소를 제기하거나 제기하지 아니하는 처분(기소중지결정, 참고인중지결정은 제외한다)의 통보를 받은 경우에도 그 통보를 받은 날부터 30일 이내에 서면으로 통지하여야 한다(제9조의 2 제1항).

⑤ 사법경찰관은 통신제한조치를 집행한 사건에 관하여 검사로부터 공소를 제기하거나 제기하지 아니하는 처분(기소중지 또는 참고인중지 결정은 제외한다)의 통보를 받거나 검찰송치를 하지 아니하는 처분(수사중지 결정은 제외한다) 또는 내사사건에 관하여 입건하지 아니하는 처분을 한 때에는 그 날부터 30일 이내에 우편물 검열의 경우에는 그 대상자에게, 감청의 경우에는 그 대상이 된 전기통신의 가입자에게 통신제한조치를 집행한 사실과 집행기관 및 그 기간 등을 서면으로 통지하여야 한다(제9조의 2 제2항). 15. 경찰승진, 17. 수사경과, 21. 순경 2차

⑥ 정보수사기관의 장은 통신제한조치를 종료한 날부터 30일 이내에 우편물 검열의 경우에는 그 대상자에게, 감청의 경우에는 그 대상이 된 전기통신의 가입자에게 통신제한조치를 집행한 사실과 집행기관 및 그 기간 등을 서면으로 통지하여야 한다(제9조의 2 제3항).

⑦ 국가의 안전보장·공공의 안녕질서를 위태롭게 할 현저한 우려가 있는 때, 사람의 생명·신체에 중대한 위험을 초래할 염려가 현저한 때에는 통지를 유예할 수 있다(제9조의 2 제4항). 21. 경찰간부

ⓛ 통지 생략은 불가

ⓘ 사법경찰관은 감청의 실시를 종료하면 감청대상이 된 전기통신의 가입자에게 감청사실 등을 통지하여야 하지만, 통지로 인하여 수사에 방해가 될 우려가 있다고 인정할 때에는 통지하지 않을 수 있다. (×) 12. 경찰승진, 15. 수사경과, 21. 해경

⑧ 검사 또는 사법경찰관은 제9조의 2 제4항에 따라 통지를 유예하려는 경우에는 소명자료를 첨부하여 미리 관할지방검찰청검사장의 승인을 받아야 한다. 다만, 수사처검사가 동조 제4항에 따라 통지를 유예하려는 경우에는 소명자료를 첨부하여 미리 수사처장의 승인을 받아야 하고, 군검사 및 군사법경찰관이 제4항에 따라 통지를 유예하려는 경우에는 소명자료를 첨부하여 미리 관할 보통검찰부장의 승인을 받아야 한다(동조 제5항).

⑨ 검사, 사법경찰관 또는 정보수사기관의 장은 제4항 각호의 사유가 해소된 때에는 그 사유가 해소된 날부터 30일 이내에 제9조의 2 제1항 내지 제3항의 규정에 의한 통지를 하여야 한다(동조 제6항).

(7) 통신제한조치로 취득한 자료의 사용제한

① 통신제한조치의 목적이 된 범죄나 그와 관련된 범죄를 위하여 사용되어야 한다(대판 2002.10.22, 2000도5461).

② 불법감청 등에 의하여 취득한 자료는 증거사용이 금지된다(제4조).

ⓘ 피고인이나 변호인이 이를 증거로 함에 동의를 하여도 증거사용 ×(대판 2010.10.14, 2010도9016) 16. 7급 국가직, 21. 경찰승진

③ 통신제한조치의 집행으로 인하여 취득된 우편물 또는 그 내용과 전기통신의 내용은 통신제한조치의 목적이 된 범죄나 이와 관련되는 범죄를 수사·소추하거나 그 범죄를 예방하기 위하여 사용하는 경우, 위 범죄로 인한 징계절차에 사용하는 경우, 통신의 당사자가 제기하는 손해배상소송에서 사용하는 경우, 기타 다른 법률의 규정에 의하여 사용하는 경우 이외는 사용할 수 없다(통신비밀보호법 제12조).

(8) 통신제한조치로 취득한 자료의 관리

"인터넷회선감청(패킷감청)을 가능하게 하는 통신비밀보호법 제5조 제2항 중 '인터넷회선을 통하여 송·수신하는 전기통신'에 관한 부분은 이에 대한 법적 통제수단이 미비하여 개인의 통신 및 사생활 비밀의 자유를 침해하므로 헌법에 합치되지 아니한다"는 헌법불합치 결정(헌재결 2018.8.30, 2016헌마263)에 따라 범죄수사를 위하여 인터넷회선에 대한 통신제한조치로 취득한 자료관리에 관한 규정인 제12조의 2를 신설하였다.

① 검사는 인터넷 회선을 통하여 송신·수신하는 전기통신을 대상으로 통신제한조치를 집행한 경우 그 전기통신을 사용하거나 사용을 위하여 보관하고자 하는 때에는 집행종료일부터 14일 이내에 통신제한조치를 허가한 법원에 보관 등의 승인을 청구하여야 한다(통신비밀보호법 제12조의 2 제1항).

② 사법경찰관은 인터넷 회선을 통하여 송신·수신하는 전기통신을 대상으로 통신제한조치를 집행한 경우 그 전기통신의 보관 등을 하고자 하는 때에는 집행종료일부터 14일 이내에 검

사에게 보관 등의 승인을 신청하고, 검사는 신청일부터 7일 이내에 통신제한조치를 허가한 법원에 그 승인을 청구할 수 있다(동법 제12조의 2 제2항). 21. 경찰승진, 21. 순경 2차

③ 검사 또는 사법경찰관은 승인 청구나 신청을 하지 아니하는 경우에는 집행종료일부터 14일(검사가 사법경찰관의 신청을 기각한 경우에는 그 날부터 7일) 이내에 통신제한조치로 취득한 전기통신을 폐기하여야 하고, 법원에 승인청구를 한 경우(취득한 전기통신의 일부에 대해서만 청구한 경우를 포함한다)에는 법원으로부터 승인서를 발부받거나 청구기각의 통지를 받은 날부터 7일 이내에 승인을 받지 못한 전기통신을 폐기하여야 한다(동법 제12조의 2 제5항). 21. 경찰승진

④ 검사 또는 사법경찰관은 통신제한조치로 취득한 전기통신을 폐기한 때에는 폐기의 이유와 범위 및 일시 등을 기재한 폐기결과보고서를 작성하여 피의자의 수사기록 또는 피내사자의 내사사건기록에 첨부하고, 폐기일부터 7일 이내에 통신제한조치를 허가한 법원에 송부하여야 한다(동법 제12조의 2 제6항).

⑼ 통신사실확인자료 제공

① 검사 또는 사법경찰관은 전기통신사업자에게 통신사실 확인자료(예 통신일시, 통신 개시·종료 시간, 위치추적자료 등)의 열람이나 제출을 요청할 수 있다(제13조 제1항). 이 경우 법원의 허가를 받아야 하며, 긴급한 사유가 있는 때에는 통신사실 자료제공을 요청한 후 지체 없이 그 허가를 받아 전기통신사업자에게 송부하여야 한다(동조 제3항).

① 긴급사유시 통신사실 자료제공을 받은 후 36시간 이내에 법원의 허가를 받아야 한다. (×)

② 검사 또는 사법경찰관은 실시간 위치정보 추적자료요청 및 특정한 기지국에 대한 통신사실 확인자료가 필요한 경우에는 다른 방법으로는 범죄의 실행을 저지하기 어렵거나 범인의 발견·확보 또는 증거의 수집·보전이 어려운 경우 등에만 자료의 열람이나 제출을 요청할 수 있다(제13조 제2항).

③ 긴급한 사유로 통신사실 확인자료를 제공받았으나 법원의 허가를 받지 못한 경우에는 지체 없이 제공받은 통신사실 확인자료를 폐기하여야 한다(제13조 제4항).

④ 검사 또는 사법경찰관은 통신사실 확인자료제공을 받은 사건에 관하여 ㉠ 공소를 제기하거나, 공소의 제기·검찰송치를 하지 아니하는 처분(기소중지·참고인중지 또는 수사중지 결정은 제외한다)을 한 경우 그 처분을 한 날부터 30일 이내, 다만 수사처검사가 고위공직자 범죄수사처 설치 및 운영에 관한 법률 제26조 제1항에 따라 서울중앙지방검찰청 소속 검사에게 관계 서류와 증거물을 송부한 사건에 관하여 이를 처리하는 검사로부터 공소를 제기하거나 제기하지 아니하는 처분의 통보를 받은 경우 그 통보를 받은 날부터 30일 이내, ㉡ 기소중지결정·참고인중지결정 처분을 한 경우 그 처분을 한 날부터 1년이 경과한 때부터 30일 이내. 다만, 수사처검사가 고위공직자 범죄수사처 설치 및 운영에 관한 법률 제26조 제1항에 따라 서울중앙지방검찰청 소속 검사에게 관계 서류와 증거물을 송부한 사건에 관하여 이를 처리하는 검사로부터 기소중지결정, 참고인중지결정 처분의 통보를 받은 경우 그 통보를 받은 날로부터 1년이

경과한 때부터 30일 이내, ⓒ 수사가 진행 중인 경우는 통신사실 확인자료제공을 받은 날부터 1년이 경과한 때부터 30일 이내에 통신사실 확인자료제공을 받은 사실과 제공요청기관 및 그 기간 등을 통신사실 확인자료제공의 대상이 된 당사자에게 서면으로 통지하여야 한다(제13조의 3 제1항).

⑤ 국가의 안전보장, 공공의 안녕질서를 위태롭게 할 우려가 있는 경우 등 일정한 경우에는 그 사유가 해소될 때까지 통지를 유예(생략 ×)할 수 있다(제13조의 3 제2항). 사유가 해소된 때에는 그 날로부터 30일 이내에 통지를 하여야 한다(동조 제4항).

⑥ 검사 또는 사법경찰관은 통지를 유예하려는 경우에는 소명자료를 첨부하여 미리 관할 지방검찰청 검사장의 승인을 받아야 한다. 다만, 수사처검사가 통지를 유예하려는 경우에는 소명자료를 첨부하여 미리 수사처장의 승인을 받아야 한다(제13조의 3 제3항).

⑦ 검사 또는 사법경찰관으로부터 통신사실 확인자료제공을 받은 사실 등을 통지받은 당사자는 해당 통신사실 확인자료제공을 요청한 사유를 알려주도록 서면으로 신청할 수 있다(제13조의 3 제5항). 신청을 받은 검사 또는 사법경찰관은 통지유예사유에 해당하는 경우를 제외하고는 그 신청을 받은 날부터 30일 이내에 해당 통신사실 확인자료제공 요청의 사유를 서면으로 통지하여야 한다(제13조의 3 제6항).

⚖ 관련판례

통신비밀보호법은 통신사실확인자료 제공요청에 의하여 취득한 통신사실확인자료를 범죄의 수사나 소추를 위해 사용하는 경우 그 대상범죄를 통신사실확인자료 제공요청의 목적이 된 범죄나 이와 관련되는 범죄로 한정하고 있는데, 여기서 관련되는 범죄란 통신사실확인자료 제공요청 허가서에 기재한 혐의사실과 객관적 관련성 및 인적 관련성이 인정되는 범죄를 말하며, 혐의사실과 단순히 동종 또는 유사 범행이라는 사유만으로 관련성이 있다고 할 수는 없다. 그리고 피의자와 사이의 인적 관련성은 통신사실확인자료 제공요청 허가서에 기재된 대상자의 공동정범이나 교사범 등 공범이나 간접정범은 물론 필요적 공범 등에 대한 피고사건에 대해서도 인정될 수 있다(대판 2017.1.25, 2016도13489).

(10) 사인의 감청

제3자가 공개되지 않은 타인 간의 대화를 비밀녹음하거나 청취할 수 없다(동법 제14조).

대화의 일방 당사자가 상대방의 동의를 얻지 않고 녹음하는 행위의 적법성 여부는 명시적인 규정이 없으나, 대법원은 몰래 녹음한 경우에도 증거능력을 인정하고 있다. 16. 7급 국가직

⚖ 관련판례

1. 렉카회사가 무전기를 이용하여 한국도로공사의 상황실과 순찰차 간의 무선전화통화를 청취한 경우 통신비밀보호법상의 전기통신의 감청에 해당한다(대판 2003.11.13, 2001도6213).
   ▶ 타인 간의 대화청취 × 14. 순경 1차, 12·14·16·20. 경찰승진
2. 전화통화 당사자의 일방이 상대방 모르게 통화내용을 녹음하는 것은 여기의 감청에 해당하지 아니하지만, 제3자의 경우는 설령 전화통화 당사자 일방의 동의를 받고 그 통화내용을 녹음하였다 하더라도

그 상대방의 동의가 없었던 이상, 통신비밀보호법 제3조 제1항 위반이 되고, 이러한 불법감청에 의해 녹음된 전화통화 내용은 증거능력이 없다. 이는 피고인이나 변호인이 동의하였다고 하더라도 달리 볼 것은 아니다(대판 2010.10.14, 2010도9016). 14. 순경 1차, 16. 7급 국가직, 18. 경찰간부, 10 · 16 · 21. 경찰승진

3. 수사기관이 甲으로부터 피고인의 마약류관리에 관한 법률 위반(향정) 범행에 대한 진술을 듣고 추가적인 증거를 확보할 목적으로, 구속수감되어 있던 甲에게 그의 압수된 휴대전화를 제공하여 피고인과 통화하고 위 범행에 관한 통화 내용을 녹음하게 한 행위는 불법감청에 해당하므로, 그 녹음 자체는 물론 이를 근거로 작성된 녹취록 첨부 수사보고는 피고인의 증거동의에 상관없이 그 증거능력이 없다(대판 2010.10.14, 2010도9016). 14. 7급 국가직, 16. 9급 교정 · 보호 · 철도경찰

4. 3인 간의 대화에 있어서 그중 한 사람이 그 대화를 녹음하는 경우에 다른 두 사람의 발언은 그 녹음자에 대한 관계에서 '타인 간의 대화'라고 할 수 없으므로, 이와 같은 녹음행위가 통신비밀보호법 제3조 제1항에 위배된다고 볼 수는 없다(대판 2006.10.12, 2006도4981). 10. 경찰승진, 17. 변호사시험, 14 · 18. 수사경과

5. 甲은 약 8분간의 전화통화를 마친 후 상대방에 대한 예우 차원에서 바로 전화통화를 끊지 않고 乙이 전화를 먼저 끊기를 기다리던 중, 타인과 인사를 나누면서 소개하는 목소리가 甲의 휴대폰을 통해 들려오고, 때마침 乙의 실수로 휴대폰의 통화종료 버튼을 누르지 아니한 채 이를 탁자 위에 놓아두자, 乙의 휴대폰과 통화연결상태에 있는 자신의 휴대폰 수신 및 녹음기능을 이용하여 이 사건 대화를 몰래 청취하면서 녹음한 경우, 甲은 대화에 원래부터 참여하지 아니한 제3자이므로, 통화연결상태에 있는 휴대폰을 이용하여 대화를 청취 · 녹음하는 행위는 작위에 의한 통신비밀보호법 제3조의 위반행위에 해당한다(대판 2016.5.12, 2013도15616). 17. 7급 국가직, 21. 수사경과

▶ 비교판례 : 甲은 평소 친분이 있던 피해자 乙과 휴대전화로 통화를 마친 후 전화가 끊기지 않은 상태에서 "1~2분간 '악' 하는 소리와 '우당탕' 소리를 들었다."고 진술하는 경우, 甲이 들었다는 '우당탕' 소리는 사물에서 발생하는 음향일 뿐 사람의 목소리가 아니므로 통신비밀보호법에서 말하는 타인 간의 '대화'에 해당하지 않는다. '악' 소리도 사람의 목소리이기는 하나 단순한 비명소리에 지나지 않아 그것만으로 상대방에게 의사를 전달하는 말이라고 보기는 어려워 특별한 사정이 없는 한 타인 간의 '대화'에 해당한다고 볼 수 없다. 따라서 그 증거의 제출은 허용된다(대판 2017.3.15, 2016도19843). 21. 해경

6. 골프장 운영업체(강원랜드)가 예약전용 전화선에 녹취시스템을 설치하여 예약담당직원과 고객 간의 골프장 예약에 관한 통화내용을 녹취한 행위는 예약업무를 수행하는 직원이 고객과 통화를 하면서 직접 녹취하는 경우와 다를 바 없고, 이는 결국 강원랜드가 이 사건 전화통화의 당사자로서 통화내용을 녹음한 때에 해당한다고 볼 것이므로 통신비밀보호법 제3조 제1항 위반죄에 해당하지 않는다(대판 2008.10.23, 2008도1237).

7. 이용원을 경영하는 甲이 공중위생법위반죄로 고발하는 데 사용할 목적으로 乙의 동의를 얻어 乙로 하여금 경쟁 미용실 주인인 丙에게 전화를 걸어 "귓불을 뚫어 주느냐."는 용건으로 통화하게 한 다음 그 내용을 녹음한 경우 비록 전화통화 당사자인 乙의 동의를 받고 그 통화내용을 녹음하였다 하더라도 그 상대방의 동의가 없었던 이상 통신비밀보호법 제3조 제1항 위반이 된다(대판 2002.10.8, 2002도123).

▶ 동법 제3조 제1항 '타인간의 대화'에 포함시킬 수는 없고, '전기통신 감청'에 해당한다는 판례임.

- 전기통신 · 감청 의의
- 통신제한 조치 대상범죄
- **통신제한조치 절차**
  - ┌ 범죄수사를 위한 제한(2개월 초과 ×) : 검사의 청구로 법원 허가
  - └ 국가안보를 위한 제한(4개월 초과 ×) ┌ 고등검찰청 검사의 신청으로 고등법원 수석판사 허가
    - (통신의 일방 또는 쌍방이 내국인인 때)
    - └ 국가정보원장을 거쳐 대통령 승인
  - ▶ 총 연장기간은 1년을 초과할 수 없으며, 국가안보 관련범죄는 3년 초과 금지
- **긴급처분** : 집행착수 후 지체 없이 법원의 허가(대통령승인) 청구, 집행한 때로부터 36시간 내 법원 허가 (대통령 승인)를 얻지 못하면 통신제한조치 중지
- **집행** : 통신비밀보호법 제9조, 제9조의 2, 제9조의 3
- **통신사실확인자료 제공** : 통신비밀보호법 제13조, 13조의 2, 제13조의 3
- **통신제한조치로 취득한 자료의 관리** : 통신비밀보호법 제12조의 2
- 대화자가 대화 상대방의 진술을 녹음 ⇨ 적법, 제3자가 타인간의 대화 녹음 ⇨ 위법

3 사진촬영

사진촬영의 법적 성질에 대하여 초상권을 침해한다는 점에서 강제수사의 일종이다(영장이 필요함). 다만, 사진촬영의 성질을 강제수사로 보더라도 일정한 조건이 충족된 때에는 영장 없는 촬영이 허용된다.

관련판례

1. 무인장비에 의한 제한속도 위반차량 단속은 긴급하게 증거보전을 할 필요가 있는 상태에서 일반적으로 허용되는 한도를 넘지 않는 상당한 방법에 의한 것이라고 판단되므로, 위법하게 수집된 증거라고 볼 수 없다(대판 1999.12.7, 98도3329). 16. 9급 교정 · 보호 · 철도경찰

2. 일본 또는 중국에서 북한 공작원들과 회합하는 모습을 동영상으로 촬영한 것은 위 피고인들이 회합한 증거를 보전할 필요가 있어서 이루어진 것이고, 피고인들이 반국가단체의 구성원과 회합 중이거나 회합하기 직전 또는 직후의 모습을 촬영한 것으로 그 촬영 장소도 차량이 통행하는 도로 또는 식당 앞길, 호텔 프런트 등 공개적인 장소인 점 등을 알 수 있으므로, 이러한 촬영이 일반적으로 허용되는 상당성을 벗어난 방법으로 이루어졌다거나, 영장 없는 강제처분에 해당하여 위법하다고 볼 수 없다(대판 2013.7.26, 2013도2511).

3. 누구든지 자기의 얼굴 기타 모습을 함부로 촬영당하지 않을 자유를 가지나 이러한 자유도 국가권력의 행사로부터 무제한으로 보호되는 것은 아니고, 국가의 안전보장 · 질서유지 · 공공복리를 위하여 필요한 경우에는 상당한 제한이 따르는 것이고, 수사기관이 범죄를 수사함에 있어 현재 범행이 행하여지고 있거나 행하여진 직후이고, 증거보전의 필요성 및 긴급성이 있으며, 일반적으로 허용되는 상당한 방법에 의하여 촬영을 한 경우라면 위 촬영이 영장 없이 이루어졌다 하여 이를 위법하다고 단정할 수 없다(대판 1999.9.3, 99도2317).

4 거짓말탐지기 사용

거짓말탐지기 검사란 피의자 등의 피검자에 대하여 피의사실에 관계있는 질문을 하여 그에 대한 응답시에 나타나는 피검자의 호흡·혈압·맥박·피부 전기반사 등의 생리적 변화를 검사지에 기록하고 이를 관찰·분석하여 답변의 진위 또는 피의사실에 대한 인식 유무를 판단하는 것을 말한다. 거짓말탐지기의 사용은 피검사자의 동의가 있는 경우에는 임의수사로서 허용된다는 것이 현재의 지배적인 입장이다.

① 대법원도 거짓말탐지기에 의한 검사는 피검사자가 동의한 때에만 증거로 할 수 있으며, 다만 일정한 조건을 구비하여 적법한 것으로 허용된다고 하더라도 공소사실의 존부를 인정하는 직접증거로는 사용할 수 없고, 진실의 신빙성 유무를 판단하는 정황증거로만 사용할 수 있을 뿐이라고 판시하고 있다. 13. 9급 법원직, 21. 경찰승진
① 거짓말탐지기의 사용은 기계적인 방법을 통하여 답변의 진실성을 판단함으로써 결국 진술을 강요하는 결과로 되어 인격권을 침해하므로 원칙적으로 허용되지 않는다(판례에 의함). (○) 13. 9급 법원직
① 상대적으로 처리하여야 하는 객관식 문제의 특성상 맞는 지문으로 출제되었으나, '피의자의 동의가 없는 경우'를 전제로 하는 내용으로 보아야 한다.

5 보호실유치

보호실유치는 피의자의 의사와 관계없이 수사기관에서 강제로 유치하는 강제유치와 피의자의 승낙을 받아 유치하는 승낙유치로 나눌 수 있다. 강제로 유치하는 강제유치는 실질적으로 구속에 해당하므로 영장에 의하지 않으면 허용될 수 없지만, 승낙에 의한 유치가 임의수사의 방법으로 허용될 수 있겠는가가 문제된다. 실질적인 구속을 본인의 동의를 이유로 허용하는 것은 영장주의를 유린하는 결과를 가져오므로 승낙유치도 허용되지 않는다.

① 승낙유치 ⇨ 허용 × 17. 수사경과, 21. 경찰승진

⚖ 관련판례

1. 경찰의 음주단속에 불응하고 도주하였다가 다른 차량에 막혀 더 이상 진행하지 못하게 되자 운전석에서 내려 다시 도주하려다 경찰관에게 검거되어 지구대로 보호조치된 후 음주측정요구를 거부하였다고 하여 음주측정거부로 기소된 사안에서, 피고인을 지구대로 데려간 행위를 적법한 보호조치라고 할 수 없다(대판 2012.12.13, 2012도11162). 14·16. 경찰간부
2. 즉결심판 피의자의 정당한 귀가요청을 거절한 채 다음날 즉결심판법정이 열릴 때까지 피의자를 경찰서 보호실에 강제유치시키려고 함으로써 피의자를 경찰서 내 즉결피의자 대기실에 10~20분 동안 있게 한 행위는 불법감금죄에 해당한다(대판 1997.6.13, 97도877). 15. 경찰승진, 18. 순경 2차
3. 수사의 편의상 피의자를 임의동행한 경우에도 조사 후 귀가시키지 아니하고 그의 의사에 반하여 경찰서 조사실 또는 보호실 등에 계속 유치함으로써 신체의 자유를 속박하였다면 이는 구금에 해당한다(대결 1985.7.29, 85모16). 15. 순경 2차
4. 경찰서에 설치되어 있는 보호실은 영장대기자나 즉결대기자 등의 도주방지와 경찰업무의 편의 등을 위한 수용시설로서 사실상 설치·운영되고 있으나 현행법상 그 설치근거나 운영 및 규제에 관한 법령의 규정이 없고, 이러한 보호실은 그 시설 및 구조에 있어 철창으로 된 방으로 되어 있어 그

안에 대기하고 있는 사람들이나 그 가족들의 출입이 제한되는 등 일단 그 장소에 유치되는 사람은 그 의사에 기하지 아니하고 일정 장소에 구금되는 결과가 되므로, 경찰관직무집행법상 정신착란자, 주취자, 자살기도자 등 응급의 구호를 요하는 자를 24시간을 초과하지 아니하는 범위 내에서 경찰관서에 보호조치할 수 있는 시설로 제한적으로 운영되는 경우를 제외하고는 구속영장을 발부받음이 없이 피의자를 보호실에 유치함에 영장주의에 위배되는 위법한 구금으로서 적법한 공무수행이라고 볼 수 없다(대판 1994.3.11, 93도958).

6 승낙수색 · 검증

승낙수색과 승낙검증이 임의수사로 허용되느냐에 견해의 대립이 있으나 승낙의 임의성이 인정되는 경우에는 임의수사로서 법관의 영장을 요하지 아니한다고 보는 견해가 타당하다(다수설).

7 마취분석

마취분석이란 약품의 작용에 의하여 진실을 진술하게 하는 것으로 이러한 수사방법은 피의자의 승낙이 있는 경우라도 허용될 수 없다.

8 계좌추적

각종 경제범죄를 수사하기 위하여 계좌추적이 행해진다. 계좌추적은 정보지배권의 하나로 금융정보에 대한 개인의 자기결정권을 침해한다는 점에서 강제수사이며, 특히 압수 · 수색의 하나로 볼 수 있다. 따라서 개인의 계좌를 추적하기 위해서는 압수 · 수색영장을 발부받아야 한다.

9 음주운전측정

운전자가 자발적으로 협력하지 않는 한 경찰관은 강제할 권한은 없으므로, 임의수사로 볼 수 있을 것이다.

제4절 ┃ 임의수사의 유형

형사소송법이 규정하고 있는 임의수사의 유형으로는 피의자신문, 참고인조사, 감정·통역·번역 위촉, 사실조회가 있다.

❗ 형사소송법이 규정하고 있는 임의수사의 유형으로는 피의자신문, 참고인조사, 감정·통역·번역 위촉, 사실조회, 임의동행, 실황조사가 있다. (×)

1 피의자신문

(1) 의 의

피의자신문은 검사, 사법경찰관 등이 수사에 필요한 경우 피의자를 출석시켜 신문하고 진술을 듣는 것을 말한다(제200조). 피의자신문은 임의수사에 해당하나(통설·판례), 신문하는 과정에서 수사기관이 피의자의 자백을 얻어내기 위하여 진술을 강요할 위험이 크다는 점을 고려하여, 현행법은 신문에 따른 절차 및 피의자의 권리에 대하여 명문규정을 두고 있다.

❗ 판례는 피의자가 수사기관의 출석요구에 응하지 아니하는 경우에 영장에 의한 체포가 가능하다는 이유로 강제수사로 보고 있다. (×) 12. 순경 1차

(2) 피의자신문의 절차 및 방식

① 출석요구

⑦ 수사기관이 피의자를 신문하기 위하여는 피의자의 출석을 요구하여야 한다(제200조). 출석요구의 방법에는 제한이 없다(수사준칙 제19조 제3항).13·17. 경찰간부, 20. 수사경과 원칙적으로는 출석요구서의 발부에 의하나, 전화나 구두로 하는 것도 가능하다. 출석요구하는 장소는 반드시 수사관서일 필요는 없다.

❗ 출석요구서에 의하여 소환한 경우에만 가능하다. (×) 20. 수사경과
❗ 출석요구는 반드시 출석요구서를 발부하는 방식으로 하여야 한다. (×)
❗ 사법경찰관은 출석요구서를 발부하였을 때에는 그 사본을 수사기록에 첨부하여야 하며, 출석요구서 외의 방법으로 출석을 요구하였을 때에는 그 취지를 적은 수사보고서를 수사기록에 첨부하여야 한다(수사준칙 제19조 제4항).

⑥ 피의자에게는 출석요구에 응할 의무가 없다. 따라서 피의자는 출석을 거부할 수 있고, 출석한 때에도 언제나 퇴거할 수 있다. 임의수사에 불과하기 때문이다. 12. 순경

❗ 피의자신문을 위한 구인은 허용 ×

🔊 관련판례

구속된 피의자가 수사기관의 피의자신문을 위한 출석요구에 불응하면서 조사실에 출석을 거부한 경우에는 구속영장의 효력에 의하여 피의자를 조사실로 구인할 수 있다. 다만, 이러한 경우에도 그 피의자신문 절차는 어디까지나 임의수사의 한 방법으로 진행되어야 할 것이므로, 피의자는 일체의 진술을 하지 아니하거나 개개의 질문에 대하여 진술을 거부할 수 있고, 수사기관은 피의자를 신문하기 전에 그와

같은 권리를 알려주어야 한다(대결 2013.7.1, 2013모160). 18. 순경 1차, 15 · 19. 변호사시험, 16 · 17 · 18. 수사경과, 16 · 21. 경찰승진, 21. 9급 검찰 · 마약수사, 14 · 21. 순경 2차

ⓒ 검사 또는 사법경찰관은 피의자에게 출석요구를 하려는 경우 피의자와 조사의 일시 · 장소에 관하여 협의해야 한다. 이 경우 변호인이 있는 경우에는 변호인과도 협의해야 한다 (수사준칙 제19조 제2항). 21. 순경 1차

ⓓ 검사 또는 사법경찰관은 피의자가 치료 등 수사관서에 출석하여 조사를 받는 것이 현저히 곤란한 사정이 있는 경우에는 수사관서 외의 장소에서 조사할 수 있다(수사준칙 제5항).

ⓔ 피의자출석 요구에 관한 수사준칙 규정은 피의자 외의 사람에 대한 출석요구의 경우에도 적용한다(수사준칙 제19조 제6항). 21. 순경 2차

② **진술거부권의 고지**

ⓐ 검사 또는 사법경찰관은 피의자를 신문하기 전에 피의자에게 진술거부권 등 일정한 사항을 알려주어야 한다(제244조의 3 제1항). 13. 경찰간부, 14. 경찰승진, 18 · 20. 수사경과

고지하여야 할 내용

1. 일체의 진술을 하지 아니하거나, 개개의 질문에 대하여 진술을 하지 아니할 수 있다는 것 09. 순경, 11. 경찰승진 ▶ 구속된 피의자의 경우에도 일체의 진술을 하지 아니하거나 개개의 질문에 대하여 진술을 거부할 수 있고, 수사기관은 피의자를 신문하기 전에 그와 같은 권리를 알려주어야 한다(대결 2013.7.1, 2013모160). 20. 순경 2차

2. 진술을 하지 아니하더라도 불이익을 받지 아니한다는 것 09. 순경, 11. 경찰승진

3. 진술을 거부할 권리를 포기(불행사)하고 행한 진술은 법정에서 유죄의 증거로 사용될 수 있다는 것 ▶ 진술을 거부할 권리를 포기하고 행한 진술은 법정에서 유죄의 증거로 사용되지 아니한다는 것(×) 09. 순경, 11. 경찰승진, 13. 수사경과

4. 신문을 받을 때에는 변호인을 참여하게 하는 등 변호인의 조력을 받을 수 있다는 것 09. 순경, 11. 경찰승진, 15. 경찰간부

ⓑ 신문시마다 할 필요는 없으나, 새로운 출석요구에 기하여 피의자를 신문하는 경우, 신문 사이에 시간적 간격이 긴 때, 조사관이 경질된 때에는 진술거부권을 고지해야 한다고 본다.

ⓑ 피의자가 진술거부권의 자유를 알고 있거나, 변호인이 출석한 경우라 하더라도 고지하여야 한다.

ⓑ 고지하여야 할 내용(제244조의 3 제1항) ⇨ 피고인신문의 경우에도 진술거부권을 고지하여야 하나 위 규정(제244조의 3 제1항)의 적용은 없다.

ⓑ ┌ 피내사자 ⇨ 고지의 대상 × 16. 순경 2차
　 └ 참고인 ⇨ 고지의 대상 × 17. 경찰간부

ⓑ 수사기관에 의한 진술거부권 고지의 대상이 되는 피의자의 지위는 수사기관이 범죄인지서를 작성하는 등의 형식적인 사건수리 절차를 거치기 전이라도 조사대상자에 대하여 범죄의 혐의가 있다고 보아 실질적으로 수사를 개시하는 행위를 한 때에 인정된다(대판 2015.10.29, 2014도5939). 19. 수사경과

ⓑ 조사대상자의 진술 내용이 단순히 제3자의 범죄에 관한 경우가 아니라 자신과 제3자에게 공동으로 관련된 범죄에 관한 것이거나 제3자의 피의사실뿐만 아니라 자신의 피의사실에 관한 것이기도 하여 실질이 피의자신문조서의 성격을 가지는 경우에 수사기관은 진술을 듣기 전에 미리 진술거부권을 고지하여야 한다 (대판 2015.10.29, 2014도5939). 16. 순경 2차

ⓛ 진술거부권을 고지하지 않고 신문한 경우에 그 피의자신문조서는 비록 그 진술에 임의성이 인정되더라도 증거능력이 없다(대판 2009.8.20, 2008도8213). 09. 9급·7급 국가직, 11. 경찰승진, 14. 경찰간부, 16·18·20. 수사경과, 21. 해경

ⓘ 진술거부권을 고지하지 않고 수집한 자백은 위법수집증거로서 당사자가 동의하더라도 증거능력 부정(대판 1997.9.30, 97도1230)

ⓒ 위 고지하여야 할 내용을 알려준 때에는 피의자가 진술을 거부할 권리와 변호인의 조력을 받을 권리를 행사할 것인지의 여부를 질문하고, 이에 대한 피의자의 답변을 조서에 기재하여야 한다. 이 경우 피의자의 답변은 피의자로 하여금 자필로 기재하게 하거나, 검사 또는 사법경찰관이 피의자의 답변을 기재한 부분에 기명날인 또는 서명하게 하여야 한다(제244조의 3 제2항).

관련판례

사법경찰관이 피의자에게 진술거부권을 행사할 수 있음을 알려 주고 그 행사 여부를 질문하였다 하더라도, 형사소송법 제244조의 3 제2항에 규정한 방식에 위반하여 진술거부권 행사 여부에 대한 피의자의 답변이 자필로 기재되어 있지 아니하거나 그 답변 부분에 피의자의 기명날인 또는 서명이 되어 있지 아니한 사법경찰관 작성의 피의자신문조서는 특별한 사정이 없는 한 형사소송법 제312조 제3항에서 정한 '적법한 절차와 방식'에 따라 작성된 조서라 할 수 없으므로 그 증거능력을 인정할 수 없다(대판 2013.3.28, 2010도3359). 18. 순경 3차, 21. 해경

③ 피의자신문사항 및 신문방법

ⓖ 검사 또는 사법경찰관은 먼저 성명·연령·등록기준지·주거와 직업을 물어 피의자임에 틀림없는지 확인하는 인정신문을 하여야 한다(제241조). 17. 수사경과

ⓘ 인정신문 단계에서도 진술을 거부할 수 있다는 견해가 일반적이다.

ⓛ 피의자신문은 신문주체가 피의자를 직접적·개별적으로 신문하는 방식으로 진행하여야 한다.

관련판례

검사가 임석하지 아니한 상태에서 참여한 검찰주사가 피의자신문을 마친 후 자백하는 취지의 진술을 기재한 피의자신문조서를 작성하여 가져오자 검사가 이를 살펴본 후 비로소 피고인이 조사를 받고 있던 방으로 와서 피의자신문조서를 손에 든 채 그에게 "이것이 모두 사실이냐."는 취지로 개괄적으로 질문한 사실이 있을 뿐, 피의사실에 관하여 위 피고인을 직접·개별적으로 신문한 바 없는 경우, 위 피의자신문조서는 검사작성의 피의자신문조서로 볼 수 없으므로, 검사 이외의 수사기관이 작성한 피의자신문조서와 마찬가지로 보아야 한다(대판 2003.10.9, 2002도4372). 11. 순경 2차, 12. 경찰승진

ⓒ 구속피의자에 대해 수갑이나 포승 등 계구를 사용하는 것은 도주 또는 증거인멸의 우려가 있거나 조사실 내의 안전과 질서를 유지하기 위하여 꼭 필요한 경우에만 허용될 수 있다(헌재결 2005.5.26, 2001헌마728).

▶ 검사는 조사실에서 피의자를 신문할 때 해당 피의자에게 그러한 특별한 사정이 없는 이상 교도관에게 보호장비의 해제를 요청할 의무가 있고, 교도관은 이에 응하여야 한다(대결 2020.3.17, 2015모2357).

② 피의자에게 신문할 사항은 범죄사실과 정상에 관하여 필요한 사항이며, 피의자에 대하여 이익이 되는 사실을 진술할 기회를 주어야 한다(제242조). 18. 순경 3차, 21. 수사경과 수사기관은 피의자에 대립하는 반대 당사자가 아니라, 국가형벌권의 실현을 담당하는 국가기관으로서 객관적인 업무수행이 요구되기 때문이다.

⑩ 검사 또는 사법경찰관이 사실을 발견함에 필요한 때에는 피의자와 다른 피의자 또는피의자 아닌 자와 대질하게 할 수 있다(제245조). 21. 수사경과

④ **피의자신문조서의 작성**

㉠ 피의자의 진술은 조서에 기재하여야 하며(제244조 제1항), 조서는 피의자신문조서에 의한다(검찰사건사무규칙 제13조 제1항, 경찰수사규칙 제39조 제1항).

ⓘ 기소 후 피고인에 대한 임의수사 형태에 의한 조사 ⇨ 실무상 피의자신문이 아닌 참고인진술의 형태를 취함(검찰사건사무규칙 제13조 제2항). 16. 경찰간부

ⓘ 검사가 피의자를 구속 기소한 후 다시 피의자를 소환하여 공범들과의 조직구성 및 활동 등에 관한 신문을 하면서 피의자신문조서가 아닌 일반적인 진술조서의 형식으로 조서를 작성한 사안에서, 미리 피의자에게 진술거부권을 고지하지 않았다면 위법수집증거에 해당하므로, 유죄인정의 증거로 사용할 수 없다(대판 2009.8.20, 2008도8213). 12. 순경, 16. 순경 2차·수사경과

㉡ 피의자신문조서는 피의자에게 열람하게 하거나 읽어 들려주어야 하며, 진술한대로 기재되지 아니하였거나, 사실과 다른 부분의 유무를 물어 피의자가 증감 또는 변경의 청구 등 이의를 제기하거나 의견을 진술한 때에는 이를 조서에 추가로 기재하여야 한다(동조 제2항). 이 경우 피의자가 이의를 제기하였던 부분은 읽을 수 있도록 남겨두어야 한다(동조 제3항). 21. 경찰승진

㉢ 피의자가 조서에 대하여 이의나 의견이 없음을 진술한 때에는 피의자로 하여금 그 취지를 자필로 기재하게 하고 조서에 간인한 후 기명날인 또는 서명하게 한다(동조 제3항). 17. 수사경과 피의자가 기명날인이나 서명을 거부한 때에는 그 사유를 기재하여야 한다(제48조 제7항 단서 참조).

🔨 **관련판례**

1. 검사 작성의 피의자신문조서에 작성자인 검사의 서명날인(개정법에 의하면 기명날인 또는 서명)이 되어 있지 아니한 경우, 피의자신문조서에 진술자인 피고인의 서명날인이 되어 있다거나, 피고인이 법정에서 그 피의자신문조서에 대하여 진정성립과 임의성을 인정하였다고 하더라도 무효이며 증거능력을 인정할 수 없다(대판 2001.9.28, 2001도4091).

2. 피의자신문조서 말미에 피고인의 서명만이 있고, 그 날인(현행법상으로는 서명 또는 기명날인)이나 간인이 없는 검사 작성의 피고인에 대한 피의자신문조서는 증거능력이 없다고 할 것이고, 그 날인이나 간인이 없는 것이 피고인이 그 날인이나 간인을 거부하였기 때문이어서 그러한 취지가 조서말미

에 기재되었다거나, 피고인이 법정에서 그 피의자신문조서의 임의성을 인정하였다고 하여 달리 볼 것은 아니다(대판 1999.4.13, 99도237).

3. 피의자신문조서를 작성함에 있어 피고인들에게 조서의 기재내용을 알려 주지 아니하였다 하더라도 그 사실만으로는 피의자신문조서의 증거능력이 없다고 할 수 없다(대판 1993.5.14, 93도486).

4. 피의자의 서명·날인(개정법에 의하면 기명날인 또는 서명) 및 간인이 없는 피의자신문조서는 증거능력이 없다(대판 1992.6.23, 92도954).

　　ㄹ 피의자신문의 주체는 검사 또는 사법경찰관이다. 검사가 피의자를 신문함에는 검찰청수사관 또는 서기관이나 서기를 참여하게 하여야 하고, 사법경찰관이 피의자를 신문함에는 사법경찰관리를 참여하게 하여야 한다(제243조). 17. 수사경과

　　　ⓘ 사법경찰리라 할지라도 사법경찰관사무취급(사법경찰관의 사무를 취급할 권한이 인정된 자)이 작성한 피의자신문조서는 사법경찰관작성 피의자신문조서에 준하여 증거능력이 인정된다(대판 1982.12.28, 82도1080). 12. 경찰간부

　　　ⓘ 사법연수생인 검사직무대리의 피의자신문조서 ⇨ 검사작성 피의자신문조서와 동일(처리 당시 단독사건에 한함)

(3) 피의자신문의 투명성과 적법절차 보장

① 변호인의 피의자신문 참여

　　ⓘ 종래 형사소송법은 피의자신문시 변호인참여권 보장에 관한 규정이 없었으므로 이를 인정할 것인가에 대하여 긍정하는 견해(헌법재판소, 대법원)와 부정하는 견해가 대립하였다. 그러나 현행 형사소송법은 변호인 참여를 인정하는 규정을 둠으로써 14. 수사경과 학설의 대립은 사실상 의미를 잃게 되었다.

　　ㄱ 검사 또는 사법경찰관은 피의자 또는 그 변호인·법정대리인·배우자·직계친족·형제자매의 신청11·14.경찰승진이 있는 경우, 변호인의 참여로 인하여 신문이 방해되거나 수사기밀이 누설되는 등 정당한 사유가 있는 경우를 제외하고는 변호인을 피의자에 대한 신문에 참여하게 하여야 한다(제243조의 2 제1항, 경찰수사규칙 제12조 제1항).08. 7급 국가직, 09. 9급 국가직, 10. 순경·9급 법원직, 14. 순경 2차, 15. 경찰승진, 17·18·20. 수사경과 참여신청은 서면 또는 구술로 할 수 있다(검찰사건사무규칙 제22조 제2항).

　　　ⓘ 변호인의 참여는 불구속피의자에 대한 피의자신문에도 허용된다. (○) 15. 9급 검찰·마약·교정·보호·철도경찰, 18. 순경 2차, 11·21. 경찰승진

　　　ⓘ 정당한 사유가 없는 한 변호인을 피의자에 대한 신문에 참여하게 할 수 있다. (×)

　　　ⓘ 변호인의 피의자신문 참여권은 피의자의 방어권을 보장하기 위한 본질적 권리로서 어떠한 경우에도 제한할 수 없다. (×) 08. 9급 국가직

　　　ⓘ 신문 이외의 수사기관의 활동에 해당하는 '조사'의 경우에까지 허용은 아니며, 국선변호인을 선정해 주어야 한다는 의미도 아니다.

　📌 관련판례

1. 변호인의 피의자신문 참여권을 규정한 형사소송법 제243조의 2 제1항에서 '정당한 사유'란 변호인이 피의자신문을 방해하거나 수사기밀을 누설할 염려가 있음이 객관적으로 명백한 경우 등을 말하는

것이므로, 수사기관이 피의자신문을 하면서 위와 같은 정당한 사유가 없는데도 변호인에 대하여 피의자로부터 떨어진 곳으로 옮겨 앉으라고 지시를 한 다음 이러한 지시에 따르지 않았음을 이유로 변호인의 피의자신문 참여권을 제한하는 것은 허용될 수 없다(대결 2008.9.12, 2008모793). 09. 순경, 10. 경찰승진

ⓘ 수사기관이 정당한 사유가 없음에도 변호인에게 피의자로부터 떨어진 곳으로 옮겨 앉으라는 지시를 하고, 이에 불응하였다는 이유를 들어 변호인의 피의자신문 참여권을 제한하였다면, 변호인은 항고를 제기할 수 있다. (×) 18. 순경 3차

▶ 항고가 아니라 제417조에 규정된 준항고를 제기할 수 있다(대결 2008.9.12, 2008모793).

2. 피의자가 변호인의 참여를 원한다는 의사를 명백하게 표시하였음에도 수사기관이 정당한 사유 없이 변호인을 참여하게 하지 아니한 채 피의자를 신문하여 작성한 피의자신문조서는 형사소송법 제312조에 정한 '적법한 절차와 방식'에 위반된 증거일 뿐만 아니라, 형사소송법 제308조의 2에서 정한 '적법한 절차에 따르지 아니하고 수집한 증거'에 해당하므로 이를 증거로 할 수 없다(대판 2013.3.28, 2010도3359). 14. 9급 법원직, 17. 순경 1차, 20. 해경

3. 변호인이 피의자신문에 자유롭게 참여할 수 있는 권리는 피의자가 가지는 변호인의 조력을 받을 권리를 실현하는 수단이므로 헌법상 기본권인 변호인의 변호권으로서 보호되어야 하며, 18. 순경 2차 수사기관이 피의자신문에 참여한 변호인에게 후방착석요구행위는 변호인인 청구인의 변호권을 침해한다(헌재결 2017.11.30, 2016헌마503). 20. 순경 1차

4. 불구속 피의자나 피고인의 경우 형사소송법상 특별한 명문의 규정이 없더라도 스스로 선임한 변호인의 조력을 받기 위하여 변호인을 옆에 두고 조언과 상담을 구하는 것은 수사절차의 개시에서부터 재판절차의 종료에 이르기까지 언제나 가능하다(헌재결 2004.9.24, 2000헌마138).

5. 피의자가 "변호인의 조력을 받을 권리를 행사할 것인가요?"라는 사법경찰관의 물음에 "예"라고 답변하였음에도 사법경찰관이 변호인의 참여를 제한하여야 할 정당한 사유 없이 변호인이 참여하지 아니한 상태에서 계속하여 피의자를 상대로 신문을 행한 경우, 그 내용을 기재한 피의자신문조서는 적법한 절차에 따르지 않고 수집한 증거에 해당한다(대판 2013.3.28, 2010도3359). 18. 순경 2차, 19. 수사경과

6. 검사 또는 사법경찰관의 부당한 신문방법에 대한 이의제기는 원칙적으로 변호인에게 인정된 권리의 행사에 해당하며, 신문을 방해하는 행위로는 볼 수 없다. 따라서 검사 또는 사법경찰관이 그러한 특별한 사정 없이, 단지 변호인이 피의자신문 중에 부당한 신문방법에 대한 이의제기를 하였다는 이유만으로 변호인을 조사실에서 퇴거시키는 조치는 정당한 사유 없이 변호인의 피의자신문 참여권을 제한하는 것으로서 허용될 수 없다(대결 2020.3.17, 2015모2357).

ⓛ 신문에 참여하고자 하는 변호인이 2인 이상인 때에는 피의자가 신문에 참여할 변호인 1인을 지정한다. 지정이 없는 경우에는 검사 또는 사법경찰관이 이를 지정할 수 있다(제243조의 2 제2항). 11. 9급 국가직, 13. 순경 2차·9급 법원직, 14. 수사경과, 18. 경찰간부, 14·18·20. 경찰승진, 20. 해경

ⓘ 피의자신문에 참여하고자 하는 변호인이 2인 이상인 경우 검사는 피의자의 의견을 물어 신문에 참여할 변호인을 지정하여야 한다. (×) 15. 9급 검찰·마약·교정·보호·철도경찰

ⓘ 신문에 참여하고자 하는 변호인이 2인 이상인 때에는 피의자가 신문에 참여할 변호인 1인을 지정한다. 지정이 없는 경우에는 검사 또는 사법경찰관이 이를 지정하여야 한다. (×) 12. 순경, 16. 경찰승진

ⓘ 신문시에 참여하고자 하는 변호인이 2인 이상인 때에는 검사 또는 사법경찰관이 참여할 변호인 1인을 지정하고, 지정이 없는 경우에는 피의자가 직접 지정할 수 있다. (×) 11. 경찰승진, 13·15. 수사경과

ⓒ 피의자신문에 참여한 변호인은 검사 또는 사법경찰관의 신문 후 조서를 열람하고 의견을 진술할 수 있다. 10. 7급 국가직 이 경우 변호인은 별도의 서면으로 의견을 제출할 수 있으며, 검사 또는 사법경찰관은 해당 서면을 사건기록에 편철한다(수사준칙 제14조 제1항). 피의자 신문에 참여한 변호인은 신문 중이라도 검사 또는 사법경찰관의 승인을 받아 의견을 진술할 수 있다. 10. 9급 법원직, 11. 순경, 12. 순경 2차, 15. 수사경과, 14 · 16 · 18. 경찰승진, 18. 경찰간부, 12 · 20. 순경 1차, 21. 순경 2차 이 경우 검사 또는 사법경찰관은 정당한 사유가 있는 경우를 제외하고는 변호인의 의견진술 요청을 승인해야 한다(수사준칙 제14조 제2항). 피의자신문에 참여한 변호인은 제2항에도 불구하고 부당한 신문방법에 대해서는 검사 또는 사법경찰관의 승인 없이 이의를 제기할 수 있다(수사준칙 제14조 제3항). 14. 9급 법원직, 13 · 19. 수사경과, 20. 해경 검사 또는 사법경찰관은 제1항부터 제3항까지의 규정에 따른 의견진술 또는 이의제기가 있는 경우 해당 내용을 조서에 적어야 한다(동조 제4항).

ⓘ 신문에 참여한 변호인은 신문 중 의견을 진술할 수 있고, 이 경우 검사 또는 사법경찰관의 승인을 얻을 필요는 없다. (×) 11. 경찰승진, 13. 9급 법원직

ⓔ 검사 또는 사법경찰관은 피의자신문에 참여한 변호인이 피의자의 옆자리 등 실질적인 조력을 할 수 있는 위치에 앉도록 해야 하고, 정당한 사유가 없으면 피의자에 대한 법적인 조언 · 상담을 보장해야 하며, 법적인 조언 · 상담을 위한 변호인의 메모를 허용해야 한다. 검사 또는 사법경찰관은 피의자에 대한 신문이 아닌 단순 면담 등이라는 이유로 변호인의 참여 · 조력을 제한해서는 안 된다(수사준칙 제13조). 21. 순경 2차

ⓜ 참여변호인의 의견이 기재된 피의자신문조서는 변호인에게 열람하게 한 후 변호인으로 하여금 그 조서에 기명날인 또는 서명하게 하여야 한다(제243조의 2 제4항). 10 · 11. 순경, 14. 9급 법원직, 19. 경찰간부, 20. 수사경과 · 해경

ⓗ 검사 또는 사법경찰관은 변호인의 신문참여 및 그 제한에 관한 사항을 피의자신문조서에 기재하여야 한다(제243조의 2 제5항). 13. 순경 2차 · 9급 법원직, 14. 경찰승진, 18. 순경 3차, 18 · 20. 수사경과

ⓘ 피의자신문조서에 기재할 수 있다. (×)

ⓢ 검사 또는 사법경찰관의 변호인 참여 등에 관한 처분에 대하여 불복이 있으면 그 직무집행지의 관할법원 또는 검사의 소속검찰청에 대응한 법원에 그 처분의 취소 또는 변경을 청구할 수 있다(제417조, 준항고). 09. 순경, 10. 7급 국가직, 10 · 14 · 18 · 19. 경찰승진, 19. 경찰간부

ⓞ 검사는 수사기밀 등 유출될 경우, 수사에 현저한 지장을 초래하는 사항을 기록하는 경우, 신문을 종료한 후 피의자신문조서의 내용을 옮겨 쓰는 경우, 다른 사람의 개인정보 등 유출될 경우, 사생활의 비밀 또는 자유를 침해할 우려가 있는 사항을 기록하는 경우를 제외하고는 피의자 및 신문에 참여한 변호인이 법적인 조언 · 상담을 위하여 신문 내용을 메모하는 것을 제한해서는 안 된다(검찰사건사무규칙 제47조 제1항).

② **신뢰관계에 있는 자의 동석**

㉠ 검사 또는 사법경찰관은 피의자를 신문하는 경우 직권 또는 피의자, 법정대리인의 신청에 의하여 피의자와 신뢰관계에 있는 자를 동석하게 할 수 있다(제244조의 5 본문). 11. 경찰승진

⚠ 신뢰관계자의 범위 ⇨ 피의자의 배우자, 직계친족, 형제자매, 가족, 동거인, 보호시설 또는 교육시설의 보호 또는 교육담당자 등 피의자의 심리적 안정과 원활한 의사소통에 도움을 줄 수 있는 사람(규칙 제84조의 3 제1항) 21. 경찰승진

⚠ 동석 허락 여부는 여러 사정 고려 재량에 따라 판단(대판 2009.6.23, 2009도1322) 19. 수사경과

㉡ 제244조의 5 본문의 신뢰관계자가 동석할 수 있는 경우로는 피의자가 신체적 또는 정신적인 장애로 사물을 변별하거나 의사를 결정·전달할 능력이 미약한 때 또는 피의자의 연령·성별·국적 등의 사정을 고려하여 그 심리적 안정의 도모와 원활한 의사소통을 위하여 필요한 경우이다(동조 제1호·제2호).

⚠ 법정대리인의 신청이 없더라도 검사 또는 사법경찰관리는 직권으로 신뢰관계자를 동석하게 할 수 있음. 14. 경찰승진, 18. 경찰간부

⚠ 검사 또는 사법경찰관은 피의자가 신체적 또는 정신적인 장애로 사물을 변별하거나 의사를 결정·전달할 능력이 미약한 때에는 직권 또는 피의자, 법정대리인의 신청에 따라 피의자와 신뢰관계에 있는 자를 동석하게 하여야 한다. (×) 13. 경찰승진, 17. 수사경과, 19. 경찰간부

⚠ 수사기관은 피의자가 신체적 또는 정신적 장애로 사물을 변별하거나 의사를 결정·전달할 능력이 미약한 때에는 신뢰관계에 있는 자를 동석하게 하여야 하며, 이 때 신뢰관계인이 동석하지 않은 상태로 행한 진술은 임의성이 인정되더라도 유죄인정의 증거로 사용할 수 없다. (×) 20. 경찰승진

㉢ 검사 또는 사법경찰관은 동석한 신뢰관계에 있는 자가 부당하게 신문의 진행을 방해한 때에는 동석을 중지시킬 수 있다(규칙 제126조의 2 제3항). 16. 경찰간부, 20. 순경 2차, 21. 경찰승진

㉣ 신뢰관계자는 동석이 허용되더라도 피의자를 대신하여 진술할 수 없다. 20. 순경 2차 만약 동석한 사람이 피의자를 대신하여 진술한 부분이 피의자신문조서에 기재된다면 그 부분은 피의자의 진술을 기재한 것이 아니라, 동석한 사람의 진술을 기재한 조서에 해당한다(대판 2009.6.23, 2009도1322). 11. 9급 검찰, 17. 순경 1차, 10·13·18. 경찰승진, 18. 경찰간부

⚠ 동석한 사람의 진술조서, 즉 참고인진술조서에 해당하므로 참고인진술조서의 증거능력인정 요건을 구비하여야 증거능력이 인정된다.

⚠ 피의자와 동석한 신뢰관계에 있는 자가 피의자를 대신하여 진술한 부분이 조서에 기재되어 있는 경우, 그 부분은 동석한 사람에 대한 진술조서로서의 증거능력을 취득하기 위한 요건을 충족하지 않았다 하더라도 이를 유죄인정의 증거로 사용할 수 있다. (×) 18. 경찰간부, 20. 순경 1차

③ **피의자진술의 영상녹화**

㉠ 피의자의 진술은 영상녹화할 수 있다(하여야 한다 ×). 이 경우 미리 영상녹화 사실을 알려주어야 하며, 10. 교정특채, 16. 경찰승진 조사의 개시부터 종료시까지의 전과정 및 객관적 정황을 영상녹화하여야 한다(제244조의 2 제1항). 17. 수사경과, 15·21. 경찰승진

⚠ 피의자의 경우 영상녹화 사실을 미리 알려주는 것으로 족하며 동의를 받을 필요는 없다(참고인은 동의 필요). 따라서 거부하더라도 수사기관은 영상녹화 가능 12. 9급 국가직, 12·13. 순경, 17. 순경 1차, 18. 순경 3차, 13·16·18·19. 경찰간부, 13·14·19·20. 경찰승진, 20. 해경, 16·18·20·21. 수사경과

ⓛ 조사의 개시부터 종료까지의 전과정이란 조사가 개시된 시점부터 조사가 종료되어 피의자가 조서에 기명날인 또는 서명을 마치는 시점까지의 전과정을 의미한다(규칙 제134조의 2 제3항). 13·16. 경찰승진 따라서 일부분만을 선별하여 영상녹화하는 것은 허용되지 않는다. 그러나 여러 차례 조사가 이루어진 경우에 최초의 조사부터 모든 조사 과정을 영상녹화해야 하는 것은 아니다.

ⓒ 조서 정리에 장시간을 요하는 경우에는 조서 정리과정을 녹화하지 않고 조서를 열람하는 때부터 영상녹화를 다시 시작할 수 있다(경찰수사규칙 제43조 제2항).

ⓡ 조사 도중 영상녹화의 필요성이 발견된 때는 그 시점에서 진행 중인 조사를 중단하고, 중단한 조사를 다시 시작한 때부터 조서에 기명·날인 또는 서명을 마치는 시점까지의 모든 과정은 영상녹화하여야 한다(경찰수사규칙 제43조 제1항).

ⓜ 영상녹화가 완료된 때에는 피의자 또는 변호인 앞에서 지체 없이 그 원본을 봉인하고 피의자로 하여금 기명날인 또는 서명하게 하여야 한다(제244조의 2 제2항). 10. 교정특채, 17. 수사경과, 15·16·21. 경찰승진 이때 원본이라 함은 영상녹화파일을 이용하여 제작한 영상녹화물(CD·DVD 등)을 말한다.

ⓗ 영상녹화 원본을 봉인함에 있어 피의자 또는 변호인의 요구가 있는 때에는 영상녹화물을 재생하여 시청하게 하여야 한다. 15. 경찰승진, 13·18. 경찰간부 이 경우에 그 내용에 대하여 이의를 진술하는 때에는 그 취지를 기재한 서면을 첨부하여야 한다(제244조의 2 제3항). 20. 순경 1차·해경

ⓘ 영상녹화가 완료된 이후 피의자가 영상녹화물의 내용에 대하여 이의를 진술한 때에는 그 진술을 따로 영상녹화하여 첨부하여야 한다. (×) 09. 7급 국가직, 09·12. 순경, 13·16·20. 경찰승진, 17·19·21. 수사경과

ⓢ 피의자진술을 내용으로 하는 영상녹화물은 그 자체로 범죄사실을 인정하기 위한 증거로 사용할 수 없다. 08. 순경, 20. 경찰승진·순경 2차 또한 피고인의 진술을 탄핵하기 위한 탄핵증거로도 사용이 불가능하다(제318조의 2 제2항 반대해석). 13·18. 경찰간부

ⓘ 영상녹화물은 조서의 진정성립을 증명하거나(제312조 제4항), 피고인이 진술함에 있어 기억이 명백하지 아니한 사항에 관하여 기억을 환기시킬 필요가 있다고 인정되는 때에 한하여 피고인에게 재생하여 시청하게 할 수 있다(제318조의 2 제2항). 20. 경찰승진

ⓘ 기억환기를 위한 영상물의 재생은 검사의 신청이 있는 경우에 한하고, 기억의 환기가 필요한 피고인 또는 피고인 아닌 자에게만 이를 재생하여 시청하게 하여야 한다(규칙 제134조의 5 제1항). 13. 경찰승진, 20. 해경

ⓘ 참고인에 대한 영상녹화물은 증인의 기억을 환기시키는 수단 및 참고인진술조서의 진정성립을 증명하는 자료가 될 수 있다. (○) 18. 경찰간부

④ **수사과정의 기록** : 검사 또는 사법경찰관은 피의자가 조사장소에 도착한 시각, 조사를 시작하고 마친 시각, 그 밖에 조사과정의 진행경과(◉ 조사 중간에 휴식시간 등)를 확인하기 위하여 필요한 사항을 피의자신문조서에 기록하거나 별도의 서면에 기록한 후 수사기록에 편철하여야 한다(제244조의 4 제1항). 12. 9급 국가직, 13·17·18. 수사경과, 15·20·21. 경찰승진

⑤ **조사의 제한**

　　㉠ 검사 또는 사법경찰관은 구속영장의 청구 또는 신청 여부를 판단하는 등 불가피한 경우가 아닌 한 조사, 신문, 면담 등 그 명칭을 불문하고 피의자나 사건관계인에 대해 오후 9시부터 오전 6시까지 사이에 조사(심야조사)를 해서는 안 된다(수사준칙 제21조 제1항).

　　㉡ 검사 또는 사법경찰관은 피의자나 사건관계인의 서면 요청에 따라 조서를 열람하는 경우나 구속영장의 청구 또는 신청 여부를 판단하는 등 불가피한 경우가 아닌 한 조사, 신문, 면담 등 그 명칭을 불문하고 피의자나 사건관계인을 조사하는 경우에는 대기시간, 휴식시간, 식사시간 등 모든 시간을 합산한 조사시간이 12시간을 초과하지 않도록 해야 한다(동 수사준칙 제22조 제1항). 21. 순경 1차 다만, 피의자나 사건관계인의 서면 요청에 따라 조서를 열람, 제21조 제2항 각 호 어느 하나에 해당하는 경우는 예외로 한다(동조 단서). 검사 또는 사법경찰관은 특별한 사정이 없으면 총조사시간 중 식사시간, 휴식시간 및 조서의 열람시간 등을 제외한 실제 조사시간이 8시간을 초과하지 않도록 해야 한다(동 수사준칙 제22조 제2항). 검사 또는 사법경찰관은 피의자나 사건관계인에 대한 조사를 마친 때부터 8시간이 지나기 전에는 다시 조사할 수 없다. 다만, 불가피한 경우(동 수사준칙 제22조 제1항 제2호)에 해당하는 경우에는 예외로 한다(동 수사준칙 제22조 제3항).

　　㉢ 검사 또는 사법경찰관은 조사에 상당한 시간이 소요되는 경우에는 특별한 사정이 없으면 피의자 또는 사건관계인에게 조사 도중에 최소한 2시간마다 10분 이상의 휴식시간을 주어야 한다(동 수사준칙 제23조 제1항). 21. 순경 1차

✓ **Key Point**　**피의자신문**

- **피의자출석** : 의무 ×(임의수사)
- **피의자신문주체** : 검사 or 사법경찰관
- **진술거부권 고지 내용** : 상세내용 규정(피고인 ⇨ 규정 ×)
- **진술거부권 불고지** : 임의성 있어도 증거능력 부정
- **변호인의 피의자신문 참여** : 신청 있는 경우에 정당한 사유가 없는 한 허용
- **2인 이상의 변호인** : 피의자가 1인을 지정(피의자의 지정 × ⇨ 검사 or 사법경찰관이 지정)
- **변호인참여 제한** : 준항고
- **신뢰관계자 동석** : 임의적
- **영상녹화** ┌ **고지**(동의 불필요), **참고인** : 동의 필요
　　　　　　└ 본증 ×, 탄핵증거 사용 ×, 피의자신문조서의 진정성립 증명 ×, 기억환기용 사용 ○

2 참고인조사

① 검사 또는 사법경찰관은 수사에 필요한 때에는 피의자 아닌 자의 출석을 요구하여 진술을 들을 수 있다(제221조 전단). 09. 순경 1차 여기서 피의자 아닌 제3자로서 수사기관에 진술하는 자를 참고인이라 한다.

💬 참고인과 증인의 비교정리

구 분	참고인	증 인
진술기관	수사기관에 대하여	법원 또는 법관에 대하여
구인 여부	×	○
각종의무	×	선서 · 출석 · 증언 의무
제재 여부	×	50만원 이하 과태료

💬 참고인과 피의자의 비교정리

구 분	참고인	피의자
진술여부권 고지의무	×	○
체포 · 구속의 대상	×	○
영상녹화	동 의	고 지

② 참고인은 강제로 소환 내지 구인을 당하지 않으며, 불출석에 따른 과태료 등의 제재도 받지 않는다. 10. 경찰승진 뿐만 아니라, 참고인이 수사기관에 대하여 허위진술을 한 경우에도 위증죄나 위계에 의한 공무집행방해죄는 성립하지 아니한다.

③ 참고인이 출석을 거부하거나 진술을 거부하는 경우에는 검사는 제1회 공판기일 전에 판사에게 증인신문을 청구할 수 있다(후술함).

④ 검사 또는 사법경찰관은 피의자 아닌 자가 조사장소에 도착한 시각, 조사를 시작하고 마친 시각 그 밖에 조사과정의 진행 경과를 확인하기 위하여 필요한 사항을 참고인 진술조서에 기록하거나 별도의 서면에 기록한 후 수사기록에 편철하여야 한다(제244조의 4 제3항).

⑤ 참고인에 대한 조서와 조서작성방법은 피의자신문에 준한다(제48조 참조). 01 · 05. 경찰승진 다만, 참고인에 대해서는 진술거부권을 고지할 필요가 없다(대판 2014.4.30, 2012도725). 02. 행시, 05 · 11. 경찰승진, 13. 순경 2차 그러나 참고인조사에서도 고문금지나 진술거부권은 그대로 보장된다.

⑥ 참고인조사의 하나로서 용의자들을 보고 자신이 목격한 범인을 식별케 하는 수사방법은 임의수사의 하나이다.

⑦ 검사 또는 사법경찰관은 피의자 아닌 자의 진술을 들을 때 그의 동의를 얻어 영상녹화할 수 있다(제221조 제1항). 08 · 09. 순경, 10. 교정특채, 14. 경찰승진, 18. 순경 1차, 20. 해경

⚠ 동의 × ⇨ 영상녹화 불가 09. 순경, 11. 경찰승진, 20. 수사경과

⑧ 수사기관이 참고인을 조사하는 과정에서 작성한 영상녹화물은 본증이나 탄핵증거로 사용될 수 없으며, 참고인진술조서의 진정성립의 증명(제312조 제2항)과 참고인이 진술함에 있어 기억이 명백하지 아니한 사항에 관하여 기억을 환기시킬 필요가 있을 경우에 사용될 수 있다(제318조의 2 제2항). 18. 수사경과

ⓘ 기억을 환기시켜야 할 필요가 있는 때에 한하여 참고인의 진술을 내용으로 하는 영상녹화물을 참고인에게 재생하여 시청하게 할 수 있다. (○) 13 · 20. 경찰승진

🔎 관련판례

수사기관이 참고인을 조사하는 과정에서 작성한 영상녹화물은 공소사실을 직접 증명할 수 있는 독립적인 증거로 사용할 수 없다(대판 2014.7.10, 2012도5041). 17. 경찰간부, 20. 해경

▶ **예외** : 특정 성폭력피해자에 대한 영상녹화물에 수록된 피해자의 진술은 피해자나 조사과정에서 동석하였던 신뢰관계자의 법정진술에 의하여 그 성립의 진정함이 인정된 경우에 증거로 할 수 있음(대판 2014.7.10, 2012도5041). 14. 경찰간부

⑨ 성폭력범죄의 피해자가 19세 미만이거나 신체적인 또는 정신적인 장애로 사물을 변별하거나 의사를 결정할 능력이 미약한 경우에는 피해자의 진술 내용과 조사 과정을 비디오녹화기 등 영상물 녹화장치로 촬영 · 보존하여야 한다(성폭력범죄의 처벌 등에 관한 특례법 제30조 제1항).

ⓘ 피해자 또는 법정대리인이 이를 원하지 아니하는 경우에는 촬영을 하여서는 아니 된다.15 · 21. 경찰승진 다만, 가해자가 친권자 중 일방인 경우는 그러하지 아니하다(동법 제30조 제2항). 20. 수사경과

⑩ 검사 또는 사법경찰관은 범죄로 인한 피해자를 참고인으로 하여 진술을 듣는 경우 참고인의 연령, 심신상태 그 밖의 사정을 고려하여 참고인이 현저하게 불안 또는 긴장을 느낄 우려가 있다고 인정된 때에는 직권 또는 피해자 · 법정대리인의 신청에 따라 피해자와 신뢰관계에 있는 자를 동석하게 할 수 있다(제221조 제3항, 제163의 2 제1항).

⑪ 검사 또는 사법경찰관은 범죄로 인한 피해자가 13세 미만이거나 신체적 또는 정신적 장애로 사물을 변별하거나 의사를 결정할 능력이 미약한 경우에는 수사에 지장을 초래할 우려가 있는 등 부득이한 경우가 아닌 한 피해자와 신뢰관계가 있는 자를 동석하게 하여야 한다(제221조 제3항, 제163조의 2 제2항). 09. 9급 국가직, 21. 경찰승진

ⓘ 부득이한 사유 ○ ⇨ 동석하지 않을 수 있음
ⓘ 피해자의 진술을 들을 경우에 피해자가 13세 미만이거나 신체적 또는 정신적 장애로 사물을 변별하거나 의사를 결정할 능력이 미약한 경우에는 언제나 피해자와 신뢰관계에 있는 자를 동석하게 하여야 한다. (×)
ⓘ 사법경찰관이 13세 미만의 범죄피해자를 조사하는 경우에 법정대리인의 신청이 있으면 피해자와 신뢰관계에 있는 자의 동석을 거부할 수 없다. (×) 09. 9급 국가직

⑫ 공판준비 또는 공판기일에서 이미 증언을 마친 증인을 검사가 소환한 후 피고인에게 유리한 증언 내용을 추궁하여 이를 일방적으로 번복시키는 방식으로 작성한 진술조서는 피고인이 증거로 할 수 있음에 동의하지 아니하는 한 증거능력이 없다(대판 2012.6.14, 2012도534). 17. 변호사시험 · 경찰간부, 19. 수사경과

⑬ 검사 또는 사법경찰관이 피고인이 아닌 자의 진술을 기재한 조서는 적법한 절차와 방식에 따라 작성된 것으로서 그 조서가 검사 또는 사법경찰관 앞에서 진술한 내용과 동일하게 기재되어 있음이 원진술자의 공판준비 또는 공판기일에서의 진술에 의하여 증명되고, 피고인 또는 변호인이 공판준비 또는 공판기일에 그 기재 내용에 관하여 원진술자를 신문할 수 있었던 때에는 증거로 할 수 있다. 다만, 그 조서에 기재된 진술이 특히 신빙할 수 있는 상태하에서 행하여졌음이 증명된 때에 한한다(제312조 제4항).

① 피고인이 아닌 자가 수사과정에서 진술서를 작성하였지만 수사기관이 그에 대한 조사과정을 기록하지 아니하여 형사소송법 제244조의 4 제3항, 제1항에서 정한 절차를 위반한 경우에는, 특별한 사정이 없는 한 '적법한 절차와 방식'에 따라 수사과정에서 진술서가 작성되었다 할 수 없으므로 증거능력을 인정할 수 없다(대판 2015.4.23, 2013도3790). 19. 수사경과

① 검사 작성의 참고인진술조서는 피고인들이 이를 증거로 함에 부동의하였고 원 진술자인 참고인이 제1심에서 증인으로 나와 위 진술기재 내용을 열람하거나 고지받지 못한 채 단지 검사 신문에 대하여 수사기관에서 사실대로 진술하였다는 취지의 증언을 하고 있을 뿐이므로 위 진술조서는 그 증거능력이 없다(대판 1994.9.9, 94도1384). 19. 수사경과

⑭ 검사는 피의자가 아닌 자가 공판준비 또는 공판기일에서 조서가 자신이 검사 또는 사법경찰관 앞에서 진술한 내용과 동일하게 기재되어 있음을 인정하지 아니하는 경우 그 부분의 성립의 진정을 증명하기 위하여 영상녹화물의 조사를 신청할 수 있으며(규칙 제134조의 3 제1항), 검사는 영상녹화물의 조사를 신청하는 때에는 피의자가 아닌 자가 영상녹화에 동의하였다는 취지로 기재하고 기명날인 또는 서명한 서면을 첨부하여야 한다(동조 제2항).

⑮ 법원은 검사가 영상녹화물의 조사를 신청한 경우 이에 관한 결정을 함에 있어 원진술자와 함께 피고인 또는 변호인으로 하여금 그 영상녹화물이 적법한 절차와 방식에 따라 작성되어 봉인된 것인지 여부에 관한 의견을 진술하게 하여야 한다(규칙 제134조의 4 제1항).

⑯ 법원은 공판준비 또는 공판기일에서 봉인을 해체하고 영상녹화물의 전부 또는 일부를 재생하는 방법으로 조사하여야 한다. 이 때 영상녹화물은 그 재생과 조사에 필요한 전자적 설비를 갖춘 법정 외의 장소에서 이를 재생할 수 있다(동 규칙 제134조의 4 제3항).

⑰ 재판장은 조사를 마친 후 지체 없이 법원사무관 등으로 하여금 다시 원본을 봉인하도록 하고, 원진술자와 함께 피고인 또는 변호인에게 기명날인 또는 서명하도록 하여 검사에게 반환한다. 다만, 피고인의 출석 없이 개정하는 사건에서 변호인이 없는 때에는 피고인 또는 변호인의 기명날인 또는 서명을 요하지 아니한다(동 규칙 제134조의 4 제4항).

신뢰관계자 동석제도 정리

피의자 (제244조의 5)	피해자 (제221조 제3항, 제163조의 2)	피고인 (제276조의 2)
〈임의적〉 • 피의자가 신체적 또는 정신적인 장애로 사물을 변별하거나 의사를 결정·전달할 능력이 미약한 경우 • 피의자의 연령·성별·국적 등의 사정을 고려하여 그 심리적 안정의 도모와 원활한 의사소통을 위하여 필요한 경우 동석하게 할 수 있다(직권, 피의자·법정대리인의 신청).	〈필요적〉 피해자가 13세 미만이거나 신체적 또는 정신적 장애로 사물을 변별하거나 의사를 결정할 능력이 미약한 경우에 재판에 지장을 초래할 우려가 있는 등 부득이한 경우가 아닌 한 피해자와 신뢰관계에 있는 자를 동석하게 하여야 한다. 〈임의적〉 참고인의 연령, 심신상태 그 밖의 사정을 고려하여 참고인이 현저하게 불안 또는 긴장감을 느낄 우려가 있다고 인정된 때 동석하게 할 수 있다(직권, 피해자·법정대리인의 신청). ▶ 피해자가 아닌 참고인 ⇨ 신뢰관계자 동석제도 적용 ×	〈임의적〉 • 피고인이 신체적 또는 정신적인 장애로 사물을 변별하거나 의사를 결정·전달할 능력이 미약한 경우 • 피고인의 연령·성별·국적 등의 사정을 고려하여 그 심리적 안정의 도모와 원활한 의사소통을 위하여 필요한 경우 동석하게 할 수 있다(직권, 피고인·법정대리인, 검사의 신청).

3 사실조회

수사기관은 수사에 관하여 공무소 기타 공·사단체에 조회하여 필요한 사항의 보고를 요구할 수 있다(제199조 제2항). 10·16. 경찰승진, 17. 순경 2차 이를 널리 사실조회 또는 공무소에의 조회라 한다 (예 전과조회). 조회내용에 대한 제한은 없으며, 상대방은 보고의무는 있으나 의무이행을 강제할 방법은 없다. 따라서 임의수사의 일종이다.

4 수사상 기타 조사활동

(1) 감정·통역·번역의 위촉

① 검사 또는 사법경찰관은 수사에 필요한 때에는 감정·통역 또는 번역을 위촉할 수 있다(제221조 제2항).

② 수사상 감정위촉에 대한 수락 여부는 위촉받은 자의 자유이며, 출석이나 퇴거도 자유롭고 이를 강제하는 방법은 없다. 이러한 의미에서 수사상 감정위촉 등은 임의수사의 일종이다.

③ 감정위촉을 받은 자는 검사의 청구로 판사의 허가를 얻어(감정처분허가장) 타인의 주거·간수자 있는 가옥·건조물·항공기·선차 내에 들어갈 수 있고, 신체검사·사체해부, 분묘의 발굴, 물건의 파괴를 할 수 있다(제173조 제1항, 제221조의 4 제1항). 또한 감정을 위촉하는 경우

에 감정을 위해 유치처분이 필요하다고 인정되는 경우에는 검사가 판사에게 감정유치를 청구할 수 있다(제221조의 3).

⚠ 수사상 감정위촉은 법원의 증거조사방법의 하나로 행하여지는 감정과 구별된다. 수사상 감정위촉을 받는 자를 감정수탁자라 하고, 법원으로부터 감정위촉을 받는 자를 감정인이라 하는데 감정수탁자는 선서를 하지 않고 당사자 참여에 관한 규정이 적용되지 않는다는 점에서 감정인과 구별된다(감정인에 대해서는 후술하기로 함).

⑵ 전문수사자문위원

① 2007년 개정 형사소송법은 첨단산업분야, 지적재산권, 국제금융 기타 전문적인 지식이 필요한 사건에서 법관이나 검사가 전문가의 조력을 받아 재판 및 수사절차를 보다 충실하게 할 필요가 있어 전문심리위원(공판절차에서 설명) 및 전문수사자문위원 제도를 도입하였다.

② 검사는 공소제기 여부와 관련된 사실관계를 분명히 하기 위하여 필요한 경우에는 직권이나 피의자 또는 변호인의 신청에 의하여 전문수사자문위원을 지정하여 수사절차에 참여하게 하고 자문을 들을 수 있다(제245조의 2 제1항). 10. 7급 국가직, 14. 순경 1차, 15. 9급 교정·보호·철도경찰

③ 전문수사자문위원은 전문적인 지식에 의한 설명 또는 의견을 기재한 서면을 제출하거나 전문적인 지식에 의하여 설명이나 의견을 진술할 수 있고(동조 제2항), 검사는 전문수사자문위원이 제출한 서면이나 전문수사자문위원의 설명 또는 의견의 진술에 관하여 피의자 또는 변호인에게 구술 또는 서면에 의한 의견진술의 기회를 주어야 한다(동조 제3항). 10. 7급 국가직, 14. 순경 1차

⚠ 설명 또는 의견을 기재한 서면을 제출할 수 있을 뿐이고, 설명이나 의견을 직접 진술할 수는 없다. (×)

⚠ 제1회 공판기일 전까지 피의자 또는 변호인에게 구술 또는 서면에 의한 의견진술의 기회를 주어야 한다. (×)

⚠ 피의자 또는 변호인에게 구술 또는 서면에 의한 의견진술의 기회를 줄 수 있다. (×)

④ 전문수사자문위원을 수사절차에 참여시킨 경우 검사는 각 사건마다 1인 이상의 전문수사자문위원을 지정하여야 하며(제245조의 3 제1항), 검사는 자문위원의 지정사실을 피의자 또는 변호인에게 구두 또는 서면으로 통지하여야 하고(운영규칙 제3조 제3항), 피의자 또는 변호인은 검사의 전문수사자문위원 지정에 대하여 관할고등검찰청 검사장(지방검찰청 검사장 ×)에게 이의를 제기할 수 있다(제245조의 3 제3항). 10. 7급 국가직, 14. 순경 1차, 15. 9급 교정·보호·철도경찰

⑤ 검사는 상당하다고 인정하는 때에는 전문수사자문위원의 지정을 취소할 수 있다(제245조의 3 제2항). 10. 7급 국가직, 14. 순경 1차

Chapter

04 기출문제

01 통신비밀보호법상 통신제한조치에 대한 설명으로 가장 적절하지 않은 것은?(다툼이 있는 경우 판례에 의함)
19. 순경 1차

① 통신제한조치는 통신비밀보호법 제5조의 범죄를 계획 또는 실행하고 있거나 실행하였다고 의심할 만한 충분한 이유가 있고, 다른 방법으로는 그 범죄의 실행을 저지하거나 범인의 체포 또는 증거수집이 어려운 경우에 한하여 허가할 수 있다.

② 인터넷회선감청(패킷감청)을 가능하게 하는 통신비밀보호법 제5조 제2항 중 '인터넷회선을 통하여 송·수신하는 전기통신'에 관한 부분은 이에 대한 법적 통제수단이 미비하여 개인의 통신 및 사생활 비밀의 자유를 침해하므로 헌법에 합치되지 아니한다.

③ 전기통신의 감청은 전기통신이 이루어지고 있는 상황에서 실시간으로 전기통신의 내용을 지득·채록하는 경우, 통신의 송·수신을 직접적으로 방해하는 경우, 이미 수신이 완료된 전기통신에 관하여 남아 있는 기록이나 내용을 열어보는 경우를 의미한다.

④ 3인 간의 대화에서 그중 한 사람이 그 대화를 녹음 또는 청취하는 경우에 다른 두 사람의 발언은 그 녹음자 또는 청취자에 대한 관계에서 통신비밀보호법 제3조 제1항에서 정한 '타인 간의 대화'라고 할 수 없으므로, 이러한 녹음 또는 청취하는 행위 및 그 내용을 공개하거나 누설하는 행위가 통신비밀보호법 제16조 제1항에 해당한다고 볼 수 없다.

해설\ ① 통신비밀보호법 제5조 제1항 ② 헌재결 2018.8.30, 2016헌마263
③ 전기통신의 '감청'은 전기통신이 이루어지고 있는 상황에서 실시간으로 전기통신의 내용을 지득·채록하는 경우와 통신의 송·수신을 직접적으로 방해하는 경우를 의미하는 것이지, 이미 수신이 완료된 전기통신에 관하여 남아 있는 기록이나 내용을 열어보는 등의 행위는 포함하지 않는다(대판 2016.10.13, 2016도8137).
④ 대판 2006.10.12, 2006도4981

02 통신비밀보호법상 사법경찰관의 통신제한조치(전기통신의 감청)에 관한 설명으로 옳은 것을 모두 고른 것은?
21. 순경 2차

> ㉠ 일정한 요건이 구비된 경우에는 검사에 대하여 각 피의자별 또는 각 피내사자별로 통신제한조치에 대한 허가를 신청하고, 검사는 법원에 대하여 그 허가를 청구할 수 있다.
> ㉡ 통신제한조치의 기간은 3개월을 초과하지 못하나 허가요건이 존속하는 경우에는 3개월의 범위에서 통신제한조치기간의 연장을 청구할 수 있다. 다만, 통신제한조치의 연장을 청구하는 경우에 통신제한조치의 총 연장기간은 1년(일정한 범죄의 경우는 3년)을 초과할 수 없다.

Answer   01. ③   02. ①

ⓒ 통신제한조치를 집행한 사건에 관하여 검사로부터 공소를 제기하거나 제기하지 아니하는 처분(기소중지 또는 참고인중지 결정은 제외한다)의 통보를 받거나 검찰송치를 하지 아니하는 처분(수사중지 결정은 제외한다) 또는 내사사건에 관하여 입건하지 아니하는 처분을 한 때에는 그 날부터 30일 이내에 감청의 대상이 된 전기통신의 가입자에게 통신제한조치를 집행한 사실과 집행기관 및 그 기간 등을 서면으로 통지하여야 한다.

ⓔ 인터넷 회선을 통하여 송신·수신하는 전기통신을 대상으로 통신제한조치를 집행한 경우 그 전기통신의 보관 등을 하고자 하는 때에는 집행종료일부터 10일 이내에 보관 등이 필요한 전기통신을 선별하여 검사에게 보관 등의 승인을 신청하고, 검사는 신청일부터 10일 이내에 통신제한조치를 허가한 법원에 그 승인을 청구할 수 있다.

① ⓖ, ⓒ　　　　　② ⓖ, ⓔ　　　　　③ ⓛ, ⓒ　　　　　④ ⓛ, ⓔ

해설\ ⓖ ○ : 통신비밀보호법 제6조 제2항
ⓛ × : 통신제한조치의 기간은 2개월을 초과하지 못하나 허가요건이 존속하는 경우에는 2개월의 범위에서 통신제한조치기간의 연장을 청구할 수 있다. 다만, 통신제한조치의 연장을 청구하는 경우에 통신제한조치의 총 연장기간은 1년(일정한 범죄의 경우는 3년)을 초과할 수 없다(통신비밀보호법 제6조 제7항·제8항).
ⓒ ○ : 통신비밀보호법 제9조의 2 제2항
ⓔ × : 인터넷 회선을 통하여 송신·수신하는 전기통신을 대상으로 통신제한조치를 집행한 경우 그 전기통신의 보관 등을 하고자 하는 때에는 집행종료일부터 14일 이내에 보관 등이 필요한 전기통신을 선별하여 검사에게 보관 등의 승인을 신청하고, 검사는 신청일부터 7일 이내에 통신제한조치를 허가한 법원에 그 승인을 청구할 수 있다(통신비밀보호법 제12조의 2 제2항).

03 다음 중 통신제한조치와 관련된 설명으로 가장 옳지 않은 것은?(다툼이 있는 경우 판례에 의함)
21. 해경 1차

① 국가보안법위반죄에 대한 증거의 수집을 위하여 발부된 통신제한조치허가서에 의하여 통화내용을 감청하여 작성한 녹취서는 그 목적이 된 국가보안법위반죄나 그와 관련된 범죄를 위하여 사용되어야 한다.

② 사법경찰관은 감청의 실시를 종료하면 감청대상이 된 전기통신의 가입자에게 감청사실 등을 통지하여야 하지만, 통지로 인하여 수사에 방해가 될 우려가 있다고 인정할 때에는 통지하지 않을 수 있다.

③ 통신제한조치는 통신비밀보호법 제5조의 범죄를 계획 또는 실행하고 있거나 실행하였다고 의심할 만한 충분한 이유가 있고, 다른 방법으로는 그 범죄의 실행을 저지하거나 범인의 체포 또는 증거수집이 어려운 경우에 한하여 허가할 수 있다.

④ 증인이 친분이 있던 피해자와 통화를 마친 후 전화가 끊기지 않은 상태에서 휴대전화를 통하여 몸싸움을 연상시키는 '악'하는 소리와 '우당탕' 소리를 1~2분 들었다고 증언한 경우, 그 소리는 통신비밀보호법에서 말하는 타인 간의 대화에 해당하지 않는다.

Answer　03. ②

해설\ ① 대판 2002.10.22, 2000도5461

② 사법경찰관은 감청의 실시를 종료하면 감청대상이 된 전기통신의 가입자에게 감청사실 등을 서면으로 통지하여야 한다(통신비밀보호법 제9조의 2 제2항). 다만, 국가의 안전보장·공공의 안녕질서를 위태롭게 할 현저한 우려가 있는 때, 사람의 생명·신체에 중대한 위험을 초래할 염려가 현저한 때에는 통지를 유예할 수 있다(제9조의 2 제4항). 통지 생략은 불가

③ 통신비밀보호법 제5조 제1항

④ 대판 2017.3.15, 2016도19843

04 피의자신문에 대한 설명으로 가장 적절하지 않은 것은?(다툼이 있는 경우 판례에 의함)

18. 순경 3차

① 검사 또는 사법경찰관은 변호인의 신문참여 및 그 제한에 관한 사항을 피의자신문조서에 기재하여야 한다.

② 검사 또는 사법경찰관은 피의자에 대하여 범죄사실과 정상에 관한 필요사항을 신문하여야 하며 그 이익되는 사실을 진술할 기회를 주어야 한다.

③ 수사기관이 정당한 사유가 없음에도 변호인에게 피의자로부터 떨어진 곳으로 옮겨 앉으라는 지시를 하고, 이에 불응하였다는 이유를 들어 변호인의 피의자신문 참여권을 제한하였다면, 변호인은 항고를 제기할 수 있다.

④ 사법경찰관이 피의자에게 진술거부권을 행사할 수 있음을 알려 주고 그 행사 여부를 질문하였다 하더라도, 진술거부권 행사 여부에 대한 피의자의 답변이 자필로 기재되어 있지 아니하였다면, 사법경찰관이 작성한 피의자신문조서는 특별한 사정이 없는 한 증거능력을 인정할 수 없다.

해설\ ① 제243조의 2 제5항

② 제242조

③ 항고가 아니라 제417조에 규정된 준항고를 제기할 수 있다(대결 2008.9.12, 2008모793).

④ 대판 2013.3.28, 2010도3359

05 피의자신문에 대한 설명으로 가장 적절한 것은?(다툼이 있는 경우 판례에 의함) 18. 순경 2차

① 피의자신문에 대한 변호인의 참여권은 구속된 피의자의 방어권을 실질적으로 보장하기 위한 취지이므로 불구속 피의자의 피의자신문에 대해서는 정당한 사유가 있는 경우에만 변호인의 참여가 허용된다.

② 피의자신문에 참여한 변호인은 신문 후 의견을 진술할 수 있고, 부당한 신문방법에 대하여는 신문 중이더라도 이의를 제기하고 의견을 진술할 수 있다. 다만, 부당한 신문방법에 대한 신문 중의 이의제기는 검사 또는 사법경찰관의 승인을 얻어야 한다.

Answer 04. ③ 05. ③

③ 피의자가 "변호인의 조력을 받을 권리를 행사할 것인가요?"라는 사법경찰관의 물음에 "예"라고 답변하였음에도 사법경찰관이 변호인의 참여를 제한하여야 할 정당한 사유 없이 변호인이 참여하지 아니한 상태에서 계속하여 피의자를 상대로 신문을 행한 경우, 그 내용을 기재한 피의자신문조서는 적법한 절차에 따르지 않고 수집한 증거에 해당한다.

④ 변호인에게 피의자신문 참여권을 인정하는 이유는 피의자 등이 가지는 '변호인의 조력을 받을 권리'를 충실하게 보장하기 위한 목적에서 비롯된 것이지, 그것이 변호인 자신의 기본권을 보장하기 위하여 인정되는 권리라고 볼 수는 없다.

해설\ ① 불구속 피의자의 피의자신문에 대해서도 정당한 사유가 없는 한 피의자에 대한 신문에 참여하게 하여야 한다.
② 피의자신문에 참여한 변호인은 신문 후 의견을 진술할 수 있다. 신문 중이라도 부당한 신문방법에 대하여는 이의를 제기할 수 있고, 검사 또는 사법경찰관의 승인을 얻어 의견을 진술할 수 있다(제243조의 2 제3항). 즉, 이의제기는 승인이 없어도 가능하다.
③ 대판 2013.3.28, 2010도3359
④ 변호인의 변호권으로서 보호되어야 한다(헌재결 2017.11.30, 2016헌마503).

06 피의자신문에 대한 설명 중 가장 적절하지 않은 것은?(다툼이 있는 경우 판례에 의함)
17. 순경 1차

① 검사 또는 사법경찰관은 피의자를 신문하는 경우 피의자가 신체적 또는 정신적 장애로 사물을 변별하거나 의사를 결정·전달할 능력이 미약한 때나 피의자의 연령·성별·국적 등의 사정을 고려하여 그 심리적 안정의 도모와 원활한 의사소통을 위하여 필요한 경우에는, 직권 또는 피의자·법정대리인의 신청에 따라 피의자와 신뢰관계에 있는 자를 동석하게 할 수 있고, 구체적인 사안에서 위와 같은 동석을 허락할 것인지는 원칙적으로 검사 또는 사법경찰관이 피의자의 건강 상태 등 여러 사정을 고려하여 재량에 따라 판단하여야 한다.

② 피의자와 신뢰관계에 있는 자의 동석을 허락하는 경우에도 동석한 사람으로 하여금 피의자를 대신하여 진술하도록 하여서는 안 되며, 동석한 사람이 피의자를 대신하여 진술한 부분이 조서에 기재되어 있다면 그 부분은 피의자의 진술을 기재한 것이 아니라 동석한 사람의 진술을 기재한 조서에 해당하므로, 그 사람에 대한 진술조서로서의 증거능력을 취득하기 위한 요건을 충족하지 못하는 한 이를 유죄 인정의 증거로 사용할 수 없다.

③ 피의자의 진술을 영상녹화하는 경우 피의자 또는 변호인의 동의를 받아야 영상녹화할 수 있고, 피의자가 아닌 자의 진술을 영상녹화하고자 할 때에는 미리 피의자가 아닌 자에게 영상녹화사실을 알려주어야 영상녹화할 수 있다.

Answer 06. ③

④ 피의자가 변호인의 참여를 원한다는 의사를 명백하게 표시하였음에도 수사기관이 정당한 사유 없이 변호인을 참여하게 하지 아니한 채 피의자를 신문하여 작성한 피의자신문조서는 형사소송법 제312조에서 정한 '적법한 절차와 방식'에 위반된 증거일 뿐만 아니라, 형사소송법 제308조의 2에서 정한 '적법한 절차에 따르지 아니하고 수집한 증거'에 해당하므로 이를 증거로 할 수 없다.

해설\ ①② 대판 2009.6.23, 2009도1322(동석한 사람이 피의자를 대신하여 진술한 부분이 조서에 기재되어 있다면 그 부분은 참고인진술조서에 준하여 제312조 제4항의 요건을 구비하면 증거능력이 인정된다.)
③ 피의자의 진술을 영상녹화하는 경우 미리 피의자에게 알려주어야 하고, 피의자가 아닌 자의 진술을 영상녹화하고자 할 때에는 그의 동의를 받아야 한다(제244조의 2 제1항, 제221조 제1항).
④ 대판 2013.3.28, 2010도3359

07 형사소송법 및 형사소송규칙상 영상녹화에 대한 내용으로 가장 적절하지 않은 것은?

18. 순경 1차

① 검사 또는 사법경찰관은 수사에 필요한 때에는 피의자가 아닌 자의 출석을 요구하여 진술을 들을 수 있다. 이 경우 그의 동의를 받아 영상녹화할 수 있다.

② 검사는 피의자가 아닌 자가 공판준비 또는 공판기일에서 조서가 자신이 검사 또는 사법경찰관 앞에서 진술한 내용과 동일하게 기재되어 있음을 인정하지 아니하는 경우 그 부분의 성립의 진정을 증명하기 위하여 영상녹화물의 조사를 신청할 수 있다.

③ 법원은 검사가 영상녹화물의 조사를 신청한 경우 이에 관한 결정을 함에 있어 원진술자와 함께 피고인 또는 변호인으로 하여금 그 영상녹화물이 적법한 절차와 방식에 따라 작성되어 봉인된 것인지 여부에 관한 의견을 진술하게 하여야 한다.

④ 법원은 공판준비 또는 공판기일에서 봉인을 해체하고 영상녹화물의 전부 또는 일부를 재생하는 방법으로 조사하여야 한다. 이 때 영상녹화물은 그 재생과 조사에 필요한 전자적 설비를 갖춘 법정 외의 장소에서는 이를 재생할 수 없다.

해설\ ① 제221조 제1항
② 규칙 제134조의 3 제1항
③ 규칙 제134조의 4 제1항
④ 법원은 공판준비 또는 공판기일에서 봉인을 해체하고 영상녹화물의 전부 또는 일부를 재생하는 방법으로 조사하여야 한다. 이 때 영상녹화물은 그 재생과 조사에 필요한 전자적 설비를 갖춘 법정 외의 장소에서 이를 재생할 수 있다(규칙 제134조의 4 제3항).

Answer　07. ④

08 피의자신문에 대한 설명으로 가장 적절한 것은?(다툼이 있는 경우 판례에 의함)   19. 순경 1차

① 구속영장 발부에 의하여 적법하게 구금된 피의자가 피의자신문을 위한 출석요구에 응하지 아니하면서 수사기관 조사실에 출석을 거부한다면 수사기관은 그 구속영장의 효력에 의하여 피의자를 조사실로 구인할 수 없다.

② 검사가 피의자를 신문함에는 검찰청수사관 또는 서기관이나 서기를 참여하게 하여야 하고, 사법경찰관이 피의자를 신문함에는 사법경찰관리를 참여하게 하여야 한다.

③ 수사기관이 피의자신문을 하면서 정당한 사유가 없더라도 변호인에 대하여 피의자로부터 떨어진 곳으로 옮겨 앉으라고 지시를 한 다음 이러한 지시에 따르지 않았음을 이유로 변호인의 피의자신문 참여권을 제한하는 것은 허용될 수 있다.

④ 피의자의 진술은 피의자 또는 변호인의 동의 없이 영상녹화할 수 있으므로 미리 영상녹화사실을 알려줄 필요는 없다. 단지 조사의 개시부터 종료까지의 전 과정 및 객관적 정황을 영상녹화하여야 한다.

해설\ ① 구속영장 발부에 의하여 적법하게 구금된 피의자가 피의자신문을 위한 출석요구에 응하지 아니하면서 수사기관 조사실에 출석을 거부한다면 수사기관은 그 구속영장의 효력에 의하여 피의자를 조사실로 구인할 수 있다(대결 2013.7.1, 2013모160).
② 제243조 ③ 수사기관이 피의자신문을 하면서 정당한 사유가 없는데도 변호인에 대하여 피의자로부터 떨어진 곳으로 옮겨 앉으라고 지시를 한 다음 이러한 지시에 따르지 않았음을 이유로 변호인의 피의자신문 참여권을 제한하는 것은 허용될 수 없다(대결 2008.9.12, 2008모793).
④ 미리 피의자에게 영상녹화사실을 알려주어야 하며, 조사의 개시부터 종료까지의 전 과정 및 객관적 정황을 영상녹화하여야 한다(제244조의 2 제1항).

09 형사절차상 영상녹화에 대한 설명 중 가장 적절한 것은?(다툼이 있는 경우 판례에 의함)

20. 순경 1차

① 법원은 검사, 피고인 또는 변호인의 신청이 있는 때에는 특별한 사정이 없는 한 공판정에서의 심리의 전부 또는 일부를 속기사로 하여금 속기하게 하거나 녹음장치 또는 영상녹화장치를 사용하여 녹음 또는 영상녹화하여야 하며, 필요하다고 인정하는 때에는 직권으로 이를 명할 수 있다.

② 검사 또는 사법경찰관은 수사에 필요한 때에는 피의자가 아닌 자의 출석을 요구하여 진술을 들을 수 있으며, 이 경우 그에게 영상녹화사실을 알리고 영상녹화할 수 있다.

③ 피의자의 진술을 영상녹화할 때에는 그의 동의를 받아 조사의 개시부터 종료까지의 전 과정 및 객관적 정황을 영상녹화하여야 한다.

④ 피의자의 진술에 대한 영상녹화가 완료된 이후 피의자가 그 내용에 대하여 이의를 제기한 때에는 그 이의의 진술을 별도로 녹화하여 첨부하여야 한다.

Answer   08. ②   09. ①

해설\ ① 제56조의 2 제1항

② 검사 또는 사법경찰관은 수사에 필요한 때에는 피의자가 아닌 자의 출석을 요구하여 진술을 들을 수 있으며, 이 경우 그에게 동의를 받아 영상녹화할 수 있다(제221조 제1항).

③ 피의자의 진술을 영상녹화할 때에는 그에게 영상녹화사실을 알려주어야 하며, 조사의 개시부터 종료까지의 전 과정 및 객관적 정황을 영상녹화하여야 한다(제244조의 2 제1항).

④ 그 내용에 대하여 이의를 진술한 때에는 그 취지를 기재한 서면을 첨부하여야 한다(제244조의 2 제3항).

10 피의자신문에 대한 설명 중 가장 적절하지 않은 것은?(다툼이 있는 경우 판례에 의함)

20. 순경 1차

① 변호인의 수사방해나 수사기밀의 유출에 대한 우려가 없고 조사실의 장소적 제약 등과 같은 특별한 사정이 없는 상황에서 수사관 A가 피의자신문에 참여한 변호인 B에게 피의자 후방에 앉으라고 요구하는 행위는 목적의 정당성과 수단의 적절성뿐만 아니라 침해의 최소성과 법익 균형성도 충족하지 못하므로 B의 변호권을 침해한다.

② 피의자신문에 참여한 변호인은 원칙적으로 신문 후 의견을 진술할 수 있다. 다만, 신문 중이더라도 부당한 신문방법에 대하여 이의를 제기할 수 있고, 검사 또는 사법경찰관의 승인을 얻어 의견을 진술할 수 있다.

③ 검사 또는 사법경찰관은 피의자가 신체적 또는 정신적 장애로 사물을 변별하거나 의사를 결정·전달할 능력이 미약한 때와 피의자의 연령·성별·국적 등의 사정을 고려하여 그 심리적 안정의 도모와 원활한 의사소통을 위하여 필요한 경우 직권 또는 피의자, 법정대리인의 신청에 따라 피의자와 신뢰관계인을 동석시킬 수 있다. 이 경우 동석한 신뢰관계인이 피의자를 대신하여 진술할 수 있으며 진술한 부분이 조서에 기재되어 있다면 이를 유죄인정의 증거로 사용할 수 있다.

④ 인지절차를 밟기 전에 수사를 하였다고 하더라도 그 수사가 장차 인지의 가능성이 전혀 없는 상태하에서 행해졌다는 등의 특별한 사정이 없는 한 인지절차가 이루어지기 전에 수사를 하였다는 이유만으로 그 수사가 위법하다고 볼 수는 없고, 따라서 그 수사과정에서 작성된 피의자신문조서나 진술조서 등의 증거능력도 이를 부인할 수 없다.

해설\ ① 헌재결 2017.11.30, 2016헌마503

② 제243조의 2 제3항

③ 동석을 허락할 것인지는 원칙적으로 검사 또는 사법경찰관이 피의자의 건강 상태 등 여러 사정을 고려하여 재량에 따라 판단하여야 할 것이나, 이를 허락하는 경우에도 동석한 사람으로 하여금 피의자를 대신하여 진술하도록 하여서는 안 된다. 만약 동석한 사람이 피의자를 대신하여 진술한 부분이 조서에 기재되어 있다면 그 부분은 피의자의 진술을 기재한 것이 아니라 동석한 사람의 진술을 기재한 조서에 해당하므로, 그 사람에 대한 진술조서로서의 증거능력을 취득하기 위한 요건을 충족하지 못하는 한 이를 유죄인정의 증거로 사용할 수 없다(대판 2009.6.23, 2009도1322).

④ 대판 2001.10.26, 2000도2968

Answer   10. ③

11 검사와 사법경찰관의 상호협력과 일반적 수사준칙에 관한 규정에 대한 설명으로 가장 적절하지 않은 것은? 21. 순경 1차

① 검사 또는 사법경찰관은 특별한 사정이 없으면 총 조사시간 중 식사시간, 휴식시간 및 조서의 열람시간 등을 제외한 실제 조사시간이 12시간을 초과하지 않도록 해야 한다.

② 검사 또는 사법경찰관은 조사에 상당한 시간이 소요되는 경우에는 특별한 사정이 없으면 피의자 또는 사건관계인에게 조사 도중에 최소한 2시간마다 10분 이상의 휴식시간을 주어야 한다.

③ 검사 또는 사법경찰관은 피의자에게 출석요구를 하려는 경우 피의자와 조사의 일시·장소에 관하여 협의해야 하고, 이 경우 변호인이 있는 경우에는 변호인과도 협의해야 한다.

④ 검사 또는 사법경찰관은 임의동행을 요구하는 경우 상대방에게 동행을 거부할 수 있다는 것과 동행하는 경우에도 언제든지 자유롭게 동행 과정에서 이탈하거나 동행 장소에서 퇴거할 수 있다는 것을 알려야 한다.

해설\ ① 검사 또는 사법경찰관은 조사, 신문, 면담 등 그 명칭을 불문하고 피의자나 사건관계인을 조사하는 경우에는 대기시간, 휴식시간, 식사시간 등 모든 시간을 합산한 조사시간이 12시간을 초과하지 않도록 해야 한다. 다만, 피의자나 사건관계인의 서면 요청에 따라 조서를 열람하는 경우, 피의자를 체포한 후 48시간 이내에 구속영장의 청구 또는 신청 여부를 판단하기 위해 불가피한 경우, 공소시효가 임박한 경우, 재출석이 곤란한 구체적인 사유를 들어 심야조사를 요청한 경우(변호인이 심야조사에 동의하지 않는다는 의사를 명시한 경우는 제외한다)로서 해당 요청에 상당한 이유가 있다고 인정되는 경우, 그 밖에 검사 또는 사법경찰관의 소속기관의 장이 지정하는 인권보호 책임자의 허가 등을 받은 경우 등은 예외로 한다(수사준칙 제22조 제1항). ② 수사준칙 제23조 제1항 ③ 수사준칙 제19조 제2항 ④ 수사준칙 제20조

12 피의자신문에 관한 다음 설명 중 가장 적절한 것은?(다툼이 있으면 판례에 의함) 16. 순경 1차

① 수사기관이 피의자의 진술을 영상녹화 하는 경우에는 반드시 피의자 내지 변호인의 동의를 받아야 하고, 피의자가 아닌 자의 진술을 영상녹화 하는 경우에는 미리 영상녹화 사실을 고지하면 되고 그의 동의를 요하지는 않는다.

② 피의자가 변호인의 참여를 원한다는 의사를 명백하게 표시하였음에도 수사기관이 정당한 사유 없이 변호인을 참여하게 하지 아니한 채 피의자를 신문하여 작성한 피의자신문조서라도 증거능력 자체가 부정되는 것은 아니나, 증명력이 낮게 평가될 수밖에 없다.

③ 피의자와 동석한 신뢰관계에 있는 사람이 피의자를 대신하여 진술한 부분이 조서에 기재되어 있다면 그 부분은 피의자의 진술을 기재한 것이 아니라 동석한 사람의 진술을 기재한 조서에 해당하므로, 그 사람에 대한 진술조서로서의 증거능력을 취득하기 위한 요건을 충족하지 못하는 한 이를 유죄의 증거로 사용할 수 없다.

Answer 11. ① 12. ③

④ 검사 또는 사법경찰관은 피의자 또는 그 변호인·법정대리인·배우자·직계친족·형제자매의 신청에 따라 변호인을 피의자와 접견하게 하거나 정당한 사유가 없는 한 피의자에 대한 신문에 참여하게 할 수 있다.

해설\ ① 피의자의 경우에 동의는 필요 없으며, 알려주고 영상녹화할 수 있지만, 참고인의 경우는 동의를 받아 영상녹화할 수 있다(제244조의 2 제1항, 제221조 제1항).
② 피의자가 변호인의 참여를 원한다는 의사를 명백하게 표시하였음에도 수사기관이 정당한 사유 없이 변호인을 참여하게 하지 아니한 채 피의자를 신문하여 작성한 피의자신문조서는 형사소송법 제312조에 정한 '적법한 절차와 방식'에 위반된 증거일 뿐만 아니라, 형사소송법 제308조의 2에서 정한 '적법한 절차에 따르지 아니하고 수집한 증거'에 해당하므로 이를 증거로 할 수 없다(대판 2013.3.28, 2010도3359).
③ 대판 2009.6.23, 2009도1322
④ 검사 또는 사법경찰관은 피의자 또는 그 변호인·법정대리인·배우자·직계친족·형제자매의 신청에 따라 변호인을 피의자와 접견하게 하거나 정당한 사유가 없는 한 피의자에 대한 신문에 참여하게 하여야 한다(제243조의 2 제1항).

13 다음은 전문수사자문위원에 대한 설명이다. 적절하지 않은 것은 모두 몇 개인가?

10. 7급 국가직, 14. 순경 1차

㉠ 검사는 공소제기 여부와 관련된 사실관계를 분명하게 하기 위하여 필요한 경우에는 직권이나 피의자 또는 변호인의 신청에 의하여 전문수사자문위원을 지정하여 수사절차에 참여하게 하고 자문을 들을 수 있다.
㉡ 전문수사자문위원은 전문적인 지식에 의한 설명 또는 의견을 기재한 서면을 제출하거나 전문적인 지식에 의하여 설명이나 의견을 진술할 수 있다. 이에 대해서 검사는 피의자 또는 변호인에게 구술 또는 서면에 의한 의견진술의 기회를 줄 수 있다.
㉢ 검사는 상당하다고 인정하는 때에는 전문수사자문위원의 지정을 취소할 수 있다.
㉣ 피의자 또는 변호인은 검사의 전문수사자문위원 지정에 대하여 관할 지방검찰청검사장에게 이의를 제기할 수 있다.

① 1개　　　　　② 2개　　　　　③ 3개　　　　　④ 4개

해설\ ㉠ ○ : 제245조의 2 제1항
㉡ × : 검사는 피의자 또는 변호인에게 구술 또는 서면에 의한 의견진술의 기회를 주어야 한다(제245조의 2 제3항).
㉢ ○ : 제245조의 3 제2항
㉣ × : 피의자 또는 변호인은 검사의 전문수사자문위원 지정에 대하여 관할 고등검찰청검사장에게 이의를 제기할 수 있다(제245조의 3 제3항).

Answer 13. ②

Chapter 05 강제처분과 강제수사

단원 advice 형사소송에 있어서 개인의 자유와 권리를 침해할 가능성이 가장 큰 분야가 바로 강제처분이다. 따라서 본 장의 중요성은 아무리 강조해도 지나침이 없을 것이다.

제1절 ▎ 서 설

1 강제처분의 의의

일반적으로 강제처분이라 함은 소송의 진행과 형벌의 집행을 확보하기 위하여 강제력을 사용하는 것을 말한다. 강제처분은 체포·구속·압수·수색 등과 같이 직접 물리적 강제력의 행사를 내용으로 하는 처분과 소환·동행명령·제출명령 등과 같이 상대방에게 일정한 의무를 과하는 것을 내용으로 하는 처분으로 나누어 볼 수 있다.

강제처분은 광의에 있어서는 강제적 요소를 가지는 모든 처분을 포함하지만, 협의에 있어서는 법원의 검증·증인신문·감정·통역·번역 등 증거조사의 성질을 가지는 것(영장이 불필요한 경우임)은 제외된다. 97. 경찰승진

💬 **서술체계**
형사소송법은 법원의 강제처분을 원칙적으로 규정하고(제68조 내지 제145조), 강제수사에 관해서는 대부분 법원의 강제처분에 관한 규정을 준용하고 있다(제209조, 제219조).

2 강제처분의 법적 규제

(1) 강제처분법정주의

헌법 제12조 제1항 후단 및 형사소송법 제199조 제1항은 강제처분이 반드시 법률에 근거를 두어야 함을 명시하고 있는데, 이를 강제처분법정주의라고 한다.

(2) 영장주의

① 영장주의란 법원 또는 법관이 발부한 적법한 영장에 의하지 않으면 형사절차상의 강제처분을 할 수 없다는 원칙을 말한다(헌법 제12조 제3항). 19. 경찰간부, 20. 수사경과

ⓘ 헌법 제12조 제3항에 규정된 영장주의는 구속의 개시시점뿐만 아니라 구속영장의 취소 또는 실효의 여부도 법관의 판단에 의하여 결정되어야 한다는 것을 의미한다(헌재결 1993.12.23, 93헌가2). 15. 9급 검찰·마약·교정·보호·철도경찰

ⓘ 사법경찰관이 법관에게 영장을 청구할 수 있도록 하기 위해서는 헌법개정이 필요함.

ⓛ 형집행장 ⇨ 검사가 발부(영장 ×) 19. 경찰간부
ⓛ 영장 ⇨ 소환장, 체포영장, 구속영장, 압수·수색·검증영장, 감정유치장, 감정처분허가장

② 영장주의는 법원과 수사기관의 강제처분 모두에 적용된다. 06. 순경

③ 수사절차는 검사 청구에 의하여 지방법원판사가 발부(허가장), 공소제기 후 공판절차는 법원이 직권발부(명령장)

ⓛ 제시되는 영장은 반드시 정본이어야 하며, 사본의 제시는 허용되지 아니한다(대판 1997.1.24, 96다40547). 10. 경찰승진

ⓛ 법관이 발부한 영장은 내용이 특정되어야 한다. 즉, 일반영장의 발부는 금지된다. 13. 경찰간부

ⓛ **체포·구속영장** : 사전제시 원칙(예외 규정 ○), **압수·수색·검증영장** : 사전제시(예외규정 ×) − 그러나 판례는 예외 허용

④ 영장주의에 위반한 경우 구속취소(제93조, 제209조), 체포·구속적부심사(제214조의 2), 항고(제403조), 준항고(제417조), 증거능력부정(제308조의 2) 등을 들 수 있으며, 불법체포·구속한 공무원은 형사책임을 질 수도 있다(형법 제124조).

⑤ 영장은 사전영장을 원칙으로 하지만, 긴급체포, 현행범체포, 체포목적의 수색, 체포현장에서 압수·수색·검증, 범죄장소에서 압수·수색·검증, 임의제출물의 압수, 공판정 압수·수색 등은 영장을 요하지 아니한다.

☆ 관련판례

1. 마약류사범인 청구인에게 마약류반응검사를 위하여 소변을 받아 제출하도록 한 것은 교도소의 안전과 질서유지를 위한 것으로 수사에 필요한 처분이 아닐 뿐만 아니라 검사대상자들의 협력이 필수적이어서 강제처분이라고 할 수도 없어 영장주의의 원칙이 적용되지 않는다(헌재결 2006.7.27, 2005헌마277). 11·13. 9급 법원직, 17. 경찰간부, 18·20. 수사경과, 20. 경찰승진

ⓛ 마약류 관련 수형자의 마약류반응검사를 위한 소변강제채취는 법관의 영장을 필요로 하는 강제처분이므로 구치소 등 교정시설 내에서의 소변채취가 법관의 영장 없이 실시되었다면 헌법 제12조 제3항의 영장주의에 위배된다. (×) 14. 경찰승진

2. 범죄의 피의자로 입건된 사람들에게 경찰공무원이나 검사의 신문을 받으면서 자신의 신원을 밝히지 않고 지문채취에 불응하는 경우 형사처벌을 통하여 지문채취를 강제하는 구 경범죄처벌법 제1조 제42호는 영장주의의 원칙에 위반되지 않는다(헌재결 2004.9.23, 2002헌가17). 11·14. 경찰승진, 13. 9급 법원직

3. 우편물 통관검사절차에서 이루어지는 우편물의 개봉, 시료채취, 성분분석 등의 검사는 수출입물품에 대한 적정한 통관 등을 목적으로 한 행정조사의 성격을 가지는 것으로서 수사기관의 강제처분이라고 할 수 없으므로, 압수·수색영장 없이 우편물의 개봉, 시료채취, 성분분석 등의 검사가 진행되었다 하더라도 위법하다고 볼 수 없다(대판 2013.9.26, 2013도7718).

▶ **비교판례** : 마약류 불법거래 방지에 관한 특례법 제4조 제1항에 따른 조치의 일환으로 특정한 수출입물품을 개봉하여 검사하고 그 내용물의 점유를 취득한 행위는 우편물 통관검사절차에서 이루어지는 우편물의 개봉, 시료채취, 성분분석 등의 수출입물품에 대한 적정한 통관 등을 목적으로 조사하는 경우와 달리, 범죄수사인 압수 또는 수색에 해당하여 사전 또는 사후에 영장을 받아야 한다(대판 2017.7.18, 2014도8719).

4. 음주측정은 성질상 강제될 수 있는 것이 아니며 궁극적으로 당사자의 자발적 협조가 필수적인 것이므로 이를 두고 법관의 영장을 필요로 하는 강제처분이라 할 수 없다. 따라서 이 사건 법률조항이 주취운전의 혐의자에게 영장 없는 음주측정에 응할 의무를 지우고 이에 불응한 사람을 처벌한다고 하더라도 헌법 제12조 제3항에 규정된 영장주의에 위배되지 아니한다(헌재결 1997.3.27, 96헌가11). 17. 경찰승진

5. 경찰관직무집행법상 정신착란자, 주취자, 자살기도자 등 응급의 구호를 요하는 자를 24시간을 초과하지 아니하는 범위 내에서 경찰관서에 보호조치할 수 있는 시설로 제한적으로 운영되는 경우를 제외하고는 구속영장을 발부받음이 없이 피의자를 보호실에 유치함은 영장주의에 위배되는 위법한 구금으로서 적법한 공무수행이라고 볼 수 없다(대판 1994.3.11, 93도958). 20. 수사경과

6. 법원이 피고인의 구속 또는 그 유지 여부의 필요성에 관하여 한 재판의 효력이 검사나 다른 기관의 의견이나 불복이 있다 하여 좌우되거나 제한받는다면 영장주의원칙에 위배된다(헌재결 1993.12.23, 93헌가2). 19. 경찰간부, 20. 경찰승진

  ▶ 이러한 취지에 입각해서 보석허가결정이나 구속집행정지결정에 대한 즉시항고권이 삭제됨.

7. 수사기관이 범죄 수사를 목적으로 금융실명거래 및 비밀보장에 관한 법률 제4조 제1항에 정한 '거래정보 등'을 획득하기 위해서는 법관의 영장이 필요하고, 신용카드에 의하여 물품을 거래할 때 '금융회사 등'이 발행하는 매출전표의 거래명의자에 관한 정보 또한 금융실명법에서 정하는 '거래정보 등'에 해당하므로, 수사기관이 금융회사 등에 그와 같은 정보를 요구하는 경우에도 법관이 발부한 영장에 의하여야 한다(대판 2013.3.28, 2012도13607).

(3) 비례성의 원칙

형사소송법에 의한 강제처분이라 할지라도 부득이한 경우에 한해서 필요한 최소한의 범위 내에서 허용되어야 한다. 18. 수사경과

3 강제처분의 종류

(1) 주체에 따른 분류

강제처분은 처분의 주체에 따라 수사기관에 의한 강제처분(수사기관에 의한 강제처분을 강제수사라 함), 수소법원에 의한 강제처분, 판사가 행하는 강제처분으로 나눌 수 있다.

수사기관의 강제처분	① 피의자체포(체포영장에 의한 체포, 긴급체포, 현행범체포) ② 피의자구속 ③ 압수 · 수색 · 검증		
수소법원의 강제처분	① 피고인구속 ④ 제출명령 ⑦ 증인신문	② 피고인소환 ⑤ 피고인감정유치 ⑧ 감정 · 통역 · 번역	③ 압수 · 수색 ⑥ 검 증 03. 행시
수임판사의 강제처분	① 증거보전처분 ② 참고인에 대한 증인신문 ③ 수사상 감정유치(피의자감정유치)		

(2) 대상에 따른 분류

강제처분의 대상이 사람인가 물건인가에 따라 대인적 강제처분(⑩ 체포·구속·소환·증인신문·감정유치)과 대물적 강제처분(⑩ 압수·수색·검증·제출명령)으로 나눌 수 있다.

① 수색이나 검증은 원칙적으로 대물적 강제처분에 해당하지만 사람의 신체가 그 대상이 된 경우, 즉 신체수색·신체검증은 대인적 강제처분이다.

(3) 기소 전·후에 따른 분류

수사기관에 의한 강제처분이 기소 전 강제처분이며, 수소법원에 의한 강제처분이 기소 후 강제처분에 속한다. 판사에 의한 강제처분은 수사단계에서 뿐 아니라 제1회 공판기일 전까지는 기소 후에도 행하여진다.

(4) 강제의 정도에 따른 분류

체포·구속·압수·수색과 같이 직접 물리적인 힘을 행사하는 경우가 직접강제이고, 소환·제출명령과 같이 심리적 강제에 의하여 일정한 행동을 하게 하는 경우가 간접강제이다.

① 소환에 불응하면 구속영장을 발부하여 구속할 수 있으며, 제출명령에 불응하면 압수영장을 발부하여 압수할 수 있다.

4 강제처분에 대한 구제

사전적 구제제도	① 강제처분 법정주의 및 비례성 원칙 ③ 무죄추정의 법리 ⑤ 변호인제도 ⑦ 자백배제의 법칙 ⑨ 진술거부권제도	② 영장주의 11. 경찰승진 ④ 구속 전 피의자신문 20. 경찰승진 ⑥ 재구속·재체포의 제한 09. 경찰승진 ⑧ 자백보강의 법칙
사후적 구제제도	① 구속취소 ③ 보 석 09. 경찰승진 ⑤ 강제처분에 대한 준항고 ⑦ 구속기간제한 ⑧ 검사의 구속장소감찰제도(사전적 구제 의미도 有)	② 구속집행정지 ④ 체포·구속적부심사제도 09. 경찰승진 ⑥ 형사보상제도

① 자유심증주의 ⇨ '인권보장을 위한 구제제도'와는 무관함. 11. 경찰승진

제2절 ┃ 피의자체포

현행 형사소송법하에서의 인신구속제도는 체포와 구속제도로 대별할 수 있으며, 체포는 체포영장에 의한 체포(통상체포)와 영장에 의하지 아니하는 긴급체포, 현행범인의 체포로 구분된다. 이 점에서 영장에 의해서만 가능한 구속(피의자, 피고인)의 경우와는 다르다.

구속과 관련한 문제에 대해서는 해당 편에서 다루게 되겠지만 아래에서는 편의상 구속과 함께 도표화하였다.

현행법상 인신구속제도

1 체포영장에 의한 체포(통상체포)

(1) 체포의 의의

① **의의** : 체포영장에 의한 체포라 함은 죄를 범하였다고 의심할 만한 상당한 이유가 있는 피의자를 사전영장에 의하여 단시간 동안 수사관서 등 일정한 장소에 인치하는 제도이다.

수사 초기에 피의자의 신병을 확보하기 위한 구속의 전단계 처분으로서 체포기간이 단기이고 요건이 완화되어 있는 점에서 구속과 구별된다.

② **제도의 취지** : 피의자에 대한 간편한 인치제도를 마련함으로써 임의동행이나 보호실유치와 같은 탈법적인 수사관행을 근절하고, 불필요한 구속을 억제하기 위해 도입된 제도이다.

(2) 체포의 요건

① **범죄혐의의 상당성** : 체포영장을 발부하기 위해서는 피의자가 죄를 범하였다고 의심할 만한 상당한 이유가 있어야 한다(제200조의 2 제1항).

ⓘ 수사기관의 주관적 혐의로는 부족하고, 객관적 혐의가 있어야 한다(합리적인 평균인을 기준으로 판단). 범죄혐의의 정도에 관해서는 견해가 대립하나, 구속의 경우와 같이 유죄판결에 대한 고도의 개연성 내지 충분한 범죄혐의가 있어야 한다는 것이 일반적이다.

② **출석불응 또는 불응우려** 10. 경찰승진 : 피의자를 체포하기 위해서는 피의자가 정당한 이유(예 사업상 중요한 계약문제로 출석하지 않은 경우) 없이 수사기관의 출석요구에 불응하거나 불응할 우려(예 지명수배 중인 자)가 있어야 한다(동조 제1항). 16. 경찰승진

　　① 구속사유인 도망 or 증거인멸 우려 ⇨ 체포사유 ×

　　① 정당한 이유가 있으면 출석에 불응하였을지라도 체포영장발부요건 ×

　　① 피의자가 출석요구에 1회 응하지 아니하는 것만으로는 바로 체포사유인정 ×

　　① 경미사건(다액 50만원 이하의 벌금, 구류 또는 과료에 해당하는 사건) ⇨ 주거가 없거나 출석요구에 응하지 아니한 경우(불응우려 ×)에 한하여 체포 가능(동조 제1항 단서) : 수사비례원칙에 입각한 규정임. 00. 7급 검찰, 10. 경찰승진, 15 · 19. 수사경과

③ **체포의 필요성** : 체포영장의 청구를 받은 판사는 체포사유가 있다고 인정되는 경우에도 피의자의 연령과 경력, 가족관계나 교우관계, 범죄의 경중 및 태양 기타 제반사정에 비추어 피의자가 도망할 염려가 없고, 증거를 인멸할 염려가 없는 등 명백히 체포의 필요가 없다고 인정되는 때에는 체포영장의 청구를 기각하여야 한다(규칙 제96조의 2). 15. 수사경과, 13 · 19. 경찰승진 이와 같이 체포의 필요성은 체포의 적극적인 요건이 아니라 체포의 필요성이 전혀 없는 경우 체포를 허용하지 않은 소극적인 요건에 불과하다. 따라서 체포의 필요성이 의심스러운 경우에는 체포할 수 있다고 해야 한다.

(3) 체포의 절차

① **체포영장의 청구**

　㉠ 체포영장은 검사가 청구하고 관할 지방법원판사가 발부한다. 00. 7급 검찰
　　사법경찰관도 검사에 신청하여 검사의 청구로 관할 지방법원판사의 체포영장을 발부받아 피의자를 체포할 수 있다(제200조의 2 제1항). 13. 경찰승진

　　① 영장 ┌ 검사청구 ⇨ 지방법원판사 ⇨ 발부
　　　　　　└ 사법경찰관 신청 ⇨ 검사 ⇨ 청구 ⇨ 지방법원판사 ⇨ 발부

　㉡ 영장의 청구는 서면으로 하며, 체포영장 청구서에는 범죄사실의 요지를 따로 기재한 서면 1통(수통의 영장을 청구한 때에는 그에 상응하는 통수)을 첨부하여야 한다(규칙 제93조 제1항 · 제2항).

　㉢ 체포영장의 청구에는 체포의 사유 및 필요를 인정할 수 있는 자료를 제출하여야 한다(규칙 제96조 제1항).

　㉣ 피의자 또는 변호인, 법정대리인, 배우자, 직계친족, 형제자매나 가족, 동거인 또는 고용주는 체포영장청구를 받은 판사에게 유리한 자료를 제출할 수 있다(규칙 제96조 제3항).

　㉤ 동일범죄 사실에 관하여 그 피의자에 대하여 전에 체포영장을 청구하였거나, 발부받은 사실이 있는 때에는 다시 체포영장을 청구하는 취지 및 이유를 기재하여야 한다(제200조의 2 제4항). 13 · 16. 경찰승진

　　① 재체포제한 × 10 · 13. 경찰승진

　㉥ 7일을 넘는 유효기간을 필요로 하는 때에는 그 취지 및 사유를 체포영장의 청구서에 기재하여야 한다(규칙 제95조 제4호). 14. 경찰승진

② 체포영장의 발부

㉠ 체포영장의 청구를 받은 지방법원판사는 상당하다고 인정하는 때에는 체포영장을 발부한다(제200조의 2 제2항). 구속영장의 경우는 구속 전 피의자심문제도(제201조의 2)가 있으나 체포영장은 발부하기 전에 지방법원판사가 피의자를 심문하는 것은 인정되지 않는다. 13. 경찰승진, 17·19. 수사경과 따라서 검사가 체포영장신청서에 첨부한 서류와 자료만을 검토하여 영장을 발부하게 된다. 검사가 제출한 자료만에 의한 영장발부의 문제점을 해소하기 위하여 피의자 등은 판사에게 유리한 자료를 제출할 수 있다고 규정하고 있다(규칙 제96조 제3항).

㉡ 체포영장을 발부하지 아니한 때에는 청구서에 그 취지 및 이유를 기재하고 서명날인하여 청구한 검사에게 교부한다(제200조의 2 제3항). 체포영장은 여러 통 작성하여 사법경찰관리에게 교부할 수 있고, 이 경우에는 그 사유를 체포영장에 기재하여야 한다(제200조의 6, 제75조, 제82조).

㉢ 영장의 유효기간은 7일이며, 판사가 상당하다고 인정하는 때에는 7일을 넘는 기간을 정할 수 있다(규칙 제178조). 체포영장의 유효기간을 연장할 필요가 있다고 인정한 때에는 그 사유를 소명하여 다시 체포영장을 청구하여야 한다(규칙 제96조의 4).

ⓘ 유효기간은 체포권을 행사할 수 있는 기간이고, 체포영장에 기하여 피의자를 유치할 수 있는 기간이 아니다.

㉣ 체포영장의 방식은 구속영장의 방식에 관한 규정이 준용된다(제200조의 6). 따라서 체포영장에는 피의자의 성명(성명이 분명하지 아니한 때에는 인상, 체격 그 밖의 피의자를 특정할 수 있는 사항), 주거, 죄명, 피의사실요지, 인치·구금할 장소, 발부연월일, 그 유효기간과 그 기간을 경과하면 집행에 착수하지 못하며 영장을 반환하여야 할 취지를 기재하고 법관이 서명날인하여야 한다(제200조의 6, 제75조 제1항).

관련판례

검사의 체포영장 또는 구속영장 청구에 대한 지방법원판사의 재판은 항고의 대상이 되는 '법원의 결정'에 해당하지 아니하고, 준항고의 대상이 되는 '재판장 또는 수명법관의 구금 등에 관한 재판'에도 해당하지 아니한다(대결 2006.12.18, 2006모646 ∴ 불복 불가). 21. 순경 2차

(4) 체포영장의 집행

① 영장의 집행

㉠ 체포영장의 집행에도 구속영장의 집행에 관한 규정이 준용된다(제200조의 6). 따라서 검사의 지휘로 사법경찰관리가 집행하며, 교도소 또는 구치소에 있는 피의자의 경우에는 검사의 지휘에 의하여 교도관이 집행한다(제200조의 6, 제181조 제3항).

㉡ 검사는 필요에 의하여 관할구역 외에서 구속영장의 집행을 지휘할 수 있고 또는 당해 관할구역의 검사에게 집행지휘를 촉탁할 수 있다(제200조의 6, 제83조 제1항). 사법경찰관리는 필요에 의하여 관할구역 외에서 체포영장을 집행하거나 관할구역의 사법경찰관리에게 집행을 촉탁할 수 있다(제200조의 6, 제83조 제2항). 사법경찰관리가 관할구역 밖에서 사법

경찰관리의 촉탁을 받아 피의자를 체포한 때에는 관할 지방검찰청 검사장 또는 지청장에게 보고하여야 한다(제210조).

ⓒ 체포 전에 피의사실의 요지, 체포의 이유와 변호인을 선임할 수 있음을 고지하여 변명할 기회를 주어야 하며(제200조의 5), 체포영장 집행시 진술거부권을 알려주어야 한다(수사준칙 제32조 제1항). 피의자에게 알려주어야 하는 진술거부권은 일체의 진술을 하지 아니하거나 개개의 질문에 대하여 진술을 하지 아니할 수 있다는 것, 진술을 하지 아니하더라도 불이익을 받지 아니한다는 것, 진술을 거부할 권리를 포기하고 행한 진술은 법정에서 유죄의 증거로 사용될 수 있다는 것을 내용으로 한다(동준칙 제32조 제2항).

체포영장을 집행함에는 체포영장을 제시하여야 한다(제200조의 6, 제85조 제1항). 다만, 체포영장을 소지하지 아니한 경우에 급속을 요하는 때에는 피의자에 대하여 피의사실의 요지와 영장이 발부되었음을 고지하고 집행할 수 있다. 이 경우에 집행완료 후 신속히 체포영장을 제시하여야 한다(제200조의 6, 제85조 제3항·제4항). 제시된 영장은 정본(원본)이어야 하며, 사본의 제시는 위법하다(대판 1996.8.8, 96다40547).

ⓘ 체포·구속영장 집행시 피의자에게 진술거부권을 알려줄 필요는 없다. (×)

관련판례

1. 사법경찰관 등이 체포영장을 소지하고 피의자를 체포하기 위하여는 체포 당시에 피의자에게 체포영장을 제시하고 피의자에 대한 범죄사실의 요지, 구속의 이유와 변호인을 선임할 수 있음을 말하고 변명할 기회를 주어야 하는데 체포영장의 제시나 고지 등은 체포를 위한 실력행사에 들어가기 이전에 미리 하여야 하는 것이 원칙이나, 달아나는 피의자를 쫓아가 붙들거나 폭력으로 대항하는 피의자를 실력으로 제압하는 경우에는 붙들거나 제압하는 과정에서 하거나, 그것이 여의치 않은 경우에라도 일단 붙들거나 제압한 후에 지체 없이 행하여야 한다(대판 2008.2.14, 2007도10006). 21. 변호사시험

2. 경찰관들이 체포를 위한 실력행사에 나아가기 전에 체포영장을 제시하고 미란다 원칙을 고지할 여유가 있었음에도 애초부터 미란다 원칙을 체포 후에 고지할 생각으로 먼저 체포행위에 나선 행위는 적법한 공무집행이라고 보기 어렵다(대판 2017.9.21, 2017도10866). 18. 순경 2차

ⓡ 체포영장을 집행한 경우 피의자를 영장에 기재된 장소에 인치·구금하여야 한다(제200의 6, 제85조 제1항). 검사는 체포영장을 발부 받은 후 피의자를 체포하기 이전에 체포영장을 첨부하여 판사에게 인치·구금할 장소의 변경을 청구할 수 있다(규칙 제96조의 3). 수사기관에 의한 구금장소의 임의적 변경은 피의자의 방어권이나 변호인의 접견교통권의 중대한 장애를 초래하는 위법한 조치이며 준항고의 대상이 된다. 20. 경찰간부

ⓜ 체포영장을 발부받은 후 피의자를 체포하지 아니하거나 체포하지 못한 때에는 검사는 지체 없이 영장을 발부한 법원에 그 사유를 서면으로 통지하여야 하며, 영장의 원본을 첨부하여야 한다(제204조, 규칙 제96조의 19).

ⓘ 체포영장을 발부받은 후 피의자를 체포하지 아니한 경우 검사 또는 사법경찰관은 변호인이 있는 경우는 피의자의 변호인에게, 변호인이 없는 경우에는 피의자 혹은 변호인선임권자 중 피의자가 지정하는 자에게 지체 없이 그 사유를 서면으로 통지해야 한다. (×) 18. 순경 2차

② 체포에 수반하는 강제처분

　㉠ 체포영장을 집행함에는 영장 없이 타인의 주거에서 피의자를 수색하거나(수색영장을 발부받기 어려운 긴급사정이 있는 때에 한함), 체포현장에서 압수·수색·검증을 할 수 있다(제216조 제1항). 13. 변호사시험

⚖ 관련판례

1. 체포영장을 집행하는 경우 필요한 때에는 타인의 주거 등에서 피의자 수사를 할 수 있도록 한 형사소송법 제216조 제1항 제1호 중 제200조의 2에 관한 부분은 영장을 발부받기 어려운 긴급한 사정이 있는지 여부를 구별하지 아니하고 피의자가 소재할 개연성만 소명되면 영장 없이 타인의 주거 등을 수색할 수 있도록 허용하고 있다. 이는 체포영장이 발부된 피의자가 타인의 주거 등에 소재할 개연성은 소명되나, 수색에 앞서 영장을 발부받기 어려운 긴급한 사정이 인정되지 않는 경우에도 영장 없이 피의자 수색을 할 수 있다는 것이므로, 헌법 제16조의 영장주의 예외 요건을 벗어나는 것으로서 영장주의에 위반된다(헌재결 2018.4.26, 2015헌바370). 18·19. 순경 2차

　▶ 헌법재판소는 형사소송법 제216조 제1항 제1호 중 제200조의 2에 관한 부분에 대하여 내용은 위헌이지만 단순위헌결정을 하는 대신 2020. 3. 31.까지는 개정하라는 헌법불합치결정을 내렸다.

　▶ 위와 같은 헌법재판소의 결정에 따라 제216조 제1항 제1호가 다음과 같이 개정되었다(2019.12.31. 개정). – 체포영장이나 구속영장의 집행시 주거 등에서의 무영장 피의자 수색은 미리 수색영장을 발부받기 어려운 긴급한 사정이 있는 때에 한정한다(제216조 제1항 제1호). 20. 순경 1차

2. 제216조 제1항 제1호 중 제200조의 2에 관한 부분은 피의자가 소재할 개연성이 소명되면 타인의 주거 등 내에서 수사기관이 피의자를 수색할 수 있음을 의미하는 것으로 누구든지 충분히 알 수 있으므로, 명확성원칙에는 위반되지 아니한다(헌재결 2018.4.26, 2015헌바370).

3. 헌법불합치결정에 따라 개정된 형사소송법은 제216조 제1항 제1호 단서의 소급적용에 관하여 아무런 규정을 두고 있지 않지만, 헌법불합치결정을 하게 된 당해사건 및 당시 법원에 계속 중인 사건에 대하여도 위헌성이 제거된 현행 형사소송법의 규정을 적용하여야 한다(대판 2021.5.27, 2018도13458).

　㉡ 경찰관은 체포시 상당한 이유가 있는 때에는 무기를 사용할 수 있다(경찰관직무집행법 제10조의 4).

경찰관이 무기를 사용할 수 있는 사유

• 범인의 체포	• 범인의 도주방지
• 사람의 생명·신체 방호	• 공무집행에 대한 항거 제지

⑸ **집행 후의 조치**

① **체포사실의 통지** : 변호인이 있는 경우에는 변호인에게, 변호인이 없는 경우에는 법정대리인·배우자·직계친족, 형제자매 가운데 피의자가 지정한 자에게 피의사건명, 체포일시·장소, 피의사실의 요지, 체포이유와 변호인을 선임할 수 있음을 알려야 한다. 체포의 통지는 지체 없이 서면(구술 ×)으로 하여야 하며(제200조의 6),19. 경찰간부·순경 2차 늦어도 24시간 이내

에 하여야 한다(규칙 제51조 제2항). 급속을 요하는 경우에는 전화 또는 모사전송기 기타 상당한 방법에 의하여 통지할 수는 있으나 이 경우에도 체포통지는 다시 서면으로 하여야 한다(규칙 제51조 제3항). 15. 순경 3차

⒤ 통지의 대상이 없어서 통지를 못한 때에는 그 취지를 기재한 서면을 기록에 철하여야 한다.

② **구속영장청구 또는 석방** : 피의자를 체포한 후 그를 다시 구속하고자 할 때에는 체포한 때로부터 48시간(24시간 ×) 내에 구속영장(제201조)을 청구하여야 하고 10 · 14 · 20. 경찰승진, 그 기간 내에 구속영장을 청구하지 아니하거나 구속영장은 청구하였으나 발부받지 못한 때에는 피의자를 즉시(법정기간 내 ×) 석방하여야 한다(제200조의 2 제5항, 규칙 제100조 제2항). 10. 경찰승진, 13 · 16. 변호사시험, 17. 순경 1차 체포영장에 의하여 체포된 피의자를 구속영장에 의하여 구속한 때에는 구속기간은 체포된 때로부터 기산한다(제203조의 2).

⒤ 구속과는 달리 체포기간은 연장제도 없음
⒤ 48시간 내에 구속영장을 청구하면 족하며 반드시 구속영장이 발부될 것을 요하는 것은 아님
⒤ 사법경찰관은 체포한 피의자를 석방한 때에는 지체 없이 검사에게 석방사실을 통보하고, 그 통보서 사본을 사건기록에 편철한다(수사준칙 제36조 제2항 제1호).

③ **법원에 통지**

㉠ 체포영장을 발부받은 후 피의자를 체포하지 않거나 체포한 피의자를 석방한 때에는 지체 없이 검사는 영장을 발부한 법원에 그 사유를 서면으로 통지하여야 한다(제204조).

㉡ 체포를 하지 않거나 못한 경우에는 법원에 하는 통지서에 체포영장의 원본을 첨부하여야 한다(규칙 제96조의 19 제3항).

④ **체포적부심사청구** : 체포 후 피의자 등은 체포적부심사를 청구할 수 있고(제214조의 2), 이때에는 법원이 수사관계서류와 증거물을 접수한 때부터 결정 후 검찰청에 반환될 때까지의 기간은 48시간의 청구제한기간에 산입하지 아니한다.

⒤ 체포영장에 의하여 체포된 피의자만이 체포적부심사를 청구할 수 있다. (×) 17. 경찰승진, 13 · 19. 수사경과

⑤ **재체포** : 체포되었다가 석방된 피의자라도 동일사건에 대하여 영장에 의한 재체포가 가능하다.

✓ **Key Point**

• **체포요건** : 제200조의 2
• **체포영장청구** : 검사의 청구로 지방법원판사가 발부(사법경찰관은 검사에게 신청)
• **체포영장집행** : 검사 지휘, 사법경찰관리 집행(교도소 ⇨ 교도관이 집행)
• **체포영장** : 영장실질심사제도 ×
• **구속영장청구 또는 석방** : 체포시로부터 48시간 내에 구속영장청구(청구 × or 구속영장발부 × ⇨ 피의자 즉시석방)

2 긴급체포

(1) 긴급체포의 의의

① **의의** : 긴급체포라 함은 중대한 범죄혐의가 있고 체포의 필요성이 인정되며 긴급을 요하는 경우에 현행범인이 아닌 피의자를 영장 없이 먼저 체포하여 놓고 그 후에 구속이 필요할 경우 구속영장의 발부를 받는 제도로서 헌법 제12조 제3항 단서에서 그 근거를 마련하고 있다.

② **제도의 취지** : 중대범죄의 범인을 놓치는 결과를 방지하여 체포의 긴급성에 대처함으로써 수사의 합목적성을 실현하기 위한 제도이다.

③ **현행범체포와의 구별** : 긴급체포는 수사의 능률과 합목적성의 관점에서 사전영장주의의 예외를 인정하는 것으로서 현행범체포와 유사하지만, 중대범죄에 한하고 현행범인을 요하지 아니한다는 점에서 현행범체포와 구별된다.

(2) 긴급체포의 요건(제200조의 3 제1항)

긴급체포를 하기 위해서는 다음과 같은 요건이 충족되어야 한다. 또한 긴급체포의 요건을 갖추었는가의 여부는 사후에 밝혀진 사정을 기초로 판단하는 것이 아니라 체포 당시 상황을 기초로 판단하여야 한다.

⑪ 긴급체포의 요건을 갖추었는지의 여부는 체포 당시의 상황을 토대로 판단하는 것이 아니라, 사후에 밝혀진 사정을 기초로 판단하여야 한다. (×) 17. 순경 2차, 20. 경찰승진

⚖ 관련판례

긴급체포의 요건을 갖추었는지 여부는 사후에 밝혀진 사정을 기초로 판단하는 것이 아니라 체포 당시의 상황을 기초로 판단하여야 하고, 09 · 10. 순경, 12. 변호사시험, 17. 경찰간부, 13 · 18. 순경 1차, 20. 순경 2차, 10 · 14 · 16 · 21. 경찰승진, 15 · 20 · 21. 수사경과 이에 관한 검사나 사법경찰관 등 수사주체의 판단에는 상당한 재량의 여지가 있다고 할 것이나, 19. 경찰간부 긴급체포 당시의 상황으로 보아서도 그 요건의 충족 여부에 관한 검사나 사법경찰관의 판단이 경험칙에 비추어 현저히 합리성을 잃은 경우에는 그 체포는 위법한 체포라 할 것이다(대판 2008.3.27, 2007도11400). 11. 9급 검찰

---

① **범죄의 중대성** : 피의자가 사형 · 무기 또는 장기 3년(단기 3년 ×) 이상의 징역이나 금고에 해당하는 죄를 범하였다고 의심할 만한 상당한 이유가 있어야 한다. 09. 순경, 13. 9급 검찰 · 마약 · 교정 · 보호 · 철도경찰, 14 · 15. 경찰승진, 13 · 18 · 21. 수사경과

긴급체포 대상 범죄가 아닌 것		
• 직무유기	• 음화제조	• 공무상 비밀누설
• 공연음란	• 위조통화지정행사	• 도 박
• 공문서부정행사	• 폭행(협박 ⇨ 대상범죄에 해당) 11. 경찰승진	
• 사문서부정행사	• 낙 태	• 음화반포
• 명예훼손	• 모 욕 14. 경찰승진	• 각종 과실범

▶ 업무상 과실범 또는 중과실범은 긴급체포 대상범죄에 해당함(단, 업무상 과실장물죄, 중과실장물죄 ⇨ 긴급체포 대상범죄 ×)
▶ 음주운전(0.2% 이상) ⇨ 긴급체포 대상범죄 ○(도로교통법 제44조 제1항, 제148조의 2 제3항 제1호)
▶ 음주운전 2회 이상 ⇨ 긴급체포 대상범죄 ○(도로교통법 제44조 제1항, 제148조의 2 제1항 제1호)
▶ 음주측정거부 ⇨ 긴급체포 대상범죄 ○(도로교통법 제44조 제2항, 제148조의 2 제2항)
▶ 무면허운전 ⇨ 긴급체포 대상범죄 ×(도로교통법 제43조, 제152조 제1호) 10. 교정특채, 19. 수사경과

⚠ 긴급체포는 50만원 이하 경미사건에 대한 특칙 규정 없음.

② **긴급체포의 필요성** : 피의자가 제70조 제1항 제2호·제3호의 사유, 즉 ㉠ 증거를 인멸할 염려가 있거나, ㉡ 피의자가 도망 또는 도망할 염려가 있어야 한다.

⚠ **구속사유 중 주거부정**(제70조 제1항 제1호) ⇨ 긴급체포 요건 ×

③ **긴급성** : 긴급을 요하여 체포 전에 미리 지방법원판사의 체포영장을 받을 수 없는 경우(예 피의자를 우연히 발견)라야 한다. 09. 순경

🔒 관련판례

1. 甲이 인터넷 신문고를 통해 피고인(乙)을 고발하여 2000. 9. 4. 서울지방검찰청에 진정사건으로 수리됨으로써 이 사건 수사가 개시되었는데, 검사로서는 그때부터 丙을 긴급체포하기까지 체포영장을 발급받을 시간적 여유가 충분히 있었던 것으로 보이고, 위 甲은 피고인(乙)을 고발하였지 丙을 고발한 것이 아니었으며, 丙과 관련된 비자금 부분은 丁에 대하여 조사하면서 비로소 밝혀졌는데 검사 등은 그 전에 丙을 긴급체포한 사실, 검사 등은 丙을 긴급체포하고 조사를 하고서도 丙을 입건도 하지 아니한 사실 등을 알 수 있는바, 이러한 사정을 종합하면, 위 丙에 대한 긴급체포는 위법하다(대판 2007.1.12, 2004도8071).

2. 변호사 甲에 대하여 무죄가 선고되자 무죄가 선고된 공소사실에 대한 보완수사를 한다며 甲의 변호사사무실 사무장이던 乙에게 검사실로 출석하라고 요구(참고인조사)하여, 자진출석한 사무장 乙에 대하여 검사는 참고인조사를 하지 아니한 채 곧바로 위증 및 위증교사혐의의 피의자신문조서를 받기 시작하였고, 이에 사무장 乙의 전화연락을 받고 변호사 甲이 검사실로 찾아와서 사무장 乙에게 "여기서 나가라."고 지시하였다. 이후 乙이 일어서서 검사실에서 나가려 하자 검사가 乙에게 "지금부터 긴급체포하겠다."고 말하면서 乙의 퇴거를 제지한 경우 乙의 퇴거 제지는 적법한 공무집행이라 볼 수 없다(대판 2006.9.8, 2006도148). 17. 경찰간부, 21. 수사경과

   ▶ **비교판례** : 甲이 고소인의 자격으로 자진출석하여 피고소인 乙과 함께 검사로부터 대질조사를 받고 나서 조서에 무인하기를 거부하자 검사가 甲에게 무고혐의가 인정된다면서 무고죄를 인지하여 조사하겠다고 하였고, 이에 조사를 받지 않겠다고 하면서 나가려고 하자 검사가 긴급체포한 것은 적법하다(대판 1998.7.6, 98도785). 21. 수사경과

   ※ <판례 2>는 자진출석한 참고인에 대하여 예상과는 달리 갑자기 피의자신문을 하자 나가려는 자를 긴급체포하는 경우이며, <비교판례>는 조사과정에서 혐의가 드러나 긴급체포하는 경우라는 점에서 차이가 있다.

3. 소재를 감추자 법원의 압수·수색영장에 의한 휴대전화 위치추적 등의 방법으로 피고인의 소재를 파악하려고 하던 중, 주거지로 귀가하던 피고인을 발견하고, 긴급체포한 것은 적법하다(대판 2005. 12.9, 2005도7569).

4. 도로교통법위반 피의사건에서 담당검사의 교체를 요구하고자 부장검사 부속실에 대기하고 있는 피의자를 긴급체포하여 감금한 경우, 그 긴급체포는 형사소송법이 규정하는 긴급체포의 요건을 갖추지 못한 것으로서 당시의 상황과 경험칙에 비추어 현저히 합리성을 잃은 위법한 체포에 해당한다(대결 2003.3.27, 2002모81). 17. 경찰간부

5. 현직 군수인 甲을 뇌물사건으로 소환·조사하기 위하여 검사의 명을 받은 검찰주사보가 군청 군수실에 도착하였으나 위 군수가 군수실에 없어 도시행정계장에게 군수의 행방을 확인하였더니, "검사가 자신을 소환하려 한다는 사실을 미리 알고 자택 옆에 있는 초야농장 농막에서 기다리고 있을 것이니 수사관이 오거든 그 곳으로 오라."고 하였다고 하므로, 그 곳에서 수사관을 기다리고 있던 군수를 긴급체포하였는바, 피고인의 소재를 쉽게 알 수 있었고, 시간적 여유도 있었으며, 도망이나 증거인멸의 의도가 없었음은 물론, 언제든지 검사의 소환조사에 응할 태세를 갖추고 있었다 할 것이어서, 위 긴급체포는 위법하다(대판 2002.6.11, 2000도5701). 17. 경찰간부, 21. 수사경과

6. 피고인이 필로폰을 투약한다는 제보를 받은 경찰관이 피고인의 주거지를 방문하였다가, 현관에서 담배를 피우고 있는 피고인을 발견하고 피고인의 전화번호로 전화를 하여 차량 접촉사고가 났으니 나오라고 하였으나 나오지 않고, 또한 경찰관임을 밝히고 만나자고 하는데도 현재 집에 있지 않다는 취지로 거짓말을 하자 피고인의 집 문을 강제로 열고 들어가 피고인을 긴급체포한 경우, 피고인이 마약에 관한 죄를 범하였다고 의심할 만한 상당한 이유가 있었더라도 경찰관이 이미 피고인의 신원과 주거지 및 전화번호 등을 모두 파악하고 있었고, 당시 마약투약의 범죄증거가 급속하게 소멸될 상황도 아니었던 점을 감안하면 긴급성이 인정되지 않아 위법하다(대판 2016.10.13, 2016도5814). 17. 9급 교정·보호·철도경찰, 19·20. 수사경과

(3) 긴급체포의 절차

① 긴급체포의 방법

㉠ 검사 또는 사법경찰관은 긴급체포의 요건을 갖춘 때에는 그 사유를 고지하고 영장 없이 피의자를 체포할 수 있다(제200조의 3 제1항). 사법경찰관이 긴급체포를 한 경우에는 즉시 검사의 승인을 얻어야 한다(동조 제2항). 17. 순경 2차, 18. 순경 1차, 17·18·19·21. 수사경과

ⓛ 긴급체포된 후 사후에 체포영장은 불필요

ⓛ 사법경찰리도 사법경찰관사무취급자의 지위에서는 긴급체포 가능(대판 1965.1.19, 64도740)

ⓛ 검사의 사전 지휘 받지 않아도 무방

ⓛ 사법경찰관이 피의자를 긴급체포하는 경우에는 즉시 검사의 승인을 받아야 하지만(제200조의 3 제2항), 검사가 피의자를 긴급체포한 경우에는 법원의 승인을 받을 필요가 없다. 18. 7급 국가직

㉡ 긴급체포를 할 때에는 피의사실의 요지, 체포이유와 변호인을 선임할 수 있음을 말하고, 변명의 기회를 주어야 하며(제200조의 5), 진술거부권을 알려주어야 한다(수사준칙 제32조 제1항).

ⓛ 진술거부권 고지 내용 ⇨ 수사준칙 제32조 제2항

피의자를 체포한 경우에는 즉시 긴급체포서를 작성하여야 한다(제200조의 3 제3항).

ⓛ 긴급체포서에는 범죄사실의 요지, 긴급체포사유 등 기재(제200조의 3 제4항) 17. 순경 2차

ⓛ 사법경찰관이 피의자를 긴급체포한 경우에는 즉시 긴급체포서를 작성하여야 할 뿐 아니라, 즉시 검사의 승인을 얻어야 한다. (○) 13. 9급 검찰·마약·교정·보호·철도경찰, 17·21. 경찰승진

ⓘ 사법경찰관이 피의자를 긴급체포하는 경우에는 피의사실의 요지, 체포의 이유와 변호인을 선임할 수 있음을 말하고 진술거부권을 고지하여야 한다. (○) 15. 순경 1차, 16. 수사경과

ⓒ 사법경찰관은 긴급체포 후 12시간 이내에 관할 지방검찰청 또는 지청의 검사에게 긴급체포를 승인해 달라는 건의를 하여야 한다. 다만, 기소중지된 피의자를 해당 수사관서가 위치하는 특별시·광역시·도 또는 특별자치도 이외의 지역에서 긴급체포하였을 때에는 24시간 이내에 긴급체포에 대한 승인건의를 할 수 있다(수사준칙 제27조 제1항). 19. 순경 2차

⚖ 관련판례

1. 사법경찰관이 검사에게 긴급체포된 피의자에 대한 긴급체포 승인건의와 함께 구속영장을 신청한 경우, 검사의 구속영장 청구 전 피의자 대면조사는 긴급체포의 적법성을 의심할 만한 사유가 기록 기타 객관적 자료에 나타나고 피의자의 대면조사를 통해 그 여부의 판단이 가능할 것으로 보이는 예외적인 경우에 한하여 허용될 뿐, 긴급체포의 합당성이나 구속영장 청구에 필요한 사유를 보강하기 위한 목적으로 실시되어서는 아니 된다. 11. 순경, 17. 경찰간부, 18. 7급 국가직 나아가 검사의 구속영장 청구 전 피의자 대면조사는 강제수사가 아니므로 피의자는 검사의 출석 요구에 응할 의무가 없고, 피의자가 검사의 출석 요구에 동의한 때에 한하여 사법경찰관리는 피의자를 검찰청으로 호송하여야 한다(대판 2010.10.28, 2008도11999). 11. 순경, 20. 순경 1차

   ⓘ 사법경찰관이 검사에게 긴급체포된 피의자에 대한 승인 건의와 함께 구속영장을 신청한 경우 검사는 긴급체포의 합당성이나 구속영장 청구에 필요한 사유를 보강하기 위하여 긴급체포한 피의자를 검찰청으로 출석시켜 직접 대면조사할 수 있다. (×) 14. 수사경과, 17. 9급 교정·보호·철도경찰·해경

2. 경찰관들이 미란다 원칙상 고지사항의 일부만 고지하고 신원확인절차를 밟으려는 순간 범인이 유리 조각을 쥐고 휘둘러 이를 제압하려는 경찰관들에게 상해를 입힌 경우, 그 제압과정 중이나 후에 지체 없이 미란다 원칙을 고지하면 되는 것이므로 위 경찰관들의 긴급체포업무에 관한 정당한 직무집행을 방해한 경우에 해당한다(대판 2007.11.29, 2007도7961).

ⓓ 긴급체포한 피의자를 호송 중 필요한 때에는 가장 접근한 교도소 또는 구치소에 임시로 유치할 수 있다(제200조의 6, 제86조).

② **긴급체포에 수반한 강제처분**

ⓒ **긴급체포와 압수·수색·검증** : 피의자를 긴급체포할 때 영장 없이 타인의 주거에서 피의자를 수색하거나, 체포현장에서 압수·수색·검증을 할 수 있다(제216조 제1항). 18. 경찰승진 긴급체포된 피의자가 소유·소지·보관한 물건에 대해서는 체포한 때로부터 24시간(48시간 ×) 이내에 영장 없이 압수·수색·검증할 수 있다(제217조 제1항). 09·10. 11. 9급 국가직, 11·13·14. 경찰승진, 17. 해경, 13·14·20. 수사경과 압수한 물건을 계속 압수할 필요가 있는 때에는 지체 없이 압수·수색영장을 청구(체포한 때로부터 48시간 이내)하여야 하며, 18. 경찰승진, 20. 순경 2차 이를 발부받지 못한 때에는 압수한 물건을 즉시 반환하여야 한다(제217조 제2항·제3항).

⚖ 관련판례

긴급체포된 자가 소유·소지 또는 보관하는 물건에 대하여 긴급히 압수할 필요가 있어 체포한 때부터 24시간 이내에 영장 없이 압수·수색 또는 검증을 하는 경우 체포현장이 아닌 장소에서도 긴급체포된 자가 소유·소지 또는 보관하는 물건을 대상으로 할 수 있다(대판 2017.9.12, 2017도10309). 20. 경찰승진

ⓘ 경찰이 피의자의 집에서 20m 떨어진 곳에서 피고인을 체포하여 수갑을 채운 후 피고인의 집으로 가서 집안을 수색하여 칼과 합의서를 압수하였고 적법한 시간 내에 압수·수색영장을 청구하여 발부받지도 않았다면, 사후에 경찰이 피의자로부터 칼과 합의서에 대한 임의제출동의서를 받았다고 하더라도 증거능력이 인정되지 아니한다(대판 2010.7.22, 2009도14376). 16. 7급 국가직
ⓘ 긴급체포된 자가 소유·소지·보관한 물건에 대해서는 체포 후 24시간 이내에 영장 없이 압수·수색·검증할 수 있지만, 압수한 물건을 계속 압수할 필요가 있는 때에는 지체 없이 압수한 때로부터 48시간 이내에 압수영장을 청구하여야 한다. (×) 13. 9급 검찰·마약·교정·보호·철도경찰

ⓛ **무기사용** : 피의자에 대한 긴급체포시 상당한 이유가 있으면 경찰관은 무기를 사용할 수 있다(경찰관직무집행법 제10조의 4).

③ **체포 후의 조치**

㉠ 변호인이 있으면 변호인에게, 변호인이 없으면 변호인선임권자(제30조 제2항) 중 피의자가 지정한 자에게 체포사실을 알려야 한다. 통지는 지체 없이 서면으로 하여야 하며, 늦어도 24시간 내에 서면으로 하여야 한다. 급속을 요하는 때에는 체포되었다는 취지 및 체포일시·장소를 전화 또는 모사전송 기타방법에 의하여 통지할 수 있다. 다만, 이경우에도 다시 서면으로 통지하여야 한다(제200조의 6, 제87조, 규칙 제51조, 제100조 제1항).

ⓘ 통지의 내용 ⇨ 피의사건명, 체포일시·장소, 피의사실의 요지, 체포이유 및 변호인을 선임할 수 있다는 취지
ⓘ 통지의 대상이 없어서 통지를 못한 때에는 그 취지를 기재한 서면을 기록에 철하여야 한다.

㉡ 검사 또는 사법경찰관이 피의자를 긴급체포한 경우에 피의자를 구속하고자 할 때에는 검사는 지체 없이 관할 지방법원판사에게 구속영장(체포영장 ×)을 청구하여야 하고, 05. 순경 3차, 09. 9급 국가직 사법경찰관은 검사에 신청하여 검사의 청구로 관할 지방법원판사에 구속영장을 청구하여야 한다(제200조의 4 제1항).

㉢ 구속영장의 청구시간은 48시간을 초과할 수 없으며, 구속영장 청구시에는 긴급체포서를 첨부하여야 한다(제200조의 4 제1항 후단). 09. 9급 국가직 48시간 이내에 구속영장을 청구하지 아니하거나, 발부받지 못한 때에는 피의자를 즉시 석방하여야 한다(동조 제2항). 13·14. 경찰승진, 13·18. 수사경과 48시간 이내에 청구하면 족하므로 이 기간이 넘어서 구속영장이 발부되었다고 해서 피의자를 석방해야 하는 것은 아니다. 19. 경찰간부 물론 긴급체포 후 구속할 필요가 없으면 즉시 석방하여야 한다.

ⓘ 긴급체포 후 피의자를 구속하고자 할 때에는 48시간 이내에만 구속영장을 청구하면 된다. (×)
ⓘ 긴급체포의 위법이 구속영장 기각사유에 해당하는지 여부 ⇨ 긴급체포의 위법을 실효적으로 통제하기 위해서는 구속영장 기각사유로 보는 견해가 타당

   ⓔ 사법경찰관은 긴급체포한 피의자에 대하여 구속영장을 신청하지 아니하고, 석방한 경우
   에는 석방보고서를 작성하여 즉시 검사에게 보고하여야 한다(제200조의 4 제6항). 09. 순경,
   09 · 10. 9급 국가직, 08 · 12. 순경 3차, 13 · 14 · 15 · 17. 수사경과, 10 · 18. 경찰승진, 19. 순경 2차

    ⓘ 석방 전 검사의 지휘 ⇨ 필요 ×
    ⓘ 검사에 보고 ⇨ 검사의 승인 여부와 무관하게 언제나 행하여야 함.
    ⓘ 피의자에게 유리하므로 석방 후 30일 이내에 보고하면 족하다. (×) 12 · 16. 경찰승진, 13. 순경 1차
    ⓘ 사법경찰관은 긴급체포한 피의자에 대하여 구속영장을 신청하지 아니하고, 석방한 경우
    에는 즉시 법원에 통지하여야 한다. (×) 11. 경찰승진, 19. 경찰간부

   ⓜ 검사는 구속영장을 청구하지 아니하고 석방한 경우에는 석방한 날로부터 30일 이내(즉시
   ×)에 서면으로 법원에 통지하여야 한다(긴급체포서 사본 첨부)(제200조의 4 제4항). 13. 경찰승진

    ⓘ 법원으로부터 사후승인까지 얻을 필요는 없다. 19. 경찰간부 · 순경 2차, 20. 수사경과

관련판례

피의자가 2009. 11. 2. 22 : 00경 긴급체포되어 조사를 받고 구속영장이 청구되지 아니하여 2009. 11.
4. 20 : 10경 석방되었음에도 검사가 그로부터 30일 이내에 형사소송법 제200조의 4에 따른 석방통지를
법원에 하지 않았다 하더라도, 피의자에 대한 긴급체포 당시의 상황과 경위, 긴급체포 후 조사 과정
등에 특별한 위법이 없다고 볼 수 있는 이상, 단지 사후에 석방통지가 법에 따라 이루어지지 않았다는
사정만으로 그 긴급체포에 의한 유치 중에 작성된 피의자에 대한 피의자신문조서들의 작성이 소급하여
위법하게 된다고 볼 수는 없다(대판 2014.8.26, 2011도6035). 17 · 21. 순경 1차

   ⓗ 긴급체포 후 석방된 자 또는 그 변호인 · 법정대리인 · 배우자 · 직계친족 · 형제자매는 사후
   에 통지서 및 관련서류를 열람 · 등사할 수 있다(제200조의 4 제4항 · 제5항). 10. 9급 국가직, 11 · 14.
   경찰승진, 17. 9급 교정 · 보호 · 철도경찰 · 해경, 18. 순경 1차, 21. 수사경과

    ⓘ 가족 · 동거인 또는 고용주 ⇨ ×

통지서 기재사항(제200조의 4 제4항)

> 1. 긴급체포 후 석방된 자의 인적 사항
> 2. 긴급체포의 일시 · 장소와 긴급체포하게 된 구체적 사유
> 3. 석방의 일시 · 장소 및 사유
> 4. 긴급체포 및 석방한 검사 또는 사법경찰관의 성명

  ⓘ 통지제도는 긴급체포의 남용을 방지하기 위함이고, 통지서 및 관련서류의 열람 · 등사 허용은 긴급체포로
인한 위법행위의 시정이나 배상을 구하는 데 석방자 측에서 이를 이용할 수 있도록 하기 위함이다. 09. 순경

(4) 재긴급체포의 제한

  긴급체포되었다가 구속영장을 청구하지 아니하였거나 발부받지 못하여 석방된 자는 영장 없이는
동일한 범죄사실에 관하여 다시 체포하지 못한다(제200조의 4 제3항). 17. 9급 교정 · 보호 · 철도경찰, 14 · 19 ·
21. 수사경과 **따라서 체포영장이나 구속영장에 의한 체포는 가능하다**(대판 2001.9.28, 2001도4291). 13.
경찰간부, 14. 9급 법원직, 15. 순경 3차, 10 · 18. 7급 국가직, 12 · 20. 순경 2차 · 교정특채, 14 · 20 · 21. 수사경과, 21. 경찰승진

ⓘ 긴급체포의 요건을 갖추었거나 다른 중요한 증거가 발견된 경우라면 다시 동일한 범죄사실로 긴급체포하는 것도 가능하다. (×) 17. 해경

ⓘ 긴급체포 후 석방된 피의자일지라도 법원으로부터 구속영장을 발부받아 구속할 수 있다. (○) 18. 순경 1차

⑸ 긴급체포된 자의 지위

① **접견교통권 보장** : 긴급체포된 자도 접견교통권이 보장된다.

② **구속기간의 계산** : 피의자에 대한 구속영장이 발부된 경우 구속기간의 기산점은 체포된 때이다 (제203조의 2). 17. 순경 2차, 20. 수사경과, 13·15·16·21. 경찰승진

> ⓘ 구속된 피의자가 피고인으로 된 경우 피고인 구속기간 ⇨ 공소제기시부터 기산(제92조 제3항)

③ **체포적부심사청구권** : 긴급체포된 피의자에게도 체포적부심사청구권이 인정된다(제214조의 2 제1항 참조).

④ **위법한 긴급체포** : 위법한 긴급체포 중에 수집한 증거는 특별한 사정이 없는 한 증거사용이 불가능하며, 위법체포 후 긴급체포 역시 위법하다.

🔨 관련판례

1. 긴급체포가 그 요건을 갖추지 못할 경우, 단순히 체포가 위법함에 그치는 것이 아니라 그 체포에 의한 유치 중에 작성된 피의자신문조서도 특별한 사정이 없는 한 증거능력이 부정된다(대판 2008.3.27, 2007 도11400). 09·10·13. 순경, 10. 9급 국가직, 11. 9급 검찰, 12. 변호사시험, 10·11·16. 경찰승진

2. 사법경찰관이 피고인을 수사관서까지 동행한 것이 사실상의 강제연행, 즉 불법체포에 해당하고, 불법체포로부터 6시간 상당이 경과한 후에 이루어진 긴급체포 또한 위법하므로 15. 수사경과 피고인이 불법체포된 자로서 형법 제145조 제1항에 정한 '법률에 의하여 체포 또는 구금된 자'가 아니어서 도주죄의 주체가 될 수 없다(대판 2006.7.6, 2005도6810). 11. 9급 검찰, 13. 순경 2차, 10·17. 경찰승진

⑤ **긴급체포서 등 등본 교부청구권** : 구속영장이 청구되거나 체포 또는 구속된 피의자, 그 변호 인, 법정대리인, 배우자, 직계친족, 형제자매나 동거인 또는 고용주는 긴급체포서, 현행범인 체포서, 체포영장, 구속영장 또는 그 청구서를 보관하고 있는 검사, 사법경찰관 또는 법원사 무관 등에게 그 등본의 교부를 청구할 수 있다(규칙 제101조).

✓ Key Point

- **긴급체포의 요건** : 제200조의 3
- **긴급체포요건 판단** : 체포당시 상황을 기초(사후 사정 기초 ×)
- **긴급체포권자** : 검사 또는 사법경찰관(사법경찰리 ×)
- **긴급체포대상 범죄가 아닌 것** : 도표 참조
- **긴급체포 후 구속영장청구** : 구속 필요시 지체 없이 구속영장청구(늦어도 48시간 초과 금지)
- **긴급체포된 자 즉시 석방** ┌ 구속의 필요가 없을 때
  ├ 지체 없이 구속영장을 청구하지 아니한 때
  └ 구속영장청구가 있었으나 영장이 발부되지 않을 때
- **사법경찰관 긴급체포** : 즉시 검사의 승인 요함

- **구속영장청구** : 필요시 지체 없이(늦어도 48시간 이내)
- **긴급체포시 압수 · 수색 · 검증** : 무영장
- **긴급체포된 자의 물건에 대한 긴급 압수** ⇨ 24시간 이내(48시간 ×)
- **재긴급체포제한** : 영장 없이는 재체포 ×
- **긴급체포 후 석방** : 검사는 30일 내에 법원에 통지(서면), 사법경찰관은 검사에 즉시 보고

3 현행범인체포

(1) 현행범의 의의

① **의의** : 현행범인은 누구든지 영장 없이 체포할 수 있고 긴급체포와 함께 영장주의의 예외에 속한다(헌법 제12조 제3항 단서). 형사소송법은 현행범인을 고유한 의미의 현행범인(제211조 제1항)과 준현행범인(제211조 제2항)으로 나누어 규정하고 있다.

⓵ 현행범에게 영장주의 예외를 인정함은 범행과 시간적으로 밀접해 있어 범죄의 명확성이 인정되기 때문이다.
⓵ 현행범인 경우에는 회기 중인 국회의원이라도 국회의 동의 없이 체포할 수 있다.

② **현행범인** : 현행범인은 범죄의 실행 중이거나 실행 직후인 자를 말한다(제211조 제1항).16. 순경 2차 범죄의 실행 즉후란 범죄실행행위의 종료 직후를 말하며, 결과발생 유무와는 상관 없을 뿐 아니라 실행행위를 전부 종료할 것도 요하지 않는다.

㉠ 범죄의 실행 중이란 범죄의 실행에 착수하여 아직 종료하지 못한 상태를 말한다. 미수가 처벌되는 범죄에 있어서는 실행의 착수가 있으면 족하며, 예비 · 음모를 벌하는 경우에는 예비 · 음모행위가 실행행위에 해당한다.

㉡ 교사범 · 방조범은 정범의 실행을 전제로 하므로 정범의 실행행위가 개시된 때에 현행범이 된다고 해야 한다(다수설).

㉢ 간접정범의 경우 간접정범의 이용행위가 있으면 족하다는 견해와 피이용자의 실행행위가 개시된 때를 기준으로 하자는 견해가 있다. 이용행위를 기준으로 하면 현행범인의 범위가 넓어진다 할 것이므로 후자가 타당하다고 본다.

㉣ 범죄의 실행 직후란 범죄실행행위를 종료한 직후를 말한다. 따라서 시간적 접착성이 인정되어야 한다. 시간이 지남에 따라 범인이 범죄장소로부터 이동하는 것이 일반적이고 그렇게 되면 다른 사람과 섞여 혼동될 가능성도 있기 때문에 장소적 접착성도 필요하다고 보아야 한다.

🔎 관련판례

1. "범죄의 실행의 즉후인 자"라고 함은, 범죄의 실행행위를 종료한 직후의 범인이라는 것이 체포하는 자(제3자 ×, 일반인 ×)의 입장에서 볼 때 명백한 경우를 일컫는 것이고, 11. 순경 1차, 13. 순경 2차, 10 · 12 · 14 · 16. 경찰승진, 18. 7급 국가직, 18 · 20. 경찰간부, 13 · 14 · 19 · 20 · 21. 수사경과 "범죄의 실행행위를 종료한 직후"라고 함은, 범죄행위를 실행하여 끝마친 순간 또는 이에 아주 접착된 시간적 단계를 의미

하는 것으로 해석되므로, 시간적으로나 장소적으로 보아 체포를 당하는 자가 방금 범죄를 실행한 범인이라는 점에 관한 죄증이 명백히 존재하는 것으로 인정되는 경우에만 **현행범인으로 볼 수 있는 것이다**(대판 2007.4.13, 2007도1249). 10. 경찰승진, 10·16. 순경 2차, 11·16. 순경 1차, 16. 9급 검찰·마약수사· 7급 국가직

ⓘ 형사소송법 제211조가 현행범인으로 규정한 '범죄의 실행의 즉후인 자'라고 함은 범죄의 실행행위를 종료한 직후의 범인이라는 것이 객관적인 제3자의 입장에서 볼 때 명백한 경우를 일컫는 것이고, '범죄의 실행행위를 종료한 직후'라고 함은 범죄행위를 실행하여 끝마친 순간 또는 이에 아주 접착된 시간적 단계를 의미하는 것으로 해석된다. (×) 20. 경찰승진

2. 피고인이 음주운전을 종료한 후 40분 이상이 경과한 시점에서 길가에 앉아 있던 피고인에게서 술냄새가 난다는 점만을 근거로 피고인을 음주운전의 현행범으로 체포한 것은 피고인이 '방금 음주운전을 실행한 범인이라는 점에 관한 죄증이 명백하다고 할 수 없는 상태'에서 이루어진 것으로서 적법한 공무집행이라고 볼 수 없고, 그 이후에 피고인에 대하여 음주측정을 요구한 것은 절차적 적법성을 구비하지 못한 것이고 피고인에 대한 조사행위 역시 적법한 직무집행행위라고 볼 수 없다(대판 2007.4.13, 2007도1249). 15·20. 경찰간부, 21. 수사경과, 20. 해경, 14·19·21. 경찰승진

3. 무학여고 앞길에서 싸움을 한 지 10분밖에 지나지 않았고, 체포된 장소도 범행현장에 인접한 위 학교운동장인 경우 현행범체포로서 적법한 공무집행에 해당한다(대판 1993.8.13, 93도926). 09. 순경, 11. 순경 2차, 11·15. 경찰승진, 13·15·18·20. 수사경과

4. 교장실에 들어가 약 5분 동안 식칼을 휘두르며 소란을 피우다 부모의 만류로 그만둔 후 40분 정도 지나서 교장실이 아닌 서무실에서 체포하는 것은 현행범체포에 해당하지 아니한다(대판 1991.9.24, 91도1314). 04. 순경·9급 법원직, 09. 순경 1차, 11. 순경 2차, 14·15. 수사경과, 16. 경찰간부, 19. 경찰승진

5. 목욕탕 탈의실에서 구타하고 약 1분여 동안 피해자의 목을 잡고 있다가 그 곳에 있던 다른 사람들이 말리자 잡고 있던 목을 놓은 후 목욕탕 탈의실 의자에 앉아 있다가 피고인이 옷을 입고 있었던 중 경찰관들이 현장에 출동하여 현행범인으로 체포함은 적법하다(대판 2006.2.10, 2005도7158).

6. 주민의 신고를 받고 현장에 도착했을 때에는 이미 싸움이 끝난 상태였다면 현행범 내지는 준현행범이 아니므로 이를 체포하였다면 적법한 공무집행이라고 볼 수 없다(대판 1989.12.12, 89도1934). 04. 9급 법원직

---

③ **준현행범인** : 준현행범인은 현행범은 아니지만 형사소송법에 의해 현행범인으로 간주되는 자를 말한다.

현행범인으로 간주되는 자(제211조 제2항)

1. 범인으로 불리며 추적되고 있을 때 13. 경찰간부
2. 장물이나 범죄에 사용되었다고 인정하기에 충분한 흉기나 그 밖의 물건을 소지하고 있을 때
3. 신체나 의복류에 증거가 될만한 뚜렷한 흔적이 있을 때
4. 누구냐고 묻자 도망하려고 할 때 10. 교정특채, 11. 순경

㉠ **추적 중** : 원칙적으로 범죄종료 후로부터 추적·호창이 계속됨을 요하나 극히 단시간의 중단은 무방하다고 본다. **예** 범인을 추적하던 중 범인을 놓쳤다가 잠시 후 그 부근에서 범인을 발견한 경우는 준현행범에 해당

ⓒ **장물·흉기 소지** : 장물·흉기의 소지가 범죄실행행위의 종료와 시간적 접착성이 인정되어야 한다. 例 범죄가 있은 수일 후에 장물 또는 흉기를 소지하고 있는 자는 준현행범이 아님

⚖ 관련판례

순찰 중이던 경찰관이 교통사고를 낸 차량이 도주하였다는 무전연락을 받고 주변을 수색하다가 범퍼 등의 파손상태로 보아 사고차량으로 인정되는 차량에서 내리는 사람을 발견한 경우, 형사소송법 제211 조 제2항 제2호 소정의 '장물이나 범죄에 사용되었다고 인정함에 충분한 흉기 기타의 물건을 소지하고 있는 때'에 해당하므로 준현행범으로서 영장 없이 체포할 수 있다(대판 2000.7.4, 99도4341). 09. 순경 1차, 11. 순경 2차, 13·14. 7급 국가직, 15. 경찰승진, 19. 9급 법원직, 13·16·17·21. 수사경과, 20. 해경, 19·21. 경찰간부

ⓒ **누구인지 물음에 도망** : 누구인지 묻는 주체는 수사기관에 한하지 않고 사인을 포함하며, 반드시 말로써 누구냐고 물을 것도 요하지 않는다.
ⓘ 불심검문하는 경찰관이 누구임을 물음에 대하여 도망하려는 자는 현행범인으로 간주하여 체포될 수 있다. (○) 14. 9급 교정·보호·철도경찰

⑵ **현행범체포의 요건**

현행범을 체포하려면 ① 범죄나 범인의 명백성이 있어야 하고 ② 체포의 필요성(체포사유)이 있어야 하며, ③ 현행범체포의 비례성이 있어야 한다. 현행범체포의 적법성 여부는 체포 당시의 구체적 상황을 기초로 객관적으로 판단하여야 하고 사후에 범인으로 인정되었는지에 의할 것은 아니다.

⚖ 관련판례

1. 비록 소란행위가 업무방해죄의 구성요건에 해당하지 않아 사후적으로 무죄로 판단된다고 하더라도, 피고인이 상황을 설명해 달라거나 밖에서 얘기하자는 경찰관의 요구를 거부하고 경찰관 앞에서 소리를 지르고 양은그릇을 두드리면서 소란을 피운 당시 상황에서는 객관적으로 보아 피고인이 업무방해죄의 현행범이라고 인정할 만한 충분한 이유가 있으므로, 경찰관들이 피고인을 체포하려고 한 행위는 적법한 공무집행이라고 보아야 한다(대판 2013.8.23, 2011도4763). 16. 9급 검찰·마약수사, 18· 20. 순경 2차
2. 현행범인 체포의 요건을 갖추었는지는 체포 당시의 상황을 기초로 판단하여야 하고, 이에 관한 수사주체의 판단에는 상당한 재량의 여지가 있다고 할 것이다. 따라서 체포 당시의 상황에서 보아 그 요건에 관한 수사주체의 판단이 경험칙에 비추어 현저히 합리성이 없다고 인정되지 않는 한 수사주체의 현행범인 체포를 위법하다고 단정할 것은 아니다(대판 2018.3.29, 2017도21537). 18. 순경 2차

① **범죄와 범인의 명백성** : 형식상 죄를 범한 것으로 보일지라도 범죄가 성립하지 않을 때에는 현행범인으로 체포할 수 없다. 따라서 형법상 구성요건에 해당하고 위법성조각사유와 책임 조각사유가 없음이 명백한 경우라야 현행범인으로 체포할 수 있다.
例 형사미성년자 ⇨ 현행범체포 대상×, 소송조건의 존재 ⇨ 체포의 요건×
∴ 친고죄의 경우 고소가 없더라도 현행범체포 가능함(다만, 고소가능성이 전혀 없다면 체포×)

② **체포의 필요성**(체포사유) : 긴급체포와는 달리 현행범인의 체포에 도망이나 증거인멸의 우려와 같은 구속사유가 필요하다는 명문의 규정은 없다. 필요설과 불필요설의 대립이 있으나, 판례는 전자의 입장에 있다.

소 관련판례

1. 현행범인은 누구든지 영장 없이 체포할 수 있으므로 사인의 현행범인체포는 법령에 의한 행위로서 위법성이 조각된다고 할 것인데, 현행범인체포의 요건으로서는 행위의 가벌성, 범죄의 현행성 및 시간적 접착성, 범인·범죄의 명백성 외에 체포의 필요성, 즉 도망 또는 증거인멸의 염려가 있을 것을 요한다(대판 2011.5.26, 2011도3682). 17. 경찰간부, 19. 7급 국가직, 13·20. 순경 2차, 16·20. 순경 1차, 15·18·19·20. 수사경과, 10·11·14·16·18·21. 경찰승진

2. 甲과 乙이 주차문제로 다투던 중 乙이 112신고를 하였고, 甲이 출동한 경찰관에게 폭행을 가하여 공무집행방해죄의 현행범으로 체포된 경우, 112에 신고를 한 것은 乙이었고, 甲이 현행범으로 체포되어 파출소에 도착한 이후에도 경찰관의 신분증 제시요구에 20여 분 동안 응하지 아니하면서 인적사항을 밝히지 아니하였다면, 甲에게는 현행범체포 당시에 도망 또는 증거인멸의 염려가 있었다고 할 수 있다(대판 2018.3.29, 2017도21537). 21. 7급 국가직

③ **비례성** : 경미사건(50만원 이하의 벌금, 구류 또는 과료에 해당하는 죄)의 현행범인에 대해서는 범인의 주거가 분명하지 아니한 경우에만 그 체포가 허용된다(제214조) 16·19·20. 수사경과, 21. 해경고 규정하고 있는바, 17. 순경 1차 이는 비례성 원칙의 표현이다. 13. 순경 2차, 20. 경찰승진

⑴ • 경미사건 ⇨ 사람이 살지 않은 빈집 침입, 노상방뇨, 장난전화, 무임승차·무전취식, 음주소란, 불안감조성, 125cc 이하 원동기장치의 자전거 무면허운전 ∴ 제214조 적용(○)
 • 관공서에서 주취 소란, 범죄나 재해사실 거짓신고 ⇨ 60만원 이하 벌금·구류 또는 과료 ∴ 제214조 적용(×) 18. 수사경과

(3) 현행범체포절차

① **주체** : 현행범체포는 누구든지 할 수 있다. 따라서 수사기관뿐 아니라 사인도 현행범인을 영장 없이 체포할 수 있다(다만, 사인은 체포의무는 없고 체포권한만 가짐). 16. 순경 2차

⑴ 현행범인은 누구든지 체포하여야 한다. (×)
⑴ 수사기관이 현행범인을 발견하거나 사인으로부터 인도받은 경우에 그 발견시 또는 인도를 받은 때가 피의자의 시기(始期)이다.

② **체포권한**

㉠ **일반인의 현행범체포** : 일반인의 체포권한은 현행범을 검사나 사법경찰관리가 올 때까지 붙들고 있거나, 가장 가까운 경찰관서로 끌고가 경찰관에 인도하는 것이다(제213조 제1항). 이를 위해 필요한 최소한도의 폭력이 사용될 수 있다. 사인이 체포한 현행범인을 인도하지 않고 석방하는 것은 허용되지 않는다. 12. 경찰간부

⑴ 현행범인 체포에 있어서 체포의 목적을 달성하기 위하여 필요한 범위 내에서 사인이라도 강제력을 행사할 수 있다. (○) 13. 변호사시험

⚠ 체포현장에서 압수·수색은 검사나 사법경찰관의 권한이므로 일반사인에게는 체포현장에서 압수·수색이 허용되지 아니한다. (○)(제216조 제1항 제2호 참조) 20. 경찰간부

ⓒ **사법경찰관리의 현행범체포**

ⓐ 사법경찰관리가 현행범을 체포할 때에는 일반 시민이 체포한 경우와는 달리 적법절차를 준수하여야 한다. 즉, 피의사실의 요지 및 체포의 이유와 변호인을 선임할 수 있음을 말하고 변명할 기회를 주어야 하며(제200조의 5), 진술거부권을 알려주어야 한다(수사준칙 제32조 제1항). 05. 순경, 10·14·16. 순경 2차, 10·15·16. 경찰승진, 16. 7급 국가직·경찰간부

⚠ 진술거부권 고지 내용 ⇨ 수사준칙 제32조 제2항

⚖ 관련판례

1. 경찰관들이 현행범으로 체포하거나 현행범인체포서를 작성할 때 체포사유 및 변호인선임권을 고지하지 아니하였음에도 불구하고, '체포의 사유 및 변호인 선임권 등을 고지 후 현행범인 체포한 것임'이라는 내용의 허위의 현행범인체포서와 '현행범인으로 체포하면서 범죄사실의 요지, 구속의 이유와 변호인을 선임할 수 있음을 고지하고 변명의 기회를 주었다.'는 내용의 허위의 확인서를 작성한 경우, 허위공문서작성죄가 성립(대판 2010.6.24, 2008도11226) 16. 경찰승진

2. 피고인은 전투경찰순경 甲에게 체포되어 바로 호송버스에 탑승하게 되면서 경찰관 乙에게서 피의사실의 요지 및 현행범인체포의 이유와 변호인을 선임할 수 있음을 고지받고 변명의 기회를 제공받은 경우, 형사소송법 제200조의 5에 규정된 적법한 고지가 이루어졌다고 본다(대판 2012.2.9, 2011도7193).

3. 사법경찰관리가 현행범인을 체포하는 경우(긴급체포의 경우에도 동일)에는 반드시 범죄사실의 요지, 체포의 이유와 변호인을 선임할 수 있음을 말하고 변명할 기회를 주어야 하고, 이와 같은 고지는 체포를 위한 실력행사에 들어가기 이전에 미리 하여야 하는 것이 원칙이나, 달아나는 피의자를 쫓아가 붙들거나 폭력으로 대항하는 피의자를 실력으로 제압하는 경우에는 붙들거나 제압하는 과정에서 하거나, 그것이 여의치 않은 경우 일단 붙들거나 제압한 후에 지체 없이 행하였다면 경찰관의 현행범인 체포는 적법한 공무집행이라고 할 수 있다(대판 2010.6.24, 2008도11226).

⚠ 현행범인체포의 미란다 고지는 체포를 위한 실력행사 이전에 행하여야 하며, 제압 후에 하여서는 안된다. (×) 11. 9급 검찰·마약수사, 17. 경찰승진, 20. 수사경과

4. 甲은 저녁을 먹으면서 술을 마신 뒤 위 식당 건너편 빌라 주차장에 주차되어 있던 甲의 차량을 그대로 둔 채 귀가하였다. 다음 날 아침에 공사를 할 수 없다며 차량을 이동시켜 달라는 취지의 신고전화를 하였고, 이에 경찰관은 차량을 이동할 것을 요구하는 전화를 하였다. 甲은 위 빌라 주차장에 도착하여 술 냄새가 나고 눈이 빨갛게 충혈 되어 있는 상태에서 차량을 약 2m 가량 운전하여 이동·주차하였으나, 누군가 피고인이 음주운전을 하였다고 신고를 하여 경찰관은 음주감지기에 의한 확인을 요구하였으나 '이만큼 차량을 뺀 것이 무슨 음주운전이 되냐.'며 응하지 아니하였고, 임의동행도 거부하였다. 이에 경찰관은 甲을 음주운전죄의 현행범으로 체포하여 위 지구대로 데리고 가 음주측정을 요구하였다. 사안이 경미하고, 도망하거나 증거를 인멸하였다고 단정하기 어려워 甲을 현행범으로 체포한 것은 위법하다(대판 2017.4.7, 2016도19907).

5. 피고인이 甲과 주차문제로 언쟁을 벌이던 중, 112 신고를 받고 출동한 경찰관 乙이 甲을 때리려는 피고인을 제지하자 자신만 제지를 당한 데 화가 나서 손으로 乙의 가슴을 1회 밀치고, 계속하여 욕설을 하면서 피고인을 현행범으로 체포하며 순찰차 뒷좌석에 태우려고 하는 乙의 정강이 부분을 양발

로 2회 걸어차는 등 폭행함으로써 경찰관의 112 신고처리에 관한 직무집행을 방해하였다는 내용으로 기소된 사안에서, 공소사실을 무죄라고 판단한 원심판결에 공무집행방해죄의 폭행이나 직무집행, 현행범 체포의 요건 등에 관한 법리오해 등의 잘못이 있다(대판 2018.3.29, 2017도21537).

6. 조합원들을 체포하는 과정에서 체포의 이유 등을 제대로 고지하지 않다가 30~40분이 지난 후 피고 인 등의 항의를 받고 나서야 비로소 체포의 이유 등을 고지한 것은 형사소송법상 현행범인 체포의 적법한 절차를 준수한 것이 아니므로 적법한 공무집행이라고 볼 수 없다(대판 2017.3.15, 2013도 2168). 21. 수사경과 · 7급 국가직

ⓑ 사법경찰관리는 현행범을 체포하기 위하여 영장 없이 타인의 주거에 들어갈 수 있고 (제216조 제1항 제1호)(일반인은 타인의 주거에 들어가지 못함), 11. 경찰승진 불가피한 경우 필 요한 최소한의 범위에서 무기를 사용할 수 있으며(경찰관직무집행법 제11조), 체포현장 에서 영장 없이 압수 · 수색 · 검증을 할 수 있다(제216조 제1항 제2호). 압수한 물건을 계속 압수할 필요가 있는 경우에는 지체 없이 압수 · 수색영장을 청구하여야 한다(체포 후 48시간 이내)(제217조 제2항). 15. 수사경과

관련판례

현행범 체포 현장이나 범죄 장소에서도 소지자 등이 임의로 제출하는 물건은 영장 없이 압수할 수 있고, 이 경우에는 검사나 사법경찰관이 사후에 영장을 받을 필요가 없다(대판 2016.2.18, 2015도13726).

ⓒ 사법경찰관리가 현행범을 체포하였을 때에는 체포경위를 상세히 적은 현행범인체포 서를 작성하여야 한다(경찰수사규칙 제52조 제2항).

관련판례

1. 피고인들을 비롯한 경찰관들이 현행범으로 체포하거나 현행범인체포서를 작성할 때 체포사유 및 변호인선임권을 고지하지 아니하였음에도 불구하고, '체포의 사유 및 변호인 선임권 등을 고지 후 현행범인 체포한 것임'이라는 내용의 허위의 현행범인체포서를 작성한 사안에서, 당시 피고인들에게 허위공문서작성에 대한 범의도 있었다고 보아야 한다(대판 2010.6.24, 2008도11226). 14 · 16. 경찰승진

2. 경찰관의 현행범인 체포경위 및 그에 관한 현행범인체포서와 공소 범죄사실의 기재에 다소 차이가 있더라도, 그것이 논리와 경험칙상 장소적 · 시간적 동일성이 인정되는 범위 내라면 그 체포행위는 적법한 공무집행에 해당한다(대판 2008.10.9, 2008도3640). 14. 수사경과, 16. 경찰간부, 15 · 17. 순경 1차

ⓒ **실력행사** : 현행범체포시 필요하고 상당하다고 인정되는 범위 내에서 실력행사를 할 수 있으나, 아무리 현행범이라 할지라도 강제연행을 적법한 공무집행이라 볼 수 없다.

관련판례

1. 피고인이 경찰관의 불심검문을 받아 운전면허증을 교부한 후 경찰관에게 큰 소리로 욕설을 하였는 데, 경찰관이 모욕죄의 현행범으로 체포하겠다고 고지한 후 피고인의 오른쪽 어깨를 붙잡자 반항하 면서 경찰관에게 상해를 가한 사안에서, 피고인은 경찰관의 불심검문에 응하여 이미 운전면허증을

교부한 상태이고, 경찰관뿐 아니라 인근 주민도 욕설을 직접 들었으므로, 피고인이 도망하거나 증거를 인멸할 염려가 있다고 보기는 어렵고, 피고인의 모욕 범행은 불심검문에 항의하는 과정에서 저지른 일시적·우발적인 행위로서 사안 자체가 경미할 뿐 아니라, 피해자인 경찰관이 범행현장에서 즉시 범인을 체포할 급박한 사정이 있다고 보기도 어려우므로, 경찰관이 피고인을 체포한 행위는 적법한 공무집행이라고 볼 수 없고, 피고인이 체포를 면하려고 반항하는 과정에서 상해를 가한 것은 불법체포로 인한 신체에 대한 현재의 부당한 침해에서 벗어나기 위한 행위로서 정당방위에 해당한다(대판 2011.5.26, 2011도3682). 16. 변호사시험, 12·19. 경찰승진, 16·21. 수사경과

▶ 모욕죄 : 유죄, 상해죄 : 무죄(위법성조각), 공무집행방해죄 : 무죄(구성요건해당성 ×)

2. 현행범인으로서의 요건을 갖추고 있었다고 인정되지 않는 상황에서 경찰관들이 동행을 거부하는 자를 체포하거나 강제로 연행하려고 하였다면, 이는 적법한 공무집행이라고 볼 수 없고, 그 체포를 면하려고 반항하는 과정에서 경찰관에게 상해를 가한 것은 정당방위에 해당하여 위법성이 조각된다(대판 2002.5.10, 2001도300). 16. 순경 2차, 18. 경찰승진

3. 의경이 피고인을 파출소로 끌고 가려고 한 것은 음주측정을 하기 위한 것일 뿐, 피고인을 음주운전이나 음주측정 거부의 현행범으로 체포하려는 의사였는지도 의심스러울 뿐 아니라, 가사 현행범으로 체포하려 하였더라도 현행범을 체포함에 있어서는 원심이 판시한 바와 같은 적법절차를 준수하여야 함에도 현행범으로 체포한다는 사실조차 고지하지 아니한 채 실력으로 연행하려 한 위 의경의 행위는 적법한 공무집행으로 볼 수 없다(대판 1994.10.25, 94도2283). 09. 순경

4. 피고인이 시비 중 피해자를 주먹으로 그 얼굴을 4, 5회 치고 배를 발로 찬 후 멱살을 잡고 그를 인근 파출소로 끌고가면서 폭행을 하였다면 비록 그 과정에서 피고인도 얻어 맞았다 하더라도 현행범체포에 해당되지 아니한다(대판 1969.12.9, 69도1846). 03. 여경

5. 부산지방경찰청 외사계 소속 경사 甲에게 출입국관리법 위반죄 등의 현행범인으로 체포되어 지체 없이 피의사실의 요지, 체포이유, 변호인선임권 등을 고지하는 등의 절차를 밟지 않고 피고인의 승용차에 승차하여 이동하던 중 피고인이 뒷좌석 유리창을 내리고 도주하려는 것을 위 甲이 수갑을 채우면서 제지하려고 하자 주먹으로 위 甲의 얼굴을 1회 때리는 등 폭행한 사안에서 경찰관 甲의 체포행위는 적법한 공무집행이라고 볼 수 없다(대판 2006.11.23, 2006도2732).

6. 차를 손괴하고 도망하려는 자를 체포함에 있어 멱살을 잡고 흔들어 피해자에게 전치 14일의 흉부찰과상을 입게 된 사실이 인정되더라도 그것은 사회통념상 허용되는 행위라고 볼 것이므로 현행범에 대한 체포는 정당하다(대판 1999.1.26, 98도3029).

7. 피고인이 교통단속 경찰관의 면허증 제시 요구에 응하지 않고 교통경찰관을 폭행한 사안에 대하여 경찰관의 면허증 제시 요구에 순순히 응하지 않은 것은 잘못이라고 하겠으나, 피고인이 위 경찰관에게 먼저 폭행 또는 협박을 가한 것이 아니라면 경찰관의 오만한 단속 태도에 항의한다고 하여 피고인을 그 의사에 반하여 교통초소로 연행해 갈 권한은 경찰관에게 없는 것이므로, 이러한 강제연행에 항거하는 와중에서 경찰관의 멱살을 잡는 등 폭행을 가하였다고 하여도 공무집행방해죄가 성립되지 않는다(대판 1992.2.11, 91도2797).

8. 경찰관이 피고인을 불심검문 끝에 임의동행을 요구하고, 도망치는 피고인을 체포하려는 행위가 구속영장의 집행으로 하는 것인지, 현행범인으로 체포하려는 것인지 알 수 없다면 적법한 공무집행행위였다고 단정할 수 없다(대판 1977.8.23, 77도2111).

9. 피고인이 경찰관들과 마주하자마자 도망가려는 태도를 보이거나 먼저 폭력을 행사하며 대항한 바 없는 등 경찰관들이 체포를 위한 실력행사에 나아가기 전에 체포영장을 제시하고 미란다 원칙을 고지할 여유가 있었음에도 애초부터 미란다 원칙을 체포 후에 고지할 생각으로 먼저 체포행위에 나선 행위는 적법한 공무집행이라고 보기 어렵다(대판 2017.9.21, 2017도10866). 21. 순경 2차

③ 체포 후의 절차

㉠ 현행범인의 인도

ⓐ 일반인이 현행범인을 체포한 경우에는 즉시 검사 또는 사법경찰관리에게 인도하여야 한다(제213조 제1항). 13. 수사경과, 13 · 14 · 16. 순경 2차, 13 · 20. 경찰간부

⚠ 여기서 '즉시'라고 함은 반드시 체포시점과 시간적으로 밀착된 시점이어야 하는 것은 아니고, '정당한 이유 없이 인도를 지연하거나 체포를 계속하는 등으로 불필요한 지체를 함이 없이'라는 뜻으로 볼 것이다(대판 2011.12.22, 2011도12927). 16. 7급 국가직, 18. 경찰간부 · 경찰승진, 16 · 20. 순경 2차, 21. 수사경과

ⓑ 사법경찰관리가 현행범인의 인도를 받은 때에는 체포자의 성명 · 주거 · 체포사유를 묻고 필요한 경우 체포자에게 경찰관서에 동행할 것을 요구할 수 있다(제213조 제2항). 11 · 16. 경찰승진, 13 · 14. 순경 2차, 20. 7급 국가직 현행범인을 체포한 자는 그 사건에 관하여 중요한 참고인(증인)으로 된다는 점을 고려한 규정이다. 현행범인을 인도받은 사법경찰관리는 현행범인 인수서를 작성하여야 한다(경찰수사규칙 제52조 제2항). 00. 경찰승진

ⓒ 수사기관이 사인에 의해 체포된 현행범인을 인도받은 경우에도 피의사실요지, 체포이유와 변호인을 선임할 수 있음을 말하고 변명할 기회를 주어야 한다(제200조의 5, 제213조의 2). 16. 7급 국가직

㉡ 구속영장청구 : 현행범을 체포한 후 구속하고자 할 때에는 48시간 이내에 구속영장을 청구하여야 하고,14. 경찰승진, 20. 수사경과 청구하지 아니한 때에는 즉시 피의자를 석방하여야 한다(제213조의 2). 48시간 이내에 청구하면 족하고 그 기간 내에 구속영장이 발부되어야 하는 것이 아님은 체포영장에 의한 체포 · 긴급체포의 경우와 같다. 또한 구속영장의 청구가 기각된 경우에도 즉시 석방하여야 한다(규칙 제100조 제2항).

⚠ 사법경찰관이 현행범인을 석방한 경우에는 피의자 석방보고서에 석방의 일시와 석방사유를 기재하여 지체 없이 그 사실을 검사에게 보고하여야 하며, 그 문서의 사본을 수사기록에 편철하여야 한다(수사준칙 제28조 제2항). – 미리 지휘를 받을 필요는 없다.

⚠ 사법경찰관이 현행범인으로 체포된 피의자를 석방하고자 하는 경우에는 미리 검사의 지휘를 받아야 하고, 체포된 현행범인을 석방한 때에는 지체 없이 피의자석방보고서를 작성하여야 한다. (×) 11. 경찰승진

⚖ 관련판례

1. 검사 등이 아닌 이에 의하여 현행범인이 체포된 후 불필요한 지체 없이 검사 등에게 인도된 경우 구속영장 청구시한인 48시간의 기산점은 체포시가 아니라 검사 등이 현행범인을 인도받은 때라고 할 것이다(대판 2011.12.22, 2011도12927). 17. 순경 1차, 18 · 19. 경찰간부, 19. 9급 법원직, 18 · 20. 수사경과, 20. 해경, 20 · 21. 경찰승진, 21. 순경 2차

2. 소말리아 해적인 피고인들 등이 아라비아해 인근 공해상에서 대한민국 해운회사가 운항 중인 선박을 납치하여 대한민국 국민인 선원 등에게 해상강도 등 범행을 저질렀다는 내용으로 국군 청해부대에 의해 체포·이송되어 국내 수사기관에 인도된 후 구속·기소된 사안에서, 청해부대 소속 군인들이 피고인들을 현행범인으로 체포한 것은 검사 등이 아닌 이에 의한 현행범인 체포에 해당하고, 피고인들 체포 이후 국내로 이송하는 데에 약 9일이 소요된 것은 공간적·물리적 제약상 불가피한 것으로 정당한 이유 없이 인도를 지연하거나 체포를 계속한 경우로 볼 수 없으며, 경찰관들이 피고인들의 신병을 인수한 때로부터 48시간 이내에 청구하여 발부된 구속영장에 의하여 피고인들이 구속되었으므로, 적법한 체포, 즉시 인도 및 적법한 구속에 의하여 공소제기 당시 국내에 구금되어 있다 할 것이다(대판 2011.12.22, 2011도12927).

ⓘ 비록 9일만에 인도하였더라도 즉시 인도한 것으로 보아야 한다는 취지

ⓘ 수사기관이 아닌 자에 의하여 현행범이 체포된 경우 구속영장의 청구시한인 48시간의 기산점은 체포시이다. (×) 17. 경찰간부, 18. 경찰승진

ⓒ **체포의 통지** : 변호인이 있는 경우에는 변호인에게, 변호인이 없는 경우에는 법정대리인, 배우자, 직계친족, 형제자매 중 피의자가 지정한 자에게 피의사건명, 체포일시와 장소, 피의사실의 요지, 체포이유와 변호인을 선임할 수 있음을 지체 없이 서면으로 알려야 하며, 늦어도 24시간 내에 서면으로 하여야 한다(제200조의 6, 제87조, 규칙 제51조, 제100조 제1항).
15. 수사경과

✓ Key Point

- **현행범** : 범행 중 또는 범행 즉후인 자(판단기준 : 체포한 자)
- **범죄불성립** ⇨ 현행범체포 ×
- **체포요건** : 범인·범죄 명백성, 체포필요성(도망 또는 도망 및 증거인멸의 염려)
- **경미사건**(50만원 이하 벌금, 구류, 과료) ⇨ 주거부정인 때에만 체포 허용
- 교사, 방조범 ⇨ 정범의 실행행위 필요(다수설)
  간접정범 ⇨ 이용행위시 / 피이용자의 실행행위시 견해 대립
- **준현행범인** : 제211조 제2항
- **현행범체포의 주체** : 누구든지(사법경찰관리 ⇨ 타인주거에 들어갈 수 있음, 일반인 ⇨ 타인주거에 들어갈 수 없음)
- **구속필요** : 체포시로부터 48시간 이내 구속영장청구(인도 받은 경우 ⇨ 인도 받은 때로부터 48시간)
- **즉시 석방** : 구속영장 불청구, 구속영장 기각

체포 · 구속의 유형별 정리

구 분	체 포			구 속
	체 포	긴급체포	현행범체포	
요 건	• 객관적 혐의 • 출석불응(우려) • 경미사건 ⇨ 주거 부정 또는 출석 불응	• 범죄중대성(장기 3년 이상 징역·금고) • 증거인멸 우려 • 도망 또는 도망 우려 • 긴급성	• 현행범(준현행범) • 경미사건 ⇨ 주거 부정	• 객관적 혐의 • 주거부정 • 증거인멸 우려 • 도망 또는 도망 우려 • 경미사건 ⇨ 주거부정
영 장	체포영장(검사청구 ⇨ 지방법원판사 발부)	영장 ×	영장 ×	구속영장(검사청구 ⇨ 지방법원판사 발부) ▶ 피고인 : 수소법원 발부 (검사청구 ×)
통 지	○	○	○	○
재체포· 구속	영장 없이는 불가	영장 없이는 불가	영장 없이는 불가	영장에 의한 재구속 가능 (다른 중요한 증거 발견시) ⇨ 재구속 제한은 피고인 구속에는 적용 ×(대판)

Chapter

05 기출문제

01 영장에 의한 체포에 대한 설명으로 가장 적절한 것은?(다툼이 있는 경우 판례에 의함)

18. 순경 2차

① 수사기관이 영장에 의한 체포를 하고자 하는 경우 검사는 관할지방법원 판사에게 체포영장을 청구할 수 있고, 사법경찰관리는 검사의 승인을 얻어 관할지방법원 판사에게 체포영장을 청구할 수 있다.

② 수사기관이 체포영장을 집행하는 경우 형사소송법 제216조에 의하여 필요한 때에는 영장 없이 타인의 주거에서 피의자 수색을 할 수 있으며, 이러한 형사소송법 제216조의 규정은 헌법상 영장주의에 위반되지 않는다.

③ 체포영장을 발부받은 후 피의자를 체포하지 아니한 경우 검사 또는 사법경찰관은 변호인이 있는 경우는 피의자의 변호인에게, 변호인이 없는 경우에는 피의자 혹은 변호인선임권자 중 피의자가 지정하는 자에게 지체 없이 그 사유를 서면으로 통지해야 한다.

④ 경찰관들이 체포를 위한 실력행사에 나아가기 전에 체포영장을 제시하고 미란다 원칙을 고지할 여유가 있었음에도 애초부터 미란다 원칙을 체포 후에 고지할 생각으로 먼저 체포행위에 나선 경우 이러한 행위는 적법하지 않다.

해설\ ① 수사기관이 영장에 의한 체포를 하고자 하는 경우 검사는 관할지방법원 판사에게 체포영장을 청구할 수 있고, 사법경찰관리는 검사에게 신청하여 검사의 청구로 관할지방법원 판사에게 체포영장을 청구할 수 있다(제200조의 2 제1항).
② 체포영장을 집행하는 경우 필요한 때에는 타인의 주거 등에서 피의자 수사를 할 수 있도록 한 형사소송법 제216조 제1항 제1호 중 제200조의 2에 관한 부분은 영장을 발부받기 어려운 긴급한 사정이 있는지 여부를 구별하지 아니하고 피의자가 소재할 개연성만 소명되면 영장 없이 타인의 주거 등을 수색할 수 있도록 허용하고 있다. 이는 체포영장이 발부된 피의자가 타인의 주거 등에 소재할 개연성은 소명되나, 수색에 앞서 영장을 발부받기 어려운 긴급한 사정이 인정되지 않는 경우에도 영장 없이 피의자 수색을 할 수 있다는 것이므로, 영장주의에 위반된다(헌재결 2018.4.26, 2015헌바370).
③ 체포영장을 발부받은 후 피의자를 체포하지 아니한 경우 지체 없이 검사는 영장을 발부한 법원에 그 사유를 서면으로 통지하여야 한다(제204조).
④ 대판 2017.9.21, 2017도10866

Answer 01. ④

02 체포제도에 대한 설명 중 가장 적절하지 않은 것은?(다툼이 있는 경우 판례에 의함) 20. 순경 1차

① 사법경찰관이 긴급체포된 피의자에 대해 검사에게 긴급체포의 승인건의와 구속영장 신청을 함께 한 경우 검사는 긴급체포의 합당성이나 구속영장 청구에 필요한 사유를 보강하기 위해 피의자 대면조사를 실시할 수 있다.

② 현행범 체포의 요건으로서 행위의 가벌성, 범죄의 현행성·시간적 접착성, 범인·범죄의 명백성 이외에 체포의 필요성 즉, 도망 또는 증거인멸의 우려가 있어야 한다.

③ 체포영장이 발부된 피의자를 체포하기 위하여 타인의 주거 등을 수색하는 경우에는 피의자가 그 장소에 소재할 개연성 이외에도 별도로 사전에 수색영장을 발부받기 어려운 긴급한 사정이 있는 경우에만 제한적으로 이루어져야 한다.

④ A가 경찰관 B의 불심검문을 받아 운전면허증을 교부한 후 B에게 큰 소리로 욕설을 하는 것을 인근에 있던 C, D 등도 들은 상황에서 B가 A를 현행범으로 체포하는 것은 적법한 공무집행이라 볼 수 없다.

해설\ ① 검사의 구속영장 청구 전 피의자 대면조사는 긴급체포의 적법성을 의심할 만한 사유가 기록 기타 객관적 자료에 나타나고 피의자의 대면조사를 통해 그 여부의 판단이 가능할 것으로 보이는 예외적인 경우에 한하여 허용될 뿐, 긴급체포의 합당성이나 구속영장 청구에 필요한 사유를 보강하기 위한 목적으로 실시되어서는 아니 된다. 나아가 검사의 구속영장 청구 전 피의자 대면조사는 강제수사가 아니므로 피의자는 검사의 출석 요구에 응할 의무가 없고, 피의자가 검사의 출석 요구에 동의한 때에 한하여 사법경찰관리는 피의자를 검찰청으로 호송하여야 한다(대판 2010.10.28, 2008도11999).
② 대판 2011.5.26, 2011도3682 ③ 헌재결 2018.4.26, 2015헌바370, 제216조 제1항 제1호
④ 대판 2011.5.26, 2011도3682

03 긴급체포에 대한 다음 설명 중 옳고 그름의 표시(○, ×)가 모두 바르게 된 것은?(다툼이 있는 경우 판례에 의함)
20. 순경 2차

> ㉠ 긴급체포된 피의자에 대하여 구속영장이 발부된 경우 그 구속기간은 피의자를 체포한 날부터 기산한다.
> ㉡ 긴급체포 요건을 갖추었는지 여부는 체포 당시 상황과 사후에 밝혀진 사정을 종합적으로 판단함으로써 검사나 사법경찰관 등 수사주체의 판단에는 상당한 재량의 여지가 있다.
> ㉢ 형사소송법 제208조(재구속의 제한)에서 말하는 '구속되었다가 석방된 자'의 범위에는 긴급체포나 현행범으로 체포되었다가 사후영장발부 전에 석방된 경우도 포함된다.
> ㉣ 긴급체포된 자로부터 압수한 물건에 대해서는 24시간 이내에 한하여 영장 없이 압수·수색할 수 있고, 압수된 물건을 계속 압수할 필요가 있는 경우에는 압수한 때로부터 48시간 이내에 압수·수색영장을 청구하여야 한다.
> ㉤ 긴급체포 후 구속영장을 발부받지 못하여 석방한 경우 동일한 범죄사실로 다시 긴급체포 할 수 없다. 그러나 체포영장을 다시 발부받은 경우 체포가 가능하다.

Answer 02. ① 03. ①

① ㉠(○), ㉡(×), ㉢(×), ㉣(×), ㉤(○)　② ㉠(○), ㉡(○), ㉢(○), ㉣(×), ㉤(○)
③ ㉠(○), ㉡(×), ㉢(×), ㉣(○), ㉤(×)　④ ㉠(×), ㉡(○), ㉢(○), ㉣(×), ㉤(○)

해설\ ㉠ ○ : 제203조의 2
㉡ × : 긴급체포 요건을 갖추었는지 여부는 사후에 밝혀진 사정을 기초로 판단하는 것이 아니라, 체포 당시
상황을 기초로 판단하여야 하고 이에 관한 검사나 사법경찰관 등 수사주체의 판단에는 상당한 재량의 여지
가 있다(대판 2008.3.27, 2007도11400).
㉢ × : 제208조 소정의 '구속되었다가 석방된 자'라 함은 구속영장에 의하여 구속되었다가 석방된 경우를
말하는 것이지, 긴급체포나 현행범으로 체포되었다가 사후영장발부 전에 석방된 경우는 포함되지 않는다
(대판 2001.9.28, 2001도4291).
㉣ × : 검사 또는 사법경찰관은 긴급체포된 자가 소유·소지 또는 보관하는 물건에 대하여 긴급히 압수할
필요가 있는 경우에는 체포한 때부터 24시간 이내에 한하여 영장 없이 압수·수색 또는 검증을 할 수 있다
(제217조 제1항). 검사 또는 사법경찰관은 영장 없이 압수한 물건을 계속 압수할 필요가 있는 경우에는 지체
없이 압수·수색영장을 청구하여야 한다. 이 경우 압수·수색영장의 청구는 체포한 때부터 48시간 이내에
하여야 한다(제217조 제2항). ㉤ ○ : 제200조의 4 제3항

04 긴급체포에 대한 설명으로 가장 적절하지 않은 것은?(다툼이 있는 경우 판례에 의함) 21. 순경 1차

① 긴급체포의 요건을 갖추었는지 여부는 사후에 밝혀진 사정을 기초로 판단하는 것이 아니
라 체포 당시의 상황을 기초로 판단하여야 하고, 이에 관한 검사나 사법경찰관 등 수사주
체의 판단에는 상당한 재량의 여지가 있다.

② 긴급체포 후 구속영장을 청구하지 아니하거나 발부받지 못하여 석방된 자는 영장 없이는
동일한 범죄사실에 관하여 체포하지 못한다.

③ 피의자를 긴급체포하는 경우에 필요한 때에는 영장 없이 체포 현장에서 압수·수색을
할 수 있고, 이에 따라 압수한 물건을 계속 압수할 필요가 있는 경우에는 지체 없이 압
수·수색영장을 청구하여야 하며, 청구한 압수·수색영장을 발부받지 못한 때에는 압수
한 물건을 즉시 반환하여야 하는 바, 이를 위반하여 압수·수색영장을 발부받지 아니하
고도 즉시 반환하지 아니한 압수물은 피고인이나 변호인이 이를 증거로 함에 동의하지
않는 한 유죄 인정의 증거로 사용할 수 없다.

④ 긴급체포되어 조사를 받고 구속영장이 청구되지 아니하여 석방된 후 검사가 그 석방일로
부터 30일 이내에 석방통지를 법원에 하지 아니하더라도, 긴급체포 당시의 상황과 경위,
긴급체포 후 조사 과정 등에 특별한 위법이 없는 이상, 그 긴급체포에 의한 유치 중에
작성된 피의자신문조서가 위법하게 작성되었다고 볼 수는 없다.

해설\ ① 대판 2008.3.27, 2007도11400 ② 제200조의 4 제3항
③ 형사소송법 제217조 제2항, 제3항에 위반하여 압수·수색영장을 청구하여 이를 발부받지 아니하고도
즉시 반환하지 아니한 압수물은 이를 유죄 인정의 증거로 사용할 수 없는 것이고, 피고인이나 변호인이
이를 증거로 함에 동의하였다고 하더라도 달리 볼 것은 아니다(대판 2009.12.24, 2009도11401).
④ 대판 2014.8.26, 2011도6035

Answer　04. ③

05 긴급체포에 대한 설명으로 가장 적절하지 않은 것은?(다툼이 있는 경우 판례에 의함)

18. 순경 1차

① 형사소송법 제200조의 4 제3항은 영장 없이는 긴급체포 후 석방된 피의자를 동일한 범죄사실에 관하여 체포하지 못한다는 규정으로, 위와 같이 석방된 피의자는 법원으로부터 구속영장을 발부받아도 구속할 수 없다.

② 사법경찰관이 형사소송법 제200조의 3(긴급체포) 제1항의 규정에 의하여 피의자를 긴급체포한 경우에는 즉시 검사의 승인을 얻어야 한다.

③ 긴급체포의 요건을 갖추었는지 여부는 사후에 밝혀진 사정을 기초로 판단하는 것이 아니라 체포 당시의 상황을 기초로 판단하여야 한다.

④ 긴급체포 후 석방된 자 또는 그 변호인·법정대리인·배우자·직계친족·형제자매는 통지서 및 관련 서류를 열람하거나 등사할 수 있다.

해설\ ① 긴급체포 후 석방된 피의자일지라도 법원으로부터 구속영장을 발부받아 구속할 수 있다(대판 2000.9.28, 2001도4291).
② 제200조의 3 제2항 ③ 대판 2008.3.27, 2007도11400 ④ 제200조의 4 제5항

06 현행범인 체포에 대한 설명으로 가장 적절한 것은?(다툼이 있는 경우 판례에 의함) 20. 순경 2차

① 검사 또는 사법경찰관리 아닌 이가 현행범인을 체포한 때에는 즉시 검사 또는 사법경찰관리에게 인도하여야 하고, 여기서 '즉시'란 반드시 체포시점과 시간적으로 밀착된 시점이어야 한다.

② 현행범인으로 체포하기 위하여는 행위의 가벌성, 범죄의 현행성, 시간적 접착성, 범인·범죄의 명백성이 있으면 족하고, 도망 또는 증거인멸의 염려가 있어야 하는 것은 아니다.

③ 현행범 체포의 적법성은 체포 당시의 구체적 상황을 기초로 주관적으로 판단하여야 하고, 사후에 범인으로 인정되었는지에 의할 것은 아니다.

④ 현행범을 체포한 경찰관의 진술이라 하더라도 범행을 목격한 부분에 관하여는 여느 목격자의 진술과 다름없이 증거능력이 있다.

해설\ ① 현행범인은 누구든지 영장 없이 체포할 수 있고, 검사 또는 사법경찰관리 아닌 이가 현행범인을 체포한 때에는 즉시 검사 등에게 인도하여야 한다. 여기서 '즉시'라고 함은 반드시 체포시점과 시간적으로 밀착된 시점이어야 하는 것은 아니고, '정당한 이유 없이 인도를 지연하거나 체포를 계속하는 등으로 불필요한 지체를 함이 없이'라는 뜻으로 볼 것이다(대판 2011.12.22, 2011도12927).
② 현행범인 체포의 요건으로서는 행위의 가벌성, 범죄의 현행성·시간적 접착성, 범인·범죄의 명백성 외에 체포의 필요성, 즉 도망 또는 증거인멸의 염려가 있을 것을 요한다고 보아야 한다(대판 1999.1.26, 98도3029).
③ 현행범 체포의 적법성은 체포 당시의 구체적 상황을 기초로 객관적으로 판단하여야 하고, 사후에 범인으로 인정되었는지에 의할 것은 아니다(대판 2013.8.23, 2011도4763).
④ 대판 2013.5.9, 95도535

Answer 05. ① 06. ④

07 현행범인 또는 준현행범인 체포에 관한 다음 설명 중 옳은 것은 모두 몇 개인가?(다툼이 있으면 판례에 의함)

16. 순경 1차

㉠ 현행범인은 누구든지 영장 없이 체포할 수 있는데, 현행범인으로 체포하기 위하여는 행위의 가벌성, 범죄의 현행성·시간적 접착성, 범인·범죄의 명백성 이외에 체포의 필요성, 즉 도망 또는 증거인멸의 염려가 있어야 하는 것은 아니다.

㉡ '범죄의 실행행위를 종료한 직후'라고 함은 범죄행위를 실행하여 끝마친 순간 또는 이에 아주 접착된 시간적 단계를 의미하는 것으로 해석되므로, 시간적으로나 장소적으로 보아 체포를 당하는 자가 방금 범죄를 실행한 범인이라는 점에 관한 죄증이 명백히 존재하는 것으로 인정되는 경우에만 현행범인으로 볼 수 있다.

㉢ 경찰관의 현행범인 체포경위 및 그에 관한 현행범인체포서와 범죄사실의 기재에 다소 차이가 있더라도, 그것이 논리와 경험칙상 장소적·시간적 동일성이 인정되는 범위 내라면 그 체포행위가 공무집행방해죄의 요건인 적법한 공무집행에 해당한다.

㉣ 다액 50만원 이하의 벌금, 구류 또는 과료에 해당하는 죄의 현행범인에 대하여는 범인의 주거가 분명하지 아니한 때에 한하여 현행범인으로 체포할 수 있다.

㉤ 사법경찰관리가 현행범인의 인도를 받은 때에는 체포자의 성명, 주거, 체포의 사유를 물어야 하고 필요하더라도 체포자에 대하여 경찰관서에 동행함을 요구할 수는 없다.

---

① 1개 ② 2개 ③ 3개 ④ 4개

해설\ ㉠ ✕ : 현행범인은 누구든지 영장 없이 체포할 수 있으므로 사인의 현행범인체포는 법령에 의한 행위로서 위법성이 조각된다고 할 것인데, 현행범인체포의 요건으로서는 행위의 가벌성, 범죄의 현행성·시간적 접착성, 범인·범죄의 명백성 외에 체포의 필요성, 즉 도망 또는 증거인멸의 염려가 있을 것을 요한다(대판 1999.1.26, 98도3029).
㉡ ○ : 대판 2007.4.13, 2007도1249
㉢ ○ : 피고인에 대한 현행범인체포서에는 사법경찰관리인 공소외 1이 "2007. 7. 23. 11 : 00" "부산 동래구 명륜1동 339-8 소재 동성장 여관 302호 내"에서 피고인을 현행범인으로 체포한 것으로 기재되어 있으나, 공소사실에는 현행범체포의 일시가 "2007. 7. 23. 10 : 50경", 체포장소가 "부산 동래구 명륜1동 339-8 소재 동성장 여관 앞 노상"으로 되어 있는 사실을 알 수 있는바, 피고인에 대한 현행범인 체포경위 및 그에 대한 현행범인체포서와 범죄사실에 다소 차이가 있다고 하더라도 이러한 차이는 논리와 경험칙상 장소적·시간적인 동일성이 인정되는 범위 내에서의 차이로 볼 수 있으므로, 경찰관이 피고인을 현행범인으로 체포하여 경찰 지구대로 연행한 행위는 적법한 공무집행행위라고 볼 수 있다(대판 2008.10.9, 2008도3640).
㉣ ○ : 제214조
㉤ ✕ : 사법경찰관리가 현행범인의 인도를 받은 때에는 체포자의 성명, 주거, 체포의 사유를 물어야 하고 필요한 때에는 체포자에 대하여 경찰관서에 동행함을 요구할 수 있다(제213조 제2항).

Answer 07. ③

제3절 ┃ 피의자와 피고인의 구속

1 구속의 의의·목적

(1) 구속의 의의

① 구속이란 피의자 또는 피고인의 신체자유를 제한하는 대인적 강제처분을 말한다.

② 구속은 구인과 구금을 포함하는 개념으로서 구인은 피의자나 피고인을 일정한 장소에 인치하는 강제처분을 말하고, 구금은 피의자나 피고인을 교도소 또는 구치소에 가두는 처분을 말한다.

> ① 구인한 피고인을 법원에 인치한 경우에 구금할 필요가 없다고 인정한 때에는 인치한 때로부터 24시간 이내 (48시간 ×)에 석방하여야 한다(제71조). 04. 법원주사보, 08. 순경, 15·18. 9급 법원직, 16. 순경 2차, 18. 경찰승진, 15·16·18. 순경 1차

③ 구속은 공소제기 전 검사의 청구에 의하여 지방법원판사가 영장을 발부하여 행하는 피의자구속과 공소제기 후 법원이 영장을 발부(검사청구 ×)하여 행하는 피고인구속(검사가 구속 피의자를 기소한 경우에는 당연히 피고인 구속영장으로 전환되기 때문에 수소법원으로부터 다시 구속영장을 발부받을 필요는 없음)으로 구분할 수 있다. 피의자구속은 체포되지 않은 경우와 체포된 후에 하는 경우로 나누어지므로 현행법상 반드시 체포를 거친 후에 구속으로 이행하는 체포전치주의를 채택하고 있지는 않다. 02. 행시, 06. 순경

> 📑 **사전구속영장**
> 피의자 구속영장은 수사기관이 체포영장 또는 긴급체포나 현행범체포 등에 의해 피의자의 신병을 확보한 상태에서 청구하는 경우와 신병을 확보하지 않은 상태에서 청구하는 경우가 있는데 후자를 흔히 '사전구속영장'이라고 부른다. 생각건대, 영장 없이 먼저 구속을 한 후 나중에 구속영장을 받은 제도가 없는 현행법하에서 사전구속영장과 사후구속영장이라는 용어의 사용은 적절하지 않아 보인다.

④ 현행 형사소송법의 피고인구속에 관한 규정은 수사기관의 피의자구속에 준용하는 입법방식을 채택하고 있다(제209조). 그러나 법원이 불구속 피고인을 구속하는 것은 극히 예외적으로 허용되므로 피의자구속에 관한 규정을 피고인구속에 준용하는 입법방식이 합리적이라는 견해도 있다.

✓ **Key Point** 체포·구속의 비교정리

구 분	체 포	구 속
영장실질심사	×	○
무영장	○	×
기 간	짧 다.	길 다.
요 건	완 화	강 화

(2) 구속의 목적

구속은 형사절차의 진행(출석보장, 수사와 심리의 방해제거)과 형의 집행을 확보함을 목적으로 한다.

💬 **불구속수사의 원칙 천명**(제198조 제1항) 17·18·20. 수사경과
구속은 단순히 수사를 용이하게 하기 위한 제도는 아니므로 자백을 받기 위하거나 수사의 편의를 위하여 구속하는 것은 허용되어서는 안된다.

2 구속의 요건

피의자나 피고인의 구속의 요건으로 죄를 범하였다고 의심할 만한 상당한 이유가 있고, 구속사유가 있어야 한다(제201조, 제70조). 즉, ① 범죄혐의와 ② 구속의 사유가 있어야 하고 ③ 상당성의 측면에서 비례의 원칙이 적용되어야 한다.

⚠ 피의자와 피고인구속 ⇨ 절차상 차이가 있을뿐 구속의 요건은 동일함.

(1) 범죄의 혐의

피의자나 피고인의 구속의 요건으로 죄를 범하였다고 의심할 만한 상당한 이유(유죄판결을 받을 고도의 개연성을 의미)가 있어야 한다.

⚠ ┌ 수사개시 : 수사기관의 주관적 혐의
　└ 구속 : 무죄추정을 깨뜨릴만한 객관적 혐의(체포영장 발부의 경우와 동일)
⚠ 혐의를 인정할 수 없는 경우 : 위법성조각사유나 책임조각사유가 있을 때, 소송조건의 흠결이 명백한 때

(2) 구속사유

> ① 피의자(피고인)가 일정한 주거가 없는 때
> ② 피의자(피고인)가 증거를 인멸할 염려가 있는 때
> ③ 피의자(피고인)가 도망하거나 도망할 염려가 있는 때

⚠ 1. 다액 50만원 이하의 벌금·구류·과료에 해당 범죄 ⇨ 피의자(피고인)의 주거부정만 구속사유이다. 10. 9급 법원직, 13·17·18. 수사경과
2. 출석요구에 응하지 아니할 우려 ⇨ 구속사유 ×
3. 주거부정은 도망의 염려를 판단하는 중요한 자료일 뿐 독자적인 구속사유로 볼 수 없으므로 도망과 증거인멸의 염려가 없는데도 주거부정이라는 이유로 구속함은 옳지 못하다는 비판이 있음.
4. 야간에 지나가는 여자에게 불안감을 조성한 경우는 경미사건이므로, 피의자가 주거부정인 때에만 구속사유가 된다(제70조 제2항, 제201조 제1항). 03. 순경
5. 국회의원은 현행범인을 제외하고는 회기 중 국회의 동의 없이 체포 또는 구속 불가(헌법 제44조), 회기 전에 체포 또는 구속된 때에는 현행범이 아닌 한 국회의 요구가 있으면 회기 중 석방(헌법 제44조, 형사소송법 제101조)

(3) 구속의 비례성

구속은 사건의 의미와 기대되는 형벌에 비추어 상당한 경우에만 허용되어야 한다.

💬 **구속사유심사시 고려사항**(제70조 제2항, 제209조)

법원은 구속사유를 심사함에 있어서 ㉠ 범죄의 중대성, ㉡ 재범의 위험성, ㉢ 피해자 및 중요 참고인 등에 대한 위해 우려 등을 고려하여야 한다. 이는 구속사유가 아니라 구속사유를 심사함에 있어서 고려하여야 할 사항이다. 08. 순경, 10. 9급 법원직·7급 국가직, 21. 9급 검찰·마약수사

ⓘ 범죄의 중대성, 재범의 위험성, 피해자 및 중요 참고인 등에 대한 위해 우려 등은 독립한 구속사유에 해당한다. (×)

3 구속의 절차

(1) 구속영장의 청구

① 피의자를 구속하기 위해서는 검사가 관할 지방법원판사에게 구속영장을 청구하여야 한다(영장청구권은 검사의 권한이므로 긴급을 요하는 경우라도 사법경찰관은 청구 불가).

⚖️ **관련판례**

검사가 구속영장 청구 전에 피의자를 대면조사하기 위하여 사법경찰관리에게 피의자를 검찰청으로 인치할 것을 명하는 것은, 긴급체포의 적법성을 의심할 만한 사유가 기록 기타 객관적 자료에 나타나고 피의자의 대면조사를 통해 그 여부의 판단이 가능할 것으로 보이는 예외적인 경우에 한하여 허용될 뿐, 긴급체포의 합당성이나 구속영장 청구에 필요한 사유를 보강하기 위한 목적으로 실시되어서는 아니 된다. 나아가 검사의 구속영장 청구 전 피의자 대면조사는 강제수사가 아니므로 피의자는 검사의 출석 요구에 응할 의무가 없고, 피의자가 검사의 출석 요구에 동의한 때에 한하여 사법경찰관리는 피의자를 검찰청으로 호송하여야 한다(대판 2010.10.28, 2008도11999). 17. 경찰간부, 18. 순경 1차·수사경과

② 사법경찰관도 검사에게 신청하여 검사의 청구로 법관이 발부한 영장에 의하여 피의자를 구속할 수 있다(피고인구속을 위한 영장발부에는 청구나 신청절차를 요하지 않음).

　ⓘ 사법경찰리 ⇨ 검사에게 영장신청 ×
　ⓘ 피고인구속 ⇨ 수소법원의 직권(검사의 청구 ×) 04. 순경, 16. 7급 국가직, 17. 경찰간부
　ⓘ 사법경찰관이 법관에게 직접 영장청구 ×(직접 청구 ⇨ 개헌이 필요함) 11. 경찰승진

③ 구속영장의 청구는 서면에 의하여야 하고(규칙 제93조), 구속의 필요를 인정할 수 있는 자료를 제출하여야 한다(제201조 제2항). 물론, 피의자도 구속영장청구를 받은 판사에게 유리한 자료를 제출할 수 있다(규칙 제96조 제3항).

(2) 구속 전 피의자심문제도(영장실질심사제도)

① **의의** : 구속영장을 청구받은 판사가 피의자를 직접 심문하여 구속사유의 존부를 심리·판단하는 제도를 말한다(제201조의 2).

　ⓘ 영장실질심사제도 ┌ 피의자구속(○)
　　　　　　　　　　└ 피고인구속(×)
　ⓘ 체포영장 발부 ⇨ 영장실질심사제도 × 12. 경찰간부, 13. 경찰승진, 17. 수사경과

② **필요적 피의자심문제도** : 종래에는 필요하다고 인정한 때 구속 전 피의자심문을 하였으나, 2007년 개정법에서는 구속영장의 청구를 받은 판사는 지체 없이 피의자심문을 하여야 한다고 규정함으로써 필요적으로 구속 전 피의자심문을 실시하도록 하였다(제201조의 2 제1항). 11 · 14. 경찰승진, 15. 9급 법원직

⚠ 구속 전 피의자심문은 체포되어 있는지의 여부를 불문하고 필요적으로 취하여야 하는 절차이다(단, 미체포된 피의자가 도망 등의 사유로 심문이 불가능한 경우는 심문생략이 가능함). 13. 변호사시험

③ **유형** : 영장실질심사의 방식은 피의자가 이미 수사기관에 체포되어 있는 경우와 체포되지 아니한 경우로 나누어 규정하고 있다.

④ **피의자 인치** : 판사가 구속 전 피의자를 심문하려면 먼저 피의자를 법원에 인치하는 것이 필요하다. 체포된 피의자는 체포의 효력을 이용하여 법원에 인치(제201조의 2 제1항)하면 된다. 그러나 체포되지 아니한 피의자는 먼저 구인을 위한 구속영장을 발부하여 피의자를 구인한 후 심문하여야 한다. 다만, 도망하는 등의 사유로 인해 피의자를 심문할 수 없는 경우에는 그러하지 아니한다(동조 제2항 단서). 따라서 체포되지 아니한 피의자가 도망하는 등 심문이 불가능한 경우에는 예외적으로 심문을 생략할 수 있다. 12 · 15. 순경, 18. 9급 법원직, 20. 경찰승진

⑤ **심문기일의 지정과 통지**

심문기일의 지정	㉠ **체포된 피의자** : 구속영장을 청구받은 판사는 지체 없이 피의자를 심문하여야 한다. 특별한 사정이 없는 한 구속영장이 청구된 날의 다음 날까지(24시간 이내 ×) 심문하여야 한다(제201조의 2 제1항). 11. 순경, 15. 순경 1차, 15 · 18. 순경 2차, 18. 경찰간부, 13 · 14 · 19. 경찰승진, 09 · 20. 9급 법원직, 20. 7급 국가직
	㉡ **미체포 피의자** : 체포되지 아니한 피의자의 심문기일은 관계인에 대한 심문기일의 통지 및 그 출석에 소요되는 시간 등을 고려하여 피의자가 법원에 인치된 때로부터 가능한 한 빠른 일시로 지정하여야 한다(규칙 제96조의 12 제2항). 15. 7급 국가직, 18. 경찰승진
	⚠ 심문의 시한 제한 ×
	⚠ 판사는 지정된 심문기일에 심문할 수 없는 특별한 사정이 있는 경우 ⇨ 심문기일을 변경 가능(규칙 제96조의 22) 09. 순경, 15. 경찰승진
심문기일의 통지	㉠ **체포된 피의자** : 구속영장을 청구받은 판사는 즉시 심문기일과 장소를 검사, 피의자 및 변호인에게 통지하여야 한다(제201조의 2 제3항).
	㉡ **미체포 피의자** : 구속영장을 청구받은 판사는 피의자를 인치한 후 즉시 심문기일과 장소를 검사 · 피의자 및 변호인에게 통지하여야 한다(제201조의 2 제3항).
	⚠ **심문기일 · 장소의 통지** : 검사, 피의자 또는 변호인(×)
	⚠ 심문기일의 통지 ⇨ 서면 이외에 구술 · 전화 · 모사전송 · 전자우편 · 휴대전화 문자전송 그 밖에 적당한 방법으로 신속하게 하여야 한다(규칙 제96조의 12 제3항). 11. 경찰승진

⑥ 심문기일의 절차와 방법

심문 장소와 피의자 출석	㉠ 피의자심문은 법원청사 내에서 하여야 한다. 다만, 피의자가 출석을 거부하거나 질병 기타 부득이한 사유로 법원에 출석할 수 없는 때에는 경찰서, 구치소 기타 적당한 장소에서 심문할 수 있다(규칙 제96조의 15). ㉡ 검사는 심문기일에 피의자를 출석시켜야 한다(제201조의 2 제3항). 그러나 피의자가 심문기일에의 출석을 거부하거나 질병 그 밖의 사유로 출석이 현저하게 곤란하고, 피의자를 심문법정에 인치할 수 없다고 인정되는 때에는 피의자의 출석 없이 심문절차를 진행할 수 있다(규칙 제96조의 13 제1항). 14. 경찰간부, 15. 9급 법원직, 15·16·17. 경찰승진 ⑴ 피의자가 심문기일에의 출석을 거부하거나 질병 그 밖의 사유로 출석이 현저하게 곤란하고, 피의자를 심문법정에 인치할 수 없다고 인정되는 때에는 피의자의 출석 없이 심문절차를 진행할 수는 없고, 심문절차를 연기하여야 한다. (×) ㉢ 검사는 피의자가 심문기일에의 출석을 거부한 때에는 판사에게 그 취지 및 사유를 기재한 서면을 작성하여 제출하여야 한다(규칙 제96조의 13 제2항). ㉣ 피의자의 출석 없이 심문절차를 진행할 경우에는 출석한 검사 및 변호인의 의견을 듣고, 수사기록 그 밖에 정당하다고 인정하는 방법으로 구속사유의 유무를 조사할 수 있다(규칙 제96조의 13 제3항).
심문절차	㉠ 피의자에 대한 심문절차는 공개하지 아니한다. 14. 경찰간부, 11·15·16·17. 경찰승진, 11·18. 순경 2차 다만, 판사는 상당하다고 인정하는 경우에는 피의자의 친족, 이해관계인의 방청을 허가할 수 있다(규칙 제96조의 14). 09. 순경, 15. 경찰간부·9급 법원직·7급 국가직, 13·14·16. 경찰승진 ⑴ • **예외적 공개** : 상당하다고 인정하는 경우(국가의 안전보장 또는 안녕질서를 방해하거나 선량한 풍속을 해할 염려가 있을 때 ⇨ ×) 19. 경찰승진 • **예외적 방청의 대상** : 피해자의 친족, 이해관계인(일반인 ⇨ ×) 19. 해경간부 ㉡ 심문기일에 피의자를 심문하는 경우에 법원사무관 등은 심문의 요지 등을 조서로 작성하여야 한다(제201조의 2 제6항). 09. 9급 법원직, 11. 순경 2차, 13. 경찰승진 이 심문조서는 공판조서의 작성 예에 따라 작성되어야 한다(제201조의 2 제10항). ⑴ 2007년 형사소송법 개정시 조서작성을 의무화하였다. ㉢ 지방법원판사는 심문할 피의자에게 변호인이 없는 때에는 직권으로 변호인을 선정하여야 한다. 11. 순경 1차, 12. 교정특채, 14. 9급 교정·보호·철도경찰, 09·15. 9급 법원직, 15. 경찰간부, 11·17. 경찰승진 이 경우 변호인의 선정은 피의자에 대한 구속영장 청구가 기각되어 효력이 소멸한 경우를 제외하고는 제1심까지 효력이 있다(제201조의 2 제8항). 16. 9급 법원직, 18. 9급 검찰·마약·교정·보호·철도경찰·순경 2차, 10·11·20. 순경 1차 ⑴ 구속영장 청구가 기각된 경우 ⇨ 제1심까지 효력 × 20. 9급 검찰·마약수사 ㉣ 법원은 변호인의 사정이나 그 밖의 사유로 변호인 선정결정이 취소되어 변호인이 없게 된 때에는 직권으로 변호인을 다시 선정할 수 있다(제201조의 2 제9항). ⑴ 다시 선정하여야 한다. (×) 11. 순경 1차

ⓜ 영장실질심사 기일에 판사는 피의자에게 구속영장 청구서에 기재된 범죄사실의 요지를 고지하고, 피의자에게 일체의 진술을 하지 아니하거나 개개의 질문에 대하여 진술을 거부할 수 있으며, 이익이 되는 사실을 진술할 수 있음을 알려 주어야 한다(규칙 제96조의 16 제1항).

ⓗ 변호인은 구속영장이 청구된 피의자에 대한 심문이 시작되기 전에 피의자와 접견할 수 있다(규칙 제96조의 20 제1항). 09. 순경, 15. 7급 국가직, 11·18. 순경 2차, 19. 경찰승진

⚠ 판사의 허가를 필요로 하지는 않음.

⑦ 심문방법

심문의 범위	㉠ 판사는 구속 여부를 판단하기 위하여 필요한 사항에 관하여 신속하고 간결하게 심문하여야 한다(규칙 제96조의 16 제2항). ⓛ 증거인멸 또는 도망의 염려를 판단하기 위하여 필요한 때에는 피의자의 경력, 가족관계나 교우관계 등 개인적인 사항에 대하여 심문할 수 있다(동조 제2항). ⓒ 판사는 구속 여부의 판단을 위하여 필요하다고 인정한 때에는 심문장소에 출석한 피해자 그 밖의 제3자를 심문할 수 있다(동조 제5항). ⚠ 판사는 구속 여부의 판단을 위하여 심문장소에 출석한 피해자 그 밖의 제3자를 심문하여야 한다. (×) 18. 경찰승진
의견진술	㉠ 검사와 변호인은 판사의 심문이 끝난 후 의견을 진술할 수 있다. 다만, 필요한 경우에는 심문 도중에도 판사의 허가를 얻어 의견을 진술할 수 있다(규칙 제96조의 16 제3항). 11. 순경 2차, 14. 경찰간부, 15. 7급 국가직 13·16·19. 경찰승진, 20. 순경 1차·9급 법원직 ⚠ 검사와 피의자의 변호인은 구속 전 피의자 심문기일에 출석하여 의견을 진술하여야 한다. (×) 18. 순경 2차 ⓛ 검사와 변호인은 의견을 진술할 수 있을 뿐 피의자를 신문(訊問)할 수는 없다(법관 면전에서 자백획득을 위한 절차로 변질될 우려가 있기 때문). 12. 순경 2차 ⓒ 피의자는 판사의 심문 도중에도 변호인에게 조력을 구할 수 있다(동조 제4항). 14. 경찰간부, 11·18. 순경 2차, 16·19. 경찰승진 ⓔ 피의자의 법정대리인, 배우자, 직계친족, 형제자매나 가족, 동거인 또는 고용주는 판사의 허가를 얻어 사건에 관한 의견을 진술할 수 있다(동조 제6항). ⓜ 판사는 공범의 분리심문이나 그 밖의 수사상의 비밀보호를 위하여 필요한 조치를 하여야 한다(제201조의 2 제5항). 09. 9급 법원직, 13. 경찰승진

⑧ 기 타

구속기간 불산입	피의자심문을 하는 경우 법원이 구속영장청구서·수사관계서류 및 증거물을 접수한 날부터 구속영장을 발부하여 검찰청에 반환한 날까지의 기간은 검사와 사법경찰관의 구속기간에 산입하지 아니한다(제201조의 2 제7항). 12. 순경 2차, 13. 경찰간부, 15·17·20. 경찰승진, 20. 순경 1차·9급 법원직, 21. 9급 검찰·마약수사

	예 2009. 1. 4. 10：00 긴급체포되어 동년 1. 6. 09：00 법원에 구속영장청구서·수사관계 서류 및 증거물이 접수되었고, 동년 1. 7. 영장실질심사 후 구속영장이 발부되어 동년 1. 9. 서류가 검찰청에 반환되었을 경우 사법경찰관의 피의자 구속기간은 10일이며, 1월 6일부터 1월 9일까지의 기간은 구속기간의 계산에서 제외되므로 1월 17일 24：00까지 구속이 가능하다.
서류열람	㉠ 피의자심문에 참여할 변호인은 지방법원판사에게 제출된 구속영장청구서 및 그에 첨부된 고소·고발장, 피의자의 진술을 기재한 서류와 피의자가 제출한 서류를 열람할 수 있다(규칙 제96조의 21 제1항). ㉡ 검사는 증거인멸 또는 피의자나 공범 관계에 있는 자가 도망할 염려가 있는 등 수사에 방해가 될 염려가 있는 때에는 지방법원판사에게 제1항에 규정된 서류(구속영장청구서는 제외)의 열람 제한에 관한 의견을 제출할 수 있고, 지방법원판사는 검사의 의견이 상당하다고 인정하는 때에는 제1항에 규정된 서류의 전부 또는 일부의 열람을 제한할 수 있다(동조 제2항). ㉢ 지방법원판사는 제1항의 열람에 관하여 그 일시, 장소를 지정할 수 있다(동조 제3항).
준용규정	㉠ 피의자를 심문하는 경우에 법원사무관 등은 심문의 요지 등을 조서로 작성하여야 한다(제201조의 2 제6항). 09. 9급 법원직, 11. 순경 2차, 13·19. 경찰승진 심문조서 작성에는 제48조, 제51조, 제53조의 규정이 준용 ㉡ 제52조(공판조서 작성상의 특례)는 준용대상에서 제외하고 있으므로, 법원이 구속 전 피의자심문조서를 작성하는 때에는 조서작성의 일반원칙에 따라 조서기재 내용의 정확성 여부를 진술자에게 확인하고, 조서에 간인하여 서명날인을 받아야 한다. ㉢ 조서는 당연히 증거능력이 인정된다(제315조).

✓ **Key Point** **구속 전 피의자심문**

- **필요적 심문**(임의적 ×) ▶ 체포되지 아니한 경우 ⇨ 도망 등 일정한 경우에는 심문생략 가능
- **심문기일 통지** ┌ 체포된 경우 ⇨ 즉시
 └ 체포되지 아니한 경우 ⇨ 피의자 인치 후 즉시
- **피의자심문** ┌ 체포된 경우 ⇨ 지체 없이(특별사정이 없는 한 구속영장청구 다음 날까지)
 └ 체포되지 아니한 경우 ⇨ 시한 제한 없음(인치된 때로부터 가능한 빠른 일시)
- 일정한 경우 피의자 출석 없이 심문절차 진행 가능
- 심문절차 비공개
- 피의자심문기일에 조서작성의 의무화
- 피의자심문시 필요적 변호(제1심까지 효력)
- 검사와 변호인은 판사의 심문이 끝난 후에 의견진술 가능, 필요시 심문도중에 판사 허가를 얻어 의견진술 가능 ▶ 의견진술(○), 신문(×)
- 피의자심문 도중에도 변호인 조력을 받을 수 있음.
- **관계서류 접수한 날부터 검찰청에 반환한 날까지 기간 : 구속기간 불산입**
- 작성된 조서에 진술자로 하여금 간인 후 서명날인

PART
01

(3) 구속영장의 발부

① 피의자의 경우 검사로부터 구속영장의 청구를 받은 지방법원판사는 상당하다고 인정할 때에는 구속영장을 발부하고, 발부하지 아니한 때에는 구속영장청구서에 그 취지와 이유를 기재하고 서명날인하여 청구한 검사에게 교부한다(제201조 제4항).

구속영장을 발부한 결정이나 기각한 결정에 대하여 불복방법이 없다(항고나 준항고가 허용되지 않음). 10. 순경 · 9급 국가직 · 경찰승진, 13. 7급 국가직, 15. 순경 2차 · 경찰간부, 21. 9급 검찰 · 마약수사

🔎 관련판례

1. 검사의 구속영장 청구에 대한 지방법원판사의 재판은 형사소송법 제402조의 규정에 의하여 항고의 대상이 되는 법원의 결정에는 해당되지 아니하고, 준항고의 대상이 되는 '재판장 또는 수명법관의 구금 등에 관한 재판'에도 해당되지 아니한다(대결 1997.6.16, 97모1). 19. 경찰승진 · 순경 2차

2. 재판장 또는 수명법관이 한 재판이 아닌 지방법원판사가 한 압수영장발부의 재판에 대하여는 준항고로 불복할 수 없고, 법원의 결정이 아닌 지방법원판사가 한 압수영장발부의 재판에 대하여 항고의 방법으로도 불복할 수 없다(대결 1997.9.29, 97모66).

② 피고인구속의 경우에는 피의자구속과는 달리 검사의 청구 없이 수소법원의 직권으로 구속영장을 발부한다(제73조). 상소기간 또는 상소제기로 이미 상소 중에 있는 사건은 소송기록이 아직 원심법원에 있거나 상소법원에 도달하기까지는 원심법원이 구속영장을 발부하여야 한다(규칙 제57조 제1항). 10. 경찰승진, 11. 순경

① 재판장, 수명법관, 수탁판사가 발부하는 경우도 있다(제77조, 제80조).

① 촉탁에 의하여 구속영장을 발부한 판사는 피고인을 인치한 때로부터 24시간 이내에 그 피고인임에 틀림없는가를 조사하여야 하며, 피고인임에 틀림없는 때에는 신속히 지정된 장소에 송치하여야 한다(제78조). 15. 9급 법원직

① 불구속상태의 피고인에 대하여 본안재판을 선고한 원심법원은 그 선고 이후에는 피고인을 구속할 권한이 없다. (×) 17. 경찰승진

① 법원의 피고인에 대한 구속은 결정에 의함(명령 ×)

③ 피고인구속의 경우 피고인에 대하여 범죄사실의 요지, 구속의 이유와 변호인을 선임할 수 있음을 말하고 변명할 기회를 준 경우가 아니면 구속할 수 없다. 다만, 피고인이 도망한 경우에는 그러하지 아니하다(제72조). 15. 9급 법원직, 19. 경찰승진

① 진술거부권을 고지하여야 한다. (×)

🔎 관련판례

• **사전청문**(집행기관이 취하는 절차 ×)

1. 형사소송법 제72조는 "피고인에 대하여 범죄사실의 요지, 구속의 이유와 변호인을 선임할 수 있음을 말하고 변명할 기회를 준 후가 아니면 구속할 수 없다."고 규정하고 있는바, 19. 7급 국가직 이는 피고인을 구속함에 있어 법관에 의한 사전 청문절차를 규정한 것으로서, 구속영장을 집행함에 있어 집행기관이 취하여야 하는 절차가 아니라 구속영장 발부함에 있어 수소법원 등 법관이 취하여야 하는 절차라 할 것이므로, 21. 순경 2차 법원이 피고인에 대하여 구속영장을 발부함에 있어 사전에 위 규정에

따른 절차를 거치지 아니한 채 구속영장을 발부하였다면 그 발부결정은 위법하다고 할 것이나, 위 규정은 피고인의 절차적 권리를 보장하기 위한 규정이므로 이미 변호인을 선정하여 공판절차에서 변명과 증거의 제출을 다하고 그의 변호 아래 판결을 선고받은 경우 등과 같이 위 규정에서 정한 절차적 권리가 실질적으로 보장되었다고 볼 수 있는 경우에는, 이에 해당하는 절차의 전부 또는 일부를 거치지 아니한 채 구속영장을 발부하였다 하더라도 그 발부결정이 위법하다고 볼 것은 아니다(대결 2000.11.10, 2000모134). 14. 순경 1차, 21. 경찰간부

2. 법원이 구속영장을 발부하기 전에 제72조에 따른 절차를 따로 거치지 아니하였더라도 위 규정에서 정한 절차적 권리가 실질적으로 보장되었다고 볼 수 있는 경우에는 구속영장 발부결정을 위법하다고 볼 것은 아니지만, 검사가 모두진술에 의하여 공소사실 등을 낭독하고 피고인과 변호인이 모두진술에 의하여 공소사실의 인정 여부 및 이익이 되는 사실 등을 진술하였다는 점만으로는 위 규정에서 정한 절차적 권리가 실질적으로 보장되었다고 보기는 어렵다(대결 2016.6.14., 2015모1032).

④ 법원은 합의부원으로 하여금 형사소송법 제72조의 사전청문절차를 이행하게 할 수 있다(제72조의 2). 21. 경찰간부

⑤ 구속영장에는 피의자 또는 피고인의 성명, 주거, 죄명, 피의사실 또는 공소사실의 요지, 인치·구금할 장소, 발부연월일, 유효기간과 유효기간이 경과되면 집행에 착수하지 못하고 영장을 반환해야 한다는 취지를 기재하고, 피의자의 경우에는 지방법원판사가, 피고인의 경우에는 재판장 또는 수명법관이 서명날인하여야 한다(제209조, 제75조 제1항).

관련판례

구금장소의 임의적 변경은 청구인의 방어권이나 접견교통권의 행사에 중대한 장애를 초래하는 것이므로 위법하다(대결 1996.5.15, 95모94). 14. 경찰승진, 20. 9급 검찰·마약수사·수사경과

⑥ 피의자나 피고인의 성명이 분명하지 않은 때에는 인상·체격 기타 피의자나 피고인을 특정할 수 있는 사항으로 표시하고 주거가 분명하지 않은 때에는 주거의 기재를 생략할 수 있다(제209조, 제75조 제2항·제3항). 14. 수사경과

⑦ 피의자구속영장의 경우에는 영장청구검사의 성명과 그 검사의 청구에 의하여 발부한다는 취지를 기재하여야 한다(규칙 제94조).
ⓘ 관직은 삭제되었음.

⑧ 피의자 또는 피고인 구속영장의 유효기간은 7일이며, 상당하다고 인정하는 때에는 7일을 넘는 기간을 정할 수 있다(규칙 제178조).

⑨ 피의자 또는 피고인 구속영장은 수통 작성하여 사법경찰관리 수인에게 교부할 수 있으며, 이 때에는 그 사유를 구속영장에 기재하여야 한다. 14. 수사경과

(4) 구속영장의 성격

피의자에 대한 구속영장이 허가장의 성격을 가지는 데 비하여, 피고인에 대한 구속영장은 명령장의 성격을 가진다.10·20. 경찰승진 즉, 피의자에 대한 구속영장은 수사기관이 법관으로부터 허가장

을 받아 자기 자신의 권한으로서 구속하는 것이므로 설령 영장이 발부되었더라도 그 후의 사정 변경에 의하여 구속의 필요가 없게 되면 구속하지 아니하여도 무방하다. 그러나 피고인에 대한 구속영장은 피의자에 대한 경우와는 달리 법원 스스로 구속하는 경우에 발부하는 것이므로 그 집행기관인 검사는 피고인에 대한 구속영장을 집행할 의무를 진다.

(5) 구속영장의 집행

① 집행시 절차

㉠ 피의자와 피고인의 경우 원칙적으로 차이가 없다. 즉, 구속영장은 검사의 지휘에 의하여 사법경찰관리가 집행하며, 08. 9급 법원직 교도소 또는 구치소에 있는 피의자나 피고인에 대해서는 검사의 지휘에 의하여 교도관이 집행한다(제209조, 제81조 제1항).

ⓘ 영장의 집행은 검사가 서명 또는 날인하여 교부한 영장이나, 검사가 영장의 집행에 관한 사항을 적어 교부한 서면에 따른다(경찰수사규칙 제55조 제2항).

⚖ 관련판례

1. 구금장소의 임의적 변경은 청구인의 방어권이나 접견교통권의 행사에 중대한 장애를 초래하는 것이므로 위법하다(대결 1996.5.15, 95모94). 17. 경찰간부

2. 사법경찰관리 집무규칙은 법무부령으로서 사법경찰관리에게 범죄수사에 관한 직무상의 준칙을 명시한 것 뿐이므로 합법적으로 발부된 구속영장이 사법경찰관리에 의하여 집행된 경우, 위 집무규칙 제23조 제3항 소정의 검사의 날인 또는 집행지휘서가 없다하여 곧 불법집행이 되는 것은 아니다(대결 1985.7.15, 84모22).

3. 구속영장의 집행이 정당한 사유 없이 지체된 기간 동안의 피고인에 대한 체포 내지 구금 상태는 위법하다. 구속영장이 주말인 토요일에 발부되어 담당경찰서의 송치담당자가 월요일 일과시간 중이를 받아왔고 피고인에 대한 사건 담당자가 외근 수사 중이어서 화요일에 구속영장 원본 제시에 의한 집행을 한 사정은 구속영장 집행 지연에 대한 정당한 사유에 해당하지 않는다. 다만, 피고인에 대한 구속영장 집행이 위법하더라도 그로 인하여 피고인의 방어권, 변호권이 본질적으로 침해되어 판결의 정당성마저 인정하기 어렵다고 보여지는 정도에 이르지 않았다면 그 위법이 상고이유가 된다고는 할 수 없다(대판 2020.4.29, 2020도16438).

㉡ 피고인구속영장의 경우 급속을 요하는 경우에는 재판장, 수명법관 또는 수탁판사가 그 집행을 지휘할 수 있으며, 이 경우에는 법원사무관 등에게 그 집행을 명할 수 있다(제81조 제1항 단서 · 제2항). 10. 9급 법원직 법원사무관 등은 그 집행에 관하여 필요한 때에는 사법경찰관리, 교도관 또는 법원경위에게 보조를 요구할 수 있으며, 관할구역 외에서도 집행할 수 있다(동조 제2항). 05 · 08. 9급 법원직

ⓘ 피의자구속의 경우 ➡ 적용 ×

ⓘ 사법경찰관리, 교도관 또는 법원 경위에게 보조를 요구할 수 있는 것이지 위탁하여야 하는 것이 아님.

㉢ 검사는 관할구역 외에서 구속영장의 집행을 지휘할 수 있고 또는 당해 관할구역의 검사에게 집행지휘를 촉탁할 수 있다. 사법경찰관리는 관할구역 외에서 구속영장을 집행할 수 있고 또는 당해 관할구역의 사법경찰관리에게 집행을 촉탁할 수 있다(제209조, 제83조).

     ② 피의자에 대하여 피의사실의 요지, 구속의 이유와 변호인을 선임할 수 있음을 말하고 변명할 기회를 주어야 하며(제200조의 5, 제209조), 진술거부권을 알려주어야 한다(수사준칙 제32조 제1항).

     ⑩ 구속영장을 집행함에는 피의자·피고인에게 반드시 이를 제시하여야 하며, 구속영장을 소지하지 아니한 경우에 긴급을 요하는 때에는 피의사실의 요지 또는 공소사실의 요지와 영장이 발부되었음을 알리고 집행할 수 있다. 집행을 완료한 후에는 신속히 구속영장을 제시하여야 한다(제209조, 제85조). 02. 행시

       ① 제시되는 영장은 정본(원본)이어야 하고, 사본의 제시는 위법(대판 1997.1.24, 96다40547) 10. 경찰승진

② 집행 후의 절차

     ㉠ 피고인을 구속한 때에는 공소사실의 요지와 변호인을 선임할 수 있음을 알려야 한다(제88조).

🔍 관련판례

• 피고인구속 집행 후 고지의무 규정의 의미와 위반효과

형사소송법 제88조는 "피고인을 구속한 때에는 공소사실의 요지와 변호인을 선임할 수 있음을 알려야 한다."라고 규정되어 있는바, 이는 사후 청문절차에 관한 규정으로 이를 위반하였다 하여 구속영장의 효력에는 영향을 미치지 아니한다(대결 2000.11.10, 2000모134). 14. 순경 1차, 21. 경찰간부

① 형사소송법 제88조는 '피고인을 구속한 때에는 즉시 공소사실의 요지와 변호인을 선임할 수 있음을 알려야 한다.'고 규정하고 있는바, 이를 위반하였다면 구속영장의 효력은 당연히 상실된다. (×) 18. 경찰승진

     ㉡ 피의자나 피고인을 구속한 때에는 변호인이 있는 경우에는 변호인에게, 변호인이 없는 경우에는 제30조 제2항(변호인선임권자)에 규정한 자 중 피의자나 피고인이 지정한 자(1인)에게 피의사건명 또는 피고사건명, 구속일시, 장소, 범죄사실의 요지, 구속의 이유와 변호인을 선임할 수 있는 취지를 지체 없이 서면으로 알려야 한다(제209조, 제87조, 규칙 제51조). 18. 경찰간부

       ① 구속의 통지는 늦어도 24시간 이내에 하여야 하며 통지를 할 자가 없어서 통지를 못한 경우에는 그 취지를 기재한 서면을 기록에 편철하여야 한다. 급속을 요하는 경우에는 구속이 되었다는 취지 및 구속의 일시·장소를 전화 또는 모사전송기 기타 상당한 방법에 의하여 통지할 수 있으나 다시 서면으로 하여야 한다(규칙 제51조). 피구속자의 동의나 합목적적인 고려를 이유로 통지하지 않음은 허용할 수 없다.

🔍 관련판례

구속통지를 하지 않은 위법이 있었다 할지라도, 통지를 받지 못하여 사선변호인을 선임하지 못하였다는 주장이 없거나 또는 법원이 직권으로 국선변호인을 선정하였다면, 위 위법은 판결에 영향을 미쳤다고 할 수 없어 상고이유가 되지 아니한다(대판 1966.9.20, 66도1045).

     ㉢ 피의자를 체포·구속한 검사 또는 사법경찰관은 체포·구속된 피의자와 체포·구속적부심사 청구권자 중에서 피의자가 지정하는 자에게 체포·구속적부심사를 청구할 수 있음을 알려야 한다(제214조의 2 제2항). 19. 5급 검찰·교정승진

ㄹ 구속영장에 의해 구금된 피의자가 피의자신문을 위한 출석요구에 불응하면서 수사기관 조사실에 출석을 거부한다면 수사기관은 그 구속영장의 효력에 의하여 피의자를 조사실로 구인할 수 있다(대결 2013.7.1, 2013모160). 17. 경찰간부

③ **영장의 불집행**

피의자에 대한 구속영장을 발부받은 후 피의자를 구속하지 않거나 구속한 피의자를 석방한 때에는 지체 없이 검사는 영장을 발부한 법원에 그 사유를 서면으로 통지하여야 한다(제204조). 20. 해경간부

① 피의자를 구속하지 않거나 못한 경우 ⇨ 법원에 통지시 구속영장의 원본을 첨부(규칙 제96조의 19 제3항).

4 구속기간의 제한

(1) 구속기간

① **피의자**

㉠ 사법경찰관이 피의자를 구속할 때에는 10일 이내에 피의자를 검사에 인치하지 아니하면 석방하여야 한다(제202조). 17. 순경 1차, 18. 수사경과

例 사법경찰관이 2014년 2월 15일 토요일 23 : 30에 피의자 甲을 구속한 경우에는 2014년 2월 24일 24 : 00 이내에 피의자 甲을 검사에게 인치하지 아니하면 석방하여야 함.

㉡ 검사가 피의자를 구속하거나 사법경찰관으로부터 피의자의 인치를 받은 때에는 10일 이내에 공소를 제기하지 아니하면 석방하여야 한다(제203조). 다만, 검사는 지방법원판사의 허가를 얻어 10일을 초과하지 않는 한도 내에서 1회에 한하여 구속기간을 연장할 수 있다(제205조 제1항). 11. 경찰승진 며칠을 연장할 것인가는 판사의 재량이다. 이 경우에 검사는 구속기간의 연장의 필요성을 인정할 수 있는 자료를 제출하여야 한다(동조 제2항). 00. 9급 법원직

① 검사의 신청에 의해 지방법원판사는 3일을 연장해 줄 수도 있다. 98. 9급 법원직

① 사법경찰관의 구속기간 ⇨ 연장 ×

🗨 **국가보안법 제19조**

지방법원판사는 동법 위반사건에 대하여 사법경찰관에게 1회, 검사에게 2회에 한하여 구속기간의 연장을 허가할 수 있다. 다만, 동법 제7조(찬양·고무) 및 제10조(불고지)의 죄에 관한 구속기간 연장은 위헌결정을 받았다(헌재결 1992.4.14, 90헌마82). 따라서 이 경우는 형사소송법 규정이 적용되어 사법경찰관 10일, 검사 10일(1회 연장 가능)이 구속기간이 된다.

㉢ 구속기간연장이나 그 신청을 기각하는 결정에 대해서는 불복할 수 없다. 따라서 항고 또는 준항고가 허용되지 않는다(대결 1997.6.16, 97모1). 17·18. 경찰승진

② **피고인**

㉠ 피고인에 대한 구속기간은 2개월이다. 구속은 계속할 필요가 있는 경우에는 심급마다 2개월 단위로 2차에 한하여 결정으로 갱신할 수 있다. 다만, 상소심은 피고인 또는 변호인(검

사 ×)이 신청한 증거의 조사, 상소이유를 보충하는 서면의 제출 등으로 추가심리가 필요한 부득이한 경우에 3차에 한하여 갱신할 수 있다(제92조 제1항·제2항). 13. 9급 법원직, 11·12. 순경, 18. 경찰간부·경찰승진, 21. 9급 법원직·순경 2차 이렇게 되면 각 심급마다 최대구속기간은 6개월이다.

ⓘ 제1심에서 구속된 경우 최장 18개월까지 구속가능
ⓘ 피고인구속기간 갱신 ⇨ 법원의 결정에 의함(피의자구속기간 연장은 지방법원판사가 행함)
ⓘ 부정수표단속법에 의하여 벌금가납판결이 선고된 경우라도 벌금을 가납할 때까지는 구속이 계속되므로 구속만기가 도래하면 갱신하여야 한다(부정수표단속법 제6조).

관련판례

'구속기간'은 '법원이 피고인을 구속한 상태에서 재판할 수 있는 기간'을 의미하는 것이지, '법원이 형사재판을 할 수 있는 기간' 내지 '법원이 구속사건을 심리할 수 있는 기간'을 의미한다고 볼 수 없다. 그러므로 구속사건을 심리하는 법원으로서는 만약 심리를 더 계속할 필요가 있다고 판단하는 경우에는 피고인의 구속을 해제한 다음 구속기간의 제한에 구애됨이 없이 재판을 계속할 수 있음이 당연하다(헌재결 2001.6.28, 99헌가14). 10·11. 14. 경찰승진

ⓛ 구속피고인에 대한 감정유치기간(제172조)과 기피신청기간(제22조), 16·21. 9급 법원직 공소장변경(제298조 제4항), 10. 7급 국가직, 21. 9급 법원직 피고인의 심신상실과 질병(제306조 제1항·제2항) 등으로 공판절차가 정지된 기간 및 공소제기 전의 체포, 구인, 구금기간은 피고인구속기간에 산입되지 아니한다(제92조 제3항). 10. 순경·9급 국가직·7급 국가직, 19. 경찰승진

ⓘ ┌ 병합심리에 의한 소송절차정지기간(구속기간 불산입 ×)
├ 관할이전으로 인한 공판절차 정지기간(구속기간 불산입 ×)
└ 호송 중의 가유치기간(구속기간 불산입 ×)

ⓒ 상소기간 또는 상소제기로 이미 상소 중에 있는 사건은 소송기록이 아직 원심법원에 있거나 상소법원에 도달하기까지는 피고인의 구속, 구속기간갱신, 보석, 보석취소, 구속집행정지와 그 취소의 결정은 원심법원이 행하여야 한다(규칙 제57조 제1항). 이는 원심법원이 상소법원의 권한을 대행하는 것으로 원심법원에 의한 결정은 아니다. 따라서 상소법원은 나머지 1차(예외적으로 2차)에 한해서 구속기간 갱신결정을 할 수 있다.

ⓔ 이송, 파기환송 또는 파기이송 중의 사건에 관한 제57조 제1항의 결정(구속기간 갱신 등)은 소송기록이 이송 또는 환송법원에 도달하기까지는 이송 또는 환송한 법원이 이를 하여야 한다(규칙 제57조 제2항). 이 역시 이송 또는 환송 받은 법원이 내려야 할 결정을 편의상 이송·환송법원 등이 대행하는 것이므로 이송 또는 환송받은 법원은 나머지 1차(예외적으로 2차)에 한하여 구속기간 갱신 등의 결정을 할 수 있다.

1. 대법원의 파기환송 판결에 의하여 사건을 환송받은 법원은 형사소송법 제92조 제1항에 따라 2월의 구속기간이 만료되면 특히 계속할 필요가 있는 경우에는 2차(대법원이 구속기간을 갱신한 경우에는 1차)에 한하여 결정으로 구속기간을 갱신할 수 있다(대판 2001.11.30, 2001도5225). 13 · 21. 9급 법원직
2. 상소제기 후 소송기록이 상소법원에 도달하지 않고 있는 사이에는 피고인을 구속할 필요가 있는 경우에도 기록이 없는 상소법원에서 구속의 요건이나 필요성 여부에 대한 판단을 하여 피고인을 구속하는 것이 실질적으로 불가능하다는 점 등을 고려하면, 상소기간 중 또는 상소 중의 사건에 관한 피고인의 구속을 소송기록이 상소법원에 도달하기까지는 원심법원이 하도록 규정한 형사소송규칙 제57조 제1항의 규정이 형사소송법 제105조의 규정에 저촉된다고 보기는 어렵다(대결 2007.7.10, 2007모460).
▶ 형사소송법 제105조 : 상소기간 중 또는 상소 중의 사건에 관하여 구속기간의 갱신, 구속의 취소, 보석, 구속의 집행정지와 그 정지의 취소에 대한 결정은 소송기록이 원심법원에 있는 때에는 원심법원이 하여야 한다.

(2) 구속기간의 계산

① 구속기간연장 허가결정이 있는 경우에 그 연장기간은 구속기간 만료일 다음 날부터 기산한다 (규칙 제98조). 10. 순경 · 9급 국가직, 15. 경찰간부, 12 · 17 · 18. 경찰승진

⚠ 그 연장기간은 결정이 있는 다음 날부터 기산한다. (×)

② 피의자가 체포되거나 구인된 경우에 검사 또는 사법경찰관의 구속기간은 체포 · 구인한 날로부터 기산한다(제203조의 2). 08 · 12. 순경, 10. 9급 국가직, 13. 수사경과, 13 · 14 · 15 · 17. 경찰승진, 20. 순경 2차

③ 구속기간의 계산은 초일을 1일로 산입하며16. 9급 법원직, 기간의 말일이 공휴일 또는 토요일에 해당하는 경우에도 구속기간에 산입한다. 10. 순경, 17 · 20. 경찰승진

④ 구속된 피의자가 피고인으로 된 경우 그 피고인에 대한 법원의 구속기간은 공소제기시부터 기산한다(제92조 제3항). 08. 순경, 10. 9급 국가직, 13. 순경 1차, 14. 9급 법원직, 15. 순경 2차

예 2008년 1월 1일에 구속된 자가 동년 1월 20일에 공소제기 되었다. 제1심법원에서 구속을 계속할 수 있는 최장기간(6개월)의 말일은 2008년 7월 19일이다.

(3) 구속기간 경과의 효력

구속기간을 경과하면 구속영장의 효력은 상실되므로 그 후의 구속은 불법구속이 된다는 것이 통설이나, 대법원은 구속기간이 경과해도 구속영장의 효력이 당연히 실효되는 것은 아니라는 태도를 보이고 있다.

법원이 구속기간을 넘어서 구속한 때라도 구속영장의 효력이 당연히 실효되는 것은 아니다(대판 1964. 11.17, 64도428).

(4) 재구속의 제한

검사 또는 사법경찰관에 의하여 구속되었다가 석방된 자는 다른 중요한 증거가 발견된 경우를 제외하고는 동일한 범죄사실에 관하여 재차 구속하지 못한다(제208조 제1항). 09. 경찰승진, 12. 교정특채, 13. 9급 교정·보호·철도경찰, 15. 순경 2차, 20. 수사경과 서로 다른 범죄사실이라도 1개의 목적을 위하여 동시(예 은행직원이 고객의 예금을 수회 횡령) 또는 수단·결과의 관계에서 행하여진 행위(예 주거침입과 절도)는 동일한 범죄사실로 간주한다(동조 제2항). 07. 7급 국가직, 08. 순경, 18·19. 경찰승진

ⓘ 국가보안법 위반으로 공소보류처분을 받은 피의자는 그 공소보류가 취소된 경우에 동일한 범죄사실로 재구속 가능(국가보안법 제20조 제4항)

ⓘ 재구속영장의 청구서에는 재구속영장의 청구라는 취지와 제208조 제1항 또는 제214조의 3에 규정한 재구속사유를 기재하여야 한다(규칙 제99조 제2항).

🔎 관련판례

1. 재구속 제한은 피의자에게만 적용되고 법원이 피고인을 구속한 경우에는 적용되지 않는다. 02·15. 경찰승진, 04·05·06. 순경, 12. 교정특채 구속기간 만료로 피고인에 대한 구속의 효력이 상실된 후 항소법원이 피고인에 대한 판결을 선고하면서 피고인을 구속하였더라도 다른 중요한 증거발견을 요건으로 하는 구속의 제한규정(제208조)에 위배되는 것은 아니다(대결 1985.7.23, 85모12). 18. 9급 법원직

2. 재구속 제한은 구속 자체의 효력에 관한 문제이고 공소제기 효력에는 영향을 미치지 않으므로 재구속 제한에 위반하더라도 공소제기 자체가 무효로 되는 것은 아니다(대판 1966.11.22, 66도1288). 07. 순경, 15. 경찰승진

3. 제208조 '구속되었다가 석방된 자는 다른 중요한 증거를 발견하는 경우를 제외하고는 재구속하지 못한다.'는 구속영장에 의하여 구속되었다가 석방된 경우를 말하는 것이지, 긴급체포나 현행범으로 체포되었다가 사후영장발부 전에 석방된 경우는 포함되지 않는다 할 것이므로, 피고인이 긴급체포되었다가 석방된 후 법원이 발부한 구속영장에 의하여 구속이 이루어진 경우 다른 중요한 증거발견이 없는 경우라도 위법한 구속이라고 볼 수 없다(대판 2001.9.28, 2001도4291). 10. 9급 국가직, 10·12. 경찰승진, 12. 순경, 13. 순경 1차, 13·20. 9급 교정·보호·철도경찰, 13·15·20. 순경 2차, 21. 수사경과

피의자구속과 피고인구속의 차이점

구 분	피의자구속	피고인구속
영장청구 여부	○(검사)	×
영장발부 주체	지방법원판사	수소법원
영장실질심사	○	×
구속기간	최장 30일	최장 18개월
구속기간 기산점	체포된 때	공소제기시

경미범죄(다액 50만원 이하 벌금, 구류, 과료)의 체포·구속

구 분	사 유
구속영장	주거가 없는 경우(주거부정)
체포영장	주거가 없는 경우(주거부정), 출석요구에 불응
현행범체포	주거가 분명하지 아니한 경우(주거부정)
긴급체포	×

✓ **Key Point** **구속영장 발부·집행 및 구속기간 등**

- **구속영장발부** ┌ 피의자 ⇨ 검사청구로 지방법원판사가 발부(항고·준항고 ×)
  └ 피고인 ⇨ 수소법원 직권으로 발부
- **구속영장의 성격** : 피의자(허가장), 피고인(명령장)
- **피고인구속시 고지의무(제72조)** : 구속영장발부시 수소법원이 취할 절차(영장을 집행할 때 집행기관이 취할 절차 ×)
- **피고인 구속집행 후 고지의무 규정(제88조)** : 위반하였더라도 구속영장 효력에 영향 ×
- **구속 후 통지** : 서면(늦어도 24시간 내)
- **구속기간** ┌ 피의자 최장 30일(검사 10일＋1회 연장, 사법경찰관 10일)
  │ ▶ 국가보안법위반 ⇨ 최장 50일
  └ 피고인 최장 18개월(2개월＋심급마다 2개월씩 2회 갱신(2·3심은 3회 갱신 가능)
- **피고인구속기간** : 감정유치기간과 기피신청기간·공소장변경·피고인 심신상실·질병 등 공판절차 정지 기간, 공소제기 전 체포·구속기간은 피고인구속기간에 산입 ×
- **재구속 제한** : 피의자구속(피고인구속 ⇨ ×)

5 구속영장의 효력

(1) 구속영장의 집행정지

① **보석** : 보증금 등 다양한 출석담보수단을 조건으로 구속영장의 효력을 정지하고 석방시키는 제도를 말한다(보석편에서 상세히 다루기로 한다).

② **구속집행정지**

  ㉠ **의 의**

   ⓐ 피의자에 대한 구속집행정지 : 구속된 피의자에 대해서 지방법원판사는 구속의 집행을 정지할 수 있다(제209조, 제101조 제1항). 구속피의자에 대하여 검사 또는 사법경찰관도 구속집행을 정지할 수 있다(제209조). 구속집행을 정지한 사법경찰관은 지체 없이 구속집행정지통보서를 작성하여 검사에게 그 사실을 통보하고, 그 통보서 사본을 사건기록에 편철해야 한다(경찰수사규칙 제62조 제2항).

   ⓑ 피고인에 대한 구속집행정지 : 법원은 상당한 이유가 있는 때에는 결정으로 피고인의 구속집행을 정지할 수 있다(제101조 제1항).

ⓛ **구별개념** : 보증금과는 무관하다는 점, 직권으로만 가능하다는 점이 보석과 다르며, 구속영장의 효력이 소멸되지 않는다는 점이 구속취소와 다르다. 13. 경찰승진

구속집행정지, 보석, 구속취소의 비교

구 분	구속집행정지	보 석	구속취소
보증금	×	○(보증금납입을 조건으로 할 경우)	×
직 권	○	청구 가능	청구 가능
즉시항고	×	×	○
영장효력상실	×	×	○

ⓒ **절 차**

ⓐ 법원이 피고인에 대한 구속집행정지결정을 함에는 검사의 의견을 물어야 한다. 단, 급속을 요하는 경우에는 예외로 한다(제101조 제2항). 10. 9급 법원직, 20. 순경 2차, 21. 경찰승진

ⓑ 법원의 구속집행정지결정에 대해서 검사는 즉시항고할 수 없다. 11. 9급 법원직, 20. 9급 교정·보호·철도경찰

★ 관련판례

구속집행정지결정에 대한 검사의 즉시항고를 인정하는 조항(제101조 제3항)은 검사의 불복을 그 피고인에 대한 구속집행을 정지할 필요가 있다는 법원의 판단보다 우선시킬 뿐만 아니라, 사실상 법원의 구속집행정지결정을 무의미하게 할 수 있는 권한을 검사에게 부여한 것이라는 점에서 헌법 제12조 제3항의 영장주의원칙에 위배된다(헌재결 2012.6.27, 2011헌가36). 13. 경찰승진

ⓘ 위헌결정에 의해 제101조 제3항 삭제됨.

ⓒ 구속된 국회의원에 대한 국회의 석방요구가 있으면 당연히 구속영장의 집행이 정지된다(동조 제4항). 20. 경찰승진, 21. 해경간부 석방요구의 통고를 받은 검찰총장은 즉시 석방을 지휘하고 그 사유를 수소법원에 통지하여야 한다(동조 제5항).

ⓘ 구속된 국회의원에게 석방요구가 있으면 법원은 구속집행정지결정을 하여야 한다. (×)

ⓓ 검사가 피의자에 대한 구속집행을 정지한 경우에는 지체 없이 구속영장을 발부한 지방법원판사에게 그 사유를 서면으로 통지하여야 한다(규칙 제96조의 19 제5호). 21. 경찰승진

ⓘ 검사의 법원에 대한 통지(규칙 제96조의 19) − 체포영장 또는 구속영장의 원본을 첨부

영장발부법원에 서면통지하여야 할 사유(규칙 제96조의 19 제1항)

1. 피의자를 체포 또는 구속하지 아니하거나 못한 경우
2. 구속영장 청구기간이 만료하거나 구속 후 구속기간이 만료하여 피의자를 석방한 경우
3. 체포 또는 구속의 취소로 피의자를 석방한 경우
4. 체포된 국회의원에 대하여 석방요구가 있어 체포영장의 집행이 정지된 경우
5. 구속집행정지의 경우

ⓔ **구속집행정지의 취소**

   ⓐ 보석취소사유(제102조)와 동일한 사유가 있을 때, 피의자에 대해서 지방법원판사는 직권 또는 검사의 청구에 의해 피의자의 구속집행정지를 취소할 수 있다(제209조, 제102조 제2항). 검사나 사법경찰관도 구속집행정지를 취소할 수 있다.

   ⓑ 법원은 보석취소사유와 동일한 사유가 있을 때, 직권 또는 검사의 청구가 있을 때 결정으로 구속집행정지를 취소할 수 있다(제102조 제2항). 10. 순경

   ⓒ 국회의원에 대한 구속집행정지는 그 회기 중 취소하지 못한다(동조 제2항 단서). 20. 순경 2차, 21. 경찰승진

   ⓓ 구속집행정지취소의 결정이 있는 때 또는 기간을 정한 구속집행정지결정의 기간이 만료된 때에는 검사는 그 취소결정의 등본 또는 기간을 정한 구속집행정지결정의 등본에 의하여 피고인을 재구금하여야 한다. 다만, 급속을 요하는 경우에는 재판장, 수명법관 또는 수탁판사가 재구금을 지휘할 수 있다(규칙 제56조 제1항). 03. 법원사무관
    ⚠ 집행정지기간이 만료되면 별도의 결정 없이 영장의 효력에 의해 다시 구금한다. (○)

   ⓔ 제1항 단서의 경우에는 법원사무관 등에게 그 집행을 명할 수 있다. 이 경우에 법원사무관 등은 그 집행에 관하여 필요한 때에는 사법경찰관리 또는 교도관에게 보조를 요구할 수 있으며 관할구역 외에서도 집행할 수 있다(동조 제2항).

(2) 구속영장의 실효

구속영장의 효력이 상실되는 경우로는 구속취소와 구속의 당연실효가 있다.

① **구속취소**

  ㉠ **의 의**

   ⓐ 피의자에 대한 구속취소 : 구속의 사유가 없거나 소멸된 때에는 피의자에 대하여 지방법원판사는 직권 또는 검사, 피의자, 변호인 또는 변호인선임권자의 청구에 의하여 구속을 취소하여야 한다(제209조, 제93조). 검사도 구속취소가 가능하며, 사법경찰관도 검사의 지휘에 의해 가능하다.

   ⓑ 피고인에 대한 구속취소 : 피고인에 대하여 구속취소사유가 있는 때에는 법원은 직권 또는 검사, 피고인, 변호인과 변호인선임권자(법정대리인·배우자·직계존속·형제자매)의 청구에 의하여 결정으로 구속을 취소하여야 한다(제93조). 09·18. 경찰승진, 20. 7급 국가직
    ⚠ 취소할 수 있다. (×) 21. 해경

⚖ 관련판례

구속취소는 구속영장의 효력이 존속하고 있음을 전제로 하는 것이므로, 다른 사유로 이미 구속영장이 실효된 경우(자유형 확정)에는 피고인이 계속 구금되어 있는 경우라도 구속취소결정을 할 수 없다(대결 1999.9.7, 99초355). 20. 9급 교정·보호·철도경찰

ⓒ **사유** : 구속사유가 없는 때라 함은 구속사유가 처음부터 존재하지 않았던 경우를 말하고, 구속사유가 소멸된 때라 함은 구속사유가 사후적으로 소멸한 때를 말한다.

관련판례

1. 체포·구금 당시에 헌법 및 형사소송법에 규정된 사항(체포·구금의 이유 및 변호인의 조력을 받을 권리) 등을 고지받지 못하였고, 그 후의 구금기간 중 면회거부 등의 처분을 받았다 하더라도 이와 같은 사유는 형사소송법 제93조 소정의 구속취소사유에는 해당하지 아니한다(대결 1991.12.30, 91모76). 18. 7급 국가직

2. 미결구금일수가 본형 형기를 초과할 것이 명백한 경우라면 피고인을 구속할 사유는 소멸되었다고 볼 것이므로 피고인의 구속은 취소되어야 한다(대결 1991.4.11, 91모25).

3. 피고인에 대한 형이 그대로 확정된다고 하더라도 잔여형기가 8일 이내이고 또한 피고인의 주거가 일정할 뿐 아니라 증거인멸이나 도망의 염려도 없어 보인다면 피고인을 구속할 사유는 소멸하였다고 보아야 할 것이니 구속취소의 신청은 이유 있다(대결 1983.8.18, 83모42).

4. 하급심이 불법하게 구속기간을 갱신하여 불법구속을 하였다 하더라도, 구속사유가 엄존하는 이상 상소심에서는 구속을 계속할 법률상 근거가 소멸되는 것이라고는 할 수 없을 것이고, 상소심에서 구속기간을 갱신하였다 하여 구속영장의 효력이 당연히 실효된 것이라고도 할 수 없다(대판 1963.9.24, 63도256).

ⓒ **절 차**

ⓐ 재판장이 피고인에 대한 구속취소결정을 함에는 검사의 의견을 물어야 한다. 단, 급속을 요하는 경우에는 예외로 한다(제97조 제2항).

ⓑ 검사는 구속취소결정을 따른 의견요청에 대하여 지체 없이 의견을 표명하여야 한다(동조 제3항).

ⓒ 검사는 구속취소결정에 대하여 즉시항고할 수 있다(동조 제4항). 10. 9급 법원직

ⓓ 구속취소사건에 있어서는 공판절차를 필요로 하지 않는다.

관련판례

구속취소사건에 있어서는 공판절차를 필요로 하는 것이 아니므로 공판절차의 갱신에 관한 형사소송법 제301조는 그 적용이 없고 따라서 제1심결정에 관여하지 아니한 법관이 항고에 대한 의견서를 첨부하여 항고법원에 송부하였다 하여 직접심리주의에 위배되는 위법이 있다고 할 수 없다(대결 1986.4.30, 86모10).

② **구속의 당연실효**

㉠ **구속기간의 만료** : 구속기간이 만료되면 구속영장의 효력은 당연히 상실된다(통설). 그러나 판례는 당연히 상실되는 것은 아니라고 한다. 07. 순경, 10. 경찰승진

㉡ **구속영장의 실효** : 무죄, 면소, 형의 면제, 형의 선고유예, 형의 집행유예, 공소기각 또는 벌금이나 과료를 과하는 판결이 선고되면 구속영장은 효력을 잃는다(제331조). 18. 9급 법원직, 19. 경찰승진

무죄 등 판결 선고 후 석방대상 피고인이 교도소에서 지급한 각종 지급품의 회수, 수용시의 휴대금품 또는 수용 중 영치된 금품의 반환 내지 환급문제 때문에 임의로 교도관과 교도소에 동행하는 것은 무방하나, 피고인의 동의를 얻지 않고 의사에 반하여 교도소로 연행하는 것은 헌법 제12조의 규정에 비추어 도저히 허용될 수 없다(헌재결 1997.12.24, 95헌마247).

   ⓒ **사형·자유형의 확정** : 사형·자유형의 판결이 확정된 때에도 구속영장은 효력이 상실된다. 판결확정 후에 계속되는 신체구속은 확정판결 자체의 효력에 의한 것이지 구속영장의 효력에 의한 것은 아니다.

▶▶ 정리

구속영장의 효력상실·집행정지 사유

구속영장 집행정지사유	① 구속집행정지 ② 보 석
구속영장 효력상실사유	① 구속의 취소 ② 구속적부심에 의한 석방 ③ 구속기간 만료 ④ 무죄 등 선고(무죄, 형면제, 선고유예, 집행유예, 벌금, 과료, 면소, 공소기각판결) 11. 순경, 21. 해경간부 ▶ 무죄 등 판결이 선고되어도 검사가 사형, 무기, 10년 이상 징역·금고형을 구형한 사건은 구속영장이 실효되지 아니한다는 규정(제331조 단서)은 위헌결정으로 인하여 개정 형사소송법에서 삭제되었음. ⑤ 사형, 자유형 확정 ⑥ 구속 중인 소년에 대한 법원의 소년부 송치 결정이 있는 경우에 소년부판사가 소년 감호에 관한 결정을 한 때(소년법 제52조)

6 관련문제

(1) 이중구속

이중구속이란 이미 구속영장이 발부되어 구속되어 있는 피고인 또는 피의자에 대하여 다시 구속영장을 집행하는 것을 말한다. 다수설은 구속영장의 효력은 구속영장에 기재된 범죄사실에 대해서만 미치고(사건단위설), 구속된 피고인 또는 피의자가 석방되는 경우를 대비하여 미리 구속해 둘 필요가 있다는 이유로 이중구속도 허용된다고 해석하고 있다.

ⓘ A죄의 구속이 집행 중인 상태에서 피고인이 B죄로 기소되고 그 후에 B죄에 대하여 구속영장이 발부되었다면 B죄의 구속기간의 기산점은 A죄에 대한 구속기간이 만료한 시점이 아니고 B죄에 대한 구속영장이 발부되어 집행된 시점이다.

☆ 관련판례

구속의 효력은 원칙적으로 위 방식에 따라 작성된 구속영장에 기재된 범죄사실에만 미치는 것이므로, 구속기간이 만료될 무렵에 종전 구속영장에 기재된 범죄사실과 다른 범죄사실로 피고인을 구속하였다는 사정만으로는 피고인에 대한 구속이 위법하다고 할 수 없다(대결 2000.11.10, 2000모134). 10 · 14. 경찰승진, 11. 순경, 17 · 18. 경찰간부, 18. 9급 법원직, 18 · 20. 수사경과, 20. 7급 국가직, 21. 순경 2차

(2) 별건구속

수사기관이 본래 수사하고자 하는 본건에 대하여는 구속의 요건이 구비되지 못하였기 때문에 (예 객관적 혐의에 대한 증거불충분) 본건의 수사에 이용할 목적으로 구속의 요건이 구비된 별건으로 구속영장을 발부받아 피의자를 구속하는 것을 말한다.

영장주의에 반하고 구속사유가 없음에도 자백강요 내지 수사의 편의를 위하여 구속이 행해질 가능성이 있으므로 이는 인정될 수 없다(다수설). 그러나 본건에 대한 적법한 구속영장으로 여죄를 수사하는 것은 문제될 것이 없다.

(3) 검사의 체포 · 구속장소 감찰

① 지방검찰청검사장(지청장)은 검사로 하여금 매월 1회 이상 관하 수사관서의 피의자 체포 · 구속장소를 감찰하게 하여야 한다(제198조의 2 제1항). 17. 순경 1차

② 검사는 체포 · 구속된 자를 심문하고 관계서류를 조사하여야 하며 적법절차에 의하지 아니한 것이라고 의심할 만한 상당한 이유가 있는 경우에는 즉시 석방하거나 사건을 검찰에 송치할 것을 명하여야 한다(동조 제2항).

7 접견교통권

(1) 의 의

접견교통권에는 두 가지 측면이 내포되어 있다.

① 접견교통권이란 피의자나 피고인이 변호인이나 가족, 친지 등 타인과 접견하고 서류나 물건을 수수하며, 의사의 진료를 받을 권리를 말한다. 헌법은 체포 · 구속을 당한 피고인 · 피의자의 변호인의 조력을 받을 권리를 기본적 인권으로 보장하고 있다(헌법 제12조 제4항).

② 변호인 또는 변호인이 되려는 자(변호인선임의뢰는 받았지만 아직 변호인선임신고가 되지 않는 자)도 신체구속을 당한 피고인이나 피의자와 접견하고 서류 또는 물건을 수수할 수 있으며 의사로 하여금 진료하게 할 수 있다(제34조). 16. 경찰간부, 21. 수사경과

 ① 변호인은 신체구속을 당한 피의자와 접견하고 서류 또는 물건을 수수할 수 있으며, 의사로 하여금 진료하게 할 수 있으나, 변호인이 되려는 자는 일정한 범위 내에서 접견교통권이 제한될 수 있다. (×) 16. 경찰간부

관련판례

1. '변호인이 되려는 자'의 접견교통권은 피의자 등을 조력하기 위한 핵심적인 부분으로서, 피의자 등이 가지는 헌법상의 기본권인 '변호인이 되려는 자'와의 접견교통권과 표리의 관계에 있다. 따라서 피의자 등이 가지는 '변호인이 되려는 자'의 조력을 받을 권리가 실질적으로 확보되기 위해서는 '변호인이 되려는 자'의 접견교통권 역시 헌법상 기본권으로서 보장되어야 한다(헌재결 2019.2.28, 2015헌마 1204).

   ▶ 변호인접견권에 대하여 형사소송법 제34조의 권리로 보았던 헌법재판소판례(헌재결 1991.7.8, 89 헌마181 ; 대결 2002.5.6, 2000모112)도 이제는 변경된 것으로 보아야 할 듯 싶다. 20. 7급 국가직

2. 우리 헌법은 변호인의 조력을 받을 권리가 불구속 피의자·피고인 모두에게 포괄적으로 인정되는지 여부에 관하여 명시적으로 규율하고 있지는 않지만, 불구속 피의자의 경우에도 변호인의 조력을 받을 권리는 우리 헌법에 나타난 법치국가원리, 적법절차원칙에서 인정되는 당연한 내용이다(헌재결 2004. 9.23, 2000헌마138). 13. 변호사시험, 16 · 20. 경찰승진

   ① 접견교통권의 주체는 체포·구속을 당한 피의자이고 신체구속상태에 있지 않은 피의자는 포함되지 아니한다. (×) 13. 변호사시험, 16 · 17. 경찰승진

3. 변호인이 되려는 의사를 표시한 자가 객관적으로 변호인이 될 가능성이 있다고 인정되는데도, 형사소송법 제34조에서 정한 '변호인 또는 변호인이 되려는 자'가 아니라고 보아 신체구속을 당한 피고인 또는 피의자와 접견하지 못하도록 제한하여서는 아니 된다(대판 2017.3.9, 2013도16162). 18. 경찰간부, 20. 경찰승진, 21. 해경

4. 파업투쟁으로 인한 대량 연행자 발생시 '신속한 변호사 접견이 이루어질 수 있도록 적절한 조치를 취해 줄 것을 부탁한다.'는 내용의 공문을 노동조합으로부터 받은 변호사는 형사소송법 제34조에서 정한 접견교통권이 인정된다(대판 2017.3.9, 2013도16162). 18. 순경 2차

5. 변호인 또는 변호인이 되려는 자의 접견교통권은 신체구속제도 본래의 목적을 침해하지 아니하는 범위 내에서 행사되어야 하므로, 변호인 또는 변호인이 되려는 자가 구체적인 시간적·장소적 상황에 비추어 현실적으로 보장할 수 있는 한계를 벗어나 피고인 또는 피의자를 접견하려고 하는 것은 정당한 접견교통권의 행사에 해당하지 아니하여 허용될 수 없다(대결 2007.1.31, 2006모657).

6. 피의자·피고인의 구속 여부를 불문하고 조언과 상담을 통하여 이루어지는 변호인의 조력자로서의 역할은 변호인선임권과 마찬가지로 변호인의 조력을 받을 권리의 내용 중 가장 핵심적인 것이고, 변호인과 상담하고 조언을 구할 권리는 변호인의 조력을 받을 권리의 내용 중 구체적인 입법형성이 필요한 다른 절차적 권리의 필수적인 전제요건으로서 변호인의 조력을 받을 권리 그 자체에서 막바로 도출되는 것이다(헌재결 2004.9.23, 2000헌마138).

7. 변호인의 접견교통권은 피의자 등이 변호인의 조력을 받을 권리를 실현하기 위한 것으로서, 피의자 등이 헌법 제12조 제4항에서 보장한 기본권의 의미와 범위를 정확히 이해하면서도 이성적 판단에 따라 자발적으로 그 권리를 포기한 경우까지 피의자 등의 의사에 반하여 변호인의 접견이 강제될 수 있는 것은 아니다(대판 2018.12.27, 2016다266736).

8. 수용자 접견시간 조항(형의 집행 및 수용자의 처우에 관한 법률 시행령 제58조 제1항)은 수용자의 접견을 '국가공무원 복무규정'에 따른 근무시간 내로 한정함으로써 피의자와 변호인 등의 접견교통을 제한하고 있는데, 위 조항은 교도소장·구치소장이 그 허가 여부를 결정하는 변호인 등의 접견신청의 경우에 적용되는 조항으로서, 형사소송법 제243조의2 제1항에 따라 검사 또는 사법경찰관이

그 허가 여부를 결정하는 피의자신문 중 변호인 등의 접견신청의 경우에는 적용된다고 볼 수 없다 (헌재결 2019.2.28, 2015헌마1204).

ⓘ 미국에서는 1964년 Escobedo 사건과 1966년 Miranda 사건을 통하여 변호인과의 접견교통권이 보장되고 있다.

(2) 근 거

변호인의 접견교통권보장은 변호인의 피의자·피고인을 위한 방어준비·변론준비에 주된 목적이 있으며, 구속된 피의자나 피고인의 접견교통권은 방어준비와 인권보장을 위해서 인정된다.

(3) 변호인과의 접견교통권

① **주체와 상대방** : 접견교통권의 주체는 피의자·피고인 및 그 변호인이다. 수형자가 누리는 접견교통권은 형의 집행 및 수용자의 처우에 관한 법률상의 권리이다(형의 집행 및 수용자의 처우에 관한 법률 제41조). 따라서 형이 확정되어 집행 중에 있는 수형자에 대해서는 제34조의 규정에 의한 접견교통권이 그대로 적용될 수 없다. 20. 7급 국가직

현행범체포, 긴급체포, 감정유치에 의하여 구금된 자는 물론이고 임의동행에 의하여 연행된 피의자나 피내사자에게도 변호인과의 접견교통권이 당연히 인정된다. 09. 경찰승진, 11. 9급 국가 직, 14·16·21. 경찰간부

🔎 관련판례

1. 변호인의 조력을 받을 권리를 실질적으로 보장하기 위하여는 변호인과의 접견교통권의 인정이 당연한 전제가 되므로, 임의동행의 형식으로 수사기관에 연행된 피의자에게도 변호인 또는 변호인이 되려는 자와의 접견교통권은 당연히 인정된다고 보아야 하고, 임의동행의 형식으로 연행된 피내사자의 경우에도 이는 마찬가지이다(대결 1996.6.3, 96모18). 11. 9급 국가직, 19. 경찰승진, 20. 7급 국가직

2. 형사소송법 제34조는 "변호인 또는 변호인이 되려는 자는 신체구속을 당한 피고인 또는 피의자와 접견하고 서류 또는 물건을 수수할 수 있으며 의사로 하여금 진료하게 할 수 있다."고 규정하고 있는 바, 이 규정은 형이 확정되어 집행 중에 있는 수형자에 대한 재심청구절차에는 그대로 적용될 수 없다(대판 1998.4.28, 96다48831). ∴ 재심청구한 수형자의 접견제한가능 09. 경찰승진

② 접견교통권의 보장

㉠ 변호인과의 접견교통권이나 변호인의 피의자·피고인에 대한 접견교통권을 제한하는 법률의 규정은 없으며, 절대적으로 보장하고 있다. 따라서 법원의 결정이나 수사기관의 처분에 의한 제한이 허용되지 않는다. 16. 경찰간부, 21. 해경

🔎 관련판례

1. 변호인과의 자유로운 접견은 신체구속을 당한 사람에게 보장된 변호인의 조력을 받을 권리의 가장 중요한 내용이어서 국가안전보장, 질서유지, 공공복리 등 어떠한 명분으로도 제한될 수 있는 성질의 것이 아니다(헌재결 1992.1.28, 91헌마111). 10. 경찰승진, 11. 9급 국가직, 17. 9급 법원직

2. 헌법재판소가 91헌마111 결정에서 미결수용자와 변호인과의 접견에 대해 어떠한 명분으로도 제한할 수 없다고 한 것은 구속된 자와 변호인 간의 접견이 실제로 이루어지는 경우에 있어서의 '자유로운 접견', 즉 '대화내용에 대하여 비밀이 완전히 보장되고 어떠한 제한, 영향, 압력 또는 부당한 간섭 없이 자유롭게 대화할 수 있는 접견'을 제한할 수 없다는 것이지, 변호인과의 접견 자체에 대해 아무런 제한도 가할 수 없다는 것을 의미하는 것이 아니므로 미결수용자의 변호인 접견권 역시 국가안전보장 · 질서유지 또는 공공복리를 위해 필요한 경우에는 법률로써 제한될 수 있음은 당연하다(헌재결 2011.5.26, 2009헌마341).

ⓘ 변호인과의 자유로운 접견은 신체구속을 당한 자에게 보장된 변호인의 조력을 받을 권리의 가장 중요한 요소이지만 국가안전보장 등의 이유로 제한될 수 있다는 것이 헌법재판소의 입장이다. (×) 11. 9급 교정 · 보호 · 철도경찰

ⓘ 미결수용자의 변호인 접견권은 국가안전보장 · 질서유지 또는 공공복리를 위해 필요한 경우 법률로써 제한될 수 있다. (○) 13. 변호사시험

ⓘ 변호인과의 자유로운 접견은 어떠한 명분으로도 제한될 수 있는 성질의 것이 아니므로, 미결수용자의 변호인 접견권 자체는 국가안전보장, 질서유지 또는 공공복리를 위해 필요한 경우라도 법률로써 제한될 수 없다. (×) 14. 순경 1차, 17. 해경, 20. 경찰간부

3. 형사소송법 제34조가 규정한 변호인의 접견교통권은 신체구속을 당한 피고인이나 피의자의 인권보장과 방어준비를 위하여 필수불가결한 권리이므로, 법령에 의한 제한이 없는 한 수사기관의 처분은 물론, 법원의 결정으로도 이를 제한할 수 없는 것이다(대결 1990.2.13, 89모37). 11 · 17. 경찰승진

ⓘ 변호인의 구속된 피고인 또는 피의자와의 접견교통권은 헌법상 보장된 권리로 법령에 의하여 제한할 수 없다. (×) 17. 9급 법원직, 19. 경찰간부

ⓛ 접견이 이루어진 경우에도 자유로운 접견이 보장되어야 한다. 교도관이 참여하거나 대화를 감시하거나 그 내용을 청취하거나 녹취해서도 안 된다. 16. 경찰간부, 17. 경찰승진 · 경찰간부 다만, 보이는 거리에서 감시하는 것은 가능하며, 07. 7급 국가직, 21. 수사경과 **미결수용자와 변호인과의 접견은 시간과 횟수의 제한이 없다**(형의 집행 및 수용자의 처우에 관한 법률 제84조). 구속장소의 질서유지를 위해 일요일이나 퇴근시간 등 일반적인 시간제한은 허용된다. 접견교통권이 즉시 허용되지 않는 경우도 접견교통권의 침해에 해당된다. 따라서 접견교통의 지연은 접견교통의 불허처분과 동일하다(판례). 수사 중이라는 이유로 변호인의 접견교통을 지연시켰다가 일정시간 경과 후에 허용하는 것도 변호인의 접견교통권의 제한으로 볼 수 있다.

⚖ 관련판례

미결수용자(피의자, 피고인)의 변호인 접견에 교도관이 참여할 수 있게 한 것은 신체구속을 당한 미결수용자에게 보장된 변호인 조력을 받을 권리를 침해하는 것이어서 헌법에 위반된다(헌재결 1992.1.28, 91헌마111). 12. 경찰승진

    ⓒ 피의자나 피고인이 변호인으로부터 수수한 서류나 우편물에 대해서는 이를 압수하거나 검열하는 것이 허용되지 않는다. 그러나 구금장소의 안전관계상 위험한 물건 등의 포함 여부를 확인하기 위한 정도의 검열과 수수금지는 허용된다.

      ⓘ 미결수용자와 변호인 간의 편지는 교정시설에서 상대방이 변호인임을 확인할 수 없는 경우를 제외하고 는 검열할 수 없다(형의 집행 및 수용자의 처우에 관한 법률 제84조 제3항).

⚖ 관련판례

1. 미결수용자와 변호인 사이의 서신으로서 그 비밀을 보장받기 위하여는 첫째, 교도소 측에서 상대방이 변호인이라는 사실을 확인할 수 있어야 하고 둘째, 서신을 통하여 마약 등 소지금지품의 반입을 도모 한다든가 그 내용에 도주ㆍ증거인멸ㆍ수용시설의 규율과 질서의 파괴 기타 형벌법령에 저촉되는 내용이 기재되어 있다고 의심할 만한 합리적인 이유가 있는 경우가 아니어야 한다(헌재결 1995.7.21, 92헌마144).

2. 수용자가 밖으로 내보내는 모든 서신을 봉함하지 않은 상태로 교정시설에 제출하도록 규정하고 있 는 '형의 집행 및 수용자의 처우에 관한 법률 시행령 제65조 제1항'이 통신비밀의 자유를 침해하는 것이다(헌재결 2012.2.23, 2009헌마333).

   ▶ 위헌결정에 따라, 서신을 봉함하여 교정시설에 제출할 수 있도록 하되, 마약류사범ㆍ조직폭력사 범 등이 변호인 외의 자에게 서신을 보내려는 경우, 같은 교정시설에 수용 중인 다른 수용자에게 서신을 보내려는 경우, 규율위반으로 조사 중이거나 징벌집행 중인 수용자가 다른 수용자에게 서신을 보내려는 경우 등 예외적 사유가 있는 경우에만 봉함하지 않은 상태로 서신을 제출하게 하도록 개정하였다(동 시행령 제65조 제1항).

3. 교도관이 수용자의 접견, 서신수수, 전화통화 등의 과정에서 수용자의 처우에 특히 참고할 사항을 알게 된 경우에 그 요지를 수용기록부에 기록하는 행위는 형집행법 제43조 제3항과 제8항에 근거를 두고 있는 것으로, 서류확인 및 등재는 변호인 접견이 종료된 뒤 이루어지고, 변호인과 미결수용자가 지켜보는 가운데 서류를 확인하여 그 제목 등을 소송관계처리부에 기재하여 등재하는 행위는 그 내용에 대한 검열이라 할 수 없을뿐 아니라 침해의 최소성 요건을 갖추었고, 법익의 균형성도 갖추 었으므로, 서류 확인 및 등재행위는 변호인의 조력을 받을 권리를 침해한다고 할 수 없다(헌재결 2016.4.28, 2015헌마243).

    ⓔ 변호인 또는 변호인이 되려는 자는 의사로 하여금 구속된 피의자ㆍ피고인을 진료하게 할 수 있다. 이는 인도적인 견지에서 요청되는 것이므로 원칙적으로 제한이 인정되지 않 는다.

⚖ 관련판례

경찰서 유치장은 미결수용실에 준하는 것이어서(행형법 제68조) 그 곳에 수용된 피의자에 대하여는 행형법 및 그 시행령이 적용되고, 행형법시행령 제176조는 "형사소송법 제34조, 제89조, 제209조의 규 정에 의하여 피고인 또는 피의자가 의사의 진찰을 받는 경우에는 교도관 및 의무관이 참여하고 그 경과를 신분장부에 기재하여야 한다."고 규정하고 있는바, 이는 피고인 또는 피의자의 신병을 보호ㆍ관 리해야 하는 수용기관의 입장에서 수진과정에서 발생할지도 모르는 돌발상황이나 피고인 또는 피의자의 신체에 대한 위급상황을 예방하거나 대처하기 위한 것으로서 합리성이 있으므로, 행형법 제176조의 규정은 변호인의 수진권 행사에 대한 법령상의 제한에 해당한다고 보아야 할 것이고, 그렇다면 국가정보원 사법경찰관이 경찰서 유치장에 구금되어 있던 피의자에 대하여 의사의 진료를 받게 할 것을 신청한 변호인에게 국가정보원이 추천하는 의사의 참여를 요구한 것은 행형법시행령 제176조의 규정에 근거한 것으로서 적법하고, 이를 가리켜 변호인의 수진권을 침해하는 위법한 처분이라고 할 수는 없다(대결 2002.5.6, 2000모112). 12. 순경, 10 · 12 · 17 · 18. 경찰승진

(4) 비변호인과의 접견교통권

① **원칙적 보장** : 체포 또는 구속된 피의자 또는 피고인은 법률의 범위 내에서 타인과 접견하고, 서류 또는 물건을 수수하며, 의사의 진료를 받을 수 있다(제89조, 제200조의 6, 제209조).

ⓘ 비변호인과의 접견교통권를 무제한 인정한다면 공범자와의 통모에 의한 증거인멸의 염려는 물론 구금장소의 안전을 위태롭게 할 우려가 있기 때문에 형사소송법은 비변호인과의 접견교통권을 원칙적으로 보장하면서, 다만 이를 법률에 의하여 제한할 수 있도록 하고 있다.

관련판례

1. 구속된 피의자 또는 피고인이 갖는 변호인 아닌 자와의 접견교통권은 헌법상의 기본권에 속한다고 보아야 할 것이다. 미결수용자의 접견교통권은 헌법재판소가 헌법 제10조의 행복추구권에 포함되는 기본권의 하나로 인정하고 있는 일반적 행동자유권으로부터 나온다고 보아야 할 것이고, 무죄추정의 원칙을 규정한 헌법 제27조 제4항도 그 보장의 한 근거가 될 것이다(헌재결 2003.11.27, 2002헌마193). 11. 경찰승진
2. 미결수용자의 가족이 미결수용자와 접견하는 것 역시 헌법 제10조가 보장하고 있는 인간으로서의 존엄과 가치 및 행복추구권 가운데 포함되는 헌법상의 기본권이라고 보아야 할 것이다(헌재결 2003.11.27, 2002헌마193).

② **제한** : 비변호인과의 접견교통권은 법률(제89조)이나 법원의 결정(제91조) 또는 수사기관의 처분(다수설)에 의하여 제한할 수 있다. 11. 경찰승진, 17. 9급 법원직

ⓘ 전면적 · 개별적, 조건부 · 기한부 금지도 가능 00. 7급 검찰

ⓘ 의류 · 양식 · 의료품의 수수를 금지하거나 압수하는 것은 허용되지 아니한다(제91조 단서). 08 · 12. 경찰승진, 11. 경찰승진 · 9급 국가직, 14 · 16. 수사경과

(5) 접견교통권의 침해와 구제

① **침해** : 접견교통권의 침해란 변호인과의 접견교통권을 제한하거나 의류, 양식, 의료품의 수수를 금지한 때 또는 적법절차에 의하지 아니하고 접견교통권을 제한하는 경우를 말한다.

관련판례

1. 수사기관이나 법원의 접견불허처분이 없는 경우에도 피의자들에 대한 접견이 접견신청일로부터 상당한 기간이 경과하도록 허용되지 않고 있는 것은 접견불허처분이 있는 것과 동일시된다고 봄이 상당하다(대결 1990.2.13, 89모37). 11 · 16. 경찰승진, 17. 순경 2차, 21. 수사경과

2. 구금장소의 임의적 변경은 청구인의 방어권이나 접견교통권의 행사에 중대한 장애를 초래하는 것이므로 위법하다(대결 1996.5.15, 95모94). 10 · 16 · 19. 경찰승진, 21. 수사경과

3. 신체구속을 당한 피의자가 범하였다고 의심받는 범죄행위에 변호인을 자신의 범죄행위에 공범으로 가담시키려고 하였다는 등의 사정만으로 그 변호인의 신체구속을 당한 사람과의 접견교통을 금지하는 것이 정당화될 수는 없다(대결 2007.1.31, 2006모656). 14 · 18. 경찰간부, 17. 순경 2차, 20. 7급 국가직

4. 변호인접견실에 CCTV를 설치하여 미결수용자와 변호인 간의 접견을 관찰한 행위는 변호인의 조력을 받을 권리를 침해한다고 볼 수 없다(헌재결 2016.4.28, 2015헌마243). 20. 경찰승진

5. 미결수용자 또는 변호인이 원하는 특정한 시점에 접견이 이루어지지 못하였다 하더라도 그것만으로 곧바로 변호인의 조력을 받을 권리가 침해되었다고 단정할 수는 없는 것이고, 변호인의 조력을 받을 권리가 침해되었다고 하기 위해서는 접견이 불허된 특정한 시점을 전후한 수사 또는 재판의 진행경과에 비추어 보아, 그 시점에 접견이 불허됨으로써 피의자 또는 피고인의 방어권 행사에 어느 정도는 불이익이 초래되었다고 인정할 수 있어야만 한다(헌재결 2011.5.26, 2009헌마341).

   ▶ 불구속 상태에서 재판을 받은 후 선고기일만을 남겨 놓았다가 그 기일에 출석하지 않아 비로소 구속된 피고인에 대하여 변호인이 접견을 신청하였는데, 접견을 희망한 6. 6.이 현충일로 공휴일이라는 이유로 접견이 거부되었고, 이로부터 이틀 후인 6. 8. 청구인과 변호인의 접견이 실시되었다. 그 후로도 공판기일까지는 열흘 넘는 기간이 남아 있었던 경우, 변호인의 조력을 받을 권리를 침해하였다고 볼 수 없다(헌재결 2011.5.26, 2009헌마341).

6. 교도소장이 금치기간 중에 있는 피징벌자와 변호사와의 접견을 불허한 조치는 피징벌자의 접견권과 재판청구권을 침해하여 위법하다(대판 2004.12.9, 2003다50184).

7. 변호인이 피의자를 접견할 때 국가정보원 직원이 승낙 없이 사진촬영을 한 것은 접견교통권 침해에 해당하며, 14 · 16. 수사경과 변호인이 되려는 변호사는 국가정보원에게 변호인이 되려는 의사를 표시함에 있어, 국가정보원이 그 의사를 인식하는 데 적당한 방법을 사용하면 되고, 반드시 문서로서 그 의사를 표시하여야 할 필요는 없다(대판 2003.1.10, 2002다56628). 17. 9급 법원직

8. 교도관이 미결수용자와 변호인 간에 주고받는 서류를 확인하고, 소송관계서류처리부에 그 제목을 기재하여 등재한 행위는 구금시설의 안전과 질서를 유지하고, 금지물품이 외부로부터 반입 또는 외부로 반출되는 것을 차단하기 위한 것으로서 변호인의 조력을 받을 권리를 침해한다고 할 수 없다(헌재결 2016.4.28, 2015헌마243). 17 · 18. 순경 2차, 20. 경찰승진

9. 헌법 제12조 제4항 본문에 규정된 변호인의 조력을 받을 권리는 행정절차에서 구속(난민인정심사 불회부결정으로 인천국제공항 송환 대기실에서 수용)을 당한 사람에게도 보장된다(헌재결 2018.5.31, 2014헌마346). 18. 순경 2차

10. 체포 및 압수 · 수색현장에서 변호인의 체포영장 등사요구를 거절한 것만으로 변호인의 조력을 받을 권리를 원천적으로 침해한 행위라고 보기 어렵다(대판 2017.11.29, 2017도9747). 20. 경찰승진

11. 수사기관에서의 구금의 장소, 변호인의 접견 등 구금에 관한 처분이 위법한 것이라는 사실만으로는 그와 같은 위법이 판결에 영향을 미친 것이 아닌 한 독립한 상소이유가 될 수 없는 것이다(대판 1990.6.8, 90도646). 16. 수사경과

② **침해에 대한 구제**

　　㉠ **항고 · 준항고** : 법원의 접견교통권 제한결정에 대하여 불복이 있는 때에는 보통항고를 할 수 있고(제402조), 검사 또는 사법경찰관의 접견교통권의 제한은 구금에 대한 처분이므로 준항고에 의하여 취소 또는 변경을 청구할 수 있다(제417조). 11. 경찰승진, 14 · 16. 수사경과, 21. 해경

　　　　! 구금시설의 직원(예 교도소장)에 의해 접견교통권이 침해된 경우에는 항고나 준항고가 불가능하므로 행정심판, 행정소송, 헌법소원 및 국가배상 등의 방법으로 구제받을 수 있다.

관련판례

영장에 의하지 아니한 구금이나 변호인 또는 변호인이 되려는 자와의 접견교통권을 제한하는 처분뿐만 아니라 구금된 피의자에 대한 신문에 변호인의 참여를 불허하는 처분 역시 구금에 관한 처분에 해당하는 것으로 보아야 한다(대결 2003.11.11, 2003모402). ∴ 제417조 준항고의 대상

　　㉡ **증거능력의 배제** : 접견교통권을 침해한 가운데 수집된 피고인 · 피의자의 자백이나 진술, 증거물은 위법수집증거로서 증거능력이 인정되지 않는다.

관련판례

1. 피의자가 변호인의 참여를 원한다는 의사를 명백하게 표시하였음에도 수사기관이 정당한 사유 없이 변호인을 참여하게 하지 아니한 채 피의자를 신문하여 작성한 피의자신문조서는 형사소송법 제312조에 정한 '적법한 절차와 방식'에 위반된 증거일 뿐만 아니라, 형사소송법 제308조의 2에서 정한 '적법한 절차에 따르지 아니하고 수집한 증거'에 해당하므로 이를 증거로 할 수 없다(대판 2013.3.28, 2010도3359). 17. 순경 2차

2. 검사작성의 피의자신문조서가 검사에 의하여 피의자에 대한 변호인접견이 부당하게 제한되고 있는 동안에 작성된 경우에는 위법한 절차에 의해 수집된 증거이므로 증거능력이 없다(대판 1990.8.24, 90도1285). 14. 경찰승진 · 수사경과

3. 피고인이 구속되어 국가안전기획부에서 조사를 받다가 변호인의 접견신청이 불허되어 이에 대한 준항고를 제기 중에 검찰로 송치되어 검사가 피고인을 신문하여 제1회 피의자신문조서를 작성한 후 준항고절차에서 위 접견불허처분이 취소되어 접견이 허용된 경우에는 검사의 피고인에 대한 위 제1회 피의자신문은 변호인의 접견교통을 금지한 위법상태가 계속된 상황에서 시행된 것으로 보아야 할 것이므로 그 피의자신문조서는 증거능력이 없다(대판 1990.9.25, 90도1586). 09. 경찰승진

4. 검사의 비변호인과의 접견금지 결정으로 피고인들의 접견이 제한된 상황하에서 피의자신문조서가 작성되었다는 사실만으로 바로 그 조서가 임의성이 없는 것이라고는 볼 수 없다(대판 1984.7.10, 84도846). 98. 경찰승진, 21. 해경

5. 변호인접견 전에 작성되었다는 이유만으로 피의자신문조서의 증거능력이 없다고 볼 수는 없다(대판 1990.9.25, 90도1613).

✓ **Key Point**

• **변호인 되려고 하는 자** : 접견교통권(○)
• **변호인과의 자유로운 접견**(대화 내용의 비밀) : 어떠한 명분으로도 제한할 수 없음(판례)
  ▶ 미결수용자의 변호인접견 자체에 대하여 아무런 제한을 둘 수 없다는 의미는 아님(판례)
• **변호인의 접견교통권** : 절대적 보장(단, 제한법률 규정을 둘 수는 있음 : 판례)
  ▶ 수사기관의 처분, 법원의 결정으로 제한 불가능
• **비변호인과의 접견교통권** : 법률, 법원의 결정, 수사처분에 의해 제한 가능
• **감정유치된 자, 임의동행 형식으로 연행된 피의자·피내사자** : 변호인접견교통권 인정
• **접견교통권 침해** : 항고, 준항고, 증거능력 부정

8 체포·구속적부심사제도

(1) 체포·구속적부심사제도의 의의

① **의의** : 체포·구속적부심사제도라 함은 수사기관에 의하여 체포되거나 구속된 피의자에 대하여 법원이 체포·구속의 적부를 심사하여 체포 또는 구속이 부적법하거나 부당한 경우에 피의자를 석방하는 제도를 말한다(제214조의 2 제1항).

  ⚠ 사인(私人)에 의해 불법구금된 자 ⇨ 대상 × 17. 해경
  ⚠ 적법 여부뿐만 아니라, 체포·구속계속의 필요성까지 심사대상으로 한다는 점에서 법관이 발부한 영장에 대한 재심절차 내지 항고적 성격을 갖는다.
  ⚠ 체포·구속의 적법·불법만을 심사·판단한다. (×)
  ⚠ 체포 또는 구속이 불법 및 부당한 경우에 피의자를 석방하는 제도이다. (×)

② **제도의 취지** : 체포·구속적부심사제도는 수사기관의 불법 또는 부당한 인신구속에 대하여 사후적 사법통제를 통해 피의자의 인권을 보장하기 위하여 인정되는 헌법상 권리이다.

③ **구별의 개념**

  ㉠ **보석제도와의 구별** : 체포·구속적부심사제도는 수사단계에서 체포·구속된 피의자를 석방하는 제도이며, 구속영장 자체의 효력을 상실시킨다는 점에서 보석과 구별된다.

  ㉡ **구속취소와의 구별** : 체포·구속적부심사제도는 법원의 결정으로 피의자를 석방하는 제도이기 때문에 검사가 피의자를 석방하는 피의자 구속취소와 구별된다.

각 제도와의 비교정리

구 분	구속적부심	보 석	구속취소
객 체	피의자(전격기소된 피고인 포함)	피고인, 피의자	피고인, 피의자
주 체	법 원	법 원	• 피의자 : 지방법원판사·검사·사법경찰관 • 피고인 : 법원

사 유	구속의 불법 또는 부당	제95조, 제96조, 제214조의 2 제5항	구속사유가 없거나 소멸된 때
구속영장효력	소 멸	지 속	소 멸
보증금	×	가 능	×

(2) 체포 · 구속적부심사의 청구

① **청구권자** : 체포 · 구속적부심사의 청구권자는 체포되거나 구속된 피의자, 그 피의자의 변호인 · 법정대리인 · 배우자 · 직계친족 · 형제자매 · 가족 · 동거인 · 고용주이다(제214조의 2 제1항). 10. 순경, 13. 경찰승진 · 9급 법원직 · 경찰간부, 13 · 14. 순경 2차 10 · 15. 7급 국가직, 17 · 18. 수사경과

   ⚠ 가족 · 동거인 · 고용주 ⇨ 체포 · 구속적부심사의 청구권자, 보석청구권자임에 주의 / 14. 수사경과

   ⚠ 체포 · 구속적부심사청구 후에 전격적으로 검사의 공소제기가 있어 피고인이 되었다고 하더라도 법원은 체포 · 구속적부심사를 계속하여야 한다(제214조의 2 제4항). 19. 수사경과 ∴ 법원은 피고인에 대하여 적부심에 의한 석방결정 가능〔피의자 ⇨ 청구권(○), 피고인 ⇨ 청구권(×), 대상(○)〕

   ⚠ 피의자 ⇨ 절차존속요건이 아니라 절차개시요건이다. 05. 경찰승진

   ⚠ 구속적부심사청구 후에 피의자에 대하여 공소제기가 있어 피고인 신분을 갖게 되면 체포 · 구속적부심사 청구는 효력을 잃게 되므로 피고인에 대하여 법원은 석방을 명할 수 없다. (×) 10. 7급 국가직, 11. 9급 법원직, 12. 순경 1차, 10 · 13. 9급 국가직, 13. 순경 2차, 14. 경찰간부

   ⚠ 체포영장 · 구속영장이 발부되지 않고 체포 또는 구속된 피의자(예 임의동행에 의해 보호실에 유치되었거나 긴급체포 또는 현행범체포에 의하여 체포)도 체포 · 구속적부심청구권이 있는가에 대하여 긍정설(판례)과 부정설(다수설)의 대립이 있었으나, 2007년 개정법에서 '영장'의 요건을 삭제하여 영장에 의한 체포 이외에도 적부심사를 허용하였다. 11. 경찰승진, 14. 경찰간부 · 수사경과, 17. 순경 2차

② **적부심청구의 고지** : 피의자를 체포하거나 구속한 검사 또는 사법경찰관은 체포되거나 구속된 피의자와 적부심청구권자 중에서 피의자가 지정한 사람에게 적부심사를 청구할 수 있음을 알려야 한다(제214조의 2 제2항). 18. 수사경과

③ **청구사유** : 청구사유에는 제한이 없다. 따라서 체포 또는 구속이 불법한 경우뿐만 아니라 부당, 즉 구속계속의 필요성에 대한 판단을 포함한다.

   ㉠ **체포 · 구속이 불법한 경우의 예**

      ⓐ 영장의 발부가 위법한 경우(예 재구속제한위반, 영장청구기간 도과)

      ⓑ 체포 · 구속요건을 갖추지 못한 경우(예 범죄혐의 미흡, 주거가 일정한 경미한 범죄자)

      ⓒ 영장발부 자체는 적법하나 구속기간이 경과된 경우

   ㉡ **체포 · 구속이 부당한 경우의 예** : 구속영장의 발부가 위법하지는 않더라도 계속구금의 필요성이 없는 경우(예 피해변상, 합의, 고소취소)

      ⚠ 구속을 계속할 필요가 있는가의 판단기준 ⇨ 심사시를 기준으로 판단(체포 · 구속시 ×)

④ **청구대상** : 적부심청구의 대상범죄는 제한이 없다.

⑤ **청구방법** : 체포 · 구속적부심사의 청구는 피의사건 관할법원에 하여야 한다. 서면으로 하여야 한다는 견해(규칙 제102조)와 서면 또는 구술로 할 수 있다는 견해(규칙 제176조)가 대립하

고 있다. 체포·구속적부심사청구서에는 체포 또는 구속된 피의자의 성명, 주민등록번호 등, 주거, 체포 또는 구속일자, 청구의 취지 및 청구이유, 청구인의 성명 및 체포 또는 구속된 피의자와의 관계 등을 기재하여야 한다(규칙 제102조).

① 체포영장, 구속영장의 발부일자 ⇨ 기재사항 ×(규칙 개정시 삭제됨)

⑥ **서류열람**

㉠ 체포·구속적부심사를 청구한 피의자의 변호인은 법원에 제출된 구속영장청구서 및 그에 첨부된 고소·고발장, 피의자의 진술을 기재한 서류와 피의자가 제출한 서류를 열람할 수 있다(규칙 제104조의 2, 규칙 제96조의 21 제1항).

① 서류열람 가능(등사 ×)
① 구속적부심사 사건에서 구속된 피의자의 변호인에게 경찰서 수사기록 중 고소장과 피의자신문조서에 대한 열람·등사 허용(헌재결 2003.3.27, 2000헌마474) 10. 7급 국가직, 11·14·15. 경찰승진, 16. 순경 1차

㉡ 검사는 증거인멸 또는 피의자나 공범 관계에 있는 자가 도망할 염려가 있는 등 수사에 방해가 될 염려가 있는 때에는 법원에 서류(구속영장 청구서는 제외)의 열람 제한에 관한 의견을 제출할 수 있고, 법원은 검사의 의견이 상당하다고 인정하는 때에는 제1항에 규정된 서류의 전부 또는 일부의 열람을 제한할 수 있다(동조 제2항).

㉢ 법원은 위 ㉠의 열람에 관하여 그 일시, 장소를 지정할 수 있다(동조 제3항).

㉣ 체포·구속적부심 청구권자는 체포영장, 구속영장 또는 그 청구서를 보관하고 있는 검사, 사법경찰관 또는 법원사무관 등에게 그 등본의 교부를 청구할 수 있다(규칙 제101조).

(3) 법원의 심사

① **심사법원** : 체포·구속적부심사 청구사건은 지방법원합의부 또는 단독판사가 심사한다. 체포영장이나 구속영장을 발부한 판사는 심사에 관여할 수 없다. 12. 9급 법원직, 11·13. 경찰승진 다만, 체포영장이나 구속영장을 발부한 법관 외에는 심문·조사·결정을 할 판사가 없는 경우에는 그러하지 아니하다(제214조의 2 제12항). 01. 순경, 03. 행시

① 체포영장 또는 구속영장을 발부한 법관은 체포·구속적부심사 청구된 피의자의 석방 여부를 결정하기 위한 심문·조사·결정에 관여하지 못하고 이는 체포영장 또는 구속영장을 발부한 법관 외에는 심문·조사·결정을 할 판사가 없는 경우에도 마찬가지이다. (×) 18. 경찰간부

② **피의자심문 및 수사관계서류 등의 조사**

㉠ 체포·구속적부심사의 청구를 받은 법원은 청구서가 접수된 때로부터 48시간 이내에 피의자를 심문하고 수사관계서류와 증거물을 조사한다(제214조의 2 제4항). 09. 9급 국가직, 13. 경찰간부, 14. 경찰승진, 14·15. 순경 2차, 15. 순경 1차

㉡ 체포·구속적부심사의 청구를 받은 법원은 지체 없이 청구인, 변호인, 검사 및 피의자를 구금하고 있는 관서의 장에게 심문기일과 장소를 통지하여야 한다(규칙 제104조 제1항). 16. 경찰승진 통지는 전화, 모사전송, 전자우편, 휴대전화, 문자전송 그 밖에 적당한 방법으로 할 수 있다(동조 제3항).

ⓒ 사건을 수사 중인 검사 또는 사법경찰관은 수사관계서류와 증거물을 심문기일까지 법원에 제출해야 하고, 피의자를 구금하고 있는 관서의 장은 피의자를 출석시켜야 한다(규칙 제104조 제2항). ⇨ 피의자의 출석은 절차개시 요건 96. 9급 법원직

ⓔ 검사, 변호인, 체포·구속적부심사청구인은 관할법원의 심문기일에 출석하여 의견을 진술할 수 있다(제214조의 2 제9항). 심문기일에 출석한 검사·변호인·청구인은 법원의 심문이 끝난 후 의견을 진술(피의자심문 ×)할 수 있다. 18. 9급 법원직 다만, 필요한 경우 심문 도중에도 판사의 허가를 얻어 의견을 진술할 수 있다(규칙 제105조 제1항). 체포 또는 구속된 피의자, 변호인, 청구인은 피의자에게 유리한 자료를 낼 수 있다(동조 제3항).

ⓘ 검사·변호인·청구인은 법원의 심문이 끝난 후 피의자심문을 할 수 있다. (×) 15. 순경 1차

ⓜ 체포·구속적부심사를 청구한 피의자에게 변호인이 없는 경우에 제33조의 사유에 해당하는 때에는 법원은 국선변호인을 선임하여야 한다(제214조의 2 제10항). 09·11. 경찰승진, 19. 수사경과 이 경우 국선변호인의 출석도 절차개시의 요건이다. 20. 경찰승진

ⓘ 체포적부심사를 청구한 피의자에게 변호인이 없는 경우에 제33조의 사유에 해당하는 때에는 지체 없이 국선변호인을 선정해야 하나, 심문 없이 적부심사청구에 대해 기각 결정을 하는 경우에는 그러하지 아니하다. (×) 13. 변호사시험 심문 없이 적부심사청구에 대해 기각 결정을 하는 경우에도 국선변호인을 선정하여야 한다(제214조의 2 제10항 참조). 18. 9급 법원직

ⓗ 법원이 피의자를 심문하는 경우에 법원사무관 등은 심의요지 등을 조서로 작성하여야 한다(제214조의 2 제14항). 심문조서는 영장실질심사절차의 심문조서와 같이 공판조서의 예에 따라 작성한다(제214조의 2 제14항, 제201조의 2 제6항).

ⓘ 작성된 심문조조서는 법관면전조서이므로 형사소송법 제315조 제3호에 의거 당연히 증거능력이 인정된다(대판 2004.1.16, 2003도5693). 11. 9급 법원직, 11·13. 경찰승진, 14. 순경 1차, 17·21. 경찰간부

(4) 법원의 결정

① 법원은 체포 또는 구속된 피의자에 대한 심문이 종료된 때로부터 24시간 이내에 체포·구속적부심사청구에 대한 결정을 하여야 한다(규칙 제106조). 96. 9급 법원직, 11. 9급 검찰·마약수사, 14. 순경 1차, 16. 경찰승진

ⓘ 48시간 이내 ×

② 법원이 수사관계서류와 증거물을 접수한 때로부터 결정 후 검찰청에 반환된 때까지의 기간은 수사기관의 체포제한기간, 구속제한기간에 산입하지 아니한다(제214조의 2 제13항). 14. 순경 1차 따라서 영장청구기간 또는 법정구속기간이 지나더라도 그 기간만큼 더 체포나 구속을 할 수 있게 된다. 이는 체포 또는 구속적부심사청구권의 남용을 방지하고 사실상 체포기간 또는 구속기간 단축으로 인한 수사상의 지장을 해소하는 한편, 검사에 의한 전격기소의 폐해를 방지하기 위함이다.

■예 피의자 甲은 2014. 4. 12. 09 : 00 체포영장이 발부되어 2014. 4. 13. 10 : 00 체포되었다. 이에 甲의 변호인은 체포 당일 체포적부심을 청구하였고, 2014. 4. 14. 11 : 00 수사 관계서류와 증거물이 법원에 접수되어 청구기각결정 후 2014. 4. 15. 13 : 00 검찰청에 반환되었을 경우

- 검사가 甲에 대한 구속영장을 법원에 청구할 수 있는 일시 ⇨ 체포한 피의자를 구속하고자 할 때에는 체포한 때부터 48시간 이내(2014. 4. 15. 10 : 00까지)에 구속영장을 청구하여야 하나(제200조의 2 제5항), 서류가 접수 후 반환할 때까지의 시간(2014. 4. 14. 11 : 00~2014. 4. 15. 13 : 00)은 48시간에 산입하지 않으므로(제214조의 2 제13항), 2014. 4. 16. 12 : 00까지 구속영장을 청구하여야 한다.
- 사법경찰관이 甲을 구속할 수 있는 일시 ⇨ 수사기관이 피의자를 구속할 수 있는 기간은 10일인데(제202조, 제203조), 피의자를 실제로 체포한 날로부터 기산한다(제203조의 2). 검사는 10일을 초과하지 아니하는 범위 내에서 1차에 한하여 구속기간 연장허가를 받을 수 있지만(제205조 제1항), 사법경찰관에게는 구속기간연장제도가 없으므로 사법경찰관은 2014. 4. 22. 24 : 00까지 피의자를 구속할 수 있으나, 서류가 접수되어 반환된 때까지의 일수인 14일과 15일은 구속기간에 산입하지 않으므로(제203조의 2), 결국 사법경찰관은 2014. 4. 24. 24 : 00까지 甲을 구속할 수 있다.

③ 체포·구속적부심사청구에 대한 법원의 결정에는 기각결정과 석방결정이 있으며 이에 대해서 항고할 수 없다(제214조의 2 제8항). 10 · 11 · 16. 경찰승진, 10 · 14 · 15. 순경 1차, 13 · 17. 순경 2차, 14 · 17. 수사경과, 11 · 12 · 13 · 18. 9급 법원직, 13 · 18. 경찰간부, 20. 9급 검찰 · 마약수사, 21. 해경

㉠ **기각결정** : 법원은 심사결과 청구가 이유 없다고 인정되면 결정으로 그 청구를 기각해야 한다(제214조의 2 제4항). 다만, 다음과 같은 사유가 있으면 심문 없이 결정으로 청구를 기각할 수 있다(동조 제3항).

법원이 심문 없이 청구를 기각할 수 있는 사유 13. 9급 법원직

> 1. 청구권자 아닌 자가 청구하거나, 동일한 체포영장 또는 구속영장의 발부에 대하여 재청구한 때 13. 9급 법원직
> 2. 공범 또는 공동피의자의 순차청구가 수사방해의 목적임이 분명한 때 10. 7급 국가직, 14 · 16. 경찰승진, 20. 9급 검찰 · 마약수사, 17 · 18 · 19 · 21. 수사경과, 18 · 21. 경찰간부

㉡ **석방결정** : 법원은 심사결과 청구가 이유 있다고 인정되면 결정으로 피의자의 석방을 명하여야 한다(제214조의 2 제4항).

ⓘ 심사청구 후 공소제기가 있는 경우에도 동일하다. 10. 9급 국가직
ⓘ 석방결정은 그 결정서의 등본이 검찰청에 송달된 때에 효력이 발생한다(제42조, 제44조). 11. 9급 법원직, 20. 9급 검찰 · 마약수사

④ **피의자의 보석**(보증금납입조건부 피의자석방)

㉠ **의의** : 법원은 구속된 피의자에 대하여 구속적부심사의 청구가 있는 경우 그에 대하여 출석을 보증할 만한 보증금의 납입을 조건으로 하여 결정으로 피의자의 석방을 명할 수 있다(제214조의 2 제5항). 이를 피의자보석제도라 한다.

ⓘ 체포적부심사청구의 피의자에 대해서는 피의자보석 불인정(대결 1997.8.27, 97모21) 10. 순경, 11. 9급 법원직, 13. 9급 국가직, 14. 순경 1차, 16. 변호사시험, 18. 경찰간부 · 9급 교정 · 보호 · 철도경찰, 14 · 20. 경찰승진, 20. 9급 검찰 · 마약수사, 21. 수사경과 · 해경
ⓘ 심사청구 후 공소제기된 자에게도 피의자보석 가능(제214조의 2 제5항)

㉡ **피고인보석과의 차이점** : 보증금납입조건부 피의자석방제도는 구속적부심사를 청구한 피의자만을 대상으로 하고 있고, 법원의 직권보석이며(피의자에게 보석청구권을 인정하지 않음),

보석 여부는 법원의 재량사항이므로 재량보석이다. 이러한 점에서 피고인보석제도와는 차이가 있다(피고인보석제도 참조). 11. 9급 법원직, 13. 9급 교정·보호·철도경찰, 14. 7급 국가직, 15. 순경 1차

ⓒ **보증금의 결정** : 보증금액은 피의자의 출석을 보증할 만한 금액이어야 하고 이를 정함에는 범죄의 성질, 죄상, 증거의 증명력, 피의자의 전과·성격·환경과 자산, 피해자에 대한 배상 등 범행 후의 정황에 관련된 사항을 고려하여야 한다. 그리고 피의자의 자산 정도로는 납부하기에 불가능한 보석금액을 정해서는 안 된다(제214조의 2 제7항, 제99조).

ⓔ **보석의 조건** : 법원은 피의자석방결정을 하는 경우에 주거의 제한, 법원 또는 검사가 지정하는 일시·장소에 출석할 의무, 그 밖의 기타 적당한 조건을 부가할 수 있다(제214조의 2 제6항). 15. 순경 3차, 17. 순경 2차

ⓜ **피의자보석 불허사유**(제214조의 2 제5항 단서)

> ⓐ 범죄의 증거를 인멸할 염려가 있다고 믿을 만한 충분한 이유가 있거나
>
> ⓑ 피해자나 당해 사건의 재판에 필요한 사실을 알고 있다고 인정되는 사람 또는 그 친족의 생명·신체나 재산에 해를 가하거나 가할 염려가 있다고 믿을 만한 충분한 이유가 있는 때에는 보석결정을 할 수 없다.

ⓗ **보석집행절차** : 피의자보석의 집행에도 피고인보석의 집행절차(제100조)가 준용된다(제214조의 2 제7항). 따라서 보석허가결정은 보석금을 납입한 후가 아니면 집행하지 못하며, 구속적부심사청구인 이외의 자에게 보증금의 납입을 허가할 수 있다. 13. 9급 법원직 법원은 유가증권 또는 피의자 이외의 자가 제출한 보증서로서 보증금에 갈음할 것을 허가할 수 있다. 이 경우 보증서에는 보증금액을 언제든지 납입할 것을 기재하여야 한다(제214조의 2 제7항, 제100조).

ⓢ **보증금의 몰수**

ⓐ 임의적 몰수 : 피의자보석으로 석방된 자의 재체포·재구속 사유에 의거 재차 구속하거나, 공소제기된 후 법원이 피의자보석의 규정에 의거 석방된 자를 동일한 범죄사실에 관하여 재차 구속할 경우에 법원은 직권 또는 검사의 청구에 의하여 결정으로 보증금의 전부 또는 일부를 몰수할 수 있다(제214조의 4 제1항).

ⓑ 필요적 몰수 : 피의자보석의 규정에 의하여 석방된 자가 동일한 범죄사실에 관하여 형의 선고를 받아 그 판결이 확정된 후 집행하기 위한 소환을 받고 정당한 이유 없이 출석하지 아니하거나 도망한 때에는 법원은 직권 또는 검사의 청구에 의하여 결정으로 보석금의 전부 또는 일부를 몰수하여야 한다(제214조의 4 제2항).

ⓞ **항고** : 보증금납입조건부 피의자 석방결정에 대하여 항고할 수 있는가에 대하여는 논의가 있다. 형사소송법은 제214조의 2 제8항에서 체포·구속적부심사에 대한 기각결정과 석방결정에 대하여 항고하지 못한다고 규정하고 있으면서 보증금납입조건부 피의자 석방결정에 대하여는 명문의 규정을 두고 있지 않기 때문이다.

체포·구속적부심사에서의 석방결정과 보증금납입조건부 피의자 석방결정은 취지와 내용을 달리하는 것이고, 기소 후 보석결정에 대하여 항고가 인정되는 점에 비추어 그 보석결정과 유사한 보증금납입조건부 피의자 석방결정에 대하여 항고할 수 있도록 하는 것이 균형에 맞는 측면도 있다 할 것이므로 항고를 할 수 있다고 보아야 한다. 판례도 동일한 취지이다.

⚖ **관련판례**

보증금납입조건부 피의자 석방결정에 대하여 피의자나 검사가 그 취소의 실익이 있는 한 같은 법 제402조에 의하여 항고할 수 있다(대결 1997.8.27, 97모21). 13. 경찰승진, 21. 수사경과

① 보증금납입조건부 피의자 석방결정에 대하여 검사만이 항고할 수 있다는 것이 판례의 입장이다. (×)

(5) 재체포 및 재구속의 제한

체포·구속적부심사 결정에 의거거나, 피의자보석에 의하여 석방된 자는 다음의 경우를 제외하고는 재차 체포 또는 구속하지 못한다(제214조의 3 제1항·제2항).

재체포·재구속 사유

체포·구속적부심사(제214조의 3 제1항) 10·13. 경찰승진, 12. 교정특채, 13. 9급 교정·보호·철도경찰, 15. 순경 3차·7급 국가직, 10·14·16. 순경 1차, 14·17. 순경 2차, 18. 변호사시험, 17·18·19. 수사경과	① 도망하거나 ② 범죄의 증거를 인멸한 때 ① 도망 또는 증거인멸 우려(×) ① 출석을 요구받고 정당한 이유 없이 출석하지 아니한 때(×)
보증금납입조건부 피의자석방 (제214조의 3 제2항) 09. 경찰승진	① 도망한 때 ② 도망하거나 범죄의 증거를 인멸할 염려가 있다고 믿을 만한 충분한 이유가 있는 때 ③ 출석을 요구받고 정당한 이유 없이 출석하지 아니한 때 ④ 주거의 제한이나 그 밖에 법원이 정한 조건을 위반한 때

① 기타 구속되었다가 석방된 자의 피의자 재구속사유 ⇨ '다른 중요한 증거발견'을 요건으로 함.

✓ **Key Point**

- 체포·구속적부심제도와 보석, 구속취소제도와의 구별
- 체포·구속적부심사 청구권자 ⇨ 체포 또는 구속피의자(영장불문)
  ▶ 피고인 ⇨ 청구권 ×
- 체포·구속적부심사청구 방법 ⇨ 서면으로 관할법원에(구술로도 가능하다는 견해 有)
- 체포·구속적부심사 법원 ⇨ 지방법원 합의부 또는 단독판사
- 피의자심문 및 수사관계서류조사 ⇨ 체포·구속적부심사청구서가 접수된 때부터 48시간 이내(심문 종료 후 24시간 내 결정)
- 체포·구속적부심사기간 ⇨ 체포·구속기간 불산입(제214조의 2 제13항)
- 체포·구속적부심사청구에 대한 법원의 결정 ⇨ 항고불가(제214조의 2 제8항)
- 피의자보석 ⇨ 항고가능

> • 피의자보석 ⇨ 법원의 직권, 재량보석
>   ▶ 체포적부심사청구 피의자 ⇨ 피의자보석 불인정
> • 피의자보석 불허사유 ⇨ 제214조의 2 제5항 단서
> • 피의자보석 보증금의 몰수 ─┌ 임의적 몰수(원칙)
>   └ 필요적 몰수(예외)
> • 체포·구속적부심사에 의해 석방된 자의 재체포·재구속 사유 ⇨ 제214조의 3 제1항
> • 피의자보석에 의해 석방된 자의 재체포·재구속사유 ⇨ 제214조의 3 제2항

9 보석제도

(1) 의의 및 필요성

① **의의** : 보석이라 함은 일정한 조건을 붙여 구속의 집행을 정지하고 구금상태를 해제하는 제도를 말한다. 형사소송법은 피의자에 대하여 보증금납입조건부 석방제도(제214조의 2 제5항)를 도입함으로써 보석제도를 피고인뿐만 아니라 피의자에게도 확대하고 있다.

이하에서는 피고인에 대한 보석을 중심으로 살펴보기로 한다.

ⓛ 종전에는 피의자나 피고인 모두 보증금납부를 조건으로 한 보석제도였으나, 현행법에서는 경제적 무자력자에게도 보석의 기회를 확대하고, 피고인과의 개별사안의 구체적인 사정에 가장 적합한 보석을 허용한다는 측면에서 피고인보석의 경우에는 비금전적인 보석조건을 인정함으로써 보석의 조건을 다양화하였다.

ⓛ 치료감호사건을 조사하면서 인신구속이 필요한 경우에 검사는 관할 지방법원판사에게 청구하여 치료감호영장을 발부받아 보호구속할 수 있다(치료감호 등에 관한 법률 제6조 제2항). 보호구속에 관해서는 피의자구속에 관한 형사소송법의 규정들이 준용되므로 보석이 가능하다(동법 제6조 제3항).

ⓛ 보석은 유효한 구속영장을 전제로 구속의 집행을 정지시키는 것임.

② **제도의 필요성** : 형사절차에서 불구속재판을 보장함으로써 방어권행사를 용이하게 하고, 미결구금에 따른 각종 병폐를 방지하는 데 기여하는 제도이다(영미법에서 발전).

보석과 구속집행정지의 구별

구 분	보 석	구속집행정지
공통점	• 구속영장의 효력은 그대로 유지하면서 집행만을 정지시키는 제도 • 원칙적으로 검사의 의견을 물어야 한다(▶ 보석 ⇨ 급속을 요한 때의 예외규정 적용 ×). • 결정에 대한 검사의 즉시항고 × • 직권 또는 검사의 청구로 취소	
차이점	• 보증금의 납부를 요하는 경우도 있음. • 직권 또는 청구권자의 청구 • 비교적 기간이 길다.	• 보증금의 납부 불요함. • 직 권 • 비교적 기간이 짧다(관혼상제, 대학입시).

보석과 구속취소의 구별

구 분	보 석	구속취소
공통점	• 직권 또는 청구권자의 청구에 의해 결정 • 원칙적으로 검사의 의견을 물어야 한다(▶ 보석 ⇨ 급속을 요한 때의 예외규정 적용 ×).	
차이점	• 구속영장의 효력은 그대로 유지하면서 구속의 집행만을 정지하는 제도 • 보증금의 납부를 요하는 경우도 있음. • 허가결정에 대한 검사의 즉시항고 ×	• 구속영장을 전면적으로 실효시키는 제도 • 보증금의 납부 불요함. • 취소결정에 대한 검사의 즉시항고 ○

피의자보석과 피고인보석의 구별

구 분	피의자보석	피고인보석
공통점	일정한 조건을 붙여 구속의 집행을 정지	
차이점	• 필요적 보석제도 × • 보석취소규정 × • 법원의 직권·재량보석(피의자청구권 ×) • 보증금환부규정 × • 보증금 조건 • 검사의견 ×	• 필요적 보석제도 ○ • 보석취소규정 ○ • 직권/청구(피고인청구권 ○) • 보증금환부규정 ○ • 보석조건의 다양화 • 검사의견 ○

(2) 보석의 종류

보석은 청구 유무에 따라 청구보석과 직권보석, 법원의 재량 유무에 따라 필요적 보석(권리보석)과 임의적 보석(재량보석)으로 나눌 수 있다.

⚠ 필요적 보석을 원칙으로 하고, 임의적 보석을 예외적으로 인정 09. 순경

① **필요적 보석** : 보석청구가 있으면 다음과 같은 불허사유가 없는 한 보석을 허가하여야 한다(제95조). ⇨ 청구보석에 대하여만 인정 10. 9급 국가직, 12. 경찰승진

필요적 보석의 제외사유(제95조)

1. 피고인이 사형, 무기 또는 장기 10년이 넘는 징역이나 금고에 해당하는 죄를 범한 때(제1호)
   11. 경찰승진, 15. 순경 1차, 18. 9급 교정·보호·철도경찰
   ▶ 장기 10년 이상(×), 10년이 넘는(○)
   ▶ 공소사실과 죄명이 예비적·택일적으로 기재된 경우에 그 중 1죄가 여기에 해당하면 족함.
2. 피고인이 누범에 해당하거나 상습범인 죄를 범한 때(제2호)
   ▶ 상습범 규정이 있는 경우뿐만 아니라 범죄가 상습적으로 행해진 경우(◙ 상습으로 살인) 포함(반대 견해 有)
3. 피고인이 죄증을 인멸하거나 인멸할 염려가 있다고 믿을 만한 충분한 이유가 있는 때(제3호)
   ▶ 단순한 증거인멸 염려(×), 증거인멸 염려에 대한 충분한 이유(○)

> 4. 피고인이 도망하거나 도망할 염려가 있다고 믿을 만한 충분한 이유가 있는 때(제4호)
> 5. 피고인의 주거가 분명하지 아니한 때(제5호)
> 6. 피고인이 피해자, 당해 사건의 재판에 필요한 사실을 알고 있다고 인정되는 자 또는 그 친족의 생명·신체나 재산에 해를 가하거나 가할 염려가 있다고 믿을 만한 충분한 이유가 있는 때(제6호)

ⓘ 제외사유의 판단 ⇨ 구속영장에 기재된 범죄사실만을 대상(다른 견해도 있음)

② **임의적 보석** : 전술한 보석청구가 없는 경우 또는 필요적 보석의 예외사유에 해당하는 경우에도 법원은 상당한 이유(**예**질병)가 있으면 직권 또는 보석청구권자의 청구에 의하여 결정으로 보석을 허가할 수 있다(제96조). 10. 경찰승진 ⇨ 직권보석 또는 청구보석에 모두 인정

ⓘ 필요적 보석의 제외사유에 해당하여도 임의적 보석은 가능하다. 10. 9급 법원직

💬 **피의자보석**

구속적부심사의 청구가 있는 경우에 법원은 구속된 피의자에 대하여 피의자의 출석을 보증할 만한 보증금의 납입을 조건으로 하여 결정으로 피의자를 석방할 수 있는 제도(제214조의 2 제5항)를 말하며, 이는 법원의 직권·재량보석으로, 피의자에게 보석청구권을 직접 인정한 것은 아니다.

(3) 보석의 절차

① **보석의 청구**

㉠ **청구권자** : 보석청구권자는 피고인, 변호인, 법정대리인, 배우자, 직계친족, 형제자매, 가족, 동거인 또는 고용주이다(제94조). 09. 9급 법원직, 12·14·16. 경찰승진

ⓘ 체포·구속적부심사 청구권자와 동일

㉡ **청구방법** : 보석청구는 서면으로 하여야 한다(규칙 제53조 제1항). 공소제기 후 재판확정 전까지는 심급을 불문하고 보석청구를 할 수 있다. 상소기간 중에도 가능하다(제105조). 05. 7급 검찰

예 피고인을 구속하는 경우에는 구속영장이 집행된 후이면 지정된 장소에 인치하기 전에도 보석을 청구할 수 있다. 또한 보석허가 결정이 있기 전까지는 청구를 철회할 수 있다. 보석청구서에는 사건번호, 구속피고인의 성명, 주민등록번호 등, 주거, 청구취지 및 청구이유, 청구인의 성명 및 구속피고인과의 관계를 기재하여야 한다(규칙 제53조).

ⓘ 상소기간 중 또는 상소 중의 사건에 관하여 소송기록이 원심법원에 있는 때에는 보석청구는 원심법원에 하여야 한다(제105조). 10. 경찰승진, 14. 경찰간부, 17. 9급 법원직

ⓘ 구속피고인이 다른 사건으로 집행유예의 기간 중에 있더라도 보석을 허가할 수 있다(대결 1990.4.18, 90모22). 12·16. 경찰승진, 14. 순경 2차, 10·18. 9급 법원직

② **법원의 심리**

㉠ **검사의견** : 재판장은 보석에 관한 결정을 하기 전에 검사의 의견을 물어야 한다(제97조 제1항). 17. 9급 법원직 검사의 의견을 물을 때에는 보석청구서의 부본을 첨부해야 한다(규칙 제53조 제2항). 검사는 재판장의 의견요청에 대하여 지체 없이 의견을 표명하여야 하는데(제97조 제3항), 이 경우 의견서와 소송서류 및 증거물을 지체 없이 법원에 제출하여야 하며 특별한 사정이 없는 한 의견요청을 받은 다음 날까지 제출하여야 한다(규칙 제54조 제1항).

ⓘ 2007년 개정법에서 검사의 의견을 묻는 주체를 재판장으로 명확히 규정하고, 신속한 신병 결정을 위하여 검사가 3일 이내에 의견표명을 하지 않는 경우 동의 간주하는 규정을 삭제하고 지체 없이 의견을 표명할 의무규정을 신설하였다.

ⓘ 급속을 요하는 경우에도 검사의 의견을 물어야 한다. 11. 9급 법원직, 12. 경찰승진

ⓘ 검사 의견청취는 청구보석·직권보석 모두에 필요함(검사의 의견 ⇨ 법원을 구속하지 않음 ∴ 의견 청취 없어도 보석 취소 ×). 09. 9급 법원직

관련판례

검사의 의견청취의 절차는 보석에 관한 결정의 본질적 부분이 되는 것은 아니므로, 설사 법원이 검사의 의견을 듣지 아니한 채 보석에 관한 결정을 하였다고 하더라도 그 결정이 적정한 이상, 절차상의 하자만을 들어 그 결정을 취소할 수는 없다(대결 1997.11.27, 97모88). 14. 순경 2차, 17. 9급 법원직

ⓛ **피고인심문**

ⓐ 보석의 청구를 받은 법원은 지체 없이 심문기일을 정하여 구속된 피고인을 심문하여야 한다(규칙 제54조의 2 제1항). 10. 경찰승진, 14. 경찰간부

관련판례

형사소송규칙 제54조의 2는 보석청구를 받은 법원이 지체 없이 심문기일을 정하여 구속 피고인을 심문하도록 규정한 것이지 보석청구사건에 관한 항고심에서도 필요적으로 피고인을 심문하도록 규정한 것이 아니다(대결 1991.8.13, 91모53).

심문 없이 결정할 수 있는 경우(동조 제1호~제4호)

1. 보석청구권자 이외의 사람이 보석을 청구한 때
2. 동일한 피고인에 대하여 중복하여 보석을 청구하거나 재청구한 때
3. 공판준비 또는 공판기일에 피고인에게 그 이익되는 사실을 진술한 기회를 준 때
4. 이미 제출한 자료만으로 보석을 허가하거나 불허가할 것이 명백한 때

ⓑ 심문기일을 정한 법원은 즉시 검사·변호인·보석청구인 및 피고인을 구금하고 있는 관서의 장에게 심문기일과 장소를 통지하여야 하고, 피고인을 구금하고 있는 관서의 장은 위 심문기일에 피고인을 출석시켜야 한다(동조 제2항).

ⓒ 위 통지는 서면 외에 전화, 모사전송, 전자우편, 휴대전화, 문자전송 그 밖에 적당한 방법으로 할 수 있다(동조 제3항).

③ **법원의 결정** : 법원은 특별한 사정이 없는 한 보석청구를 받은 날로부터 7일 이내에 보석허가 여부를 결정하여야 한다(규칙 제55조). 17. 9급 법원직

ⓐ **청구기각결정** : 법원은 청구가 부적법하거나, 이유 없는 때에는 보석청구를 기각하는 결정을 하여야 한다(필요적 보석의 경우에는 보석 제외사유에 해당하지 않는 한 기각 불가).

ⓘ 청구를 기각한 결정에 대하여 청구권자는 보통항고를 할 수 있다(제403조 제2항). 08. 순경, 10. 9급 국가직

관련판례

보석불허가 이유로 피고인이 죄증을 인멸할 염려가 있다고 믿을 만한 충분한 이유가 있다고 설시한 것은 필요적 보석의 제외사유인 형사소송법 제95조 제3호에 해당함을 명시한 것이므로 형사소송규칙 제55조의 2(보석불허결정에 이유명시)에 위반되지 아니한다(대결 1991.8.13, 91모53).

ⓛ **보석허가결정**

ⓐ 보석조건 : 법원은 보석을 허가하는 경우에 필요하고 상당한 범위 내에서 다음의 조건 중 하나 이상의 조건을 정하여야 한다(제98조).

보석의 조건

1. 법원이 지정하는 일시·장소에 출석하고 증거를 인멸하지 않겠다는 서약서를 제출할 것
   ▶ 가장 간편하게 이용할 수 있는 보석의 조건이다.
2. 법원이 정하는 보증금에 해당하는 금액을 납입할 것을 약속하는 약정서를 제출할 것
   ▶ 경제적 약자에게도 보석의 기회를 부여하는 기능을 수행할 것으로 예상
3. 법원이 지정하는 장소로 주거를 제한하고 주거를 변경할 필요가 있는 경우에는 법원의 허가를 받는 등 도주를 방지하기 위하여 행하는 조치를 받아들일 것
   ▶ 치료목적으로 병원에 입원하는 경우 등에 활용이 가능
   ▶ 법원은 법 제98조 제3호(주거제한)의 보석조건으로 석방된 피고인이 보석조건을 이행함에 있어 피고인의 주거지를 관할하는 경찰서장에게 피고인이 주거제한을 준수하고 있는지 여부 등에 관하여 조사할 것을 요구하는 등 보석조건의 준수를 위하여 적절한 조치를 취할 것을 요구할 수 있다(규칙 제55조의 3 제1항).
4. 피해자, 당해 사건의 재판에 필요한 사실을 알고 있다고 인정되는 사람 또는 그 친족의 생명·신체·재산에 해를 가하는 행위를 하지 아니하고 주거·직장 등 그 주변에 접근하지 아니할 것
   ▶ 피해자 보호를 달성하고 증거인멸의 우려를 감소시킬 수 있음
5. 피고인 아닌 자가 작성한 출석보증서를 제출할 것
6. 법원의 허가 없이 외국으로 출국하지 아니할 것을 서약할 것
   ▶ 법원은 법 제98조 제6호의 보석조건을 정한 경우 출입국사무를 관리하는 관서의 장에게 피고인에 대한 출국을 금지하는 조치를 취할 것을 요구할 수 있다(규칙 제55조의 3 제2항).
7. 법원이 지정하는 방법으로 피해자의 권리회복에 필요한 금전을 공탁하거나 그에 상당하는 담보를 제공할 것
8. 피고인이나 법원이 지정하는 자가 보증금을 납입하거나 담보를 제공할 것
9. 그 밖에 피고인의 출석을 보증하기 위하여 법원이 정하는 적당한 조건을 이행할 것

ⓑ 보석조건 결정시 고려사항 : 법원은 보석의 조건을 정할 때 다음의 사항을 고려하여야 하며, 피고인의 자금능력 또는 자산 정도로는 이행할 수 없는 조건을 정할 수 없다(제99조). 09. 7급 국가직

보석조건 결정시 고려사항

07. 9급 법원직, 08 · 09 · 13. 순경, 09. 7급 국가직

1. 범죄의 성질 및 죄상(罪狀)
2. 증거의 증명력 ▶ 증거능력(×)
3. 피고인의 전과, 성격, 환경 및 자산 ▶ 피고인경력(×), 피해자에 대한 관계(×)
4. 피해자에 대한 배상 등 범행 후의 정황에 관련된 사항

ⓒ 보석조건의 변경 : 법원은 직권 또는 보석청구권자의 신청에 따라 결정으로 피고인의 보석조건을 변경하거나 일정기간 동안 당해 조건의 이행을 유예할 수 있다(제102조 제1항). 09. 7급 국가직, 10. 경찰승진, 14. 경찰간부 법원은 보석을 허가한 후에 보석의 조건을 변경하거나 보석조건의 이행을 유예하는 결정을 한 경우에는 그 취지를 검사에게 지체 없이 통지하여야 한다(규칙 제55조의 4).

⚠ 종래 다수설은 보증금은 보석허가결정의 본질적 내용이므로 항고에 의하지 않고는 변경할 수 없다는 입장이었다. 그러나 보석조건에 대한 변경규정을 두고 있는 개정법의 해석상 보증금액의 변경만 달리 볼 이유는 없다고 생각된다.

ⓓ 보석조건의 효력상실 : 구속영장의 효력이 소멸한 때에는 보석의 조건은 즉시 그 효력을 상실한다(제104조의 2 제1항). 07 · 11. 9급 법원직, 13. 순경 2차, 14 · 16. 경찰승진 보석이 취소된 경우에도 보석의 조건은 효력을 상실하나, 보증금에 관한 보석의 조건(제98조 제8호)은 자동 실효 대상에서 제외된다. 18 · 21. 7급 국가직 보석을 취소할 경우 법원이 보증금을 몰취할 수 있기 때문이다.

ⓔ 보석허가결정 : 보석허가 결정에 대하여는 검사가 즉시항고할 수 없다(제97조 제3항). 10. 9급 국가직

⚠ 구법하에서는 보석허가 결정에 대하여 검사는 즉시항고할 수 있도록 규정하였으나 위헌결정 후 보석제도 강화를 위해 제8차 개정에서 이를 폐지하였음. 따라서 보석허가 결정에 불복하는 검사는 이제는 보통항고만을 사용할 수 있다(제403조 제2항, 제409조 단서 참조). 10. 9급 국가직, 16. 7급 국가직

🔨 **관련판례**

1. 보석허가결정에 대하여 검사의 즉시항고를 허용하는 규정은 영장주의에 위반되고, 적법절차의 원칙에 반하며, 과잉금지의 원칙에도 위반된다(헌재결 1993.12.23, 93헌가2).
2. 보석취소결정을 비롯하여 고등법원이 한 최초 결정이 제1심 법원이 하였더라면 보통항고가 인정되는 결정인 경우에는 이에 대한 재항고와 관련한 집행정지의 효력은 인정되지 않는다(대결 2020.10.29, 2020모633). 21. 7급 국가직

④ **보석의 집행**

ⓐ 제98조 제1호(본인 서약서), 제2호(본인 보증금약정서), 제5호(3자의 출석보증서), 제7호(피해 액공탁), 제8호(보증금 또는 담보제공)는 선이행 후석방 조건으로 규정하고, 나머지는 선석방 후이행 조건으로 규정하였다(제100조 제1항). 09. 7급 국가직

ⓛ 다만, 조건부 석방시 선이행이 필요하다고 판단되면 개별적인 조건의 선이행 여부를 법원이 정할 수 있도록 하였다(동조 제1항 단서).

ⓒ 법원은 보석청구자 이외의 자에게 보증금의 납입을 허가할 수 있다(동조 제2항). 18. 9급 교정·보호·철도경찰

ⓔ 법원은 유가증권 또는 피고인 외의 자가 제출한 보증서로써 보증금을 갈음할 수 있다(동조 제3항). 13. 순경 2차, 18. 9급 교정·보호·철도경찰

ⓜ 법원은 보석허가결정에 따라 석방된 피고인이 보석조건을 준수하는 데 필요한 범위 안에서 관공서나 그 밖의 공사단체에 대하여 적절한 조치를 취할 것을 요구할 수 있다(동조 제5항).

> 예 ┌ 주거제한조치 : 피고인의 주거지를 관할하는 경찰서장
> └ 출국금지조치 : 출입국관리 관서장

ⓗ 보석조건 준수에 필요한 조치를 요구받은 관공서 그 밖의 공사단체의 장은 그 조치의 내용과 경과 등을 법원에 통지하여야 한다(규칙 제55조의 3 제3항).

ⓢ 법원은 출석보증(제98조 제5호)을 조건으로 정한 경우에 피고인이 정당한 사유 없이 기일에 불출석한 경우에 결정으로 그 출석보증인에 대하여 500만원 이하의 과태료를 부과할 수 있으며, 이 결정에 대하여는 즉시항고할 수 있다(제100조의 2).

ⓞ 법원은 정당한 사유 없이 보석조건을 위반한 경우에는 결정으로 피고인에 대하여 1천만원 이하의 과태료를 부과하거나 20일 이내의 감치에 처할 수 있다(제102조 제3항). 09. 7급 국가직, 13. 순경 2차 감치사유가 있는 날부터 20일이 지난 때에는 감치개시결정을 할 수 없다(규칙 제55조의 5 제2항).

> ⓘ 보석조건위반 ┌ 출석보증인 : 과태료(감치 ×) 12. 경찰승진
> └ 피고인 : 과태료 또는 감치

> ⓘ 보석조건을 위반한 경우 보석을 취소할 수 있으며, 보석취소가 없는 경우에도 과태료·감치처분 등이 가능하다.

(4) 보석의 취소 · 실효, 보증금의 몰수 · 환부

① 보석의 취소

ⓛ 아래 사유에 해당하는 경우 법원은 직권 또는 검사의 청구에 의하여 결정으로 보석을 취소할 수 있다(제102조 제2항).

ⓒ 보석을 취소한 때에는 취소결정 등본에 의하여 피고인을 재구금해야 하며(규칙 제56조 제1항), 18. 9급 법원직 새로운 구속영장은 필요가 없다. 09. 경찰승진, 10. 9급 법원직, 14. 순경, 15. 순경 1차

> 💬 **보석취소사유**(제102조 제2항)
> 1. 피고인이 도망한 때 09. 경찰승진
> 2. 피고인이 도망하거나 죄증을 인멸할 염려가 있다고 믿을 만한 충분한 이유가 있는 때
> 3. 소환을 받고 정당한 이유 없이 출석하지 아니한 때
> 4. 피해자, 당해 사건의 재판에 필요한 사실을 알고 있다고 인정되는 자 또는 그 친족의 생명·신체나 재산에 해를 가하거나 가할 염려가 있다고 믿을 만한 충분한 이유가 있는 때
> 5. 법원이 정한 조건을 위반한 때

ⓒ 보석취소 결정에 대하여 항고할 수 있으며(제403조 제2항), 보석취소 결정에 대한 송달은 요하지 않는다.

관련판례

보석허가결정의 취소는 그 취소결정을 고지하거나 결정법원에 대응하는 검찰청 검사에게 결정서를 교부 또는 송달함으로써 즉시 집행할 수 있는 것이고 그 결정등본이 피고인에게 송달(또는 고지)되어야 집행할 수 있는 것은 아니다(대결 1983.4.21, 83모19). 09. 경찰승진

✓ Key Point

'피고인(피의자)이 피해자 또는 그 친족, 당해 사건의 재판에 필요한 사실을 알고 있다고 인정된 자 또는 그 친족의 생명이나 신체·재산에 해를 가하거나 가할 염려가 있다고 믿을 만한 충분한 이유가 있을 때'는 필요적 보석의 제외사유(제95조), 피의자보석불허사유(제214조의 2 제5항), 구속집행정지취소사유(제102조), 보석취소사유(제102조)가 된다.

② **보석의 실효** : 보석이 취소된 경우와 구속영장이 실효된 경우에는 보석의 효력이 즉시 상실된다. 14. 경찰승진, 18. 9급 법원직 구속영장이 실효된 경우로는 무죄, 면소, 형의 선고유예, 집행유예, 벌금, 과료 등의 재판이 선고된 경우와 사형이나 자유형이 확정되는 경우로 나누어 볼 수 있다. 전자의 경우에는 피고인이 완전히 자유를 회복하지만, 후자의 경우에는 형집행단계로 넘어가게 된다. 10. 9급 국가직 보석 중의 피고인에 대해 제1심이나 제2심에서 실형이 선고되더라도 아직 확정되지 않았다면 보석이 취소되지 않는 한 보석의 효력은 지속된다.

③ **보증금의 몰취**

ⓐ **임의적 몰취** : 법원이 보석을 취소할 때에는 직권 또는 검사의 청구에 따라 결정으로 보증금의 전부 또는 일부를 몰취할 수 있다(제103조 제1항). 11. 9급 법원직

  ⓘ 전부 또는 일부를 몰취하여야 한다. (×)

ⓑ **필요적 몰취** : 법원은 보증금의 납입 또는 담보제공을 조건으로 석방된 피고인이 동일한 범죄사실에 관하여 형의 선고를 받고 그 판결이 확정된 후 집행하기 위한 소환을 받고 정당한 이유 없이 출석하지 아니하거나 도망한 때에는 직권 또는 검사의 청구에 따라 결정으로 보증금 또는 담보의 전부 또는 일부를 몰취하여야 한다(제103조 제2항).

  ⓘ 보석으로 석방된 피고인이 재판 중 법원의 소환에 불응한 경우 법원은 직권 또는 검사의 청구에 따라 결정으로 보증금의 전부 또는 일부를 몰수하여야 한다. (×) 18. 9급 교정·보호·철도경찰

관련판례

1. 보석보증금을 몰수하려면 반드시 보석취소와 동시에 하여야만 가능한 것이 아니라 보석취소 후에 별도로 보증금몰수 결정을 할 수도 있다(대결 2001.5.29, 2000모22 전원합의체). 09. 전의경 특채, 16. 9급 검찰·마약·교정·보호·철도경찰

  ▶ 보증금의 몰수와 보석취소결정은 동시에 하여야 한다는 종전 결정(대결 1970.3.13)은 폐기됨.

2. 형사소송법 제103조는 "보석된 자가 형의 선고를 받고 그 판결이 확정된 후 집행하기 위한 소환을 받고 정당한 이유 없이 출석하지 아니하거나 도망한 때에는 직권 또는 검사의 청구에 의하여 결정으로 보증금의 전부 또는 일부를 몰수하여야 한다."고 규정하고 있는바, 이 규정에 의한 보증금몰수사건은 그 성질상 당해 형사본안 사건의 기록이 존재하는 법원 또는 그 기록을 보관하는 검찰청에 대응하는 법원의 토지관할에 속하고, 그 법원이 지방법원인 경우에 있어서 사물관할은 법원조직법 제7조 제4항의 규정에 따라 지방법원 단독판사에게 속하는 것이지 소송절차 계속중에 보석허가결정 또는 그 취소결정 등을 본안 관할법원인 제1심 합의부 또는 항소심인 합의부에서 한 바 있었다고 하여 그러한 법원이 사물관할을 갖게 되는 것은 아니다(대결 2002.5.17, 2001모53).

3. 제103조 보증금 몰취의 대상은 보석허가 결정에 의하여 석방된 사람 모두를 가리키는 것으로, 판결 확정 전에 그 보석이 취소되었으나 도망 등으로 재구금이 되지 않은 상태에 있는 사람도 그 대상에 포함된다(대결 2002.5.17, 2001모53).

④ **보증금의 환부** : 법원은 구속 또는 보석을 취소하거나 구속영장의 효력이 소멸된 때에는 몰수하지 아니한 보증금 또는 담보를 청구한 날로부터 7일 이내에 환부하여야 한다(제104조).
13. 순경 1차, 14 · 16. 경찰승진

✓ **Key Point**

- **보석의 대상** ┌ 피의자 : 법원의 직권 · 재량(청구 ×)
  └ 피고인 : 청구 또는 직권
- **보석의 종류** ┌ 필요적 보석(원칙) : 청구보석
  └ 임의적 보석(예외) : 청구보석 또는 직권보석
- **보석허가결정** : 다양한 보석조건 중 하나 이상의 조건을 정하여야 한다.
- **보석청구** : 재판확정 전까지(∴ 상소기간 중에도 보석청구 가능)
- **필요적 보석 제외사유** : 제95조
- ┌ **보석불허결정** : 보통항고(즉시항고 ×)
  └ **보석허가결정** : 보통항고(즉시항고 ×)
- **보석결정** : 검사의 의견 요함(검사는 지체 없이 의견표명)
- **보석취소사유** : 제102조 제2항(▶ 취소사유존재로 바로 취소되는 것은 아니고 법원의 결정에 의함)
- **보석취소결정**(○) ⇨ 취소결정등본에 의해 재구금
- ┌ **보석취소시 보증금** : 임의적 몰취
  └ **형집행을 위한 소환에 불응** : 필요적 몰취
- **보증금 환부** : 청구일로부터 7일 내

▶▶ 정리

필요적 보석 제외사유 (제95조)	피의자보석 제외사유 (제214조의 2 제5항)
1. 피고인이 사형, 무기 또는 장기 10년이 넘는 징역이나 금고에 해당하는 죄를 범한 때 2. 피고인이 누범에 해당하거나 상습범인 죄를 범한 때 3. 피고인이 죄증을 인멸하거나 인멸할 염려가 있다고 믿을 만한 충분한 이유가 있는 때 4. 피고인이 도망하거나 도망할 염려가 있다고 믿을 만한 충분한 이유가 있는 때 5. 피고인의 주거가 분명하지 아니한 때 6. 피고인이 피해자, 당해 사건의 재판에 필요한 사실을 알고 있다고 인정되는 자 또는 그 친족의 생명·신체나 재산에 해를 가하거나 가할 염려가 있다고 믿을 만한 충분한 이유가 있는 때	1. 범죄의 증거를 인멸할 염려가 있다고 믿을 만한 충분한 이유가 있는 때 ▶ 도망 염려 × 2. 피해자, 당해 사건의 재판에 필요한 사실을 알고 있다고 인정되는 사람 또는 그 친족의 생명·신체나 재산에 해를 가하거나 가할 염려가 있다고 믿을 만한 충분한 이유가 있는 때
피고인보석 취소사유 (제102조 제2항)	보석으로 석방된 피의자 재구속사유 (제214조의 3 제2항)
1. 도망한 때 2. 도망하거나 죄증을 인멸할 염려가 있다고 믿을 만한 충분한 이유가 있는 때 3. 소환을 받고 정당한 이유 없이 출석하지 아니한 때 4. 피해자, 당해 사건의 재판에 필요한 사실을 알고 있다고 인정되는 자 또는 그 친족의 생명·신체나 재산에 해를 가하거나 가할 염려가 있다고 믿을 만한 충분한 이유가 있는 때 5. 법원이 정한 조건을 위반한 때	1. 도망한 때 2. 도망하거나 범죄의 증거를 인멸할 염려가 있다고 믿을 만한 충분한 이유가 있는 때 3. 출석요구를 받고 정당한 이유 없이 출석하지 아니한 때 4. 주거의 제한이나 그 밖에 법원이 정한 조건을 위반한 때

Chapter

05 기출문제

01 구속 전 피의자심문제도에 대한 설명 중 가장 적절하지 않은 것은?(다툼이 있는 경우 판례에 의함)

20. 순경 1차

① 검사와 변호인은 판사의 심문이 끝난 후에 의견을 진술할 수 있다. 다만, 필요한 경우에는 심문 도중에도 판사의 허가를 얻어 의견을 진술할 수 있다.

② 구속 전 피의자심문시 피의자에게 변호인이 없는 때에는 지방법원판사는 직권으로 변호인을 선정해야 한다. 이 경우 변호인의 선정은 피의자에 대한 구속영장 청구가 기각되어 효력이 소멸한 경우를 제외하고는 제1심까지 효력이 있다.

③ 법원은 변호인의 사정이나 그 밖의 사유로 변호인 선정결정이 취소되어 변호인이 없게 된 때에는 직권으로 변호인을 다시 선정할 수 있다.

④ 피의자심문을 하는 경우 법원이 구속영장청구서, 수사 관계 서류 및 증거물을 접수한 날부터 구속영장을 발부하여 검찰청에 반환한 날까지의 기간은 검사와 사법경찰관의 구속기간에 산입한다.

해설 ① 규칙 제96조의 16 제3항
②③ 제201조의 2 제8항·제9항
④ 피의자심문을 하는 경우 법원이 구속영장청구서, 수사 관계 서류 및 증거물을 접수한 날부터 구속영장을 발부하여 검찰청에 반환한 날까지의 기간은 검사와 사법경찰관의 구속기간에 산입하지 아니한다(제201조의 2 제7항).

02 구속에 관한 설명으로 가장 적절한 것은?(다툼이 있는 경우 판례에 의함)

21. 순경 2차

① 사인(私人)이 체포한 현행범인을 검사 등이 인도받은 후 그를 구속하고자 하는 경우에는 48시간 이내에 구속영장을 청구하여야 하고, 그 기간 내에 구속영장을 청구하지 아니하는 때에는 즉시 석방하여야 한다. 이 경우 48시간의 기산점은 현행범인을 인도받은 때가 아니라 현행범인을 체포한 때이다.

② 피고인의 구속기간은 2개월로 하나, 특히 구속을 계속할 필요가 있는 경우에는 심급마다 2개월 단위로 2차에 한하여 결정으로 갱신할 수 있다. 다만, 상소심은 피고인 또는 변호인이 신청한 증거의 조사, 상소이유를 보충하는 서면의 제출 등으로 추가 심리가 필요한 부득이한 경우에는 3차에 한하여 갱신할 수 있다.

Answer 01. ④ 02. ②

③ 구속영장 발부에 의하여 적법하게 구금된 피의자가 피의자신문을 위한 출석요구에 응하지 아니하면서 수사기관 조사실에 출석을 거부한다면 수사기관은 그 구속영장의 효력에 의하여 피의자를 조사실로 구인할 수 있으며, 이 경우 피의자는 수사기관의 질문에 대하여 진술을 거부할 수 없다.

④ 형사소송법 제72조는 "피고인에 대하여 범죄사실의 요지, 구속의 이유와 변호인을 선임할 수 있음을 말하고 변명할 기회를 준 후가 아니면 구속할 수 없다"라고 규정하고 있는 바, 이는 수소법원 등 법관이 취하여야 하는 절차가 아니라 구속영장을 집행함에 있어 집행기관이 취하여야 하는 절차에 관한 것이다.

해설\ ① 구속영장의 청구기간인 48시간의 기산점은 체포시가 아니라 현행범인을 인도받은 때라 할 것이다(대판 2011.12.22, 2011도12927).
② 제92조 제1항·제2항
③ 이러한 경우에도 그 피의자신문 절차는 어디까지나 임의수사의 한 방법으로 진행되어야 하므로, 피의자는 일체의 진술을 하지 아니하거나 개개의 질문에 대하여 진술을 거부할 수 있고, 수사기관은 피의자를 신문하기 전에 그와 같은 권리를 알려주어야 한다(대결 2013.7.1, 2013모160).
④ 형사소송법 제72조는 피고인을 구속함에 있어 법관에 의한 사전 청문절차를 규정한 것으로서, 구속영장을 집행함에 있어 집행기관이 취하여야 하는 절차가 아니라 구속영장 발부함에 있어 수소법원 등 법관이 취하여야 하는 절차라 할 것이다(대결 2000.11.10, 2000모134).

03 구속의 집행정지와 취소에 대한 설명으로 가장 적절하지 않은 것은?(다툼이 있는 경우 판례에 의함)   20. 순경 2차

① 구속의 사유가 없거나 소멸된 때에는 법원은 직권 또는 검사, 피고인, 변호인과 형사소송법 제30조 제2항에 규정된 자의 청구에 의하여 결정으로 구속을 취소하여야 한다.

② 피고인 甲은 형사소송법 제72조에 정한 사전 청문절차 없이 발부된 구속영장에 기하여 구속되었다. 제1심 법원이 그 위법을 시정하기 위하여 구속취소결정 후 적법한 청문절차를 밟아 甲에 대한 구속영장을 발부하였고, 甲이 이 청문절차부터 제1·2심의 소송절차에 이르기까지 변호인의 조력을 받았다면, 법원은 甲에 대한 구속영장 발부와 집행에 관한 소송절차의 법령위반 등을 다투는 상고이유 주장은 받아들이지 않는다.

③ 법원은 형사소송법 제101조 제4항에 따라 구속영장의 집행이 정지된 국회의원이 소환을 받고도 정당한 사유 없이 출석하지 아니한 때에는 그 회기 중이라도 구속영장의 집행정지를 취소할 수 있다.

④ 법원은 상당한 이유가 있는 때에는 결정으로 구속된 피고인을 친족·보호단체 기타 적당한 자에게 부탁하거나 피고인의 주거를 제한하여 구속의 집행을 정지할 수 있고, 이때 급속을 요하는 경우를 제외하고는 검사의 의견을 물어야 한다.

Answer   03. ③

해설 ① 제93조
② 대판 2019.2.28, 2018도19034
③ 법원은 형사소송법 제101조 제4항에 따라 구속영장의 집행이 정지된 국회의원에 대해서는 그 회기 중에는 구속영장의 집행정지를 취소하지 못한다(제102조 제2항).
④ 제101조 제1항·제2항

04 체포와 구속에 관한 설명으로 가장 적절하지 않은 것은?(다툼이 있는 경우 판례에 의함)

21. 순경 2차

① 피고인이 경찰관들과 마주하자마자 도망가려는 태도를 보이거나 먼저 폭력을 행사하며 대항한 바 없는 등 경찰관들이 체포를 위한 실력행사에 나아가기 전에 체포영장을 제시하고 미란다 원칙을 고지할 여유가 있었음에도, 애초부터 미란다 원칙을 체포 후에 고지할 생각으로 먼저 체포행위에 나선 경찰관들의 행위는 적법한 공무집행이라고 보기 어렵다.

② 구속의 효력은 원칙적으로 구속영장에 기재된 범죄사실에만 미치므로, 구속기간이 만료될 무렵에 종전 구속영장에 기재된 범죄사실과 다른 범죄사실로 피고인을 구속하였다는 사정만으로는 피고인에 대한 구속이 위법하다고 할 수 없다.

③ 검사의 체포영장 또는 구속영장 청구에 대한 지방법원 판사의 재판은 항고의 대상이 되는 '법원의 결정'에 해당하지 아니하고 준항고의 대상이 되는 '재판장 또는 수명법관의 구금 등에 관한 재판'에도 해당하지 아니하므로, 영장청구를 기각하는 결정에 대해서는 검사가 항고 또는 준항고를 할 수 없다.

④ 검사가 사법경찰관이 신청한 영장을 정당한 이유 없이 판사에게 청구하지 아니한 경우 사법경찰관은 그 검사 소속의 지방검찰청에 영장 청구 여부에 대한 심의를 신청할 수 있으며, 각 지방검찰청은 이를 심의하기 위하여 영장심의위원회를 둔다.

해설 ① 대판 2017.9.21, 2017도10866
② 대결 2000.11.10, 2000모134
③ 대결 2006.12.18, 2006모646
④ 검사가 사법경찰관이 신청한 영장을 정당한 이유 없이 판사에게 청구하지 아니한 경우 사법경찰관은 그 검사 소속의 지방검찰청 소재지를 관할하는 고등검찰청에 영장 청구 여부에 대한 심의를 신청할 수 있으며(제221조의 5 제1항), 제1항에 관한 사항을 심의하기 위하여 각 고등검찰청에 영장심의위원회를 둔다(제221조의 5 제2항).

Answer 04. ④

05 다음 중 괄호 ( ) 안의 숫자를 큰 순서대로 나열한 것은?　　　　　　20. 해경 1차

> ㉠ 긴급체포된 피의자를 구속하기 위해서는 피의자를 체포한 때로부터 ( )시간 내에 구속영장을 청구하여야 한다.
> ㉡ 검사가 긴급체포된 피의자에 대하여 구속영장을 청구하지 아니하고 피의자를 석방한 경우에는 석방한 날부터 ( )일 이내에 긴급체포 후 석방된 자의 인적사항, 긴급체포의 일시·장소와 긴급체포하게 된 구체적 이유 등을 법원에 통지하여야 한다.
> ㉢ 피의자를 구속하는 경우 다액 ( )만원 이하의 벌금, 구류 또는 과료에 해당하는 범죄에 관하여는 피의자가 일정한 주거가 없는 경우에 한한다.
> ㉣ 사법경찰관이 피의자를 구속한 때에는 ( )일 이내에 피의자를 검사에게 인치하지 않으면 석방하여야 한다.

① ㉠-㉡-㉢-㉣　　　　　　　　　② ㉠-㉡-㉣-㉢
③ ㉢-㉠-㉡-㉣　　　　　　　　　④ ㉢-㉠-㉣-㉡

해설＼ ㉠ 48(제200조의 4 제1항)
㉡ 30(제200조의 4 제4항)
㉢ 50(제201조 제1항)
㉣ 10(제202조)

06 다음 각 빈 칸에 들어갈 숫자의 합은?　　　　　　17. 순경 1차

> ㉠ 체포한 피의자를 구속하고자 할 때에는 체포한 때부터 ( )시간 이내에 형사소송법 제201조의 규정에 의하여 구속영장을 청구하여야 하고, 그 기간 내에 구속영장을 청구하지 아니하는 때에는 피의자를 즉시 석방하여야 한다.
> ㉡ 지방검찰청 검사장 또는 지청장은 불법체포·구속의 유무를 조사하기 위하여 검사로 하여금 매월 ( )회 이상 관하수사관서의 피의자의 체포·구속 장소를 감찰하게 하여야 한다.
> ㉢ 사법경찰관이 피의자를 구속한 때에는 ( )일 이내에 피의자를 검사에게 인치하지 아니하면 석방하여야 한다.

① 59　　　　　② 57　　　　　③ 37　　　　　④ 35

해설＼ ㉠ 48(제200조의 2 제5항)
㉡ 1(제198조의 2 제1항)
㉢ 10(제202조)

Answer　　05. ③　06. ①

07 사법경찰관 A가 甲을 해상강도죄로 긴급체포한 후 구속과 관련하여 아래와 같은 절차가 이루어졌다. 다음 설명 중 가장 옳은 것은?(다툼이 있는 경우 판례에 의함) 　20. 해경

> ㉠ 2021. 2. 11. 11 : 00 사법경찰관 A가 甲을 긴급체포하여 피의자 조사
> ㉡ 2021. 2. 12. 15 : 00 사법경찰관 A가 검사에게 구속영장 신청
> ㉢ 2021. 2. 13. 10 : 00 구속영장청구서, 수사관계서류 및 증거물이 법원에 접수
> ㉣ 2021. 2. 14. 09 : 00 판사의 구속 전 피의자심문
> 　　　　　　　　16 : 00 구속영장 발부
> 　　　　　　　　17 : 00 검찰청에 구속영장, 수사관계서류 및 증거물 반환
> ㉤ 2021. 2. 15. 18 : 00 구속영장 집행

① 사법경찰관 A가 체포한 甲이 소유하고 있던 흉기를 긴급히 압수할 필요가 있는 경우에는 2021. 2. 13. 11 : 00까지 영장 없이 압수·수색할 수 있다.

② 사법경찰관 A가 피의자 甲을 구속할 수 있는 기간은 2021. 2. 22. 24 : 00에 만료된다.

③ 사법경찰관 A가 2021. 2. 16. 09 : 00 유치장에 구금된 피의자 甲에 대하여 조사하려고 하였으나, 甲이 조사실에의 출석을 거부한다면 A가 구속영장의 효력에 의하여 甲을 구인할 수는 없다.

④ 만약 사법경찰관 A가 긴급체포된 甲에 대하여 구속영장을 신청하지 아니하고 석방한 경우에는 석방한 날로부터 30일 이내에 서면으로 법원에 통지하여야 한다.

해설\ ① 검사 또는 사법경찰관은 긴급체포된 자가 소유·소지 또는 보관하는 물건에 대하여 긴급히 압수할 필요가 있는 경우에는 체포한 때부터 24시간 이내에 한하여 영장 없이 압수·수색 또는 검증을 할 수 있다 (제217조 제1항). 사법경찰관 A가 甲을 2021. 2. 11. 11 : 00에 긴급체포했으므로 그때부터 24시간 이내인 2021. 2. 12. 11 : 00까지 영장 없이 압수·수색할 수 있다.
② 피의자가 체포 또는 구인된 경우에 수사기관의 피의자구속기간은 피의자를 실제로 체포 또는 구인한 날부터 기산한다(제203조의 2). 사법경찰관은 피의자를 10일간 구속할 수 있으므로 사법경찰관 A가 피의자 甲을 구속할 수 있는 기간은 2021. 2. 20. 24 : 00에 만료된다.
③ 구속영장 발부에 의하여 적법하게 구금된 피의자가 피의자신문을 위한 출석요구에 응하지 아니하면서 수사기관 조사실에 출석을 거부한다면 수사기관은 그 구속영장의 효력에 의하여 피의자를 조사실로 구인할 수 있다(대결 2013.7.1, 2013모160).
④ 사법경찰관은 긴급체포한 피의자에 대하여 구속영장을 신청하지 아니하고 석방한 경우에는 즉시 검사에게 보고하여야 한다(제200조의 4 제6항).

08 구속에 관한 다음 설명 중 가장 적절하지 않은 것은?(다툼이 있으면 판례에 의함)　16. 순경 1차

① 수사기관이 관할 지방법원 판사가 발부한 구속영장에 의하여 피의자를 구속하는 경우, 구속영장 발부에 의하여 적법하게 구금된 피의자가 피의자신문을 위한 출석요구에 응하지 아니하면서 수사기관 조사실에 출석을 거부한다면 수사기관은 그 구속영장의 효력에 의하여 피의자를 조사실로 구인할 수 있다.

Answer 　07. ②　08. ②

② 형사소송법 제88조는 '피고인을 구속한 때에는 즉시 공소사실의 요지와 변호인을 선임할 수 있음을 알려야 한다.'고 규정하고 있는 바, 이를 위반할 경우 구속영장의 효력이 상실된다.

③ 구속영장에는 청구인을 구금할 수 있는 장소로 특정 경찰서 유치장으로 기재되어 있었는데, 그 신병이 조사차 국가안전기획부 직원에게 인도된 후 위 경찰서 유치장에 인도된 바 없이 계속하여 국가안전기획부 청사에 사실상 구금되어 있다면, 청구인의 방어권이나 접견교통권의 행사에 중대한 장애를 초래하는 것이므로 위법하다.

④ 구인한 피고인을 법원에 인치한 경우에 구금할 필요가 없다고 인정한 때에는 그 인치한 때로부터 24시간 내에 석방하여야 한다.

해설\ ① 대판 2013.7.1, 2013도160
② 형사소송법 제88조는 "피고인을 구속한 때에는 즉시 공소사실의 요지와 변호인을 선임할 수 있음을 알려야 한다."고 규정하고 있는바, 이는 사후 청문절차에 관한 규정으로서 이를 위반하였다 하여 구속영장의 효력에 어떠한 영향을 미치는 것은 아니다(대결 2000.11.10, 2000모134).
③ 대결 1996.5.15, 95모94 ④ 제71조

09 체포 · 구속제도에 관한 설명 중 옳은 것은 모두 몇 개인가?(다툼이 있으면 판례에 의함)

15. 순경 2차

> ㉠ 피고인이 수사 당시 긴급체포되었다가 수사기관의 조치로 석방된 후 법원이 발부한 구속영장에 의하여 구속이 이루어진 경우에는 위법한 구속이라고 볼 수 없다.
> ㉡ 일반 사인이라도 현행범 체포 규정에 의하여 피의자를 현행범으로 체포하는 경우에 영장 없이 타인의 주거에 들어갈 수 있다.
> ㉢ 피고인이 경찰관의 불심검문을 받아 운전면허증을 교부한 후 경찰관에게 큰 소리로 욕설을 한 경우, 피고인이 경찰관의 불심검문에 응하여 이미 운전면허증을 교부한 상태이고, 경찰관뿐 아니라 인근 주민도 욕설을 직접 들었다면, 경찰관이 피고인을 모욕죄의 현행범으로 체포하는 행위는 적법한 공무집행이라고 볼 수 없다.
> ㉣ 사법경찰관이 피고인을 수사관서까지 동행한 것이 강제연행, 즉 불법체포에 해당한다고 하더라도, 불법체포로부터 6시간 상당이 경과한 이후에 이루어진 긴급체포는 하자가 치유된 것으로 적법하다.

① 1개   ② 2개   ③ 3개   ④ 4개

해설\ ㉠ ○ : 대판 2001.9.28, 2001도4291
㉡ × : 사법경찰관리는 현행범을 체포하기 위하여 타인의 주거에 들어갈 수 있으나(제216조 제1항 제1호), 일반 사인은 영장 없이 타인의 주거에 들어갈 수 없다.
㉢ ○ : 대판 2011.5.26, 2011도3682
㉣ × : 긴급체포의 절차를 밟았다고 하더라도 긴급체포는 위법하다(대판 2006.7.6, 2005도6810).

Answer   09. ②

10 접견교통권에 대한 설명으로 가장 적절하지 않은 것은?(다툼이 있는 경우 판례에 의함)

18. 순경 2차

① 변호인이 되려는 의사를 표시한 자가 객관적으로 변호인이 될 가능성이 있다고 인정되는데도, 형사소송법 제34조에서 정한 '변호인 또는 변호인이 되려는 자'가 아니라고 보아 신체구속을 당한 피고인 또는 피의자와 접견하지 못하도록 제한하여서는 아니 된다.

② 교도관이 미결수용자와 변호인 간에 주고받는 서류내용의 검열없이 금지물품 차단 등을 위해 서류를 확인하고, 소송관계서류처리부에 그 제목을 기재하여 등재한 행위는 접견당사자의 소송수행에 관한 개인정보자기결정권 제한이므로, 이러한 행위는 그 자체로 변호인의 접견교통권을 침해한 것이다.

③ 변호인의 접견교통의 상대방인 신체구속을 당한 사람이 그 변호인을 자신의 범죄행위에 공범으로 가담시키려고 하였다는 등의 사정만으로 그 변호인의 신체구속을 당한 사람과의 접견교통을 금지하는 것이 정당화될 수는 없다.

④ 변호인의 조력을 받을 권리가 침해되었다고 하기 위해서는 특정 시점에 접견이 불허됨으로써 피의자의 방어권 행사에 어느 정도는 불이익이 초래되었다고 인정할 수 있어야 한다.

해설\ ① 대판 2017.3.9, 2013도16162
② 교도관이 미결수용자와 변호인 간에 주고받는 서류내용의 검열없이 금지물품 차단 등을 위해 서류를 확인하고, 소송관계서류처리부에 그 제목을 기재하여 등재한 행위는 변호인의 조력을 받을 권리나 개인정보자기결정권을 침해하지 않는다(헌재결 2016.4.28, 2015헌마243).
③ 대결 2007.1.31, 2006모656
④ 헌재결 2011.5.26, 2009헌마341

11 접견교통권에 대한 설명으로 가장 적절하지 않은 것은?(다툼이 있으면 판례에 의함) 19. 순경 1차

① 국가정보원 사법경찰관이 경찰서 유치장에 구금되어 있던 피의자에 대하여 의사의 진료를 받게 할 것을 신청한 변호인에게 국가정보원이 추천하는 의사의 참여를 요구한 것은 변호인의 수진권을 침해하는 위법한 처분이라고 할 수 있다.

② 변호인이 되려는 의사를 표시한 자가 객관적으로 변호인이 될 가능성이 있다고 인정되는데도, 형사소송법 제34조에서 정한 '변호인 또는 변호인이 되려는 자'가 아니라고 보아 신체구속을 당한 피고인 또는 피의자와 접견하지 못하도록 제한하여서는 아니 된다.

③ 변호인의 접견교통의 상대방인 신체구속을 당한 사람이 그 변호인을 자신의 범죄행위에 공범으로 가담시키려고 하였다는 등의 사정만으로 그 변호인의 신체구속을 당한 사람과의 접견교통을 금지하는 것이 정당화될 수는 없다.

Answer　10. ②　11. ①

④ 피의자가 구속되어 국가안전기획부에서 조사를 받다가 변호인의 접견신청이 불허되어 이에 대한 준항고를 제기 중에 검찰로 송치되어 검사가 피의자를 신문하여 제1회 피의자 신문조서를 작성한 후 준항고절차에서 위 접견불허처분이 취소되어 그날 접견이 허용된 경우에는 검사의 피의자에 대한 위 제1회 피의자신문은 변호인의 접견교통을 침해한 상황에서 시행된 것이다.

해설\ ① 국가정보원 사법경찰관이 경찰서 유치장에 구금되어 있던 피의자에 대하여 의사의 진료를 받게 할 것을 신청한 변호인에게 국가정보원이 추천하는 의사의 참여를 요구한 것은 행형법시행령 제176조(현 형의 집행 및 수용자의 처우에 관한 법률 시행령 제106조)의 규정에 근거한 것으로서 적법하고, 이를 가리켜 변호인의 수진권을 침해하는 위법한 처분이라고 할 수는 없다(대결 2002.5.6, 2000모112).
② 대판 2017.3.9, 2013도16162 ③ 대결 2007.1.31, 2006모656 ④ 대판 1990.9.25, 90도1586

12 다음 〈보기〉 중 접견교통권과 관련된 설명으로 옳지 않은 것은 모두 몇 개인가?(다툼이 있는 경우 판례에 의함)   21. 해경 2차

> ㉠ 형사소송법 제34조가 규정한 변호인의 접견교통권은 이를 제한하는 법령이 없다면 법원의 결정으로만 제한할 수 있고, 수사기관의 처분으로는 제한할 수 없다.
> ㉡ 변호인이 되려는 의사표시를 한 자가 객관적으로 변호인이 될 가능성이 있다면 신체구속을 당한 피고인과의 접견교통을 제한할 수 없다.
> ㉢ 비변호인과의 접견이 금지된 상태에서 작성된 피의자신문조서는 당연히 임의성이 부정된다.
> ㉣ 검사에 의하여 피의자에 대한 변호인접견이 부당하게 제한되어 있는 동안에 작성된 피의자 신문조서는 증거능력이 인정되지 않는다.
> ㉤ 수사기관이 변호인의 접견교통권을 제한하는 경우 그 불복은 항고에 의해서 할 수 있다.
> ㉥ 구치소장의 접견불허 처분에 대하여서는 형사소송법 제417조에 의한 준항고로 다툴 수 있다.

① 3개   ② 4개   ③ 5개   ④ 6개

해설\ ㉠ × : 변호인의 접견교통권은 신체구속을 당한 피고인이나 피의자의 인권보장과 방어준비를 위하여 필수불가결한 권리로서 법령에 의한 제한이 없는 한 수사기관의 처분은 물론 법원의 결정으로도 이를 제한할 수 없다(대결 1991.3.28, 91모24).
㉡ ○ : 대판 2017.3.9, 2013도16162
㉢ × : 검사의 접견금지 결정으로 피고인들의 비변호인에 대한 접견이 제한된 상황하에서 피의자 신문조서가 작성되었다는 사실만으로 바로 그 조서가 임의성이 없는 것이라고는 볼 수 없다(대판 1984.7.10, 84도846).
㉣ ○ : 대판 1990.8.24, 90도1285
㉤ × : 준항고에 의해 불복하여야 한다(대판 1990.6.8, 90도646).
㉥ × : 준항고는 수사기관의 일정한 처분 또는 법관의 일정한 재판에 대한 불복수단이므로(제417조), 구치소장의 접견불허 처분에 대하여서는 형사소송법 제417조에 의한 준항고로 다툴 수 있는 것이 아니라 행정소송이나 헌법소원 등으로 다투어야 한다(대판 1992.5.8, 91누7552 ; 헌재결 2011.5.26, 2009헌마341).

Answer   12. ②

13 체포·구속적부심사에 대한 설명으로 가장 적절하지 않은 것은? 　　17. 순경 2차

① 체포·구속적부심사결정에 의하여 석방된 피의자가 도망하거나 죄증을 인멸하는 경우를 제외하고는 동일한 범죄사실에 관하여 재차 체포 또는 구속하지 못한다.

② 체포·구속적부심사청구에 대한 기각결정에 대하여는 3일 이내 항고할 수 있다.

③ 긴급체포 등 체포영장에 의하지 아니하고 체포된 피의자의 경우에도 체포·구속적부심사를 청구할 권리를 가진다.

④ 구속된 피의자로부터 구속적부심사의 청구를 받은 법원이 피의자의 출석을 보증할 만한 보증금의 납입을 조건으로 하여 석방결정을 하는 경우에 주거의 제한, 법원 또는 검사가 지정하는 일시·장소에 출석할 의무 기타 적당한 조건을 부가할 수 있다.

해설＼ ① 제214조의 3 제1항
② 체포·구속적부심사청구에 대한 결정(석방, 기각)에 대하여는 불복할 수 없다(제214조의 2 제8항).
③ 제214조의 2 제1항
④ 제214조의 2 제5항·제6항

14 다음 〈보기〉 중 체포·구속적부심사와 관련된 설명으로 옳지 않은 것은 모두 몇 개인가?(다툼이 있으면 판례에 의함) 　　21. 해경 2차

┌───
│ ㉠ 동거인이거나 고용주도 체포 또는 구속의 적부심사(適否審査)를 청구할 수 있으나, 피고인은 청구할 수 없다.
│ ㉡ 구속영장을 발부한 법관도 구속적부심사의 심문·조사·결정에 관여할 수 있는 경우가 있다.
│ ㉢ 심사청구 후 검사가 전격 기소한 경우에도 법원은 심사청구에 대한 판단을 하여야 한다.
│ ㉣ 체포적부심을 청구한 피의자에 대하여 법원은 직권으로 보증금납입조건부 석방결정을 할 수 있다.
│ ㉤ 체포·구속적부심사청구에 대한 법원의 석방결정에 대하여는 항고가 허용되지 않으나 기각결정에 대해서는 항고가 허용된다.
└───

① 2개　　　　② 3개　　　　③ 4개　　　　④ 5개

해설＼ ㉠ ○ : 체포되거나 구속된 피의자 또는 그 변호인, 법정대리인, 배우자, 직계친족, 형제자매나 가족, 동거인 또는 고용주는 관할법원에 체포 또는 구속의 적부심사(適否審査)를 청구할 수 있다(제214조의 2 제1항). 피고인은 체포·구속적부심의 대상은 될 수 있으나 청구권은 인정되지 아니한다.
㉡ ○ : 제214조의 2 제12항
㉢ ○ : 제214조의 2 제4항
㉣ × : 현행법상 체포된 피의자에 대하여는 보증금 납입을 조건으로 한 석방이 허용되지 않는다(대결 1997.8.27, 97모21).
㉤ × : 석방결정이나 기각결정 모두 불복하지 못한다(제214조의 2 제8항).

Answer　13. ②　14. ①

15 보석제도에 대한 설명으로 가장 적절하지 않은 것은?(다툼이 있는 경우 판례에 의함)

19. 순경 1차

① 법원이 집행유예기간 중에 있는 피고인의 보석을 허가한 경우, 이러한 법원의 결정은 누범과 상습범을 필요적 보석의 제외사유로 규정한 형사소송법 제95조 제2호의 취지에 반하여 위법이라고 할 수 없다.

② 보석허가결정의 취소는 그 취소결정을 고지하거나 결정법원에 대응하는 검찰청 검사에게 결정서를 교부 또는 송달함으로써 즉시 집행할 수 있는 것이고, 그 결정등본이 피고인에게 송달되어야 집행할 수 있는 것은 아니다.

③ 형사소송법 제97조 제1항은 "재판장은 보석에 관한 결정을 하기 전에 검사의 의견을 물어야 한다."라고 규정하고 있으므로, 법원이 검사의 의견을 듣지 아니한 채 보석에 관한 결정을 하였다면 결정의 적정성 여부를 불문하고 절차상의 하자만으로도 그 결정을 취소할 수 있다.

④ 법원은 보석취소 후에 별도로 보증금몰수결정을 할 수도 있다.

해설\ ① 대결 1990.4.18, 90모22
② 대결 1983.4.21, 83모19
③ 법원이 검사의 의견을 듣지 아니한 채 보석에 관한 결정을 하였더라도 그 결정이 적정한 이상 절차상의 하자만을 들어 그 결정을 취소할 수는 없다(대결 1997.11.27, 97모88).
④ 대결 2001.5.29, 2000모22 전원합의체

Answer 15. ③

제4절 ┃ 압수 · 수색 · 검증

압수 · 수색 · 검증은 증거물 · 몰수물 등의 수집 · 보전을 목적으로 하는 대물적 강제처분이다. 따라서 체포 · 구속과 같은 대인적 강제처분과 구별된다.

대물적 강제처분도 그 주체에 따라 수사기관이 행하는 경우와 법원 또는 법관이 행하는 경우로 나눌 수 있으며, 수사기관의 강제처분은 법원의 강제처분 규정이 준용된다(제219조). 17. 수사경과 대물적 강제처분도 강제처분의 일종인 이상 법률적 규제와 사법적 통제 아래 놓이게 되며(따라서 원칙적으로 영장주의가 그대로 타당하다), 범죄혐의가 있고 필요성 · 상당성이 있는 경우에 한하여 인정된다. 이하에서는 압수 · 수색과 수사기관의 검증을 중심으로 살펴보고, 법원의 검증은 증거물 등의 수집 · 보전을 목적으로 하는 강제처분이 아니라 증거조사의 일종이므로 공판절차편에서 다루기로 한다.

1 압수 · 수색

(I) 압수 · 수색의 의의

① **압수의 의의** : 압수란 증거물 또는 몰수할 것으로 예상되는 물건의 점유를 취득하는 강제처분을 말한다. 압수에는 압류, 영치, 제출명령의 3종류가 있다.

압류	영장의 발부를 전제로 하여 점유를 취득하는 과정에서 수사기관이나 법원이 강제력을 행사하는 경우를 말하며, 좁은 의미의 압수란 압류를 의미한다.
영치	영치란 유류물(피의자 기타 타인이 흘린 물건)이나 임의제출물(소유자 · 소지자 또는 보관자가 임의로 제출한 물건)에 대하여 수사기관이나 법원이 점유를 취득하는 경우를 말한다(제218조, 제108조). 영장을 요하지 않는다는 점에서 압류와 구별되며, 점유의 이전이 소유자나 점유자의 의사에 반하지는 않지만, 일단 영치된 물건에 대해서는 임의적으로 회복할 수 없다는 점에서 압수의 일종으로 파악되며 강제처분에 해당한다.
제출명령	제출명령이란 압수할 물건을 지정하여 소유 · 소지 · 보관하고 있는 자에게 제출을 명하는 것을 말한다(제106조 제2항). 이는 점유취득 과정에서 강제력이 행사되지는 않지만 그 대상자에게 제출의무를 부과한다는 점에서 강제처분의 일종이라 할 수 있다. 제출명령에 의하여 물건이 제출되었을 때에는 압수의 효력이 발생하고 이에 응하지 않으면 압수절차를 이용할 수 있다. 제출명령은 법원이 행하는 압수의 한 형태이며, 수사상 압수에는 인정되지 않는다. ▶ 현행법은 제219조를 통하여 수사기관에 대해서도 제106조 제2항을 준용하도록 하고 있으나, 해석상 수사기관에는 제출명령을 할 권한은 인정되지 않는다(통설). 11. 순경 조문의 정비를 요하는 부분이다.

② **수색의 의의** : 수색이란 압수할 물건이나 피의자를 발견하기 위해 사람의 신체나 물건 또는 일정한 장소를 뒤져 찾는 강제처분을 말한다. 수색은 주로 압수와 함께 행해지고 실무상으로도 압수 · 수색영장이라는 단일영장을 사용하고 있다.

(2) 압수 · 수색의 대상

① **압수의 대상**

　㉠ **증거물 또는 몰수의 대상물** : 압수의 대상은 증거물 또는 몰수할 것으로 예상되는 물건이다 (제219조, 제106조 제1항). 단, 법률에 다른 규정이 있는 때에는 예외로 한다(동조 제2항). 부동 산도 점유가 가능하므로 압수가 허용된다고 본다. 증거물에 대한 압수는 절차확보라는 의미를 가지는 데 반하여, 몰수물에 대한 압수는 형집행의 확보라는 의미를 가진다.

　　ⓘ 동산 · 부동산 ⇨ 압수의 대상(○)

　　ⓘ 채권 · 전기 ⇨ 압수의 대상(×)

　　ⓘ 사람의 신체 ⇨ 압수대상(×), 신체의 일부(모발 등) ⇨ 압수의 대상(○)

> **⚖ 관련판례**
>
> 검사가 압수 · 수색영장의 효력이 상실되었음에도 다시 그 영장에 기하여 피의자의 주거에 대한 압수 · 수색을 실시하여 증거물 또는 몰수할 것으로 사료되는 물건을 압수한 경우 압수 자체가 위법하게 됨은 별론으로 하더라도, 몰수의 효력에는 영향을 미치지 않는다(대판 2003.5.30, 2003도705). 19. 순경 2차

　㉡ **정보저장매체의 압수**

> **제106조** ③ 법원은 압수의 목적물이 컴퓨터용디스크, 그 밖에 이와 비슷한 정보저장매체인 경우에는 기억된 정보의 범위를 정하여 출력하거나 복제하여 제출받아야 한다. 다만, 범위 를 정하여 출력 또는 복제하는 방법이 불가능하거나 압수의 목적을 달성하기에 현저히 곤 란하다고 인정되는 때에는 정보저장매체 등을 압수할 수 있다. 〈신설 2011. 7. 18〉 14. 경찰간부
> ④ 법원은 제3항에 따라 정보를 제공받은 경우 개인정보 보호법 제2조 제3호에 따른 정보 주체에게 해당 사실을 지체 없이 알려야 한다. 〈신설 2011. 7. 18〉

　　ⓐ **입법취지** : 형사소송법이 물건을 중심으로 압수의 대상을 규정하고 있어 무형의 정보 자체에 대한 압수의 허용 여부에 대하여 다툼이 있어 왔다. 이러한 논의에 대하여 형 사소송법은 개정을 통하여 입법적으로 해결하였다.

　　ⓑ **압수의 방법**

　　　㉮ 법원(수사기관)은 압수의 목적물이 컴퓨터용디스크, 그 밖에 이와 비슷한 정보저장 매체인 경우에는 기억된 정보의 범위를 정하여 출력하거나 복제하여 제출받아야 한다(제106조 제3항).

　　　㉯ 다만, 범위를 정하여 출력 또는 복제하는 방법이 불가능하거나 압수의 목적을 달성 하기에 현저히 곤란하다고 인정되는 때에는 정보저장매체 등을 압수할 수 있다(동 조 제3항 단서).

　　ⓒ **절차상 의무** : 법원은 제3항에 따라 정보를 제공받은 경우 개인정보 보호법 제2조 제3 호에 따른 정보주체에게 해당 사실을 지체 없이 알려야 한다(동조 제4항).

⚖ 관련판례

[전자정보 압수·수색 관련판례]

● 혐의사실 관련성

1. 전자정보에 대한 압수·수색영장을 집행할 때에는 원칙적으로 혐의사실과 관련된 부분만을 문서 출력물로 수집하거나 수사기관이 휴대한 저장매체에 해당 파일을 복사하는 방식으로 이루어져야 한다. 17·19·21. 수사경과, 21. 경찰승진 집행 현장의 사정상 혐의사실과 관련된 부분만을 문서 출력물로 수집하거나 수사기관이 휴대한 저장매체에 해당 파일을 복사하는 방식에 의한 집행이 불가능하거나 현저히 곤란한 부득이한 사정이 있더라도 그와 같은 경우에 그 저장매체 자체를 직접 또는 하드카피나 이미징 등 형태로 수사기관 사무실 등 외부로 반출하여 해당파일을 압수·수색할 수 있도록 영장에 기재되어 있고 실제 그와 같은 사정이 발생한 때에 한하여 예외적으로 허용될 수 있을 뿐이다(대결 2011.5.26, 2009모1190). 13. 7급 국가직, 15. 경찰승진·변호사시험, 12·16. 9급 검찰·마약수사, 16·20. 순경 1차, 19·21. 수사경과

   ⚠ 압수·수색영장에 저장매체 자체를 직접 또는 하드카피나 이미징 등 형태로 수사기관 사무실 등 외부로 반출하여 해당 파일을 압수·수색할 수 있도록 기재되어 있지 않더라도, 수사기관이 전자정보의 복사 또는 출력이 불가능하거나 현저히 곤란한 부득이한 사정이 있을 때에는 압수목적물인 저장매체 자체를 수사관서로 반출할 수 있다. (×) 19. 경찰간부, 20·21. 경찰승진

   ⚠ 전자정보에 대한 압수·수색영장을 집행할 때에는 원칙적으로 저장매체 자체를 수사기관 사무실 등으로 옮겨 혐의사실과 관련된 부분만을 문서로 출력하거나 해당 파일을 복사하는 방식으로 이루어져야 한다. (×) 17. 순경 2차

2. 수사기관 사무실 등으로 반출된 저장매체 또는 복제본에서 혐의사실 관련성에 대한 구분 없이 임의로 저장된 전자정보를 문서로 출력하거나 파일로 복제하는 행위는 원칙적으로 영장주의 원칙에 반하는 위법한 압수가 된다(대결 2015.7.16, 2011모1839 전원합의체). 16. 7급 국가직·9급 법원직·9급 검찰·마약수사, 19. 경찰간부, 16·20. 순경 1차

3. 저장매체 자체를 수사기관 사무실 등으로 옮긴 후 영장에 기재된 범죄 혐의 관련 전자정보를 탐색하여 해당 전자정보를 문서로 출력하거나 파일을 복사하는 과정 역시 전체적으로 압수·수색영장 집행에 포함된다고 보아야 한다. 따라서 그러한 경우 문서출력 또는 파일복사의 대상 역시 혐의사실과 관련된 부분으로 한정되어야 함은 당연하다(대판 2012.3.29, 2011도10508). 16. 9급 검찰·마약·교정·보호·철도경찰, 17. 수사경과

   ⚠ 저장매체 자체를 수사기관 사무실로 옮긴 후 영장에 기재된 범죄혐의 관련 전자정보를 탐색하여 해당 전자정보를 문서로 출력하거나 파일을 복사하는 과정은 압수·수색영장 집행의 일환에 포함되지 않으므로 문서출력 또는 파일복사 대상은 반드시 혐의사실과 관련된 부분에 한정되지 않는다. (×)

4. 전자정보에 대한 압수·수색이 종료되기 전에 혐의사실과 관련된 전자정보를 적법하게 탐색하는 과정에서 별도의 범죄혐의와 관련된 전자정보를 우연히 발견한 경우라면, 수사기관은 더 이상의 추가 탐색을 중단하고 법원에서 별도의 범죄혐의에 대한 압수·수색영장을 발부받은 경우에 한하여 그러한 정보에 대하여도 적법하게 압수·수색을 할 수 있다(대결 2015.7.16, 2011모1839 전원합의체). 17. 순경 2차·수사경과, 19. 변호사시험, 16·20. 9급 검찰·마약·교정·보호·철도경찰, 21. 경찰승진, 21. 9급 법원직

5. 수사기관이 피의자 甲의 공직선거법 위반 범행을 영장 범죄사실로 하여 발부받은 압수·수색영장의 집행 과정에서 乙, 丙 사이의 대화가 녹음된 녹음파일을 압수하여 乙, 丙의 공직선거법 위반 혐의사실(영장에 기재된 피의사실과 무관)을 발견한 사안에서, 별도의 압수·수색영장을 발부받지 않고

압수한 위 녹음파일은 위법수집증거로서 乙·丙사건에서 증거능력이 없다(대판 2014.1.16, 2013도 7101). 15. 순경 2차, 17. 경찰간부, 20. 순경 1차

6. 성폭력범죄의 처벌 등에 관한 특례법 위반(카메라 등 이용촬영)죄의 피해자가 임의제출한 피고인 소유·관리의 휴대전화 2대의 전자정보를 탐색하다가 피해자를 촬영한 휴대전화가 아닌 다른 휴대 전화에서 다른 피해자 2명에 대한 동종 범행 등에 관한 1년 전 사진·동영상을 발견하고 영장 없이 이를 복제한 CD를 증거로 제출한 사안

[판시사항]

① 전자정보에 대한 수사기관의 압수·수색은 포괄적으로 이루어져서는 안 되고, 비례의 원칙에 따라 최소한의 범위 내에서 이루어져야 한다(대판 2021.11.18, 2016도348 전원합의체).

② 수사기관은 특정 범죄혐의와 관련하여 전자정보가 수록된 정보저장매체를 임의제출받아 그 안에 저장된 전자정보를 압수하는 경우 그 동기가 된 범죄혐의사실과 관련된 전자정보의 출력물 등을 임의제출받아 압수하는 것이 원칙이다. 다만, 범위를 정하여 출력 또는 복제하는 방법이 불가능하 거나 압수의 목적을 달성하기에 현저히 곤란하다고 인정되는 때에 한하여 예외적으로 정보저장 매체 자체나 복제본을 임의제출받아 압수할 수 있다(대판 2021.11.18, 2016도348 전원합의체).

③ 전자정보가 혼재된 정보저장매체를 임의제출받은 경우, 그 정보저장매체에 저장된 전자정보 전 부가 임의제출되어 압수된 것으로 취급할 수는 없다. 임의제출자의 의사에 따른 전자정보 압수의 대상과 범위가 명확하지 않거나 이를 알 수 없는 경우에는 임의제출에 따른 압수의 동기가 된 범죄혐의사실과 관련되고 이를 증명할 수 있는 최소한의 가치가 있는 전자정보에 한하여 압수의 대상이 된다. 이때 범죄혐의사실과 관련된 전자정보에는 범죄혐의사실 그 자체 또는 그와 기본적 사실관계가 동일한 범행과 직접 관련되어 있는 것은 물론 범행 동기와 경위, 범행 수단과 방법, 범행 시간과 장소 등을 증명하기 위한 간접증거나 정황증거 등으로 사용될 수 있는 것도 포함될 수 있다. 다만, 그 관련성은 구체적·개별적 연관관계가 있는 경우에만 인정되고, 범죄혐의사실과 단순히 동종 또는 유사 범행이라는 사유만으로 관련성이 있다고 할 것은 아니다(대판 2021.11.18, 2016도348 전원합의체).

▶ 카메라의 기능과 정보저장매체의 기능을 함께 갖춘 휴대전화인 스마트폰을 이용한 불법촬영 범죄와 같이 범죄의 속성상 해당 범행의 상습성이 의심되거나 성적 기호 내지 경향성의 발현에 따른 일련의 범행의 일환으로 이루어진 것으로 의심되고, 범행의 직접 증거가 스마트폰 안에 이미지 파일이나 동영상 파일의 형태로 남아 있을 개연성이 있는 경우에는 그 안에 저장되어 있는 같은 유형의 전자정보에서 그와 관련한 유력한 간접증거나 정황증거가 발견될 가능성이 높다는 점에서 이러한 간접증거나 정황증거는 범죄혐의사실과 구체적·개별적 연관관계를 인 정할 수 있다(대판 2021.11.18, 2016도348 전원합의체).

④ 피의자가 소유·관리하는 정보저장매체를 피의자 아닌 피해자 등 제3자가 임의제출하는 경우에 는, 그 임의제출 및 그에 따른 수사기관의 압수가 적법하더라도 임의제출의 동기가 된 범죄혐의 사실과 구체적·개별적 연관관계가 있는 전자정보에 한하여 압수의 대상이 되는 것으로 더욱 제한적으로 해석하여야 한다(대판 2021.11.18, 2016도348 전원합의체).

⑤ 피해자 등 제3자가 피의자의 소유·관리에 속하는 정보저장매체를 영장에 의하지 않고 임의제출 한 경우에는 특별한 사정이 없는 한 피의자에게 참여권을 보장하고 압수한 전자정보 목록을 교부 하는 등 피의자의 절차적 권리를 보장하기 위한 적절한 조치가 이루어져야 한다(대판 2021.11.18, 2016도348 전원합의체).

⑥ 임의제출된 정보저장매체에서 압수의 대상이 되는 전자정보의 범위를 넘어서는 전자정보에 대해 수사기관이 영장 없이 압수·수색하여 취득한 증거는 위법수집증거에 해당하고, 사후에 법원으로부터 영장이 발부되었다거나 피고인이나 변호인이 이를 증거로 함에 동의하였다고 하여 그 위법성이 치유되는 것도 아니다(대판 2021.11.18, 2016도348 전원합의체).

● **참여권 보장**

1. 저장매체에 대한 압수·수색과정에서 범위를 정하여 출력 또는 복제하는 방법이 불가능하거나 압수의 목적을 달성하기에 현저히 곤란한 예외적인 사정이 인정되어, 전자정보가 담긴 저장매체 또는 하드카피나 이미징 등 형태(복제본)를 수사기관 사무실 등으로 옮겨 복제·탐색·출력하는 경우에도, 그와 같은 일련의 과정에서 피압수자나 변호인에게 참여의 기회를 보장하고 혐의사실과 무관한 전자정보의 임의적인 복제 등을 막기 위한 적절한 조치를 취하는 등 영장주의 원칙과 적법절차를 준수하여야 한다. 21. 변호사시험·순경 1차 만약 그러한 조치가 취해지지 않았다면 피압수자 측에 절차 참여를 보장한 취지가 실질적으로 침해되었다고 볼 수 없을 정도 등의 특별한 사정이 없는 이상 압수·수색이 적법하다고 평가할 수 없으며, 비록 수사기관이 저장매체 또는 복제본에서 혐의사실과 관련된 전자정보만을 복제·출력하였다 하더라도 위법하다(대결 2015.7.16, 2011모1839 전원합의체). 16. 9급 검찰·마약·교정·보호·철도, 17. 순경 2차, 21. 수사경과

① 전자정보가 담긴 저장매체 또는 복제본을 수사기관 사무실 등으로 옮겨 이를 복제·탐색·출력하는 경우, 피압수자 측에 절차 참여를 보장한 취지가 실질적으로 침해되었더라도 수사기관이 저장매체 또는 복제본에서 혐의사실과 관련된 전자정보만을 복제·출력하였다면 그 압수·수색은 적법하다. (×) 21. 경찰승진

▶ **비교판례** : 수사기관이 정보저장매체에 기억된 정보 중에서 키워드 또는 확장자 검색 등을 통해 범죄 혐의사실과 관련 있는 정보를 선별한 다음 정보저장매체와 동일하게 비트열 방식으로 복제하여 생성한 파일을 제출받아 압수하였다면 이로써 압수의 목적물에 대한 압수·수색 절차는 종료된 것이므로, 수사기관이 수사기관 사무실에서 위와 같이 압수된 이미지 파일을 탐색·복제·출력하는 과정에서도 피의자 등에게 참여의 기회를 보장하여야 하는 것은 아니다(대판 2018.2.8, 2017도13263). 18. 7급 국가직·순경 2차·3차, 20. 경찰승진·순경 1차, 20·21. 해경, 21. 변호사시험

① 범위를 정하여 출력 또는 복제하는 방법 등을 취하지 않고, 전자정보가 담긴 컴퓨터 등 저장매체 자체를 압수하여 복제·탐색·출력하는 위 판례1(대결 2015.7.16, 2011모1839 전원합의체)과 다름에 주의!

2. 검사가 압수·수색영장을 발부받아 甲주식회사 빌딩 내 乙의 사무실을 압수·수색하였는데, 저장매체에 범죄혐의와 관련된 정보와 범죄혐의와 무관한 정보가 혼재된 것으로 판단하여 甲 회사의 동의를 받아 저장매체를 수사기관 사무실로 반출한 다음 乙 측의 참여하에 저장매체에 저장된 전자정보 파일 전부를 '이미징'의 방법으로 다른 저장매체로 복제(제1처분)하고, 乙 측의 참여 없이 이미징한 복제본을 외장 하드디스크에 재복제(이하 '제2처분'이라 한다)하였으며, 乙 측의 참여 없이 하드디스크에서 유관정보를 탐색하는 과정에서 甲회사의 별건 범죄혐의와 관련된 전자정보 등 무관정보도 함께 출력(이하 '제3처분'이라 한다)한 사안에서, 제1처분은 위법하다고 볼 수 없으나, 제2·3처분은 제1처분 후 피압수·수색 당사자에게 계속적인 참여권을 보장하는 등의 조치가 이루어지지 아니한 채 유관정보는 물론 무관정보까지 재복제·출력한 것으로서 영장이 허용한 범위를 벗어나고 적법절차를 위반한 위법한 처분이다(대결 2015.7.16, 2011모1839 전원합의체).

3. 피고인이 모텔 각 방실에 총 8개의 위장형 카메라를 설치하고 다른 사람의 신체를 그 의사에 반하여 촬영하였고, 이 저장매체를 모텔주인이 임의제출한 경우, 전자정보의 혼재 가능성을 상정하기 어려운

경우에는 위 소지·보관자의 임의제출에 따른 통상의 압수절차 외에 별도의 조치가 따로 요구된다고 보기는 어렵다. 따라서 피고인 내지 변호인에게 참여의 기회를 보장하지 않고 전자정보 압수목록을 작성·교부하지 않았다는 점만으로 곧바로 증거능력을 부정할 것은 아니다(대판 2021.11.25, 2019도7342).

● 기 타

1. 압수물인 디지털 저장매체로부터 출력한 문건을 증거로 사용하기 위해서는 디지털 저장매체 원본에 저장된 내용과 출력한 문건의 동일성이 인정되어야 하고, 이를 위해서는 디지털 저장매체 원본이 압수시부터 문건 출력시까지 변경되지 않았음이 담보되어야 한다. 20. 9급 법원직 그리고 압수된 디지털 저장매체로부터 출력한 문건을 진술증거로 사용하는 경우, 그 기재 내용의 진실성에 관하여는 전문법칙이 적용되므로 형사소송법 제313조 제1항에 따라 공판준비나 공판기일에서의 그 작성자 또는 진술자의 진술에 의하여 그 성립의 진정함이 증명된 때에 한하여 이를 증거로 사용할 수 있다 (대판 2013.6.13, 2012도16001). 16. 경찰승진, 14·17. 순경 2차, 19. 경찰간부, 19·21. 수사경과

2. 전자정보에 대한 압수·수색 과정에서 이루어진 현장에서의 저장매체 압수·이미징·탐색·복제 및 출력행위 등 수사기관의 처분은 하나의 영장에 의한 압수·수색 과정에서 이루어지는 것이다. 그러한 일련의 행위가 모두 진행되어 압수·수색이 종료된 이후에는 특정단계의 처분만을 취소하더라도 그 이후의 압수·수색을 저지한다는 것을 상정할 수 없고 수사기관으로 하여금 압수·수색의 결과물을 보유하도록 할 것인지가 문제 될 뿐이다. 그러므로 이 경우에는 준항고인이 전체 압수·수색 과정을 단계적·개별적으로 구분하여 각 단계의 개별 처분의 취소를 구하더라도 준항고법원으로서는 특별한 사정이 없는 한 그 구분된 개별 처분의 위법이나 취소 여부를 판단할 것이 아니라 당해 압수·수색 과정 전체를 하나의 절차로 파악하여 그 과정에서 나타난 위법이 압수·수색 절차 전체를 위법하게 할 정도로 중대한지 여부에 따라 전체적으로 그 압수·수색 처분을 취소할 것인지를 가려야 할 것이다(대결 2015.7.16, 2011모1839 전원합의체). 16. 9급 교정·보호·철도경찰, 17. 순경 1차, 21. 9급 법원직

3. 압수·수색할 전자정보가 압수·수색영장에 기재된 수색장소에 있는 컴퓨터 등 정보처리장치 내에 있지 아니하고 그 정보처리장치와 정보통신망으로 연결되어 제3자가 관리하는 원격지의 서버 등 저장 매체(국외에 있는 경우 포함)에 저장되어 있는 경우에도, 영장 기재 수색장소에 있는 컴퓨터 등 정보처리장치를 이용하여 적법하게 취득한 피의자의 이메일 계정 아이디와 비밀번호를 입력하는 등 피의자가 접근하는 통상적인 방법에 따라 그 원격지의 저장매체에 접속하고 그곳에 저장되어 있는 피의자의 이메일 관련 전자정보를 수색장소의 정보처리장치로 내려 받거나 그 화면에 현출시키는 것 역시 허용된다(대판 2017.11.29, 2017도9747). 18. 순경 2차, 19. 순경 1차·9급 법원직, 18·20. 5급 검찰·교정승진, 21. 9급 교정·보호·철도경찰

  ▶ **구체적 사안**: 수사기관이 압수·수색영장에 따라 영장제시와 참여기회를 부여하고, 압수·수색 영장에 기재된 수색장소인 한국인터넷진흥원에 설치된 인터넷용 컴퓨터에서 외국계 이메일 홈페이지 로그인 입력창에 사전에 적법하게 취득한 아이디와 비밀번호를 입력하여 피의자가 이용하는 외국계 이메일 계정에 접속한 후 위 컴퓨터 화면에 현출된 이메일 본문 및 첨부문서 중 범죄혐의 사실과 관련된 부분만을 출력하거나 캡처, 저장하는 등의 방법으로, 이메일 계정의 전체보관함에 저장되어 있는 총 17건의 이메일을 선별 압수·수색하여 총 15건의 이메일 및 그 첨부파일을 추출하여 출력·저장함으로써 압수한 것은 적법하다(대판 2017.11.29, 2017도9747).

4. 전국교직원노동조합 본부 사무실에 대한 압수·수색영장을 집행하면서 영장의 명시적 근거가 없음에도 수사기관이 임의로 정한 시점 이후의 접근 파일 일체를 복사하는 방식으로 8,000여 개나 되는 파일을

복사한 이 사건 영장집행은 원칙적으로 압수·수색영장이 허용한 범위를 벗어난 것으로서 위법하다고 볼 여지가 있으나, 범죄사실 관련성에 관하여 명시적인 이의를 제기하지 아니한 이 사건의 경우, 당사자 측의 참여하에 이루어진 위 압수·수색의 전 과정에 비추어 볼 때, 수사기관이 영장에 기재된 혐의사실의 일시로부터 소급하여 일정 시점 이후의 파일들만 복사한 것은 나름대로 혐의사실과 관련 있는 부분으로 대상을 제한하려고 노력을 한 것으로 보이고, 당사자 측도 그 조치의 적합성에 대하여 묵시적으로 동의한 것으로 봄이 상당하므로, 그 영장의 집행이 위법하다고 볼 수는 없다(대결 2011.5.26, 2009모1190).

5. 증거로 제출된 전자문서 파일의 원본 동일성은 증거능력의 요건에 해당하므로 검사가 그 존재에 대하여 구체적으로 주장·증명해야 한다(대판 2018.2.8, 2017도13263). 20. 경찰승진

6. 수사기관이 인터넷서비스이용자인 피의자를 상대로 피의자의 컴퓨터 등 정보처리장치 내에 저장되어 있는 이메일 등 전자정보를 압수·수색하는 것은 전자정보의 소유자 내지 소지자를 상대로 해당 전자정보를 압수·수색하는 대물적 강제처분으로 형사소송법의 해석상 허용된다(대판 2017.11.29, 2017도9747). 18. 순경 2차·3차

7. 정보처리장치 내에 저장되어 있는 이메일 등 전자정보를 압수·수색하는 것은 전자정보의 소유자 내지 소지자를 상대로 해당 전자정보를 압수·수색하는 대물적 강제처분으로 형사소송법의 해석상 허용된다(대판 2017.11.29, 2017도9747). 19. 순경 2차

㉢ 우체물의 압수

ⓐ 압수의 대상 : 법원은 필요한 때에는 피고(피의)사건과 관계가 있다고 인정할 수 있는 것에 한정하여 우체물 또는 통신비밀보호법 제2조 제3호에 따른 전기통신(이하 "전기통신"이라 한다)에 관한 것으로서 체신관서, 그 밖의 관련 기관 등이 소지 또는 보관하는 물건의 제출을 명하거나 압수를 할 수 있다(제107조 제1항, 제219조).

  ⚠ "전기통신"이라 함은 전화·전자우편·회원제정보서비스·모사전송·무선호출 등과 같이 유선·무선·광선 및 기타의 전자적 방식에 의하여 모든 종류의 음향·문언·부호 또는 영상을 송신하거나 수신하는 것을 말한다(통신비밀보호법 제2조 제3호).

ⓑ 절차상 의무 : 제1항에 따른 처분을 할 때에는 발신인이나 수신인에게 그 취지를 통지하여야 한다. 단, 심리에 방해될 염려가 있는 경우에는 예외로 한다(동조 제3항).

  ⚠ 종전에는 피고인(피의자)이 발신인 또는 수신인으로 되어 있는 우체물이나 전신에 관한 것으로서 체신관서 기타 자가 소지·보관하는 것은 제출을 명하거나 압수할 수 있고(제219조, 제107조 제1항), 그 이외의 우체물이나 전신은 피의사건과 관계있다고 인정할 수 있는 것에 한하여 그 대상이 된다고 구분하여 규정(제107조 제2항, 제219조)하고 있었으나, 개정법(2011. 7. 18)은 이러한 구분 없이 모두 피고사건과 관계가 있다고 인정할 수 있는 것으로 한정하여 제출을 명하거나 압수할 수 있도록 하였다(우체물에 대한 특별한 제한규정 ×).

② 수색의 대상

㉠ 수색의 대상은 사람의 신체, 물건 또는 주거 기타 장소이다(제219조, 제109조).

㉡ 법원(수사기관)은 필요한 때에는 피고(피의)사건과 관계가 있다고 인정할 수 있는 것에 한정하여 피고인이나 피의자의 신체, 물건 또는 주거, 그 밖의 장소를 수색할 수 있다(제109조 제1항, 제219조).

ⓒ 피고인이나 피의자 아닌 자의 신체, 물건, 주거 기타 장소에 관하여는 압수할 물건이 있음을 인정할 수 있는 경우에 한하여 수색할 수 있다(제109조 제2항, 제219조).

ⓘ 피고인·피의자와 제3자에 대한 수색은 압수할 물건이 있음을 인정할 수 있는 경우에 한하여 가능하다. (×)

(3) 압수·수색의 요건

① **범죄혐의** : 압수·수색도 범죄혐의가 있어야 한다. 다만, 그 혐의 정도에 대해서는 체포·구속의 경우처럼 상당한 범죄혐의를 요한다는 입장과 단순한 혐의만 있으면 족하다는 입장(다수설)이 대립하고 있다.

ⓘ 수사상 압수·수색·검증을 위한 범죄혐의의 정도에 대하여 개정법은 '죄를 범하였다고 의심할 만한 정황이 있을 것'을 요구(제215조)함으로써, 법원의 경우(제106조)와는 달리 규정하고 있다. 피의자구속에 필요한 범죄혐의는 '죄를 범하였다고 의심할 만한 상당한 이유가 있을 정도'에 이르러야 하지만(제201조 제1항), 수사상 압수·수색·검증을 위한 범죄혐의는 죄를 범하였다고 의심할 만한 정황이 있으면 족하다. 따라서 개정형사소송법상 수사상 압수·수색·검증을 위한 범죄혐의의 정도는 피의자구속의 경우보다도 낮은 정도를 의미한다고 볼 수 있을 것이다.

▲ 관련판례

합리적인 의심의 여지가 없을 정도로 범죄사실이 인정되는 경우에만 압수할 수 있는 것은 아니라 할 것이다(대결 1997.1.9, 96모34).

② **필요성** : 법원이나 수사기관은 필요성(압수의 대상물과 범죄사실과의 관련성)이 있어야 압수·수색을 할 수 있다. 개정법은 '피고(피의)사건과 관계가 있다고 인정할 수 있는 물건이어야 압수할 수 있다.'는 내용을 추가함으로써 '필요성'의 의미를 더욱 명확하게 하였다.

ⓞ 법원(수사기관)은 필요한 때에는 피고(피의)사건과 관계가 있다고 인정할 수 있는 것에 한정하여 증거물 또는 몰수할 것으로 사료하는 물건을 압수할 수 있다. 단, 법률에 다른 규정이 있는 때에는 예외로 한다(제106조 제1항, 제215조).

ⓛ 법원(수사기관)은 필요한 때에는 피고(피의)사건과 관계가 있다고 인정할 수 있는 것에 한정하여 피고인(피의자)의 신체, 물건 또는 주거, 그 밖의 장소를 수색할 수 있다(제109조 제1항, 제215조).

▲ 관련판례

1. 검사나 사법경찰관이 범죄수사에 필요한 때에는 영장에 의하여 압수를 할 수 있으나, 여기서 '범죄수사에 필요한 때'라 함은 단지 수사를 위해 필요할 뿐만 아니라 강제처분으로서 압수를 행하지 않으면 수사의 목적을 달성할 수 없는 경우를 말하고, 그 필요성이 인정되는 경우에도 무제한적으로 허용되는 것은 아니며, 제반 사정을 종합적으로 고려하여 판단해야 한다(대결 2004.3.23, 2003모126). 13. 순경 2차, 17. 경찰간부

ⓘ 범죄수사에 필요한 때에는 영장에 의하여 압수를 할 수 있으므로 압수물이 증거물 내지 몰수하여야 할 물건으로 보이는 것이라면 언제나 압수할 수 있다. (×)

2. 2014. 9. 25.자 압수·수색영장의 발부 사유가 된 혐의사실은 피고인 甲이 2014년 5월에서 6월 사이 피고인 乙의 선거사무소에서 전화홍보원들에게 선거운동과 관련하여 금품을 제공하였다는 것임에도 불구하고, 그 영장을 통하여 압수한 증거물은 2012년 8월에서 2013년 11월 사이에 피고인 甲·乙·丙 등이 경제연구포럼을 설립·운영하고 회비를 조성한 것과 관련하여 유사기관 설치와 사전선거운동 으로 인한 공직선거법 위반, 정치자금법 위반의 혐의와 관련이 있는 경우라면, 압수영장의 발부사유 가 된 범죄 혐의사실과 관련성이 없으므로 이들은 유죄의 증거로 삼을 수 없다(대판 2017.11.14, 2017 도3449).

3. 압수·수색영장의 범죄 혐의사실과 관계있는 범죄라는 것은 압수·수색영장에 기재한 혐의사실과 객관적 관련성이 있고 압수·수색영장 대상자와 피의자 사이에 인적 관련성이 있는 범죄를 의미한다. 그중 혐의사실과의 객관적 관련성은 압수·수색영장에 기재된 혐의사실 자체 또는 그와 기본적 사실 관계가 동일한 범행과 직접 관련되어 있는 경우는 물론 범행 동기와 경위, 범행 수단과 방법, 범행 시간과 장소 등을 증명하기 위한 간접증거나 정황증거 등으로 사용될 수 있는 경우에도 인정될 수 있다. 그 관련성은 압수·수색영장에 기재된 혐의사실의 내용과 수사의 대상, 수사 경위 등을 종합하여 구체적·개별적 연관관계가 있는 경우에만 인정되고, 혐의사실과 단순히 동종 또는 유사 범행이라는 사유만으로 관련성이 있다고 할 것은 아니다. 그리고 피의자와 사이의 인적 관련성은 압수·수색영장 에 기재된 대상자의 공동정범이나 교사범 등 공범이나 간접정범은 물론 필요적 공범 등에 대한 피고사 건에 대해서도 인정될 수 있다(대판 2017.12.5, 2017도13458). 20. 9급 검찰·마약·교정·보호·철도경찰

4. 범인으로부터 압수한 물품에 대하여 몰수의 선고가 없어 그 압수가 해제된 것으로 간주된다고 하더 라도 공범자에 대한 범죄수사를 위하여 여전히 그 물품의 압수가 필요하다거나 공범자에 대한 재판 에서 그 물품이 몰수될 가능성이 있다면 검사는 그 압수해제된 물품을 다시 압수할 수도 있다(대결 1997.1.9, 96모34).

5. 압수영장의 '압수할 물건'란에는 범죄사실(직무상 비밀누설죄)과 관련하여 甲이 소유하거나 보관 중인 물건들이 열거되어 있고, '법인의 설립 및 운영에 관련된 보고서류, 회계서류, 결재서류, 업무일 지, 수첩, 메모지, 명함 등 관련 문서 일체'라고 기재되어 있다. 그런데 이 사건 영장으로 압수한 이 사건 전자정보는 '청와대 인사안', '청와대 및 행정 각부의 보고서', '대통령 일정 관련 자료', '대통령 말씀자료', '외교관계자료' 등으로서, 이 사건 영장 기재 범죄사실에 대한 직접 또는 간접증거로서의 가치가 있다고 보기 어렵다. 따라서 이 사건 전자정보 출력물은 위법수집증거에 해당하여 유죄의 증거로 쓸 수 없다(대판 2018. 4.26, 2018도2624).

③ **비례성** : 압수·수색을 하지 않고서는 달리 증거를 확보할 수 없는 경우라야 하고 목적달성 을 위한 최소한의 범위에 그쳐야 한다(제199조 제1항 단서).

압수·수색·검증의 목적물이 당해 사건과 관련이 있다고 인정되어야 할 뿐 아니라, 이에 '한정'하여 제한적으로 허용된다는 것을 밝히고 있다(제106조 제1항, 제109조 제1항, 제215조).

관련판례

1. 폐수무단방류 혐의가 인정된다는 이유로 공장부지, 건물, 기계류 일체 및 폐수운반차량 7대에 대하여 한 압수처분은 수사상의 필요에서 행하는 압수의 본래의 취지를 넘는 것으로 상당성이 없을 뿐만 아니라, 비례성의 원칙에 위배되어 위법하다(대결 2004.3.23, 2003모126). 08. 경위승진, 15. 순경 3차

2. 경찰관에게 등을 보인 채 상의를 속옷과 함께 겨드랑이까지 올리고 하의를 속옷과 함께 무릎까지 내린 상태에서 3회에 걸쳐 앉았다 일어서게 하는 방법으로 실시한 정밀 신체수색은 인격권 및 신체의 자유를 침해하는 정도에 이르렀다고 판단된다(헌재결 2002.7.18, 2000헌마327 전원재판부). 15. 경찰승진

3. 출판에 대한 사전검열이 헌법상 금지된 것으로서 어떤 이유로도 행정적인 규제방법으로 사전검열을 하는 것은 허용되지 않으나 출판내용에 형벌법규에 저촉되어 범죄를 구성하는 혐의가 있는 경우에 그 증거물 또는 몰수할 물건으로서 압수하는 것은 재판절차라는 사법적 규제와 관련된 것이어서 행정적인 규제로서의 사전검열과 같이 볼 수 없고, 다만 출판 직전에 그 내용을 문제삼아 출판물을 압수하는 것은 실질적으로 출판의 사전검열과 같은 효과를 가져올 수도 있는 것이므로 범죄혐의와 강제수사의 요건을 엄격히 해석하여야 할 것이다(대결 1991.2.26, 91모1). 12. 경찰승진

압수 · 수색의 요건 정리

구 분	법 원	수사기관
범죄 혐의	구속의 경우와 동일한가에 대하여 견해가 대립 • 구속의 경우와 동일설 • 단순한 혐의설(다수설)	• 수사상 압수 · 수색 ⇨ '죄를 범하였다고 의심할 만한 정황이 있을 것'(제215조) • 피의자구속 ⇨ '죄를 범하였다고 의심할 만한 상당한 이유가 있을 것'(제201조 제1항) ∴ 구속 > 압수 · 수색
필요성	필요한 때(피고사건과 관계가 있다고 인정한 때) : 제106조 제1항, 제109조 제1항	필요한 때(피고사건과 관계가 있다고 인정한 때) : 제215조
비례성	해당 사건과 관련성이 인정되는 것에 한정(제한적 허용)	해당 사건과 관련성이 인정되는 것에 한정(제한적 허용)

(4) 압수 · 수색의 제한

군사상 비밀	군사상 비밀을 요하는 장소는 그 책임자의 승낙 없이는 압수 · 수색을 할 수 없다. 그러나 책임자는 국가의 중대한 이익을 해하는 경우가 아니면 승낙을 거부하지 못한다(제219조, 제110조).
공무상 비밀	공무원이나 공무원이었던 자가 소지 · 보관하는 물건은 본인 또는 당해 공무소가 직무상 비밀에 관한 것임을 신고한 때에는 그 소속 공무소 또는 당해 감독관공서의 승낙 없이는 압수하지 못한다. 역시 국가의 중대한 이익을 해하는 경우가 아니면 승낙을 거부하지 못한다(제219조, 제111조). 09. 9급 법원직, 17. 9급 검찰 · 마약수사
업무상 비밀	변호사, 변리사, 공증인, 공인회계사, 세무사, 대서업자, 의사, 한의사, 치과의사, 약사, 약종상, 조산사, 간호사, 종교의 직에 있는 자 또는 이러한 직에 있던 자가 그 업무상 위탁을 받아 소지 또는 보관하는 물건으로 타인의 비밀에 관한 것은 압수를 거부할 수 있다. 단, 그 타인의 승낙이 있거나 중대한 공익상 필요가 있는 때에는 예외로 한다(제112조, 제219조). 09. 순경

(5) 압수 · 수색의 절차

① 수사기관의 압수 · 수색

㉠ 압수 · 수색영장의 청구

ⓐ 검사는 범죄수사에 필요한 때에는 피의자가 죄를 범하였다고 의심할 만한 정황이 있고 해당 사건과 관계가 있다고 인정할 수 있는 것에 한정하여 지방법원판사에게 청구하여 발부받은 영장에 의하여 압수 · 수색 또는 검증을 할 수 있다(제215조 제1항). 17. 9급 검찰 · 마약수사, 17 · 19. 수사경과

ⓘ 종래에는 범죄수사에 필요한 때에 압수 · 수색 · 검증영장을 청구할 수 있었으나, 개정법(2011. 7. 18)은 필요성 외에 '피의자가 죄를 범하였다고 의심할 만한 정황이 있고, 해당 사건과 관계가 있다고 인정할 수 있을 것'을 추가하여 법원의 압수 · 수색 · 검증의 경우보다 그 요건을 강화하였다.

ⓘ 검사가 영장을 청구할 때에는 피의자에게 범죄혐의가 있다고 인정되는 자료와 압수의 필요 및 해당 사건과 관련성을 인정할 수 있는 자료를 제출하여야 한다(규칙 제108조 제1항). 피의자가 아닌 자의 신체, 물건, 주거 기타 장소의 수색을 위한 영장의 청구를 할 때에는 압수하여야 할 물건이 있다고 인정할 만한 자료를 제출하여야 한다(동조 제2항).

ⓘ 공소가 제기된 후 법원이 공판정 외에서 압수 · 수색을 하는 경우에도 영장을 발부해야 하지만 이 경우에는 검사의 청구가 불필요하며 수소법원에서 직권으로 발부하게 된다. 이에 대해서는 후술하기로 한다.

ⓑ 영장의 청구는 일정한 사항을 기재한 서면으로 하여야 한다(규칙 제107조 제1항).

ⓘ 일출 전 또는 일몰 후에 압수 · 수색 또는 검증을 할 필요가 있는 때에는 그 취지 및 사유를 기재하여야 한다(규칙 제107조 제1항 제4호).

ⓘ 법 제216조 제3항(범죄장소에서 압수 · 수색 · 검증)에 따라 청구하는 경우에는 영장 없이 압수 · 수색 또는 검증을 한 일시 및 장소를 기재하여야 한다(규칙 제107조 제1항 제5호).

ⓘ 법 제217조 제2항(체포현장에서 영장 없이 압수 · 수색 · 검증)에 따라 청구하는 경우에는 체포한 일시 및 장소와 영장 없이 압수 · 수색 또는 검증을 한 일시 및 장소를 기재하여야 한다(규칙 제107조 제1항 제6호).

ⓒ 사법경찰관이 범죄수사에 필요한 때에는 피의자가 죄를 범하였다고 의심할 만한 정황이 있고 해당 사건과 관계가 있다고 인정할 수 있는 것에 한정하여 검사에게 신청하여 검사의 청구로 지방법원판사가 발부한 영장에 의하여 압수 · 수색 또는 검증을 할 수 있다(제215조 제2항).

㉡ 영장의 발부

ⓐ 압수 · 수색영장에는 피의자의 성명, 죄명, 압수할 물건, 수색할 장소 · 신체 · 물건, 발부년월일, 유효기간(영장유효기간은 7일, 초과기간을 정할 수 있음)과 그 기간을 경과하면 집행에 착수하지 못하며 영장을 반환하여야 한다는 취지, 압수 · 수색의 사유를 기재하고 지방법원판사가 서명날인하여야 한다(제219조, 제114조 제1항). 다만, 압수 · 수색할 물건이 전기통신에 관한 것인 경우에는 작성기간을 기재하여야 한다(제219조, 제114조 제1항 단서). 14. 경찰간부 피의자의 성명이 불분명한 때에는 인상 · 체격 등 피의자를 특정할 수 있는 사항으로 표시할 수 있다.

ⓛ 구속영장의 기재방식으로 '범죄사실의 요지'까지도 기재를 요구함에 반하여(제75조), 압수·수색 영장의 경우에는 언급이 없고, 다만 압수·수색영장 청구서에 그 기재를 요구하고 있을 뿐이다(규칙 제107조).

ⓑ 압수·수색영장에는 압수 또는 수색할 대상이 명시적이고 개별적으로 표시되어야 한 다. '피의사건과 관계있는 모든 물건'과 같은 식의 일반영장은 위법하다.

ⓒ 별건압수나 별건수색 또한 허용되지 않는다. 즉, 동일한 영장으로 수회 같은 장소에서 압수·수색·검증을 할 수 없고,13. 순경, 15. 경찰승진 동일한 장소나 물건을 대상으로 하 는 처분인 때에도 영장에 기재된 피의사실과 별개의 사실에 대하여 영장을 유용할 수 없다. 압수·수색의 대상을 예비적으로 기재하는 것도 허용되지 않는다. 수개의 목적 물이나 장소를 한 통의 영장에 기재하는 것도 위법하다.

ⓓ 지방법원판사의 압수영장 발부 재판에 대하여 준항고나 항고할 수 없다(대결 1997.9.29, 97모66). 08. 순경 1차, 18. 순경 3차

▲ 관련판례

1. 수사기관이 압수·수색영장을 제시하고 집행에 착수하여 압수·수색을 실시하고 그 집행을 종료하였 다면 이미 그 영장은 목적을 달성하여 효력이 상실되는 것이고, 동일한 장소 또는 목적물에 대하여 다시 압수·수색할 필요가 있는 경우라면 그 필요성을 소명하여 법원으로부터 새로운 압수·수색영장 을 발부받아야 하는 것이지, 앞서 발부받은 압수·수색영장의 유효기간이 남아있다고 하여 이를 제시하 고 다시 압수·수색을 할 수는 없다(대결 1999.12.1, 99모161). 10. 교정특채, 13. 순경 1차·9급 법원직, 13·18. 순경 2차, 16·17·19. 변호사시험, 13·15·19. 경찰간부, 14·15·21. 수사경과, 15·16·17·19·21. 경찰승진, 21. 9급 교정·보호·철도경찰

ⓛ 아직 유효기간이 남아 있다면 동일 장소 동일 목적물에 대하여 수회 압수·수색하는 것이 허용된다. (×)

2. 압수할 물건을 특정하기 위하여 기재한 문언은 엄격하게 해석하여야 하므로, 압수·수색영장에서 압수할 물건을 '압수장소에 보관 중인 물건'이라고 기재하고 있는 것을 '압수장소에 현존하는 물건' 으로 해석할 수는 없다(대판 2009.3.12, 2008도763). 10·11·12. 순경, 12. 9급 법원직, 14·16. 순경 1차, 14· 18. 경찰간부, 18. 순경 2차·3차, 10·14·17·19. 경찰승진, 13·14·15·17·19·21. 수사경과, 20. 해경

3. 재판장 또는 수명법관이 한 재판이 아닌 지방법원판사가 한 압수영장발부의 재판에 대하여는 준항고 로 불복할 수 없고, 법원의 결정이 아닌 지방법원판사가 한 압수영장발부의 재판에 대하여 항고의 방법으로도 불복할 수 없다(대결 1997.9.29, 97모66).

4. 법관의 서명날인란에 서명만 있고 날인이 없는 압수·수색영장은 야간집행을 허가하는 판사의 수기 와 날인, 영장앞면과 별지 사이에 판사의 간인이 있어 법관의 진정한 의사에 따라 발부되었다는 점이 외관상 분명한 경우라도 적법하게 발부된 것으로 볼 수 없다. 다만, 이 경우 영장이 형사소송법이 정한 요건을 갖추지 못하여 적법하게 발부되지 못하였다고 하더라도, 절차상의 결함이 있지만 법익 침해 방지와 관련성이 적고, 절차 조항 위반의 내용과 정도가 중대하지 않고 절차 조항이 보호하고자 하는 권리나 법익을 본질적으로 침해하였다고 볼 수 없다. 따라서 그 영장에 따라 수집한 이 사건 파일 출력물의 증거능력을 인정할 수 있다(대판 2019.7.11, 2018도20504). 20. 경찰승진

② **법원의 압수·수색**

　㉠ **공판정에서의 압수·수색** : 공판정에서 법원이 행하는 압수·수색은 영장을 필요로 하지 아니한다.

　㉡ **공판정 외에서의 압수·수색** : 공판정 외에서 압수·수색은 법원이 발부하는 영장에 의하며(제113조), 10. 순경 검사의 청구절차 없이 직권으로 발부한다. 13. 순경, 19. 경찰간부 영장의 기재사항은 수사절차의 경우와 동일하나, 영장의 서명날인은 재판장 또는 수명법관이 한다(제114조 제1항).

🔨 관련판례

검사가 공소제기 후 형사소송법 제215조(수사절차에서 압수·수색·검증)에 따라 수소법원 이외의 지방법원판사에게 청구하여 발부받은 영장에 의하여 압수·수색을 하였다면, 그와 같이 수집된 증거는 기본적 인권 보장을 위해 마련된 적법한 절차에 따르지 않은 것으로서 원칙적으로 유죄의 증거로 삼을 수 없다(대판 2011.4.28, 2009도10412). 12. 순경, 15. 순경 2차·9급 법원직, 16. 7급 국가직, 17·19. 경찰간부, 20. 경찰승진

---

③ **압수·수색영장의 집행**

　㉠ **집행기관**

　　ⓐ 압수·수색영장은 검사의 지휘에 의하여 사법경찰관리가 집행한다(제219조, 제115조). 17. 수사경과 단, 법원의 압수·수색은 필요한 경우에 재판장은 법원사무관 등에게 그 집행을 명할 수 있다(제115조 제1항).

　　　❗ 수사기관의 압수·수색의 경우에도 재판장이 법원사무관 등에게 집행을 명할 수 있다. (×)

　　ⓑ 검사가 피해자이거나 압수·수색영장의 집행에 참여한 검사가 다시 수사에 관여하였더라도 수사가 위법한 것은 아니다(대판 2013.9.12, 2011도12918). 17. 수사경과, 18. 경찰승진

　　ⓒ 검사의 집행지휘나 사법경찰관리의 집행은 관할구역 외에서도 할 수 있고, 당해 관할구역의 검사나 사법경찰관리에게 촉탁할 수도 있다(제219조, 제83조, 제115조). 13. 수사경과

　㉡ **집행방법**

　　ⓐ 영장의 제시 : 압수·수색영장은 처분을 받는 자에게 반드시 사전에 제시하여야 한다(제219조, 제118조). 10·11·13. 순경, 12. 9급 법원직, 14. 경찰승진, 15. 수사경과

　　　❗ 영장은 원본(정본)을 제시(대판 2017.9.7, 2015도10648) 21. 경찰간부

　　　❗ 반드시 사전에 제시할 것을 요하고 구속에 있어서와 같은 사후제시의 방법에 의한 긴급 집행 규정은 없음. 20. 수사경과

　　　❗ 압수·수색영장은 사전에 제시하는 것이 원칙이나 급속을 요하는 경우에는 사후에 제시할 수도 있다. (×)

　　　❗ 판례에 의하면, 위 사전 제시 규정은 현실적으로 제시가 가능한 상황을 전제로 한 규정으로 보아야 하고, 영장제시가 현실적으로 불가능한 경우에는 예외를 인정한다.

　　　❗ 압수·수색영장은 처분을 받은 자에게 반드시 사전에 영장을 제시하여야 한다는 것이 판례의 입장이다. (×)

관련판례

1. 현장에서 압수·수색을 당하는 사람이 여러 명일 경우에는 그 사람들 모두에게 개별적으로 영장을 제시해야 하는 것이 원칙이다. 수사기관이 압수·수색에 착수하면서 그 장소의 관리책임자에게 영장을 제시하였다고 하더라도, 물건을 소지하고 있는 다른 사람으로부터 이를 압수하고자 하는 때에는 그 사람에게 따로 영장을 제시하여야 한다(대판 2009.3.12, 2008도763). 12·13. 9급 법원직, 13·14. 9급 국가직, 16. 7급 국가직, 17·21. 변호사시험, 15·18. 순경 2차, 13·14·16·19. 수사경과, 10·11·17·20. 경찰승진
⚠ 압수·수색을 당하는 사람이 여러 명일 경우에는 그 장소의 관리책임자에게 영장을 제시하면 족하고, 물건을 소지하고 있는 다른 사람으로부터 이를 압수하고자 하는 때에도 그 사람에게 따로 영장을 제시할 필요가 없다. (×) 17. 9급 검찰·마약수사

2. 수사기관이 피의자 甲의 공직선거법 위반 범행을 영장 범죄사실로 하여 발부받은 압수·수색영장의 집행 과정에서 乙, 丙 사이의 대화가 녹음된 녹음파일을 압수하여 乙, 丙의 공직선거법 위반 혐의사실(영장에 기재된 피의사실과 무관)을 발견한 사안에서, 별도의 압수·수색영장을 발부받지 않고 압수한 위 녹음파일은 위법수집증거로서 乙·丙사건에서 증거능력이 없다(대판 2014.1.16, 2013도7101). 15. 순경 2차, 17. 경찰간부

3. 형사소송법 제219조가 준용하는 제118조는 "압수·수색영장은 처분을 받는 자에게 반드시 제시하여야 한다."고 규정하고 있으나, 이는 영장제시가 현실적으로 가능한 상황을 전제로 한 규정으로 보아야 하고, 피처분자가 현장에 없거나 현장에서 그를 발견할 수 없는 경우 등 영장제시가 현실적으로 불가능한 경우에는 영장을 제시하지 아니한 채 압수·수색을 하더라도 위법하다고 볼 수 없다(대판 2015.1.22, 2014도10978 전원합의체). 15. 순경 2차, 17. 수사경과, 17·21. 경찰승진·변호사시험, 21. 경찰간부
▶ **구체적 사안** : 피고인 甲의 주소지와 거소지에 대한 압수·수색 당시 피고인 甲이 현장에 없었던 사실, 피고인 乙과 관련한 ○○평생교육원에 대한 압수·수색 당시 ○○평생교육원 원장 丙은 현장에 없었고 이사장 丁도 수사관들에게 자신의 신분을 밝히지 않은 채 건물 밖에서 지켜보기만 한 사실 등을 인정한 다음, 수사관들이 위 각 압수·수색 당시 피고인 甲과 ○○평생교육원 원장 또는 이사장 등에게 영장을 제시하지 않았다고 하여 이를 위법하다고 볼 수 없다고 판단하였다(대판 2015.1.22, 2014도10978 전원합의체).

4. 압수물(피해품)은 피고인에 대한 범죄의 증명이 없게 된 경우에는 압수물의 존재만으로 그 유죄의 증거가 될 수 없다(대판 1984.3.27, 83도3067). 13. 9급 법원직

5. 압수·수색영장을 집행하는 수사기관은 피압수자로 하여금 법관이 발부한 영장에 의한 압수·수색이라는 사실을 확인함과 동시에 형사소송법이 압수·수색영장에 필요적으로 기재하도록 정한 사항이나 그와 일체를 이루는 사항을 충분히 알 수 있도록 압수·수색영장을 제시하여야 한다(대판 2017.9.21, 2015도12400). 19. 변호사시험, 21. 순경 1차
▶ **구체적 사안** : 사법경찰관이 피압수자 乙에게 영장 기재 혐의사실의 주요 부분을 요약해서 고지하면서 위 영장 첫 페이지와 乙의 혐의사실이 기재된 부분만 보여주고, 영장의 나머지 부분을 넘겨서 확인하려고 하자 뒤로 넘기지 못하게 하였다. 그리하여 乙은 이 사건 영장의 내용 중 나머지 압수·수색·검증할 물건, 압수·수색·검증할 장소, 압수·수색·검증을 필요로 하는 사유, 압수 대상 및 방법의 제한 등이 기재된 부분을 확인하지 못하였다. 따라서 사법경찰관의 乙에 대한 이 사건 영장 제시는 적법한 압수·수색영장의 제시라고 볼 수 없다(대판 2017.9.21, 2015도12400). 21. 변호사시험

6. 수사기관이 이메일에 대한 압수·수색영장을 집행할 당시 피압수자인 주식회사에 팩스로 영장 사본을 송신했을 뿐 그 원본을 제시하지 않았고, 압수조서와 압수물 목록을 작성하여 피압수·수색 당사자에게 교부하였다고 볼 수도 없다면, 이러한 방법으로 압수된 이메일은 절차를 위반하여 수집한 증거이다(대판 2017.9.7, 2015도10648). 19. 변호사시험, 21. 경찰간부

7. 압수·수색·검증영장의 '압수·수색·검증할 장소 및 신체'란에 피고인의 주거지와 피고인의 신체 등이 기재되어 있으므로, 비록 위 영장이 제시되어 피고인의 신체에 대한 압수·수색이 종료되었다고 하더라도 피고인의 주거지에 대한 압수·수색을 집행한 조치는 위법한 것이 아니다(대판 2013.7.26, 2013도2511).

8. 이미 그 집행을 종료함으로써 효력을 상실한 압수·수색영장에 기하여 다시 압수·수색을 실시하면서 몰수대상 물건을 압수한 경우, 압수 자체가 위법하게 됨은 별론으로 하더라도 그것이 위 물건의 몰수의 효력에는 영향을 미칠 수 없다(대판 2003.5.30, 2003도705).

9. 출판내용에 형벌법규에 저촉되어 범죄를 구성하는 혐의가 있는 경우에 그 증거물 또는 몰수할 물건으로서 압수하는 것은 재판절차라는 사법적 규제와 관련된 것이어서 행정적인 규제로서의 사전검열과 같이 볼 수 없으므로 허용된다. 다만, 출판 직전에 그 내용을 문제삼아 출판물을 압수하는 것은 실질적으로 출판의 사전검열과 같은 효과를 가져올 수도 있는 것이므로 범죄혐의와 강제수사의 요건을 엄격히 해석하여야 할 것이다(대결 1991.2.26, 91모1).

10. 수출입물품 통관검사절차에서 이루어지는 물품의 개봉, 시료채취, 성분분석 등의 검사는 수출입물품에 대한 적정한 통관 등을 목적으로 조사를 하는 것으로서 이를 수사기관의 강제처분이라고 할 수 없으므로, 세관공무원은 압수·수색영장 없이 이러한 검사를 진행할 수 있다. 17. 7급 국가직, 19. 경찰승진·변호사시험, 21. 경찰간부 그러나 마약류 불법거래 방지에 관한 특례법 제4조 제1항에 따른 조치의 일환으로 특정한 수출입물품을 개봉하여 검사하고 그 내용물의 점유를 취득한 행위는 위에서 본 수출입물품에 대한 적정한 통관 등을 목적으로 조사를 하는 경우와는 달리, 범죄수사인 압수 또는 수색에 해당하여 사전 또는 사후에 영장을 받아야 한다(대판 2017.7.18, 2014도8719). 17. 수사경과, 18. 순경 2차, 20. 순경 1차, 21. 7급 국가직

⚠ 우편물 통관검사절차에서 압수·수색영장 없이 우편물의 개봉, 시료채취, 성분분석 등 검사가 진행되었다면 이 검사는 특별한 사정이 없는 한 위법하다. (×) 17. 9급 국가직

▶ **비교판례** : 피고인이 국제항공특송화물 속에 필로폰을 숨겨 수입할 것이라는 정보를 입수한 검사가, 이른바 '통제배달(적발한 금제품을 감시하에 배송함으로써 거래자를 밝혀 검거하는 수사기법)'을 하기 위해, 세관공무원의 협조를 받아 특송화물을 통관절차를 거치지 않고 가져와 개봉하여 그 속의 필로폰을 취득한 경우, 이는 구체적인 범죄사실에 대한 증거수집을 목적으로 한 압수·수색인데도 사전 또는 사후에 영장을 받지 않았으므로 압수물 등의 증거능력이 부정된다(대판 2017.7.18, 2014도8719).

11. 영장 없는 위법한 압수가 있은 직후에 피의자로부터 그 압수물에 대한 임의제출동의서를 받았더라도 그 압수물은 위법하다(대판 2010.7.22, 2009도14376). 19. 경찰승진

12. 피고인이 아닌 사람을 피의자로 하여 발부된 이 사건 영장을 집행하면서 피고인 소유의 휴대전화 등을 압수한 것은 위법하다(대판 2021.7.29, 2020도14654).

ⓑ 당사자 등에의 통지와 참여

㉮ 검사·피의자(피고인)·변호인은 압수·수색영장의 집행에 참여할 수 있다(제219조, 제121조). 08. 순경, 13. 수사경과, 14. 순경 2차 **압수·수색영장을 집행할 때에는 미리 집행일시와 장소를 참여권자에게 통지하여야 한다.** 13. 순경 1차·수사경과 단, 참여하지 아니한다는 의사표시를 한 경우 또는 급속을 요하는 때에는 예외로 한다(제219조, 제122조). 11. 순경 2차, 12. 9급 법원직

☒ 관련판례

1. 피고인들과 변호인에게 압수·수색 일시와 장소를 통지하지 아니한 경우라도 피고인들은 일부 현장 압수·수색과정에는 직접 참여하기도 하였고, 직접 참여하지 아니한 압수·수색절차에도 피고인들과 관련된 참여인들의 참여가 있었던 경우 등에는 위 압수·수색과정에서 수집된 디지털 관련 증거들은 유죄인정의 증거로 사용할 수 있는 예외적인 경우에 해당한다(대판 2015.1.22, 2014도10978 전원합의체).

2. 수사관들은 거소지에 진입한 이후 30분가량 참여인 없이 수색절차를 진행하다가 곧바로 거소지의 임차인인 甲에게 연락하여 참여할 것을 고지하였고, 甲이 현장에 도착한 때부터는 압수물 선별 과정, 디지털 포렌식 과정, 압수물 확인 과정에 甲과 변호인의 적극적이고 실질적인 참여가 있었으며, 압수·수색의 전 과정이 영상녹화된 점 등 그 판시와 같은 사정을 들어, 위 압수·수색과정에서 수집된 증거들은 유죄인정의 증거로 사용할 수 있는 예외적인 경우에 해당한다(대판 2015.1.22, 2014도10978 전원합의체).

3. 수사관들은 건물에 진입한 이후 수색절차를 진행하지 않은 채 대기하다가 주민센터 직원 甲이 도착한 이후에야 본격적인 수색절차를 진행하였고, 압수·수색과정을 영상녹화하는 등 절차의 적정성을 담보하기 위해 상당한 조치를 취한 경우에 압수·수색과정에서 수집된 증거들도 유죄인정의 증거로 사용할 수 있는 예외적인 경우에 해당한다(대판 2015.1.22, 2014도10978 전원합의체).

4. 피의자 또는 변호인은 압수·수색영장의 집행에 참여할 수 있고, 압수·수색영장을 집행함에는 원칙적으로 미리 집행의 일시와 장소를 피의자 등에게 통지하여야 하나 '급속을 요하는 때'에는 위와 같은 통지를 생략할 수 있다. 여기서 '급속을 요하는 때'라고 함은 압수·수색영장 집행 사실을 미리 알려주면 증거물을 은닉할 염려 등이 있어 압수·수색의 실효를 거두기 어려울 경우라고 해석함이 옳고, 그와 같이 합리적인 해석이 가능하므로 형사소송법 제122조 단서가 명확성의 원칙 등에 반하여 위헌이라고 볼 수 없다(대판 2012.10.11, 2012도7455). 17. 7급 국가직

5. 형사소송법 제219조, 제121조가 규정한 변호인의 참여권은 피압수자의 보호를 위하여 변호인에게 주어진 고유권이다. 따라서 피압수자가 수사기관에 압수·수색영장의 집행에 참여하지 않는다는 의사를 명시하였다고 하더라도, 특별한 사정이 없는 한 그 변호인에게는 형사소송법 제219조, 제122조에 따라 미리 집행의 일시와 장소를 통지하는 등으로 압수·수색영장의 집행에 참여할 기회를 별도로 보장하여야 한다(대판 2020.11.26, 2020도10729). 21. 순경 1차

㉯ 공무소, 군사용 항공기 또는 선박·차량 안에서 압수·수색영장을 집행하려면 그 책임자에게 참여할 것을 통지하여야 한다. 그 밖의 타인의 주거, 간수자 있는 가옥, 건조물, 항공기 또는 선박·차량 안에서 압수·수색영장을 집행할 때에는 주거주,

간수자 또는 이에 준하는 사람을 참여케 해야 하고 그렇지 못한 경우에는 이웃사람 또는 지방공공단체의 직원을 참여하게 해야 한다(제219조, 제123조).

> **예** 1. 형사 A는 세무서직원 甲의 탈세혐의에 대하여 조사하던 중 증거자료를 확보하기 위하여 직원 甲의 동료직원인 乙에게 통지하고, 세무서 내 甲의 사무실에 대하여 압수·수색을 실시한 경우에 적법성 여부 ⇨ 공무소 안에서의 압수·수색은 그 책임자에게 참여할 것을 통지하여야 하므로(제219조, 제123조) 동료직원이 아닌 세무서장에게 참여할 것을 통지하여야 한다.
> 2. 형사 A는 피의자 甲의 집을 압수·수색하기 위하여 방문하였는데 집에는 아무도 없었고, 문은 잠겨 있었다. 형사 A는 甲의 옆집에 사는 乙을 참여하게 한 후, 시정장치를 임의로 부수고 甲의 집에 들어가 압수·수색을 실시한 경우에 적법성 여부 ⇨ 주거지에 대하여 주거자·간수자 또는 이에 준하는 자를 참여시키지 못하면, 옆집 사람이나 주거지 지방공공단체의 직원을 참여하게 하여야 하므로(제219조, 제123조) 위 압수·수색은 적법하다.

ⓘ 공무소, 군사용의 항공기 또는 선박·차량 안에서 압수를 집행함에는 그 책임자를 참여하게 하여야 한다. (×)

㉰ 여자의 신체에 대하여 수색할 때에는 성년의 여자를 참여하게 하여야 한다(제219조, 제124조). 이는 여자의 정조에 대한 감정을 보호하기 위함이다. 09. 9급 국가직, 10. 순경, 13·15. 경찰승진, 21. 해경

ⓘ 여자의 신체검사 ⇨ 성년의 여자 또는 의사 참여(제219조, 제141조 제3항)

ⓒ 야간집행의 제한 : 야간집행은 영장에 별도의 기재가 없는 한 허용되지 않지만(제219조, 제125조) 풍속에 유해한 장소나 야간에 공중이 출입할 수 있는 장소에 대해서는 이러한 제한을 받지 않는다(제219조, 제126조). 10. 9급 법원직, 13. 순경, 21. 경찰승진

ⓘ 야간집행 : 야간에 집행할 수 있다는 별도의 기재 필요(야간집행영장 ×)

ⓘ 공중이 출입할 수 있는 장소에서 언제나 집행이 가능한 것은 아니고 공개한 시간 내에 한함(제126조 제2호). 16. 수사경과, 20. 9급 검찰·마약·교정·보호·철도경찰

ⓓ 집행의 범위 : 압수·수색·검증영장의 '압수·수색·검증할 장소 및 신체'란에 피고인의 주거지와 피고인의 신체 등이 기재되어 있으므로, 비록 위 영장이 제시되어 피고인의 신체에 대한 압수·수색이 종료되었다고 하더라도 피고인의 주거지에 대한 압수·수색을 집행한 조치는 위법한 것이 아니다(대판 2013.7.26, 2013도2511).

㉢ **수색증명서·압수목록 교부**

ⓐ 수색 후 압수대상물이 없으면 수색증명서를 교부하고, 21. 9급 교정·보호·철도경찰 압수한 경우에는 압수목록을 작성하여 소유자, 소지자, 보관자 그리고 이에 준하는 자에게 교부하여야 한다(제219조, 제129조). 08. 순경, 10. 9급 법원직, 15. 경찰승진

ⓑ 수색증명서와 압수목록의 교부자는 법원이 압수·수색을 행한 때에는 참여한 법원사무관이고, 압수·수색영장에 의하여 법원사무관 또는 사법경찰관리가 압수한 때에는 그 집행을 한 자이다(규칙 제61조). 06. 순경

ⓒ 압수·수색영장의 집행에 관한 서류와 압수한 물건은 압수·수색영장을 발부한 법원에 이를 제출하여야 한다. 다만, 검사의 지휘에 의하여 집행된 경우에는 검사를 경유하여야 한다(규칙 제63조).

관련판례

1. 압수물목록은 압수 직후 현장에서 바로 작성하여 교부해야 하는 것이 원칙이다. 같은 취지에서, 작성월일을 누락한 채 일부 사실에 부합하지 않는 내용으로 작성하여 압수·수색이 종료된 지 5개월이나 지난 뒤에 압수물 목록을 교부한 행위는 형사소송법이 정한 바에 따른 압수물 목록 작성·교부에 해당하지 않는다(대판 2009.3.12, 2008도763). 10. 경찰승진, 13. 수사경과, 16. 변호사시험
2. 법원은 압수·수색영장의 집행에 관하여 범죄 혐의사실과 관련 있는 정보의 탐색·복제·출력이 완료된 때에는 지체 없이 압수된 정보의 상세목록을 피의자 등에게 교부할 것을 정할 수 있다. 압수된 정보의 상세목록에는 정보의 파일 명세가 특정되어 있어야 하고, 수사기관은 이를 출력한 서면을 교부하거나 전자파일 형태로 복사해 주거나 이메일을 전송하는 등의 방식으로도 할 수 있다(대판 2018.2.8, 2017도13263). 18. 순경 2차·7급 국가직, 20. 경찰승진

ⓔ **압수조서의 작성**

ⓐ 증거물 또는 몰수할 물건을 압수하였을 때에는 조서를 작성하여야 한다(제49조 제1항).

　❗ ┌ 압수조서 ⇨ 교부 ×(서류에 편철) 21. 해경
　　 └ 수색증명서, 압수목록 ⇨ 교부 ○

　❗ 피의자신문조서를 작성하던 중 제출된 압수물에 대해서는 피의자신문조서에 그 내용을 기재하면 되고, 별도로 압수조서를 작성할 필요는 없다(수사준칙 제40조).

ⓑ 압수조서에는 압수물의 품종, 외형상의 특징과 수량을 기재하여야 한다(제49조 제3항).

ⓒ 수색증명서 또는 압수목록을 교부하거나 법 제130조의 규정에 의한 처분(압수물의 보관과 폐기)을 한 경우에는 압수·수색의 조서에 그 취지를 기재하여야 한다(규칙 제62조).

ⓓ 압수조서에는 조사 또는 처분의 연월일시와 장소를 기재하고 그 조사 또는 처분을 행한 자와 참여한 법원사무관 등이 기명날인 또는 서명하여야 한다. 단, 공판기일 외에 법원이 조사 또는 처분을 행한 때에는 재판장 또는 법관과 참여한 법원사무관 등이 기명날인 또는 서명하여야 한다(제50조).

관련판례

사법경찰리가 작성한 "피고인이 임의로 제출하는 별지 기재의 물건(공소장에 기재된 물건)을 압수하였다."는 내용의 압수조서는, 피고인이 공판정에서 증거로 함에 동의하지 아니하였고 원진술자의 공판기일에서의 증언에 의하여 그 성립의 진정함이 인정된 바도 없다면 증거로 쓸 수 없다(대판 1994.1.24, 94도1476).

✓ **Key Point**

- **임의제출물** : 강제처분(영장 ×)
- **제출명령** : 법원(수사기관 ×)
- **압수제한** ┬ 군사상 비밀
  ├ 공무상 비밀
  └ 업무상 비밀
- **압수 · 수색영장 발부** ┬ 수사단계 ⇨ 검사청구, 지방법원판사 발부 – 지방법원판사 서명 · 날인(제219조)
  └ 공판단계 ⇨ 수소법원 직권(검사청구 ×) – 재판장 또는 수명법관 서명 · 날인
  (제114조 제1항)
- **압수 · 수색영장 집행** ┬ 검사지휘, 사법경찰관리 집행
  ├ 반드시 사전제시(현실적으로 불가능한 경우에는 예외 : 판례)
  └ 당사자 참여
- **야간집행** : 영장에 별도기재(야간영장 ×)
- **수색증명서 또는 압수목록 교부**(제129조, 제219조)
  ▶ 압수조서 ⇨ 교부 ×(제49조 제1항)

(6) 압수물의 처리

압수물의 처리에 관하여도 수사기관이 행하는 경우와 법원이 행하는 경우로 나누어 볼 수 있다.

① **압수물의 보관과 폐기** : 압수물은 압수한 기관의 청사로 운반하여 보관함이 원칙이다(자청보관의 원칙). 그러나 일정한 경우에는 압수물에 대하여 위탁보관, 폐기처분, 대가보관을 할 수 있다.

㉠ **위탁보관** : 운반 또는 보관에 불편한 압수물에 관하여는 간수자를 두거나 소유자 또는 적당한 자의 승낙을 얻어 보관하게 할 수 있다(제130조 제1항). 10. 9급 법원직, 17. 경찰승진, 20. 수사경과

⚖ **관련판례**

창고업자에게 보관시켰던 물건을 수사기관이 영장에 의하여 압수하는 동시에 계속하여 동 창고업자의 승낙을 얻어 보관시킨 경우 수사기관은 임치료 지급 의무가 없다(대판 1968.4.16, 68다285).

㉡ **폐기처분**

ⓐ 위험발생의 염려가 있는 압수물은 폐기할 수 있다(제130조 제2항, 제219조). 10. 순경

　① 동의(×) 17. 수사경과

　① 위험발생 염려가 있는 압수물은 폐기하여야 한다. (×) 10. 순경

ⓑ 법령상 생산 · 제조 · 소지 · 소유 또는 유통이 금지된 압수물로서 부패의 염려가 있거나 보관하기 어려운 압수물은 소유자 등 권한 있는 자의 동의를 받아 폐기할 수 있다.
(동조 제3항, 제219조). 09. 9급 법원직, 20. 순경 2차

　① 대가보관이 불가능하고, 보관에 많은 비용 고려

　① 몰수하여야 할 압수물로서 멸실 · 파손 · 부패 또는 보관하기 어려운 압수물은 소유자 등 권한 있는 자의 동의를 받아 폐기하여야 한다. (×) 12. 순경, 17. 경찰승진

　① 법령상 생산 · 제조 · 소지 · 소유 또는 유통이 금지된 압수물로서 부패의 염려가 있거나 보관하기 어려운 압수물은 소유자 등 권한 있는 자의 동의를 받아 폐기하여야 한다. (×) 15. 순경 3차

ⓒ 사법경찰관이 압수물을 폐기하는 경우에는 폐기조서를 작성하고 사진촬영을 하여 수사기록에 첨부하여야 한다(경찰수사규칙 제68조 제2항). – 검사 또는 법원의 경우도 동일 해석

ⓒ **대가보관**

ⓐ 대가보관이란 몰수해야 할 압수물로서 멸실·파손·부패 또는 현저한 가치감소의 염려가 있거나 보관하기 어려운 경우에 이를 매각하여 대가를 보관하는 것을 말하며(제132조 제1항, 제219조), 11. 경찰승진, 12. 순경, 16·20. 수사경과 환가처분이라고도 한다(대가보관을 할 수 있는 물건은 몰수의 대상물에 한한다. 왜냐하면 증거물에 관하여는 그 자체의 존재가 소송법상 중요하므로 대가보관을 인정할 수 없기 때문이다).

　⒩ 필요적 대가보관(×)
　⒩ 몰수할 물건이 아니라도 멸실·파손 등의 염려가 있으면 환가처분이 허용된다. (×)
　⒩ 증거물은 존재 그 자체가 소송법상 중요하므로 대가보관 ×
　⒩ 몰수하여야 할 압수물 ⇨ 필요적 몰수나 임의적 몰수 모두 포함

ⓑ 환부하여야 할 압수물 중 환부를 받을 자가 누구인지 알 수 없거나 그 소재가 불명한 경우로서 그 압수물의 멸실, 파손, 부패 또는 현저한 가치감소의 염려가 있거나 보관하기 어려운 경우에도 대가보관을 할 수 있다(제132조 제2항). 11. 경찰승진, 17. 수사경과

ⓒ 사법경찰관이 대가보관처분을 하려면 검사의 지휘를 받아야 한다(제219조 단서). 환가처분을 함에는 미리 검사(법원이 행한 경우), 피해자, 피의자(피고인) 또는 변호인에게 통지하여야 한다(제135조, 제219조). 15. 수사경과

관련판례

대가보관금은 몰수대상인 압수물과 동일시 할 수 있으므로 대가를 추징하지 않고 그 대가를 대상으로 몰수할 수 있다(대판 1966.9.20, 66도886).

② **압수물의 환부·가환부** : 압수된 물건에 대해 재산권을 가지고 있는 이해관계인의 입장에서 보면 절차가 진행되는 도중이라도 재산권을 신속히 회복하여 이를 활용할 필요가 있는바, 이러한 점을 고려하여 현행법은 압수물의 환부, 압수장물의 피해자 환부, 가환부제도를 마련하고 있다. 특히 개정 형사소송법은 이해관계인의 신속한 권리회복을 위하여 수사상 압수물의 환부·가환부제도를 정비하였다.

　⒩ 압수물의 환부를 받을 자의 소재가 불명하거나 기타 사유로 인하여 환부를 할 수 없는 경우에는 검사는 그 사유를 관보에 공고하여야 한다(제486조 제1항). 공고한 후 3월 이내에 환부의 청구가 없는 때에는 그 물건은 국고에 귀속한다(동조 제2항). 이 기간 내에도 가치 없는 물건은 폐기할 수 있고 보관하기 어려운 물건은 공매하여 그 대가를 보관할 수 있다(동조 제3항).

㉠ **법원의 압수물 환부**

ⓐ 의의 : 압수물의 환부라 함은 압수물을 종국적(일시적 ×)으로 소유자 또는 제출인에게 반환하는 처분을 말한다. 09. 순경

ⓑ 대상 : 압수를 계속할 필요가 없다고 인정되는 경우(예 증거물로 이용되지도 않고, 동시에 몰수의 대상도 아닌 물건)에는 피고사건 종결 전이라도 결정으로 환부하여야 한다(제133조 제1항). 17. 경찰승진

　⚠ 증거물 또는 몰수물 ⇨ 환부대상(×) 09. 순경

ⓒ 절차 : 환부는 법원이 직권으로 행하나, 소유자 등이 청구할 수는 있다(청구권 인정 ×). 법원이 환부처분을 함에는 검사, 피해자, 피고인 또는 변호인에게 통지하여야 한다(제135조).

ⓓ 효력 : 환부에 의하여 압수는 그 효력을 상실한다. 그러나 압수만 해제될 뿐 실체법상의 권리를 확인하는 효력은 없으므로 이해관계인은 민사소송절차에 의하여 그 권리를 주장할 수 있다(제333조 제4항). 14. 경찰승진 압수한 서류 또는 물품에 대하여 몰수의 선고가 없는 때에는 압수를 해제한 것으로 간주한다(제332조).

⚖ 관련판례

1. 위조한 약속어음은 범죄행위로 인하여 생긴 문서로서 몰수의 대상이 되므로 환부나 가환부의 대상이 될 수 없다. 다만, 검사가 몰수선고 후에 약속어음에 위조표시를 하여 소지인에게 환부를 할 수는 있으며, 이 경우 환부받은 자는 적법하게 소지할 수 있을 뿐 아니라 민법상의 권리행사의 자료로 활용할 수도 있다(대결 1984.7.24, 84모43). 07 · 09. 순경, 11 · 14. 경찰승진

2. 압수된 금괴가 외국에서 생산된 것이라고 하여 당연히 밀수입된 것이라고 추정되는 것은 아니고, 외국산이라고 하여도 언제, 누구에 의하여 관세포탈된 물건인지 알 수 없어 검사가 사건을 기소중지 처분하였다면 그 압수물은 관세장물이라고 단정할 수 없으므로 국고에 귀속시킬 수 없을 뿐 아니라 압수를 더이상 계속할 필요도 없다(대결 1991.4.22, 91모10). 10 · 14. 경찰승진, 13. 9급 법원직

3. 범인으로부터 압수한 물품에 대하여 몰수의 선고가 없어 그 압수가 해제된 것으로 간주된다고 하더라도 공범자에 대한 범죄수사를 위하여 여전히 그 물품의 압수가 필요하다거나 공범자에 대한 재판에서 그 물품이 몰수될 가능성이 있다면 검사는 그 압수 해제된 물품을 다시 압수할 수도 있다(대결 1997.1.9, 96모34). 20. 7급 국가직

4. 세관이 시계행상이 소지하고 있던 외국산시계를 관세장물의 혐의가 있다고 하여 압수하였던 것을 검사가 그것이 관세포탈품인지를 확인할 수 없어 그 사건을 기소중지처분하였다면 위 압수물은 관세장물이라고 단정할 수 없으므로 국고에 귀속시킬 수 없음은 물론 압수를 더 이상 단속할 필요도 없다(대결 1988.12.14, 88모55). 14 · 18. 경찰승진, 19. 해경간부, 20. 순경 2차 · 수사경과

5. 검찰에 의해 압수된 후 피의자에게 환부된 물건에 대해서도 수소법원은 그 피의자였던 피고인에게 몰수를 선고할 수 있다(대판 1977.5.24, 76도4001).

6. 몰수물은 환부할 수 없고(대결 1984.7.24), 증거에 공할 물건도 환부의 대상이 될 수 없다(대결 1966.9.12, 66모58).

ⓛ **법원의 압수물 가환부**

ⓐ 의의 : 가환부란 압수의 효력을 존속시키면서 압수물을 피압수자에게 잠정적(종국적 ×)으로 돌려 주는 제도이다.

ⓑ 대상 : 가환부의 대상은 증거에 공할 목적으로 압수한 물건, 즉 증거물에 한한다(제133조 제1항).

ⓘ 몰수의 대상이 되는 물건은 가환부할 수 없으나, 증거물의 성격과 임의적 몰수의 대상물(형법 제48조)로서의 성격을 함께 가지고 있는 경우에는 가환부가 가능하다(대결 1998.4.16, 97모25). 10. 경찰승진·순경 2차, 11. 순경

ⓘ 몰수할 것이라고 사료되어 압수한 물건 중 법률의 특별한 규정에 의하여 필요적으로 몰수할 것에 해당하거나 누구의 소유도 허용되지 아니하여 몰수할 것에 해당하는 물건에 대한 압수는 가환부의 대상이 되지 않는다(대결 1998.4.16, 97모25). 17. 9급 법원직

ⓒ 절차 : 가환부는 청구에 의한 경우(제133조 제1항)와 직권에 의한 경우(제133조 제2항)가 있다. 법원이 가환부 결정을 함에는 검사, 피해자, 피고인 또는 변호인에게 미리 통지하여야 한다(제135조).

임의적 가환부	압수계속의 필요가 있는 압수물인 경우에도 증거에 공할(증거로 사용할) 압수물은 소유자, 소지자, 보관자 또는 제출인의 청구에 의하여 가환부할 수 있다(제133조 제1항). 11. 순경 1차, 17. 경찰승진, 20. 순경 2차 ▶ 가환부청구권(○) ▶ 증거에 공할 압수물 ⇨ 증거물 or 증거물＋임의적 몰수물(대결 1998.4.16, 97모25) 19. 경찰간부 ⓘ '증거에 공할 압수물'에는 증거물로서의 성격을 가진 압수물은 포함되나 몰수할 것으로 사료되는 물건으로서의 성격을 가진 압수물은 포함되지 않는다. (×) 18. 경찰승진
필요적 가환부	증거에만 공할 목적으로 압수한 물건으로서 소유자 또는 소지자가 계속 사용해야 할 물건은 사진촬영 기타 원형보존의 조치를 취하고 신속히 가환부하여야 한다(제133조 제2항). 11. 순경, 15·16. 경찰승진·수사경과, 18. 순경 1차 ▶ 의무부과 ⓘ 증거에만 공할 목적으로 압수한 물건은 소유자 또는 소지자가 계속 사용해야 할 물건이더라도 가환부할 수 없다. (×)

ⓓ 효력 : 가환부를 하더라도 압수의 효력은 유지된다. 따라서 환부받은 자는 압수물에 대한 보관의무를 지며, 요구가 있으면 제출의무도 진다. 07. 순경, 09. 순경 1차, 15. 경찰승진 가환부 장물에 대한 별단의 선고가 없으면, 환부선고가 있는 것으로 간주한다(제333조 제3항). 08. 순경, 09. 9급 법원직, 11. 순경 2차, 14. 경찰간부, 19. 경찰승진

ⓘ 가환부를 받은 자는 압수물을 임의로 처분이 가능하다. (×)

⚖ **관련판례**

1. 피고인에게 의견을 진술할 기회를 주지 아니한 채 한 가환부 결정은 형사소송법 제135조에 위배하여 위법하고 이 위법은 재판의 결과에 영향을 미쳤다 할 것이다[대결 1980.2.5, 80모3 ∴ 통지 × ⇨ 위법(제135조)]. 09·11. 순경, 13. 경찰간부, 10·14. 경찰승진

2. 증거에 공할 압수물을 가환부할 것인지의 여부는 범죄의 태양, 경중, 압수물의 증거로서의 가치, 압수물의 은닉, 인멸, 훼손될 위험, 수사나 공판수행상의 지장 유무, 압수에 의하여 받는 피압수자 등의 불이익의 정도 등 여러 사정을 검토하여 종합적으로 판단하여야 할 것이다(대결 1994.8.18, 94모42). 10. 경찰승진, 16. 순경 2차

3. 타인의 등록상표를 위조하여 부착한 관세장물인 운동화를 계속 사용하여야 할 필요가 있다고 보기 어렵고, 가환부의 결정이 있는 경우에도 압수의 효력은 지속되므로 가환부를 받은 자는 법원의 요구가 있으면 즉시 압수물을 제출할 의무가 있고 그 압수물에 대하여 보관의무를 부담하며 소유자라 하더라도 그 압수물을 처분할 수는 없는 것이므로, 이를 수사기관의 보관하에 둔다고 하더라도 그에 의하여 재항고인이 어떠한 불이익을 받게 된다고도 보여지지 아니할 뿐더러, 압수물을 재항고인에게 가환부할 경우 그 재제출이 불가능해질 위험성도 배제할 수는 없어 보이는 바, 가환부청구를 기각한 것은 정당하다(대결 1994.8.18, 94모42).

㉢ 수사상 압수물의 환부 · 가환부

① 종래에는 법원의 압수물에 대한 환부 · 가환부에 관한 규정(제133조)을 수사기관의 경우에도 준용하였으나, 개정법(2011. 7. 18)에서는 이해관계인의 신속한 권리회복을 위하여 수사상 압수물의 환부 · 가환부에 관한 제도를 별도로 신설하였고, 기존의 환부 · 가환부에 관한 준용규정을 정비하였다.

ⓐ 검사는 사본을 확보한 경우 등 압수를 계속할 필요가 없다고 인정되는 압수물 및 증거에 사용할 압수물에 대하여 공소제기 전이라도 소유자, 소지자, 보관자 또는 제출인의 청구가 있는 때에는 환부 또는 가환부하여야 한다(제218조의 2 제1항). 16. 순경 2차, 18. 순경 1차

ⓘ 이해관계인에게 환부 · 가환부 신청권을 부여
ⓘ 환부 또는 가환부할 수 있다. (×)

관련판례

1. 피압수자 등 환부를 받을 자가 압수 후 소유권을 포기하는 등에 의하여 실체법상의 권리를 상실하더라도 수사기관의 환부의무에 어떠한 영향을 미칠 수 없고, 수사기관에 환부청구권을 포기한다는 의사표시를 하였다 하더라도 그 효력이 없어 수사기관의 환부의무가 면제된다고 볼 수 없으므로 압수물의 소유권이나 그 환부청구권의 포기하는 의사표시로 인하여 환부의무에 대응하는 압수물에 대한 환부청구권이 소멸하는 것은 아니다(대결 1996.8.16, 94모51 전원합의체). 11. 순경, 12 · 14. 9급 검찰 · 마약 · 교정 · 보호 · 철도경찰, 13 · 15. 수사경과, 14 · 15. 경찰승진, 16. 순경 2차, 17. 9급 법원직, 20. 7급 국가직, 17 · 21. 변호사시험
ⓘ 피압수자 등 압수물을 환부 받을 자가 수사기관에 대하여 형사소송법상의 환부청구권을 포기한다는 의사표시를 한 경우 그에 의하여 수사기관의 필요적 환부의무가 면제되므로, 그 환부의무에 대응하는 압수물의 환부를 청구할 수 있는 권리도 소멸하게 된다. (×)
2. 수사기관의 압수물의 환부에 관한 처분의 취소를 구하는 준항고는 일종의 항고소송이므로, 통상의 항고소송에서와 마찬가지로 그 이익이 있어야 하고, 소송 계속 중 준항고로써 달성하고자 하는 목적이 이미 이루어졌거나 시일의 경과 또는 그 밖의 사정으로 인하여 그 이익이 상실된 경우에는 준항고는 그 이익이 없어 부적법하게 된다(대결 2015.10.15, 2013모1970). 16 · 17. 7급 국가직, 18. 순경 1차, 19. 경찰승진
3. 검사는 증거에 사용할 압수물에 대하여 가환부의 청구가 있는 경우 가환부를 거부할 수 있는 특별한 사정이 없는 한 가환부에 응하여야 한다(대결 2017.9.29, 2017모236). 18 · 21. 7급 국가직, 20. 5급 검찰 · 교정승진
4. 밀수출하기 위해 허위의 수출신고 후 선적하려다 미수에 그친 수출물품으로서 甲주식회사 소유의 렌트차량인 자동차를 세관의 특별사법경찰관이 압수 · 수색 · 검증영장에 기해 압수하였는데, 甲회사와 밀수출범죄 사이에 아무런 관련성이 없다면, 검사는 甲회사의 가환부 청구를 거부할 수 있는 특별한 사정이 있는 경우라고 보기 어려우므로, 검사는 甲회사에 가환부해주어야 한다(대결 2017.9.29, 2017모236).

5. 수사단계에서 소유권을 포기한 압수물에 대하여 형사재판에서 몰수형이 선고되지 않은 경우, 피압수자는 국가에 대하여 민사소송으로 그 반환을 청구할 수 있다(대판 2000.12.22, 2000다27725). 19. 해경간부

ⓑ 제1항의 청구에 대하여 검사가 이를 거부하는 경우에는 신청인은 해당 검사의 소속 검찰청에 대응한 법원에 압수물의 환부 또는 가환부 결정을 청구할 수 있다(동조 제2항).
ⓘ 거부시 법원에 불복할 수 있는 방법을 인정

ⓒ 제2항의 청구에 대하여 법원이 환부 또는 가환부를 결정하면 검사는 신청인에게 압수물을 환부 또는 가환부하여야 한다(동조 제3항).

ⓓ 사법경찰관의 환부 또는 가환부 처분에 관하여는 제1항부터 제3항까지의 규정을 준용한다. 이 경우 사법경찰관은 검사의 지휘를 받아야 한다(동조 제4항). 13 · 16. 수사경과
ⓘ 사법경찰관도 환부 및 가환부 권한이 있으며(검사지휘), 검사의 권한을 대신 행사하는 것은 아니다.

ⓔ 수사기관이 환부나 가환부처분을 함에는 피해자, 피의자 또는 변호인에게 미리 통지하여야 한다(제219조, 제135조). 09. 순경, 16. 순경 2차

ⓕ 압수물의 환부를 받을 자의 소재가 불명하거나 기타 사유로 인하여 환부를 할 수 없는 경우에는 검사는 그 사유를 관보에 공고하여야 한다(제486조 제1항). 공고한 후 3월 이내에 환부의 청구가 없는 때에는 그 물건은 국고에 귀속한다(동조 제2항). 제2항의 기간 내에도 가치없는 물건은 폐기할 수 있고 보관하기 어려운 물건은 공매하여 그 대가를 보관할 수 있다(동조 제3항).

ㄹ **압수장물 피해자환부**

ⓐ 압수한 장물이 피해자에게 환부할 이유가 명백한 때에는 피고 · 피의사건의 종결 전이라도 법원 또는 수사기관은 피해자에게 환부결정을 할 수 있다(제134조, 제219조). 13. 순경, 14. 9급 검찰 · 교정 · 보호 · 철도경찰, 17. 경찰승진, 21. 해경
ⓘ 이 제도는 범죄 피해자의 신속한 권리구제를 위하여 인정된 제도이기는 하지만 자칫 압수장물의 재산권행사를 둘러싼 분쟁이 발생할 여지가 있기 때문에 환부할 이유가 명백한 경우에 한정하지 않으면 안 된다.
ⓘ 사건 종결 전 ⇨ 환부결정(판결 ×)

ⓑ 피해자환부의 결정을 하는 경우에도 검사(법원이 행한 경우), 피해자, 피의자 · 피고인 또는 변호인에게 미리 통지하여야 한다(제219조, 제135조).

ⓒ 피고사건에 대한 심리를 종결한 때에 피해자에게 환부할 이유가 명백한 때에는 판결로써 피해자에게 환부하는 선고를 해야 한다(제333조 제1항). 09. 순경, 18. 순경 1차 이 경우에 장물을 처분하였을 때에는 판결로써 그 대가로 취득한 것을 피해자에게 교부하는 선고를 하여야 한다(제333조 제2항). 04. 순경

ⓓ 사법경찰관이 압수장물의 피해자환부를 함에는 검사의 지휘를 받아야 한다(제219조 단서). 20. 수사경과

ⓔ 압수장물의 환부가 있더라도 이해관계인이 민사소송에 의하여 그 권리를 주장함에 영향을 미치지 아니한다(제333조 제4항). 14 · 16. 경찰승진

관련판례

1. 형사소송법 제134조 소정의 "환부할 이유가 명백한 때"라 함은 사법상 피해자가 그 압수된 물건의 인도를 청구할 수 있는 권리가 있음이 명백한 경우를 의미하고 위 인도청구권에 관하여 사실상, 법률상 다소라도 의문이 있는 경우에는 환부할 명백한 이유가 있는 경우라고는 할 수 없다(대결 1984.7.16, 84모38). 10. 경찰승진, 17. 수사경과, 19. 해경간부

2. 검사가 사건을 불기소처분하는 경우에 당해사건에 관하여 압수한 압수물은 피해자에게 환부할 이유가 명백한 경우를 제외하고는 피압수자나 제출인 이외의 누구에게도 환부할 수 없다(대판 1969.5.27, 68다824). 10. 경찰승진

3. 장물을 처분하였을 때에는 판결로서 그 대가로 취득한 것을 피해자에게 교부하는 선고를 하여야 한다(제333조 제2항)는 규정의 취지는 범인이 장물을 처분하여 버림으로써, 피해자가 장물의 반환을 받을 수 없게 되는 경우 그 대가로 취득한 것을 피해자에게 피해회복을 받도록 하고자 하는 피해보호의 견지에서 제정된 것이라고 할 것이므로, 이미 장물을 환부받은 피해자에게 그 장물의 처분대가까지 교부할 수는 없다(대판 1985.1.29, 84도2941).

4. 사기행위로 취득한 물건을 위탁받아 창고에 보관하고 있는 경우(장물에 대한 인식 ×) 보관시킨 매수인(사기범죄자)에 대해서는 보관자는 임치료 청구권이 있고 그 채권에 의하여 위 물건에 대한 유치권이 있다고 보여지므로, 사기의 피해자는 보관자에 대하여 위 물건의 반환 청구권이 있음이 명백하다고 보기는 어렵다 할 것이므로, 이를 피해자에게 환부할 것이 아니라 민사소송에 의하여 해결함이 마땅하다(대결 1984.7.16, 84모38).

✓ Key Point

- 검사의 지휘를 요하는 사법경찰관의 압수물 처리 ⇨ 위탁보관, 폐기처분, 대가보관, 압수장물 피해자환부(제219조), 환부, 가환부(제218조의 2 제4항) 17. 수사경과
- **소유권 포기** : 환부, 가환부 의무 면제 ×(판례)

압수물처리

수사단계	공판단계	선고단계
• 자청보관원칙(수사기관보관) • 위탁보관(제219조) • 폐기처분(제219조) • 대가보관(제219조) ┗→ ┌ 몰수대상물(○) └ 증거물(×) • 환부·가환부 청구 ⇨ 환부 또는 가환부하여야 함(제218조의 2 제1항) • 압수장물 피해자환부(제219조) : 임의적	• 자청보관원칙(법원보관) • 위탁보관(제130조 제1항) • 폐기처분(제130조 제2항) • 대가보관(제132조) ┗→ 수사단계의 내용과 동일 • 환부(제133조 제1항) • 가환부(제133조) : 증거물(○), 몰수대상물(×) ┌ 임의적(제1항) ▶ 증거물 + 임의적 몰수대상 ⇨ ○(판례) └ 필요적(제2항) • 압수장물 피해자환부(제134조) : 임의적	• 몰수선고 × ⇨ 압수해제 간주(제332조) • 가환부 장물 : 별단의 선고 × ⇨ 환부선고 간주(제333조 제3항) • 압수장물 피해자환부 : 판결로 환부선고(제333조 제1항·제2항) ⇨ 필요적

(7) 압수 · 수색에서 영장주의의 예외

압수 · 수색도 다른 강제처분과 마찬가지로 사안의 긴급성으로 인하여 영장주의의 예외가 인정되는 경우가 있다(편의상 검증도 함께 설명함).

① **구속 · 체포 목적의 피의자수사** : 검사 또는 사법경찰관은 체포영장에 의한 체포, 긴급체포, 구속영장에 의한 구속, 현행범을 체포하는 경우에 피의자의 발견을 위해 필요시 영장 없이 타인의 주거 또는 간수하는 가옥, 건조물, 항공기, 선차 내에서 피의자를 수색할 수 있다(제216조 제1항 제1호). 13. 9급 검찰 · 마약 · 교정 · 보호 · 철도경찰, 13 · 15. 경찰간부, 15. 순경 3차, 16. 순경 2차

ⓛ 피의자가 타인의 주거 · 건조물 등에 잠복하고 있다고 인정되는 경우에 피의자의 소재를 발견하기 위해 영장 없이 수색할 수 있도록 한 것이다.

ⓛ 체포 · 구속목적의 피의자수사를 위해 영장 없이 타인의 주거를 수색할 경우에도 주거지 등의 수색에 대한 참여인의 제한과 야간집행의 제한을 받는다. 따라서 영장 없이 수색을 실시함에 있어서도 참여인이 없는 수색과 야간의 수색은 제한된다(체포 · 구속 목적의 피의자수사가 '급속을 요할 때'에는 예외 : 제220조).

ⓛ 사후에도 영장을 요하지 않음. 11. 경찰승진

ⓛ 피의자에 대한 추적이 계속되고 있는 경우는 해당 ×

ⓛ 반드시 체포 전이어야 하며, 3자의 주거도 포함한다(다만, 피의자 소재의 개연성 필요).

ⓛ 일반인은 체포를 위해 타인의 주거 수색 ×

ⓛ 헌법 제16조 후문은 "주거에 대한 압수나 수색을 할 때에는 검사의 신청에 의하여 법관이 발부한 영장을 제시하여야 한다."라고 규정하고 있을 뿐 영장주의에 대한 예외를 명문화하고 있지 않다. 그러나 헌법 제12조 제3항과 헌법 제16조의 관계, 주거 공간에 대한 긴급한 압수 · 수색의 필요성, 주거의 자유와 관련하여 영장주의를 선언하고 있는 헌법 제16조의 취지 등을 종합하면, 헌법 제16조의 영장주의에 대해서도 제한적으로 그 예외를 인정할 수 있다고 보는 것이 타당하다(헌재결 2018.4.26, 2015헌바370). 18. 7급 국가직

⚖ 관련판례

체포영장을 집행하는 경우 필요한 때에는 타인의 주거 등에서 피의자 수사를 할 수 있도록 한 형사소송법 제216조 제1항 제1호 중 제200조의 2에 관한 부분은 영장을 발부받기 어려운 긴급한 사정이 있는지 여부를 구별하지 아니하고 피의자가 소재할 개연성만 소명되면 영장 없이 타인의 주거 등을 수색할 수 있도록 허용하고 있다. 이는 체포영장이 발부된 피의자가 타인의 주거 등에 소재할 개연성은 소명되나, 수색에 앞서 영장을 발부받기 어려운 긴급한 사정이 인정되지 않는 경우에도 영장 없이 피의자 수색을 할 수 있다는 것이므로, 헌법 제16조의 영장주의 예외 요건을 벗어나는 것으로서 영장주의에 위반된다(헌재결 2018.4.26, 2015헌바370). 18. 순경 2차

▶ 위 헌법재판소의 결정에 따라, 형사소송법 제216조 제1항 제1호를 '체포영장이나 구속영장 집행을 위하여 영장 없이 타인의 주거 등을 수색하려는 경우에는 미리 수색영장을 발부받기 어려운 긴급한 사정이 있어야 하는 것'으로 개정하였다(2019. 12. 31. 시행). 21. 경찰간부

② **체포현장에서의 압수 · 수색 · 검증**

㉠ 검사 또는 사법경찰관은 피의자를 체포영장에 의해 체포하거나 구속영장에 의해 구속하는 경우, 긴급체포 · 현행범체포를 하는 경우에 필요시 영장 없이 체포현장에서 압수 · 수색 · 검증을 할 수 있다(제216조 제1항 제2호). 04 · 06. 순경, 10. 교정특채, 13. 9급 검찰 · 마약 · 교정 · 보호 · 철도경찰 · 경찰간부, 15. 순경 1차, 11 · 16. 경찰승진, 16. 순경 2차

🗨 압수·수색·검증의 성질

체포현장에서의 위험을 방지하고 피의자가 증거를 인멸하는 것을 방지하기 위하여 허용한 것이라는 견해인 긴급행위설(타당)과 기본권인 자유권이 적법하게 침해된 때에는 이에 수반하는 보다 경미한 비밀이나 소유권침해도 영장 없이 할 수 있도록 한 것이라는 견해인 부수처분설이 대립되고 있다.

🗨 체포와의 시간적 접착성

체포현장에서의 압수·수색·검증이 체포와의 사이에 시간적 접착성을 요하지만 어느 정도의 시간적 접착을 요하는가에 대하여 견해가 나뉘고 있다. 체포행위시에 시간적·장소적으로 근접해 있으면 되고, 피의자가 현장에 있거나 체포되었음을 요하지 않으며 체포 전후나 체포의 성공 여부를 묻지 않고 압수·수색이 가능하다는 견해(접착설), 피의자가 수색장소에 있고 체포가 현실적으로 착수되어야 한다고 보는 견해(착수설), 피의자가 체포현장에 있고 체포에 성공한 경우에 비로소 압수·수색이 허용된다는 견해(체포설), 피의자가 현장에 있을 때 압수·수색한 이상 체포 전후 성공 여부를 불문하고 압수·수색이 허용된다는 견해(현장설 : 타당)가 대립하고 있다.

🗨 압수·수색의 장소적 범위

압수·수색의 장소적 범위도 피체포자의 신체 및 그의 직접 지배하에 있는 장소에 제한된다.

🗨 사건과의 관련성

무영장 압수·수색·검증의 대상이 되는 물건은 당해 피의사건과 관련성이 있는 것에 한한다. 따라서 체포하는 자에게 위해를 줄 우려가 있는 무기 등 및 체포원인이 되는 범죄사실에 대한 증거물이다(별건의 증거 발견 ⇨ 임의제출 또는 영장에 의한 압수 필요).

ⓛ 검사 또는 사법경찰관은 체포현장에서 압수한 물건을 계속 압수할 필요가 있는 경우에는 지체 없이 압수·수색영장을 청구하여야 한다. 이 경우 압수·수색영장의 청구는 체포한 때로부터 48시간 이내에 하여야 한다(제217조 제2항). 18. 9급 검찰·마약·교정·보호·철도경찰, 19. 수사경과 검사 또는 사법경찰관은 청구한 압수·수색영장을 발부받지 못한 때에는 압수한 물건을 즉시 반환하여야 한다(동조 제3항). 09. 교정특채

ⓛ 검사 또는 사법경찰관이 체포현장에서 영장 없이 압수·수색을 한 경우 체포와의 시간적 접착성이 인정되면 계속 압수할 필요가 있는 경우에도 사후에 별도로 압수·수색영장을 받지 않아도 된다. (×) 15. 9급 법원직

ⓛ 긴급체포에 의하여 피의자를 체포하는 경우 필요한 때에는 영장 없이 체포현장에서의 압수·수색 또는 검증을 할 수 있으나, 압수한 물건을 계속 압수할 필요가 있는 경우에는 압수한 때부터 48시간 이내에 압수·수색영장을 청구하여야 한다. (×) 18. 경찰간부

ⓛ 검사가 피의자를 적법하게 체포하는 경우 그 체포현장에서 영장 없이 압수·수색을 할 수 있고, 이때 압수한 물건을 계속 압수할 필요가 있는 경우에는 늦어도 피의자를 체포한 때로부터 48시간 이내에 압수·수색영장을 청구하여야 한다. (○) 17. 9급 검찰·마약수사

🔨 관련판례

1. 피의자 체포현장에서 영장 없이 압수한 물건을 계속 압수할 필요가 있는 경우에는 지체 없이 압수·수색영장을 청구하여야 하며, 청구한 압수·수색영장을 발부받지 못한 때에는 압수한 물건을 즉시 반환하여야 한다. 즉시 반환하지 아니한 압수물은 이를 유죄인정의 증거로 사용할 수 없는 것이고, 피고인이나 변호인이 이를 증거로 함에 동의하였다고 하더라도 증거로 할 수 없다(대판 2009.12.24, 2009도11401).
   11. 9급 법원직, 12·13. 경찰승진, 13. 7급 국가직, 14·16. 순경 1차, 12·13·16·21. 순경 2차

2. 구 정보통신망 이용촉진 및 정보보호 등에 관한 법률상 음란물 유포의 범죄혐의를 이유로 압수·수색영장을 발부받은 사법경찰리가 피고인의 주거지를 수색하는 과정에서 대마를 발견하자, 피고

인을 마약류관리에 관한 법률 위반죄의 현행범으로 체포하면서 대마를 압수하였으나, 그 다음 날 피고인을 석방하였음에도 사후 압수·수색영장을 발부받지 않은 사안에서, 위 압수물과 압수조서는 형사소송법상 영장주의를 위반하여 수집한 증거로서 증거능력이 부정된다(대판 2009.5.14, 2008 도10914). 10·12. 9급 법원직, 12. 7급 국가직, 13·14. 순경 1차, 14. 변호사시험, 11·15·19. 경찰승진, 19. 수사경과

① 음란물유포의 범죄혐의를 이유로 압수·수색영장을 발부받은 사법경찰관이 피의자의 주거지를 수색하는 과정에서 대마를 발견하자 피의자를 마약류관리에 관한 법률 위반죄의 현행범으로 체포하면서 대마를 압수하고 그 다음 날 피의자를 석방하면서 압수한 대마에 대해 사후 압수·수색영장을 발부받은 경우 압수는 적법하다. (○) 17. 9급 교정·보호·철도경찰

3. 경찰이 피고인의 집에서 20m 떨어진 곳에서 피고인을 체포하여 수갑을 채운 후 피고인의 집으로 가서 집안을 수색하여 칼과 합의서를 압수하였을 뿐만 아니라 적법한 시간 내에 압수·수색영장을 청구하여 발부받지도 않았음을 알 수 있는바, 위 칼과 합의서는 영장 없이 위법하게 압수된 것으로서 증거능력이 없고, 추후 피의자로부터 그 압수물에 대한 임의제출 동의서를 받았더라도 그 압수는 위법하다(대판 2010.7.22, 2009도14376). 14·15. 경찰간부, 19. 경찰승진, 20. 9급 법원직

---

③ 피고인 구속현장에서의 압수·수색·검증

㉠ 검사 또는 사법경찰관이 피고인에 대한 구속영장을 집행하는 경우에 필요시 집행현장에서 영장 없이 압수·수색·검증을 할 수 있다(제216조 제2항). 14·15·16. 경찰승진

① 증인에 대한 구인장 집행의 경우에는 무영장 압수·수색·검증 규정 적용 ×

㉡ 피고인에 대한 구속영장의 집행은 재판의 집행기관으로서 활동하는 것이지만, 집행현장에서의 압수·수색·검증은 수사기관의 수사처분이다. 따라서 법관에게 결과보고나 압수물을 제출할 필요는 없다. 07. 7급 검찰, 11. 경찰승진

④ 범죄장소에서의 압수·수색·검증

㉠ 범행 중 또는 범행 직후의 범죄장소에서 긴급을 요하여 판사의 영장을 받을 수 없을 때에는 영장 없이 압수·수색·검증을 할 수 있다(제216조 제3항). 08. 순경, 09. 순경 2차, 15. 경찰승진·순경 1차·9급 법원직·경찰간부

① 이 규정은 피의자의 체포·구속을 전제로 하지 않는 경우이며, 범죄현장에서의 증거물의 은닉과 산일(散逸)을 방지하기 위한 것임.

① 제216조의 규정(구속 체포 목적 피의자 수사, 체포현장에서 압수·수색·검증·범죄 장소 압수·수색·검증)에 의한 처분을 하는 경우에 급속을 요한 때에는 주거자나 간수자 등 참여(제123조 제2항)와 야간집행의 제한(제125조)이 적용되지 않는다(제220조).

① 범행 직후의 범죄장소에서는 수사상 필요가 있는 경우라면, 긴급한 경우가 아니더라도, 수사기관은 영장 없이 압수·수색 또는 검증을 할 수 있으나, 사후에 지체 없이 영장을 받아야 한다. (×) 18. 순경 2차

㉡ 영장 없이 압수·수색·검증을 한 경우 사후에 지체 없이 압수·수색·검증영장을 발부받아야 한다(예 112 신고를 받고 현장에 출동하였으나 이미 도주해 버린 경우). 07. 7급 국가직, 11·17. 경찰승진, 13·15. 순경 1차, 15. 9급 법원직·경찰간부, 16. 순경 2차

① 사후에 지체 없이 영장을 발부받아야 함(청구만 가지고는 안됨)에 주의!

관련판례

1. 주취운전이라는 범죄행위로 당해 음주운전자를 구속·체포하지 아니한 경우에도 필요하다면 그 차량 열쇠는 범행 중 또는 범행 직후의 범죄장소에서의 압수로서 형사소송법 제216조 제3항에 의하여 영장 없이 이를 압수할 수 있다(대판 1998.5.8, 97다54482). 15. 9급 검찰·마약·교정·보호·철도경찰, 16. 경찰간 부, 11·19. 경찰승진

2. 음주운전 중 교통사고를 야기한 후 피의자가 의식불명 상태에 빠져 있는 등으로 도로교통법이 음주운 전의 제1차적 수사방법으로 규정한 호흡조사에 의한 음주측정이 불가능하고 혈액 채취에 대한 동의 를 받을 수도 없을 뿐만 아니라 법원으로부터 혈액 채취에 대한 감정처분허가장이나 사전 압수영장을 발부받을 시간적 여유도 없는 긴급한 상황이 생길 수 있다. 이러한 경우 사고현장으로부터 곧바로 후송된 병원 응급실 등의 장소는 형사소송법 제216조 제3항의 범죄 장소에 준한다 할 것이므로, 검사 또는 사법경찰관은 피의자의 혈중알코올농도 등 증거의 수집을 위하여 의료법상 의료인의 자격이 있는 자로 하여금 의료용 기구로 의학적인 방법에 따라 필요최소한의 한도 내에서 피의자의 혈액을 채취하게 한 후 그 혈액을 영장 없이 압수할 수 있다. 다만 이 경우에도 사후에 지체 없이 강제채혈에 의한 압수의 사유 등을 기재한 영장청구서에 의하여 법원으로부터 압수영장을 받아야 한다(대판 2012.11.15, 2011도15258). 13. 순경 1차, 14. 변호사시험, 19. 해경간부, 20. 9급 법원직, 21. 수사경과

3. 사법경찰관 작성의 검증조서 작성이 범죄현장에서 급속을 요한다는 이유로 압수·수색영장 없이 행하여졌는데, 그 후 법원의 사후영장을 받은 흔적이 없다면 유죄의 증거로 쓸 수 없다(대판 1990. 9.14, 90도1263). 09. 9급 국가직

4. 범행 중 또는 범행직후의 범죄 장소에서 긴급을 요하여 법원 판사의 영장을 받을 수 없는 때에는 영장 없이 압수·수색 또는 검증을 할 수 있으나, 사후에 지체 없이 영장을 받아야 한다(형사소송법 제216조 제3항). 형사소송법 제216조 제3항의 요건 중 어느 하나라도 갖추지 못한 경우에 그러한 압수·수색 또는 검증은 위법하며, 이에 대하여 사후에 법원으로부터 영장을 발부받았다고 하여 그 위법성이 치유되지 아니한다(대판 2017.11.29, 2014도16080). 18. 순경 2차

5. 경찰관들이 노래연습장에서의 주류 판매에 대한 신고를 받고 현장에 출동하여 위반 사실을 확인하 기 위해 노래연습장 내부를 수색하자, 영업주가 물리력을 행사해 저지한 행위를 공무집행방해죄로 기소한 사건에서, 경찰관들의 행위에 대하여, 형사소송법 제216조 제3항이 정한 '긴급을 요하여 법원 판사의 영장을 받을 수 없는 때'의 요건을 갖추지 못하였고, 현행범 체포에 착수하지 아니한 상태여 서 현행범 체포현장에서의 압수·수색' 요건을 갖추지 못하였으므로, 영장 없는 압수·수색업무로 서의 적법한 직무집행으로 볼 수 없다(대판 2017.11.29, 2014도16080).

6. 대학생들인 피고인들이 전경 5명을 불법으로 납치, 감금하고 있으면서 경찰의 수회에 걸친 즉시 석 방요구에도 불구하고 불가능한 조건을 내세워 이에 불응하고, 경찰이 납치된 전경들을 구출하기 위 하여 농성장소인 대학교 도서관 건물에 진입하기 직전 동 대학교 총장에게 이를 통고하고 이에 동 총장이 설득하였음에도 불구하고 이에 응하지 아니한 상황 아래에서는 현행의 불법감금상태를 제거 하고 범인을 체포할 긴급한 필요가 있다고 보여지므로, 경찰이 압수·수색영장 없이 도서관 건물에 진입한 것은 적법한 공무원의 직무집행이라 할 것이다(대판 1990.6.22, 90도767).

⑤ **긴급체포시의 압수 · 수색 · 검증**

㉠ 검사 또는 사법경찰관은 긴급체포에 따라 체포된 자가 소유, 소지 또는 보관하는 물건에 대하여 긴급히 압수할 필요가 있는 경우에는 체포한 때부터(압수한 때 ×) 24시간 내에 한하여 영장 없이 압수 · 수색 · 검증을 할 수 있다(제217조 제1항). 14. 9급 검찰 · 교정 · 보호 · 철도경찰, 15. 9급 법원직, 18. 경찰간부 · 수사경과, 11 · 17 · 19. 경찰승진

⒤ 긴급 압수 · 수색 · 검증이 허용되는 시간을 종전에는 48시간이었던 것을 개정법에서는 24시간으로 제한하였다.

⒤ 요급처분에 대한 특칙(제220조)이 적용되지 아니한다.

∴ 긴급체포 후 압수 · 수색의 경우에도 주거주 등의 참여가 있어야 하며(제123조 제2항), 야간집행 기재가 없으면 집행을 위해 타인의 주거 등에 들어갈 수 없다(제125조).

관련판례

1. 피고인이 보관하던 다른 사람의 주민등록증, 운전면허증 및 그것이 들어있던 지갑으로서, 피고인이 사기죄의 범행을 저질렀다는 범죄사실 등으로 긴급체포된 직후 압수되었는바, 그 압수 당시 위 범죄사실의 수사에 필요한 범위 내의 것으로서 전화사기범행과 관련된다고 의심할 만한 상당한 이유가 있었다고 보이므로, 적법하게 압수되었다고 할 것이다. 따라서 이를 증거로 삼아 점유이탈물횡령죄의 공소사실을 유죄로 인정한 조치는 정당하다(대판 2008.7.10, 2008도2245). 17. 경찰간부, 18. 경찰승진 · 수사경과

2. 형사소송법 제217조 제1항은 수사기관이 피의자를 긴급체포한 상황에서 피의자가 체포되었다는 사실이 공범이나 관련자들에게 알려짐으로써 관련자들이 증거를 파괴하거나 은닉하는 것을 방지하고, 범죄사실과 관련된 증거물을 신속히 확보할 수 있도록 하기 위한 것이다. 이 규정에 따른 압수 · 수색 또는 검증은 체포현장에서의 압수 · 수색 또는 검증을 규정하고 있는 형사소송법 제216조 제1항 제2호와 달리, 체포현장이 아닌 장소에서도 긴급체포된 자가 소유 · 소지 또는 보관하는 물건을 대상으로 할 수 있다(대판 2017.9.12, 2017도10309). 21. 순경 2차

▶ **구체적 사안** : 경찰관들은 2016. 10. 5. 20 : 00 도로에서 위장거래자와 만나서 마약류 거래를 하고 있는 피고인을 긴급체포한 뒤 현장에서 피고인이 위장거래자에게 건네준 메트암페타민 약 9.50g이 들어 있는 비닐팩 1개를 압수하였다. 위 경찰관들은 같은 날 20 : 24경 영장 없이 체포현장에서 약 2km 떨어진 피고인의 주거지에 대한 수색을 실시해서 작은 방 서랍장 등에서 메트암페타민 약 4.82g이 들어 있는 비닐팩 1개 등을 추가로 찾아내어 이를 압수한 다음 2016. 10. 7. 사후 압수 · 수색영장을 발부받은 경우, 형사소송법 제217조에 따라 적법하게 압수되었다고 할 것이다(대판 2017.9.12, 2017도10309).

㉡ 검사 또는 사법경찰관은 전항(제217조 제1항)에 따라 압수한 압수물을 계속 압수할 필요가 있는 경우에는 지체 없이 압수 · 수색영장을 청구하여야 하며, 이 경우 압수 · 수색영장 청구는 체포한 때로부터(압수한 때 ×) 48시간 이내에 하여야 한다(제217조 제2항). 17. 경찰승진

⒤ 사법경찰관은 2017. 3. 1. 10 : 00 보이스피싱 혐의로 피의자를 긴급체포하고 그 다음 날인 3. 2. 09 : 00 피의자가 보관하고 있던 다른 사람의 주민등록증을 발견하고 압수한 다음, 그것을 계속 압수할 필요가 있다고 판단하여 곧바로 검사에게 사후영장 청구를 신청하였고 검사는 같은 날 11 : 00 사후영장을 청구하였다. (○) 17. 9급 교정 · 보호 · 철도경찰

ⓒ 검사 또는 사법경찰관은 제217조 제2항에 따라 청구한 압수 · 수색영장을 발부받지 못한 때에는 압수한 물건을 즉시 반환하여야 한다(제217조 제3항).

ⓘ 즉시 반환하지 아니한 압수물은 피고인이나 변호인이 이를 증거로 함에 동의하였다고 하더라도 유죄인 정의 증거로 사용할 수 없다(대판 2009.12.24, 2009도11401). 13. 순경 2차

사후영장 청구와 발부(정리)

범죄장소에서 영장 없이 행한 압수 · 수색 · 검증 (제216조 제3항)	지체 없이 사후영장을 발부받아야 함. 11. 경찰승진
체포 · 구속현장에서 영장 없이 행한 압수 (제216조 제1항 제2호)	계속 압수할 필요가 있을 경우 지체 없이 압수영장을 청구하되, 체포시부터 48시간 이내에 하여야 함 (압수 · 수색영장 발부 × ⇨ 즉시 반환).
긴급체포된 자의 소유 · 소지 · 보관물에 대해 24시간 이내에 영장 없이 압수(제217조)	

⑥ **유류물 또는 임의제출물의 영치** : 검사 또는 사법경찰관은 피의자, 기타인의 유류한 물건이나 소유자, 소지자 또는 보관자가 임의로 제출한 물건은 영장 없이 압수할 수 있다(제218조).
09. 9급 법원직, 13. 경찰간부, 15. 순경 1차, 15 · 16 · 17. 경찰승진, 19. 수사경과

ⓘ 사후에도 영장을 요하지 않음. 06. 순경, 11 · 15 · 21. 경찰승진, 21. 해경

ⓘ 일단 영치된 이상 제출자가 임의로 취거할 수 없다는 점에서 강제처분으로 인정

ⓘ 영치의 목적물은 반드시 증거물 또는 몰수대상물에 한하지 않으며, 소지자 또는 보관자는 반드시 적법한 권리자일 필요는 없다.

관련판례

1. 형사소송법 제218조는 "사법경찰관은 소유자, 소지자 또는 보관자가 임의로 제출한 물건을 영장 없이 압수할 수 있다."고 규정하고 있는바, 위 규정을 위반하여 소유자, 소지자 또는 보관자가 아닌 자로부터 제출받은 물건을 영장 없이 압수한 경우 그 '압수물' 및 '압수물을 찍은 사진'은 이를 유죄인정의 증거로 사용할 수 없는 것이고, 피고인이나 변호인이 이를 증거로 함에 동의하였다고 하더라도 증거로 사용할 수 없다(대판 2010.1.28, 2009도10092). 10. 7급 국가직, 11. 교정특채, 13 · 16. 순경 1차, 18. 순경 2차, 16 · 19. 수사경과, 12 · 21. 경찰승진, 21. 순경 2차

2. 형사소송법 및 기타 법령상 교도관이 그 직무상 위탁을 받아 소지 또는 보관하는 물건으로서 재소자가 작성한 비망록을 수사기관이 수사 목적으로 압수하는 절차에 관하여 특별한 절차적 제한을 두고 있지 않으므로, 교도관이 재소자가 맡긴 비망록을 수사기관에 임의로 제출하였다면 그 비망록의 증거사용에 대하여도 재소자의 사생활의 비밀 기타 인격적 법익이 침해되는 등의 특별한 사정이 없는 한 반드시 그 재소자의 동의를 받아야 하는 것은 아니다. 18. 7급 국가직 따라서 검사가 교도관으로부터 그가 보관하고 있던 피고인의 비망록을 뇌물수수 등의 증거자료로 임의로 제출받아 이를 압수한 경우, 그 압수절차가 피고인의 승낙 및 영장 없이 행하여졌다고 하더라도 이에 적법절차를 위반한 위법이 있다고 할 수 없다(대판 2008.5.15, 2008도1097). 12. 경찰승진, 14 · 17. 변호사시험

3. 형사소송법 및 기타 법령상 의료인이 진료 목적으로 채혈한 혈액을 수사기관이 수사 목적으로 압수하는 절차에 관하여 특별한 절차적 제한을 두고 있지 않으므로, 의료인이 진료 목적으로 채혈한 환자의 혈액을 수사기관에 임의로 제출하였다면 그 혈액의 증거사용에 대하여도 환자의 사생활의 비밀 기타 인격적 법익이 침해되는 등의 특별한 사정이 없는 한 반드시 그 환자의 동의를 받아야 하는 것이

아니다. 따라서 경찰관이 간호사로부터 진료 목적으로 이미 채혈되어 있던 피고인의 혈액 중 일부를 임의로 제출 받아 이를 압수한 것으로 보이므로 당시 간호사가 위 혈액의 소지자 겸 보관자인 의료원 또는 담당의사를 대리하여 혈액을 경찰관에게 임의로 제출할 수 있는 권한이 없었다고 볼 특별한 사정이 없는 이상, 그 압수절차가 피고인 또는 피고인의 가족의 동의 및 영장 없이 행하여졌다고 하더라도 이에 적법절차를 위반한 위법이 있다고 할 수 없다(대판 1999.9.3, 98도968). 11. 7급 국가직, 15. 9급 검찰·교정·보호·철도경찰, 21. 경찰승진·순경 2차

▶ **비교판례**

[1] 수사기관이 범죄 증거를 수집할 목적으로 피의자의 동의 없이 피의자의 혈액을 취득·보관하는 행위는 법원으로부터 감정처분허가장을 받아 형사소송법 제221조의 4 제1항, 제173조 제1항에 의한 '감정에 필요한 처분'으로도 할 수 있지만, 형사소송법 제219조, 제106조 제1항에 정한 압수의 방법으로도 할 수 있고, 압수의 방법에 의하는 경우 혈액의 취득을 위하여 피의자의 신체로부터 혈액을 채취하는 행위는 혈액의 압수를 위한 것으로서 형사소송법 제219조, 제120조 제1항에 정한 '압수영장의 집행에 있어 필요한 처분'에 해당한다(대판 2012.11.15, 2011도15258). 13. 순경 1차

　▶ 강제채혈과 관련하여 기존의 유사판례(대판 2011.4.28, 2009도2109, 대판 2011.5.13, 2009도10871) 보다는 좀 더 구체적이고 분명한 입장을 취하고 있는 판례라는 점에서 의미가 있다.

　ⓘ 수사기관이 범죄증거를 수집할 목적으로 피의자의 동의 없이 피의자의 혈액을 취득·보관하는 행위는 '감정에 필요한 처분'에 해당하는 것이지 '압수영장의 집행에 있어서 필요한 처분'에 해당하는 것은 아니다. (×)

　ⓘ 수사기관은 형사소송법이 정한 압수의 방법으로 피의자의 동의 없이 그의 혈액을 범죄 증거의 수집 목적으로 취득·보관할 수 있으나, 감정에 필요한 처분으로는 이를 할 수 없다. (×) 18. 순경 3차

[2] 피고인이 오토바이를 운전하여 가다가 교통사고를 야기한 후 의식을 잃은 채 119 구급차량에 의하여 병원 응급실로 후송되었는데, 약 1시간 후에 신고를 받고 병원 응급실로 출동한 경찰관은 법원으로부터 압수·수색 또는 검증 영장을 발부받지 아니한 채 피고인의 아들로부터 동의를 받아 간호사로 하여금 의식을 잃고 응급실에 누워 있는 피고인으로부터 채혈을 하도록 하였다. 사고현장으로부터 곧바로 후송된 병원응급실의 장소는 형사소송법 제216조 제3항의 범죄장소에 준한다 할 것이므로 그 혈액을 영장 없이 압수할 수 있다. 다만, 사후에 지체 없이 압수영장을 받아야 한다. 따라서 위 채혈은 법관으로부터 영장을 발부받지 않은 상태에서 이루어졌고 사후에 영장을 발부받지도 아니하였으므로 피고인의 혈중알코올농도에 대한 국립과학수사연구소의 감정의뢰회보 및 이에 기초한 주취운전자 적발보고서, 주취운전자 정황보고서 등의 증거는 위법수집증거로서 증거능력이 없다(대판 2012.11.15, 2011도15258). 17. 9급 교정·보호·철도경찰, 21. 순경 2차

　▶ 경찰관이 간호사로부터 진료목적으로 이미 채혈되어 있던 혈액의 일부를 임의제출 받은 경우에는 적법하다는 위 판례(대판 1999.9.3, 98도968)와 구별을 요한다.

4. 수사기관이 영장발부사유로 된 범죄사실과 무관한 별개의 증거를 압수하였다가 피압수자 등에게 환부하고 후에 임의제출받아 다시 압수하였다면 제출에 임의성이 있다는 점에 관하여는 검사가 합리적 의심을 배제할 수 있을 정도로 증명하여야 하고, 임의로 제출된 것이라고 볼 수 없는 경우에는 증거능력을 인정할 수 없다(대판 2016.3.10, 2013도11233). 16·17·20. 7급 국가직

　▶ 임의성이 인정 ⇨ 유죄인정의 증거사용 가능 21. 9급 교정·보호·철도경찰

5. 검사 또는 사법경찰관은 피의자 등이 유류한 물건이나 소유자·소지자 또는 보관자가 임의로 제출한 물건은 영장 없이 압수할 수 있으므로, 현행범 체포 현장이나 범죄 장소에서도 소지자 등이 임의

로 제출하는 물건은 위 조항에 의하여 영장 없이 압수할 수 있고, 이 경우에는 검사나 사법경찰관이 사후에 영장을 받을 필요가 없다(대판 2016.2.18, 2015도13726). 18. 순경 2차, 20. 9급 검찰 · 마약 · 교정 · 보호 · 철도경찰, 21. 경찰승진

6. 교통사고를 가장한 살인사건의 범행일로부터 약 3개월 가까이 경과한 후 범죄에 이용된 승용차의 일부분인 강판조각이 범행 현장에서 발견된 경우 이 강판조각은 형사소송법 제218조에 규정된 유류 물에 해당하므로 영장 없이 압수할 수 있다(대판 2011.5.26, 2011도1902). 19. 순경 2차

7. 휴대전화기에 대한 압수조서 중 '압수경위'란에 기재된 내용은, 피고인이 공소사실과 같은 범행을 저지르는 현장을 직접 목격한 사람의 진술이 담긴 것으로서 형사소송법 제312조 제5항에서 정한 '피고인이 아닌 자가 수사과정에서 작성한 진술서'에 준하는 것으로 볼 수 있고, 이에 따라 이 사건 휴대전화기에 대한 임의제출 절차가 적법하였는지 여부에 영향을 받지 않는 별개의 독립적인 증거 에 해당한다(대판 2019.11.14, 2019도13290). 20. 9급 검찰 · 마약수사, 21. 순경 2차

8. 피의자가 휴대전화를 임의제출하면서 휴대전화에 저장된 전자정보가 아닌 클라우드 등 제3자가 관 리하는 원격지에 저장되어 있는 전자정보를 수사기관에 제출한다는 의사로 수사기관에게 클라우드 등에 접속하기 위한 아이디와 비밀번호를 임의로 제공하였다면 위 클라우드 등에 저장된 전자정보 를 임의제출하는 것으로 볼 수 있다(대판 2021.7.29, 2020도14654).

✓ **Key Point** **영장주의의 예외 − 영장이 불필요한 경우**

- 현행범체포(제212조)
- 긴급체포(제200조의 3)
- 임의제출물의 압수(제108조, 제218조)
- 구속 · 체포를 위한 피의자수색(제216조 제1항 제1호)
- 체포현장에서의 압수 · 수색 · 검증(제216조 제1항 제2호)
- 피고인 구속현장에서 압수 · 수색 · 검증(제216조 제2항)
- 범죄장소에서의 압수 · 수색 · 검증(제216조 제3항)
- 법원의 공판정에서의 압수 · 수색(제113조)
- 법원의 검증(제139조)
- 긴급체포된 자의 소유 · 소지 · 보관물건에 대한 24시간 내 압수 · 수색 · 검증(제217조 제1항)

---

2 수사상 검증

(1) 검증의 의의와 성질

① **의의** : 검증이란 사람이나 물건 또는 장소의 성질과 형상을 시각 · 청각 · 후각 · 미각 · 촉각 등 오관의 작용에 의하여 인식하는 강제처분을 말한다(승낙검증과 같은 임의적인 방법에 의한 경우는 임의처분에 해당).

② **성질** : 검증에는 주체에 따라 수사기관에 의한 검증(제215조 내지 제217조, 제222조 제1항), 수 소법원의 검증(제139조), 증거보전을 위해 판사가 행하는 검증(제184조) 등이 있다.

법원이나 법관에 의한 검증은 증거조사방법의 일종으로 별도의 영장을 필요로 하지 않으나,

수사기관의 검증은 증거확보를 위한 강제처분이므로 원칙적으로 법관의 영장을 필요로 한다 (제215조). 뿐만 아니라 법원이나 법관이 작성한 검증조서는 무조건 증거능력이 있으나(제311 조), 수사기관이 작성한 검증조서는 일정한 요건하에서만 증거능력이 인정된다(제312조 제1항).

🗨 실황조사

실황조사란 교통사고나 화재사고 등 각종 재난사고 직후에 수사기관이 사고현장의 상황을 조사하는 것을 말하며, 그 조사의 경위와 결과를 기재한 서면이 실황조사서이다(경찰수사규칙 제41조, 검찰사건사무규칙 제51조). 실황조사는 강제처분이 아니고 임의처분(다수설)이므로 검증이 강제처분으로서 법관이 발부한 영장에 기하여 이루어지는데 반해, 실황조사는 법관의 영장을 요하지 않는 점에 차이가 있다.

수사기관이 행하는 실황조사의 결과를 기재한 서면도 검증조서(제312조 제6항)와 동일한 요건하에서 증거능력을 인정할 것인지의 여부가 문제된다(증거편에서 상술함).

⚖ 관련판례

사법경찰관 사무취급이 작성한 실황조서가 사고발생 직후 사고장소에서 긴급을 요하여 판사의 영장 없이 시행된 것으로서 형사소송법 제216조 제3항에 의한 검증에 따라 작성된 것이라면 사후영장을 받지 않는 한 유죄의 증거로 삼을 수 없다(대판 1989.3.14, 88도1399).

① 사고발생 직후 사고장소에서 사법경찰관 사무취급이 작성한 실황조서가 긴급을 요하여 판사의 영장 없이 작성된 것이어서 형사소송법 제216조 제3항에 의한 검증에 해당한다면, 이 조서는 적법한 절차에 따라 작성된 것이므로 특별한 사유가 없는 한 증거능력이 있다. (×) 18. 순경 2차

(2) 검증의 절차

① 검사는 범죄수사에 필요한 때에는 피의자가 죄를 범하였다고 의심할 만한 정황이 있고 해당 사건과 관계가 있다고 인정할 수 있는 것에 한정하여 지방법원판사에게 청구하여 발부받은 영장에 의하여 압수·수색 또는 검증을 할 수 있다(제215조 제1항). 사법경찰관이 범죄수사에 필요한 때에는 피의자가 죄를 범하였다고 의심할 만한 정황이 있고 해당 사건과 관계가 있다고 인정할 수 있는 것에 한정하여 검사에게 신청하여 검사의 청구로 지방법원판사가 발부한 영장에 의하여 압수·수색 또는 검증을 할 수 있다(동조 제2항).

② 피의자 또는 변호인이 수사기관의 검증영장의 집행에 참여할 권리가 있는지에 대하여 긍정하는 견해와 부정하는 견해가 대립되고 있다(제219조, 제121조, 제122조, 제145조 참조).

③ 검증에 관해서는 검증조서를 작성하여야 한다(제49조 제1항). 검증조서에는 검증의 목적물의 현상을 명확하게 하기 위하여 도화나 사진을 첨부할 수 있다(동조 제2항). 검증조서는 조사 또는 처분의 연월일시와 장소를 기재하고, 그 조사 또는 처분을 행한 자와 참여한 사법경찰관리 등이 기명날인 또는 서명하여야 한다(제50조).

④ 수사기관이 검증을 함에 있어 필요한 경우에는 신체검사, 사체해부, 분묘발굴, 물건파괴 기타 처분을 할 수 있다(제219조, 제140조).

⑤ 검증영장에 야간집행을 할 수 있다는 기재가 없으면 일출 전, 일몰 후에 검증영장을 집행하기 위해 타인의 주거 등에 들어가지 못한다(제219조, 제125조).

⑶ 신체검사

① **신체검사의 의의** : 신체검사란 신체 자체를 검사의 대상으로 하는 강제처분을 말하며, 신체 외부와 착의에 대해 증거물을 수색하는 신체수색과 구별된다. 따라서 신체검사는 검증으로서의 성질을 가진다.

② **절 차**

　㉠ 신체검사도 원칙적으로 검증영장에 의하여야 한다. 피의자를 대상으로 함이 원칙이나, 피의자 아닌 자(예 피해자)라도 증거가 될만한 흔적을 확인할 수 있는 현저한 사유가 있는 때에 한하여 신체검사를 할 수 있다(제141조 제2항, 제219조).

　㉡ 검증의 일환으로 피의자 또는 피의자 아닌 자에 대한 신체를 검사하려면 법관의 소환장이 필요하다. 소환장에는 신체검사를 하기 위하여 소환한다는 취지를 기재하여야 한다(규칙 제109조, 제64조).

　㉢ 피의자 아닌 자에 대한 소환장에는 그 성명 및 주거, 피의자의 성명, 죄명, 출석일시 및 장소와 신체검사를 하기 위하여 소환한다는 취지를 기재하고 지방법원판사가 기명날인하여야 한다(규칙 제109조, 제65조).

　㉣ 수사기관이 여자의 신체를 검사하는 경우에는 의사나 성년의 여자를 참여케 하여야 한다(제219조, 제141조 제3항).

　　⒤ 여자의 신체수색 ⇨ 성년의 여자 참여

　㉤ 신체검사를 내용으로 하는 검증을 위한 영장청구서에는 신체검사를 필요로 하는 이유와 신체검사를 받을 자의 성별, 건강상태를 기재하여야 한다(규칙 제107조 제2항).

③ **체내검사**

　㉠ **체내검사의 의의** : 체내검사란 신체의 내부에 대한 강제처분으로 신체검사의 특수한 유형이다. 이는 인간의 존엄을 침해할 위험성이 높으므로 엄격한 제한이 요구된다(증거물을 찾기 위한 외과수술은 어떠한 경우에도 불허용).

　㉡ **체내검사의 형태**

　　ⓐ 수사기관 스스로 행하는 체내검사 : 수사기관이 별도의 도구와 전문지식 없이 항문, 질 등의 상태를 인식함으로써 증거를 수집하는 경우에는 검증영장을 발부받아 이루어질 수 있으나, 그 곳에 숨겨 놓은 증거물을 수색하여 압수하는 경우에는 통상의 압수 · 수색의 경우와는 달리 신체 내부에 대한 검사를 수반하므로, 압수 · 수색영장과 함께 검증영장도 별도로 발부받아 이루어져야 한다.

　　ⓑ 전문가의 감정을 통해 이루어져야 하는 체내검사

　　　㉮ 신체에 대한 침해를 내용으로 하는 체내검사(예 강제채혈, 강제채뇨)는 어떠한 성격을 가지며, 어떠한 종류의 영장이 필요한지에 대하여 견해가 대립되어 왔으나, 최근에 구체적이고 분명한 판례가 나와 주목된다.

관련판례

1. 수사기관이 범죄 증거를 수집할 목적으로 피의자의 동의 없이 피의자의 혈액을 취득·보관하는 행위는 법원으로부터 감정처분허가장을 받아 형사소송법 제221조의 4 제1항, 제173조 제1항에 의한 '감정에 필요한 처분'으로도 할 수 있지만, 형사소송법 제219조, 제106조 제1항에 정한 압수의 방법으로도 할 수 있고, 압수의 방법에 의하는 경우 혈액의 취득을 위하여 피의자의 신체로부터 혈액을 채취하는 행위는 혈액의 압수를 위한 것으로서 형사소송법 제219조, 제120조 제1항에 정한 '압수영장의 집행에 있어 필요한 처분'에 해당한다(대판 2012.11.15, 2011도15258). 21. 순경 2차

2. 강제채뇨 관련

[1] 강제채뇨는 피의자에게 범죄 혐의가 있고 그 범죄가 중대한지, 소변성분 분석을 통해서 범죄 혐의를 밝힐 수 있는지, 범죄 증거를 수집하기 위하여 피의자의 신체에서 소변을 확보하는 것이 필요한 것인지, 채뇨가 아닌 다른 수단으로는 증명이 곤란한지 등을 고려하여 범죄 수사를 위해서 강제채뇨가 부득이하다고 인정되는 경우에 최후의 수단으로 적법한 절차에 따라 허용된다고 보아야 한다. 이때 의사, 간호사, 그 밖의 숙련된 의료인 등으로 하여금 소변 채취에 적합한 의료장비와 시설을 갖춘 곳에서 피의자의 신체와 건강을 해칠 위험이 적고 피의자의 굴욕감 등을 최소화하는 방법으로 소변을 채취하여야 한다(대판 2018.7.12, 2018도6219).

[2] 수사기관이 범죄 증거를 수집할 목적으로 피의자의 동의 없이 피의자의 소변을 채취하는 것은 법원으로부터 감정허가장을 받아 '감정에 필요한 처분'으로 할 수 있지만, 압수·수색의 방법으로도 할 수 있다. 이러한 압수·수색의 경우에도 수사기관은 원칙적으로 판사로부터 압수·수색영장을 적법하게 발부받아 집행해야 한다(대판 2018.7.12, 2018도6219).

[3] 압수·수색의 방법으로 소변을 채취하는 경우 압수대상물인 피의자의 소변을 확보하기 위한 수사기관의 노력에도 불구하고, 피의자가 인근 병원 응급실 등 소변 채취에 적합한 장소로 이동하는 것에 동의하지 않거나 저항하는 등 임의동행을 기대할 수 없는 사정이 있는 때에는 수사기관으로서는 소변 채취에 적합한 장소로 피의자를 데려가기 위해서 필요 최소한의 유형력을 행사하는 것이 허용된다(강제로 피고인을 소변 채취에 적합한 장소인 인근 병원 응급실로 데리고 가 의사의 지시를 받은 응급구조사로 하여금 피고인의 신체에서 소변을 채취하도록 한 경우는 '압수영장의 집행에 필요한 처분'으로서 허용된다)(대판 2018.7.12, 2018도6219). 21. 순경 2차

④ 연하물의 강제배출이란 피의자 등이 삼킨 물건, 즉 연하물을 구토제나 설사제 등을 사용하여 강제로 배출하게 하는 것을 말한다. 미국 연방대법원은 1952년 로친 판결(Rochin V. California, 342 U.S. 165)에서 구토제에 의한 연하물의 강제배출은 양심에 대한 충격이며 적정절차 위반이라고 판시하였으나, 우리나라에서는 엄격한 요건하에 이를 허용하는 것이 다수설의 입장이다. 따라서 체내에 있는 연하물을 증거물로 수집하기 위해 수사기관은 압수·수색영장을 발부받아야 하고, 전문적인 지식과 방법을 가진 자가 의학적인 방법으로 하여야 하므로 별도로 감정처분허가장을 발부받아야 한다.

3 수사상 감정

(1) 의 의

수사기관이 수사에 필요한 전문지식이나 경험의 부족을 보충하기 위하여 제3자로 하여금 조사시키거나 전문지식을 적용하여 얻은 판단을 보고하게 하는 것을 말하는데, 수사기관으로부터 감정을 위촉 받은 자를 감정수탁자라고 한다.

💬 **법원의 감정과의 구별**

감정수탁자는 선서의무가 없고, 허위감정죄의 적용을 받지 않으며, 소송관계인의 반대신문도 허용되지 않는다는 점에서 법원의 감정과 구별된다.

(2) 수사상 감정유치

① **의의** : 감정유치란 피고인이나 피의자의 정신 또는 신체를 감정하기 위하여 일정기간 동안 병원 기타 적당한 장소에 피고인 또는 피의자를 유치하는 강제처분을 말한다.

감정유치는 공소제기 후 수소법원이 행하는 경우(제172조 제3항)와 공소제기 전에 수사기관의 청구에 의하여 판사가 행하는 경우(제221조의 3)가 있다(수소법원이 행하는 경우는 후술함).

② **감정유치의 대상과 요건**

㉠ **대상** : 수사상 감정유치는 피의자를 대상으로 한다(제3자에 대해서는 불가). 피의자인 이상 구속 중임을 요하지 않는다. 15. 경찰승진

ⓛ 감정유치는 피의자나 피해자의 정신 또는 신체의 감정을 위하여 일정기간 동안 병원 기타 적당한 장소에 유치하는 강제처분을 말한다. (×)

㉡ **요건** : 감정유치를 청구함에는 감정유치의 필요성이 인정될 것을 요한다. 감정유치의 필요성은 정신 또는 신체의 감정을 위하여 계속적인 유치와 관찰이 필요한 때 인정된다. 따라서 유치하지 않아도 병원에 통원함에 의하여 감정할 수 있는 때에는 감정유치를 할 수 없다.

③ **감정유치의 절차** : 수사상 감정유치의 절차는 검사의 청구를 요건으로 하는 것 이외에는 법원의 감정유치에 관한 규정을 준용한다.

㉠ **감정유치의 청구** : 감정유치의 청구권자는 검사에 한한다(제221조의 3 제1항). 따라서 감정유치의 청구에 대한 필요성은 종국적으로 검사가 판단하여야 한다. 감정유치는 검사가 판사에게 청구하여야 하며 13·16. 경찰승진 청구는 감정유치청구서에 의한다.

      ⓛ **감정유치장의 발부** : 판사는 청구가 상당하다고 인정한 때에는 유치처분을 하여야 하며 이 경우에는 감정유치장을 발부하여야 한다(제221조의 3 제2항). 청구서에 기재된 유치기간이 장기라고 인정될 때에는 법원은 상당한 기간으로 단축하여 감정유치장을 발부할 수 있다. 감정유치를 기각하는 결정에 대해서는 물론이고 유치결정에 대해서도 준항고가 허용되지 않는다(허용을 인정하는 견해도 있음).

        ⑪ 법원의 피고인에 대한 감정유치는 불복 가능(제403조 제2항)

      ⓒ **감정유치장의 집행** : 감정유치장의 집행에 관하여는 구속영장의 집행에 관한 규정이 준용된다. 지방법원판사는 기간을 정하여 병원 기타 적당한 장소에 피의자를 유치하게 할 수 있고 감정이 완료되면 즉시 유치를 해제하여야 한다. 지방법원판사는 직권 또는 신청에 의하여 사법경찰관리에게 피의자의 간수를 명할 수 있다(제221조의 3, 제172조).

      ⓔ **감정유치기간** : 감정유치에 필요한 유치기간에는 제한이 없다. 수사상 감정유치에 있어서 감정유치장의 유치기간을 연장할 때에는 검사의 청구에 의하여 판사가 결정하여야 한다(제221조의 3 제2항, 제172조 제6항).

④ **감정유치와 구속**

      ㉠ 감정유치는 감정을 목적으로 하는 것이라 할지라도 실질적으로는 구속에 해당하므로 유치에 관하여는 구속에 관한 규정이 준용된다. 11. 9급 법원직 따라서 미결구금일수의 산입에 있어서 유치기간은 구속으로 간주한다(제221조의 3 제2항, 제172조 제8항). 10. 9급 국가직, 11·21. 9급 법원직, 15. 경찰승진

        ⑪ 구속취소에 관한 규정도 준용(∴ 감정유치의 취소 청구 가능) 13. 경찰승진

        ⑪ 신체구속을 당한 피의자에 해당하므로 접견교통권을 가지며, 구속적부심사를 청구할 수 있다.

        ⑪ 감정유치는 감정을 목적으로 하는 처분이므로 보석에 관한 규정은 준용되지 않는다(제172조 제7항, 제221조의 3 제2항, 규칙 제88조). ∴ 감정유치 중에는 보석 불가

      ⓛ 구속 중인 피의자에 대하여 감정유치장이 집행되었을 때에는 유치되어 있는 기간 동안은 구속의 집행을 정지한 것으로 간주한다(제221조의 3 제2항, 제172조의 2 제1항). 11. 9급 법원직, 18. 경찰승진 따라서 감정유치기간은 검사나 사법경찰관의 구속기간에는 포함되지 않는다. 13·16. 경찰승진, 21. 9급 법원직

      ⓒ 감정유치처분이 취소되거나 유치기간이 만료된 때에는 구속의 집행정지가 취소된 것으로 간주한다(제221조의 3 제2항, 제172조의 2 제2항).

      ⓔ 유치기간 중이라도 감정에 지장을 초래하지 아니하는 범위 내에서 피의자신문이 가능하다.

✓ **Key Point**

- **감정유치대상** : 제3자 ×
- **감정유치기간** : 제한 없음
- **감정유치장의 집행**
  ① 구속영장 집행 규정 준용(∴ 미결구금일수에 산입, 감정유치 취소, 접견교통권, 적부심사청구 가능)
  ② 유치기간은 구속의 집행이 정지된 것으로 간주(∴ 구속기간에는 포함 ×)
  ③ 감정유치기간 중에는 보석 불가

⑶ 감정에 필요한 처분

수사기관으로부터 감정의 위촉을 받은 자는 감정에 관하여 필요한 때에는 판사의 허가를 얻어 타인의 주거, 간수자 있는 가옥, 건조물, 항공기, 선차 내에 들어갈 수 있고 신체의 검사, 사체의 해부, 분묘의 발굴, 물건의 파괴 등 필요한 처분을 할 수 있다(제221조의 4 제1항). 필요한 처분에 대한 허가는 검사가 청구하여야 하며(동조 제2항), 판사는 청구가 상당하다고 인정한 때에는 허가장을 발부하여야 한다(동조 제3항).

01 전자정보의 압수·수색에 대한 설명으로 가장 적절하지 않은 것은?(다툼이 있는 경우 판례에 의함)

17. 순경 2차

① 압수물인 디지털 저장매체로부터 출력한 문건을 증거로 사용하기 위해서는 디지털 저장 매체 원본에 저장된 내용과 출력한 문건의 동일성이 인정되어야 하고, 이를 위해서는 디 지털 저장매체 원본이 압수시부터 문건 출력시까지 변경되지 않았음이 담보되어야 한다.

② 전자정보에 대한 압수·수색영장을 집행할 때에는 원칙적으로 저장매체 자체를 수사기 관 사무실 등으로 옮겨 혐의사실과 관련된 부분만을 문서로 출력하거나 해당 파일을 복 사하는 방식으로 이루어져야 한다.

③ 전자정보가 담긴 저장매체 또는 복제본을 수사기관 사무실 등으로 옮겨 이를 복제·탐 색·출력하는 경우, 피압수자 측에 절차 참여를 보장한 취지가 실질적으로 침해되었다면 수사기관이 저장매체 또는 복제본에서 혐의사실과 관련된 전자정보만을 복제·출력하였 더라도 그 압수·수색은 위법하다.

④ 전자정보에 대한 압수·수색이 종료되기 전에 혐의사실과 관련된 전자정보를 적법하게 탐색하는 과정에서 별도의 범죄혐의와 관련된 전자정보를 우연히 발견한 경우, 수사기관 은 더 이상의 추가 탐색을 중단하고 법원에서 별도의 범죄혐의에 대한 압수·수색영장을 발부받은 경우에 한하여 그러한 정보에 대하여도 적법하게 압수·수색을 할 수 있다.

해설\ ① 대판 2013.6.13, 2012도16001

② 전자정보에 대한 압수·수색영장의 집행에 있어서는 원칙적으로 영장 발부의 사유로 된 혐의사실과 관련 된 부분만을 문서 출력물로 수집하거나 수사기관이 휴대한 저장매체에 해당 파일을 복사하는 방식으로 이루 어져야 하고, 집행현장의 사정상 위와 같은 방식에 의한 집행이 불가능하거나 현저히 곤란한 부득이한 사정 이 있더라도 그와 같은 경우에 그 저장매체 자체를 직접 또는 하드카피나 이미징 등 형태로 수사기관 사무실 등 외부로 반출하여 해당 파일을 압수·수색할 수 있도록 영장에 기재되어 있고 실제 그와 같은 사정이 발생한 때에 한하여 예외적으로 허용될 수 있을 뿐이다(대판 2014.2.27, 2013도12155).

③④ 대결 2015.7.19, 2011모1839 전원합의체

Answer 01. ②

02 전자정보의 압수·수색에 대한 설명으로 가장 적절하지 않은 것은?(다툼이 있는 경우 판례에 의함)

18. 순경 2차

① 수사기관이 정보저장매체에 기억된 정보 중에서 범죄 혐의사실과 관련 있는 정보를 선별한 다음 '이미지 파일'을 제출받아 압수하고, 수사기관 사무실에서 그 압수된 이미지 파일을 탐색·복제·출력하는 과정을 거치는 경우, 이 모든 과정에 피의자나 변호인 등에게 참여의 기회를 보장하여야 한다.

② 수사기관이 정보저장매체에 기억된 정보의 압수 직후 현장에서 작성하여 교부하는 압수된 정보의 상세목록에는 정보의 파일 명세가 특정되어 있어야 하고, 수사기관은 이를 출력한 서면을 교부하거나 전자파일 형태로 복사해 주거나 이메일을 전송하는 등의 방식으로도 할 수 있다.

③ 수사기관이 인터넷서비스이용자인 피의자를 상대로 피의자의 컴퓨터 등 정보처리장치 내에 저장되어 있는 이메일 등 전자정보를 압수·수색하는 것은 전자정보의 소유자 내지 소지자를 상대로 해당 전자정보를 압수·수색하는 대물적 강제처분으로 형사소송법의 해석상 허용된다.

④ 압수·수색할 전자정보가 수색장소에 있지 않고 제3자가 관리하는 원격지의 서버 등 저장매체에 저장되어 있는 경우, 수사기관이 발부받은 영장에 따라 피의자가 접근하는 통상적인 방법으로 원격지의 저장매체에 접속하여 그곳에 저장되어 있는 피의자의 이메일 관련 전자정보를 수색장소의 정보처리장치로 내려받는 것이 허용된다.

해설 ① 수사기관이 정보저장매체에 기억된 정보 중에서 키워드 또는 확장자 검색 등을 통해 범죄 혐의사실과 관련 있는 정보를 선별한 다음 정보저장매체와 동일하게 비트열 방식으로 복제하여 생성한 파일을 제출받아 압수하였다면 이로써 압수의 목적물에 대한 압수·수색 절차는 종료된 것이므로, 수사기관이 수사기관 사무실에서 위와 같이 압수된 이미지 파일을 탐색·복제·출력하는 과정에서도 피의자 등에게 참여의 기회를 보장하여야 하는 것은 아니다(대판 2018.2.8, 2017도13263).
② 대판 2018.2.8, 2017도13263 ③④ 대판 2017.11.29, 2017도9747

03 아래 사례에 대한 설명 중 가장 적절하지 않은 것은?(다툼이 있는 경우 판례에 의함) 17. 순경 1차

> 검사가 압수·수색영장을 발부받아 甲 주식회사 빌딩 내 乙의 사무실을 압수·수색하였는데, 저장매체에 범죄혐의와 관련된 정보(이하 '유관정보')와 범죄혐의와 무관한 정보(이하 '무관정보')가 혼재된 것으로 판단하여 甲 회사의 동의를 받아 저장매체를 수사기관 사무실로 반출한 다음 乙 측의 참여하에 저장매체에 저장된 전자정보파일 전부를 '이미징'의 방법으로 다른 저장매체로 복제(이하 '제1처분')하고, 乙 측의 참여 없이 이미징한 복제본을 외장 하드디스크에 재복제(이하 '제2처분')하였으며, 乙 측의 참여 없이 하드디스크에서 유관정보를 탐색하는 과정에서 甲 회사의 별건 범죄혐의와 관련된 전자정보 등 무관정보도 함께 출력(이하 '제3처분')하였다.

Answer 02. ① 03. ③

① 수사기관의 전자정보에 대한 압수·수색은 원칙적으로 영장 발부의 사유로 된 범죄혐의 사실과 관련된 부분만을 문서 출력물로 수집하거나 수사기관이 휴대한 저장매체에 해당 파일을 복제하는 방식으로 이루어져야 하고, 저장매체 자체를 직접 반출하거나 저장매체 에 들어있는 전자파일 전부를 하드카피나 이미징 등 형태(이하 '복제본')로 수사기관 사무 실 등 외부로 반출하는 방식으로 압수·수색하는 것은 현장의 사정이나 전자정보의 대량 성으로 관련 정보 획득에 긴 시간이 소요되거나 전문인력에 의한 기술적 조치가 필요한 경우 등 범위를 정하여 출력 또는 복제하는 방법이 불가능하거나 압수의 목적을 달성하기 에 현저히 곤란하다고 인정되는 때에 한하여 예외적으로 허용될 수 있을 뿐이다.

② 저장매체 자체 또는 적법하게 획득한 복제본을 탐색하여 혐의사실과 관련된 전자정보를 문서로 출력하거나 파일로 복제하는 일련의 과정 역시 전체적으로 하나의 영장에 기한 압수·수색에 해당하므로, 그러한 경우의 문서출력 또는 파일복제의 대상 역시 저장매체 소재지에서의 압수·수색과 마찬가지로 혐의사실과 관련된 부분으로 한정되어야 한다.

③ 위 사례에서 준항고인이 전체 압수·수색 과정을 단계적·개별적으로 구분하여 각 단계 의 개별 처분의 취소를 구할 경우 준항고법원은 특별한 사정이 없는 한 구분된 개별 처분 의 위법이나 취소 여부를 판단하여야 한다.

④ 위 사례에서 제1처분은 위법하다고 볼 수 없으나, 제2처분·제3처분은 제1처분 후 피압 수·수색 당사자에게 계속적인 참여권을 보장하는 등의 조치가 이루어지지 아니한 채 유관정보는 물론 무관정보까지 재복제·출력한 것으로서 영장이 허용한 범위를 벗어나 고 적법절차를 위반한 위법한 처분이다.

해설 \ ①②④ 대결 2015.7.16, 2011모1839 전원합의체 ③ 준항고인이 전체 압수·수색 과정을 단계적·개 별적으로 구분하여 각 단계의 개별 처분의 취소를 구하더라도 준항고법원은 특별한 사정이 없는 한 구분된 개별 처분의 위법이나 취소 여부를 판단할 것이 아니라 당해 압수·수색 과정 전체를 하나의 절차로 파악하 여 그 과정에서 나타난 위법이 압수·수색 절차 전체를 위법하게 할 정도로 중대한지 여부에 따라 전체적으 로 압수·수색 처분을 취소할 것인지를 가려야 한다(대결 2015.7.16, 2011모1839 전원합의체).

04 전자정보 압수·수색에 대한 설명으로 옳은 것은 몇 개인가?(다툼이 있는 경우 판례에 의함)

20. 순경 1차

> ㉠ 전자정보에 대한 압수·수색영장을 집행할 때에는 원칙적으로 영장 발부의 사유인 혐의사실과 관련된 부분만을 문서 출력물로 수집하거나 수사기관이 휴대한 저장매체에 해당 파일을 복사하는 방식으로 이루어져야 하고, 집행현장 사정상 위와 같은 방식에 의한 집행이 불가능하거나 현저히 곤란한 부득이한 사정이 존재하더라도 저장매체 자체를 집행 혹은 하드카피나 이미징 등 형태로 수사기관 사무실 등 외부로 반출하여 해당 파일을 압수·수색할 수 있도록 영장에 기재되어 있고 실제 그와 같은 사정이 발생한 때에 한하여 위 방법이 예외적으로 허용될 수 있을 뿐이다.

Answer   04. ④

ⓛ 수사기관 사무실 등으로 반출된 저장매체 또는 복제본에서 혐의사실 관련성에 대한 구분 없이 임의로 저장된 전자정보를 문서로 출력하거나 파일로 복제하는 행위는 원칙적으로 영장주의 원칙에 반하는 위법한 압수가 된다.

ⓒ 수사기관이 피의자 甲의 공직선거법 위반 범행을 영장 범죄사실로 하여 발부받은 압수·수색영장의 집행 과정에서 乙, 丙 사이의 대화가 녹음된 녹음파일을 압수하여 乙, 丙의 공직선거법 위반 혐의사실을 발견한 사안에서, 별도의 압수·수색영장을 발부받지 않고 압수한 위 녹음파일은 위법수집증거로서 증거능력이 없다.

ⓔ 수사기관이 정보저장매체에 기억된 정보 중에서 키워드 또는 확장자 검색 등을 통해 범죄 혐의사실과 관련 있는 정보를 선별한 다음 정보저장매체와 동일하게 비트열 방식으로 복제하여 생성한 파일('이미지 파일')을 제출받아 압수하였다면 이로써 압수의 목적물에 대한 압수·수색 절차는 종료된 것이므로, 수사기관이 수사기관 사무실에서 위와 같이 압수된 이미지 파일을 탐색·복제·출력하는 과정에서도 피의자 등에게 참여의 기회를 보장하여야 하는 것은 아니다.

① 1개 　　　　② 2개 　　　　③ 3개 　　　　④ 4개

해설 \ ㉠ ○ : 대결 2011.5.26, 2009모1190
ⓛ ○ : 대결 2015.7.16, 2011모1839 전원합의체
ⓒ ○ : 대판 2014.1.16, 2013도7101
ⓔ ○ : 대판 2018.2.28, 2017도13263

05 압수·수색에 대한 설명으로 가장 적절하지 않은 것은?(다툼이 있는 경우 판례에 의함)

19. 순경 1차

① 압수·수색영장에 기재한 혐의사실과 범죄와의 객관적 관련성은 압수·수색영장에 기재된 혐의사실의 내용과 수사의 대상, 수사 경위 등을 종합하여 구체적·개별적 연관관계가 있는 경우에는 인정되지만, 혐의사실과 단순히 동종 또는 유사 범행이라는 사유만으로 관련성이 있다고 할 것은 아니다.

② 압수·수색영장 대상자와 피의자 사이에 요구되는 인적 관련성은 압수·수색영장에 기재된 대상자의 공동정범이나 교사범 등 공범이나 간접정범은 물론 필요적 공범 등에 대한 피고사건에 대해서도 인정될 수 있다.

③ 피압수자에게 영장의 표지인 첫 페이지와 피압수자의 혐의사실 부분만을 보여주고 나머지 부분을 확인하지 못하게 한 것은 압수·수색영장의 필요적 기재사항이나 그와 일체를 이루는 사항을 충분히 알 수 있도록 제시한 것이라 할 수 없다.

④ 수사기관이 압수·수색에 착수하면서 그 장소의 관리책임자에게 영장을 제시하였다면, 물건을 소지하고 있는 다른 사람으로부터 이를 압수하고자 하는 때에는 그 사람에게 따로 영장을 제시할 필요는 없다.

해설 ①② 대판 2017.12.5, 2017도13458
③ 대판 2017.9.21, 2015도12400
④ 그 사람에게 따로 영장을 제시하여야 한다(대판 2009.3.12, 2008도763).

06 압수·수색에 대한 설명으로 가장 적절하지 않은 것은?(다툼이 있는 경우 판례에 의함)

19. 순경 2차

① 수사기관의 압수·수색은 법관이 발부한 압수·수색영장에 의하여야 하는 것이 원칙이고, 그 영장에는 피의자의 성명, 압수할 물건, 수색할 장소·신체·물건과 압수·수색의 사유 등이 특정되어야 하며, 피의자 아닌 자의 신체 또는 물건은 압수할 물건이 있음을 인정할 수 있는 경우에 한하여 수색할 수 있다.

② 법관이 압수·수색영장을 발부하면서 '압수할 물건'을 특정하기 위하여 기재한 문언은 엄격하게 해석해야 하고, 함부로 피압수자 등에게 불리한 내용으로 확장 또는 유추해석해서는 안 되므로, 압수·수색영장에서 압수할 물건을 '압수장소에 보관 중인 물건'이라고 기재하고 있는 것을 '압수장소에 현존하는 물건'으로 해석할 수는 없다.

③ 피의자의 컴퓨터 내에 저장되어 있는 이메일 등 전자정보를 압수·수색하는 것은 전자정보의 소유자 내지 소지자를 상대로 해당 전자정보를 압수·수색하는 대물적 강제처분으로 형사소송법의 해석상 허용된다.

④ 영장에 수색할 장소를 특정하도록 한 취지에 비추어 보면, 수색장소에 있는 정보처리장치를 이용하여 정보통신망으로 연결된 원격지의 저장매체에서 수색장소에 있는 정보처리장치로 전자정보를 내려받아 이를 압수한 것은 압수·수색영장에서 허용한 집행의 장소적 범위를 확대하는 것이다.

해설 ① 대판 2017.9.7, 2015도10648, 제109조, 제219조
② 대판 2009.3.12, 2008도763
③ 대판 2017.11.29, 2017도9747
④ 영장에 수색할 장소를 특정하도록 한 취지에 비추어 보면, 수색장소에 있는 정보처리장치를 이용하여 정보통신망으로 연결된 원격지의 저장매체에서 수색장소에 있는 정보처리장치로 전자정보를 내려받아 이를 압수한 것은 압수·수색영장에서 허용한 집행의 장소적 범위를 확대하는 것이라고 볼 수 없다(대판 2017.11.29, 2017도9747).

Answer 06. ④

07 형사소송법상 압수물의 환부 및 가환부에 대한 설명으로 옳은 것을 모두 고른 것은?(다툼이 있
는 경우 판례에 의함)   18. 순경 1차

> ㉠ 수사기관의 압수물의 환부에 관한 처분의 취소를 구하는 준항고는 소송 계속 중 준항고로써
>   달성하고자 하는 목적이 이미 이루어졌거나 시일의 경과 또는 그 밖의 사정으로 인하여 그
>   이익이 상실된 경우에도 적법하다.
> ㉡ 검사는 사본을 확보한 경우 등 압수를 계속할 필요가 없다고 인정되는 압수물 및 증거에 사용
>   할 압수물에 대하여 공소제기 전이라도 소유자, 소지자, 보관자 또는 제출인의 청구가 있는
>   때에는 환부 또는 가환부할 수 있다.
> ㉢ 증거에만 공할 목적으로 압수한 물건으로서 그 소유자 또는 소지자가 계속 사용하여야 할 물
>   건은 사진촬영 기타 원형보존의 조치를 취하고 신속히 가환부하여야 한다.
> ㉣ 압수한 장물로서 피해자에게 환부할 이유가 명백한 것은 판결로써 피해자에게 환부하는 선고
>   를 하여야 한다.

① ㉠, ㉡   ② ㉡, ㉣   ③ ㉢, ㉣   ④ ㉠, ㉡, ㉢

해설\ ㉠ × : 그 이익이 상실된 경우에는 준항고는 그 이익이 없어 부적법하게 된다(대결 2015.10.15, 2013
모1970).
㉡ × : 검사는 사본을 확보한 경우 등 압수를 계속할 필요가 없다고 인정되는 압수물 및 증거에 사용할 압수
물에 대하여 공소제기 전이라도 소유자, 소지자, 보관자 또는 제출인의 청구가 있는 때에는 환부 또는 가환
부하여야 한다(제218조의 2 제1항).
㉢ ○ : 제133조 제2항
㉣ ○ : 제333조 제1항

08 수사상 채혈에 대한 설명으로 가장 적절한 것은?(다툼이 있는 경우 판례에 의함)   18. 순경 3차
① 수사기관은 형사소송법이 정한 압수의 방법으로 피의자의 동의 없이 그의 혈액을 범죄
   증거의 수집목적으로 취득·보관할 수 있으나, 감정에 필요한 처분으로는 이를 할 수 없다.
② 경찰관이 담당의사로부터 진료 목적으로 이미 채혈되어 있던 피고인의 혈액 중 일부를
   주취운전 여부에 대한 감정을 목적으로 임의로 제출받아 이를 압수한 경우, 그 압수절차
   가 피고인 또는 피고인의 가족의 동의 및 영장 없이 행하여졌다고 하더라도 이에 적법절
   차를 위반한 위법이 있다고 할 수 없다.
③ 피의자의 신체 내지 의복류에 주취로 인한 냄새가 강하게 나는 등 범죄의 증적이 현저한
   준현행범인의 요건이 갖추어져 있고 교통사고 발생 시각으로부터 사회통념상 범행 직후
   라고 볼 수 있는 시간 내라면, 피의자의 생명·신체를 구조하기 위하여 사고현장으로부
   터 곧바로 후송된 병원 응급실 등의 장소는 형사소송법 제216조 제1항 제2호의 체포현장
   에 준하므로 수사기관은 영장 없이 혈액을 압수할 수 있다.

Answer   07. ③   08. ②

④ 음주운전과 관련한 도로교통법 위반죄의 범죄수사를 위하여 미성년자인 피의자의 혈액채취가 필요한 경우, 수사기관은 피의자의 의사능력이 있는 경우라도 그 법정대리인의 동의를 얻어야 피의자의 혈액을 압수할 수 있다.

해설 ① 수사기관이 범죄 증거를 수집할 목적으로 피의자의 동의 없이 피의자의 혈액을 취득·보관하는 행위는 법원으로부터 감정처분허가장을 받아 형사소송법 제221조의 4 제1항, 제173조 제1항에 의한 '감정에 필요한 처분'으로도 할 수 있지만, 형사소송법 제219조, 제106조 제1항에 정한 압수의 방법으로도 할 수 있고, 압수의 방법에 의하는 경우 혈액의 취득을 위하여 피의자의 신체로부터 혈액을 채취하는 행위는 혈액의 압수를 위한 것으로서 형사소송법 제219조, 제120조 제1항에 정한 '압수영장의 집행에 있어 필요한 처분'에 해당한다(대판 2012.11.15, 2011도15258).
② 대판 1999.9.3, 98도968
③ 피의자의 생명·신체를 구조하기 위하여 사고현장으로부터 곧바로 후송된 병원 응급실 등의 장소는 형사소송법 제216조 제3항의 범죄 장소에 준한다 할 것이므로, 검사 또는 사법경찰관은 피의자의 혈중알코올농도 등 증거의 수집을 위하여 의료법상 의료인의 자격이 있는 자로 하여금 의료용 기구로 의학적인 방법에 따라 필요최소한의 한도 내에서 피의자의 혈액을 채취하게 한 후 그 혈액을 영장 없이 압수할 수 있다. 다만, 이 경우에도 형사소송법 제216조 제3항 단서, 형사소송규칙 제58조, 제107조 제1항 제3호에 따라 사후에 지체 없이 강제채혈에 의한 압수의 사유 등을 기재한 영장청구서에 의하여 법원으로부터 압수영장을 받아야 한다(대판 2012.11.15, 2011도15258).
④ 음주운전과 관련한 도로교통법 위반죄의 범죄수사를 위하여 미성년자인 피의자의 혈액채취가 필요한 경우에도 피의자에게 의사능력이 있다면 피의자 본인만이 혈액채취에 관한 유효한 동의를 할 수 있고, 피의자에게 의사능력이 없는 경우에도 명문의 규정이 없는 이상 법정대리인이 피의자를 대리하여 동의할 수는 없다(대판 2014.11.13, 2013도1228).

09 압수·수색에 대한 설명으로 가장 적절하지 않은 것은?(다툼이 있는 경우 판례에 의함)

21. 순경 1차

① 설령 피압수자가 수사기관에 압수·수색영장의 집행에 참여하지 않는다는 의사를 명시하였다고 하더라도, 특별한 사정이 없는 한 그 변호인에게는 미리 집행의 일시와 장소를 통지하는 등으로 압수·수색영장의 집행에 참여할 기회를 별도로 보장하여야 한다.
② 압수·수색영장을 집행하는 수사기관은 원칙적으로 피압수자로 하여금 법관이 발부한 영장에 의한 압수·수색이라는 사실을 확인함과 동시에 형사소송법이 압수·수색영장에 필요적으로 기재하도록 정한 사항이나 그와 일체를 이루는 사항을 충분히 알 수 있도록 압수·수색영장을 제시하여야 한다.
③ 저장매체에 대한 압수·수색 과정에서 압수의 목적을 달성하기에 현저히 곤란한 예외적인 사정이 인정되어 전자정보가 담긴 저장매체 등을 수사기관 사무실 등으로 옮겨 복제·탐색·출력하는 경우에도 피압수자나 변호인에게 참여 기회를 보장하여야 하는데, 이는 수사기관이 저장매체 등에서 혐의사실과 관련된 전자정보만을 복제·출력하는 경우에도 마찬가지이다.

Answer 09. ④

④ 검사나 사법경찰관에게는 현행범 체포현장에서 소지자 등이 임의로 제출하는 물건을 형사소송법 제218조에 의하여 영장 없이 압수하는 것이 허용되는데, 이후 검사나 사법경찰관이 압수한 물건을 계속 압수할 필요가 있는 경우에는 지체 없이 영장을 청구하여야 한다.

해설\ ① 대판 2020.11.26, 2020도10729
② 대결 2020.4.16, 2019모3526
③ 대결 2015.7.16, 2011모1839 전원합의체
④ 임의제출물은 영장 없이 압수하는 것이 허용되고, 이후 검사나 사법경찰관은 별도로 사후에 영장을 받을 필요가 없다(대판 2020.4.9, 2019도17142).

10 미성년자인 甲은 술에 취한 상태에서 승용차를 운전하던 중 교통사고를 야기하고 그 직후 의식불명인 상태로 병원응급실로 후송되었다. 이 경우 甲의 혈액 압수에 관한 설명으로 가장 적절하지 않은 것은?(다툼이 있는 경우 판례에 의함) 21. 순경 2차

① 수사기관이 범죄 증거를 수집할 목적으로 甲의 동의 없이 甲의 혈액을 취득·보관하는 행위는 법원으로부터 감정처분허가장을 받아 감정에 필요한 처분으로도 할 수 있지만, 압수의 방법으로도 할 수 있고, 압수의 방법에 의하는 경우 혈액의 취득을 위하여 甲의 신체로부터 혈액을 채취하는 행위는 압수영장의 집행에 있어 필요한 처분에 해당한다.

② 의식불명인 甲에 대하여 영장을 발부받을 시간적 여유가 없는 상황에서 甲에게서 술냄새가 강하게 나는 등 준현행범인의 요건이 갖추어져 있고 교통사고 발생 시각으로부터 범행 직후라고 볼 수 있는 시간 내라면, 사법경찰관은 의료인으로 하여금 의학적인 방법에 따라 필요최소한의 한도 내에서 甲의 혈액을 채취하게 한 후 그 혈액을 영장 없이 압수할 수 있다.

③ 甲의 법정대리인인 부모가 병원응급실에 있는 경우 사법경찰관은 부모의 동의를 받아 의료인으로 하여금 의료용 기구로 의학적인 방법에 따라 필요최소한의 한도 내에서 甲의 혈액을 채취하게 한 후 그 혈액을 영장 없이 압수할 수 있다.

④ 간호사가 병원이나 담당의사를 대리하여 甲의 혈액을 사법경찰관에게 임의로 제출할 수 있는 권한이 없다고 볼 특별한 사정이 없는 이상, 사법경찰관은 간호사가 진료 목적으로 채혈해 둔 甲의 혈액 중 일부를 주취운전 여부에 대한 감정의 목적으로 임의로 제출받아 압수할 수 있다.

해설\ ①② 대판 2012.11.15, 2011도15258
③ 법정대리인이 피의자를 대리하여 동의할 수는 없다(대판 2014.11.13, 2013도1228).
④ 대판 1999.9.3, 98도968

Answer 10. ③

11 압수·수색에 관한 설명으로 가장 적절하지 않은 것은?(다툼이 있는 경우 판례에 의함)

21. 순경 2차

① 사법경찰관은 긴급체포된 자가 소유·소지 또는 보관하는 물건에 대하여 긴급히 압수할 필요가 있는 경우에는 체포한 때부터 24시간 이내에 한하여 영장 없이 압수·수색 또는 검증을 할 수 있으며, 이 경우 압수·수색 또는 검증은 체포영장이 아닌 장소에서도 할 수 있다.

② 경찰관이 현행범인 체포 당시 임의제출방식으로 피의자로부터 압수한 휴대전화기에 대하여 작성한 압수조서 중 압수경위란에 피의자의 범행을 직접 목격한 사람의 진술이 기재된 경우, 이는 형사소송법 제312조 제5항에서 정한 '피고인이 아닌 자가 수사과정에서 작성한 진술서'에 준하며, 휴대전화기에 대한 임의제출절차가 적법하지 않다면 압수조서에 기재된 진술은 증거로 할 수 없다.

③ 사법경찰관은 소유자·소지자 또는 보관자가 임의로 제출한 물건을 영장 없이 압수할 수 있으므로, 현행범 체포현장이나 범죄 현장에서도 소지자들이 임의로 제출하는 물건을 영장 없이 압수하는 것이 허용되고, 이 경우 별도로 사후에 영장을 받을 필요가 없다.

④ 사법경찰관은 피의사실이 중대하고 범죄혐의가 명백함에도 불구하고 피의자가 장시간의 설득에도 소변의 임의제출을 거부하면서 영장집행에 저항하여 다른 방법으로 수사 목적을 달성하기 곤란하다고 판단한 때에는, '압수·수색영장의 집행에 필요한 처분'으로 필요최소한의 한도 내에서 피의자를 강제로 인근 병원으로 데리고 가서 의사로 하여금 피의자의 신체에서 소변을 채취하는 것이 허용된다.

해설\ ① 대판 2017.9.12, 2017도10309
② 휴대전화기에 대한 압수조서 중 '압수경위'란에 기재된 내용은, 피고인이 이 부분 공소사실과 같은 범행을 저지르는 현장을 직접 목격한 사람의 진술이 담긴 것으로서 형사소송법 제312조 제5항에서 정한 '피고인이 아닌 자가 수사과정에서 작성한 진술서'에 준하는 것으로 볼 수 있고, 이에 따라 이 사건 휴대전화기에 대한 임의제출절차가 적법하였는지 여부에 영향을 받지 않는 별개의 독립적인 증거에 해당하므로, 피고인이 증거로 함에 동의한 이상 유죄를 인정하기 위한 증거로 사용할 수 있을 뿐 아니라 이 부분 공소사실에 대한 피고인의 자백을 보강하는 증거가 된다(대판 2019.11.14, 2019도13290).
③ 대판 2020.4.9, 2019도17142 ④ 대판 2018.7.12, 2018도6219

12 압수·수색에 관한 설명 중 가장 적절하지 않은 것은?(다툼이 있으면 판례에 의함) 15. 순경 2차

① 압수·수색영장 집행 당시 피처분자가 현장에 없거나 현장에서 그를 발견할 수 없는 경우 등 영장제시가 현실적으로 불가능한 경우에는 영장을 제시하지 아니한 채 압수·수색을 하더라도 위법하다고 볼 수 없다.

② 수사기관이 압수·수색에 착수하면서 그 장소의 관리책임자에게 영장을 제시하였다면 물건을 소지하고 있는 다른 사람으로부터 이를 압수하고자 하는 때에 그 사람에게 따로 영장을 제시할 필요는 없다.

Answer　11. ②　12. ②

③ 검사가 공소제기 후 피고사건에 관하여 수소법원 이외의 지방법원 판사에게 압수·수색 영장을 청구하여 발부받은 영장에 의하여 압수·수색을 하였다면, 그와 같이 수집된 증거는 원칙적으로 유죄의 증거로 삼을 수 없다.

④ 압수·수색영장에 기재된 피의자와 무관한 타인의 범죄사실에 관한 녹음파일을 압수한 경우, 이 녹음파일은 적법한 절차에 따르지 아니하고 수집한 증거로서 이를 증거로 사용할 수 없다.

해설\ ① 대판 2015.1.22, 2014도10978 전원합의체
② 압수·수색영장은 처분을 받는 자에게 반드시 제시하여야 하는바, 현장에서 압수·수색을 당하는 사람이 여러 명일 경우에는 그 사람들 모두에게 개별적으로 영장을 제시해야 하는 것이 원칙이다. 수사기관이 압수·수색에 착수하면서 그 장소의 관리책임자에게 영장을 제시하였다고 하더라도, 물건을 소지하고 있는 다른 사람으로부터 이를 압수하고자 하는 때에는 그 사람에게 따로 영장을 제시하여야 한다(대판 2009.3.12, 2008도763). ③ 대판 2011.4.28, 2009도10412 ④ 대판 2014.1.16, 2013도7101

13 압수·수색에 관한 다음 설명 중 틀린 것은 모두 몇 개인가?(다툼이 있으면 판례에 의함)

16. 순경 1차

⊙ 압수·수색영장에서 압수할 물건을 '압수장소에 보관 중인 물건'이라고 기재하고 있는 것을 '압수장소에 현존하는 물건'으로 해석할 수는 없다.

ⓛ 소유자, 소지자 또는 보관자가 아닌 자로부터 제출받은 물건을 영장 없이 압수한 '압수물' 및 '압수물을 찍은 사진'은 이를 유죄 인정의 증거로 사용할 수 없지만 피고인이나 변호인이 이를 증거로 함에 동의하였다면 증거능력이 인정된다.

ⓒ 수사기관이 압수·수색에 착수하면서 그 장소의 관리책임자에게 영장을 제시하였다면 물건을 소지하고 있는 다른 사람으로부터 이를 압수하고자 하는 때 그 사람에게 따로 영장을 제시할 필요는 없다.

ⓔ 검사가 공소제기 후 형사소송법 제215조에 따라 수소법원 이외의 지방법원 판사에게 청구하여 발부받은 영장에 의하여 압수·수색을 하였다면, 그와 같이 수집된 증거는 원칙적으로 유죄의 증거로 삼을 수 없다.

ⓜ 전자정보에 대한 압수·수색에 있어 저장매체 자체를 외부로 반출하거나 하드카피·이미징 등의 형태로 복제본을 만들어 외부에서 저장매체나 복제본에 대하여 압수·수색이 허용되는 예외적인 경우에도 혐의사실과 관련된 전자정보 이외에 이와 무관한 전자정보를 탐색·복제·출력하는 것은 원칙적으로 위법한 압수·수색에 해당하므로 허용될 수 없다.

① 1개   ② 2개   ③ 3개   ④ 4개

해설\ ⊙ ○ : 대판 2009.3.12, 2008도763
ⓛ × : 형사소송법 제218조는 "사법경찰관은 소유자, 소지자 또는 보관자가 임의로 제출한 물건을 영장 없이 압수할 수 있다."고 규정하고 있는바, 위 규정을 위반하여 소유자, 소지자 또는 보관자가 아닌 자로부터 제출받은 물건을 영장 없이 압수한 경우 그 '압수물' 및 '압수물을 찍은 사진'은 이를 유죄 인정의 증거로

Answer 13. ②

사용할 수 없는 것이고, 헌법과 형사소송법이 선언한 영장주의의 중요성에 비추어 볼 때 피고인이나 변호인이 이를 증거로 함에 동의하였다고 하더라도 달리 볼 것은 아니다(대판 2010.1.28, 2009도10092).

ⓒ ×: 수사기관이 압수·수색에 착수하면서 그 장소의 관리책임자에게 영장을 제시하였다고 하더라도, 물건을 소지하고 있는 다른 사람으로부터 이를 압수하고자 하는 때에는 그 사람에게 따로 영장을 제시하여야 한다(대판 2009.3.12, 2008도763).

ⓔ ○: 대판 2011.4.28, 2009도1042

ⓜ ○: 대결 2015.7.16, 2011모1839 전원합의체

14 압수물 처리에 대한 설명으로 틀린 것은 모두 몇 개인가?(다툼이 있으면 판례에 의함)

15. 순경 3차

> ㉠ 법령상 생산·제조·소지·소유 또는 유통이 금지된 압수물로서 부패의 염려가 있거나 보관하기 어려운 압수물은 소유자 등 권한 있는 자의 동의를 받아 폐기하여야 한다.
>
> ㉡ 피압수자 등 환부를 받을 자가 압수 후에 그 소유권을 포기하는 등 실체법상의 권리를 상실하면, 이는 압수를 계속할 필요가 없는 압수물을 환부해야 하는 수사기관의 의무에도 영향을 미치므로 결국 그에 대응하는 압수물 환부를 청구할 수 있는 절차법상의 권리도 함께 소멸하게 된다.
>
> ㉢ 피압수자 등 환부를 받을 자가 수사기관에 대하여 형사소송법상의 환부청구권을 포기한다는 의사표시를 하면 수사기관의 필요적 환부의무가 면제되므로 위 환부의무에 대응하는 압수물 환부를 청구할 수 있는 절차법상의 권리가 소멸한다.
>
> ㉣ 수사단계에서 소유권을 포기한 압수물에 대하여 형사재판에서 몰수형이 선고되지 않은 경우, 피압수자는 국가에 대하여 민사소송으로 그 반환을 청구할 수 있다.
>
> ㉤ 법인으로부터 압수한 물품에 대하여 몰수의 선고가 없어 그 압수가 해제된 것으로 간주된다고 하더라도 공범자에 대한 범죄수사를 위하여 여전히 그 물품의 압수가 필요하다면 검사는 그 압수해제된 물품을 다시 압수할 수 있다.

① 1개   ② 2개   ③ 3개   ④ 4개

해설 ㉠ ×: 법령상 생산·제조·소지·소유 또는 유통이 금지된 압수물로서 부패의 염려가 있거나 보관하기 어려운 압수물은 소유자 등 권한 있는 자의 동의를 받아 폐기할 수 있다(제130조 제3항).

㉡ ×: 피압수자 등 환부를 받을 자가 압수 후에 그 소유권을 포기하는 등에 의하여 실체법상의 권리를 상실하는 일이 있다고 하더라도, 그로 인하여 압수를 계속할 필요가 없는 압수물을 환부하여야 하는 수사기관의 의무에 어떠한 영향을 미친다고 할 수는 없으니, 그에 대응하는 압수물의 환부를 청구할 수 있는 절차법상의 권리가 소멸하는 것은 아니다(대결 1996.8.16, 94모51 전원합의체).

㉢ ×: 피압수자 등 압수물을 환부받을 자가 수사기관에 대하여 형사소송법상의 환부청구권을 포기한다는 의사표시를 한 경우에 있어서도, 그 효력이 없어 그에 의하여 수사기관의 필요적 환부의무가 면제된다고 볼 수는 없으므로, 그 환부의무에 대응하는 압수물의 환부를 청구할 수 있는 절차법상의 권리가 소멸하는 것은 아니다(대결 1996.8.16, 94모51 전원합의체).

㉣ ○: 형사사법권의 행사절차인 압수물 처분에 관한 준항고절차에서 민사분쟁인 소유권 포기의사의 존부나 그 의사표시의 효력 및 하자의 유무를 가리는 것은 적절하지 아니하고 이는 결국 민사소송으로 해결할 문제이다(대결 1996.8.16, 94모51 전원합의체).

㉤ ○: 대결 1997.1.9, 96모34

Answer   14. ③

제5절 ┃ 판사에 대한 강제처분의 청구(판사가 행하는 강제처분)

1 증거보전

(1) 증거보전의 의의

증거보전은 수소법원이 공판정에서 정상적으로 증거를 조사할 때까지 기다릴 경우 그 증거의 사용이 불가능하거나 현저하게 곤란할 염려가 있는 경우에 검사나 피고인·피의자 또는 변호인의 청구로 판사가 미리 증거조사를 하여 그 결과를 보전하여 두는 제도를 말한다(제184조).

ⓘ 증거보전의 주체는 수사기관이 아니라 판사이므로 수사와 성격을 달리한다.

(2) 증거보전의 요건

① **증거보전의 필요성** : 미리 증거를 보전하지 않으면 그 증거를 사용하기 곤란한 사정이 있어야 한다. 10. 교정특채, 16. 경찰승진

② **제1회 공판기일 전** : 증거보전은 제1회 공판기일 전에 한하여 할 수 있고 공소제기 전후를 불문한다. 06. 순경, 08. 7급 국가직, 11. 9급 법원직, 14 · 16. 순경 2차, 15 · 16 · 17. 경찰승진, 19. 경찰간부

제1회 공판기일 후에는 수소법원이 직접 증거조사를 할 수 있으므로 증거보전의 필요가 없기 때문이다. 따라서 공소제기 전이라면 수사절차에서도 증거보전을 청구할 수 있으나, 적어도 수사가 개시된 후에만 가능하므로 입건 이전의 내사단계에서는 증거보전을 청구할 수 없다.

ⓘ 제1회 공판기일 전의 의미에 대하여는 증거조사 개시 전(모두절차가 끝날 때까지)까지로 이해함이 타당할 것으로 보여진다.

ⓘ 제1회 공판기일 전에 증거보전청구〔제1회 공판기일 후에는 증거보전 절차(×)〕 19. 경찰승진

ⓘ 증거보전절차는 공소제기 전에 한하여 허용된다. (×)

> **관련판례**
>
> 1. 증거보전은 제1회 공판기일 전에 한하여 인정되므로, 항소심에서는 물론 파기환송 후의 절차에서도 증거보전을 청구할 수 없다. 재심청구사건에서도 증거보전은 인정되지 않는다(대결 1984.3.29, 84모15). 05. 순경, 12. 순경 3차, 15. 7급 국가직, 10 · 11 · 14 · 16. 경찰승진, 16 · 17. 순경 2차
> 2. 증거보전은 피고인 또는 피의자가 형사입건도 되기 전에는 청구할 수 없다(대판 1979.6.12, 79도792). 19. 경찰승진

(3) 증거보전절차

① **증거보전청구**

ㄱ **청구권자** : 증거보전청구권자는 검사·피고인·피의자 또는 변호인이다. 08 · 09 · 15. 7급 국가직, 13. 9급 검찰·마약수사, 14. 순경 1차, 16. 순경 2차, 17. 경찰승진

ⓘ 입건되기 전의 자(피내사자)는 피의자가 아니므로 청구권 ×(대판 1979.6.12, 79도792) 16. 경찰간부

ⓘ 사법경찰관, 피해자 ⇨ 청구권 × 20. 해경

ⓘ 변호인의 청구권은 피의자나 피고인의 명시적 의사에 반해서도 행사할 수 있는 독립대리권이다.

ⓒ **청구방식**

ⓐ 증거보전청구는 수소법원에 대하여 청구하는 것이 아니라11. 9급 법원직 압수할 물건의 소재지11. 경찰승진, 수색 또는 검증할 장소·신체 또는 물건의 소재지, 증인의 주거지 또는 현재지, 감정대상의 소재지 또는 현재지를 관할하는 지방법원판사에게 하여야 한다(규칙 제91조). 04. 경찰승진

⚠ 증거보전청구는 반드시 지방법원판사에게 하여야 하며, 공소제기 후에도 수소법원에 하는 것이 아님.

ⓑ 증거보전청구는 서면으로 한다.11. 경찰승진 증거보전청구서에는 사건개요, 증명할 사실, 증거 및 보전방법, 증거보전을 필요로 하는 사유 등을 기재하여야 하고(규칙 제92조), 증거보전을 필요로 하는 사유에 대해서는 서면으로 소명을 요한다(제184조 제3항). 10. 교정특채, 13. 순경 1차·9급 검찰·마약수사, 15. 순경 3차, 12·13·16. 순경 2차, 11·14·15·16·17·19. 경찰승진, 19. 경찰간부

⚠ 서면 또는 구술로 소명해야 한다. (×) 17. 순경 2차

ⓒ 증거보전절차에서 행해지는 증인신문의 경우에도 지방법원의 판사는 신문의 일시와 장소를 피의자·피고인 및 변호인에게 미리 통지하여야 한다. 만일 미리 통지를 하지 아니하여 증인신문에 참여할 기회를 주지 아니한 경우에는 그 증인신문은 위법하다.

⚖ 관련판례

증거보전절차에서 증인신문을 하면서 증인신문의 일시와 장소를 피의자 및 변호인에게 미리 통지하지 아니하여 증인신문에 참여할 수 있는 기회를 주지 아니하였고, 또 변호인이 제1심 공판기일에 위 증인신문조서의 증거조사에 관하여 이의신청을 하였다면 위 증인신문조서는 증거능력이 없다 할 것이고, 그 증인이 후에 법정에서 그 조서의 진정성립을 인정한다 하여 다시 그 증거능력을 취득한다고 볼 수도 없다(대판 1992.2.28, 91도2337). 09. 7급 국가직, 13·17. 순경 2차, 15. 경찰승진

▶ **비교판례** : 증거보전절차로 증인신문을 하는 경우에 검사, 피의자 또는 변호인에게 증인신문의 시일과 장소를 미리 통지하여 증인신문에 참여할 수 있는 기회를 주어야 하나, 참여의 기회를 주지 아니한 경우라도 피고인과 변호인이 증인신문조서를 증거로 할 수 있음에 동의하여 별다른 이의 없이 적법하게 증거조사를 거친 경우에는 위 증인신문조서는 증인신문절차가 위법하였는지의 여부에 관계없이 증거능력이 부여된다(대판 1988.11.8, 86도1646). 12. 순경

ⓒ **청구내용**

ⓐ 증거보전을 청구할 수 있는 것은 압수·수색·검증·증인신문 또는 감정에 한한다(제184조 제1항). 02. 행시, 15. 순경 3차, 16. 순경 2차

ⓑ 검사는 증거보전절차에서 피의자·피고인의 신문을 청구할 수 없다. 08·11. 9급 법원직, 12. 교정특채, 13. 9급 검찰·마약수사, 13·14. 순경 2차, 14. 경찰간부, 15. 순경 3차, 08·09·15. 7급 국가직, 09·10·11·12·14·15·18. 경찰승진

관련판례

피의자신문에 해당하는 사항을 증거보전의 방법으로 청구할 수 없다고 함이 상당할 것인바, 피의자를 그 스스로의 피의 사실에 대한 증인으로 바로 신문한 것은 위법하며 같은 피고인에 대한 증거능력이 없음은 물론 그 신문내용 가운데 다른 공범에 관한 부분의 진술이 있다 하더라도 그 공범이 그 신문당시 형사입건되어 있지 않았다면 그 공범에 관한 증거보전의 효력도 인정할 수 없다(대판 1979.6.12, 79도792).

　　ⓒ 증거보전절차를 이용하여 공동피고인 또는 공범자를 증인으로 신문하는 것은 가능하다 (대판 1988.11.8, 86도1646). 11 · 13. 순경 1차, 12. 교정특채 · 순경 3차, 13. 9급 검찰 · 마약수사, 13 · 15. 7급 국가직, 09 · 10 · 11 · 16. 경찰승진, 14 · 17. 순경 2차, 16 · 21. 경찰간부

관련판례

공동피고인과 피고인이 뇌물을 주고 받은 사이로 필요적 공범관계에 있다고 하더라도 검사는 수사단계에서 피고인에 대한 증거를 미리 보전하기 위하여 필요한 경우에는 판사에게 공동피고인을 증인으로 신문할 것을 청구할 수 있다(대판 1988.11.8, 86도1646). 11. 순경 1차, 13 · 17. 순경 2차, 19. 경찰승진

② **증거보전의 처분**

　　㉠ **지방법원판사의 결정** : 청구를 받은 판사는 청구가 적법하고 필요성이 있다고 인정할 때에는 증거보전을 하여야 한다. 이 경우에는 청구에 대한 재판은 요하지 않는다. 04. 경찰승진 그러나 청구가 부적법하거나 필요 없다고 인정할 때에는 기각하는 결정을 하여야 한다. 증거보전의 청구를 기각하는 결정에 대하여는 3일 이내에 항고할 수 있다(제184조 제4항). 11. 순경 1차, 13. 9급 검찰 · 마약수사, 12 · 13 · 14. 순경 2차, 12 · 15. 순경 3차, 11 · 12 · 14 · 16 · 17 · 18. 경찰승진

　　　┌ 증거보전청구 기각결정 ⇨ 3일 이내 항고 가능
　　　└ 참고인에 대한 증인신문청구 기각결정(제221조의 2) ⇨ 불복 ×

　　㉡ **판사의 권한** : 증거보전청구를 받은 판사는 처분에 관해 법원 또는 재판장과 동일한 권한이 있다(제184조 제2항). 14. 순경 1차, 10 · 16 · 18. 경찰승진 따라서 판사는 증인신문의 전제가 되는 소환 · 구인을 할 수 있고, 법원 또는 재판장이 행하는 경우와 같이 압수 · 수색 · 검증 · 증인신문 · 감정에 관한 규정이 준용된다. 그러므로 당사자의 참여권이 보장된다. 09. 순경

⑷ 증거보전처분 후의 절차

① **증거물의 처리**

　　㉠ 증거보전절차에 의하여 압수한 물건 또는 작성한 조서는 증거보전을 한 판사가 소속한 법원에서 보관한다. 11. 9급 법원직, 21. 경찰간부

　　㉡ 검사, 피의자, 피고인 또는 변호인은 판사의 허가를 얻어 서류와 증거물을 열람 또는 등사할 수 있다(제185조). 04 · 06. 순경, 08. 9급 법원직, 11. 순경 1차, 15. 순경 3차, 16. 순경 2차, 19. 경찰간부 열람 · 등사를 청구할 수 있는 시기는 제한이 없다(제1회 공판기일 전후 불문).

ⓛ 열람·등사 청구권자인 피고인에는 증거보전을 청구한 피고인 뿐만 아니라 공동피고인도 포함되며(반대견해 有), 열람·등사청구는 증거보전 청구 상대방에게도 인정

② **조서의 증거능력**

증거보전절차에서 작성된 각종 조서는 당연히 증거능력을 갖는다. 08. 9급 법원직, 14. 순경 2차 그러나 당사자가 이를 증거로 이용하기 위해서는 수소법원에 증거조사를 신청하여야 하며, 수소법원은 증거보전을 한 법원으로부터 증거를 송부받아 증거조사를 하여야 한다.

📌 **관련판례**

증거보전절차에서 작성된 증인신문조서 중 증인에 대한 반대신문과정에서 피의자였던 피고인이 당사자로 참여하여 자신의 범행사실을 시인하는 전제하에 증인에게 반대신문한 내용이 기재되어 있는 경우, 그 조서 중 피의자진술부분에 대하여는 공판준비 또는 공판기일에 피고인 등의 진술을 기재한 조서도 아니고, 반대신문과정에서 피의자가 한 진술에 관한 한 형사소송법 제184조에 의한 증인신문조서도 아니므로 위 조서중 피의자의 진술기재부분에 대하여는 형사소송법 제311조에 의한 증거능력을 인정할 수 없다(대판 1984.5.15, 84도508). 10 · 12. 경찰승진

ⓛ 증거보전절차에서 작성된 증인신문조서 중 증인에 대한 반대신문과정에서 피의자였던 피고인이 당사자로 참여하여 자신의 범행사실을 시인하는 전제하에 증인에게 반대신문한 내용이 기재되어 있는 경우, 그 조서 중 피의자 진술부분에 대하여는 형사소송법 제311조에 의한 증거능력을 인정할 수 있다. (×) 18. 경찰승진

✔ **Key Point**

- **관할법원** : 증거보전청구는 지방법원 판사에게 청구(수소법원에 하는 것이 아님)
- **증거보전청구 가능기간** : 제1회 공판기일 전(공소제기 전 후 불문)
- **청구권자** : 검사와 피의자 · 피고인 또는 변호인
- **청구내용** : 압수, 수색, 검증, 증인신문, 감정(피의자 또는 피고인신문 불가)
  ▶ 공동피고인 또는 공범자를 증인으로 신문 허용
- **증거보전청구** ┌ 적법하고 필요성 인정 ⇨ 절차진행(별도재판 ×)
  └ 부적법 또는 필요성 부정 ⇨ 기각 : 불복 ○(3일 이내에 항고)
- **증거물의 처리** : 기록의 열람 · 등사 가능(판사의 허가 얻어서)
- **조서의 증거능력** : 당연히 증거능력 인정

2 참고인에 대한 증인신문청구

(I) 증인신문청구의 의의

증인신문청구라 함은 참고인이 출석 또는 진술을 거부하는 경우에 제1회 공판기일 전까지 검사의 청구에 의하여 판사가 그를 증인으로 신문하는 제도를 말한다(제221조의 2).
ⓛ 일정한 경우 참고인의 수사기관에의 출석과 진술을 강제할 필요에서 인정

✓ **Key Point**

구 분	증거보전	증인신문청구
청구권자	피의자·피고인, 변호인, 검사	검 사
신청기간	제1회 공판기일 전	좌 동
요 건	증거멸실, 증거가치변화 위험	참고인의 출석거부·진술거부
내 용	압수, 수색, 검증, 증인신문, 감정	증인신문
판사권한	수소법원 또는 재판장과 동일한 권한	좌 동
절 차	당사자참여권 인정	좌 동
불 복	3일 이내에 항고 가능	불복 ×
소 명	○	○
보전증거 이용	보전을 행한 판사소속 법원에서 보관, 당사자 열람·등사권 인정, 증거능력 인정	검사에게 증인신문 조서송부, 당사자 열람·등사권 없음, 증거능력 인정

(2) 증인신문의 청구요건

검사가 판사에게 증인신문을 청구하기 위해서는 증인신문의 필요성이 있어야 하고 제1회 공판 기일 전에 한하여 허용된다.

① **증인신문의 필요성** : 범죄의 수사에 없어서는 아니 될 사실을 안다고 명백히 인정되는 자가 출석을 거부하거나 출석 후 진술을 거부한 경우에 참고인에 대한 증인신문이 허용된다(제221 조의 2 제1항).

💬 **진술번복 우려** : 요건 ×(위헌결정으로 삭제됨) 12. 순경 2차

㉠ 범죄수사에 없어서는 아니 될 사실이란 범죄성립 여부에 관한 사실과 정상에 관한 사실 로서 기소·불기소의 결정과 양형에 중대한 영향을 미치는 사실도 포함된다.

① 증인신문의 대상은 비대체적 지식이므로 감정인은 대상 ×

㉡ 참고인이 수사기관에 출석하여 진술은 하였지만 진술조서에 서명을 거부한 경우에도 진 술거부에 준하여 증인신문이 허용된다고 할 것이다.

② **범죄사실 또는 피의사실의 존재** : 증인신문청구는 증인의 진술이 범죄수사나 범죄증명에 없 어서는 안 될 경우에 인정되므로 그 증인의 진술로서 증명할 대상인 피의사실의 존재는 필 수적인 요건이다.

⚒ **관련판례**

증인신문청구를 하려면 피의사실이 존재하여야 하고, 피의사실은 수사기관이 어떤 자에 대하여 내심으 로 혐의를 품고 있는 정도의 상태만으로는 존재한다고 할 수 없고 고소, 고발 또는 자수를 받거나 또는 수사기관 스스로 범죄의 혐의가 있다고 보아 수사를 개시하는 범죄의 인지 등 수사의 대상으로 삼고 있음을 외부적으로 표현한 때에 비로소 그 존재를 인정할 수 있다(대판 1989.6.20, 89도648). 10. 경찰승진

③ **제1회 공판기일 전** : 참고인에 대한 증인신문은 제1회 공판기일 전에 한하여 허용된다. 제1회 공판기일 전이란 증거조사가 개시되기 전을 의미한다고 봄이 타당할 것이다.

(3) 증인신문절차

① **증인신문청구** : 판사에 대한 증인신문청구는 검사만이 할 수 있다. 09. 전의경특채 증인신문을 청구할 때에는 서면으로 그 사유를 소명해야 한다(제221조의 2 제3항). 12. 경찰간부

② **청구에 대한 심사** : 판사는 청구가 적법하고 요건을 구비하였는가를 심사하여 요건을 구비하지 못한 경우에는 결정으로 청구를 기각해야 하며, 청구기각결정에 대하여는 불복할 수 없다. 10 · 12 · 16. 경찰승진 요건을 구비한 경우에는 별도의 결정 없이 바로 증인신문에 들어가야 한다.

③ **증인신문의 방법** : 증인신문을 하는 판사는 법원 또는 재판장과 동일한 권한이 있다(제221조의 2 제4항). 따라서 증인신문의 경우도 수소법원의 증인신문에 관한 규정이 준용된다. 증인신문의 청구에 따라 증인신문기일을 정한 때에는 피고인 · 피의자 또는 변호인에게 이를 통지하여 증인신문에 참여할 수 있도록 하여야 한다(제221조의 2 제5항).

ⓛ 당사자참여권을 보장하고 있으나 통지받은 피의자 등이 출석을 하여야만 증인신문절차를 개시한다는 의미는 아니다. 09. 9급 국가직

(4) 증인신문 후의 조치

판사가 검사의 청구에 의하여 증인신문을 할 때에는 참여한 서기에게 증인신문조서를 작성하도록 하여야 하며, 증인신문에 관한 서류를 지체 없이 검사에게 송부하여야 한다(제221조의 2 제6항). 18. 7급 국가직, 12 · 20. 경찰승진

ⓛ 증거보전처분 후 증거물 처리 ⇨ 판사 소속 법원에서 보관

증인신문의 경우는 증거보전과는 달리 피의자 등에게 서류의 열람 · 등사권이 없다. 09. 순경 2차 또한 증인신문조서는 법관 면전조서로서 당연히 증거능력이 인정된다(대판 1976.9.28, 76도2143).

> ✓ **Key Point**
> - 참고인에 대한 증인신문 청구권자 : 검사
> - 허용시기 : 제1회 공판기일 전
> - 청구사유 : 출석거부, 진술거부
> - 증거능력 : 무조건 인정
> - 참여권 : 피의자 · 피고인 · 변호인의 참여권 인정
> - 열람 · 등사 : 서류의 당사자 열람 · 등사권 ×

01 증거보전절차에 대한 설명으로 가장 적절하지 않은 것은?(다툼이 있는 경우 판례에 의함)

17. 순경 2차

① 공동피고인과 피고인이 뇌물을 주고 받은 사이로 필요적 공범관계에 있다고 하더라도 검사는 수사단계에서 피고인에 대한 증거를 미리 보전하기 위하여 필요한 경우에는 판사에게 공동피고인을 증인으로 신문할 것을 청구할 수 있다.

② 증거보전의 청구를 함에는 서면 또는 구술로 그 사유를 소명할 수 있다.

③ 증거보전은 제1심 제1회 공판기일 전에 한하여 허용되는 것이므로 재심청구사건에서는 증거보전절차는 허용되지 아니한다.

④ 제1회 공판기일 전에 형사소송법 제184조에 의한 증거보전절차에서 증인신문을 하면서, 위 증인신문의 일시와 장소를 피의자 및 변호인에게 미리 통지하지 아니하여 증인신문에 참여할 수 있는 기회를 주지 아니하였고, 또 변호인이 제1심 공판기일에 위 증인신문조서의 증거조사에 관하여 이의신청을 하였다면, 위 증인신문조서는 증거능력이 없다 할 것이고, 그 증인이 후에 법정에서 그 조서의 진정성립을 인정한다 하여 다시 그 증거능력을 취득한다고 볼 수도 없다.

해설 ① 대판 1988.11.8.86도1646
② 증거보전의 청구를 함에는 서면으로 그 사유를 소명하여야 한다(제184조 제3항).
③ 대결 1984.3.29.84모15 ④ 대판 1992.2.28.91도2337

02 증거보전절차에 관한 설명으로 옳지 않은 것은?(다툼이 있는 경우 판례에 의함) 20. 해경

① 증거보전청구는 제1회 공판기일 전까지 가능하고, 공소제기 전후를 불문한다.

② 증거보전의 청구권자는 검사, 사법경찰관, 피고인, 피의자 또는 변호인이다.

③ 증거보전절차에서는 증인신문, 압수, 수색, 검증 및 감정도 할 수 있으나 증거보전의 방법으로 피의자신문, 피고인신문을 청구할 수는 없다.

④ 증거보전청구를 기각하는 결정에 대하여는 3일 이내에 항고할 수 있다.

해설 ① 제184조 제1항
② 증거보전의 청구권자는 검사, 피고인, 피의자 또는 변호인이다(제184조 제1항). 사법경찰관은 증거보전을 청구할 수 없다. ③ 대판 1979.6.12, 79도792 ④ 제184조 제4항

Answer 01. ② 02. ②

03 다음은 수사상 증거보전과 증인신문에 대한 설명이다. 가장 적절한 것은? 14. 순경 1차

① 검사는 증인신문 청구권을 가지나, 증거보전 청구권은 가지고 있지 않다.

② 증거보전은 물론 증인신문의 청구를 받은 판사도 그 처분에 관하여 법원 또는 재판장과 동일한 권한이 있다.

③ 범죄의 수사에 없어서는 아니 될 사실을 안다고 명백히 인정되는 자가 검사의 출석요구를 거부한 경우에는 검사는 공소제기 전에 한하여 판사에게 그에 대한 증인신문을 청구할 수 있다.

④ 증거보전 청구와 증인신문 청구에 대한 기각결정은 모두 항고로서 불복이 가능하다.

해설\ ① 검사는 증인신문, 증거보전 모두 청구권을 가진다(제184조 제1항, 제221조의 2 제1항).
② 제184조 제2항, 제221조의 2 제4항
③ 제1회 공판기일 전에 한하여 청구할 수 있다(제221조의 2 제1항).
④ 증거보전청구를 기각하는 결정에 대해서는 3일 내에 항고할 수 있으나(제184조 제4항), 증인신문청구를 기각하는 결정에 대해서는 불복할 수 없다.

Answer　03. ②

Chapter 06 수사의 종결

단원 advice

수사종결처분의 종류와 그 처분을 할 수 있는 구체적인 사유, 수사종결처분에 대한 통지, 불기소처분에 대한 불복(특히 재정신청), 공소제기 후의 수사 등에 주의하면서 학습하기 바란다.

제1절 ┃ 수사종결의 의의·종류

1 수사종결의 의의

수사의 종결이라 함은 공소제기 여부를 결정할 수 있을 정도로 피의사건이 해명되었을 때 수사절차를 종료하는 처분을 말한다. 종래 수사종결처분은 검사만이 가능하였으나(단, 즉결심판절차에 의해 처리될 경미사건은 경찰서장이 수사종결권을 가짐), 최근 개정법에 의하면 수사종결은 검사뿐만 아니라 경찰공무원인 일반사법경찰관(형사소송법상 사법경찰관), 공수처검사(판사·검사·경무관 이상 부패범죄) 등도 가능하게 되었다.

ⓘ 수사를 종결하였다 하여 그 이후에는 절대로 수사를 할 수 없는 것은 아니며, 공소제기 이후에도 검사는 공소유지를 위한 일정한 범위 내의 수사를 할 수 있고, 불기소처분을 한 때에도 언제든지 수사를 재개할 수 있다. 09. 9급 국가직, 15. 경찰승진, 19. 경찰간부

> ✓ **Key Point**
> • 불기소처분 후에도 언제든지 수사재개 가능
> • 공소제기 후에도 제한된 범위 내에서 수사 가능

2 수사종결의 종류

(1) 경찰공무원인 일반사법경찰관의 수사종결

사법경찰관의 수사종결	유형	법원송치	촉법소년(형벌법령에 저촉된 행위를 한 10세 이상 14세 미만의 소년)과 우범소년(형벌법령에 저촉된 행위를 할 우려가 있는 10세 이상인 소년)에 대하여 경찰서장은 소년부에 사건을 송치하여야 한다(소년법 제4조 제2항).
		검찰송치	사법경찰관은 범죄혐의가 인정된 경우 지체 없이 사건을 검사에게 송치하고 관계 서류와 증거물을 송부하여야 한다(제245조의 5 제1호). 21. 순경 2차
		불송치	ⓘ 사법경찰관은 송치할 필요가 없는 경우에는 그 이유를 명시한 서면과 함께 서류와 증거물을 지체 없이 검사에 송부하여야 하고 검사는 송부 받은 날부터 90일 이내에 사법경찰관에게 반환하여야 한다(제245조의 5 제2호).

		② 불송치는 혐의 없음(범죄구성요건에 해당하지 않는 경우, 증거 불충분), 죄 안됨(위법성조각사유나 책임조각사유의 존재), 공소권 없음(피의자 사망, 공소시효완성 등), 각하
	수사중지	피의자중지, 참고인중지
	이 송	'죄 안됨', '공소권 없음에'에 해당하는 사건이 형법 제10조 제1항(심신상실)에 따라 벌할 수 없는 경우, 기소되어 사실심 계속 중인 사건과 포괄일죄를 구성하는 관계에 있는 경우의 어느 하나에 해당할 때에는 사건을 검사에 이송한다(수사준칙 제51조 제3항).
수사 결과 통지와 이의 신청		① 사법경찰관은 불송치(제245조의 5 제2호)의 경우에는 서류와 증거물을 검사에 송부한 날부터 7일 이내에 서면으로 고소인·고발인·피해자 또는 그 법정대리인(피해자가 사망한 경우에는 그 배우자·직계친족·형제자매를 포함한다)에게 사건을 검사에게 송치하지 아니하는 취지와 그 이유를 통지하여야 한다(제245조의 6). ② 사법경찰관은 수사종결(수사준칙 제51조)을 한 경우에는 그 내용을 고소인·고발인·피해자 또는 그 법정대리인(피해자가 사망한 경우에는 그 배우자·직계친족·형제자매를 포함한다)과 피의자에게 통지해야 한다. 21. 순경 1차 다만, 제51조 제1항 제4호 가목에 따른 피의자중지 결정을 한 경우에는 고소인 등에게만 통지한다(수사준칙 제53조 제1항). ③ 사법경찰관은 수사중지 결정(피의자중지, 참고인중지)의 통지를 할 때에는 수사중지 결정이 법령위반, 인권침해 또는 현저한 수사권남용이라고 의심이 되는 경우 검사에게 신고할 수 있다는 사실을 함께 고지하여야 한다(수사준칙 제54조 제3항·제4항). ④ 사건불송치 통지를 받은 사람은 해당 사법경찰관의 소속 관서의 장에게 이의를 신청할 수 있다(제245조의 7 제1항). ⑤ 사법경찰관은 이의신청이 있는 때에는 지체 없이 검사에게 사건을 송치하고 관계 서류와 증거물을 송부하여야 하며, 처리결과와 그 이유를 신청인에게 통지하여야 한다(제245조의 7 제2항).

(2) 검사의 수사종결

검사는 부패범죄, 경제범죄, 공직자범죄, 선거범죄, 방위사업범죄, 대형참사 등 대통령령으로 정하는 중요범죄와 경찰공무원이 범한 범죄와 같은 직접 수사한 사건 또는 사법경찰관으로부터 송치받은 사건에 대하여 공소제기 또는 불기소처분 등의 수사종결처분을 한다.

⑪ 검사와 사법경찰관리는 고소·고발을 수리한 날로부터 3개월 이내에 수사를 완료하여야 한다(제257조, 경찰수사규칙 제24조).

① 유 형

㉠ **공소제기** : 수사결과 범죄의 객관적 혐의가 충분하고 소송조건을 구비하여 유죄판결을 받을 수 있다고 인정한 때에는 공소를 제기한다(제246조). 이는 수사종결의 가장 전형적인 형태이다. 한편 약식사건의 경우에는 공소제기와 동시에 약식명령을 청구할 수 있다(제449조).

관련판례

형사재판 과정에서 범죄사실의 존재를 증명함에 충분한 증거가 없다는 이유로 무죄판결이 확정되었다고 하더라도 그러한 사정만으로 바로 검사의 구속 및 공소제기가 위법하다고 할 수 없고, 그 구속 및 공소제기에 관한 검사의 판단이 그 당시의 자료에 비추어 경험칙이나 논리칙상 도저히 합리성을 긍정할 수 없는 정도에 이른 경우에만 그 위법성을 인정할 수 있다(대판 2002.2.22, 2001다23447).

ⓛ **불기소처분**(수사준칙에 의한 구분)

혐의 없음	• 범죄 인정 안됨(범죄구성요건에 해당하지 않는 경우) • 증거불충분 02. 순경
죄 안됨	• 위법성조각사유의 존재 13. 7급 국가직 • 책임조각사유의 존재(예 피의자가 형사미성년자) 13. 7급 국가직, 18. 경찰간부
공소권 없음	1. 확정판결이 있는 경우 2. 통고처분이 이행된 경우 13. 경찰간부 3. 소년법에 의한 보호처분이 확정된 경우 4. 사면이 있는 경우(특별사면 ×) 5. 공소의 시효가 완성된 경우 6. 범죄 후 법령의 개폐로 형이 폐지된 경우 13. 7급 국가직 7. 법률의 규정에 의하여 형이 면제된 경우(예 친족상도례) 8. 피의자에 관하여 재판권이 없는 경우 9. 동일사건에 관하여 이미 공소가 제기된 경우(공소를 취소한 경우를 포함한다. 다만, 다른 중요한 증거를 발견한 경우에는 그러하지 아니하다.) 10. 친고죄 및 공무원의 고발이 있어야 논하는 죄의 경우에 고소 13. 경찰간부 또는 고발이 없거나 그 고소 또는 고발이 무효 또는 취소된 때 18. 경찰간부 11. 반의사불벌죄의 경우 처벌을 희망하지 아니하는 의사표시가 있거나 처벌을 희망하는 의사표시가 철회된 경우 12. 피의자가 사망하거나 피의자인 법인이 존속하지 아니하게 된 경우 15·16. 경찰승진, 18·19. 경찰간부
각 하	• 고소·고발이 있는 사건에 대하여 고소인 또는 고발인의 진술이나 고소장 또는 고발장에 의하여 혐의 없음, 죄 안됨, 공소권 없음의 사유에 해당함이 명백한 경우 • 고소·고발이 형사소송법 제224조(고소제한), 제232조 제2항(고소취소) 또는 제235조(고발제한)에 위반하는 경우 • 동일사건에 관하여 검사의 불기소처분이 있는 경우(새로이 중요증거가 발견되어 그 사유를 소명한 때에는 제외) 18. 경찰간부 • 고소권자가 아닌 자가 고소한 경우 13. 경찰간부 • 고소·고발장을 제출한 후 고소인 또는 고발인이 출석을 불응하거나 소재불명되어 고소·고발사실에 대한 수사를 개시·진행할 자료가 없는 경우(검찰사건사무규칙 제115조 제3항 제5호) 18. 경찰간부
기소유예	피의사실은 인정되지만 형법 제51조의 각 호 등을 참작하여 공소를 제기하지 않는 경우를 말한다.

ⓒ **이 송**

ⓐ 검사는 직접수사가 가능한 범죄에 해당되지 아니한 범죄에 대한 고소·고발·진정 등이 접수된 때에는 사건을 검찰청 이외 수사기관에 이송해야 한다(수사준칙 제18조 제1항 제1호).

ⓑ 검사는 직접수사가 가능한 사건을 수사 중 범죄혐의사실이 이에 해당하지 아니한다고 판단되는 때에는 사건을 검찰청 이외의 수사기관에 이송해야 한다. 다만, 구속영장이나 사람의 신체, 주거, 관리하는 건조물, 자동차, 선박, 항공기 또는 점유하는 방실에 대하여 압수·수색 또는 검증영장이 발부된 경우는 제외한다(수사준칙 제18조 제1항 제2호).

ⓒ 사법경찰관의 영장신청으로 사법경찰관이 계속 수사할 수 있게 된 때(제197조의 4 제2항), 그 밖에 다른 수사기관에서 수사하는 것이 적절하다고 판단되는 때 검사는 사건을 검찰청 외의 수사기관에 이송할 수 있다(수사준칙 제18조 제3항).

ⓔ **기소중지·참고인중지** : 기소중지는 피의자소재불명시 그 사유가 해소될 때까지 일시적으로 수사를 종결하는 결정이다(참고인중지 ⇨ 참고인의 소재불명시 그 사유가 해소될 때까지 일시적 수사종결).

ⓜ **보완수사요구** : 검사는 사법경찰관으로부터 송치받은 사건이나 사법경찰관이 영장 신청한 사건에 관하여 필요한 경우 보완수사를 요구할 수 있다(제197조의 2 제1항).

ⓗ **공소보류** : 검사는 국가보안법위반죄를 범한 자에 대하여 정상을 참작하여 공소제기를 보류할 수 있다(공소보류를 받은 자가 공소의 제기 없이 2년을 경과한 때에는 소추할 수 없음) (국가보안법 제20조 제1항).

ⓢ **각종 보호사건의 송치** : 소년보호사건의 송치(수사준칙 제52조 제1항 제8호, 소년법 제49조 제1항), 가정보호사건(수사준칙 제52조 제1항 제9호, 가정폭력처벌법 제9조·제11조) 등

ⓞ **타관송치** : 검사는 사건이 그 소속검찰청에 대응한 법원의 관할에 속하지 아니한 때에는 사건을 서류와 증거물과 함께 관할법원에 대응한 검찰청검사에게 송치하여야 한다(제256조).

② **수사결과의 통지**

㉠ 검사는 수사종결을 한 경우에는 그 내용을 고소인·고발인·피해자·피의자에게 통지해야 한다. 다만, 기소중지결정을 한 경우에는 고소인 등에게만 통지한다(수사준칙 제53조 제1항).

㉡ 검사는 고소 또는 고발 있는 사건에 관하여 공소를 제기하거나 제기하지 아니하는 처분, 공소의 취소 또는 타관송치를 한 때에는 그 처분한 날로부터 7일 이내에 서면으로 고소인 또는 고발인에게 그 취지를 통지하여야 한다(제258조 제1항).

㉢ 검사는 고소 또는 고발 있는 사건에 관하여 공소를 제기하지 아니하는 처분을 한 경우에 고소인 또는 고발인의 청구가 있는 때에는 7일 이내에 고소인 또는 고발인에게 그 이유를 서면으로 설명하여야 한다(제259조).

ㄹ 검사는 범죄로 인한 피해자 또는 그 법정대리인(피해자가 사망한 경우에는 그 배우자·직계친족·형제자매를 포함한다)의 신청이 있는 때에는 당해 사건의 공소제기 여부, 공판의 일시·장소, 재판결과, 피의자·피고인의 구속·석방 등 구금에 관한 사실 등을 신속하게 통지하여야 한다(제259조의 2).

ㅁ 검사는 불기소 또는 타관송치의 처분을 한 때에는 피의자에게 즉시 그 취지를 통지하여야 한다(제258조 제2항). − 공소제기의 경우는 통지 불요(공소제기가 되면 법원으로부터 피고인에게 공소장부본이 송달되기 때문)

③ **수사종결처분과 압수물의 환부**

ㄱ **불기소처분과 압수물의 환부** : 피의사건에 대하여 불기소처분을 내리는 경우에는 검사는 압수물을 원래의 점유자에게 필요적으로 환부하여 압수 이전의 상태로 환원시켜야 한다. 그러나 불기소사건이 고소·고발사건인 경우에는 검찰항고 또는 재정신청 등에 의하여 절차가 계속 진행될 여지가 있으므로 검사는 불기소처분된 고소·고발사건에 관한 압수물 중 중요한 증거가치가 있는 압수물에 관하여는 그 사건에 대한 검찰항고나 재정신청 절차가 종료된 후에 압수물 환부절차를 취하여야 한다(검찰압수물사무규칙 제56조 제1항).

ㄴ **기소중지처분 등과 압수물의 환부** : 기소중지·참고인중지의 경우에도 압수물의 환부가 필요적인가에 대하여 논의가 있다. 피의자·참고인 등의 소재가 파악되면 다시 수사를 진행하여 공소제기할 가능성이 있기 때문이다. 이 문제와 관련하여 판례는 압수물의 환부의무를 지우고 있다. 이에 대하여 공범자에게 유죄의 확정판결이 있는 경우에는 공동피의자로 입건된 자가 조사에 응하지 아니하여 기소중지처분 등이 내려졌다고 할지라도 기소중지자에 대한 관계에 있어서 검사에게 압수물 환부의무가 발생하지 않는다.

⚖ 관련판례

1. 甲의 직원 乙이 甲의 소유인 일화를 甲의 지시에 따라 일본국으로 반출하려다가 이를 압수당하고 甲과의 공범으로 재판을 받아 특정경제범죄 가중처벌 등에 관한 법률위반죄(재산국외도피)로 징역형의 선고유예 및 위 일화에 대한 몰수의 확정판결을 받았고, 甲은 위 직원 乙과 공동피의자로 입건되고서도 조사에 응하지 아니하여 기소중지처분이 되어 지금까지 그 피의사건이 완결되지 아니하고 있다면, 그 일화에 대한 압수의 효력은 甲에 대한 관계에 있어서는 여전히 남아 있으므로, 검사는 환부의무가 없다(대판 1995.3.3, 94다37097).

2. 금의 수입이 금지되어 있는 것도 아니므로 압수된 금괴가 외국에서 생산된 것이라고 하여 당연히 밀수입된 것이라고 추정되는 것은 아니고, 외국산이라고 하여도 언제, 누구에 의하여 관세포탈된 물건인지 알 수 없어 검사가 사건을 기소중지처분하였다면 그 압수물은 관세장물이라고 단정할 수 없으므로 국고에 귀속시킬 수 없을 뿐 아니라 압수를 더 이상 계속할 필요도 없다(대결 1991.4.22, 91모10).

⑶ **고위공직자범죄수사처**(공수처)**의 수사종결처분**

① **공소제기대상이 아닌 사건과 수사종결처분**

㉠ 공수처검사는 공소제기대상 사건이 아닌 사건에 대하여 수사를 한 때에는 관계서류와 증거물을 지체 없이 서울중앙지방검찰청 소속 검사에게 송부하여야 한다(공수처법 제26조 제1항).

㉡ 공수처법 제26조 제1항에 따라 관계 서류와 증거물을 송부받아 사건을 처리하는 검사는 처장에게 해당 사건의 공소제기 여부를 신속하게 통보하여야 한다(동조 제2항).

② **공소제기대상인 사건과 수사종결처분**

㉠ 공수처검사는 판사, 검사, 경무관 이상 경찰공무원이 범한 고위공직자범죄 등에 관하여 수사를 한 때에는 공소제기 또는 불기소의 결정을 한다(공수처법 제20조 제1항).

㉡ 공수처검사가 공소제기를 하는 경우에 제1심 재판은 서울중앙지방법원의 관할로 한다. 다만, 범죄지, 증거의 소재지, 피고인의 특별한 사정 등을 고려하여 공수처검사는 형사소송법에 따른 관할 법원에 공소를 제기할 수 있다(공수처법 제31조).

③ **재정신청**

㉠ 고소·고발인은 수사처검사로부터 공소를 제기하지 아니한다는 통지를 받은 때에는 서울고등법원에 그 당부에 관한 재정을 신청할 수 있다(공수처법 제29조 제1항).

㉡ 공수처법 제29조 제1항에 따른 재정신청을 하려는 사람은 공소를 제기하지 아니한다는 통지를 받은 날부터 30일 이내에 처장에게 재정신청서를 제출하여야 한다(동법 제29조 제2항).

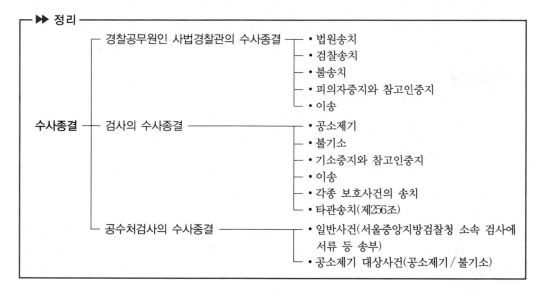

▶▶ 정리

- 수사종결
  - 경찰공무원인 사법경찰관의 수사종결
    - 법원송치
    - 검찰송치
    - 불송치
    - 피의자중지와 참고인중지
    - 이송
  - 검사의 수사종결
    - 공소제기
    - 불기소
    - 기소중지와 참고인중지
    - 이송
    - 각종 보호사건의 송치
    - 타관송치(제256조)
  - 공수처검사의 수사종결
    - 일반사건(서울중앙지방검찰청 소속 검사에 서류 등 송부)
    - 공소제기 대상사건(공소제기 / 불기소)

제2절 ┃ 검사의 불기소처분에 대한 불복

불기소처분에 대한 불복방법으로는 검찰항고(검찰청법 제10조), 재정신청(제260조 이하), 헌법소원(헌법 제111조 제1항, 헌법재판소법 제68조 제1항) 등이 있다.

ⓘ **검사의 불기소처분** : 행정소송제기 ×(대판 1989.10.10, 89누2271)
ⓘ **검사의 공소제기** : 행정소송제기 ×(대판 2000.3.28, 99두11264)

1 검찰항고

(1) 항 고

① 검사의 불기소처분에 불복이 있는 고소인 또는 고발인이 그 검사 소속의 지방검찰청 또는 지청을 거쳐 서면으로 관할 고등검찰청 검사장에게 불기소처분의 시정을 구하는 제도를 말한다(검찰청법 제10조). 09. 9급 국가직, 20. 경찰승진

② 지방검찰청 또는 지청의 검사는 항고가 이유 있다고 인정하는 때에는 그 처분을 경정하여야 한다(동조 제1항). 10. 9급 법원직 고등검찰청 검사장은 항고가 이유 있다고 인정하는 때에는 소속 검사로 하여금 지방검찰청 또는 지청 검사의 불기소처분을 직접 경정하게 할 수 있다(동조 제2항).

(2) 재항고

① 항고를 기각하는 처분에 대하여는 검찰총장에게 재항고할 수 있다(동조 제3항).

② 항고 또는 재항고는 불기소처분의 통지 또는 항고기각 결정통지를 받은 날로부터 30일 이내에 하여야 한다(동조 제4항).

ⓘ 검찰항고제도는 검찰내부적 견제장치라는 점에서 재정신청이나 헌법소원과 구별된다.
ⓘ 검찰재항고는 재정신청(제260조)할 수 있는 자는 제외된다(검찰청법 제10조 제3항). 고소인은 모두 재정신청 권자이므로 재항고는 고발인에 대해서만 인정되는 결과가 된다.

2 재정신청

(1) 의의 및 인정이유

① **의의** : 고소권자로서 고소를 한 자(형법 제123조 내지 제126조의 죄에 대하여는 고발을 한 자를 포함한다)는 검사로부터 공소를 제기하지 아니한다는 통지를 받은 때에는 그 검사 소속의 지방검찰청 소재지를 관할하는 고등법원에 그 당부에 관한 재정(裁定)을 신청할 수 있는 제도를 말한다(제260조 제1항). 13. 경찰승진

ⓘ 재정신청에 대하여 법원이 공소제기결정을 한 경우에 검사에게 공소제기를 강제하는 제도(기소강제절차)라는 점에서 재정신청에 대한 법원의 결정에 의하여 공소제기가 있는 것으로 간주되는 종래의 준기소절차와 구별된다.

② **인정이유** : 검사의 독선과 자의적인 공소권 행사가 이루어질 우려가 있으므로 검사의 부당한 불기소처분으로 인한 폐단을 막기 위해 인정된 제도이다. 14. 경찰승진

재정신청에 대한 특례

형사소송법상의 재정신청제도와는 달리, 최근에 제정(2020.1.14.)된 '고위공직자범죄수사처 설치 및 운영에 관한 법률(이하 공수처법)'에 '재정신청에 대한 특례'가 마련되었다.
공수처검사에 의한 공소제기가 가능한 범죄사건(판사·검사·경무관 이상 경찰관)의 경우, 고소·고발인은 공수처검사로부터 불기소처분통지를 받은 때에는 '서울고등법원'에 재정신청을 할 수 있다 (공수처법 제29조 제1항).
▶ 상세한 설명은 '고위공직자범죄수사'편에서 다루기로 한다.

(2) 재정신청

① **신청권자** : 신청권자는 검사로부터 불기소처분의 통지를 받은 고소인이며, 형법 제123조(직권남용), 제124조(불법체포, 감금), 제125조(폭행가혹행위), 제126조(피의사실공표)의 죄에 대해서는 고발을 한 자도 신청권이 있다(제260조 제1항). 08. 7급·9급 국가직, 10. 순경 1차, 11·15. 순경 2차, 14·15. 경찰간부, 10·14·16. 경찰승진

ⓘ 다만, 형법 제126조(피의사실공표)의 죄에 대하여는 피공표자의 명시한 의사에 반하여 재정신청을 할 수 없다(제260조 본문 단서).
ⓘ 직무유기죄에 대한 고발자 ⇨ 재정신청 ×

② **대상** : 재정신청의 대상은 검사의 불기소처분이 내려진 모든 범죄(고발의 경우는 대상범죄에 제한이 있음)이며, 불기소처분의 이유는 불문한다. 따라서 기소유예처분에 대해서도 가능하다. 11·16. 경찰승진, 16. 9급 교정·보호·철도경찰, 17. 9급 법원직

ⓘ 검사의 공소제기, 공소취소, 내사종결 등 ⇨ 재정신청 대상 ×
ⓘ 고소인 또는 고발인은 대상범죄에 제한없이 모든 범죄에 대하여 재정신청을 할 수 있다. (×)

⚖ 관련판례

1. 대통령에게 제출한 청원서를 대통령비서실로부터 이관받은 검사가 진정사건으로 내사 후 내사종결 처리한 경우, 위 내사종결처리는 고소 또는 고발사건에 대한 불기소처분이라고 볼 수 없어 재정신청의 대상이 되지 아니한다(대결 1991.11.5, 91모68). 04. 순경, 08. 9급 법원직, 10. 순경 1차, 11. 7급 국가직, 11·15. 경찰승진, 14·21. 경찰간부

2. 검사의 불기소처분 당시에 공소시효가 완성되어 공소권이 없는 경우에는 위 불기소처분에 대한 재정신청은 허용되지 않는다(대결 1990.7.16, 90모34). 04. 행시, 12. 순경

3. 법원이 재정신청 대상 사건이 아닌 공직선거법 제251조의 후보자비방죄에 대하여 재정신청을 인용하여 공소제기결정이 이루어진 경우, 그에 따른 공소가 제기되어 본안사건의 절차가 개시된 후에는 다른 특별한 사정이 없는 한 본안사건에서 위와 같은 잘못을 다툴 수 없다(대판 2017.11.14, 2017도 13465).

③ 방법

㉠ 재정신청을 하려면 검찰항고를 거쳐야 한다(제260조 제2항). ⇨ 검찰항고전치주의 16. 경찰간부

⚠ 재정신청을 함에 있어 거쳐야 하는 항고는 고등검찰청 검사장에게 하는 항고를 의미하며, 재정신청을 할 수 있는 자는 검찰총장에게 하는 검찰재항고를 할 수 없다(검찰청법 제10조 제3항).

㉡ 검찰항고를 거치지 않고 재정신청을 할 수 있는 경우는 다음과 같다(제260조 제2항 단서).

> ⓐ 항고 이후 재기수사가 이루어진 다음에 다시 공소를 제기하지 아니한다는 통지를 받은 경우 12. 경찰승진
>
> ⓑ 항고신청 후 항고에 대한 처분이 행하여지지 아니하고 3개월이 경과한 경우
>
> ⓒ 검사가 공소시효 만료일 30일 전까지 공소를 제기하지 아니하는 경우 12. 순경 1차·9급 법원직, 14. 9급 검찰·마약수사, 21. 경찰간부

㉢ 재정신청을 하려는 자는 항고기각결정을 통보 받은 날 또는 검찰항고를 거치지 않고 재정신청을 할 수 있는 사유가 발생한 날부터 10일 이내 08·12. 9급 법원직 에 지방검찰청 검사장 또는 지청장에게 재정신청서를 제출하여야 한다(제260조 제3항 본문). 10. 9급 법원직 다만, 공소시효 만료일 30일 전까지 공소제기를 하지 아니하여 재정신청을 하는 경우에는 공소시효 만료일 전날까지 재정신청서를 제출할 수 있다(동조 제3항 단서). 10. 순경 1차, 12. 9급 법원직, 12·14. 순경 2차, 14·19. 경찰승진 재정신청기간은 불변기간이므로 기간을 지나 신청함은 허용되지 않는다(대결 1967.3.8, 65모59).

⚠ 고등법원에 직접 제출 ×

⚠ 재정신청기간을 제한하는 것은 이미 검사의 불기소처분을 받은 피고소인 또는 피고발인의 지위가 계속 불안정하게 되는 불이익을 고려한 것임.

㉣ 재정신청서에는 재정신청의 대상이 되는 사건의 범죄사실 및 증거 등 재정신청을 이유 있게 하는 사유를 기재하여야 한다(제260조 제4항). 09. 경찰승진

△ 관련판례

재정신청서에 형사소송법 제260조 제4항에 정한 사항의 기재가 없어서 법원으로서는 그 재정신청이 법률상의 방식에 위배된 것으로서 이를 기각하여야 함에도, 공소제기결정을 하여 공소제기가 이루어졌다 할지라도 공소사실에 대한 실체판단에 나아간 제1심판결은 정당하다(대판 2010.11.11, 2009도224). 12. 순경 3차, 17·19. 경찰승진

㉤ 재정신청은 대리인에 의하여도 할 수 있다(제264조 제1항). 12. 순경 3차, 14. 순경 2차, 16. 경찰승진

△ 관련판례

1. 재정신청서에 대하여는 재소자에 대한 특례규정(제344조)이 없으므로 구금 중인 고소인이 재정신청서를 그 기간 안에 교도소장 또는 그 직무를 대리하는 사람에게 제출하였다 하더라도 재정신청서가 위의 기간 안에 불기소처분을 한 검사가 소속한 지방검찰청의 검사장 또는 지청장에게 도달하지 아니한 이상 적법한 재정신청서 제출이라고 할 수 없다(대결 1998.12.14, 98모127). 10. 9급 법원직, 11. 7급 국가직, 18. 순경 2차

2. 재정신청 제기기간이 경과된 후에 재정신청보충서를 제출하면서 원래의 재정신청에 재정신청 대상 으로 포함되어 있지 않은 고발사실을 재정신청의 대상으로 추가한 경우, 그 재정신청보충서에서 추 가한 부분에 관한 재정신청은 법률상 방식에 어긋난 것으로서 부적법하다(대결 1997.4.22, 97모30).
10. 경찰승진, 15. 경찰간부

---

④ **효 력**

㉠ 공동신청권자 중 1인의 신청은 그 전원을 위하여 **효력을 발생한다**(제264조 제1항). 11. 경찰승 진, 12. 순경 3차, 14. 순경 2차, 16. 경찰승진 · 9급 교정 · 보호 · 철도경찰

㉡ 재정신청이 있으면 결정이 확정될 때까지 공소시효의 진행이 정지된다(제262조의 4 제1항).
ⓘ 결정이 있을 때까지 ⇨ 결정이 확정될 때까지(2016. 1. 6. 개정)
ⓘ 재정결정이 있을 때까지 공소시효의 진행이 정지된다. (×) 10 · 13. 경찰승진, 12. 7급 국가직, 15. 순경 1차

⑤ **취 소**

㉠ 재정신청은 고등법원의 결정이 있을 때까지 취소할 수 있다. 취소한 자는 다시 재정신청 을 할 수 없다(제264조 제2항). 07. 9급 법원직, 11 · 16. 경찰승진, 12. 7급 국가직
ⓘ 심리가 개시된 후에는 재정신청을 취소할 수 없다. (×)

㉡ 재정신청의 취소는 다른 공동신청권자에게 효력을 미치지 아니한다(동조 제3항). 11. 경찰승진, 12. 7급 국가직, 16. 9급 교정 · 보호 · 철도경찰, 15 · 21. 경찰간부

㉢ 재정신청의 취소는 관할 고등법원에 서면으로 하여야 한다(규칙 제121조 제1항). 다만, 기 록이 관할 고등법원에 송부되기 전에는 그 기록이 있는 검찰청 검사장 또는 지청장에게 하여야 한다(동조 제1항 단서).

㉣ 취소서를 제출받은 고등법원의 법원사무관 등은 즉시 고등검찰청 검사장 및 피의자에게 그 사유를 통지하여야 한다(동조 제2항).

(3) 지방검찰청 검사장의 처리

① **검찰항고를 거친 경우** : 재정신청서를 제출받은 지방검찰청 검사장 또는 지청장은 재정신청 서를 제출받은 날로부터 7일 이내(10일 이내 ×)에 재정신청서, 의견서, 수사관계서류 및 증거 물을 관할 고등검찰청을 거쳐 고등법원에 송부하여야 한다(제261조). 12. 9급 법원직, 14. 순경 2차 · 9급 교정 · 보호 · 철도경찰

② **검찰항고를 거치지 아니한 경우** : 지방검찰청 검사장 또는 지청장은 신청이 이유 있다고 인 정되면 즉시 공소를 제기하고 그 취지를 관할 고등법원과 재정신청인에게 통지하고, 신청이 이유 없다고 인정되면 30일 이내에 관할 고등법원에 송부한다(동조 제1호 · 제2호).

(4) 고등법원의 심리와 결정

① **기소강제절차의 구조** : 재정신청서를 접수한 고등법원은 검사의 불기소처분에 대한 당부를 판단하게 된다. 이와 관련하여 기소강제절차의 구조를 어떻게 파악할 것인가에 대하여 견해

의 대립이 나타나게 된다. 어떻게 파악하는가에 따라 신청인과 피의자의 절차관여 범위가 달라지기 때문이다.

기소강제절차는 수사절차가 아닌 재판절차이며 형사소송유사의 재판절차로 파악하는 견해 (형사소송유사설)가 다수설이다. 다만, 그것은 공소제기 전의 절차이며 수사와 유사한 성질을 가지고 있으므로 당사자가 대립하는 소송구조의 절차가 아니라 밀행성의 원칙과 직권주의가 지배하는 소송절차로 본다.

관련판례

재정신청절차는 고소·고발인이 검찰의 불기소처분에 불복하여 법원에 그 당부에 관한 판단을 구하는 절차로서 검사가 공소를 제기하여 공판절차가 진행되는 형사재판절차와는 다르며, 또한 고소·고발인인 재정신청인은 검사에 의하여 공소가 제기되어 형사재판을 받는 피고인과는 지위가 본질적으로 다르다(대결 2015.7.16, 2013모2347 전원합의체).

② **관할** : 불기소처분을 한 검사 소속의 지방검찰청 소재지를 관할하는 고등법원의 관할에 속한다 (제260조 제1항). 13·17·19. 경찰승진, 20. 해경

③ **통지** : 법원은 재정신청서를 송부받은 때에는 송부받은 날로부터 10일 이내에 피의자와 재정 신청인에게 그 사실을 통지하여야 한다(제262조 제1항, 규칙 제120조). 12. 순경 3차·9급 법원직, 13. 순경 1차, 16. 9급 교정·보호·철도경찰, 21. 9급 법원직

관련판례

법원이 재정신청서를 송부받았음에도 송부받은 날부터 형사소송법 제262조 제1항(송부받은 때로부터 10일 이내에 피의자에 통지)에서 정한 기간 안에 피의자에게 그 사실을 통지하지 아니한 채 형사소송법 제262조 제2항 제2호에서 정한 공소제기결정을 하였더라도, 그에 따른 공소가 제기되어 본안사건의 절차가 개시된 후에는 다른 특별한 사정이 없는 한 본안사건에서 위와 같은 잘못을 다툴 수 없다(대판 2017.3.9, 2013도16162). 20. 7급 국가직

④ **사실조사와 강제처분** : 고등법원은 재정신청을 송부받은 날로부터 3개월 이내에 항고의 절차에 준하여 결정하여야 하며, 필요한 때에는 증거조사를 할 수 있다(제262조 제2항). 11. 순경 2차, 17. 9급 검찰·마약·교정·보호·철도경찰 피의자신문, 참고인조사, 검증 이외의 구속·압수·수색 등 강제처분도 할 수 있으며, 기피신청도 가능하다고 봄이 다수설이다.

⑤ **심리의 비공개** : 재정신청사건은 특별한 사정이 없는 한 심리를 공개하지 아니한다(제262조 제3항). 08. 순경·9급 법원직, 09·11·13. 경찰승진, 12. 순경 3차

⑥ **재정신청사건기록의 열람·등사의 제한** : 재정신청사건의 심리 중에는 관련서류 및 증거물을 열람 또는 등사할 수 없다. 09·11·12. 경찰승진, 11. 순경 2차, 10·17. 9급 법원직

다만, 법원은 직권으로 증거조사 과정에서 작성된 서류의 전부 또는 일부의 열람 또는 등사를 허가할 수 있다(제262조의 2). 10. 경찰승진·9급 법원직, 19·21. 경찰간부, 21. 9급 법원직

① 재정신청사건의 심리 중에도 원칙적으로 관련서류 및 증거물을 열람 또는 등사할 수 있다. (×)

⑦ **재정결정** : 관할 고등법원은 재정신청을 송부 받은 날로부터 3개월 이내에 항고절차에 준하여 결정을 내려야 한다.

  ㉠ **기각결정** : 재정신청서를 송부받은 고등법원은 3개월 이내에 재정신청이 법률상의 방식에 위배되거나 이유 없는 때에는 신청을 기각한다(제262조 제2항 제1호). 기각결정이 확정되면 다른 중요한 증거를 발견하는 경우를 제외하고는 소추할 수 없다(동조 제4항). 02. 행시, 12. 순경, 14. 9급 검찰·마약수사, 17. 경찰간부, 17. 9급 검찰·마약·교정·보호·철도경찰

  ⓘ 재정신청기각결정이 확정된 사건에 대하여는 다른 중요한 증거를 발견한 경우라도 법원의 허가를 받아 소추하여야 한다. (×)
  ⓘ '다른 중요 증거발견'을 요건으로 하는 경우
  ┌ 피의자 재구속의 제한(제208조 제1항)
  ├ 재정신청 기각결정확정된 사건의 소추(제262조 제4항)
  └ 공소취소 후 재기소(제329조)

⚖ 관련판례

1. 검사의 무혐의 불기소처분이 위법하다 하더라도 기소유예의 불기소처분을 할 만한 사건인 때에는 재정신청을 기각할 수 있다(대결 1997.4.22, 97모30). 02. 7급 검찰, 07. 9급 법원직, 10·12·17. 경찰승진, 18. 순경 2차, 15·19. 경찰간부

2. 형사소송법 제262조 제1항이 20일 이내에 재정결정을 하도록 규정한 것은 훈시적 규정에 불과하므로 그 기간이 지난 후에 재정결정을 하였다 하여 재정결정 자체가 위법한 것은 아니다(대결 1990.12.13, 90모58). - 종전규정에 대한 판례이며, 현행 제262조 제2항 14. 경찰승진·순경 2차

3. 형사소송법 제262조 제4항 후문은 재정신청 기각결정이 확정된 사건에 대하여는 다른 중요한 증거를 발견한 경우를 제외하고는 소추할 수 없다고 규정하고 있다. 여기에서 '다른 중요한 증거를 발견한 경우'란 재정신청 기각결정 당시에 제출된 증거에 새로 발견된 증거를 추가하면 충분히 유죄의 확신을 가지게 될 정도의 증거가 있는 경우를 말하고, 단순히 재정신청 기각결정의 정당성에 의문이 제기되거나 범죄피해자의 권리를 보호하기 위하여 형사재판절차를 진행할 필요가 있는 정도의 증거가 있는 경우는 여기에 해당하지 않는다. 그리고 관련 민사판결에서의 사실인정 및 판단은, 그러한 사실인정 및 판단의 근거가 된 증거자료가 새로 발견된 증거에 해당할 수 있음은 별론으로 하고, 그 자체가 새로 발견된 증거라고 할 수는 없다(대판 2018.12.28, 2014도17182). 21. 9급 법원직

  ⓘ 형사소송법 제262조 제4항 후문에서 말하는 '재정신청 기각결정이 확정된 사건'이라 함은 재정신청 사건을 담당하는 법원에서 공소제기의 가능성과 필요성 등에 관한 심리와 판단이 현실적으로 이루어져 재정신청 기각결정의 대상이 된 사건만을 의미한다. (○) 18. 경찰승진

4. 신청이유를 기재하지 아니한 경우 법률의 방식에 위배된다는 이유로 재정신청을 기각함은 정당하다(대결 2002.2.23, 2000모16).

5. 검사의 불기소처분 당시에 공소시효가 완성되어 공소권이 없는 경우에는 위 불기소처분에 대한 재정신청은 허용되지 않는다. 따라서 기각결정은 정당하다(대결 1990.7.16, 90모34).

6. 1개의 고소로서 수인을 무고하여 피해자의 수만큼 무고죄가 성립한다 할지라도 피해자 중의 한사람이 한 고소에 대하여 검사의 혐의 없다는 불기소처분이 있었고 이에 대한 고소인의 재정신청이 이유 없다 하여 기각된 이상 그 기각된 사건 내용과 동일한 사실로서는 소추할 수 없다 할 것이다(대판 1967.7.25, 66도1222).

7. 형사소송법 제262조 제4항 후문에서 정한 '다른 중요한 증거를 발견한 경우'란 재정신청 기각결정 당시에 제출된 증거에 새로 발견된 증거를 추가하면 충분히 유죄의 확신을 가지게 될 정도의 증거가 있는 경우를 말하고, 21. 경찰간부 단순히 재정신청 기각결정의 정당성에 의문이 제기되거나 범죄피해자의 권리를 보호하기 위하여 형사재판절차를 진행할 필요가 있는 정도의 증거가 있는 경우는 여기에 해당하지 않는다. 그리고 관련 민사판결에서의 사실인정 및 판단은, 그러한 사실인정 및 판단의 근거가 된 증거자료가 새로 발견된 증거에 해당할 수 있음은 별론으로 하고, 그 자체가 새로 발견된 증거라고 할 수는 없다(대판 2018.12.28, 2014도17182).

ⓒ **공소제기결정** : 재정신청서를 송부받은 고등법원은 3개월 이내에 재정신청이 이유 있는 때에는 공소제기결정을 한다(동조 제2항 제2호). 공소제기결정을 하는 때에는 죄명과 공소사실이 특정될 수 있도록 이유를 명시하여야 한다(규칙 제122조).

💬 **재정결정의 심판범위** : 재정결정시를 기준으로 한다. 따라서 불기소처분 이후 새로이 발견된 증거나 발생한 사실(피의자와의 합의 등)을 판단자료로 할 수 있다.

⚠ 신청이 이유 있는 때에는 부심판결정을 한다. (×)

⑧ **재정결정서의 송부** : 고등법원이 신청기각 내지 공소제기결정을 한 때에는 즉시 그 정본을 재정신청인, 피의자와 관할 지방검찰청 검사장 또는 지청장에게 송부하여야 한다. 이 경우 공소제기 결정시에는 관할 지방검찰청 검사장 또는 지청장에게 사건기록을 함께 송부하여야 한다(제262조 제5항). 관할 고등법원으로부터 재정결정서를 송부받은 지방검찰청의 검사장(지청장)은 지체 없이 담당검사를 지정하고, 11. 순경 2차, 14. 9급 검찰·마약수사 지정받은 검사는 공소를 제기하여야 한다(제262조 제6항). 14. 9급 검찰·마약수사

⚠ 고등법원의 결정으로 공소제기가 있는 것으로 간주하는 종래의 준기소절차와는 달리 검사가 공소를 제기하므로, 불고불리원칙의 예외가 아니다(공소유지 또한 검사가 행한다는 점에서 종전 지정변호사가 행하는 점과 차이가 있다).

⑨ **비용부담** : 고등법원은 재정신청의 기각결정이나 재정신청의 취소가 있는 경우에는 결정으로 재정신청인에게 신청절차에 의하여 생긴 비용의 전부 또는 일부를 부담하게 할 수 있으며(제262조의 3 제1항), 08. 순경, 10. 순경 1차, 12. 순경 2차, 17. 9급 검찰·마약·교정·보호·철도경찰, 18. 경찰간부, 17·19. 경찰승진 법원은 직권 또는 피의자의 신청에 따라 재정신청인에게 피의자가 재정신청절차에서 부담하였거나 부담할 변호인의 선임료 등 비용의 전부 또는 일부의 지급을 명할 수 있다(동조 제2항). 14. 순경 2차, 16. 경찰승진 위의 결정(제1항과 제2항)에 대하여 즉시항고할 수 있다(동조 제3항). 11·13. 경찰승진, 12. 순경 3차·7급 국가직, 19. 경찰간부

⚠ 재정신청이 이유가 없어 재정신청인에게 소송비용을 부담하도록 하는 경우에도 듣거나 말하는데 장애가 있는 사람을 위한 통역비용 등은 그 부담의 범위에서 제외된다(규칙 제122조의 2 제1호 : 2020.6.26. 개정).

⑩ **재정결정에 대한 불복** : 제2항 제1호의 고등법원의 재정신청기각결정(제262조 제2항 제1호)에 대하여는 제415조에 따른 즉시항고(재항고)를 할 수 있고, 17. 순경 1차 공소제기결정(제262조 제2항 제2호)에 대하여는 불복할 수 없다(제262조 제4항). <2016. 1. 6. 개정> 10. 경찰승진, 12. 순경 1차, 08·17. 9급 법원직, 18·19. 경찰간부

⚠ 고등법원의 재정결정에 대하여는 불복할 수 없다. (×) 20. 해경

형사절차상 주요불복제도 정리

증거보전청구 기각결정	3일 내에 항고(제184조 제4항)
재정신청기각결정	즉시항고(재항고)(제262조 제4항)
구속영장청구 기각결정	항고 불가(판례)
기피신청기각결정	즉시항고(제23조 제1항)
재심개시결정	즉시항고(제437조)

관련판례

1. 법 제262조 제4항(개정 전)의 "불복할 수 없다."는 부분은, 재정신청 기각결정에 대한 '불복'에 법 제415조의 '재항고'가 포함되는 것으로 해석하는 한, 재정신청인인 청구인들의 재판청구권을 침해하고, 또 법 제415조의 재항고가 허용되는 고등법원의 여타 결정을 받은 사람에 비하여 합리적 이유 없이 재정신청인을 차별취급함으로써 청구인들의 평등권을 침해한다(헌재결 2011.11.24, 2008헌마 578). 따라서 제415조에 의한 즉시항고는 가능
   ▶ 위와 같은 헌법재판소 결정이 나온 이후 제415조에 따른 즉시항고 가능 규정이 신설됨(제262조 제4항).
2. 재정신청에 대한 기각결정 또는 공소제기결정에 불복할 수 없으나(제262조 제4항 : 개정 전), 재정신청 이 법률상의 방식에 위배되었다는 형식적인 사유로 기각한 경우에는 불복할 수 있다(대결 2011.2.1, 2009모407).
3. 형사소송법 제262조 제2항·제4항은 검사의 불기소처분에 따른 재정신청에 대한 법원의 재정신청 기각 또는 공소제기의 결정에 불복할 수 없다고 규정(개정 전)하고 있는데, 공소제기결정에 대하여 는 법 제415조의 재항고가 허용되지 않는다고 보아야 한다(대결 2012.10.29, 2012모1090).
4. 재정신청인이 교도소에 수감되어 있는 경우 재정신청기각결정에 대한 재항고의 법정기간 준수 여부 는 재항고장을 교도소장에게 제출한 시점을 기준으로 하여 판단할 것이 아니라(재소자 특칙이 적용 되지 아니하므로), 재항고장이나 즉시항고장이 법원에 도달한 때를 기준으로 판단하여야 한다(대결 2015.7.16, 2013모2347 전원합의체). 17. 9급 검찰·마약·교정·보호·철도경찰

⑪ **공소시효의 정지** : 재정신청이 있으면 재정결정이 확정될 때까지 공소시효의 진행이 정지된다. 10·13. 경찰승진, 17·21. 9급 법원직, 18. 순경 2차 신청이 이유가 있어 공소제기결정이 있는 경우에는 공소시효에 관하여 그 결정이 있는 날에 공소제기된 것으로 본다(제262조의 4). 10. 경찰승진, 12·15. 순경 1차, 18. 순경 2차 따라서 검사의 공소제기가 언제 있었느냐와 상관없이 공소시효에 관해서는 법원의 공소제기결정이 있는 날에 공소가 제기된 것으로 본다.

⑫ **공소취소의 제한** : 검사는 고등법원의 공소제기결정에 따라 공소를 제기한 때에는 이를 취소 할 수 없다(제264조의 2). 12. 순경 3차, 14·16. 9급 교정·보호·철도경찰, 12·17. 경찰승진, 12·18. 순경 2차 ⚠ 공소취소 이외는 통상 사건의 경우와 같다. 따라서 검사는 공소장을 제출하여야 하며, 공소장변경은 물론 상소를 제기할 수도 있다.

(5) 재정신청사건에 대한 경과 조치

① 2007년 개정법 규정은 이 법 시행(2008. 1. 1) 후 최초로 불기소처분된 사건, 이 법 시행 전에 검찰청법에 따라 항고 또는 재항고를 제기할 수 있는 사건, 이 법 시행 당시 항고 또는 재항고가 계속 중인 사건에 적용한다. 다만, 이 법 시행 전에 동일한 범죄사실에 대하여 이미 불기소처분을 받은 경우에는 그러하지 아니하다(형사소송법 부칙 제5조 제1항).

🔨 관련판례

형사소송법(2007. 6. 1. 법률) 부칙 제5조 제1항 단서에서 같은 법 시행 전에 동일한 범죄사실에 대하여 이미 불기소처분을 받은 경우에는 재정신청 관련 개정 규정을 적용하지 아니하도록 한 것이, 고소인인 청구인을 관련 개정 규정이 적용되는 다른 사건의 고소인들과 차별하여 그의 평등권을 침해하는 것은 아니다(헌재결 2009.9.24, 2008헌마255 전원재판부).

② 이 법 시행 전에 지방검찰청 검사장 또는 지청장에게 재정신청서를 제출한 사건은 종전의 규정에 따른다(부칙 동조 제2항).

③ 이 법 시행 전에 재항고할 수 있는 사건의 재정신청기간은 이 법 시행일부터 10일 이내에 대검찰청에 재항고가 계속 중인 사건의 경우에는 재항고기각결정을 통지받은 날로부터 10일 이내로 한다(부칙 동조 제3항).

🔨 관련판례

형사소송법 부칙 제5조 제3항 "재항고기각결정을 통지받은 날부터 10일"이라는 기간은 고소인 또는 고발인이 재정신청의 이유를 기재하기에 지나치게 짧아 재판절차진술권이나 재판청구권을 침해할 정도로 볼 수 없다(헌재결 2009.6.25, 2008헌마259 전원재판부).

✓ Key Point

- **재정신청의 대상범죄** : 제한 ×(고발의 경우는 제한)
- **재정신청** ┌ 원칙 : 검찰항고전치주의
  └ 예외 : 제260조 제2항 각 호
- **관할** : 불기소처분을 한 검사 소속 지방검찰청 소재지를 관할하는 고등법원(신청서는 지방검철청 검사장 또는 지청장에게 제출)
- **고등법원의 심리** : 비공개
- **재정신청의 효력** ┌ 공동신청권자 중 1인의 신청 ⇨ 전원에 효력 ○
  └ 재정신청 취소 ⇨ 다른 공동신청권자에 효력 ×
- **재정신청** ┌ 이유 × ⇨ 기각
  └ 이유 ○ ⇨ 공소제기결정
- **재정결정(기각 / 공소제기)** : 기각 ⇨ 즉시항고 가능, 공소제기 ⇨ 불복 ×
- **재정신청기각이 확정된 사건** : 다른 중요한 증거가 발견된 경우가 아니면 공소제기 ×
- **열람·등사** : 기록 열람·등사 불가(원칙), 증거조사과정에서 작성된 서류(예외)

- **공소시효** ─ 재정신청이 있을 때부터 재정결정이 확정될 때까지 공소시효 정지
  └ 공소제기 결정이 있는 경우 공소시효에 관하여 공소제기 결정이 있는 날에 공소가 제기된 것으로 본다.
- **공소제기결정에 의한 공소제기** : 공소취소 ×

▶▶ 정리

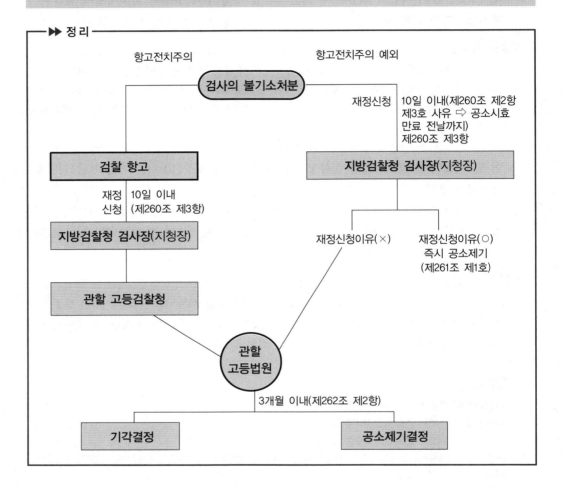

3 헌법소원

(1) 의 의

헌법소원이란 공권력의 행사 또는 불행사로 인하여 헌법상 보장된 기본권을 침해받은 자가 헌법재판소에 권리구제를 청구하는 것을 말한다(헌법 제111조 제1항 제5호, 헌법재판소법 제68조 제1항).

PART
01

(2) 대 상

검사의 불기소처분은 헌법소원의 대상이 되는데, 협의의 불기소처분과 기소유예, 기소중지 및 참고인중지의 처분도 포함된다. 검사의 공소제기는 법원의 재판을 통한 구제절차가 남아 있고 기본권 침해 여부가 재판을 통하여 판단되기 때문에 헌법소원의 대상이 아니다. 법원의 재판에 대해서는 헌법소원을 청구할 수 없다(헌법재판소법 제68조 제1항 본문).

① 재정신청에 의한 고등법원의 재정결정도 재판이므로 헌법소원의 대상이 될 수 없다. 종래에는 제한된 범위 내에서만 고소인은 재정신청을 할 수 있었으므로, 불기소처분에 대한 헌법소원은 헌법재판소에 청구된 헌법소원의 대부분을 차지하고 있었다. 그러나 2007년 개정형사소송법이 재정신청의 대상범죄를 모든 범죄로 확대함에 따라, 이제는 불기소처분에 대한 고소인의 헌법소원은 불가능하게 되었다.

① 진정에 따른 내사사건의 내사종결처분은 재정신청 또는 헌법소원의 대상이 아니다. 15. 경찰승진

관련판례

● **헌법소원 대상 ○**

1. 수용자가 밖으로 내보내는 모든 서신을 봉함하지 않은 상태로 교정시설에 제출하도록 규정하고 있는 형의 집행 및 수용자의 처우에 관한 법률 시행령 제65조 제1항은 통신비밀의 자유를 침해하는 것이다(헌재결 2012.2.23, 2009헌마333).

2. 검사가 기소중지처분을 한 사건에 관하여 그 고소인이나 피의자가 그 기소중지의 사유가 해소되었음을 이유로 수사재기신청을 하였는데도 검사가 재기불요결정을 하였다면, 헌법소원의 대상이 되는 공권력의 행사에 해당한다(헌재결 2009.9.24, 2008헌마210).

3. 기소유예처분이란 검사가 공소를 제기함에 충분한 혐의가 있음에도 제반사항을 고려하여 공소를 제기하지 않는다는 내용의 처분이므로 피해자에게 유리한 참고인의 진술만을 토대로 혐의를 인정한 후 타협적으로 기소유예 처분한 것은 청구인의 헌법상 기본권인 평등권, 행복추구권을 침해하였다고 할 것이다(헌재결 2002.10.31, 2002헌마176).

4. '혐의 없음' 처분을 하였어야 함에도 불구하고, '기소유예' 처분을 한 것은 재판청구권과 평등권을 침해한 것이다(헌재결 1996.3.28, 95헌마170 전원재판부).

5. 기소유예처분 자체가 검사가 가지는 소추재량권의 일탈이나 남용에 해당하는 경우에도 헌법소원의 대상이 된다(헌재결 1996.3.28, 95헌마208).

● **헌법소원 대상 ✕**

1. 벌금형미납자를 노역장에 유치할 수 있도록 규정한 형법 제69조 제2항 및 제70조가 청구인의 기본권을 직접 침해하지 않아(벌금 등을 납부하면 기본권 제한의 여지가 없으므로) 위 법률조항들에 대한 헌법소원은 부적법하다(헌재결 2012.10.25, 2012헌마107).

2. 형의 집행 및 수용자의 처우에 관한 법률 제32조 제2항, 교도관 직무규칙 제33조 제1항들은 두발을 단정하게 유지하여야 한다는 내용일 뿐이므로, 청구인의 주장과 같은 강제적 두발규제에 의하여 기본권이 제한되려면, 구체적이고 개별적인 집행행위가 매개되어야 한다. 따라서 위 조항들은 기본권 침해의 직접성이 인정되지 아니한다(헌재결 2012.4.24, 2010헌마751).

3. 교도소장으로 하여금 수용자가 주고받는 서신에 금지 물품이 들어 있는지를 확인할 수 있도록 규정하고 있는 형의 집행 및 수용자의 처우에 관한 법률 제43조 제3항이 청구인의 기본권을 직접 침해한다고 볼 수는 없다(헌재결 2012.02.23, 2009헌마333).

4. 검사의 불기소처분에 대한 헌법소원에 있어서 그 대상이 된 범죄에 대한 공소시효가 완성되었을 때에는 권리보호의 이익이 없어 헌법소원을 제기할 수 없으며, 불기소처분에 대한 헌법소원에서 그 대상이 된 범죄가 형사소송법 제326조 제1호 소정의 "확정판결이 있은 때"에 해당하는 경우에는 이 사건 피의사실에 대하여 따로 공소를 제기할 수 없으므로, 불기소처분의 취소를 구할 권리보호이익이 인정되지 아니한다(헌재결 2010.5.27, 2010헌마71).

5. 검사는 피고인을 구금하는 사실행위를 행하는 기관이라고 볼 수 없다. 따라서, 검사가 구속피고인을 구속 내지 감금한다는 사실행위는 존재하지 아니하므로, 검사의 구속 내지 감금행위를 심판대상으로 하는 헌법소원심판청구는 부적법하다(헌재결 1997.12.24, 95헌마247).

6. '혐의 없음' 결정이나 '죄가 안됨' 결정 모두 소추장애사유가 있어 기소할 수 없다는 내용의 동일한 처분으로(소추장애가 없음에도 기소하지 않는 기소유예와 본질적으로 다름) 검사가 자신은 '혐의 없음'을 주장하는 형사미성년자인 피의자에 대하여 '죄 안됨' 결정을 하였다고 하여 기본권을 침해하는 공권력행사라고 할 수 없다. 따라서 헌법소원의 대상이 아니다(헌재결 1996.11.28, 93헌마229). 뿐만 아니라 '혐의 없음' 결정을 하지 않고 '공소권 없음'의 결정을 한 것도 헌법소원의 대상이 되지 아니한다(헌재결 2009.5.12, 2009헌마218).

7. 재정신청에 대하여 고등법원의 기각결정 및 그에 대한 대법원의 재항고 기각결정은 법원의 재판에 해당하므로 이에 대한 헌법소원은 인정되지 않는다(헌재결 1994.2.24, 93헌마82).

8. 내사종결처리는 수사기관의 내부적 사건처리 방식에 지나지 아니하므로 헌법소원의 대상이 되지 아니한다(헌재결 1990.12.26, 89헌마277).

　　▶ 피청구인이 청구인으로부터 고소장을 제출받고도 부적법하게 진정사건으로 접수하여 내사종결 처분을 하였으므로 내사종결처분은 수사기관의 내부적 사건처리방식에 지나지 않는다고 할 수 없고, 헌법소원의 대상인 공권력의 행사에 해당한다(헌재결 2000.11.30, 2000헌마356 참조).

9. 수사 중인 사건은 특단의 사정이 없는 한 구체적인 공권력의 행사 또는 불행사가 있다고 볼 수 없으므로 헌법소원을 제기할 수 없다(헌재결 1989.9.11, 89헌마169).

(3) 전제조건

검사의 불기소처분에 대해서 헌법소원을 청구하기 위해서는 ① 헌법상 보장된 자신의 기본권이 직접적·현실적으로 침해당하였을 것을 주장해야 하며 ② 다른 법률에 구제절차가 있는 경우에는 그 절차를 모두 마친 경우가 아니면 헌법소원을 청구할 수 없다(다만, 피의자는 헌법재판소에 바로 제기할 수 있다).

관련판례

체포에 대하여는 헌법과 형사소송법이 정한 체포적부심사라는 구제절차가 존재함에도 불구하고, 체포적부심사절차를 거치지 않고 제기된 헌법소원심판청구는 법률이 정한 구제절차를 거치지 않고 제기된 것으로서 보충성의 원칙에 반하여 부적법하다. 한편 체포적부심사절차의 존재를 몰랐다는 점은 정당한 이유 있는 착오라고 볼 수 없다(헌재결 2010.9.30, 2008헌마628).

⑷ 청구권자

불기소처분에 대해 헌법소원을 청구할 수 있는 자는 고소하지 아니한 피해자이거나 피의자이다.

⚠️ 피의자에게는 검사의 불기소처분에 대한 불복제도가 마련되어 있지 않기 때문에 바로 헌법소원이 가능

⚠️ 고발인은 사건과 자기관련성이 없어 헌법소원청구권 ×

⚠️ 고소한 피해자는 불기소처분의 취소를 구하는 헌법소원심판을 청구할 수 있으나, 고소하지 아니한 피해자 또는 고발인은 헌법소원심판을 청구할 수 없다. (×) 17. 9급 검찰·마약수사

⚖️ 관련판례

● 헌법소원 청구권자 ○

1. 헌법재판소에 의하면 고소하지 않은 범죄피해자도 불기소처분에 대한 헌법소원의 청구인적격은 인정되지만, 고소하지 않은 피해자에 대해 검사의 불기소처분이 기본권 침해를 한 것으로는 볼 수 없다고 하여 헌법소원청구를 기각한 바 있다(헌재결 2003.3.27, 2003헌마21). 역시 아버지가 범죄피해자인 아들을 대신하여 고발한 사건에 대하여 검사가 불기소처분하자 피해자인 아들과 함께 헌법소원을 청구한 경우 아버지의 청구는 형사피해자의 청구가 아니므로 자기관련성이 없어 청구인적격이 부정되나, 범죄피해자인 아들의 청구는 고소한 바 없다 하더라도 청구인적격은 인정되지만 기본권의 침해를 인정할 수 없다 하여 기각하였다(헌재결 2004.11.25, 2004헌마595).

2. 수사기록 열람·등사에 관하여 헌법재판소는 변호인의 열람·등사권이 신체 구속된 피의자·피고인의 변호인의 조력을 받을 권리의 핵심적 내용에 속한다고 보아 변호인에게도 헌법소원청구권을 인정하였다(헌재결 2003.3.27, 2000헌마474).

3. 교통사고로 사망한 사람의 부모는 형사소송법상 고소권자의 지위에 있을 뿐만 아니라, 비록 교통사고처리특례법의 보호법익인 생명의 주체는 아니라고 하더라도, 그 교통사고로 자녀가 사망함으로 인하여 극심한 정신적 고통을 받은 법률상 불이익을 입게 된 자임이 명백하므로, 헌법상 재판절차진술권이 보장되는 형사피해자의 범주에 속한다(헌재결 2002.10.31, 2002헌마453 전원재판부).

4. 기소유예처분을 받은 피의자는 항고나 재항고를 제기할 수 있는 법률의 규정이 없고, 검사에 재기신청을 낸다든지 또는 진정서를 제출하여 검사의 직권발동을 촉구하는 등의 절차는 기소유예처분에 대한 법률이 정한 직접적인 구제절차가 아닐 뿐더러 그 밖에도 달리 다른 법률에 정한 구제절차가 없으므로 기소유예처분에 대하여 직접 헌법소원심판을 청구한 심판청구는 적법하다(헌재결 1992.10.1, 91헌마169 전원재판부).

● 헌법소원 청구권자 ×

1. 청구인이 주식회사의 대표이사일 뿐인 경우에는 주식회사에 대한 범죄행위에 대하여 간접적·사실적 또는 경제적 이해관계가 있을지는 몰라도 법적인 이해관계가 있다고 할 수는 없으므로 청구인의 이 사건 헌법소원심판청구는 자기관련성이 없어 부적법하다. 다만, 범죄의 피해자가 주식회사인 경우에 그 주식회사의 주주도 역시 범죄의 피해자로 볼 수 있기 때문에 청구인이 위 회사의 주주 겸 대표이사인 경우라면 헌법소원심판을 청구할 수 있다(헌재결 1995.5.25, 94헌마100).

2. 고소를 취소한 자는 그 불기소처분에 대한 헌법소원심판을 청구할 수 없다(헌재결 1998.8.27, 97헌마79).

⑸ 청구절차

헌법소원은 그 사유가 있음을 안 날로부터 90일 이내에 그 사유가 있은 날로부터 1년 이내에 청구하여야 한다. 다만, 다른 법률에 의한 구제절차를 거친 헌법소원의 심판은 그 최종결정을 통지받은 날로부터 30일 이내에 청구하여야 한다(헌법재판소법 제69조).

① 헌법소원청구가 있어도 공소시효 진행정지 ×(헌재결 1993.9.27, 92헌마284)

⑹ 효 과

헌법재판소가 검사의 불기소처분에 대한 헌법소원을 인용한 때에는 피청구인은 결정취지에 따라 새로운 처분을 하여야 한다(동법 제75조 제4항). 다만, 검사의 불기소처분이 기본권침해에 해당할 때 헌법재판소가 어떤 결정주문을 사용해야 하는가에 대하여 헌법재판소는 불기소처분을 취소하는 결정을 할 수 있을 뿐이고 검사에 대해 공소제기를 강제할 수 없다는 견해와 취소결정에 수반하여 검사에게 재수사명령이나 공소제기명령을 할 수 있다는 견해가 대립한다.

이에 관하여 헌법재판소는 검사불기소처분에 대한 헌법소원을 인용한 경우 "검사불기소처분을 취소한다."는 주문형식을 취하고 있다.

⚖ 관련판례

1. 검사의 불기소처분을 취소하는 헌법재판소의 결정이 있는 때에는 그 결정에 따라 불기소한 사건을 재기하여 수사하는 검사로서는 헌법재판소가 그 결정의 주문 및 이유에서 밝힌 취지에 맞도록 성실히 수사하여 결정하여야 한다(헌재결 1997.7.16, 95헌마290). 03. 7급 검찰
2. 헌법재판소의 결정에 대하여서는 불복신청이 허용될 수 없을 뿐만 아니라, 즉시항고는 헌법재판소법상 인정되지 아니한다(헌재결 1990.10.12, 90헌마170).

✓ Key Point

- **헌법소원** ┌ ○ : 검사불기소처분
  └ × : 공소제기, 재판, 내사종결
- **헌법소원 청구권자** : 고소하지 않은 피해자(고소인 ×, 고발인 ×), 피의자
  ▶ 고소하지 않은 피해자의 헌법소원 청구인적격 여부 ⇨ 긍정(헌법재판소)
- **헌법소원청구** : 공소시효 진행정지 ×

불기소처분에 대한 불복제도의 단계별 정리

- **고소사건** : 검찰항고(고등검찰청 검사장) ⇨ 재정신청(고등법원)
- **고발사건**
  ┌ 형법 제123조 ~ 제126조 범죄사건 ⇨ 검찰항고(고등검찰청 검사장) ⇨ 재정신청(고등법원)
  └ 나머지 범죄 ⇨ 검찰항고(고등검찰청 검사장) ⇨ 검찰재항고

제3절 ▌ 공소제기 후의 수사

1 의의 및 필요성

수사결과 검사가 피의자의 혐의를 인정하고 공소를 제기하면 수사는 원칙적으로 종결된다. 그러나 공소제기 후에도 공소유지를 위하여 또는 공소유지 여부를 결정하기 위한 수사의 필요성은 여전히 존재한다. 그렇다고 공소제기 이후의 수사를 무제한으로 허용할 수는 없다. 17. 수사경과 법원의 심리에 지장을 줄 수 있을 뿐 아니라 피고인의 당사자적 지위에 위협을 초래할 우려가 있기 때문이다. 따라서 공소제기 이후의 수사허용 범위가 문제된다.

2 공소제기 후의 강제수사

(1) 피고인구속

공소제기 후의 피고인구속은 법원의 권한에 속한다(제70조). 따라서 피고인의 구속상태를 계속 유지할 것인지의 여부에 대한 판단은 전적으로 당해 수소법원의 전권에 속한다. 17 · 19. 경찰승진 공판절차에서 피고인은 검사와 대등한 지위를 가지는 당사자이므로 수사기관이 피고인을 구속할 수 없다는 점에 대하여는 의문의 여지가 없다. 21. 경찰승진 따라서 법원이 피고인에 대하여 구속영장을 발부하는 경우 검사의 신청을 필요로 하지 않는다(대결 1996.8.12, 96모46). 14. 경찰승진

ⓘ 공소제기 후에도 수사기관은 피고사건에 관하여 수소법원이 아닌 지방법원 판사로부터 구속영장을 발부받아 피고인을 구속할 수 있다. (×) 17. 7급 국가직

(2) 압수 · 수색 · 검증

공소제기 후에 수사기관이 수소법원과는 별개로 압수 · 수색 · 검증을 할 수 없다고 봄이 다수설이다(단, 임의제출물의 압수, 피고인 구속영장 집행과정에서 압수 · 수색 · 검증은 무방). 17. 7급 국가직, 17 · 19. 경찰승진, 21. 순경 2차 · 9급 검찰 · 마약 · 교정 · 보호 · 철도경찰

ⓘ 공소제기 후의 압수 · 수색은 법원의 권한에 속하므로 형사소송법에는 공소제기 후의 수사기관의 압수 · 수색 영장청구에 관한 규정이 존재하지 않는다. 14. 경찰승진, 18. 수사경과

ⓘ 공소제기 후 제3자가 임의로 제출하는 피고사건에 대한 증거물을 수사기관이 압수하는 것은 위법하다. (×) 19. 경찰승진

ⓘ 검사가 공소제기 후 수소법원 이외의 지방법원 판사에게 청구하여 발부받은 영장에 의하여 압수 · 수색을 하였다면, 유죄의 증거로 삼을 수 없다(대판 2011.4.28, 2009도10412). 21. 순경 2차 · 9급 검찰 · 마약 · 교정 · 보호 · 철도경찰

3 공소제기 후의 임의수사

(1) 피고인신문

공소제기 후에 수사기관이 피고인을 신문할 수 있는가에 대하여 적극설(판례)과 소극설(다수설)의 대립이 있다.

관련판례

검사 작성의 피고인에 대한 진술조서가 공소제기 이후에 작성된 것이라는 이유만으로는 증거능력이 없다고 할 수는 없다(대판 1984.9.26, 84도1646). 13 · 21. 9급 검찰 · 마약 · 교정 · 보호 · 철도경찰, 18. 수사경과, 16 · 17 · 19 · 21. 경찰승진, 21. 순경 2차

ⓘ 임의수사라면 기소 후에 피고인에 대한 조사도 가능하지만 실무상 이 경우에는 피의자신문이 아닌 참고인 진술의 형태로 하고 있다(검찰사건사무규칙 제38조 제2항). 16. 경찰간부

ⓘ 구속 기소한 이후, 재차 소환하여 신문을 하면서 피의자신문조서의 형식이 아니라 일반적인 진술조서의 형식을 취하였다고 하더라도 그 내용은 피의자의 진술을 기재한 피의자신문조서와 실질적으로 같다 할 것이므로, 미리 진술거부권이 있음을 고지한 사실을 인정할 만한 아무런 자료가 없다면 진술의 임의성이 인정되는 경우라도 위법하게 수집된 증거로서 증거능력이 없다(대판 2009.8.20, 2008도8213).

(2) 기타 임의수사

공소제기 후의 임의수사는 원칙적으로 허용된다. 그러므로 참고인조사, 감정, 통역 또는 번역의 위촉(제221조)과 공무소에의 조회(제199조 제2항)와 같은 임의수사는 제1회 공판기일 전후를 불문하고 허용된다고 해야 한다. 그러나 임의수사라고 하여 무제한으로 허용되는 것은 아니다.

관련판례

공판준비 또는 공판기일에서 이미 증언을 마친 증인을 검사가 소환한 후 피고인에게 유리한 그 증언 내용을 추궁하여 이를 일방적으로 번복시키는 방식으로 작성한 진술조서를 유죄의 증거로 삼는 것은 당사자주의 · 공판중심주의 · 직접주의를 지향하는 현행 형사소송법의 소송구조에 어긋나는 것일 뿐만 아니라, 헌법 제27조가 보장하는 기본권, 즉 법관의 면전에서 모든 증거자료가 조사 · 진술되고 이에 대하여 피고인이 공격 · 방어할 수 있는 기회가 실질적으로 부여되는 재판을 받을 권리를 침해하는 것이므로, 이러한 진술조서는 피고인이 증거로 할 수 있음에 동의하지 아니하는 한 그 증거능력이 없다고 하여야 할 것이고, 그 후 원진술자인 종전 증인이 다시 법정에 출석하여 증언을 하면서 그 진술조서의 성립의 진정함을 인정하고 피고인측에 반대신문의 기회가 부여되었다고 하더라도 그 증언 자체를 유죄의 증거로 할 수 있음은 별론으로 하고 위와 같은 진술조서의 증거능력이 없다(대판 2000.6.15, 99도1108 전원합의체). 13. 경찰간부 · 9급 검찰 · 교정 · 보호 · 철도경찰, 14 · 16 · 17. 경찰승진, 10 · 17. 7급 국가직, 18. 수사경과

ⓘ 피고인에게 유리한 증언을 한 증인을 수사기관이 법정 외에서 다시 참고인으로 조사하면서 그 증언을 번복하게 하여 작성한 참고인 진술조서는 피고인이 동의하더라도 증거로 사용할 수 없다. (×) 17. 7급 국가직

▶ 유사판례

① 제1심에서 피고인에 대하여 무죄판결이 선고되어 검사가 항소한 후, 수사기관이 항소심 공판기일에 증인으로 신청하여 신문할 수 있는 사람을 특별한 사정 없이 미리 수사기관에 소환하여 작성한 진술조서는 피고인이 증거로 할 수 있음에 동의하지 않는 한 증거능력이 없다. 위 참고인이 나중에 법정에 증인으로 출석하여 위 진술조서의 성립의 진정을 인정하고 피고인 측에 반대신문의 기회가 부여된다 하더라도 위 진술조서의 증거능력을 인정할 수 없음은 마찬가지이다(대판 2019.11.28, 2013도6825).

② 공판준비 또는 공판기일에서 이미 증언을 마친 증인을 검사가 소환한 후 피고인에게 유리한 그 증언 내용을 추궁하여 이를 일방적으로 번복시키는 방식으로 작성한 진술조서는 피고인이 증거로 할 수 있음에 동의하지 아니하는 한 증거능력이 없다. 이는 검사가 공판준비 또는 공판기일에서

이미 증언을 마친 증인에게 수사기관에 출석할 것을 요구하여 그 증인을 상대로 위증의 혐의를 조사한 내용을 담은 피의자신문조서의 경우도 마찬가지이다(대판 2013.8.14, 2012도13665). 14. 9급 법원직

제4절 ▌ 공소시효

수사 중인 사건에 대하여 공소시효가 완성되면 공소권 없음을 이유로 하는 불송치(사법경찰관) 또는 불기소처분(검사)으로 수사를 종결하게 되므로 공소시효는 수사종결과 관련하여 중요한 의미를 지닌다. 그러나 공소시효가 수사절차의 내용이라고 볼 수는 없어서 순경채용시험 범위에 들어가는지에 대해서는 의문이지만 그 중요성을 감안하여 이하에서 공소시효 전반에 대하여 구체적으로 살펴보기로 한다.

1 의의와 본질

(1) 의 의

공소시효라 함은 범죄행위가 종료한 후 공소가 제기됨이 없이 일정기간 경과하면 그 범죄에 관한 공소권을 소멸시키는 제도를 말한다. 공소시효는 형의 시효와 함께 형사시효의 일종이다.

형사시효의 비교 정리

구 분	공소시효	형의 시효
공통점	• 형사시효제도 • 사실상의 상태를 유지·존중하기 위한 제도	
차이점	• 확정판결 전 시효제도 • 면소판결 • 형사소송법상 제도	• 확정판결 후 시효제도 • 형집행면제 • 형법상 제도

(2) 인정이유

시간의 경과로 인한 사회적 관심의 감소, 일정기간 계속된 기존의 평온상태의 존중·유지, 입증의 곤란, 장기간 도피로 인한 범인의 고통 등을 들 수 있다.

ⓘ 확정된 형벌집행곤란 ⇨ 형의 시효제도 존재 이유임.

(3) 본 질

공소시효의 본질에 관하여 실체법설(공소시효를 형벌권 소멸사유로 파악)과 소송법설(공소시효를 소추권 소멸사유로 파악)의 대립이 있으나 공소시효가 완성되면 무죄판결을 하는 것이 아니고 면소판결을 선고한다는 점(제326조)을 고려할 때 소추권 소멸사유로 보는 것이 타당하다.

2 공소시효의 기간

(1) 시효기간

① **공소시효기간**(제249조 제1항) 10. 순경·9급 법원직, 13. 순경 1차, 12·14·16. 순경 2차, 11·12·17. 경찰승진

사형에 해당하는 범죄	25년
무기징역(무기금고)	15년
장기 10년 이상 징역(금고)	10년
장기 10년 미만 징역(금고)	7년
장기 5년 미만의 징역(금고)	5년
장기 10년 이상의 자격정지	
벌 금	
장기 5년 이상의 자격정지	3년
장기 5년 미만의 자격정지	1년
구 류	
과 료	
몰 수	

💬 **사람을 살해한 범죄의 공소시효**

사람을 살해한 범죄(종범은 제외한다)로 사형에 해당하는 범죄에 대하여는 제249조부터 제253조까지에 규정된 공소시효를 적용하지 아니한다(제253조의 2 : 2015. 7. 31. 신설). 17. 7급 국가직

제253조의 2 개정규정은 이 법 시행 전에 범한 범죄로 아직 공소시효가 완성되지 아니한 범죄에 대하여도 적용한다(부칙 제2조). 15. 순경 3차, 18. 9급 검찰·마약수사

① 사람을 살해한 범죄(종범을 포함)로 사형에 해당하는 범죄에 대하여는 공소시효를 적용하지 아니한다. (×) 18. 경찰간부

② **의제공소시효**(제249조 제2항) : 공소제기 후 확정판결 없이 25년을 경과하면 공소시효가 완성된 것으로 간주한다. 08. 9급 법원직, 12. 경찰승진, 09·13. 순경 1차, 13·14. 경찰간부, 11·14·16. 순경 2차

▶ 공소시효를 적용하지 아니한 범죄 ⇨ 의제공소시효 적용 ×

① 모든 범죄는 공소제기 후 확정판결 없이 25년을 경과하면 공소시효가 완성된 것으로 간주한다. (×)

(2) 시효기간의 기준

① 공소시효기간의 기준이 되는 형은 처단형이 아니라 법정형이다. 2개 이상의 형을 병과(2개 이상의 주형을 병과하는 경우)하거나, 2개 이상의 형에서 1개를 과할 범죄(여러 개의 형이 선택적으로 규정된 경우)에는 무거운 형이 기준이 된다(제250조). 06. 순경, 09·10·15. 9급 법원직, 11. 교정특채, 12·13. 순경 2차, 17. 경찰승진

② 형법에 의하여 형을 가중 또는 감경할 경우에는 가중 또는 감경하지 아니한 형이 시효기간의 기준이 된다(제251조). 09. 순경, 13. 순경 2차, 15. 순경 1차, 16. 9급 교정·보호·철도경찰, 12·15·18. 경찰승진, 18·19. 경찰간부, 10·20. 9급 법원직 가중·감경은 필요적인 경우와 임의적인 경우를 모두 포함한다.

③ 특별법에 의한 형의 가중·감경은 가중·감경된 특별법상 법정형을 기준으로 공소시효의 기간을 결정한다. 09. 순경, 08·11. 9급 법원직, 12·15. 순경 2차

⚖ 관련판례

특정범죄 가중처벌 등에 관한 법률 제8조의 위반죄는 조세범처벌법 제9조 제1항의 행위와 연간 포탈세액이 일정액 이상이라는 가중사유를 합쳐서 구성요건화한 하나의 범죄유형으로 그에 대한 법정형을 규정하고 있는 것이라 할 것이므로, 위 특정범죄 가중처벌 등에 관한 법률 제8조 위반죄의 공소시효기간은 동법 조항의 법정형에 따라 결정하여야 하고, 가중되기 전의 조세범처벌법 제17조의 규정에 의할 수는 없다(대판 1980.10.14, 80도1959).

④ 교사범·종범은 정범의 법정형을 기준으로 한다.

⑤ 범죄 후 법률의 개정에 의하여 법정형이 가벼워진 경우에는 당해 범죄사실에 적용될 가벼운 법정형(신법의 법정형)이 공소시효기간의 기준으로 된다(대판 1987.12.22, 87도84). 05. 법원주사보, 08. 9급 법원직, 12. 순경 2차, 15. 순경 1차, 12·17. 9급 검찰·마약·교정·보호·철도경찰, 21. 경찰간부

⑥ 양벌규정에 의하여 종업원 이외에 법인이나 사업주도 처벌하는 경우에 법인이나 사업주의 시효기간은 사업주에 대한 법정형을 기준으로 해야 한다는 견해와 행위자 본인(종업원)에 대한 법정형을 기준으로 해야 한다는 견해가 대립한다.

ⓛ 헌법재판소는 종업원이 위법행위를 한 경우 법인이나 영업주까지 함께 처벌하도록 하고 있는 규정은 책임주의 원칙에 위배된다는 이유로 청소년보호법·의료법 등 6개의 양벌규정에 대하여 위헌결정을 내린 바 있다(헌재결 2009.7.30, 2008헌가16 전원재판부).

⑦ 과형상 1죄의 경우 가장 중한 죄의 형을 기준으로 하여야 한다는 견해가 있으나, 각 죄에 대하여 개별적으로 판단해야 한다는 견해가 다수설·판례(대판 2006.12.8, 2006도6356)의 입장이다. 11. 7급 국가직, 12. 경찰승진, 21. 경찰간부

⚖ 관련판례

1개의 행위가 여러 개의 죄에 해당하는 경우에 공소시효를 적용함에 있어서는 각 죄마다 따로 따져야 할 것인바, 공무원이 취급하는 사건에 관하여 청탁 또는 알선을 할 의사와 능력이 없음에도 청탁 또는 알선을 한다고 기망하여 금품을 교부받은 경우에 성립하는 사기죄와 변호사법 위반죄는 상상적 경합의 관계에 있으므로, 변호사법 위반죄의 공소시효가 완성되었다고 하여 그 죄와 상상적 경합관계에 있는 사기죄의 공소시효까지 완성되는 것은 아니다(대판 2006.12.8, 2006도6356). 17. 9급 검찰·마약·교정·보호·철도경찰, 18. 순경 1차, 20. 경찰승진

⑧ 공소장에 수개의 범죄사실이 예비적·택일적으로 기재된 경우 공소시효는 가장 중한 죄에 정한 형을 기준으로 한다는 견해도 있으나, 각 범죄사실에 대하여 개별적으로 결정해야 함이 타당하다는 견해가 판례·다수설이다. 10. 경찰승진

⑨ 공소장변경이 있는 경우에 공소시효완성 여부는 당초 공소제기가 있었던 시점을 기준으로 판단할 것이고 공소장변경시를 기준으로 삼을 것은 아니다. 공소장변경절차에 의하여 공소

사실이 변경됨에 따라 그 법정형에 차이가 있는 경우에는 변경된 공소사실에 대한 법정형이 공소시효기간의 기준이 된다.

① 공소장변경이 있는 경우에 공소시효완성 여부는 공소장변경시를 기준으로 한다. (×) 20. 9급 법원직
① 공소장변경으로 법정형에 차이가 있는 경우에 본래의 공소사실에 대한 법정형이 시효기간의 기준이 된다. (×)

관련판례

1. 공소장변경이 있는 경우라도 공소사실의 동일성에는 아무런 차이가 없으므로, 공소시효의 완성 여부는 당초의 공소제기가 있었던 시점을 기준으로 판단할 것이고, 공소장변경시를 기준삼을 것은 아니라 할 것이다(대판 1982.5.25, 82도535). 08. 순경, 09. 9급 국가직, 12·15. 순경 1차, 09·14·16·18. 9급 법원직, 16. 9급 검찰·마약수사, 09·16. 7급 국가직, 13·18. 순경 2차, 10·11·14·19. 경찰승진

2. 공소장변경절차에 의하여 공소사실이 변경됨에 따라 그 법정형에 차이가 있는 경우에는 변경된 공소사실에 대한 법정형이 공소시효기간의 기준이 된다(대판 2001.8.24, 2001도2902). 04. 행시, 05. 순경, 08. 순경 3차, 09·15. 순경 1차, 16. 9급 검찰·마약수사·7급 국가직, 09·14·18. 9급 법원직, 18. 순경 2차

3. 공소제기 당시의 공소사실에 대한 법정형을 기준으로 하면 아직 공소시효가 완성되지 않았으나 법원이 공소장을 변경하지 않고도 범죄사실을 인정하는 경우, 그 범죄사실에 대한 법정형을 기준으로 하면 공소제기 당시 이미 공소시효가 완성되었다면 법원은 면소판결을 선고하여야 한다(대판 2013.7.26, 2013도6182). 18. 7급 국가직, 21. 경찰승진

Q 1. 피고인 甲이 1987. 12. 11. 분묘를 발굴하였다고 하여 1989. 8. 24. 검사에 의해 기소되었다. 검사 乙은 1991. 10. 24. 항소심 절차에서 "甲은 1987. 12. 11. 관계당국에 신고하지 않고 분묘를 개장하였다."는 사유로 매장 및 묘지에 관한 법률위반(공소시효 3년)을 예비적으로 추가하는 공소장변경을 하였을 경우 법원의 조치는?(판례에 의함)

➡ 공소시효 3년 완성 여부는 공소장변경 시점에서 따질 것이 아니고 이와 동일한 사건에 대한 최초 공소제기 시점을 기준으로 하여야 한다는 것이 판례의 입장이다. 따라서 아직 공소시효가 완성되지 아니한 것으로 보아야 할 것이므로 유죄판결을 하여야 한다(대판 1992.4.24, 91도3105).

2. 검사가 2000. 2. 20. 피고인에 대하여 피고인이 1995. 7. 하순 무렵 한 병원 지하문서고에 들어가 병록지 22매를 절취하였다는 내용을 공소사실로 하여 절도죄로 공소를 제기하였다가 2001. 3. 21.에 이르러 피고인에 대한 공소사실을 종전의 절도죄에서 피고인이 1995. 7. 하순 무렵 한 병원 지하문서고에 들어가 건조물에 침입하였다는 내용의 건조물침입죄로 변경하는 경우 법원의 조치는?(절도죄 공소시효 : 5년, 건조물침입죄 공소시효 3년) (판례에 의함)

➡ 판례에 의하면 먼저 공소시효가 완성되었는가는 공소를 제기한 시점인 2000. 2. 20.을 기준으로 한다. 절도죄는 공소시효가 5년이므로 아직 시효가 완성되지 않은 상태에서 공소제기된 것이 되나, 건조물침입죄는 공소시효가 3년으로서 2000. 2. 20. 이미 시효가 완성되었다. 따라서 판례에 의하면 시효가 완성된 사건을 공소제기한 것이나 다름 없어 면소판결을 하게 될 것이다(대판 2001.8.24, 2001도2902).

① 개정법(2007. 12. 21. 공포)에 의하면 절도죄와 건조물침입죄의 공소시효가 각각 7년과 5년으로 변경되었으나, 개정법 시행일 이전에 범한 죄에 대해서는 종전의 규정을 적용하도록 하고 있다(부칙 제3조).

(3) 공소시효의 기산점

① 공소시효는 범죄행위가 종료한 때부터 진행한다(제252조 제1항). 10. 9급 법원직, 11. 7급 국가직 · 교정직 특채, 12. 순경 2차, 14 · 15 · 17. 경찰승진 범죄행위가 종료한 때란 결과범의 경우에는 결과가 발생한 때를 말하며(결과적 가중범의 경우에는 중한 결과가 발생한 때), 11. 경찰승진 거동범과 미수범의 경우에는 실행행위가 종료된 때를 그리고 계속범의 경우에는 법익침해가 종료된 때로부터 공소시효가 진행된다. 포괄1죄에 있어서 공소시효기산점은 최종 범죄행위가 종료한 때(각 행위에 대하여 개별적으로 판단 ×)이다. 10 · 12. 경찰승진, 14. 9급 법원직, 15. 경찰간부, 09 · 15. 순경 1차, 14 · 18. 9급 법원직

② 이에 반하여 과형상 1죄에 있어서는 실질적으로 수죄이므로 개별적으로 판단해야 한다. 공범(공동정범, 교사, 방조 · 필요적 공범 포함)은 최종행위가 종료한 때로부터 전공범에 대한 시효기간을 기산한다(제252조 제2항). 13. 순경 2차, 18. 경찰간부

③ 처벌조건을 요하는 범죄의 경우에는 당해 조건을 성취한 때를 기준으로 한다. 신고기간이 정해져 있는 범죄의 시효기산점에 관하여는 신고기간의 경과라는 견해와 신고의무의 소멸시라는 견해가 대립되고 있으나, 대법원은 후설을 취하고 있다(대판 1978.11.14, 78도2318).

💬 **성폭력범죄의 공소시효**

1. 미성년자에 대한 성폭력범죄의 공소시효 ⇨ 피해자가 성년에 달한 날부터 진행(성폭력범죄의 처벌 등에 관한 특례법 제21조 제1항)
2. 강간 · 강제추행 등의 죄 ⇨ DNA 등 과학적 증거가 있는 때에는 공소시효 10년 연장(동법 제21조 제2항)
3. 13세 미만 사람 및 신체적 또는 정신적인 장애가 있는 사람에 대한 강간 · 강제추행 · 준강간 · 준강제추행 · 강간 등 상해(치상) · 강간 등 살인(치사) ⇨ 공소시효 적용 ×(동법 제21조 제3항)
4. 강간 등 살인(치사 ×) ⇨ 공소시효 적용 ×(제21조 제4항)

ⓘ 아동학대처벌법이 제34조 제1항(피해아동이 성년에 달한 날부터 공소시효진행)의 소급적용 등에 관하여 명시적인 경과규정을 두고 있지는 아니하나, 피해아동 보호라는 입법 목적 등을 비추어 보면 그 시행일인 2014. 9. 29. 당시 범죄행위가 종료되었으나 아직 공소시효가 완성되지 아니한 아동학대범죄에 대하여도 적용된다고 해석함이 타당하다(대판 2016.9.28, 2016도7273).

ⓘ 공소시효를 정지 · 연장 · 배제하는 내용의 특례조항을 신설하면서 소급적용에 관한 명시적인 경과규정을 두지 아니한 경우에 그 조항을 소급하여 적용할 수 있다고 볼 것인지에 관하여는 이를 해결할 보편타당한 일반원칙이 존재할 수 없는 터이므로, 16. 순경 1차 법적 안정성과 신뢰보호원칙을 포함한 법치주의 이념을 훼손하지 아니하도록 신중히 판단하여야 한다. 성폭력범죄의 처벌 등에 관한 특례법은 제20조 제3항에서 "13세 미만의 여자 및 신체적인 또는 정신적인 장애가 있는 여자에 대하여 강간 등을 범한 경우에는 공소시효를 적용하지 아니한다."고 규정하여 공소시효 배제조항을 신설하면서도 소급적용에 관하여는 경과규정을 두지 않고 있으므로 이를 소급하여 적용할 수 없다(대판 2015.5.28, 2015도1362).

💬 **헌정질서 파괴범죄의 공소시효**

헌정질서 파괴범죄(형법상 내란죄 · 외환죄, 군형법상 반란죄 · 이적죄 등), 형법 제250조의 죄로서 집단살해죄의 방지와 처벌에 관한 협약에 규정된 집단살해에 해당하는 범죄 ⇨ 공소시효 적용 배제(헌정질서 파괴범죄의 공소시효 등에 관한 특례법 제3조)

공소시효기산점 정리

결과범	결과발생한 때 ▶ 결과적 가중범 ⇨ 중한 결과 발생한 때 11. 경찰승진, 18. 9급 검찰 · 마약수사
거동범, 미수범	실행행위가 종료된 때
계속범	법익침해행위가 종료된 때
포괄일죄	최종의 범죄행위가 종료된 때 09. 순경, 10 · 12. 경찰승진
과형상 일죄	각 죄에 관하여 개별적 판단
공 범	최종행위가 종료한 때 20. 경찰승진
처벌조건을 필요로 하는 범죄	당해 조건 성취한 때

관련판례

1. 허위의 채무를 부담하는 내용의 채무변제계약 공정증서를 작성한 후 이에 기하여 채권압류 및 추심명령을 받은 때에, 강제집행면탈죄가 성립함과 동시에 그 범죄행위가 종료되어 공소시효가 진행한다(대판 2009.5.28, 2009도875). 12. 9급 검찰

2. 국가보안법에 규정된 반국가단체를 구성하는 죄는 그 범죄의 성립과 동시에 완성하는 즉시범으로서 그 범죄구성과 동시에 공소시효가 진행된다(대판 1970.11.24, 70도1860). 12. 9급 검찰

3. 甲 주식회사 대표이사인 피고인이 주주총회 의사록을 허위로 작성하고 이를 근거로 피고인을 비롯한 임직원들과 주식매수선택권부여계약을 체결함으로써 甲 회사에 재산상 손해를 가하였다고 하며 특정경제범죄 가중처벌 등에 관한 법률 위반(배임)으로 기소된 사안에서, 피고인에 대한 업무상 배임죄는 피고인이 의도한 배임행위가 모두 실행된 때로서 최종적으로 주식매수선택권이 행사되고 그에 따라 신주가 발행된 시점에 종료되었다고 보아야 하는데도, 이와 달리 계약을 체결한 시점에 범행이 종료되었음을 전제로 공소시효가 완성되었다고 보아 면소를 선고한 원심판결에는 법리오해의 위법이 있다(대판 2011.11.24, 2010도11394). 12. 9급 검찰

4. 부정수표단속법 제2조 제2항 위반의 범죄는 예금부족으로 인하여 제시일에 지급되지 아니할 것이라는 결과 발생을 예견하고 발행인이 수표를 발행한 때에 바로 성립하는 것이고 수표소지인이 발행일자를 보충기재하여 제시하고 그 제시일에 수표금의 지급이 거절된 때에 범죄가 성립하는 것은 아니다(대판 2003.9.26, 2003도3394). 11. 경찰승진

5. 공소시효의 기산점에 관하여 규정한 형사소송법 제252조 제1항에 정한 '범죄행위'에는 당해 범죄행위의 결과까지도 포함하는 취지로 해석함이 상당하므로, 교량붕괴사고에 있어 업무상 과실치사상죄, 업무상 과실일반교통방해죄 및 업무상 과실자동차추락죄의 공소시효도 교량붕괴사고로 인하여 피해자들이 사상에 이른 결과가 발생함으로써 그 범죄행위가 종료한 때로부터 진행한다고 보아야 한다(대판 1997.11.28, 97도1740). 11. 경찰승진

6. 공소시효는 범죄행위를 종료한 때로부터 진행하는데, 공무원이 직무에 관하여 금전을 무이자로 차용한 경우에는 차용 당시에 금융이익 상당의 뇌물을 수수한 것으로 보아야 하므로, 공소시효는 금전을 무이자로 차용한 때로부터 기산한다(대판 2012.2.23, 2011도7282). 09. 순경, 21. 변호사시험

7. 정보통신망을 이용한 명예훼손의 경우에, 게시행위 후에도 독자의 접근가능성이 기존의 매체에 비하여 좀 더 높다고 볼 여지가 있다 하더라도 그러한 정도의 차이만으로 정보통신망을 이용한 명예훼

손의 경우에 범죄의 종료시기가 달라진다고 볼 수는 없다. 따라서 정보통신망을 이용한 명예훼손의 경우 게재행위만으로 범죄가 성립하고 종료하므로 그때부터 공소시효를 기산해야 하고, 게시물이 삭제된 시점을 범죄의 종료시기로 보아서 그때부터 공소시효를 기산해야 하는 것은 아니다(대판 2007.10.25, 2006도346). 17. 9급 검찰·마약·교정·보호·철도경찰

8. 미수범의 범죄행위는 행위를 종료하지 못하였거나 결과가 발생하지 아니하여 더 이상 범죄가 진행될 수 없는 때에 종료하고, 그때부터 미수범의 공소시효가 진행한다(대판 2017.7.11, 2016도14820). 18. 7급 국가직·순경 2차, 20. 9급 법원직, 21. 경찰간부

▶ **구체적 사안** : 피고인이 분양대책위원회의 공동대표로서 업무상 임무에 위배하여 2006. 3. 3. 주상복합아파트 2층 오피스텔 28세대에 관한 분양계약서를 받아 그에 관한 소유권이전등기를 하여 재산상 이익을 취득하려고 하였으나 소유권이전등기를 마치지 못하여 미수에 그친 경우, 업무상 배임미수죄에 있어 범죄행위의 종료시기는 금전지급약정 및 분양계약서 반환으로 더 이상 소유권 이전등기절차를 진행할 수 없게 된 때이다.

9. 거짓이나 그 밖의 부정한 방법으로 북한이탈주민의 보호 및 정착지원에 관한 법률에 따른 보호 및 지원을 받은 경우, 공소시효는 북한이탈주민법에 의한 보호 또는 지원을 최종적으로 받은 때로부터 진행한다(대판 2015.10.29, 2014도5939).

10. 공무원이 정당 그 밖의 정치단체에 가입한 죄는 공무원이나 사립학교의 교원 등이 정당 등에 가입함으로써 즉시 성립하고 그와 동시에 완성되는 즉시범이므로 그 범죄성립과 동시에 공소시효가 진행한다(대판 2014.5.16, 2012도12867).

11. 공유수면인 바닷가를 허가 없이 점용·사용하는 행위는 그 공유수면을 무단으로 점용·사용하는 한 가벌적인 위법행위가 계속 반복되고 있는 계속범이라고 보아야 하므로, 상태범 내지 즉시범에 해당함을 전제로, 피고인의 최초 점용시를 공소시효의 기산점으로 보아 이미 공소시효가 완성되었다고 판단하여 면소를 선고한 판결은 위법하다(대판 2010.9.30, 2008도7678).

12. 관할관청의 허가 없이 주유소에 판매대 등의 시공을 완료한 때 위험물안전관리법 제36조 제2호, 제6조 제1항 후단의 위반죄가 기수에 이르렀다고 보아야 하며, 이때부터 공소시효는 진행한다(대판 2009.4.9, 2008도11572).

13. 농지에 잡석 등을 깔아 정지작업이 이루어져 사실상 원상회복이 어렵게 된 토지를 전용하였다는 공소사실에 대하여, 공소 범행 당시 농지로서의 현상을 상실한 토지를 사용한 것이 농지전용죄를 구성하는지 여부를 먼저 살펴본 다음 공소시효의 기산점을 판단하여야 하므로, 정지작업의 종료시 점을 공소시효의 기산점으로 보아 공소시효가 완성되었다고 본 원심판결은 파기되어야 한다(대판 2009.4.16, 2007도6703 전원합의체).

14. 직무유기죄는 그 직무를 수행하여야 하는 작위의무의 존재와 그에 대한 위반을 전제로 하고 있는바, 그 작위의무를 수행하지 아니함으로써 구성요건에 해당하는 사실이 있었고 그 후에도 계속하여 그 작위의무를 수행하지 아니하는 위법한 부작위상태가 계속되는 한 가벌적 위법상태는 계속 존재하는 계속범이므로 이와 같은 가벌적인 위법상태가 소멸해야 비로소 공소시효가 진행하게 된다(대판 1997.8.29, 97도675 ; 대판 2009.1.30, 2008도8130).

15. 무고죄는 타인으로 하여금 형사처분 등을 받게 할 목적으로 공무소 등에 허위의 사실을 신고함으로써 성립하는 범죄이므로, 그 신고된 범죄사실이 이미 공소시효가 완성된 것이어서 무고죄가 성립하지 아니하는 경우에 해당하는지 여부는 그 신고시를 기준으로 하여 판단하여야 한다고 할 것이다(대판 2008.3.27, 2007도11153).

16. 건설산업기본법 제96조 제4호, 제21조에 규정된 '건설업자가 다른 사람에게 자기의 성명 또는 상호를 사용하여 건설공사를 수급 또는 시공하게 하는 행위'는 다른 사람에게 자기의 성명 또는 상호를 사용하여 건설공사를 수급하게 하거나 공사에 착수하게 한 때에 완성되어 기수가 되고 그 후 공사 종료시까지는 그 법익침해의 상태가 남아있을 뿐이다. 따라서 이 사건 공소사실에 대하여 건설공사의 착수시기로부터 기산하여 3년의 공소시효가 완성되었음을 이유로 면소를 선고한 제1심판결을 그대로 유지한 것은 정당하다(대판 2007.4.12, 2007도883).

17. 공익근무요원의 복무이탈죄는 정당한 사유 없이 계속적 혹은 간헐적으로 행해진 통산 8일 이상의 복무이탈행위 전체가 하나의 범죄를 구성하는 것이고, 그 공소시효는 위 전체의 복무이탈행위 중 최종의 복무이탈행위가 마쳐진 때부터 진행한다(대판 2007.3.29, 2005도7032).

18. 수개의 업무상 횡령행위라 하더라도 피해법익이 단일하고, 범죄의 태양이 동일하며, 단일 범의의 발현에 기인하는 일련의 행위라고 인정될 때에는 포괄하여 1개의 범죄라고 봄이 타당하고, 포괄일죄의 공소시효는 최종의 범죄행위가 종료한 때부터 진행한다(대판 2006.11.9, 2004도4234).

19. 공익법인이 주무관청의 승인 없이 기본재산인 건물 중 일부를 예식장업자에게 임대한 경우, 임대행위를 계속하는 한 공소시효는 진행하지 않는다(대판 2006.9.22, 2004도4751).

20. 지정문화재 등을 은닉한 자를 처벌하도록 한 규정은 지정문화재 등임을 알고 그 소재를 불분명하게 함으로써 발견을 곤란 또는 불가능하게 하여 그 효용을 해하는 행위를 처벌하려는 것이므로, 그러한 은닉범행이 계속되는 한 발견을 곤란케 하는 등의 상태는 계속되는 것이어서 공소시효가 진행되지 않는 것으로 보아야 한다(대판 2004.2.12, 2003도6215).

21. '문화재관리국에 등록하지 아니한 자로 하여금 지정문화재를 수리하게 한' 죄가 성립하기 위해서는 미등록 문화재수리업자 등에게 그 수리를 하게 하는 도급 등의 행위뿐만 아니라, 이에 따라 미등록 문화재수리업자 등이 실제로 수리하는 행위가 있어야 하므로, 수리하게 하는 행위 및 이에 따른 그 결과로서의 수리행위 전체를 하나의 구성요건 실현행위로 보아야 하고, 따라서 미등록 문화재수리업자 등이 수리에 착수한 때 곧바로 범죄행위가 종료된 것으로 볼 것은 아니고 그 수리가 완료되거나 중단되는 등으로 사실상 마쳐질 때 그 범죄행위로서의 수리하게 하는 행위의 결과 발생이 종료되어 범죄행위가 종료된 것으로 보아야 한다(대판 2003.9.26, 2002도3924).

22. 법원으로부터 유리한 판결을 받지 못하고 소송이 종료됨으로써 미수에 그친 경우에, 그러한 소송사기미수죄에 있어서 범죄행위의 종료시기는 위와 같이 소송이 종료된 때라고 할 것이다(대판 2000. 2.11, 99도4459).

23. 건축물의 용도변경행위는 유형적으로 용도를 변경하는 행위뿐만 아니라 다른 용도로 사용하는 것까지를 포함하며, 이와 같이 허가를 받지 아니하거나 신고를 하지 아니한 채 건축물을 다른 용도로 사용하는 행위는 계속범의 성질을 가지는 것이어서 허가 또는 신고 없이 다른 용도로 계속 사용하는 한 가벌적 위법상태는 계속 존재하고 있다고 할 것이므로, 그러한 용도변경행위에 대하여는 공소시효가 진행하지 아니하는 것으로 보아야 한다(대판 2001.9.25, 2001도3990).

24. 구 주차장법(1995. 12. 29. 법률 제5115호로 개정되기 전의 것) 제29조 제1항은 "부설주차장을 주차장 외의 용도로 사용"한 경우를 처벌하도록 규정하고 있으므로, 피고인이 부설주차장을 임대하여 주차장 외의 용도로 사용하게 하였다면 주차장 외의 용도로 사용하는 행위와 이로 인한 위법 상태는 계속되고 있었으므로(계속범) 그때까지는 공소시효가 진행되지 아니한다(대판 1999.3.9, 98도4582).

25. 폭력행위 등 처벌에 관한 법률 제4조 소정의 단체 등의 조직죄는 같은 법에 규정된 범죄를 목적으로 한 단체 또는 집단을 구성함으로써 즉시 성립하고 그와 동시에 완성되는 즉시범이므로, 범죄성립과 동시에 공소시효가 진행되는 것이다(대판 1995.1.20, 94도2752).

26. 도주죄는 즉시범으로서 범인이 간수자의 실력적 지배를 이탈한 상태에 이르렀을 때에 기수가 되어 도주행위가 종료하는 것이므로(대판 1991.10.11, 91도1656), 그 후에는 도주 중에 공소시효는 진행한다(대판 1979.8.31, 79도622).

27. 허가를 받지 아니하고 시장을 개설하는 행위는 계속범의 성질을 가지는 것이어서 허가를 받지 않은 상태가 계속되는 한 무허가 시장개설행위에 대한 공소시효는 진행하지 아니한다(대판 1981.10.13, 81도1244).

28. 형법 제98조 제1항에 규정된 간첩행위는 기밀에 속한 사항 또는 도서, 물건을 탐지 수집한 때에 기수가 되는 것이고 간첩이 탐지 수집한 사항을 타인에게 보고, 누설하는 행위는 간첩행위 자체라고는 볼 수 없다(대판 1982.2.23, 81도3063).

29. 지정되지 아니한 일반동산문화재의 등록의무는 문화재보호법시행령 소정의 30일이 경과함으로써 소멸되는 것이 아니므로 위 문화재의 등록위반죄에 대한 공소시효는 위 기간이 경과한 때부터 진행된다고 볼 것이 아니라 그후 위 등록의무의 이행이나 기타 사정으로 등록의무가 소멸한 때를 기준으로 하여 그 기간을 기산함이 옳다(대판 1978.11.14, 78도2318).

30. 강제집행 면탈의 목적으로 채무자가 그의 제3채무자에 대한 채권을 허위로 양도한 경우에 제3채무자에게 채권 양도의 통지가 행하여짐으로써 통상 제3채무자가 채권 귀속의 변동을 인식할 수 있게 된 시점에서는 채권 실현의 이익이 해하여질 위험이 실제로 발현되었다고 할 것이므로, 늦어도 그 통지가 있는 때에는 그 범죄행위가 종료하여 그때부터 공소시효가 진행된다고 볼 것이다(대판 2011.10.13, 2011도6855). 18. 5급 검찰·교정승진

31. 공정거래법 제19조 제1항 제1호에서 정한 가격 결정 등의 합의 및 그에 기한 실행행위가 있었던 경우에 부당한 공동행위가 종료한 날은 그 합의가 있었던 날이 아니라 그 합의에 기한 실행행위가 종료한 날을 의미하므로, 공정거래법 제66조 제1항 제9호 위반죄의 공소시효는 그 실행행위가 종료한 날부터 진행한다(대판 2015.9.10, 2015도3926).

32. 피고인이 허위사실이 기재된 귀화허가신청서를 담당공무원에게 제출하여 그에 따라 귀화허가업무를 담당하는 행정청이 그릇된 행위나 처분을 하여야만 위계에 의한 공무집행방해죄가 기수 및 종료에 이른다고 할 것이고, 한편 단지 허위사실이 기재된 귀화허가신청서를 제출하여 접수되게 한 사정만으로는 구체적인 직무집행을 저지하거나 현실적으로 곤란하게 하는 데까지 이르렀다고 단정할 수 없다(대판 2017.4.27, 2017도2583).

33. 공직선거법 제268조 제1항 본문은 "이 법에 규정한 죄의 공소시효는 당해 선거일 후 6개월(선거일 후에 행하여진 범죄는 그 행위가 있는 날부터 6개월)을 경과함으로써 완성한다."라고 규정하고 있다. 여기서 말하는 "당해 선거일"이란 그 선거범죄와 직접 관련된 공직선거의 투표일을 의미한다. 이는 선거범죄가 당내경선운동에 관한 공직선거법 위반죄인 경우에도 마찬가지이므로, 그 선거범죄에 대한 공소시효의 기산일은 당내경선의 투표일이 아니라 그 선거범죄와 직접 관련된 공직선거의 투표일이다(대판 2019.10.31, 2019도8815).

(4) 시효기간의 계산방법

초일은 1일로 산정하고 기간의 말일이 공휴일 또는 토요일이라도 시효기간에 산입한다(제66조).

3 공소시효의 정지

(1) 의 의

공소시효는 일정한 사유가 있으면 그 진행이 정지되며, 그 사유가 없어지면 나머지 기간이 다시 진행된다. 따라서 중단사유가 소멸하면 시효가 처음부터 다시 진행하는 시효중단과 구별된다.

① 형사소송법은 시효중단제도는 인정하지 않음. 10. 경찰승진, 13. 순경

(2) 공소시효의 정지사유

① **공소제기** : 공소시효는 공소제기로 진행이 정지(중단 ×)되고 공소기각 또는 관할위반의 재판이 확정된 때로부터 다시 진행한다(제253조 제1항). 04 · 05. 순경, 14. 9급 법원직, 14 · 16. 순경 2차, 13 · 14 · 18. 경찰승진, 19. 경찰간부

공소제기가 무효인 경우에도 공소시효는 정지된다. 08. 9급 국가직, 10. 9급 법원직

> **관련판례**
>
> 형사소송법 제253조 제1항은 "시효는 공소의 제기로 진행이 정지되고 공소기각 또는 관할위반의 재판이 확정된 때로부터 진행한다."라고 정하고 있다. 피고인의 신병이 확보되기 전에 공소가 제기되었다고 하더라도 그러한 사정만으로 공소제기가 부적법한 것이 아니고, 공소가 제기되면 위 규정에 따라 공소시효의 진행이 정지된다(대판 2017.1.25, 2016도15526). 18. 9급 검찰 · 마약수사

② **국외도피** : 범인이 형사처분을 면할 목적으로 국외에 있는 경우에 그 기간 동안 공소시효가 정지된다(제253조 제3항). 11. 9급 법원직, 15. 순경 2차

① 도피한 자에게만 시효정지의 효과가 미치고, 다른 공범자에게는 미치지 아니한다. 16. 변호사시험

> **관련판례**
>
> 1. 제253조 제3항의 입법 취지는 범인이 우리나라의 사법권이 실질적으로 미치지 못하는 국외에 체류한 것이 도피의 수단으로 이용된 경우에 체류기간 동안은 공소시효가 진행되는 것을 저지하여 범인을 처벌할 수 있도록 하여 형벌권을 적정하게 실현하고자 하는 데 있다(대판 2015.6.24, 2015도5916). 17. 9급 법원직
> 2. 범인의 국외체류의 목적은 오로지 형사처분을 면할 목적만으로 국외체류하는 것에 한정되는 것은 아니고, 범인이 가지는 여러 국외체류 목적 중 형사처분을 면할 목적이 포함되어 있으면 족하다(대판 2003.1.24, 2002도4994). 06. 9급 법원직, 14. 경찰승진, 17. 경찰간부
> 3. 법정최고형이 징역 5년인 부정수표단속법 위반죄를 범한 사람이 중국으로 출국하여 체류하다가 그곳에서 징역 14년을 선고받고 8년 이상 복역한 후 우리나라로 추방되어 위 죄로 공소제기된 사안에서, 그 범행에 대한 법정형이 당해 범죄의 법정형보다 월등하게 높고, 실제 그 범죄로 인한 수감기간이 당해 범죄의 공소시효 기간보다도 현저하게 길어서 범인이 수감기간 중에 생활근거지가 있는

우리나라로 돌아오려고 했을 것으로 넉넉잡아 인정할 수 있는 사정이 있다면, 그 수감기간에는 '형사처분을 면할 목적'이 유지되지 않았다고 볼 여지가 있다. 따라서 위 수감기간 동안에는 형사소송법 제253조 제3항의 '형사처분을 면할 목적'을 인정할 수 없어 공소시효의 진행이 정지되지 않는다(대판 2008.12.11, 2008도4101). 10. 경찰승진, 18. 7급 국가직

4. '범인이 형사처분을 면할 목적으로 국외에 있는 경우'는 범인이 국내에서 범죄를 저지르고 형사처분을 면할 목적으로 국외로 도피한 경우에 한정되지 아니하고, 범인이 국외에서 범죄를 저지르고 형사처분을 면할 목적으로 국외에서 체류를 계속하는 경우도 포함된다고 볼 것이다(대판 2015.6.24, 2015도5916). 16 · 17. 7급 국가직, 18. 순경 1차, 19. 경찰승진

5. 피고인이 당해 사건으로 처벌받을 가능성이 있음을 인지하였다고 보기 어려운 경우라면 피고인이 다른 고소사건과 관련하여 형사처분을 면할 목적으로 국외에 있은 경우라고 하더라도 당해 사건의 형사처분을 면할 목적으로 국외에 있었다고 볼 수 없다(대판 2014.4.24, 2013도9162). 17. 9급 법원직, 18. 7급 국가직

6. 범인이 국외에 있는 것이 형사처분을 면하기 위한 방편이었다면 '형사처분을 면할 목적'이 있었다고 볼 수 있고, 위 '형사처분을 면할 목적'과 양립할 수 없는 범인의 주관적 의사가 명백히 드러나는 객관적 사정이 존재하지 않는 한 국외 체류기간 동안 '형사처분을 면할 목적'은 계속 유지된다(대판 2008.12.11, 2008도4101).

③ **재정신청** : 재정신청이 있는 경우 고등법원의 결정이 확정될 때까지 공소시효의 진행이 정지된다(제262조의 4 제1항). 15. 순경 1차, 18. 경찰승진 공소제기의 결정이 있는 때에는 공소시효에 관하여는 그 결정이 있는 날에 공소제기된 것으로 본다(동조 제2항). 18. 9급 검찰 · 마약수사

ⓘ '재정결정이 있을 때까지 공소시효진행이 정지된다.' ⇨ '재정결정이 확정될 때까지 공소시효진행이 정지된다.'로 개정(2016. 1. 6. 시행)

ⓘ 검찰항고, 헌법소원 신청 ⇨ 시효정지 ×

④ **소년보호사건의 심리개시결정** : 소년부 판사가 소년보호사건의 심리개시결정을 하면 그 결정이 있는 때로부터 보호처분결정이 확정될 때까지 공소시효의 진행이 정지된다(소년법 제54조). 10. 경찰승진

⑤ **5 · 18특별법에 의한 정지** : 5 · 18 민주화운동 등에 관한 특별법(1995. 12. 21. 공포)은 1979년 12월 12일과 1980년 5월 18일을 전후하여 발생한 헌정질서 파괴범죄 행위에 대하여 국가의 소추권행사에 장애사유가 존재한 기간(당해범죄 종료일부터 1993. 2. 24. 이전까지 기간)은 공소시효의 진행이 정지된 것으로 본다고 규정하고 있다.

관련판례

1. 과거에 이미 행한 범죄에 대하여 공소시효를 정지시키는 법률이라 하더라도 그 사유만으로 형벌불소급의 원칙에 언제나 위배되는 것으로 단정할 수는 없다(헌재결 1996.2.16, 96헌가2).

2. 공소시효가 완성된 범죄를 소급하여 처벌하기 위한 진정소급입법은 헌법에 위배되지만, 기존의 법을 변경하여야 할 공익적 필요는 심히 중대한 반면에 그 법적 지위에 대한 개인의 신뢰를 보호하여야 할 필요가 상대적으로 적어 개인의 신뢰이익을 관철하는 것이 객관적으로 정당화될 수 없는 경우에는 예외적으로 허용될 수 있다(헌재결 1996.2.16, 96헌가2).

3. 공소시효가 아직 완성되지 않은 경우 공소시효를 연장하는 법률로써 이른바 부진정소급효를 갖게 되나, 공소시효제도에 근거한 개인의 신뢰와 공시시효의 연장을 통하여 달성하려는 공익을 비교형량하여 공익이 개인의 신뢰보호이익에 우선하는 경우에는 소급효를 갖는 법률도 헌법상 정당화될 수 있다(헌재결 1996.2.16, 96헌가2).

ⓘ 헌법재판소는 아직 공소시효가 완성되지 않은 이상, 예상된 시기에 이르러 공소시효가 완성되리라는 것에 대한 보장은 불확실한 기대일 뿐이므로 공소시효에 의하여 보호될 수 있는 신뢰보호이익은 극히 미약한 것으로, 이 경우에 공소시효를 사후에 연장 폐지하는 것은 항상 허용될 수 있다고 한다. (×) 10. 경찰승진 − 항상 허용되는 것이 아니라 공익이 우선하는 경우에 예외적 허용

⑥ **대통령의 재직기간** : 재직 중인 대통령에 대해서는 내란죄와 외환죄를 제외하고는 형사소추가 불가능하므로(헌법 제84조) 대통령이 내란·외환죄 이외의 범죄를 범한 경우 재직기간에는 공소시효의 진행이 정지된다는 것이 헌법재판소의 견해(헌재결 95.1.20, 94헌마246)이며, 17. 경찰간부 우리나라 헌법학계의 통설이다.

(3) 시효정지 효력이 미치는 범위

공소제기의 효력은 공소제기된 피고인에 대하여만 미친다. 그러나 공범 1인에 대한 공소시효의 정지는 다른 공범자에 대하여도 효력이 미치고, 12. 순경 1차·9급 검찰·마약·교정·보호·철도경찰, 13·14. 경찰승진, 16·21. 경찰간부 당해 사건의 재판이 확정된 때(최종행위가 종료한 때 ×)부터 공소시효가 진행한다(제253조 제2항). 10. 9급 법원직, 15. 경찰간부, 16. 9급 교정·보호·철도경찰

🔎 관련판례

1. 공범의 1인으로 기소된 자가 구성요건에 해당하는 위법행위를 공동으로 하였다고 인정되기는 하나 책임조각을 이유로 무죄로 되는 경우와는 달리 범죄의 증명이 없다는 이유로 공범 중 1인이 무죄의 확정판결을 선고받은 경우에는 그를 공범이라고 할 수 없어 그에 대하여 제기된 공소로써는 진범에 대한 공소시효정지의 효력이 없다(대판 1999.3.9, 98도4621). 16. 경찰간부, 13·18. 순경 1차, 12·20. 경찰승진
   ⓘ 책임조각으로 무죄가 확정된 공범에 대한 공소제기는 다른 공범에 대한 공소시효정지효력이 인정된다. (○) 10. 경찰승진
   ⓘ 공범의 1인으로 기소된 자가 책임조각을 이유로 무죄로 되거나 범죄의 증명이 없다는 이유로 공범 중 1인이 무죄의 확정판결을 선고받은 경우에는 그를 공범이라고 할 수 없으므로 그에 대하여 제기된 공소로써는 진범에 대한 공소시효정지의 효력이 인정되지 않는다. (×) 16.7급 국가직

2. 뇌물공여죄와 뇌물수수죄 사이와 같은 이른바 대향범 관계에 있는 자는 강학상으로는 필요적 공범이라고 불리고 있으나, 서로 대향된 행위의 존재를 필요로 할 뿐 각자 자신의 구성요건을 실현하고 별도의 형벌규정에 따라 처벌되는 것이어서, 2인 이상이 가공하여 공동의 구성요건을 실현하는 공범 관계에 있는 자와는 본질적으로 다르며, 대향범 관계에 있는 자 사이에서는 각자 상대방의 범행에 대하여 형법 총칙의 공범규정이 적용되지 아니한다. 이러한 점들에 비추어 보면, 형사소송법 제253조 제2항(공범 1인에 대한 시효정지는 다른 공범자에게 효력이 미친다)에서 말하는 '공범'에는 뇌물공여죄와 뇌물수수죄 사이와 같은 대향범 관계에 있는 자는 포함되지 않는다(대판 2015.2.12, 2012도4842). 15. 순경 3차, 16. 9급 교정·보호·철도경찰, 16·17. 경찰간부, 18. 9급 검찰·마약수사·순경 2차, 16·18. 7급 국가직, 19·20. 경찰승진, 20. 9급 법원직, 21. 변호사시험

3. 형사소송법 제253조 제2항은 공범 중 1인에 대한 공소의 제기로 다른 공범자에 대한 공소시효까지 정지한다고 규정하면서도 다시 공소시효가 진행하는 시점에 관해서는 위 제253조 제1항과 달리 공소기각 또는 관할위반의 재판인 경우로 한정하고 있지 않다. 따라서 공범 중 1인에 대한 공소의 제기로 다른 공범자에 대한 공소시효의 진행이 정지되더라도 공소가 제기된 공범 중 1인에 대한 재판이 확정되면, 그 재판의 결과가 공소기각 또는 관할위반인 경우뿐 아니라 유죄, 무죄, 면소인 경우에도 그 재판이 확정된 때로부터 다시 공소시효가 진행된다고 볼 것이고, 이는 약식명령이 확정된 때에도 마찬가지라고 할 것이다. 형사소송법이 공범 중 1인에 대한 공소의 제기로 다른 공범자에 대하여도 공소시효가 정지되도록 한 것은 공소제기 효력의 인적 범위를 확장하는 예외를 마련하여 놓은 것이므로, 이는 엄격하게 해석하여야 하고 피고인에게 불리한 방향으로 확장하거나 축소하여 해석해서는 아니 된다. 그렇다면 공범 중 1인에 대해 약식명령이 확정된 후 그에 대한 정식재판청구권회복결정이 있었다고 하더라도 그 사이의 기간 동안에는, 다른 공범자에 대한 공소시효는 정지함이 없이 계속 진행한다고 보아야 할 것이다(대판 2012.3.29, 2011도15137). 17. 9급 검찰·마약·교정·보호·철도경찰

① 공범 중 1인에 대해 약식명령이 확정된 후 그에 대한 정식재판청구권회복결정이 있었다고 하면 그 사이의 기간 동안에는, 특별한 사정이 없는 한, 다른 공범자에 대한 공소시효는 정지된다. (×) 18. 경찰승진

4 공소시효완성의 효과

공소제기 없이 공소시효기간이 경과하였거나, 공소가 제기되었으나 판결이 확정되지 않고 25년을 경과한 때에는 공소시효가 완성된다. 09. 순경, 14. 9급 검찰·마약·교정·보호·철도경찰, 19. 경찰간부 수사 중인 피의사건에 대하여 공소시효가 완성되면 검사는 공소권 없음을 이유로 불기소처분을 하여야 하며, 공소제기된 후에 공소시효가 완성된 것이 판명된 때에는 법원은 면소판결로서 소송을 종결하여야 한다(이에 위반하여 실체판결을 한 경우에는 상소이유가 됨). 09. 9급 국가직, 13. 순경, 14. 경찰승진, 15. 9급 법원직

✓ **Key Point**

- **공소시효기간** : 제249조 제1항·제2항
- **공소시효기간 결정기준** : 법정형(▶ 처단형 ×)
- **공소시효기산점** : 범죄 종료시
- **공소시효기간 계산방법** : 초일산입, 말일이 공휴일 또는 토요일이어도 산입
- **공소시효정지사유** ┬ 공소제기
  ├ 국외도피
  ├ 재정신청
  ├ 소년보호사건의 심리개시결정
  ├ 5·18 특별법
  └ 대통령 재직기간
- **시효정지효력이 미치는 범위** : 공범 1인에 대한 시효정지는 다른 공범자에게도 효력이 미침.

Chapter

06 기출문제

01 수사의 종결에 관한 설명 중 가장 적절한 것은?

① 공소의 제기, 타관송치, 무혐의처분, 고발·고소의 취소 등은 수사종결처분에 해당한다.

② 피의자중지와 참고인중지, 타관송치 등은 종국처리의 성격을 지닌다.

③ 고위공직자범죄수사처 검사는 공소제기 대상사건의 경우 종국처리에 해당하는 수사종결을 할 수 있다.

④ 수사종결처분은 검사만이 가능하며, 즉결심판절차에 의하여 처리되는 사건은 경찰서장이 수사종결권을 가진다.

해설\ ① 공소의 제기, 타관송치, 무혐의처분은 수사종결처분에 해당하나 고발·고소의 취소는 수사종결처분이 아니다.
② 피의자중지와 참고인중지, 타관송치 등은 중간처리의 성격을 지닌다.
③ 공수처검사는 공소제기 대상사건의 경우에는 공소제기 또는 불기소의 결정과 같은 종국적인 수사종결을 할 수 있으나(공수처법 제20조 제1항), 그 이외의 사건에 대해서는 관계 서류와 증거물 등을 서울중앙지방검찰청 소속 검사에게 송부하도록 규정하고 있는데(동법 제26조 제1항), 이는 중간처리성격의 수사종결에 해당한다.
④ 종래 수사종결처분은 검사만이 가능하였으나(다만, 즉결심판절차에 의하여 처리되는 사건은 경찰서장이 수사종결), 최근 개정법에 의하면, 수사종결은 검사뿐만 아니라 경찰공무원인 사법경찰관, 공수처 검사 등도 가능하게 되었다.

02 경찰단계에서 수사종결처분에 대한 설명으로 가장 적절하지 않은 것은?

① 사법경찰관은 송치할 필요가 없는 경우에는 그 이유를 명시한 서면과 함께 서류와 증거물을 지체 없이 검사에 송부하여야 하고 검사는 송부 받은 날부터 60일 이내에 사법경찰관에게 반환하여야 한다.

② 불송치의 유형으로는 혐의 없음, 죄 안됨, 공소권 없음, 각하 등을 들 수 있다.

③ 사법경찰관은 범죄혐의가 인정된 경우 지체 없이 사건을 검사에게 송치하고 관계 서류와 증거물을 송부하여야 한다.

④ 촉법소년과 우범소년에 대하여 경찰서장은 소년부에 사건을 송치하여야 한다.

해설\ ① 사법경찰관은 송치할 필요가 없는 경우에는 그 이유를 명시한 서면과 함께 서류와 증거물을 지체 없이 검사에 송부하여야 하고 검사는 송부 받은 날부터 90일 이내에 사법경찰관에게 반환하여야 한다(제245조의 5 제2호). ② 수사준칙 제51조 제1항 제3호 ③ 제245조의 5 제1호 ④ 소년법 제4조 제2항

Answer 01. ③ 02. ①

03 사법경찰관의 수사결과 통지에 관한 내용으로 올바른 것은?

① 사법경찰관은 불송치(제245조의 5 제2호)의 경우에는 서류와 증거물을 검사에 송부한 날부터 10일 이내에 서면으로 고소인·고발인·피해자 또는 그 법정대리인에게 사건을 검사에게 송치하지 아니하는 취지와 그 이유를 통지하여야 한다.

② 사법경찰관은 수사종결(피의자중지 결정 포함)을 한 경우에는 그 내용을 고소인·고발인·피해자 또는 그 법정대리인과 피의자에게 통지해야 한다.

③ 사법경찰관은 수사중지 결정의 통지를 할 때에는 수사중지 결정이 법령위반, 인권침해 또는 현저한 수사권남용이라고 의심이 되는 경우 검사에게 신고할 수 있다는 사실을 함께 고지하여야 한다.

④ 사건불송치 통지를 받은 사람은 해당 관할 지방검찰청검사장에게 이의를 신청할 수 있으며, 사법경찰관은 이의신청이 있는 때에는 지체 없이 검사에게 사건을 송치하고 관계 서류와 증거물을 송부하여야 하며, 처리결과와 그 이유를 신청인에게 통지하여야 한다.

해설\ ① 사법경찰관은 불송치(제245조의 5 제2호)의 경우에는 서류와 증거물을 검사에 송부한 날부터 7일 이내에 서면으로 고소인·고발인·피해자 또는 그 법정대리인(피해자가 사망한 경우에는 그 배우자·직계친족·형제자매를 포함한다)에게 사건을 검사에게 송치하지 아니하는 취지와 그 이유를 통지하여야 한다(제245조의 6).

② 사법경찰관은 수사종결(수사준칙 제51조)을 한 경우에는 그 내용을 고소인·고발인·피해자 또는 그 법정대리인(피해자가 사망한 경우에는 그 배우자·직계친족·형제자매를 포함한다)과 피의자에게 통지해야 한다. 다만, 제51조 제1항 제4호 가목에 따른 피의자중지 결정을 한 경우에는 고소인 등에게만 통지한다(수사준칙 제53조 제1항).

③ 수사준칙 제54조 제3항·제4항

④ 사건불송치 통지를 받은 사람은 해당 사법경찰관의 소속 관서의 장에게 이의를 신청할 수 있다(제245조의 7 제1항). 사법경찰관은 이의신청이 있는 때에는 지체 없이 검사에게 사건을 송치하고 관계 서류와 증거물을 송부하여야 하며, 처리결과와 그 이유를 신청인에게 통지하여야 한다(제245조의 7 제2항).

04 검사의 수사의 종결처분에 대한 설명 중 가장 적절하지 않은 것은?(다툼이 있는 경우 판례에 의함)

18. 경찰승진

① 검사는 고소 또는 고발 있는 사건에 관하여 공소제기, 불기소, 공소취소 또는 타관송치의 처분을 한 때에는 그 처분한 날로부터 7일 이내에 서면으로 고소인 또는 고발인에게 그 취지를 통지하여야 한다.

② 검사는 고소 또는 고발 있는 사건에 관하여 공소를 제기하지 아니하는 처분을 한 경우에 고소인 또는 고발인의 청구가 있는 때에는 7일 이내 고소인 또는 고발인에게 그 이유를 서면으로 설명하여야 한다.

Answer 03. ③ 04. ④

③ 검사는 범죄로 인한 피해자 또는 그 법정대리인의 신청이 있는 때에는 당해 사건의 공소제기여부, 공판의 일시·장소, 재판결과, 피의자·피고인의 구속·석방 등 구금에 관한 사실 등을 신속하게 통지하여야 한다.

④ 검사의 불기소처분이 있는 경우 일사부재리의 원칙이 적용되므로 다시 공소를 제기할 수 없다.

해설\ ① 제258조 제1항 ② 제259조 ③ 제259조의 2
④ 검사의 불기소처분이 있는 경우 일사부재리의 원칙이 적용되지 않으므로 불기소처분을 한 후에도 공소시효가 완성되기 전이면 언제라도 공소를 제기할 수 있다(대판 2009.10.29, 2009도6614).

05 수사종결처분의 통지에 관한 내용으로 옳지 않은 것은 모두 몇 개인가?

> ㉠ 고소인에 대한 불기소처분의 통지는 필요적이지만 고발인에 대한 경우는 임의적이다.
> ㉡ 타관송치의 사유가 있는 경우에도 사건의 이송 여부는 언제나 검사의 재량에 속한다.
> ㉢ 공소제기, 불기소처분, 타관송치, 공소장변경은 고소인에게 통지하여야 할 처분에 해당한다.
> ㉣ 검사는 공소제기, 불기소, 타관송치처분을 한 때에는 피의자에게 즉시 그 취지를 통지하여야 한다.
> ㉤ 검사는 당해 사건의 공소제기 여부, 공판의 일시·장소, 재판결과, 피의자·피고인의 구속·석방 등 구금에 관한 사실 등을 피해자나 법정대리인에게 신속하게 통지하여야 한다.
> ㉥ 공소보류자(국가보안법 위반사범)에 대하여 공소제기 없이 2년이 경과하면 소추할 수 없으며, 법무부장관이 정한 감시·보도에 관한 규칙을 위반하면 공소보류를 취소할 수 있는데, 취소한 때에는 재구속의 제한(제208조)을 받지 않고 재구속할 수 있다.

① 2개   ② 3개   ③ 4개   ④ 5개

해설\ ㉠ × : 검사는 고소 또는 고발사건에 관하여 공소를 제기하거나 제기하지 아니하는 처분, 공소의 취소 또는 타관송치를 한 때에는 그 처분을 한 날로부터 7일 이내에 서면으로 고소인 또는 고발인에게 그 취지를 통지하여야 한다(제258조 제1항).
㉡ × : 타관송치의 사유가 있는 경우라도 불기소처분의 사유에 해당하면 사건을 이송하지 않고 불기소처분을 내릴 수 있지만(반대견해 有), 군사법원의 재판권에 속하는 사건인 때에는 불기소처분의 사유가 있더라도 송치하지 않고 불기소처분을 할 수 없다.
㉢ × : 공소제기, 불기소처분, 타관송치는 고소인에게 통지하여야 할 처분에 해당하나(제258조 제1항), 공소장변경은 피고인 또는 변호인에게는 고지할 뿐(제298조 제2항), 고소·고발인에게 통지하여야 할 처분에 해당하지 않는다(제258조).
㉣ × : 검사는 불기소 또는 타관송치처분을 한 때에는 피의자에게 즉시 그 취지를 통지하여야 한다(제258조 제2항). 공소제기의 경우에는 피고인 또는 변호인에게 법원에서 공소장부본을 송달하게 되므로 검사가 피의자에게 통지할 필요는 없다(제266조 참조).
㉤ × : 검사는 범죄로 인한 피해자 또는 그 법정대리인(피해자가 사망한 경우에는 그 배우자·직계친족·형제자매를 포함한다)의 신청이 있는 때에는 당해 사건의 공소제기 여부, 공판의 일시·장소, 재판결과, 피의자·피고인의 구속·석방 등 구금에 관한 사실 등을 신속하게 통지하여야 한다(제259조의 2).
㉥ ○ : 국가보안법 제20조

Answer 05.④

06 불기소결정의 사유와 그 유형을 바르게 연결한 것은?

① 피의사실이 인정되지만 형법 제51조의 사항을 고려하여 소추하지 않는 경우 - 공소권
   없음

② 피의사실이 범죄구성요건에 해당하지만 법률상 범죄의 성립을 조각하는 사유가 있어 범
   죄를 구성하지 않는 경우 - 죄가 안됨

③ 피의사실이 인정되고 수사기관의 추적을 받고 있지만 행방이 묘연하여 당장 기소하기
   어려운 경우 - 기소유예

④ 범죄행위시에 처벌되던 행위가 범죄 후 법령의 개폐로 형이 폐지된 경우 - 혐의 없음

해설 ① 기소유예의 불기소사유이다(검찰사건사무규칙 제115조 제3항 제1호).
② 동 규칙 제115조 제3항 제3호
③ 기소중지의 불기소사유이다(동 규칙 제120조, 제121조).
④ 공소권 없음의 불기소사유이다(동 규칙 제115조 제3항 제4호).

07 재정신청에 대한 설명으로 가장 적절한 것은?(다툼이 있는 경우 판례에 의함)   18. 순경 2차

① 재정신청사건의 심리결과 혐의 없음을 이유로 한 검사의 불기소처분이 위법하지만 여러
   정상들을 참작하여 기소유예의 불기소처분을 할 만한 사건이라고 인정되는 경우에는 재
   정신청을 기각할 수 없다.

② 구금 중인 고소인이 재정신청서를 재정신청기간 내에 교도소장에게 제출하였다면, 재정
   신청서가 이 기간 내에 불기소처분을 한 검사가 속하는 지방검찰청 검사장 또는 지청장
   에게 도달하지 않았더라도 재정신청서의 제출은 적법하다.

③ 재정신청이 있으면 재정결정이 확정될 때까지 공소시효의 진행이 정지되고 공소제기결
   정이 있는 때에는 공소시효에 관하여 그 결정이 있는 날에 공소가 제기된 것으로 본다.

④ 법원의 공소제기 결정에 따라 검사가 공소를 제기한 경우, 공판과정에서 무죄가 예상된
   다면 검사는 피고인의 이익을 위하여 공소를 취소할 수 있다.

해설 ① 재정신청을 기각할 수 있다(대결 1997.4.22, 97모30).
② 적법한 재정신청이라고 할 수 없다(대결 1998.12.14, 98모127).
③ 제262조의 4
④ 공소취소를 할 수 없다(제264조의 2).

Answer   06. ②   07. ③

08 다음 중 공소시효에 관한 설명으로 가장 옳지 않은 것은?   20. 해경

① 형법에 의하여 형을 가중 또는 감경한 경우에는 가중 또는 감경하지 아니한 형에 의하여 공소시효기간을 적용한다.

② 공소가 제기된 범죄는 판결의 확정이 없이 공소를 제기한 때로부터 25년을 경과하면 공소시효가 완성한 것으로 간주한다.

③ 공소장변경이 있는 경우에 공소시효의 완성 여부는 당초의 공소제기가 있었던 시점을 기준으로 판단할 것이고 공소장변경시를 기준으로 삼을 것은 아니다.

④ 공소장변경절차에 의하여 공소사실이 변경됨에 따라 그 법정형에 차이가 있는 경우에 변경 전의 공소사실에 대한 법정형이 공소시효기간의 기준이 된다.

해설\ ① 제251조 ② 제249조 제2항 ③ 대판 1982.5.25, 82도535
④ 공소장변경절차에 의하여 공소사실이 변경됨에 따라 그 법정형에 차이가 있는 경우에는 변경된 공소사실에 대한 법정형이 공소시효기간의 기준이 된다(대판 2001.8.24, 2001도2902).

09 공소시효에 대한 다음 설명 중 가장 적절하지 않은 것은?(다툼이 있는 경우 판례에 의함)
                                                                           21. 순경 1차

① 구 수산업협동조합법 제178조 제5항 본문은 "제1항 내지 제4항에 규정된 죄의 공소시효는 해당 선거일 후 6월(선거일 후에 행하여진 죄는 그 행위가 있는 날부터 6월)을 경과함으로써 완성한다."라고 규정하고 있는데, 여기서 선거일까지 발생한 범죄의 공소시효 기산일인 '선거일 후'는 '선거일 다음 날'이 아니라 '선거일 당일'을 의미한다.

② 공소장변경이 있는 경우 공소시효의 완성 여부는 당초의 공소제기가 있었던 시점을 기준으로 판단할 것이고 공소장변경시를 기준으로 삼을 것은 아니다.

③ 무고죄에 있어서 그 신고된 범죄사실이 이미 공소시효가 완성된 것이어서 무고죄가 성립하지 아니하는 경우에 해당하는지 여부는 그 신고시를 기준으로 하여 판단하여야 한다.

④ 피고인의 신병이 확보되기 전에 공소가 제기되었다고 하더라도 그러한 사정만으로 공소제기가 부적법한 것이 아니고, 공소가 제기되면 형사소송법 제253조 제1항에 따라 공소시효의 진행이 정지된다.

해설\ ① 수산업협동조합법 제178조 제5항 본문은 "제1항 내지 제4항에 규정된 죄의 공소시효는 해당 선거일 후 6월(선거일 후에 행하여진 죄는 그 행위가 있는 날부터 6월)을 경과함으로써 완성한다."고 규정함으로써, 위 수산업협동조합법에 규정된 선거범죄 중 선거일까지 발생한 범죄에 대하여는 '선거일 후'부터, 선거일 후에 발생한 범죄에 대하여는 '그 행위가 있었던 날' 즉, 범죄행위 종료일부터 각 공소시효가 진행되도록 하고 있다. 여기서 선거일까지 발생한 범죄의 공소시효 기산일인 '선거일 후'는 '선거일 당일'이 아니라 '선거일 다음 날'을 의미한다고 해석하는 것이 우선 이 사건 조항의 문언에 부합한다(대판 2012.10.11, 2011도17404).
② 대판 2018.10.12, 2018도6252 ③ 대판 2008.3.27, 2007도1153 ④ 대판 2017.1.25, 2016도15526

Answer   08. ④   09. ①

10 공소제기 후의 수사에 관한 설명으로 가장 적절하지 않은 것은?(다툼이 있는 경우 판례에 의함)

21. 순경 2차

① 검사가 공소제기 후 형사소송법 제215조에 따라 수소법원 이외의 지방법원 판사에게 청구하여 발부받은 영장에 의하여 압수·수색을 하였다면, 이는 적법한 절차에 따르지 않은 것으로서 원칙적으로 유죄의 증거로 삼을 수 없다.

② 검사작성의 피고인에 대한 진술조서가 공소제기 후에 작성된 것이라는 이유만으로는 곧 그 증거능력이 없다고 할 수 없다.

③ 검사 또는 사법경찰관이 피고인에 대한 구속영장을 집행하는 경우에 필요한 때에는 그 집행현장에서 영장 없이 압수, 수색, 검증을 할 수 있다.

④ 제1심에서 피고인에 대하여 무죄판결이 선고되어 검사가 항소한 후 수사기관이 항소심 공판기일에 증인으로 신청하여 신문할 수 있는 사람을 특별한 사정 없이 미리 수사기관에 소환하여 작성한 진술조서는 피고인이 증거로 할 수 있음에 동의하지 않는 한 증거능력이 없다. 그러나 그 참고인이 나중에 법정에 증인으로 출석하여 진술조서의 성립의 진정을 인정하고 피고인 측에 반대신문의 기회가 부여되면 그 진술조서를 증거로 할 수 있다.

해설\ ① 대판 2011.4.28, 2009도10412
② 대판 1984.9.25, 84도1646
③ 제216조 제2항
④ 제1심에서 피고인에 대하여 무죄판결이 선고되어 검사가 항소한 후 수사기관이 항소심 공판기일에 증인으로 신청하여 신문할 수 있는 사람을 특별한 사정 없이 미리 수사기관에 소환하여 작성한 진술조서는 피고인이 증거로 할 수 있음에 동의하지 않는 한 증거능력이 없다. 위 참고인이 나중에 법정에 증인으로 출석하여 위 진술조서의 성립의 진정을 인정하고 피고인 측에 반대신문의 기회가 부여된다 하더라도 위 진술조서의 증거능력을 인정할 수 없음은 마찬가지이다(대판 2019.11.28, 2013도6825).

Answer   10. ④

ALL THAT

ALL THAT
형사법

증거

Chapter 01 증거법 일반

단원 advice

증거편은 형사소송법 중에서 가장 이해하기 어려운 대목이며, 출제빈도가 대단히 높은 분야이기도 하다. 하나 하나 모두 중요하다.

증거법은 증거를 수집하고 조사하는 증거조사절차에 관한 규범과 개별적 증거의 증거능력·증명력에 관한 규범으로 나누어 볼 수 있다. 여기서 증거능력과 증명력에 관한 규범의 총체를 협의의 증거법이라 할 수 있으며 본장에서 논하고자 하는 증거법은 바로 협의의 증거법이다.

현행 증거법은 엄격한 증명의 법리(제307조 제1항)와 자유심증주의(제308조)를 양대 지주로 하고 있다. 증거는 일정한 경우 증거로서의 자격(증거능력)을 배제할 필요가 있는바, 현행 형사소송법은 엄격한 증명의 원칙을 천명한 증거재판주의(제307조 제항)에 기초하여 위법수집증거의 증거능력(제308조의 2), 임의성이 의심되는 자백의 증거능력(제309조), 전문증거의 증거능력(제310조의 2)을 제한하고 있다.

뿐만 아니라, 형사소송법은 증명력에 대하여 법관의 증명력 판단에 제한을 두지 않는 자유심증주의(제308조)를 원칙으로 하면서도, 예외적으로 자백보강법칙(제310조)을 통해 증명력 인정의 제한을 가하여 오판의 위험을 방지하고 있다.

제1절 | 증거의 의의·종류

1 증거의 의의

형사소송에 의하여 확정되는 구체적 법률관계는 사실관계의 정확한 파악을 전제로 한다. 이러한 사실관계를 인정하는 데 사용되는 객관적인 자료를 증거라 하며, 형사소송법상 증거는 증거방법과 증거자료의 두 가지 의미로 사용되고 있다.

증거방법	사실인정에 사용될 수 있는 유체물 자체, 즉 증거조사의 대상물을 말한다. 예 증인, 감정인, 증거물, 증거서류, 피고인, 증거물인 서면
증거자료	증거방법을 조사하여 얻어진 내용을 말한다. 예 증인의 증언, 감정인의 감정의견, 증거물의 성질·상태, 서증의 의미내용, 피고인의 진술

① 증거방법으로부터 증거자료를 획득·감지하는 절차가 증거조사임.
　증인(증거방법) ⇨ 증인신문(증거조사) ⇨ 증언(증거자료)

2 증거의 종류

(1) 직접증거와 간접증거

① 직접증거란 요증사실(증명을 요하는 사실)을 증명하기 위한 증거를 말하고(예 범행목격자, 피고인자백), 간접증거란 요증사실을 간접적으로 증명하기 위한 증거를 말한다. 간접증거를 정황증거라고도 한다. 07. 7급 국가직

② 직접증거와 간접증거는 증명력 그 자체에 우열이 있는 것은 아니다. 따라서 간접증거에 의해서 범죄사실을 증명할 수 있다면 유죄인정이 가능하다. 12. 경찰간부 그러나 뚜렷한 확증이 없는데도 유죄를 인정함은 채증법칙 위반이다.

ⓛ 직접증거와 간접증거의 구별은 직접증거에 대하여 보다 높은 증명력을 인정하였던 증거법정주의 아래에서 커다란 의미를 가지고 있었으나, 증명력판단에 제한을 두지 않는 자유심증주의하에서는 직접증거와 간접증거의 구별은 큰 의미가 없다.

ⓛ 요증사실과의 관계에 따라 분류한 증거의 종류임

ⓛ 동일한 증거라도 요증사실에 따라 직접증거가 되기도 하고 간접증거가 되기도 한다.

ⓛ 범죄사실에 대한 뚜렷한 확증 없이 정황증거 내지 간접증거들만으로 공소사실을 유죄로 인정하더라도 채증법칙의 위반이라고 할 수 없다. (×) 07. 7급 국가직

예 피고인이 무기를 소지하고 있는 것을 보았다는 증언은 무기불법소지죄가 요증사실인 경우에는 직접증거가 되나, 피고인이 총으로 살인했다는 것이 요증사실인 경우에는 간접증거가 된다.

🗨 간접증거의 예
1. 어떤 자가 사건 당일 범죄현장에서 배회하고 있었던 사실
2. 어떤 자가 피해자에 대하여 며칠 전부터 원한을 품고 있었던 사실
3. 범죄현장에 남겨진 지문 01. 행시, 08. 9급 국가직
4. 상해사건에 있어 피해자의 진단서 12. 경찰간부

📌 관련판례

1. 간접증거가 개별적으로는 범죄사실에 대한 완전한 증명력을 가지지 못하더라도, 전체 증거를 상호 관련하여 종합적으로 고찰할 경우 증명력이 있는 경우에는 그에 의하여도 범죄사실을 인정할 수 있다(대판 2000.11.10, 2000도2524). 08. 9급 국가직, 11. 7급 국가직, 12. 경찰간부, 19 · 21. 수사경과, 21. 경찰승진

2. 상해진단서는 일반적으로 의사가 당해 피해자의 진술을 토대로 상해의 원인을 파악한 후 의학적 전문지식을 동원하여 관찰 · 판단한 상해의 부위와 정도 등을 기재한 것으로서 거기에 기재된 상해가 곧 피고인의 범죄행위로 인하여 발생한 것이라는 사실을 직접 증명하는 증거가 되기에 부족한 것이지만, 피해자의 진술과 더불어 피고인의 상해 사실에 대한 유력한 증거가 되고, 합리적인 근거 없이 그 증명력을 함부로 배척할 수 없다(대판 2011.1.27, 2010도12728). 14 · 21. 경찰승진

3. 범행에 관한 간접증거만이 존재하고 더구나 그 간접증거의 증명력에 한계가 있는 경우, 범인으로 지목되고 있는 자에게 범행을 저지를 만한 동기가 발견되지 않는다면, 만연히 무엇인가 동기가 분명히 있는데도 이를 범인이 숨기고 있다고 단정할 것이 아니라 반대로 간접증거의 증명력이 그만큼 떨어진다고 평가하는 것이 형사 증거법의 이념에 부합하는 것이라 할 것이다(대판 2006.3.9, 2005도8675). 12. 경찰간부, 21. 수사경과

4. 살인죄 등과 같이 법정형이 무거운 범죄의 경우에도 직접증거 없이 간접증거만으로 유죄를 인정할 수 있으나, 20·21. 경찰승진 간접증거에 의하여 주요사실의 전제가 되는 간접사실을 인정할 때에는 증명이 합리적인 의심을 허용하지 않을 정도에 이르러야 하고, 하나하나의 간접사실 사이에 모순, 저촉이 없어야 하는 것은 물론 간접사실이 논리와 경험칙, 과학법칙에 의하여 뒷받침되어야 한다 (대판 2011.5.26, 2011도1902). 19. 수사경과

5. 공모에 대하여는 직접증거가 없더라도 정황사실과 경험법칙에 의하여 이를 인정할 수 있다(대판 2005.11.10, 2004도1164).

6. 장물취득죄에 있어서 장물인 정을 알고 있었느냐의 여부는 장물 소지자의 신분, 재물의 성질, 거래의 대가 기타 상황을 참작하여 이를 인정할 수밖에 없다(대판 2004.12.9, 2004도5904).

7. 범의(고의)는 범죄사실을 구성하는 것으로서 이를 인정하기 위해서는 사물의 성질상 범의와 상당한 관련성이 있는 간접 사실을 증명하는 방법에 의하여 이를 입증할 수밖에 없다(대판 2002.3.12, 2001도2064).

8. 피해자의 시체가 발견되지 아니하였더라도 간접증거를 상호 관련하에 종합적으로 고찰하면 살인죄의 공소사실을 인정할 수 있다(대판 1999.10.22, 99도3273).

9. 뚜렷한 확증도 없이 단지 정황증거 내지 간접증거들만으로서 공소사실을 유죄로 인정한 것은 채증법칙을 위배하여 판결결과에 영향을 미친 사실오인의 위법을 범하였다 할 것이다(대판 1987.6.23, 87도795). 21. 수사경과

10. 공소사실을 인정할 수 있는 직접증거가 없고, 공소사실을 뒷받침할 수 있는 가장 중요한 간접증거의 증명력이 환송 뒤 원심에서 새로 현출된 증거에 의하여 크게 줄어들었으며, 그 밖에 나머지 간접증거를 모두 종합하여 보더라도 공소사실을 뒷받침할 수 있는 증명력이 부족한 경우, 피고인의 진술에 신빙성이 부족하다는 점을 더하여 보아도 제출된 증거만으로는 합리적인 의심의 여지 없이 공소사실을 유죄로 판단할 수 없다(대판 2003.2.26, 2001도1314). 21. 수사경과

---

(2) **인증**(인적 증거) · **물증**(물적 증거) · **서증**

① 인증이라 함은 사람의 진술내용이 증거로 되는 것을 말한다.

　예 증인의 증언, 감정인의 진술, 피고인의 진술 등

② 물증은 물건의 존재나 상태가 증거로 되는 것을 말한다.

　예 범행에 사용된 흉기, 절도죄의 장물 등

　ⓘ 사람의 신체도 그 상태(**예** 상해부위)가 증거로 되는 경우는 물증에 해당한다.

③ 증거서류와 증거물인 서면을 합하여 서증이라고 한다.

　ⓘ 서류는 증거물(그 존재나 상태가 증거로 되는 경우), 증거서류(서류의 의미내용이 증거로 되는 경우), 증거물인 서면(서류의 성질·상태 및 의미의 내용이 모두 증거로 되는 경우, 즉 증거물과 증거서류의 성질을 함께 가지고 있는 서류)으로 나눌 수 있다. 이와 같이 나누는 실익은 증거조사방식에 차이가 있기 때문이다. 단순히 증거물인 경우는 제시(제292조의 2 제2항), 증거서류는 원칙적으로 낭독에 의하고, 내용의 고지나 열람도 가능하며(제292조), 증거물인 서면은 제시 및 낭독이 요구된다.

증거서류와 증거물인 서면의 구별에 관한 학설

절차 기준설	공소제기의 전후를 불문하고 당해 형사절차에서 법령에 기하여 작성된 서류는 증거서류이고, 그 밖의 서류는 증거물인 서면이라고 보는 견해이다. **예** ┌ **증거서류** : 증인신문조서, 검증조서, 수사기관이 작성한 각종조서 등 └ **증거물인 서면** : 일기장, 각종 증명서, 다른 사건에서 작성된 조서 등
작성자 기준설	당해 형사절차에서 법령에 의하여 법원 또는 법관면전에서 작성된 서류는 증거서류이고, 그 밖의 서류는 증거물인 서면이라고 보는 견해이다. **예** ┌ **증거서류** : 당해 사건에 대하여 법원 또는 법관면전에서 작성된 조서 등 └ **증거물인 서면** : 수사기관 작성의 각종 조서, 다른 사건에서 작성된 법원 또는 법관 면전에서 작성된 조서 등
내용 기준설 (법원실무의 입장)	당해 형사절차에서 이루어졌는가와 상관 없이 서류의 내용이 증거가 되는 것을 증거서류라 하고, 서류의 내용은 물론 서류의 존재, 상태까지도 증거가 되는 것은 증거물인 서면이라고 보는 견해이다. **예** ┌ **증거서류** : 법원 또는 법관면전 작성 조서, 수사기관 작성 조서, 감정서, 진술서 등 └ **증거물인 서면** : 문서위조죄의 위조문서, 무고죄의 허위고소장, 협박죄의 협박편지, 명예훼손죄의 명예훼손의 수단인 신문이나 인쇄물 등

① 현행법이 증거조사의 전단계인 증거결정 단계에서 소송관계인에게 증거능력의 판단을 위하여 서류의 제시와 상대방의 의견진술을 구하도록 하고 있는 점(제291조, 규칙 제134조)에 비추어 볼 때 현행법 체계상 내용기준설이 타당하다고 볼 수 있다.

⑶ 진술증거와 비진술증거

진술증거란 사람의 진술이 증거로 되는 경우를 말한다. 여기에는 진술(**예** 피고인진술·증인의 증언)과 진술이 기재된 서면(**예** 피의자신문조서·진술조서)이 포함된다. 이에 대하여 단순한 증거물이나 사람의 신체상태 등이 증거로 되는 경우가 비진술증거이다. 진술증거는 다시 원본증거(범죄사실에 관한 사실을 체험한 사람이 직접 법원에 진술하는 것 : 본래증거)와 전문증거(직접 체험한 자의 진술이 서면이나 타인의 진술을 통하여 간접적인 방법으로 법원에 전달되는 증거)로 나눌 수 있다.

⑷ 본증과 반증

거증책임을 부담하는 자가 제출하는 증거가 본증이며, 본증에 의하여 증명하려는 사실의 존재를 부인하기 위하여 제출한 증거를 반증이라 한다. 현행법상 거증책임은 원칙적으로 검사가 지고 있으므로 검사가 제출하는 증거를 본증, 피고인이 제출하는 증거를 반증이라 할 수 있다.

⑸ 실질증거와 보조증거

실질증거란 주요사실의 존부(피고사건의 유죄입증에 있어서 핵심적인 내용을 이루는 사실)를 직접적·간접적으로 증명하는 데 사용되는 증거를 말한다. 보조증거는 실질증거의 증명력을 감쇄시키거나(**예** 증인의 약한 기억력에 관한 증언) 증강(보강)시키는 증거를 말하며, 보조증거만으로는 주요사실을 증명할 수 없다는 점에서 보조증거는 실질증거와 구별된다.

ⓘ 보조증거를 탄핵증거(실질증거의 증명력을 감쇄시키는 증거)와 보강증거(실질증거의 증명력을 보강시키는 증거)로 나누는 것이 일반적이나, 보강증거를 실질증거의 일종으로 보는 견해도 있다.

✓ **Key Point**

- 증거의 종류
  - ▶ 간접증거의 사례
- 증거서류와 증거물인 서면
- **증거조사방식** ┌ 물증 ⇨ 제시
  ├ 증거서류 ⇨ 낭독(내용고지 or 열람)
  └ 증거물인 서면 ⇨ 제시 + 낭독(내용고지 or 열람)

제2절 ▌ 증거재판주의

> **제307조【증거재판주의】** ① 사실의 인정은 증거에 의하여야 한다.
> ② 범죄사실의 인정은 합리적인 의심이 없는 정도의 증명에 이르러야 한다.

1 의 의

① 형사소송법 제307조 제1항은 "사실의 인정은 증거에 의하여야 한다."라고 규정하여 증거재판주의를 선언하고 있으며, 01. 7급 검찰, 20. 수사경과 "범죄사실의 인정은 합리적인 의심이 없는 정도의 증명에 이르러야 한다."는 제307조 제2항의 규정을 통하여 증거재판주의의 엄격성을 재확인하고 있다. 20. 수사경과

② 실체적 진실발견을 이념으로 하고 있는 형사소송에서 법관의 자의에 의한 사실인정이 허용될 수 없고 반드시 증거에 의하여야 한다는 것이 증거재판주의이다. 이러한 의미에서 증거재판주의는 실체적 진실발견을 위한 증거법의 기본원칙이라 할 수 있다. 11. 경찰승진

ⓘ 증거재판주의 규정은 후술하는 엄격한 증명에 관한 규정으로서, 공소사실 및 이와 관련한 중요한 사실에 관해서는 엄격한 증명을 요한다는 법리를 명시한 것이라고 해석되고 있다. 즉, 제307조 제1항에서 '사실'이라 함은 엄격한 증명을 요하는 사실을 말하고, 그러한 '사실의 인정'은 증거능력이 있고 적법한 증거조사를 거친 증거에 의하여야 한다는 의미를 가진 것이라고 할 수 있다.

2 증 명

(1) 의 의

증명이란 사실의 존부에 관하여 법관으로 하여금 합리적인 의심의 여지가 없을 정도로 고도의 개연성, 즉 확신을 갖게 하는 것을 말한다. 08. 9급 국가직

관련판례

1. 유죄로 인정하기 위한 심증형성의 정도는 합리적인 의심을 할 여지가 없을 정도여야 하나, 이는 모든 가능한 의심을 배제할 정도에 이를 것까지 요구하는 것은 아니며, 증명력이 있는 것으로 인정되는 증거를 합리적인 근거가 없는 의심을 일으켜 이를 배척하는 것은 자유심증주의의 한계를 벗어나는 것으로 허용될 수 없다 할 것인바, 여기에서 말하는 합리적 의심이라 함은 모든 의문, 불신을 포함하는 것이 아니라 논리와 경험칙에 기하여 요증사실과 양립할 수 없는 사실의 개연성에 대한 합리성 있는 의문을 의미하는 것으로서, 피고인에게 유리한 정황(불리한 정황 ×)을 사실인정과 관련하여 파악한 이성적 추론에 그 근거를 두어야 하는 것이므로 단순히 관념적인 의심이나 추상적인 가능성에 기초한 의심은 합리적 의심에 포함된다고 할 수 없다(대판 2004.6.25, 2004도2221). 09 · 12. 9급 국가직

   ① 합리적 의심이라 함은 피고인에게 불리한 정황을 사실인정과 관련하여 파악한 이성적 추론에 그 근거를 두어야 한다. (×)

2. 뇌물죄에 있어서 수뢰자로 지목된 피고인이 수뢰사실을 시종일관 부인하고 있고 이를 뒷받침할 만한 객관적인 자료 등 물증이 없는 경우에, 금품공여자의 진술은 증거능력이 있어야 함은 물론 합리적 의심을 배제할 만한 신빙성이 있어야 하고, 신빙성이 있는지 여부를 판단함에 있어서는 그 진술내용 자체의 합리성, 객관적 상당성, 전후의 일관성 등 뿐만 아니라 그의 인간됨, 그 진술로 얻게 되는 이해관계 유무 등도 아울러 살펴보아야 한다(대판 2008.12.11, 2008도7112).

3. 형사재판에 있어 심증형성은 반드시 직접증거에 의하여 형성되어야만 하는 것은 아니고 간접증거에 의할 수도 있는 것이며, 간접증거는 이를 개별적 · 고립적으로 평가하여서는 아니 되고 모든 관점에서 빠짐없이 상호 관련시켜 종합적으로 평가하고, 치밀하고 모순 없는 논증을 거쳐야 한다(대판 2009.3. 12, 2008도8486).

4. 형사재판에 있어서 유죄의 증거는 단지 우월한 증명력을 가진 정도로서는 부족하고 법관으로 하여금 합리적인 의심을 할 여지가 없을 정도의 확신을 생기게 할 수 있는 증명력을 가진 것이어야 한다(대판 1987.7.7, 86도586).

소명과의 구별

소명은 어떤 사실의 존부에 관하여 법관에게 확신을 갖게 할 필요는 없고 법관으로 하여금 단지 추측, 즉 일응 '진실할 것이다.'라는 인식을 갖게 함으로써 족한 것을 말한다.

▶ **현행법상 소명을 요하는 경우**

   1. 기피사유 소명(제19조 제2항)
   2. 증거보전청구사유 소명(제184조 제3항)
   3. 증인신문청구사유 소명(제221조의 2 제2항 · 제3항)
   4. 증언거부사유 소명(제150조)
   5. 상소권회복청구사유 소명(제346조 제2항)
   6. 정식재판청구권회복사유 소명(제458조)
   7. 공판준비기일에 증거를 신청하지 못한 부득이한 사유의 소명(제266조의 13)
   8. 국선변호인 선정 청구사유의 소명(규칙 제17조의 2)

(2) 증명의 유형

증명의 유형으로는 엄격한 증명과 자유로운 증명이 있다. 양자는 증거능력의 유무와 증거조사 방법에서 차이가 있을 뿐 심증의 정도에 차이가 있는 것은 아니다. 02. 경찰승진 엄격한 증명과 자유로운 증명은 모두 합리적 의심이 없는 증명 또는 확신을 요한다. 03. 순경, 11. 경찰승진

■ 3 엄격한 증명

(1) 의 의

엄격한 증명이란 어떤 사실을 증명하는 데 있어서 법률상 증거능력이 있고 적법한 증거조사를 거친 증거에 의하여야 하는 증명을 말한다.

(2) 대 상

형사소송법 제307조의 '사실'은 엄격한 증명의 대상이 되는 사실이다. 어떠한 사실이 엄격한 증명을 요하느냐에 관하여 항목별로 살펴보기로 한다.

① **공소범죄사실** : 공소범죄사실이란 특정한 구성요건에 해당하는 구체적 사실로서 위법성과 책임을 구비한 것을 말한다.

    ㉠ **구성요건 해당사실** : 구성요건 해당사실은 객관적 구성요건요소인가 또는 주관적 구성요건요소인가를 불문하고 엄격한 증명의 대상이 된다. 09. 순경

      ⓘ 행위의 주체·객체·결과·인과관계 등은 물론이고 고의, 과실, 목적, 공모공동정범에 있어 공모, 불법영득의사와 같은 주관적 사실도 엄격한 증명을 요한다.

      ⓘ 범죄구성요건사실의 존부를 알아내기 위해 과학공식 등의 경험칙을 이용하는 경우에 그 법칙 적용의 전제가 되는 사실에 대하여도 엄격한 증명을 요한다.

⚖ 관련판례

1. 범죄구성요건사실의 존부를 알아내기 위해 과학공식 등의 경험칙을 이용하는 경우에 그 법칙 적용의 전제가 되는 개별적이고 구체적인 사실에 대하여는 엄격한 증명을 요하는바, 위드마크 공식의 경우 그 적용을 위한 자료로 섭취한 음주량, 음주시각, 체중, 평소 음주의 정도 등이 필요하므로 그런 전제사실에 대한 엄격한 증명이 요구된다(대판 2008.8.21, 2008도5531). 14. 7급 국가직, 10·11·17. 경찰승진, 18. 수사경과, 15·19. 경찰간부, 16·20. 9급 교정·보호·철도경찰, 20. 9급 검찰·마약수사, 20. 해경

2. 민간인이 군에 입대하여 군인의 신분을 취득하였는가의 여부를 판단함에는 엄격한 증명을 요한다(대판 1970.10.30, 70도1936). 04·08. 순경, 07. 경찰승진

3. 교사범에 있어서의 교사사실은 범죄사실을 구성하는 것으로서 이를 인정하기 위하여는 엄격한 증명이 요구된다(대판 2000.2.25, 99도1252). 09. 순경, 11·16. 경찰승진, 17. 순경 1차

4. 공모나 모의는 공모공동정범에 있어서의 '범죄될 사실'이라 할 것이므로 이를 인정하기 위하여는 엄격한 증명에 의하지 않으면 아니 되고,18. 수사경과, 20. 경찰승진·9급 검찰·마약·교정·보호·철도경찰 그 증거는 판결에 표시되어야 하며, 공모의 판시는 그 구체적 내용을 상세하게 판시할 필요는 없다(대판 1988.9.13, 88도1114). 16·17. 경찰승진, 17. 순경 1차, 18. 순경 3차

5. 단속공무원이 도로법 제54조 제2항에 의거 적재량 측정요구가 있었다는 점은 범죄사실을 구성하는 중요부분으로서 이를 인정하기 위하여는 엄격한 증명이 요구된다(대판 2005.6.24, 2004도7212). 12. 경찰간부, 16. 경찰승진

6. 뇌물죄에서 수뢰액은 다과에 따라 범죄구성요건이 되므로 엄격한 증명의 대상이 되고, 19. 경찰간부 특정범죄 가중처벌 등에 관한 법률에서 정한 범죄구성요건이 되지 않는 단순 뇌물죄의 경우에도 몰수·추징의 대상이 되는 까닭에 역시 증거에 의하여 인정되어야 하며, 수뢰액을 특정할 수 없는 경우에는 가액을 추정할 수 없다(대판 2011.5.26, 2009도2453). 14. 순경 1차, 16. 9급 교정·보호·철도경찰, 17. 경찰승진

7. 범의(고의)는 범죄사실을 구성하는 것으로서 이를 인정하기 위해서는 엄격한 증명이 요구된다. 다만, 이러한 주관적 요소로 되는 사실은 사물의 성질상 범의와 상당한 관련성이 있는 간접 사실을 증명하는 방법에 의하여 이를 입증할 수밖에 없고, 무엇이 상당한 관련성이 있는 간접 사실에 해당할 것인가는 정상적인 경험칙에 바탕을 두고 치밀한 관찰력이나 분석력에 의하여 사실의 연결상태를 합리적으로 판단하는 방법에 의하여야 한다(대판 2002.3.12, 2001도2064). 09. 전의경, 12. 경찰간부

8. 목적과 용도를 정하여 위탁한 금전을 수탁자가 임의로 소비하면 횡령죄를 구성할 수 있다. 이 경우 피해자 등이 목적과 용도를 정하여 금전을 위탁한 사실 및 그 목적과 용도가 무엇인지는 엄격한 증명의 대상이라고 보아야 한다(대판 2013.11.14, 2013도8121). 16. 9급 검찰·마약수사, 15·20. 9급 법원직, 19. 순경 2차

9. 횡령죄에 있어 불법영득의사를 실현하는 행위로서의 횡령행위가 있다는 점은 검사가 입증하여야 하는 것으로서 그 입증은 법관으로 하여금 합리적인 의심을 할 여지가 없을 정도의 확신을 생기게 하는 증명력을 가진 엄격한 증거에 의하여야 한다(대판 2002.9.4, 2000도637). 16. 9급 검찰·마약수사

10. 횡령한 재물의 가액이 특정경제범죄법의 적용 기준이 되는 하한 금액을 초과한다는 점도 다른 구성요건 요소와 마찬가지로 엄격한 증거에 의하여 증명되어야 한다(대판 2017.5.30, 2016도9027). 20. 경찰승진

11. 폭력행위 등 처벌에 관한 법률 제4조 범죄단체의 구성·가입행위 자체는 엄격한 증명을 요하는 범죄이다. 11. 경찰승진 그러나 그 행위의 성질상 외부에서 알아보기 어려운 상태에서 극비리에 행하여지는 것이 통례이고, 일단 구성원이 된 경우에는 그 탈퇴가 자유롭지 못할 뿐 아니라, 이탈자에 대한 잔학한 보복이 자행되는 경우가 많아서 이에 대한 직접적인 물적 증거나 증인의 존재를 기대하기가 극히 어려우므로, 그 단체의 구성·가입 시기는 특별한 사정이 없는 한 구성원들의 인적관계, 평소의 행동 태양, 구성원들에 의하여 행해진 범법행위의 발전과정 등 여러 가지 간접증거들을 종합하여 정상적인 경험칙에 따라 그 행위가 있었다고 볼 수 있는 시기를 합리적으로 판단하여 이를 인정할 수 있는 것이고, 또 그 범죄단체는 다양한 형태로 성립·존속할 수 있는 것으로서 정형을 요하는 것이 아닌 이상 그 구성·가입이 반드시 단체의 명칭이나 강령이 명확하게 존재하고 단체 결성식이나 가입식과 같은 특별한 절차가 있어야만 성립되는 것은 아니다(대판 2005.9.9, 2005도3857).

12. 특정범죄 가중처벌 등에 관한 법률 제5조의 9 제1항 위반의 죄의 행위자에게 보복의 목적이 있었다는 점은 엄격한 증명에 의하여야 하며, 이와 같은 증명이 없다면 피고인의 이익으로 판단할 수밖에 없다(대판 2014.9.26, 2014도9030). 19. 순경 2차

13. 엄격한 증명의 대상에는 검사가 공소장에 기재한 구체적 범죄사실이 모두 포함되고 특히 공소사실에 특정된 범죄의 일시는 피고인의 방어권 행사의 주된 대상이 되므로 범죄의 성격상 특수한 사정이 있는 경우가 아닌 한 엄격한 증명을 통하여 공소사실에 특정한 대로 범죄사실이 인정되어야 한다(대판 2013.9.26, 2012도3722). 20. 9급 법원직

    ⓛ **위법성과 책임에 관한 사실** : 구성요건에 해당하는 사실이 증명되면 위법성과 책임은 사실상 추정된다. 그러나 이러한 추정을 깨는 피고인의 위법성조각사유 또는 책임조각사유의 주장이 있을 경우, 이에 대한 부존재는 엄격한 증명의 대상이다(통설). 02 · 04 · 09. 순경 한편 명예훼손죄에 있어서 위법성조각사유인 사실증명(진실한 사실＋공공의 이익)에 대하여 엄격한 증명의 대상으로 보는 견해도 있으나 판례는 자유로운 증명의 대상으로 보고 있다. 20. 9급 검찰 · 마약 · 교정 · 보호 · 철도경찰

관련판례

● **명예훼손죄에서의 사실증명**

1. 공연히 사실을 적시하여 사람의 명예를 훼손한 행위가 형법 제310조의 규정에 따라 위법성이 조각되어 처벌대상이 되지 않기 위해서는 그것이 진실한 사실로서 오로지 공공의 이익에 관한 때에 해당된다는 점을 행위자가 증명하여야 하는 것이나, 그 증명은 엄격한 증거에 의하여야 하는 것은 아니므로 전문증거에 대한 증거능력 제한을 규정한 제310조의 2는 적용될 여지가 없다. 따라서 전문증거에 의한 증명도 무방하다(대판 1996.10.25, 95도1473). 14. 7급 국가직, 15. 경찰간부

2. 형법 제310조에서 말하는 공공의 이익에는 널리 국가, 사회 기타 일반 다수인의 이익에 관한 것뿐만 아니라 특정 사회집단이나 그 구성원 전체의 관심과 이익에 관한 것도 포함되고, 행위자의 주요한 동기 내지 목적이 공공의 이익을 위한 것이라면 부수적으로 다른 개인적인 목적 또는 동기가 내포되어 있거나 그 표현에 있어서 다소 모욕적인 표현이 들어 있다 하더라도 형법 제310조의 적용을 배제할 수 없다. 공적 관심사안에 관하여 진실하거나 진실이라고 봄에 상당한 사실을 공표한 경우에는 그것이 악의적이거나 현저히 상당성을 잃은 공격에 해당하지 않는 한 원칙적으로 공공의 이익에 관한 것이라는 증명이 있는 것으로 보아야 한다(대판 2007.1.26, 2004도1632).

    ⓒ **처벌조건** : 처벌조건은 공소범죄 사실 자체는 아니지만 형벌권 발생에 직접 관련되는 사실이므로 엄격한 증명을 요한다.
       예 파산범죄에서 파산선고확정,10. 경찰승진 친족상도례에 있어 일정한 친족관계의 부존재, 01. 순경, 09. 전의경 사전수뢰죄에서 공무원이나 중재인이 된 사실

② **형벌권의 범위에 관한 사실**
    ㉠ **법률상 형의 가중 · 감면의 이유되는 사실** : 범죄사실은 아니나 형벌권의 범위에 관한 사실이므로 엄격한 증명을 요한다(통설)[**예** 누범전과(누범 이외의 전과는 자유로운 증명대상임), 상습범에서 상습성,08. 9급 국가직, 13. 경찰간부 심신미약, 중지미수,08. 순경 3차 불능미수, 자수, 자복]. 이에 대하여 판례는 심신상실이냐 심신미약이냐의 문제는 법률적 판단이지 범죄될 사실은 아니기 때문에 자유로운 증명의 대상으로 본다.

관련판례

범행 당시 정신상태가 심신상실이냐 심신미약이냐 문제는 엄격한 증명을 요하지 않고 자유로운 증명으로 족하다(대판 1971.3.31, 71도212). 03 · 04. 순경, 07. 9급 국가직, 09. 경찰승진

ⓛ **몰수 및 추징에 관한 사유** : 몰수나 추징은 부가형으로서 형벌의 일종이므로 다수설은 엄격한 증명의 대상이 된다는 입장이나, 판례는 엄격한 증명의 대상이 아니라고 한다.

⚖ 관련판례

1. 몰수·추징의 대상이 되는지의 여부나 추징액의 인정은 엄격한 증명의 대상이 아니다(대판 2015. 4.23, 2015도1233). 07. 9급 법원직, 08. 순경, 08·09. 9급 국가직, 09·10. 경찰승진, 14. 7급 국가직, 16. 9급 검찰·마약수사, 17. 순경 1차, 16·19. 경찰간부, 16·19·20. 순경 2차, 20. 해경

2. 범죄사실에서 수수한 뇌물의 액수를 특정할 수 없다면, 추징을 함에 있어서도 그 추징의 대상이 되는 뇌물의 액수를 특정할 수 없는 경우에 해당한다고 보아 추징을 선고하여서는 안 될 것이다(대판 2009.8.20, 2009도4391).

③ **간접사실, 보조사실, 경험법칙, 법규**

ⓐ **간접사실** : 간접사실은 주요사실의 존부를 간접적으로 추인케 하는 사실을 말하며, 주요사실이 엄격한 증명을 요할 경우 간접사실도 엄격한 증명의 대상이 된다. 03. 순경, 05. 9급 국가직

⚠ 구성요건에 해당하는 사실은 엄격한 증명에 의하여 이를 인정하여야 하고, 증거능력이 없는 증거는 구성요건 사실을 추인하게 하는 간접사실이나 구성요건 사실을 입증하는 직접증거의 증명력을 보강하는 보조사실의 인정자료로도 사용할 수 없다(대판 2010.5.27, 2008도2344). 18. 7급 국가직

➕ 보충 알리바이 증명

피고인이 현장 이외의 장소에 있었다는 사실을 주장하고 자신의 무죄를 입증하는 방법인 현장 부재증명, 즉 알리바이에 대하여 피고인이 엄격한 증명에 의하여 입증해야 하는가에 대하여 대립이 있다. 알리바이 증명은 주요사실에 대한 간접적 반대증거가 될 수 있는 간접사실로서 피고인이 현장 부재사실을 엄격한 증명에 의하여 입증해야 한다는 견해와 피고인의 알리바이 주장은 구성요건 해당사실의 존재에 대한 다툼으로 새기고 이에 기초하여 검사가 구성요건 해당사실 자체를 엄격한 증명의 방법으로 입증해야 할 것이라는 견해가 있다. 생각건대, 엄격한 증명의 법리가 피고인 보호를 위하여 요구되고 있다는 점에 비추어 볼 때 검사가 알리바이의 불성립에 대하여 엄격한 증명으로 입증함이 타당하다고 본다. 11. 교정특채

ⓛ **보조사실** : 보조사실이란 증거의 증명력에 영향을 미치는 사실로서 증거의 증명력을 탄핵하는 사실과 보강하는 사실로 구별할 수 있다. 증거의 증명력을 탄핵하는 사실은 자유로운 증명으로 족하다고 하여야 하지만(판례), 주요사실을 인정하는 증거의 증명력을 보강하는 자료가 되는 사실은 그 주요사실이 엄격한 증명이 되는 이상 엄격한 증명을 요한다고 하여야 한다.

⚖ 관련판례

탄핵증거는 범죄사실을 인정하는 증거가 아니므로 엄격한 증거조사를 거쳐야 할 필요는 없으나, 20. 9급 검찰·마약·교정·보호·철도경찰 법정에서 이에 대한 증거조사는 필요하다(대판 1998.2.27, 97도1770). 04·08·09. 순경, 11. 경찰승진, 12. 경찰간부

ⓒ **경험법칙** : 경험법칙이란 사실 자체가 아니고 사실판단의 전제가 되는 지식을 말한다. 경험법칙에는 일반인 누구나 알고 있는 일반적 경험법칙과 특정한 사람에게만 알려져 있는 특별한 경험법칙이 있다. 일반적 경험법칙은 일종의 공지의 사실이라 할 수 있기 때문에 증명을 요하지 않는다. 그러나 특별한 경험법칙은 엄격한 증명을 요구하는 사실인정에 기초가 될 경우에는 엄격한 증명이 필요하다.

ⓡ **법규** : 피고사건에 대한 법규의 존재와 내용은 법원의 직권조사 사항이므로 증명의 대상이 되지 않는다. 그러나 외국법, 관습법, 자치법규와 같이 법규의 내용이 명백하지 아니한 때에는 엄격한 증명을 요한다. 14. 순경 1차

🔨 관련판례

형법 제6조 본문에 의하여 외국인이 대한민국 영역 외에서 대한민국 국민에 대하여 범죄를 저지른 경우에도 우리 형법이 적용되지만, 같은 조 단서에 의하여 행위지의 법률에 의하여 범죄를 구성하지 아니하거나 소추 또는 형의 집행을 면제할 경우에는 우리 형법을 적용하여 처벌할 수 없다고 할 것이고, 이 경우 행위지의 법률에 의하여 범죄를 구성하는지 여부에 대해서는 엄격한 증명에 의하여 검사가 이를 입증하여야 할 것이다(대판 2008.7.24, 2008도4085). 07 · 10 · 11. 경찰승진, 16. 9급 검찰 · 마약수사, 18. 수사경과, 19. 순경 2차

▮4▮ 자유로운 증명

(1) 의 의

자유로운 증명은 증거능력의 제한이나 적법한 증거조사로부터 해방되어 증거조사가 법원의 재량에 의하여 행하여지는 점에 특색이 있다. 즉, 증거능력이 있고 적법한 증거조사를 거친 증거에 의한 증명(엄격한 증명)을 요하지 않고 자유로운 증명으로 족한 경우를 말한다.

(2) 대 상

① **정상에 관한 사실** : 양형의 기초가 되는 정상관계사실은 복잡하고 비유형적이므로 엄격한 증명의 대상으로 하기에 적합하지 않을 뿐 아니라, 양형은 성질상 법원의 재량에 맡길 것이므로 자유로운 증명으로 족하다(통설). 03. 순경

> 예 피고인의 경력(전과), 성격, 환경, 범죄 후의 정황 등 형의 선고유예, 집행유예 또는 작량감경 및 양형의 조건이 되는 사실 04. 순경

🔨 관련판례

양형의 조건에 관하여 규정한 형법 제51조의 사항은 널리 형의 양정에 관한 법원의 재량사항에 속한다고 해석되므로 법률이 규정한 증거로서의 자격이나 증거조사방식에 구애됨이 없이 상당한 방법으로 조사하여 양형의 조건이 되는 사항을 인정할 수 있다. 나아가 형의 양정에 관한 절차는 범죄사실을 인정하는 단계와 달리 취급하여야 하므로, 당사자가 직접 수집하여 제출하기 곤란하거나 필요하다고 인정되는 경우 등에는 직권으로 양형조건에 관한 형법 제51조의 사항을 수집 · 조사할 수 있다. 이와

같은 취지에서, 자료의 수집·조사 등의 업무를 담당하는 법원 소속 조사관에게 양형의 조건이 되는 사항을 수집·조사하여 제출하게 하고, 이를 피고인에 대한 정상 관계 사실과 함께 참작하여 선고한 것은 정당하다(대판 2010.4.29, 2010도750). 13. 9급 법원직

② **소송법적 사실** : 재판을 하는데 절차상으로만 중요한 사실들, 즉 순수한 소송법적 사실은 형벌권행사와 직접 관련이 없으므로 자유로운 증명으로 족하다.

　예 친고죄에 있어서 고소유무, 17. 순경 1차, 19. 경찰간부, 20. 9급 법원직 관할권의 존재, 01. 9급 검찰 공소제기, 피고인의 구속기간, 공판개시, 적법한 피고인신문이 행하여졌느냐의 여부, 자백의 임의성, 특신상태 등

🔨 **관련판례**

1. 친고죄에서 적법한 고소가 있었는지는 자유로운 증명의 대상이 된다(대판 1999.2.9, 98도2074). 08. 순경 3차, 12·14·16. 순경 1차, 11·16·17. 경찰승진, 13·15. 9급 법원직, 15. 순경 2차·7급 국가직, 16. 9급 교정·보호·철도경찰·경찰간부, 20. 수사경과

2. 피의자의 진술에 관하여 공판정에서 그 임의성 유무가 다투어지는 경우에는 법원은 구체적인 사건에 따라 증거조사의 방법이나 증거능력의 제한을 받지 아니하고 제반사정을 종합 참작하여 적당하다고 인정되는 방법에 의하여 자유로운 증명으로 그 임의성 유무를 판단하면 된다(대판 1986.11.25, 83도1718). 08. 9급 국가직, 11. 경찰승진, 12. 경찰간부, 14·16·17. 순경 1차, 18. 순경 3차, 21. 수사경과

3. 피고인의 자필로 작성된 진술서의 경우에는 서류의 작성자가 동시에 진술자이므로 진정하게 성립된 것으로 인정되어 형사소송법 제313조 단서에 의하여 그 진술이 특히 신빙할 수 있는 상태하에서 행하여진 때에는 증거능력이 있고, 이러한 특신상태는 증거능력의 요건에 해당하므로 검사가 그 존재에 대하여 구체적으로 주장·입증하여야 하는 것이지만, 이는 소송상의 사실에 관한 것이므로, 엄격한 증명을 요하지 아니하고 자유로운 증명으로 족하다(대판 2001.9.4, 2000도1743). 10. 교정특채, 11. 경찰승진, 14·16. 순경 1차, 16. 9급 검찰·마약수사, 18. 수사경과, 13·20. 9급 법원직, 20. 순경 2차·해경

　❗ 진술서의 진정성립에 대한 입증도 동일 14. 7급 국가직, 20. 해경

4. 출입국사범 사건에서 지방출입국·외국인관서의 장의 적법한 고발이 있었는지 여부가 문제되는 경우에 법원은 증거조사의 방법이나 증거능력의 제한을 받지 아니하고 제반사정을 종합하여 적당하다고 인정되는 방법에 의하여 자유로운 증명으로 그 고발 유무를 판단하면 된다(대판 2021.10.28, 2021도404).

5. 반의사불벌죄에서 피고인 또는 피의자의 처벌을 희망하지 않는다는 의사표시는 자유로운 증명의 대상이다(대판 2010.10.14, 2010도5610). 20. 해경

---

5 **증명을 요하지 않는 사실(불요증사실)**

엄격한 증명은 물론 자유로운 증명조차 필요 없는 사실을 말한다.

(1) 공지의 사실

공지의 사실이란 일반적으로 알려져 있는 사실을 말하며 증명을 요하지 않는다. 그러나 반증이 금지되는 것도 아니고 구두변론의 대상에서 제외되는 것도 아니므로 법원은 공지의 사실의 경우에도 피고인에게 그에 대한 의견진술의 기회를 주어야 한다.

💬 **법원에 현저한 사실** : 법원이 직무상 명백히 알고 있는 사실(예 법원의 판결)을 말하며 이에 대하여는 증명이 필요하다고 보는 견해가 우세하다.

(2) 추정된 사실

① **법률상 추정된 사실** : 전제사실이 증명되면 다른 사실을 인정하도록 법률에 규정되어 있는 것을 말하며 이러한 사실은 증명을 요하지 않는다.

법률상 추정이 되어 있는 때에는 법원은 전제사실의 증명이 있으면 추정사실의 존재를 인정하지 않으면 안 되고 반증으로 추정이 번복되지 않는 한 증명을 요하지 않는다. 법률상 추정을 깨뜨리는 반증은 증거능력이 있는 증거에 의하여 증거조사의 방식을 거쳐서 행해져야 한다. 법률에 그러한 추정규정을 두는 경우에는 실체해명과 법관의 자유로운 심증형성을 제약하고 무죄추정의 원칙에도 반하게 되므로 형사소송법에는 이를 인정해서는 안 되며 현행 형사소송법에도 법률상 추정규정을 허용하는 규정이 없다.

💬 **법률상 추정규정의 예**
• 마약류 불법거래방지에 관한 특례법에 따른 불법수익 추정(동법 제17조)
• 환경범죄 등의 단속 및 가중처벌에 관한 법률에 따른 불법배출과 위험발생간의 인과관계의 추정(동법 제11조)

② **사실상 추정된 사실** : 어떤 전제사실이 증명되면 다른 사실에 대하여 특별한 의심이 없는 한 그 존재를 추정하는 것을 말하며 이러한 사실은 증명을 요하지 않는다. 사실상 추정이 법률상 추정과 다른 점은 사실상 추정된 사실을 소송관계인이 다투기만 하면 그 추정은 즉시 깨진다는 점에 있다. 따라서 사실상 추정은 당사자가 다투지 않는다는 전제에서 불요증사실인 셈이다.

예 • 검사가 구성요건 해당사실을 증명하면 그 행위의 위법성과 책임은 사실상 추정
• 도품 소지에 의한 절도 추정
• 장물매수시의 일정한 정황으로부터 장물성 인식의 추정(판례)
• 면식 없는 자로부터 재물취거를 한 경우 불법영득의사 추정
• 치명적 흉기를 사용한 자에 대한 살인의사의 추정(판례)

(3) 거증금지사실

거증금지사실이란 증명으로 인한 소송법적 이익보다 큰 초소송법적 이익 때문에 증명이 금지된 사실을 말한다(예 공무상 비밀에 속하는 사실 : 제147조). 거증금지사실도 증명을 요하지 않는다는 입장과 이러한 사실은 애초부터 사실판단의 대상이 아니므로 불요증사실이라 할 수 없다는 견해도 있다.

6 증거재판주의의 위반

아무런 증거에 의하지 아니하고 공소범죄사실 등을 인정한 경우, 증거능력이 없는 증거 또는 적법한 증거조사를 거치지 아니한 증거에 의해서 공소사실 등을 인정한 경우 등이 증거재판주의

에 위반한 경우이다. 어느 경우나 판결에 영향을 미친 법률위반이므로 항소이유(제361조의 5 제1호)
또는 상고이유(제383조 제1호)로 된다. 이에 대하여 공소범죄사실을 인정할 충분한 증거가 있음에
도 불구하고 이러한 증거의 증명력을 배척하고 무죄를 선고한 경우에는 증거재판주의를 위반한
경우가 아니라 사실오인 내지 심리미진(제361조의 5 제14호)에 해당한다. 판례는 증거능력 없는
증거에 의하여 사실인정의 위법은 비상상고의 대상이 된다고 판시하고 있다(대판 1964.6.16, 64도28).

✓ Key Point

엄격한 증명의 대상	자유로운 증명의 대상	불요증사실

• 구성요건 해당사실(객관적 구성요건요소, 주관적 구성요건 요소) ▶ 고의, 목적 : 엄격한 증명의 대상(대판)
• 위법성조각사유의 부존재, 책임조각사유의 부존재
• 처벌조건(때 친족상도례에서 친족관계의 부존재)
• 법률상 형의 가중·감면의 이유가 되는 사실(때 누범전과, 상습범에서 상습성, 심신미약, 중지미수, 불능미수, 자수, 자복)
  ▶ 누범전과 이외의 전과 ⇨ 자유로운 증명
  ▶ 심신상실, 심신미약 문제 ⇨ 자유로운 증명(대판)
• 몰수·추징(판례 ⇨ 자유로운 증명)
• 일정한 경우의 간접사실, 보조사실, 경험법칙, 외국법규
• 음주운전에 있어서 위드마크 공식의 적용을 위한 전제사실인 알코올의 양, 음주시각, 체중 등의 사실(대판)
	• 정상에 관한 사실
	• 소송법적 사실(때 친고죄에 있어 고소 유무, 피고인의 구속기간, 공소제기, 공판개시, 피고인신문이 적법하게 행하여졌는가 여부)
	• 자백의 임의성
	• 특신상태
		• 공지의 사실
		• 추정된 사실

제3절 ┃ 거증책임

1 서 설

거증책임은 실질적 거증책임(객관적 거증책임)과 형식적 거증책임(입증의 부담)으로 구분되며, 전
자가 원래 의미의 거증책임에 해당한다.

2 실질적 거증책임

(1) 의 의

실질적 거증책임이라 함은 어느 사실의 존부가 증명되지 아니한 경우에 당사자의 일방이 최종
적으로 받게 될 불이익을 말한다(거증책임은 소송의 개시부터 종결시까지 고정되어 있음).

① 거증책임은 법원이 확실한 심증을 얻지 못한 경우에 증명곤란으로 인한 불이익을 소송관계인의 어느 일방에게
부담시킴으로써 재판불능상태를 방지하기 위한 제도임.

(2) 소송구조와 실질적 거증책임

직권주의나 당사자주의적 소송구조 모두 거증책임이 문제로 될 수 있다(다수설).

(3) 거증책임의 분배

① **원칙** : 거증책임의 분배란 증명불능으로 인한 불이익을 누구에게 부담시킬 것인가를 정하는 문제이다. 무죄추정은 형사소송법의 기본원칙이며, 의심스러울 때에는 피고인의 이익으로 (indubio pro reo) 판단하여야 하므로 거증책임은 원칙적으로 검사가 부담한다.

ㄱ **공소범죄사실** : 공소범죄사실, 즉 구성요건해당성, 위법성 그리고 책임의 존재에 대한 거증책임은 검사에게 있다. 02. 101단, 03. 순경 따라서 피고인이 위법성조각사유 또는 책임조각사유의 존재를 주장하면 검사는 부존재에 대한 거증책임을 진다.

    ⓘ 피고인이 범행현장부재(alibi)를 주장한 경우 이에 대한 거증책임은 검사에게 있다. (○) 14. 7급 국가직

    ⓘ 피고인이 범행현장부재를 주장한 경우 독일은 피고인에게, 미국은 검사에게 거증책임을 인정 03. 순경

⚖ 관련판례

1. 형사재판에서 공소된 범죄사실에 대한 입증책임은 검사에게 있는 것이고, 유죄의 인정은 법관으로 하여금 합리적인 의심을 할 여지가 없을 정도로 공소사실이 진실한 것이라는 확신을 가지게 하는 증명력을 가진 증거에 의하여야 하므로, 그와 같은 증거가 없다면 설령 피고인에게 유죄의 의심이 간다 하더라도 피고인의 이익으로 판단할 수밖에 없다(대판 2001.2.9, 2000도4946). 09. 9급 법원직, 13. 9급 검찰·마약수사, 14. 경찰승진, 16. 7급 국가직

2. 불법영득의 의사에 관한 입증책임은 검사에게 있는 것이므로, 함부로 불법영득의 의사를 추단하여서는 아니 된다(대판 2010.6.24, 2007도5899). 13. 9급 검찰

3. 공직선거법 제250조 제2항의 허위사실공표죄가 성립하기 위하여는 검사가 공표된 사실이 허위라는 점을 적극적으로 증명할 것이 필요하고, 공표한 사실이 진실이라는 증명이 없다는 것만으로는 죄가 성립할 수 없다. 이와 관련하여 증명책임의 부담을 결정할 때 어느 사실이 적극적으로 존재한다는 증명은 물론이고 어느 사실이 부존재 한다는 증명이라도 특정 기간과 장소에서 특정 행위가 부존재 한다는 사실에 관한 것이라면 여전히 적극적 당사자인 검사가 이 사실을 합리적 의심의 여지 없이 증명할 의무를 부담한다(대판 2011.12.22, 2008도11847).

4. 허위사실 적시에 의한 명예훼손죄가 성립하려면 그 적시하는 사실이 허위이어야 할 뿐 아니라, 피고인이 그와 같은 사실을 적시할 때에 적시사실이 허위임을 인식하여야 하고, 이러한 허위의 점에 대한 인식, 즉 범의에 대한 입증책임은 검사에게 있다. 위와 같은 법리는 허위사실을 적시한 행위가 형법 제314조 제1항의 허위사실 유포 기타 위계에 의한 업무방해죄에 해당하는지 여부를 판단할 때에도 마찬가지이다(대판 2010.10.28, 2009도4949).

5. 행위자에게 이적행위를 할 목적이 있었다는 점은 검사가 증명하여야 하며, 행위자가 이적표현물임을 인식하고 국가보안법 제7조 제5항의 이적행위를 하였다는 사실만으로 그에게 이적행위를 할 목적이 있었다고 추정해서는 아니 된다(대판 2010.7.23, 2010도1189 전원합의체).

ㄴ **처벌조건인 사실** : 인적 처벌조각사유이건 객관적 처벌조건이건 불문하고 형벌권 발생요건이 되는 사실이므로 검사가 거증책임을 진다.

ⓒ **형의 가중·감면사유가 되는 사실** : 형의 가중사유(예 누범전과 사실)가 되는 사실뿐만 아니라 형의 감면사유도 형벌권의 범위에 영향을 미치는 사유이므로 부존재에 관하여 검사가 거증책임을 진다(통설).

ⓔ **소송법적 사실**

ⓐ 소송조건인 사실의 존재에 관하여 검사가 거증책임을 부담한다.

> 예 공소시효 완성 여부를 확인하기 위하여 범행의 종료시점이 문제된 경우에 범행의 종료 시점이 명확하게 밝혀지지 않았다면 공소시효가 완성된 것으로 보아야 한다.

ⓑ 증거능력인정을 위한 기초사실의 존재에 관해서는 그 증거를 제출한 당사자가 거증책임을 부담한다.

> 예 의사의 진단서를 검사가 증거로 제출한 경우는 검사가 거증책임을 지며, 자백의 임의성 존재에 관하여 역시 검사가 거증책임을 진다(대판 2000.1.21, 99도4940). 피고인 또는 변호인이 검사가 작성한 피의자 신문조서에 대하여 임의성을 인정하였다가 증거조사 완료 후 이를 다투는 경우, 임의성의 증명책임도 검사가 진다(대판 2008.7.10, 2007도7760). 08·11. 9급 국가직, 13·14·15. 9급 검찰·마약수사, 15. 9급 법원직, 21. 수사경과

ⓒ 헌법과 형사소송법이 정한 절차를 위반하여 수집한 증거를 예외적으로 유죄의 증거로 사용할 수 있는 경우 및 그와 같은 특별한 사정에 대한 증명책임은 검사에게 있다(대판 2009.3.12, 2008도763).

ⓓ 증인에 대한 회유나 압박 등이 없었다는 사정은 검사가 증인의 법정진술이나 면담 과정을 기록한 자료 등으로 사전면담 시점, 이유와 방법, 구체적 내용 등을 밝힘으로써 증명하여야 한다(대판 2021.6.10, 2020도15891).

② **예외**(거증책임의 전환) : 원칙적으로 거증책임은 검사가 지나, 예외적으로 피고인이 부담하는 경우가 있는데 이를 거증책임의 전환이라 한다. 이와 관련된 문제로는 다음과 같다.

㉠ **상해죄의 동시범**(형법 제263조) : 형법 제263조는 "독립행위가 경합하여 상해의 결과를 발생하게 된 경우에 원인된 행위가 판명되지 아니한 때에는 공동정범의 예에 의한다."라고 규정하고 있다. 이 규정의 법적 성질에 대하여 통설은 거증책임의 전환으로 보고 있다. 즉, 피고인은 상해의 결과에 대하여 인과관계 없음을 증명할 거증책임을 지며, 이를 증명하지 못한 때에는 공동정범의 예에 의하여 처벌된다는 것이다.

㉡ **명예훼손죄의 공익성·진실성**(형법 제310조) : 형법 제310조는 "명예훼손행위가 진실한 사실로서 오로지 공공의 이익에 관한 때에는 처벌하지 아니한다."라고 위법성조각사유를 규정하고 있다. 판례는 위법성조각사유인 적시한 사실의 진실성과 공익성에 대하여 행위자가 증명하여야 한다고 함으로써 이 규정을 거증책임의 전환규정으로 본다. 그러나 형법 제310조는 언론자유를 보장할 목적에서 규정된 특수한 위법성조각사유이므로 검사는 피고인이 제310조의 위법성조각을 주장하면 그 부존재에 대하여 거증책임이 있다고 보아야 한다.

🔑 관련판례

공연히 사실을 적시하여 사람의 명예를 훼손한 행위가 형법 제310조의 규정에 따라서 위법성이 조각되어 처벌대상이 되지 않기 위해서는 그것이 진실한 사실로서 오로지 공공의 이익에 관한 때에 해당된다는 점을 행위자가 증명하여야 하는 것이다(대판 1996.10.25, 95도1473). 07. 경찰승진, 13. 9급 검찰·마약수사
ⓘ 위 행위자의 증명은 엄격한 증명을 요하지 아니하므로 전문증거의 증거능력에 관한 형사소송법 제310조의 2는 적용될 여지가 없다. (○) 21. 순경 2차

3 형식적 거증책임(입증의 부담)

형식적 거증책임이란 어느 사실이 증명되지 아니함으로써 불이익한 판단을 받을 염려가 있는 당사자가 그 불이익을 면하기 위하여 당해 사실을 증명할 증거를 제출할 부담을 말하며, 입증의 부담이라고도 한다.

피고인의 경우에는 입증의 정도가 법관에게 확신을 갖게 할 것을 요하지 않고 법관의 심증을 방해할 정도이면 족하다. 따라서 법관에게 유죄의 확신을 갖게 할 정도의 입증부담을 지는 검사의 경우와 차이가 있다.

예 검사가 구성요건해당성을 입증하면 위법성조각사유의 존재나 책임조각사유의 존재에 관해서는 피고인이 입증의 부담을 진다.
ⓘ 실질적 거증책임은 고정되어 있음에 반하여, 형식적 거증책임은 유동적이다.
ⓘ 직권주의적 형사소송절차에 있어서는 법원의 직권에 의한 입증활동에 의해서 주로 입증이 행하여지므로 입증의 부담은 별로 중요한 의미를 갖지 않으나 당사자주의적 공판절차에서는 당사자의 입증활동이 중요하므로 입증의 부담은 중요한 의미를 지닌다.

✓ Key Point

- **거증책임** : 검사(예외 ⇨ 상해죄의 동시범, 명예훼손죄의 사실증명)
- **거증책임**은 직권주의나 당사자주의 구조 모두에 관련
- **자백의 임의성** : 검사가 거증책임
- ┌ 실질적 거증책임 ⇨ 고정적
  └ 형식적 거증책임 ⇨ 유동적
- **입증부담** : 당사자주의적 공판절차에서 중요 의미

Chapter

01 기출문제

01 엄격한 증명의 대상에 해당하는 것을 모두 고른 것은?(다툼이 있는 경우 판례에 의함)

17. 순경 1차

> ㉠ '공무원의 직무에 속한 사항을 알선한다는 명목'으로 수수하였다는 범의
> ㉡ 교사범에 있어서의 교사사실
> ㉢ 형법 제334조 제2항 소정의 합동범에 있어서의 공모나 모의
> ㉣ 친고죄에서 적법한 고소가 있었는지 여부
> ㉤ 몰수대상이 되는지 여부나 추징액의 인정 등 몰수·추징의 사유
> ㉥ 피고인의 검찰 진술의 임의성의 유무

① ㉠, ㉡, ㉢   ② ㉠, ㉣, ㉤

③ ㉡, ㉢, ㉤   ④ ㉡, ㉣, ㉥

해설\ ㉠ ○ : '공무원의 직무에 속한 사항을 알선한다는 명목'으로 금품 등을 수수하였다는 범의는 범죄사실을 구성하는 것으로서 이를 인정하기 위하여는 엄격한 증명이 요구된다(대판 2013.9.12, 2013도6570).
㉡ ○ : 대판 2000.2.25, 99도1252
㉢ ○ : 합동범에 있어서의 공모나 모의는 '범죄될 사실'이라 할 것이므로 이를 인정하기 위하여는 엄격한 증명에 의하지 않으면 안 된다(대판 2001.12.11, 2001도4013).
㉣ × : 자유로운 증명의 대상(대판 2011.6.24, 2011도4451)
㉤ × : 자유로운 증명의 대상(대판 2008.1.17, 2006도455)
㉥ × : 자유로운 증명의 대상(대판 2004.3.26, 2003도8077)

02 엄격한 증명의 대상이면서 검사에게 거증책임이 있는 것으로 가장 적절한 것은?(다툼이 있는 경우 판례에 의함)

18. 순경 1차

① 형사소송법 제312조 제4항에서 정한 '특히 신빙할 수 있는 상태'의 존재 입증

② 몰수대상이 되는지 여부나 추징액의 인정 등 '몰수·추징의 사유' 입증

③ 명예훼손죄의 위법성조각사유인 형법 제310조 규정 중 '진실한 사실로서 오로지 공공의 이익에 관한 것'인지 여부에 대한 입증

④ 형법 제6조 단서의 '행위지 법률에 의하여 범죄를 구성하는지' 여부에 대한 입증

Answer 01. ① 02. ④

해설\ ① 자유로운 증명(대판 2012.7.26, 2012도2937)
② 자유로운 증명(대판 1993.6.22, 91도3346)
③ 행위자가 증명하여야 한다(대판 2004.5.28, 2004도1497)
④ 엄격한 증명에 의하여 검사가 입증하여야 한다(대판 2008.7.24, 2008도4085).

03 엄격한 증명과 자유로운 증명에 대한 다음 설명(㉠~㉣) 중 옳고 그름이 표시(○, ×)가 바르게 된 것은?

20. 순경 1차

> ㉠ 내란선동죄에서 국헌문란의 목적은 초과주관적 위법요소로서 엄격한 증명사항에 속하므로 확정적 인식임을 요한다.
> ㉡ 법원은 재심청구 이유의 유무를 판단함에 필요한 경우에는 사실을 조사할 수 있으며, 공판절차에 적용되는 엄격한 증거조사 방식에 따라야 한다.
> ㉢ 공모관계를 인정하기 위해서는 엄격한 증명이 요구되지만 피고인이 공모관계를 부인하는 경우에는 상당한 관련성이 있고 간접사실 또는 정황사실을 증명하는 방법으로 이를 증명할 수밖에 없다.
> ㉣ 목적범의 목적은 내심의 의사로서 이를 직접 증명하는 것이 불가능하므로 고의 등과 같이 내심의 의사를 인정하는 통상적인 방법에 따라 정황사실 또는 간접사실 등에 의하여 이를 증명하여야 한다.

① ㉠(○), ㉡(○), ㉢(○), ㉣(×)　　　　② ㉠(○), ㉡(×), ㉢(○), ㉣(○)
③ ㉠(×), ㉡(○), ㉢(×), ㉣(×)　　　　④ ㉠(×), ㉡(×), ㉢(○), ㉣(○)

해설\ ㉠ × : 국헌문란의 목적은 범죄 성립을 위하여 고의 외에 요구되는 초과주관적 위법요소로서 엄격한 증명사항에 속하나, 확정적 인식임을 요하지 아니하며, 다만 미필적 인식이 있으면 족하다(대판 2015.1.22, 2014도10978 전원합의체).
㉡ × : 재심의 청구를 받은 법원은 재심청구 이유의 유무를 판단함에 필요한 경우 사실을 조사할 수 있고(형사소송법 제37조 제3항), 공판절차에 적용되는 엄격한 증거조사 방식에 따라야만 하는 것은 아니다(대결 2019.3.21, 2015모2229 전원합의체).
㉢ ○ : 공모관계를 인정하기 위해서는 엄격한 증명이 요구되지만, 피고인이 범죄의 주관적 요소인 공모관계를 부인하는 경우에는 사물의 성질상 이와 상당한 관련성이 있는 간접사실 또는 정황사실을 증명하는 방법으로 이를 증명할 수밖에 없다. 이때 무엇이 상당한 관련성이 있는 간접사실에 해당할 것인지는 정상적인 경험칙에 바탕을 두고 치밀한 관찰력이나 분석력으로 사실의 연결 상태를 합리적으로 판단하는 방법으로 하여야 한다(대판 2018.4.19, 2017도14322 전원합의체).
㉣ ○ : 대판 2015.1.22, 2014도10978 전원합의체

Answer　03. ④

04 다음 중 옳지 않은 것은 모두 몇 개인가?(다툼이 있는 경우 판례에 의함)

20. 해경

> ㉠ 몰수, 추징의 대상이 되는지 여부나 추징액의 인정은 엄격한 증명이 요구된다.
> ㉡ '공무원의 직무에 속한 사항을 알선한다는 명목'으로 수수하였다는 범의는 범죄사실을 구성하는 것으로서 이를 인정하기 위해서는 엄격한 증명이 요구된다.
> ㉢ 위드마크 공식의 경우 그 적용을 위한 자료로 섭취한 알코올의 양, 음주시각, 체중 등이 필요하므로 그런 전제사실에 대한 엄격한 증명이 요구된다.
> ㉣ 형법 제6조 단행에 규정한 바 '행위지의 법률에 의하여 범죄를 구성하는가' 여부에 관하여는 이른바 엄격한 증명을 필요로 한다.
> ㉤ 형사소송법 제312조 제4항에서 정하는 '특히 신빙할 수 있는 상태'의 존재는 엄격한 증명이 요구된다.

① 2개   ② 3개   ③ 4개   ④ 5개

해설\ ㉠ × : 몰수, 추징의 대상이 되는지 여부나 추징액의 인정은 엄격한 증명을 필요로 하지 아니한다(대판 2015.4.23, 2015도1233).
㉡ ○ : 대판 2013.9.12, 2013도6570
㉢ ○ : 대판 2008.8.21, 2008도5531
㉣ ○ : 대판 2008.7.24, 2008도4085
㉤ × : '특히 신빙할 수 있는 상태'는 증거능력의 요건에 해당하므로 검사가 그 존재에 대하여 구체적으로 주장·증명하여야 하지만, 이는 소송상의 사실에 관한 것이므로 엄격한 증명을 요하지 아니하고 자유로운 증명으로 족하다(대판 2012.7.26, 2012도2937).

Answer　04. ①

Chapter 02 증거능력

제1절 ┃ 서 설

1 증거능력의 의의

증거능력이란 증거가 엄격한 증명의 자료로 사용될 수 있는 법률상의 자격을 말한다. 따라서 자유로운 증명의 자료로 사용하기 위하여는 증거능력을 필요로 하지 않는다. 증거능력이 없는 증거는 공판정에 증거로 제출하여 증거조사를 하는 것도 허용되지 아니한다.

증거능력이 없는 증거는 구성요건 사실을 추인하게 하는 간접사실이나 구성요건 사실을 입증하는 직접증거의 증명력을 보강하는 보조사실의 인정자료로도 사용할 수 없다(대판 2006.12.8, 2006도6356).

① 증거의 증거능력은 증명력과 구별해야 한다. 증거의 증명력은 어떤 사실을 입증할 수 있는 증거의 실질적 가치를 말하고 그 가치판단은 법관의 자유로운 판단에 맡기고 있다. 증거능력의 유무는 엄격한 법률적·형식적 기준에 따라 획일적으로 정해지고 법관의 자유로운 판단은 허용되지 아니한다. 아무리 증거의 실질적 가치(증명력)가 있는 증거라도 증거능력이 없는 증거는 사실인정의 자료로 삼을 수 없다.

2 증거능력의 제한

인권보장, 절차의 적정, 실체적 진실발견에 장애가 되는 증거는 증거로서의 자격을 배제할 필요가 있는바, 현행법상 증거능력의 제한에는 위법수집증거배제법칙에 대한 제한(제308조의 2), 자백의 증거능력제한(제309조), 전문증거의 증거능력제한(제310조의 2) 등이 있다.

제2절 ┃ 위법수집증거의 증거능력(위법수집증거배제법칙)

1 의 의

(1) 의 의

형사소송법은 "적법한 절차에 따르지 아니하고 수집한 증거는 증거로 할 수 없다."는 위법수집증거배제법칙을 명문으로 규정하고 있다(제308조의 2). 18. 9급 검찰·마약수사, 14·20. 수사경과, 21. 경찰승진

① 위법수집증거배제법칙은 영·미 증거법의 기본원칙으로서 적법절차의 법리를 이론적 근거로 하고 있다.

(2) 도입배경

① 위법수집증거의 증거능력을 인정할 것인가에 대하여 판례는 진술거부권을 고지하지 아니하고 작성한 피의자신문조서의 증거능력을 부인하는 등 진술증거의 경우 위법하게 수집된 증거의 증거능력을 배제하여 온 반면, 비진술증거인 증거물에 대해서는 "압수절차가 위법하다 할지라도 그 물건 자체의 성질·형태에 변경을 가져오는 것이 아니어서 그 형태에 관한 증거가치에는 변함이 없으므로 증거능력이 있다."라고 함으로써 그 증거능력을 인정하여 왔다. 위법수집증거의 배제법칙을 선언하고 있는 개정 형사소송법 제308조의 2 규정은 적법절차의 범위와 한계에 관해 해석의 여지를 남겨놓고 있었으나, 최근에 대법원은 "헌법과 형사소송법이 정한 절차에 따르지 아니하고 수집된 증거는 원칙적으로 유죄인정의 증거로 삼을 수 없다."라고 판시하여, 압수절차가 위법한 압수물(비진술증거)에 대해서 증거능력을 인정하던 종전의 판례(대판 1968.9.17, 68도932)를 변경하였다(대판 2007.11.15, 2007도3061 전원합의체). 14·17·20·21. 수사경과

② 다만, "절차 조항의 취지와 그 위반의 내용 및 정도, 구체적인 위반 경위와 회피가능성, 절차 조항이 보호하고자 하는 권리 또는 법익의 성질과 침해 정도 및 피고인과의 관련성, 절차 위반행위와 증거수집 사이의 인과관계 등 관련성의 정도, 수사기관(법원 ×)의 인식과 의도 등을 전체적·종합적으로 살펴볼 때, 수사기관의 절차 위반행위가 적법절차의 실질적인 내용을 침해하는 경우에 해당하지 아니하고, 오히려 그 증거의 증거능력을 배제하는 것이 적법절차의 원칙과 실체적 진실 규명의 조화를 도모하고 이를 통하여 형사 사법 정의를 실현하려 한 취지에 반하는 결과를 초래하는 것으로 평가되는 예외적인 경우라면, 법원은 그 증거를 유죄인정의 증거로 사용할 수 있다고 보아야 한다."라고 판시하였다(대판 2007.11.15, 2007도3061 전원합의체). 09. 7급 국가직, 10. 경찰승진·교정특채·9급 국가직, 09·11. 순경, 13. 순경 2차·경찰간부, 15. 9급 법원직, 17. 수사경과, 18. 9급 검찰·마약수사

ⓘ 위법수집증거배제법칙은 진술증거뿐만 아니라 비진술증거에 대해서도 적용된다. (○) 10·11. 경찰승진, 16. 9급 법원직, 18. 9급 검찰·마약수사

ⓘ 압수절차가 위법하더라도 물건 자체의 성질·형상에 변경을 가져오는 것은 아니므로 압수절차가 위법하더라도 압수물에 대한 증거능력은 인정된다. (×) 09. 순경, 10. 교정특채, 12. 경찰간부, 09·15. 7급 국가직, 18. 순경 3차

ⓘ 헌법과 형사소송법이 정한 절차에 위반하여 수집한 증거는 원칙적으로 유죄의 증거로 삼을 수 없다. 다만, 예외적인 경우라면 법원은 그 증거를 유죄인정의 증거로 사용할 수 있으나, 그러한 예외적인 경우에 해당한다고 볼 만한 구체적이고 특별한 사정이 존재한다는 것은 검사가 입증하여야 한다(대판 2009.3.12, 2008도763). 11. 경찰승진

ⓘ 위 판례에 의할 때, 증거수집과정에서 경미한 절차규정의 위반이 있는 경우에도 증거능력이 배제된다. (×) 10. 9급 국가직

2 위법수집증거배제법칙의 적용범위

위법수집증거배제법칙은 증거수집절차에 중대한 위법이 있는 경우에 한하여 적용된다. 따라서 위법의 정도가 경미한 경우에는 증거능력이 부정되지 않는다(예 위증의 벌 불경고, 증인소환절차의 하자 등이 있어도 증인의 증언은 증거능력 인정). 10. 9급 국가직

📌 관련판례

● **위법수집증거 ○**

1. 선거관리위원회 위원·직원이 관계인에게 진술이 녹음된다는 사실을 미리 알려 주지 아니한 채 진술을 녹음하였다면, 그와 같은 조사절차에 의하여 수집한 녹음파일 내지 그에 터 잡아 작성된 녹취록은 형사소송법 제308조의 2에서 정하는 '적법한 절차에 따르지 아니하고 수집한 증거'에 해당하여 원칙적으로 유죄의 증거로 쓸 수 없다(대판 2014.10.15, 2011도3509). 15. 순경 3차, 17. 9급 법원직·순경 1차, 18. 경찰간부, 16·17·18. 경찰승진, 15·19. 순경 2차, 18·20·21. 수사경과

   ▶ **비교판례**: 공직선거법 제272조의 2 제7항(진술거부권고지 규정) 시행 전에 이루어진 선거관리위원회의 조사절차에 대하여는 구 공직선거법이 적용되므로, 관계자에게 질문을 하면서 미리 진술거부권을 고지하지 않았다고 하여 증거능력이 당연히 부정된다고 할 수는 없다(대판 2014.1.16, 2013도5441). 그러나 현행 공직선거법에 의하면, 선거관리위원회의 조사절차에서 피조사자에게 진술거부권을 고지하도록 하고 있다(공직선거법 제272조의 2 제7항).

2. 경찰이 피고인의 집에서 20m 떨어진 곳에서 피고인을 체포하여 수갑을 채운 후 피고인의 집으로 가서 집안을 수색하여 칼과 합의서를 압수하였을 뿐만 아니라 적법한 시간 내에 압수·수색영장을 청구하여 발부받지도 않았음을 알 수 있는바, 위 칼과 합의서는 영장 없이 위법하게 압수된 것으로서 증거능력이 없고, 따라서 이를 기초로 한 2차 증거인 임의제출동의서, 압수조서 및 목록, 압수품 사진 역시 증거능력이 없다고 할 것이다(대판 2010.7.22, 2009도14376). 13·16. 7급 국가직, 15·16. 경찰간부, 18. 9급 법원직

3. 수사기관이 압수영장 또는 감정처분허가장을 발부받지 아니한 채 피의자의 동의 없이 피의자의 신체로부터 혈액을 채취하고 사후에 지체 없이 영장을 발부받지 않았다면, 그 혈액의 알코올농도에 관한 감정회보는 유죄의 증거로 사용할 수 없다(대판 2012.11.15, 2011도15258). 13. 순경 1차, 20. 9급 법원직, 16·21. 경찰승진

4. 술에 취하여 운전하다가 교통사고를 당하고 의식불명에 빠져 병원에 호송된 사람에 대하여 사법경찰관은 피고인의 처로부터 채혈동의를 얻어 영장 없이 간호사로 하여금 채혈을 하게 하였는바, 그 혈액에 대한 감정의뢰회보와 수사보고 및 주취운전자적발보고서 등의 증거는 적법절차의 실질적인 내용을 침해하는 정도에 해당하고, 이러한 증거는 피고인이나 변호인의 증거동의가 있다고 하더라도 유죄의 증거로 사용할 수 없다(대판 2011.5.13, 2009도10871). 11. 순경, 12. 7급 국가직

   ▶ **유사판례**: 수사기관이 영장을 발부받지 아니한 채 교통사고로 의식불명인 피의자의 동의 없이 그의 아버지의 동의를 받아 피의자의 혈액을 채취하고 사후에도 지체 없이 영장을 발부받지 않았다면 그 혈액에 대한 혈중알코올농도에 관한 감정의뢰회보는 위법수집증거이다(대판 2014.11.13, 2013도1228). 18. 9급 법원직, 21. 수사경과·해경

   ▶ **비교판례**: 경찰관이 간호사로부터 진료 목적으로 이미 채혈되어 있던 피고인의 혈액 중 일부를 주취운전 여부에 대한 감정을 목적으로 임의로 제출받아 이를 압수한 경우, 당시 간호사가 위

혈액의 소지자 겸 보관자인 병원 또는 담당의사를 대리하여 혈액을 경찰관에게 임의로 제출할 수 있는 권한이 없었다고 볼 특별한 사정이 없는 이상, 그 압수절차가 피고인 또는 피고인의 가족의 동의 및 영장 없이 행하여졌다고 하더라도 이에 적법절차를 위반한 위법이 있다고 할 수 없다(대판 1999.9.3, 98도968).

5. 수사기관이 압수·수색영장을 제시하고 압수·수색을 실시하여 일단 그 집행을 종료한 경우 그 영장의 유효기간이 남아있는 한, 유효기간 내 이를 제시하고 다시 압수·수색을 하는 것은 위법하다 (대결 1999.12.1, 99모161). 16. 경찰승진, 17. 7급 국가직·9급 검찰·마약수사, 19. 수사경과, 21. 해경

6. 형사소송법 제218조는 "사법경찰관은 소유자, 소지자 또는 보관자가 임의로 제출한 물건을 영장 없이 압수할 수 있다."고 규정하고 있는바, 위 규정을 위반하여 소유자, 소지자 또는 보관자가 아닌 자로부터 제출받은 물건을 영장 없이 압수한 경우 그 '압수물' 및 '압수물을 찍은 사진'은 이를 유죄 인정의 증거로 사용할 수 없는 것이고, 헌법과 형사소송법이 선언한 영장주의의 중요성에 비추어 볼 때 피고인이나 변호인이 이를 증거로 함에 동의하였다고 하더라도 달리 볼 것은 아니다(대판 2010.1.28, 2009도10092). 17. 경찰승진·경찰간부, 20. 순경 2차·해경

⚠ 사법경찰관이 피의자 소유의 쇠파이프를 피의자의 주거지 앞마당에서 발견하였으면서도 그 소유자, 소지자 또는 보관자가 아닌 피해자로부터 임의로 제출받는 형식으로 압수한 쇠파이프는 위법수집증거로서 증거능력이 배제된다. (○) 17. 9급 검찰·마약수사

7. 검사가 공소제기 후 형사소송법 제215조에 따라 수소법원 이외의 지방법원 판사에게 청구하여 발부 받은 영장에 의하여 압수·수색을 하였다면, 그와 같이 수집된 증거는 기본적 인권 보장을 위해 마련된 적법한 절차에 따르지 않은 것으로서 원칙적으로 유죄의 증거로 삼을 수 없다(대판 2011.4.28, 2009도10412). 17. 경찰승진, 18. 경찰간부·9급 법원직·순경 2차

8. 검사가 법원으로부터 압수·수색영장을 발부받았는데, 이 사건 영장에 피의자는 '甲', 압수할 물건은 '乙 등이 소지하고 있는 휴대전화', 압수·수색할 장소는 '乙의 주거지', 영장 범죄사실은 '甲은 공천 과 관련하여, 공천심사위원에게 거액이 든 돈 봉투를 각 제공하였다 등'으로 각 기재된 경우, 발부받 은 영장에 의거 수사관이 '乙의 주거지'에서 그의 휴대전화를 압수하고 이를 검찰청으로 가져온 후 그 휴대전화에서 추출한 전자정보를 분석하던 중 '乙'과 '丙' 사이의 대화가 녹음된 이 사건 녹음파일 을 통하여 위 '乙'과 '丙'에 대한 공직선거법 위반의 혐의점을 발견하고 수사를 개시하였으나, 위 '乙' '丙'으로부터 이 사건 녹음파일을 임의로 제출받거나 새로운 압수·수색영장을 발부받지 아니한 경 우, '乙'과 '丙'에 대한 공직선거법 위반의 혐의점은 압수·수색영장에 기재된 혐의사실과 무관하므 로, 수사기관이 별도의 압수·수색영장을 발부받지 아니한 채 압수한 녹음파일은 '乙' '丙'의 공소사 실에 대해서는 형사소송법 제308조의 2에서 정한 '적법한 절차에 따르지 아니하고 수집한 증거'로서 증거로 쓸 수 없고, 그 절차적 위법은 헌법상 영장주의 내지 적법절차의 실질적 내용을 침해하는 중대한 위법에 해당하여 증거능력을 인정할 수도 없다(대판 2014.1.16, 2013도7101). 14. 9급 검찰·마 약·교정·보호·철도경찰, 17. 9급 법원직

9. 검사가 국가보안법 위반죄로 구속영장을 발부받아 피의자신문을 한 다음, 구속 기소한 후 다시 피의 자를 소환하여 공범들과의 조직구성 및 활동 등에 관한 신문을 하면서 피의자신문조서가 아닌 일반 적인 진술조서의 형식으로 조서를 작성한 사안에서, 진술조서의 내용이 피의자신문조서와 실질적으 로 같고, 진술의 임의성이 인정되는 경우라도 미리 피의자에게 진술거부권을 고지하지 않았다면 위 법수집증거에 해당하므로, 유죄인정의 증거로 사용할 수 없다(대판 2009.8.20, 2008도8213). 09. 7급 국가직, 17. 순경 1차, 16·21. 수사경과

10. 甲이 휴대전화기로 乙과 통화한 후 예우차원에서 바로 전화를 끊지 않고 기다리던 중 그 휴대전화기
    로부터 乙과 丙이 대화하는 내용이 들리자 이를 그 휴대전화기로 녹음한 경우, 이 녹음은 위법하다
    고 할 수 있다(대판 2016.5.12, 2013도15616). 17. 7급 국가직, 19. 수사경과, 21. 해경

11. 마약류관리에 관한 법률 위반죄의 현행범으로 체포하면서 대마를 압수하였으나 그 다음 날 피고인
    을 석방하고도 사후 압수·수색영장을 발부받지 않은 경우 위 압수물과 압수조서는 형사소송법상
    영장주의를 위반하여 수집한 증거로서 증거능력이 부정된다(대판 2009.5.14, 2008도10914). 17. 9급 검
    찰·마약수사

12. 수사기관으로부터 통신제한조치의 집행을 위탁받은 통신기관 등이 집행에 필요한 설비가 없을 때에
    는 수사기관에 설비의 제공을 요청하여야 하는데, 그러한 요청 없이 통신제한조치허가서에 기재된
    사항을 준수하지 아니한 채 통신제한조치를 집행하였다면, 그러한 집행으로 취득한 전기통신의 내
    용 등은 유죄인정의 증거로 할 수 없다(대판 2016.10.13, 2016도8137). 17. 순경 1차

13. 긴급체포된 자의 소유·소지 또는 보관물에 대한 압수(제217조 제2항·제3항)에 대하여 압수·수색
    영장을 청구하여 이를 발부받지 아니하고도 즉시 반환하지 아니한 압수물은 이를 유죄인정의 증거
    로 사용할 수 없는 것이고, 헌법과 형사소송법이 선언한 영장주의의 중요성에 비추어 볼 때 피고인
    이나 변호인이 이를 증거로 함에 동의하였다고 하더라도 달리 볼 것은 아니다(대판 2009.12.24, 2009
    도11401). 19. 경찰간부, 20. 9급 검찰·마약수사·해경, 17·21. 경찰승진, 21. 순경 1차

14. 검사가 압수·수색영장(제1영장)을 발부받아 甲주식회사 빌딩 내 乙의 사무실을 압수·수색하였는
    데, 저장매체에 범죄혐의와 관련된 정보와 범죄혐의와 무관한 정보가 혼재된 것으로 판단하여 甲회사
    의 동의를 받아 저장매체를 수사기관 사무실로 반출한 다음 乙측의 참여하에 저장매체에 저장된
    전자정보파일 전부를 '이미징'의 방법으로 다른 저장매체로 복제하고, 乙측의 참여 없이 이미징한
    복제본을 외장 하드디스크에 재복제하였으며, 乙측의 참여 없이 하드디스크에서 유관정보를 탐색하
    던 중 우연히 乙 등의 별건 범죄혐의와 관련된 전자정보를 발견하고 문서로 출력하였고, 그 후 乙측에
    참여권 등을 보장하지 않은 채 다른 검사가 압수·수색영장(제2영장)을 발부받아 외장 하드디스크에
    서 혐의와 무관한 정보를 탐색·출력한 사안에서, 제2영장 청구 당시 압수할 물건으로 삼은 정보는
    그 자체가 위법한 압수물이어서 별건 정보에 대한 영장청구 요건을 충족하지 못하였고, 제2영장에
    기한 압수·수색 당시 乙측에 압수·수색 과정에 참여할 기회를 보장하지 않았으므로, 제2영장에
    기한 압수·수색은 전체적으로 위법하다(대결 2015.7.16, 2011모1839 전원합의체). 16. 변호사시험

15. 강제연행 상태로부터 완전히 벗어났다고 볼 수 없는 상황에서 피의자가 호흡측정 결과에 대한 탄핵
    을 하기 위하여 스스로 혈액채취 방법에 의한 측정을 할 것을 요구하여 혈액채취가 이루어졌다고
    하더라도 그러한 혈액채취에 의한 측정 결과 역시 유죄인정의 증거로 쓸 수 없다고 보아야 한다.
    그리고 이는 피고인이나 변호인이 이를 증거로 함에 동의하였다고 하여도 달리 볼 것은 아니다(대판
    2013.3.14, 2010도2094). 15. 변호사시험, 20. 경찰간부

16. 음란물 유포의 범죄혐의를 이유로 압수·수색영장을 발부받은 사법경찰관이 피고인의 주거지를 수
    색하는 과정에서 대마를 발견하자, 피고인을 마약류관리에 관한 법률 위반죄의 현행범으로 체포하
    면서 대마를 압수하였으나 그 다음 날 피고인을 석방하고도 사후 압수·수색영장을 발부받지 않은
    사안에서, 위 압수물과 압수조서는 형사소송법상 영장주의를 위반하여 수집한 증거로서 증거능력이
    부정된다(대판 2009.5.14, 2008도10914). 11. 경찰승진

17. 검찰청 수사관은 압수·수색영장으로 회사 사무실에서 甲로부터 'PC 1대', '서류 23박스', '매입·매
    출 등 전산자료 저장 USB 1개' 등을 압수하였는데, 위와 같이 압수된 증거들은 그 영장(2009. 2. 6.

자)에 기재된 혐의사실과 무관한 증거인데도, 피압수자에게 반환하는 등의 조치를 취하지 않고 보유하고 있다가, 2009. 5. 1.에 이르러 피고인의 동생인 乙을 검사실로 불러 '일시 보관 서류 등의 목록(USB는 기재되어 있지 않음), 압수물건 수령서 및 승낙서'를 작성하게 한 다음, 당시 검사실로 오게 한 세무공무원 A에게 이를 제출하도록 한 경우, 乙이 수사기관으로부터 위 USB를 돌려받았다가 다시 세무공무원에게 제출한 것인지 의심스러울 뿐만 아니라, 설령 乙이 위 USB를 세무공무원에게 제출하였다고 하더라도 그 제출에 임의성이 있는지가 합리적인 의심을 배제할 정도로 증명되었다고 할 수 없으므로, 乙이 위와 같이 압수물건 수령서 및 승낙서를 제출하였다는 사정만으로 이 사건 영장에 기재된 범죄 혐의사실과 무관한 증거인 위 USB가 압수되었다는 절차 위반행위와 최종적인 증거수집 사이의 인과관계가 단절되었다고 보기 어렵다. 따라서 위 USB 및 그에 저장되어 있던 영업실적표는 증거능력이 없다고 할 것이다(대판 2016.3.10, 2013도11233).

18. 경찰이 피고인 아닌 甲, 乙을 사실상 강제연행하여 불법체포한 상태에서 甲, 乙 간의 성매매행위나 피고인들의 유흥업소 영업행위를 처벌하기 위하여 甲, 乙에게서 자술서를 받고 甲, 乙에 대한 진술조서를 작성한 경우, 위 각 자술서와 진술조서는 헌법과 형사소송법이 규정한 체포·구속에 관한 영장주의 원칙에 위배하여 수집된 것으로서 수사기관이 피고인 아닌 자를 상대로 적법한 절차에 따르지 아니하고 수집한 증거에 해당하여 형사소송법 제308조의 2에 따라 증거능력이 부정된다는 이유로, 이를 피고인들에 대한 유죄인정의 증거로 삼을 수 없다(대판 2011.6.30, 2009도6717). 20. 순경 1차

19. 공개금지사유가 없음에도 불구하고 재판의 심리에 관한 공개를 금지하기로 결정하였다면 그러한 공개금지결정은 피고인의 공개재판을 받을 권리를 침해한 것으로서 그 절차에 의하여 이루어진 증인의 증언은 증거능력이 없다고 할 것이고, 변호인의 반대신문권이 보장되었더라도 달리 볼 수 없으며, 이러한 법리는 공개금지결정의 선고가 없는 등으로 공개금지결정의 사유를 알 수 없는 경우에도 마찬가지라 할 것이다(대판 2015.10.29, 2014도5939). 21.9급 법원직

20. 긴급체포 당시의 상황으로 보아서도 그 요건의 충족 여부에 관한 검사나 사법경찰관의 판단이 경험칙에 비추어 현저히 합리성을 잃은 경우에는 그 체포는 위법한 체포라 할 것이고, 이러한 위법은 영장주의에 위배되는 중대한 것이니 그 체포에 의한 유치 중에 작성된 피의자신문조서는 위법하게 수집된 증거로서 특별한 사정이 없는 한 이를 유죄의 증거로 할 수 없다(대판 2002.6.11, 2000도5701). 20. 해경

21. 수사과정에서 담당 검사가 피의자인 甲과 그 사건에 관하여 대화하는 내용과 장면을 녹화한 비디오테이프에 대한 법원의 검증조서는 이러한 비디오테이프의 녹화내용이 피의자의 진술을 기재한 피의자신문조서와 실질적으로 같다고 볼 것이므로 피의자신문조서에 준하여 그 증거능력을 가려야 한다. 검사가 녹화 당시 위 甲의 진술을 들음에 있어 동인에게 미리 진술거부권이 있음을 고지한 사실을 인정할 자료가 없으므로 위 녹화내용은 위법하게 수집된 증거로서 증거능력이 없는 것으로 볼 수밖에 없고, 따라서 이러한 녹화내용에 대한 법원의 검증조서 기재는 유죄증거로 삼을 수 없다(대판 1992.6.23, 92도682).

22. 수사기관이 구속수감되어 있던 자에게 그의 압수된 휴대전화를 제공하여 피고인과 통화하고 위 범행에 관한 통화 내용을 녹음하게 한 행위는 불법감청에 해당하므로, 그 녹음 자체는 물론 이를 근거로 작성된 녹취록 첨부 수사보고는 피고인의 증거동의에 상관없이 그 증거능력이 없다(대판 2010.10.14, 2010도9016). 18. 순경 2차, 19. 수사경과, 20. 9급 법원직·7급 국가직

23. 피고인을 강제로 연행한 조치는 위법한 체포에 해당하고, 위법한 체포상태에서 이루어진 채뇨 요구 또한 위법하므로 그에 의하여 수집된 '소변검사시인서'는 유죄인정의 증거로 삼을 수 없다(대판 2013.3.14, 2012도13611).

24. 수사기관이 항소심 공판기일에 증인으로 신청하여 신문할 수 있는 사람을 특별한 사정 없이 미리 수사기관에 소환하여 작성한 진술조서는 피고인이 증거로 할 수 있음에 동의하지 않는 한 증거능력이 없다. 위 참고인이 나중에 법정에 증인으로 출석하여 위 진술조서의 성립의 진정을 인정하고 피고인 측에 반대신문의 기회가 부여된다 하더라도 위 진술조서의 증거능력을 인정할 수 없음은 마찬가지이다. 위 참고인이 법정에서 위와 같이 증거능력이 없는 진술조서와 같은 취지로 피고인에게 불리한 내용의 진술을 한 경우, 그 진술에 신빙성을 인정하여 유죄의 증거로 삼을 것인지는 증인신문 전 수사기관에서 진술조서가 작성된 경위와 그것이 법정진술에 영향을 미쳤을 가능성 등을 종합적으로 고려하여 신중하게 판단하여야 한다(대판 2019.11.28, 2013도6825). 21. 9급 법원직 · 7급 국가직

● **위법수집증거 ×**

1. 피고인이 범행 후 피해자에게 전화를 걸어오자 피해자가 증거를 수집하려고 그 전화내용을 녹음한 경우, 그 녹음테이프가 피고인 모르게 녹음된 것이라 하여 이를 위법하게 수집된 증거라고 할 수 없다(대판 1997.3.28, 97도240). 09. 9급 국가직, 16. 순경 1차 · 9급 교정 · 보호 · 철도경찰, 14 · 15 · 19. 경찰간부, 18 · 21. 수사경과, 10 · 11 · 15 · 16 · 21. 경찰승진

2. 범행 현장에서 지문채취 대상물에 대한 지문채취가 먼저 이루어진 이상, 수사기관이 그 이후에 지문채취 대상물을 적법한 절차에 의하지 아니한 채 압수하였다고 하더라도 위와 같이 채취된 지문은 위법하게 압수한 지문채취 대상물로부터 획득한 2차적 증거에 해당하지 아니함이 분명하므로, 위법수집증거라고 할 수 없다(대판 2008.10.23, 2008도7471). 10 · 13. 9급 법원직, 11 · 12. 순경, 13. 순경 2차, 17. 7급 국가직, 18. 순경 3차, 20. 경찰간부, 10 · 18 · 21. 경찰승진, 15 · 16 · 18 · 21. 수사경과

3. 군검찰관이 피고인을 뇌물수수 혐의로 기소한 후, 형사사법공조절차를 거치지 아니한 채 과테말라공화국에 현지출장하여 그곳 호텔에서 뇌물공여자 甲을 상대로 참고인 진술조서를 작성한 경우, 검찰관의 甲에 대한 참고인조사가 증거수집을 위한 수사행위에 해당하고 그 조사 장소가 우리나라가 아닌 과테말라공화국의 영역에 속하기는 하나, 조사의 상대방이 우리나라 국민이고 그가 조사에 스스로 응함으로써 조사의 방식이나 절차에 강제력이나 위력은 물론 어떠한 비자발적 요소도 개입될 여지가 없었음이 기록상 분명한 이상, 위와 같은 사유로 인하여 위법수집증거배제법칙이 적용된다고 볼 수 없다(대판 2011.7.14, 2011도3809). 12. 순경, 13. 9급 법원직, 14 · 15. 경찰간부, 17. 9급 검찰 · 마약수사, 19. 경찰승진

4. 범죄의 피해자인 검사가 그 사건의 수사에 관여하거나, 압수 · 수색영장의 집행에 참여한 검사가 다시 수사에 관여하였다는 이유만으로 바로 그 수사가 위법하다거나 그에 따른 참고인이나 피의자의 진술에 임의성이 없다고 볼 수는 없다(대판 2013.9.12, 2011도12918). 14. 7급 국가직 · 경찰간부, 16. 9급 법원직, 14 · 17. 순경 1차, 17. 검찰 · 교정승진, 18. 수사경과, 19. 경찰승진

5. 사문서위조 · 위조사문서행사 및 소송사기로 이어지는 일련의 범행에 대하여 피고인을 형사소추하기 위해서는 이 사건 업무일지가 반드시 필요한 증거로 보이므로, 설령 그것이 제3자에 의하여 절취된 것으로서 위 소송사기 등의 피해자 측이 이를 수사기관에 증거자료로 제출하기 위하여 대가를 지급하였다 하더라도, 공익의 실현을 위하여는 이 사건 업무일지를 범죄의 증거로 제출하는 것이 허용되어야 하고, 이로 말미암아 피고인의 사생활 영역을 침해하는 결과가 초래된다 하더라도 이는 피고인이 수인하여야 할 기본권의 제한에 해당된다. 따라서 이 사건 업무일지는 증거능력이 인정된다(대판 2008.6.26, 2008도1584). 13. 9급 법원직, 16. 9급 교정 · 보호 · 철도경찰, 18. 9급 검찰 · 마약수사, 15 · 19. 경찰간부, 21. 경찰승진

6. "압수 · 수색영장은 처분을 받는 자에게 반드시 제시하여야 한다."고 규정하고 있으나, 이는 영장제시가 현실적으로 가능한 상황을 전제로 한 규정으로 보아야 하고, 피처분자가 현장에 없거나 현장에서 그를 발견할 수 없는 경우 등 영장제시가 현실적으로 불가능한 경우에는 영장을 제시하지 아니한

채 압수·수색을 하더라도 위법하다고 볼 수 없다(대판 2015.1.22, 2014도10978 전원합의체). 16. 경찰간부, 15·18. 순경 2차, 19. 경찰승진·수사경과

7. 경찰관이 전화사기죄 범행의 혐의자를 긴급체포하면서 그가 보관하고 있던 다른 사람의 주민등록증, 운전면허증 등을 압수한 경우, 적법하므로, 이를 위 혐의자의 점유이탈물횡령죄 범행에 대한 증거로 사용할 수 있다(대판 2008.7.10, 2008도2245). 17. 경찰승진, 18. 경찰간부

8. 피고인들의 필로폰 수입에 관한 범의를 명백하게 하기 위하여 검사가 필로폰이 은닉된 곡물포대를 받아 피고인들에게 전달한 甲을 참고인으로 조사한 것이라면, 甲이 수사기관에 의해 범죄혐의를 인정받아 수사가 개시된 피의자의 지위에 있었다고 할 수 없고, 피의자로서의 지위가 아닌 참고인으로서 조사를 받으면서 수사기관으로부터 진술거부권을 고지 받지 않았다 하더라도 그 진술조서는 위법수집증거는 아니므로 증거능력이 인정된다(대판 2011.11.10, 2011도8125). 17. 경찰간부

9. 우편물 통관검사절차에서 이루어지는 우편물의 개봉, 시료채취, 성분분석 등의 검사는 수출입물품에 대한 적정한 통관 등을 목적으로 한 행정조사의 성격을 가지는 것으로서 수사기관의 강제처분이라고 할 수 없으므로, 압수·수색영장 없이 우편물의 개봉, 시료채취, 성분분석 등 검사가 진행되었다 하더라도 특별한 사정이 없는 한 위법하다고 볼 수 없다(대판 2013.9.26, 2013도7718). 15. 변호사시험, 18. 경찰승진, 21. 수사경과

10. 동장 직무대리의 지위에 있던 피고인이 인사권자인 시장의 재선을 위하여 관할 구역의 통장이나 지역유지 등에게 시장을 도와 달라고 부탁하였다는 내용의 전자우편을 시장에게 보냈는데, 시청 소속의 다른 공무원(＝제3자)이 권한 없이 전자우편에 대한 비밀 보호조치를 해제하는 방법을 통하여 그 전자우편을 수집한 경우, 제3자가 위와 같은 방법으로 이 사건 전자우편을 수집한 행위는 공공적 성격을 완전히 배제할 수는 없고, 중대한 범죄에 해당하며, 피고인이 사건 전자우편을 이 사건 공소사실에 대한 증거로 함에 동의한 점 등을 종합하면, 이 사건 전자우편을 이 사건 공소사실에 대한 증거로 제출하는 것은 허용되어야 한다(대판 2013.11.28, 2010도12244).

11. 고소인 측(저작권 피해자)의 의뢰를 받은 甲이 피고인 운영의 웹스토리지 서비스 제공 사이트에 적용된 검색제한 조치를 무력화하는 기술인 '패치프그로램'을 이용하여 '침해자료 목록 및 화면출력 자료'를 수집하였는데, 위 '패치프로그램'은 네이버 등 포털사이트에서 일반인이 손쉽게 입수할 수 있는 프로그램으로 위 피고인들도 그 존재를 인식하고 있었고, 위 자료는 위 피고인들에 대한 형사소추를 위하여 반드시 필요한 증거이므로 공익의 실현을 위해서 위 자료를 증거로 제출하는 것이 허용되어야 한다(대판 2013.9.26, 2011도1435).

12. 피고인이 일본 또는 중국에서 북한 공작원들과 회합하는 모습을 동영상으로 촬영한 것은 위 피고인들이 회합한 증거를 보전할 필요가 있어서 이루어진 것이고, 피고인들이 반국가단체의 구성원과 회합 중이거나 회합하기 직전 또는 직후의 모습을 촬영한 것으로 그 촬영 장소도 차량이 통행하는 도로 또는 식당 앞길, 호텔 프런트 등 공개적인 장소인 점 등을 알 수 있으므로, 일반적으로 허용되는 상당성을 벗어난 방법으로 이루어졌다거나, 영장 없는 강제처분에 해당하여 위법하다고 볼 수 없다(대판 2013.7.26, 2013도2511).

13. 피고인은 2008. 11. 11. 20 : 00경부터 같은 날 21 : 40경까지 사이에 처인 피해자를 조수석에 태우고 이 사건 차량을 운전하던 중 교통사고를 가장하여 처를 살해하기로 마음먹고 도로 옆에 설치된 대전차 방호벽의 안쪽 벽면을 위 차량의 우측 부분으로 들이받아 그 자리에서 사망하게 하였다. 이 사건 사고일로부터 3개월이 지난 후 사고가 발생한 대전차 방호벽의 안쪽 벽면에 부착된 철제구조물에서 발견된 강판조각은 형사소송법 제218조에 규정된 유류물에 해당하고, 형사소송법 제218조에 의하여

영장 없이 압수할 수 있으므로 위 증거의 수집 과정에 영장주의를 위반한 잘못이 없고, 나아가 이 사건 공소사실과 위 각 증거와의 관련성 및 그 내용 기타 이 사건 수사의 개시 및 진행 과정 등에 비추어 위 증거의 압수 후 압수조서의 작성 및 압수목록의 작성·교부 절차가 제대로 이행되지 아니한 잘못이 있다 하더라도, 그것이 적법절차의 실질적인 내용을 침해하는 경우에 해당한다거나 위법수집증거의 배제법칙에 비추어 그 증거능력의 배제가 요구되는 경우에 해당한다고 볼 수는 없다(대판 2011.5.26, 2011도1902).

14. 주거에 침입하여 절취한 물건도 공익의 실현을 위해서 증거로 제출하는 것이 허용될 수 있다(대판 2010.9.9, 2008도3990). 19. 경찰간부, 20. 9급 법원직

15. 교도관이 그 직무상 위탁을 받아 소지 또는 보관하는 물건으로서 재소자가 작성한 비망록을 수사기관에 임의로 제출하였다면 그 압수절차가 적법절차를 위반한 위법이 있다고 할 수 없다(대판 2008.5.15, 2008도1097). 18. 순경 2차, 21. 수사경과

16. 적법하게 긴급체포되어 조사받고 구속영장이 청구되지 아니하여 석방된 후 검사가 석방통지를 법원에 하지 아니하였더라도, 단지 사후에 석방통지가 법에 따라 이루어지지 않았다는 사정만으로 그 긴급체포에 의한 유치 중에 작성된 피의자신문조서의 작성이 소급하여 위법하게 된다고 볼 수는 없다(대판 2014.8.26, 2011도6035).

17. 피고인이 경찰관으로부터 음주측정을 위해 경찰서에 동행할 것을 요구받고 자발적인 의사에 의해 순찰차에 탑승하였고, 경찰서로 이동하던 중 하차를 요구한 바 있으나 그 직후 경찰관으로부터 수사과정에 관한 설명을 듣고 경찰서에 빨리 가자고 요구하였으므로, 피고인에 대한 임의동행은 피고인의 자발적인 의사에 의하여 이루어졌고, 그 후에 이루어진 음주측정결과는 증거능력이 있다(대판 2016.9.28, 2015도2798). 20. 7급 국가직

3 위법수집증거에 대한 증거동의 및 탄핵증거

위법수집증거배제법칙이 적용되는 경우에는 당해 증거의 증거능력이 부정된다.
문제는 위법하게 수집된 증거라 할지라도 당사자가 증거사용에 동의할 경우 증거능력을 인정할 수 있는가, 탄핵증거로 사용이 가능한가이다.

(1) 증거동의

대법원은 "위법하게 수집된 증거는 증거동의의 대상이 될 수 없다(원칙)."라고 판시 12. 순경 2차, 16. 경찰승진·9급 법원직 하면서 다른 한편으로는 예외를 인정하고 있다.

▣ 관련판례

1. 판사가 형사소송법 제184조에 의한 증거보전절차로 증인신문을 하는 경우에는 동법 제163조에 따라 검사, 피의자 또는 변호인에게 증인신문의 시일과 장소를 미리 통지하여 증인신문에 참여할 수 있는 기회를 주어야 하나 참여의 기회를 주지 아니한 경우라도 피고인과 변호인이 증인신문조서를 증거로 할 수 있음에 동의하여 별다른 이의 없이 적법하게 증거조사를 거친 경우에는 위 증인신문조서는 증인신문절차가 위법하였는지의 여부에 관계없이 증거능력이 부여된다(대판 1988.11.8, 86도1646). 12. 순경 3차

2. 공판준비 또는 공판기일에서 이미 증언을 마친 증인을 검사가 소환한 후 피고인에게 유리한 그 증언 내용을 추궁하여 이를 일방적으로 번복시키는 방식으로 작성한 진술조서를 유죄의 증거로 삼는 것은 당사자주의·공판중심주의·직접주의를 지향하는 현행 형사소송법의 소송구조에 어긋나는 것일 뿐만 아니라, 헌법 제27조가 보장하는 기본권, 즉 법관의 면전에서 모든 증거자료가 조사·진술되고 이에 대하여 피고인이 공격·방어할 수 있는 기회가 실질적으로 부여되는 재판을 받을 권리를 침해하는 것이므로, 이러한 진술조서는 피고인이 증거로 할 수 있음에 동의하지 아니하는 한 그 증거능력이 없다(대판 2000.6.15, 99도1108 전원합의체). 14. 순경 2차, 14·15. 9급 법원직, 16. 7급 국가직

   ▶ 이는 검사가 공판준비 또는 공판기일에서 이미 증언을 마친 증인에게 수사기관에 출석할 것을 요구하여 그 증인을 상대로 위증의 혐의를 조사한 내용을 담은 피의자신문조서의 경우도 마찬가지이다(대판 2013.8.14, 2012도13665).

(2) 탄핵증거

원래 증거능력 없는 증거라도 탄핵증거(증거의 증명력을 다투기 위한 증거)로는 사용할 수 있으나, 10. 9급 국가직 위법수집증거의 경우에 이를 허용하게 되면 결국 증거능력을 제한하는 취지가 무의미하게 될 수 있으므로 위법수집증거를 탄핵증거로 사용하는 것은 허용되지 않는다고 해야 한다(다수설). 10. 9급 국가직, 15. 수사경과

4 독수과실이론

독수과실이론(독나무 열매 이론)이란 위법하게 수집된 1차적 증거(독수)에 의해 발견된 2차적 증거(과실)에까지도 증거능력을 배제하는 이론을 말한다.

ⓘ 1920년 미국의 실버톤(Silverthorne) 사건의 판결에서 확립된 이론이다(예 강요에 의해 살인범행을 자백받고 그 자백에 따라 그가 살해한 시체를 발견하였다 하더라도 시체의 발견사실은 증거능력이 없다).

ⓘ 대법원은 "위법하게 수집된 1차증거에 의해 발견된 2차증거도 원칙적으로 유죄의 증거로 삼을 수 없으나, 절차에 따르지 아니한 증거 수집과 2차적 증거 수집 사이 인과관계의 희석 또는 단절 여부를 중심으로 2차적 증거 수집과 관련된 모든 사정을 전체적·종합적으로 고려하여 예외적인 경우에는 유죄인정의 증거로 사용할 수 있는 것이다."라고 판시하여 독수과실이론의 예외를 인정하고 있다(대판 2007.11.15; 2007도3061 전원합의체). 10. 경찰승진, 13. 경찰간부, 15. 9급 검찰·마약·교정·보호·철도경찰·수사경과, 15·20. 순경 1차

📌 관련판례

● **독수과실이론의 예외**

1. 강도 현행범으로 체포된 피고인에게 진술거부권을 고지하지 아니한 채 강도범행에 대한 자백을 받고, 이를 기초로 여죄에 대한 진술과 증거물을 확보한 후 진술거부권을 고지하여 피고인의 임의자백 및 피해자의 피해사실에 대한 진술을 수집한 사안에서, 제1심 법정에서의 피고인의 자백은 진술거부권을 고지받지 않은 상태에서 이루어진 최초 자백 이후 40여 일이 지난 후에 변호인의 충분한 조력을 받으면서 공개된 법정에서 임의로 이루어진 것이고, 피해자의 진술은 법원의 적법한 소환에 따라 자발적으로 출석하여 위증의 벌을 경고받고 선서한 후 공개된 법정에서 임의로 이루어진 것이어서,

예외적으로 유죄인정의 증거로 사용할 수 있는 2차적 증거에 해당한다(대판 2009.3.12, 2008도 11437). 12. 순경, 15. 순경 1차, 12 · 15. 7급 국가직, 14 · 20. 9급 법원직, 19. 경찰간부, 10 · 12 · 16 · 20. 경찰승진

2. 마약 투약 혐의를 받고 있던 피고인이 임의동행을 거부하겠다는 의사를 표시하였는데도 경찰관들이 피고인을 영장 없이 강제로 연행한 상태에서 마약 투약 여부의 확인을 위한 1차 채뇨절차가 이루어졌는데, 그 후 압수영장에 기하여 2차 채뇨절차가 이루어지고 그 결과를 분석한 소변 감정서 등이 증거로 제출된 사안에서, 체포과정에서의 절차적 위법과 2차적 증거 수집 사이의 인과관계를 희석하게 할 만한 정황이 있고, 메스암페타민 투약 범행의 중대성도 아울러 참작될 필요가 있는 점 등 제반 사정을 고려할 때 2차적 증거인 소변 감정서 등은 증거능력이 인정된다(대판 2013.3.14, 2012도13611). 14. 7급 국가직, 15. 경찰간부, 20. 해경

3. 사전에 구속영장을 제시하지 아니한 채 구속영장을 집행하고, 그 구속 중 수집한 피고인의 진술증거 중 피고인의 제1심 법정진술은, 피고인이 구속집행절차의 위법성을 주장하면서 청구한 구속적부심사의 심문 당시 구속영장을 제시받은 바 있어 그 이후에는 구속영장에 기재된 범죄사실에 대하여 숙지하고 있었던 것으로 보이고, 구속 이후 원심에 이르기까지 구속적부심사와 보석의 청구를 통하여 구속집행절차의 위법성만을 다투었을 뿐, 그 구속 중 이루어진 진술증거의 임의성이나 신빙성에 대하여는 전혀 다투지 않았을 뿐만 아니라, 변호인과의 충분한 상의를 거친 후 공소사실 전부에 대하여 자백한 것이라면, 유죄인정의 증거로 삼을 수 있는 예외적인 경우에 해당한다(대판 2009.4.23, 2009도526). 14. 경찰간부, 16. 9급 법원직

4. 영장 발부의 사유로 된 범죄 혐의사실과 무관한 별개의 증거를 압수하였을 경우 이는 원칙적으로 유죄인정의 증거로 사용할 수 없다. 다만, 수사기관이 별개의 증거를 피압수자 등에게 환부하고 후에 임의제출받아 다시 압수하였다면 증거를 압수한 최초의 절차 위반행위와 최종적인 증거수집 사이의 인과관계가 단절되었다고 평가할 수 있다(대판 2016.3.10, 2013도11233). 17. 9급 법원직, 21. 순경 2차

   ▶ 다만, 제출에 임의성이 있다는 점에 관하여는 검사가 합리적 의심을 배제할 수 있을 정도로 증명 하여야 하고, 임의로 제출된 것이라고 볼 수 없는 경우 ⇨ 증거능력 없음에 주의!

5. 수사기관이 법관의 영장에 의하지 아니하고 매출전표의 거래명의자에 관한 정보를 획득한 경우, 이에 터 잡아 수집한 2차적 증거들, 예컨대 피의자의 자백이나 범죄 피해에 대한 제3자의 진술 등이 유죄인정의 증거로 사용될 수 있는지를 판단할 때, 수사기관이 의도적으로 영장주의의 정신을 회피하는 방법으로 증거를 확보한 것이 아니라고 볼 만한 사정, 위와 같은 정보에 기초하여 범인으로 특정되어 체포되었던 피의자가 석방된 후 상당한 시간이 경과하였음에도 다시 동일한 내용의 자백을 하였다거나 그 범행의 피해품을 수사기관에 임의로 제출하였다는 사정, 2차적 증거 수집이 체포 상태에서 이루어진 자백 등으로부터 독립된 제3자의 진술에 의하여 이루어진 사정 등은 통상 2차적 증거의 증거능력을 인정할 만한 정황에 속한다고 볼 수 있다(대판 2013.3.28, 2012도13607).

✓ Key Point

- 위법수집증거배제법칙 적용 ┬ 진술증거(○)
                            └ 비진술증거(○)
  ▶ 예외적인 경우 위법수집증거 증거능력 인정
- 위법수집증거에 대한 증거동의 대상 여부(판례) ┬ 원칙 : 대상 ×
                                              └ 예외 : 대상 ○
- 독수과실이론의 예외(판례)

Chapter 02 기출문제

01 위법수집증거배제법칙에 대한 설명으로 가장 적절하지 않은 것은?(다툼이 있는 경우 판례에 의함)

18. 순경 3차

① 범행 현장에서 지문채취 대상물에 대한 지문채취가 먼저 이루어진 이상, 수사기관이 그 이후에 지문채취 대상물을 적법한 절차에 의하지 아니한 채 압수하였다고 하더라도, 이와 같이 채취된 지문은 위법하게 압수한 지문채취 대상물로부터 획득한 2차적 증거에 해당하지 아니한다.

② 수사기관이 피의자를 신문함에 있어서 피의자에게 미리 진술거부권을 고지하지 않은 때에는 그 피의자의 진술은 위법하게 수집된 증거로서 진술의 임의성이 인정되는 경우라도 증거능력이 부인되어야 한다.

③ 비진술증거인 압수물은 압수절차가 위법하다 하더라도 그 물건 자체의 성질, 형태에 변경을 가져오는 것은 아니어서 그 형태 등에 관한 증거가치에는 변함이 없다 할 것이므로 증거능력이 있다.

④ 피의자가 변호인의 참여를 원한다는 의사를 명백하게 표시하였음에도 수사기관이 정당한 사유 없이 변호인을 참여하게 하지 아니한 채 피의자를 신문하여 작성한 피의자신문조서는 증거능력이 인정되지 않는다.

해설\ ① 대판 2008.10.23, 2008도7471 ② 대판 2014.4.10, 2014도1779
③ 대법원은 '비진술증거인 압수물은 압수절차가 위법하다 하더라도 그 물건 자체의 성질, 형태에 변경을 가져오는 것은 아니어서 그 형태 등에 관한 증거가치에는 변함이 없다 할 것이므로 증거능력이 있다'는 입장(대판 1968.9.17, 68도932)이었으나, 그 후 이를 변경하여 이제는 진술증거와 비진술증거 모두 위법수집증거배제법칙을 적용하고 있다(대판 2007.11.15, 2007도3061 전원합의체). ④ 대판 2013.3.28, 2010도3359

02 위법수집증거배제법칙에 대한 설명 중 가장 적절하지 않은 것은?(다툼이 있는 경우 판례에 의함)

20. 순경 1차

① 적법한 절차를 따르지 않고 수집한 증거를 예외적으로 유죄인정의 증거로 사용할 수 있는 구체적이고 특별한 사정이 존재한다는 점에 대한 입증책임은 검사에게 있다.

② 적법절차에 위배되는 행위의 영향이 차단되거나 소멸되었다고 볼 수 있는 상태에서 수집한 증거는 그 증거능력을 인정하더라도 적법절차의 실질적 내용에 대한 침해가 일어나지는 않았기 때문에 그 증거능력을 부정할 이유는 없다.

Answer 01. ③ 02. ③

③ 위법수집증거배제법칙은 헌법 제12조의 적법절차를 보장하기 위한 성격을 가지기 때문에, 자신의 기본권을 침해당한 사람만이 위법수집증거배제법칙을 주장할 수 있다. 따라서 수사기관이 피고인 아닌 자를 상대로 적법한 절차에 따르지 아니하고 수집한 증거는 원칙적으로 피고인에 대한 유죄인정의 증거로 삼을 수 있다.

④ 위법하게 수집된 증거에서 파생하는 2차적 증거는 원칙적으로 증거능력이 배제되어야 하지만, 절차에 따르지 않은 증거수집과 2차적 증거수집 사이의 인과관계의 희석 또는 단절여부를 중심으로 2차적 증거수집과 관련된 모든 사정을 전체적·종합적으로 고려하여 예외적인 경우에는 2차적 증거의 증거능력을 인정할 수 있다.

해설\ ① 대판 2011.4.28, 2009도10412
② 대판 2013.3.14, 2010도2094
③ 유흥주점 업주와 종업원인 피고인들이 이른바 '티켓영업' 형태로 성매매를 하면서 금품을 수수하였다고 하여 구 식품위생법 위반으로 기소된 사안에서, 경찰이 피고인 아닌 갑, 을을 사실상 강제연행한 상태에서 받은 각 자술서 및 이들에 대하여 작성한 각 진술조서는 위법수사로 얻은 진술증거에 해당하여 증거능력이 없다는 이유로, 이를 피고인들에 대한 유죄인정의 증거로 삼을 수 없다(대판 2011.6.30, 2009도6717).
④ 대판 2007.11.15, 2007도3061 전원합의체

03 위법수집증거배제법칙에 대한 설명이다. 아래 ㉠부터 ㉣까지의 설명 중 옳고 그름의 표시(○, ×)가 가장 바르게 된 것은?(다툼이 있는 경우 판례에 의함) 17. 순경 1차

> ㉠ 수사기관으로부터 통신제한조치의 집행을 위탁받은 통신기관 등이 집행에 필요한 설비가 없을 때에는 수사기관에 설비의 제공을 요청하여야 하는데, 그러한 요청 없이 통신제한조치허가서에 기재된 사항을 준수하지 아니한 채 통신제한조치를 집행하였더라도, 그러한 집행으로 취득한 전기통신의 내용 등은 유죄인정의 증거로 할 수 있다.
> ㉡ 선거관리위원회 위원·직원이 관계인에게 진술이 녹음된다는 사실을 미리 알려 주지 아니한 채 진술을 녹음하였다면, 그와 같은 조사절차에 의하여 수집한 녹음파일 내지 그에 터 잡아 작성된 녹취록은 형사소송법 제308조의 2에서 정하는 '적법한 절차에 따르지 아니하고 수집한 증거'에 해당하여 원칙적으로 유죄의 증거로 쓸 수 없다.
> ㉢ 범죄의 피해자인 검사가 그 사건의 수사에 관여하거나, 압수·수색영장의 집행에 참여한 검사가 다시 수사에 관여하였다는 이유만으로 바로 그 수사가 위법하다거나 그에 따른 참고인이나 피의자의 진술에 임의성이 없다고 볼 수는 없다.
> ㉣ 수사기관이 피의자를 신문함에 있어서 피의자에게 미리 진술거부권을 고지하지 않은 때에는 그 피의자의 진술은 위법하게 수집된 증거로서 진술의 임의성이 인정되는 경우라도 증거능력이 부인되어야 한다.

① ㉠(×), ㉡(○), ㉢(×), ㉣(○)　　② ㉠(○), ㉡(×), ㉢(○), ㉣(○)
③ ㉠(○), ㉡(○), ㉢(×), ㉣(×)　　④ ㉠(×), ㉡(○), ㉢(○), ㉣(○)

Answer 03. ④

해설\ ㉠ × : 통신제한조치의 종류가 전기통신의 '감청'인 경우, 수사기관 또는 수사기관으로부터 통신제한조치의 집행을 위탁받은 통신기관 등은 통신비밀보호법이 정한 감청의 방식으로 집행하여야 하고 그와 다른 방식으로 집행하여서는 아니 된다. 수사기관으로부터 통신제한조치의 집행을 위탁받은 통신기관 등이 집행에 필요한 설비가 없을 때에는 수사기관에 설비의 제공을 요청하여야 하고, 그러한 요청 없이 통신제한조치 허가서에 기재된 사항을 준수하지 아니한 채 통신제한조치를 집행하였다면, 그러한 집행으로 취득한 전기통신의 내용 등은 헌법과 통신비밀보호법이 국민의 기본권인 통신의 비밀을 보장하기 위해 마련한 적법한 절차를 따르지 아니하고 수집한 증거에 해당하므로 이는 유죄인정의 증거로 할 수 없다(대판 2016.10.13, 2016도8137).
ㄴ ○ : 대판 2012.11.15, 2011도3509
ㄷ ○ : 대판 2013.9.12, 2011도12918
ㄹ ○ : 대판 2011.11.10, 2010도8294

04 위법수집증거배제법칙에 대한 설명으로 가장 적절한 것은?(다툼이 있는 경우 판례에 의함)

18. 순경 2차

① 피고사건에 관하여 검사가 공소제기 후 형사소송법 제215조에 따라 관할지방법원 판사에게 청구하여 발부받은 영장에 의하여 압수·수색을 하였다면, 이를 통해 수집된 증거는 적법한 절차에 따른 것으로서 원칙적으로 유죄의 증거로 삼을 수 있다.

② 수사기관이 필로폰 매매범에 대한 증거를 확보할 목적으로 구속수감되어 있던 필로폰 투약범에게 그의 압수된 휴대전화를 제공하여 필로폰 매매범과 통화하면서 그 내용을 녹음하게 한 다음 그 휴대전화를 제출받은 경우, 그 녹음된 진술은 증거능력이 있다.

③ 압수·수색영장은 처분을 받는 자에게 반드시 제시하여야 하므로, 피처분자가 현장에 없거나 현장에서 그를 발견할 수 없는 경우 등 영장제시가 현실적으로 불가능한 경우라도 영장을 제시하지 아니한 채 압수·수색을 하였다면 이는 위법하다고 보아야 한다.

④ 교도관이 재소자가 맡긴 비망록을 수사기관에 임의로 제출하였다면 그 비망록의 증거사용에 대하여도 재소자의 사생활의 비밀 기타 인격적 법익이 침해되는 등의 특별한 사정이 없는 한 반드시 그 재소자의 동의를 받아야 하는 것은 아니며, 검사가 교도관으로부터 그가 보관하고 있던 피고인의 비망록을 임의로 제출받아 이를 압수한 경우, 피고인의 승낙 및 영장이 없더라도 적법절차를 위반한 위법이 있다고 할 수 없다.

해설\ ① 검사가 공소제기 후 법 제215조에 따라 수소법원 이외의 지방법원 판사에게 청구하여 발부받은 영장에 의하여 압수·수색을 하였다면, 그와 같이 수집된 증거는 기본적 인권 보장을 위해 마련된 적법한 절차에 따르지 않은 것으로서 원칙적으로 유죄의 증거로 삼을 수 없다(대판 2011.4.28, 2009도10412).
② 수사기관이 필로폰 매매범에 대한 증거를 확보할 목적으로 구속수감되어 있던 필로폰 투약범에게 그의 압수된 휴대전화를 제공하여 필로폰 매매범과 통화하면서 그 내용을 녹음하게 한 다음 그 휴대전화를 제출받은 경우, 수사기관 스스로가 주체가 되어 구속수감된 자의 동의만을 받고 상대방인 피고인의 동의가 없는 상태에서 그들의 통화 내용을 녹음한 것으로서 범죄수사를 위한 통신제한조치의 허가 등을 받지 아니한

Answer 04. ④

불법감청에 해당한다고 보아야 할 것이므로, 그 녹음 자체는 물론이고 이를 근거로 작성된 이 사건 수사보고의 기재 내용과 첨부 녹취록 및 첨부 mp3파일도 모두 피고인과 변호인의 증거동의에 상관없이 증거능력이 없다고 할 것이다(대판 2010.10.14, 2010도9016).

③ 형사소송법 제219조가 준용하는 제118조는 "압수·수색영장은 처분을 받는 자에게 반드시 제시하여야 한다."고 규정하고 있으나, 이는 영장제시가 현실적으로 가능한 상황을 전제로 한 규정으로 보아야 하고, 피처분자가 현장에 없거나 현장에서 그를 발견할 수 없는 경우 등 영장제시가 현실적으로 불가능한 경우에는 영장을 제시하지 아니한 채 압수·수색을 하더라도 위법하다고 볼 수 없다(대판 2015.1.22, 2014도10978 전원합의체).

④ 대판 2008.5.15, 2008도1097

05 위법수집증거배제법칙에 대한 설명으로 가장 적절하지 않은 것은?(다툼이 있는 경우 판례에 의함)

21. 순경 1차

① 수사기관이 헌법과 형사소송법이 정한 절차에 따르지 아니하고 수집한 증거는 유죄인정의 증거로 삼을 수 없는 것이 원칙이므로, 수사기관이 피고인 아닌 자를 상대로 적법한 절차에 따르지 아니하고 수집한 증거는 원칙적으로 피고인에 대한 유죄인정의 증거로 삼을 수 없다.

② 법원의 증인신문절차 공개금지결정이 피고인의 공개재판을 받을 권리를 침해하는 경우, 그 절차에 의하여 이루어진 증인의 증언은 변호인의 반대신문권이 보장되지 않는 한 증거능력이 없다.

③ 제3자가 전화통화 당사자 중 일방만의 동의를 받고 통화 내용을 녹음하였더라도 그 상대방의 동의가 없었다면, 통신비밀보호법을 위반한 불법감청으로 그 녹음된 통화 내용의 증거능력을 인정할 수 없다.

④ "범행 중 또는 범행 직후의 범죄 장소에서 긴급을 요하여 법원판사의 영장을 받을 수 없는 때에는 영장없이 압수·수색 또는 검증을 할 수 있다. 이 경우에는 사후에 지체 없이 영장을 받아야 한다."고 규정하고 있는 형사소송법 제216조 제3항의 요건 중 어느 하나라도 갖추지 못한 경우에 그러한 압수·수색 또는 검증은 위법하며, 이에 대하여 사후에 법원으로부터 영장을 발부받았다고 하여 그 위법성이 치유되지 아니한다.

해설\ ① 대판 2011.6.30, 2009도6717
② 공개금지사유가 없음에도 불구하고 재판의 심리에 관한 공개를 금지하기로 결정하였다면 그러한 공개금지결정은 피고인의 공개재판을 받을 권리를 침해한 것으로서 그 절차에 의하여 이루어진 증인의 증언은 증거능력이 없다고 할 것이고, 변호인의 반대신문권이 보장되었더라도 달리 볼 수 없으며, 이러한 법리는 공개금지결정의 선고가 없는 등으로 공개금지결정의 사유를 알 수 없는 경우에도 마찬가지라 할 것이다(대판 2015.10.29, 2014도5939).
③ 대판 2010.10.14, 2010도9016
④ 대판 2017.11.29, 2014도16080

Answer 05. ②

06 위법수집증거배제법칙에 대한 설명으로 다음 〈보기〉에서 옳은 것만 고른 것은?(다툼이 있으면 판례에 의함)

> ㉠ 수사기관이 범행 현장에서 지문채취 대상물인 유리컵에서 지문을 채취한 후 그 유리컵을 적법한 절차에 의하지 아니한 채 압수하였다면 채취한 지문도 위법수집증거이다.
> ㉡ 수사기관이 영장을 발부받지 아니한 채 교통사고로 의식불명인 피의자의 동의 없이 그의 아버지의 동의를 받아 피의자의 혈액을 채취하고 사후에도 지체 없이 영장을 발부받지 않았다면 그 혈액에 대한 혈중알코올농도에 관한 감정의뢰회보는 위법수집증거이다.
> ㉢ 甲이 휴대전화기로 乙과 통화한 후 예우차원에서 바로 전화를 끊지 않고 기다리던 중 그 휴대전화기로부터 乙과 丙이 대화하는 내용이 들리자 이를 그 휴대전화기로 녹음한 경우, 이 녹음은 위법하다고 할 수 없다.
> ㉣ 수사기관이 압수·수색영장에 기하여 피의자의 주거지에서 증거물 A를 압수하고 며칠 후 영장유효기간이 도과하기 전에 위 영장으로 다시 같은 장소에서 증거물 B를 압수한 경우 증거물 B는 위법수집증거이다.

① ㉠, ㉡   ② ㉠, ㉣   ③ ㉡, ㉣   ④ ㉢, ㉣

해설\ ㉠ × : 범행 현장에서 지문채취 대상물에 대한 지문채취가 먼저 이루어진 이상, 수사기관이 그 이후에 지문채취 대상물을 적법한 절차에 의하지 아니한 채 압수하였다고 하더라도, 채취된 지문은 위법한 압수라고 보기도 어렵다(대판 2008.10.23, 2008도7471).
㉡ ○ : 대판 2014.11.13, 2013도1228
㉢ × : 甲이 휴대전화기로 乙과 통화한 후 예우차원에서 바로 전화를 끊지 않고 기다리던 중 그 휴대전화기로부터 乙과 丙이 대화하는 내용이 들리자 이를 그 휴대전화기로 녹음한 경우, 甲은 대화에 참여하지 아니한 제3자이므로 이 녹음은 위법하다고 할 수 있다(대판 2016.5.12, 2013도15616).
㉣ ○ : 대결 1999.12.1, 99모161

Answer 06. ③

제3절 ┃ 자백의 증거능력

1 자백의 의의

자백이란 자기의 범죄사실의 전부 또는 일부를 인정하는 진술을 말하며, 구체적으로 살펴보면 다음과 같다.

(1) 진술하는 자의 법률상 지위는 문제되지 않는다.

자백은 피고인의 진술뿐 아니라 피의자의 지위에서 또는 피의자의 지위가 발생되기 이전의 증인이나 참고인으로써 행한 진술도 자백에 해당한다. 14. 경찰간부

(2) 진술의 형식이나 상대방도 묻지 않는다.

구두 또는 서면에 의한 진술도 자백에 해당하며, 진술이 누구에 대하여 행하여졌건 불문한다. 공판정에서 법원에 대하여 행한 자백(재판상 자백)이든 그 이외의 자(수사기관, 사인)에 대하여 행한 자백(재판 외 자백)이든 묻지 않으며, 상대방이 없는 경우 예컨대 일기 등에 자기의 범죄사실을 인정하는 기재를 하였을 경우에도 자백에 해당한다.

① 간이공판절차의 개시요건으로 공판정에서의 자백을 요구하지만, 제309조의 자백은 재판상의 자백과 그 밖의 자백을 모두 포함하는 개념이다.

(3) 자기의 형사책임을 긍정하는 진술임을 요하지 않는다. 구성요건에 해당하는 사실을 행하였음을 인정하는 진술이면 되고, 자기의 형사책임을 긍정하는 진술임을 요하지 않는다(따라서 구성요건에 해당하는 사실을 인정하면서 위법성조각사유나 책임성조각사유의 존재를 주장하는 경우에도 자백에 해당한다 할 수 있다).

① 구성요건해당사실을 인정하고, 위법조각사유나 책임조각사유의 존재를 주장하지 않아야 하는 간이공판절차의 자백과 구별을 요한다.

관련판례

1. 업무상 필요에 의하여 작성된 통상문서(예 상업장부, 항해일지, 진료일지 또는 이와 유사한 금전출납부 등)의 경우에는 사무처리 내역을 증명하기 위하여 존재하는 문서로서 그 존재 자체 및 기재가 그러한 내용의 사무가 처리되었음의 여부를 판단할 수 있는 별개의 독립된 증거자료이므로, 설사 그 문서가 우연히 피고인이 작성하였고 그 문서의 내용 중 피고인의 범죄사실의 존재를 추론해 낼 수 있는, 즉 공소사실에 일부 부합되는 사실의 기재가 있다고 하더라도, 이를 피고인이 범죄사실을 자백하는 문서라고 볼 수 없다(대판 1996.10.17, 94도2865). 18. 경찰간부, 19. 변호사시험, 21. 수사경과 ─ 이러한 입장을 취할 경우 공판정에서의 자백이 있으면 이러한 통상문서를 보강증거로 하여 유죄를 인정할 수 있게 된다(제310조 참조).
2. 모두절차에서 피고인이 공소사실은 사실대로라고 진술한 경우에도 수사기관에서의 진술이나 검사나 변호인의 신문에 대한 전후의 진술을 종합하여 자백 여부를 판단해야 한다(대판 1990.4.27, 89도1569).
3. 항소이유서에 '피고인은 돈이 급해 지어서는 안될 죄를 지었습니다.', '진심으로 뉘우치고 있습니다.'라고 범죄사실을 인정하는 취지의 사실이 기재되어 있더라도, 이어진 검사와 재판장 및 변호인의 각

심문에 대하여 피고인은 범죄사실을 부인하였고, 수사단계에서도 일관되게 부인한다면 범죄사실을 자백한 것으로 볼 수 없다(대판 1999.11.12, 99도3341). 19. 변호사시험, 20. 경찰간부

4. 검사가 피고인에게 공소사실 그대로의 사실유무를 묻자 "예, 있습니다." "예, 그렇습니다."라고 대답하였으나, 검사와 변호인의 물음에서나 그 이후의 공판정에서는 피고인이 상피고인의 부동산전매업을 도와 주는 모집책이 아니고 단순한 고객일 라고 진술하고 있다면 피고인들과 공모하여 기망 내지 편취한 점까지 자백한 것이라고는 볼 수 없다(대판 1984.4.10, 84도141). 18. 경찰간부

✓ **Key Point** **자백에 해당하는 예**

- 형사미성년자의 범죄시인
- 범죄수사 개시 전에 처에게 범죄시인
- 일기장에 범죄를 인정하는 내용기재
- 범죄사실을 인정하면서 정당방위 주장

2 자백배제법칙

(1) 의 의

자백배제법칙이라 함은 임의성이 없거나, 임의성이 의심스러운 자백은 증거능력이 부정된다는 원칙을 말한다. 형사소송법 제309조는 헌법 제12조 제7항에 근거하여 자백배제법칙을 선언하고 있다.

① 자백배제의 법칙은 영미법에서 유래한다.

(2) 이론적 근거

임의성이 없거나 의심되는 경우에 증거능력을 부정하는 실질적 이유가 무엇인가, 즉 제309조의 입법이유가 무엇인가의 문제이다. 어떠한 입장에 서느냐에 따라 제309조의 적용범위가 달라진다.

① **학 설**

허위배제설	임의성 없는 자백은 허위일 가능성이 크므로 증거능력을 부정한다. 이 설은 강압수사에 의해 행해진 자백이라도 진실성이 입증되면 증거능력을 인정할 수밖에 없는 단점이 있다. ▶ 이 견해에 의하면 고문에 의한 자백은 언제나 임의성이 부정된다. (×) 05. 순경 3차
인권옹호설	임의성 없는 자백이란 진술의 자유를 침해한 위법 부당한 상태하에서의 자백을 말하며, 인권보장을 위해 증거능력을 부정해야 한다는 견해이다. 자백배제법칙과 진술거부권의 보장을 동일시하는 것은 부당하고, 약속이나 기망에 의한 자백에 대해 증거능력을 부정해야 하는 경우를 설명하기 어렵다. ▶ 이 견해에 의하면 약속이나 기망에 의한 자백은 임의성이 부정된다. (×)

절충설 (허위배제설 + 인권옹호설)	임의성 없는 자백은 허위의 위험성이 많을 뿐 아니라 자백강요방지라는 인권보장을 위해서도 증거능력이 배제된다는 것이다. 이 설은 제309조 전단의 고문, 폭행, 협박, 신체구속의 부당한 장기화에 의한 자백은 인권침해에 의한 자백이고, 후단의 기망 기타 방법에 의한 자백은 허위배제설에 입각한 것이라고 보고 있다. 허위배제설과 인권옹호설의 결합만을 결합하고 있다는 비판이 있다. ▶ 이 견해는 자백배제법칙과 위법수집증거배제법칙을 이원적으로 파악한다(임의성 없는 자백 ⇨ 자백배제법칙에 의하여, 임의성은 있으나 수집절차에 위법이 있는 경우 ⇨ 위법수집증거배제법칙에 의하여 증거능력 인정).
위법배제설	① 적법절차에 위반하여 취득된 자백의 사용을 금지하는 증거법상의 원칙이라는 견해이다. 이 설에 따르면 제309조는 임의성 없는 자백에만 국한되는 것이 아니라 널리 위법절차에 의해 수집된 자백의 증거능력 제한규정으로 이해하게 되며, 자백배제법칙은 위법수집증거배제법칙의 특칙에 해당하는 것으로 보게 된다(수사기관의 위법 활동에 대한 견제장치로 활용). ▶ 이 견해에 의하면, 진술거부권의 고지 없이 얻은 자백도 제309조에 의하여 증거능력이 부정된다. ② 자백의 임의성이라는 면을 도외시하고 절차상의 위법만을 중요시함은 제309조의 입법취지를 외면하는 것이며, 자백의 임의성이 없는 경우와 임의성은 있으나 획득절차가 위법인 경우의 질적 차이를 설명하기 곤란하다는 비판이 있다. ▶ 위법배제설에 대해서는 아직 비판이 나타나 있지 않다. (×) 05. 순경 3차 ③ 헌법은 적법절차조항(헌법 제12조 제1항·제2항)과 자백배제법칙조항(헌법 제12조 제7항)을 대등관계로 파악하고 있는데 위법배제설은 자백배제법칙의 독자적인 의미를 밝히지 못하고 있다.

② **판례** : 초기에는 허위배제설에 기운 듯한 태도를 취하였으나 그후 위법배제설적인 경향을 보이는 판례들이 나타났다가 최근 들어는 절충설의 입장을 명백히 하고 있는 판례들이 나오고 있다.

📌 관련판례

임의성 없는 진술의 증거능력을 부정하는 취지는 허위진술을 유발 또는 강요할 위험성이 있는 상태하에서 행하여진 진술은 그 자체가 실체적 진실에 부합하지 아니하여 오판을 일으킬 소지가 있을 뿐만 아니라 그 진위 여부를 떠나서 진술자의 기본적 인권을 침해하는 위법 부당한 압박이 가하여지는 것을 사전에 막기 위한 것이므로, 그 임의성에 다툼이 있을 때에는 그 임의성을 의심할 만한 합리적이고 구체적인 사실을 피고인이 입증할 것이 아니고 검사가 그 임의성의 의문점을 해소하는 입증을 하여야 한다(대판 2002.10.8, 2001도3931). ⇨ 절충설 입장

(3) 자백배제법칙의 적용범위

형사소송법 제309조는 "피고인의 자백이 고문·폭행·협박·신체구속의 부당한 장기화 또는 기망 기타의 방법으로 임의로 진술한 것이 아니라고 의심할 만한 이유가 있는 때에는 이를 유죄의 증거로 하지 못한다."라고 규정하고 있다(판례 ⇨ 예시 사유로 본다 : 대판 1985.2.26, 82도2413).
18. 순경 1차 특히 '기타의 방법으로 임의로 진술한 것이 아니라고 의심할 만한 이유가 있는 때'의 범위를 어디까지 인정할 것인가가 문제된다.

① **고문·폭행·협박·신체구속의 부당한 장기화로 인한 자백** : 고문·폭행·협박·신체구속의 부당한 장기화에 의한 자백이 배제된다는 점에는 의문이 없으며, 임의성 없는 자백의 전형적인 경우를 예시한 것이다(다수설).

　㉠ **고문·폭행·협박에 의한 자백**

　　예 광선을 투시하여 잠을 못자게 하는 경우도 고문 또는 폭행에 해당

🔎 관련판례

1. 다른 피고인이 고문당하는 것을 보고 한 자백도 고문에 의한 자백에 해당(대판 1978.1.31, 77도463)
   06. 순경 2차, 07. 7급 국가직, 14. 수사경과, 15. 경찰승진

2. 검사 앞에서 조사받을 당시는 자백을 강요당한 바 없다고 하여도 경찰에서의 자백이 폭행이나 신체구속의 부당한 장기화에 의하여 임의로 진술한 것이 아니라고 의심할 만한 상당한 이유가 있어서 경찰에서 피고인을 조사한 경찰관이 검사 앞에까지 피고인을 데려간 경우 검사 앞에서의 자백도 그 임의성이 없는 심리상태가 계속된 경우라고 할 수밖에 없어 검사 작성의 피고인에 대한 제1회 피의자신문조서는 증거능력이 없다(대판 1992.3.10, 91도1). 07·10. 경찰승진, 15. 9급 검찰·마약수사

3. 피고인이 검사 이전의 수사기관에서 고문 등 가혹행위로 인하여 임의성 없는 자백을 하고 그 후 검사의 조사단계에서도 임의성 없는 심리상태가 계속되어 동일한 내용의 자백을 하였다면 검사의 조사단계에서 고문 등 자백의 강요행위가 없었다고 하여도 검사 앞에서의 자백도 임의성 없는 자백이라고 볼 수밖에 없다(대판 1992.11.24, 92도2409). 15. 9급 검찰·마약수사, 19. 9급 교정·보호·철도경찰, 20. 경찰간부, 10·21. 경찰승진, 21. 수사경과

4. 검사의 피의자신문조서가 송치받은 당일에 작성되었다는 것만으로 임의성 없는 자백으로 볼 수 없다(대판 1984.5.29, 84도378). 07·10. 경찰승진

5. 제1심 법정에서 경찰, 검찰에서의 자백의 임의성을 인정하였다가, 항소이유와 항소심 법정에서 비로소 경찰에서의 자백이 고문에 못이겨 한 것이고, 검찰에서의 자백은 감호청구를 하겠다는 말에 겁이 나서 한 것이라고 주장하는 경우에 경찰에서의 자백이 강요에 의한 것으로 임의성이 인정되지 아니한다 하더라도 경찰조사시의 임의성 없는 상태가 검사의 조사 당시까지 계속되었다고 할 수 없으므로 검찰진술 내용이 임의성 없는 자백이라고 할 수 없다(대판 1983.4.26, 82도2943).

6. 피고인이 수사기관에서 가혹행위 등으로 인하여 임의성 없는 자백을 하고 그 후 법정에서도 임의성 없는 심리상태가 계속되어 동일한 내용의 자백을 하였다면 법정에서의 자백도 임의성 없는 자백이라고 보아야 한다(대판 2012.11.29, 2010도3029). 18. 순경 1차, 20. 경찰간부, 21. 경찰승진

ⓛ **신체구속의 부당한 장기화로 인한 자백** : 부당한 장기구속이란 체포·구속영장 없이 구속된 경우뿐만 아니라 적법하게 구속된 경우라도 구속할 필요가 없게 된 상태에서 계속 구금되어 있는 경우는 여기에 해당한다고 할 수 있으나 구속기간이 장기라는 이유만으로는 여기에 해당하지 않는다.

🔎 관련판례

1. 구속영장 없이 13여일간 불법구속되어 있으면서 고문이나 잠을 재우지 않는 등 진술의 자유를 침해하는 위법사유가 있는 증거의 증거능력 부정(대판 1985.2.26, 82도2413) 07. 15.경찰승진.
2. 설사 경찰에서 부당한 신체구속을 당하였다고 하더라도 검사 앞에서 피고인의 진술에 임의성이 인정된다면 검사가 작성한 피의자신문조서의 증거능력이 상실된다고 볼 수는 없다(대판 1986.11.25, 83도1718).
3. 피고인의 자술서가 2개월이 넘은 장기간의 구속수사 끝에 작성되었다면 임의로 진술된 것이 아니라고 의심할 사유가 있다(대판 1968.5.7, 68도379).

② **기망 기타 방법에 의한 임의성에 의심이 있는 자백**
　㉠ **기망에 의한 자백** : 기망에는 적극적인 사술(詐術)이 사용되어야 하며, 단순히 상대방의 착오를 이용하는 것으로는 족하지 않다.
　　예 • 다른 공범자는 이미 자백을 하였다고 속여 자백을 받아 낸 경우 07. 경찰승진
　　　• 거짓말탐지기의 검사결과 피의자의 진술이 거짓임이 판명되었다고 기망하여 자백을 받아낸 경우
　　　• 자백하면 피의사실 부분은 가볍게 처리하고 보호감호청구를 않겠다는 각서를 작성하여 주면서 자백을 유도(기망)한 후 실제로는 보호감호청구(대판 1985.12.10, 85도2182) 10. 경찰승진, 17. 수사경과

　㉡ **기타 방법에 의한 자백**
　　ⓐ **약속에 의한 자백**
　　　예 • 자백을 하면 기소유예를 해주겠다고 하여 자백을 받아 낸 경우 07. 경찰승진
　　　　• 특정범죄 가중처벌에 관한 법률을 적용하지 않고 가벼운 수뢰죄로 처벌받게 해주겠다고 약속하여 자백을 받아 낸 경우 임의성에 의심이 가고 진실성이 없어 증거능력이 없다(대판 1984.5.9, 83도2782). 09. 7급 국가직, 11. 교정특채
　　　❗ 담배나 커피를 주겠다는 약속과 같이 일상생활에서 통상적으로 행해지는 편의제공은 자백의 임의성을 해하지 않는다. 14. 수사경과
　　　❗ 일정한 증거가 발견되면 자백하겠다고 한 약속이 검사의 강요나 위계에 의하여 이루어졌다던가 또는 불기소나 경한 죄의 소추 등 이익과 교환조건으로 된 것이라고 인정되지 않는다면 위와 같은 약속하에 된 자백이라 하여 곧 임의성 없는 자백이라고 단정할 수는 없다(대판 1983.9.13, 83도712). 16. 7급 국가직, 18. 순경 1차, 19. 9급 교정·보호·철도경찰, 20. 순경 2차, 10·21. 경찰승진, 17·18·21. 수사경과
　　ⓑ **위법한 신문방법에 의한 자백** : 야간신문 자체를 위법하다고 볼 수는 없으나, 피의자가 피로로 인하여 정상적인 판단능력을 상실한 정도의 수면부족 상태에서의 자백은 증거능력이 없다.

관련판례

1. 30시간 동안 잠 안 재우기 수사는 임의로 진술한 것이 아니라고 의심할 만한 이유가 있어 증거능력이 없다(대판 1997.6.27, 95도1964). 10. 교정승진, 10·16. 경찰승진, 14·21. 수사경과

2. 피고인의 자백이 임의성이 없다고 의심할 만한 사유가 있는 때에 해당한다 할지라도 그 임의성이 없다고 의심하게 된 사유들과 피고인의 자백과의 사이에 인과관계가 존재하지 않은 것이 명백한 때에는 그 자백은 임의성이 있는 것으로 인정된다(대판 1984.11.27, 84도2252). 14. 9급 검찰·마약수사, 14·19. 순경 1차, 20. 경찰간부, 21. 수사경과

3. 4일을 계속하여 매일 한 장씩 진술서를 작성하는 것은 신빙성이 희박하다(대판 1980.12.9, 80도2656). 12. 경찰승진

4. 약 1년 3개월 동안 270회나 검찰청으로 소환되어 조사받은 경우 임의성에 의심이 있어 진술조서는 증거능력이 없다(대판 2006.1.26, 2004도517). 14. 수사경과

5. 알선수재 사건의 공여자 등이 별건으로 구속된 상태에서 10여 일 내지 수십여 일 동안 거의 매일 검사실로 소환되어 밤늦게까지 조사를 받았다면 이들은 과도한 육체적 피로, 수면부족, 심리적 압박감 속에서 진술을 한 것으로 보여지므로 이들에 대한 진술조서는 그 임의성을 의심할 만한 사정이 있고, 검사가 그 임의성의 의문점을 해소하는 입증을 하지 못하면 위 진술조서는 증거능력이 없다(대판 2002.10.8, 2001도3931).

ⓒ **변호인선임권·접견교통권 침해에 의한 자백** : 변호인의 조력을 받을 권리를 침해하여 얻은 자백에 대해서도 증거능력을 인정할 수 없으나, 변호인 아닌 자와의 접견이 금지된 상태하에서 피의자신문조서가 작성된 것만으로는 임의성이 부정되는 것은 아니다.

관련판례

1. 피고인이 구속되어 국가안전기획부에서 조사를 받다가 변호인의 접견신청이 불허되어 이에 대한 준항고를 제기 중에 검찰로 송치되어 검사가 피고인을 신문하여 제1회 피의자신문조서를 작성한 후 준항고절차에서 위 접견불허처분이 취소되어 접견이 허용된 경우에는 검사의 피고인에 대한 위 제1회 피의자신문은 변호인의 접견교통을 금지한 위법상태가 계속된 상황에서 시행된 것으로 보아야 할 것이므로 그 피의자신문조서는 증거능력이 없다(대판 1990.9.25, 90도1586). 09. 경찰승진

2. 변호인 아닌 자와의 접견이 제한된 상태에서 피의자신문조서가 작성되었다는 것만으로는 자백에 임의성이 없는 것으로 볼 수 없다(대판 1984.7.10, 84도846). 10. 교정특채, 10·15·16. 경찰승진, 12·18. 경찰간부, 14·18. 수사경과

ⓓ **진술거부권의 불고지** : 대법원판례에 의하면 "피의자에게 미리 진술거부권을 고지하지 않은 때에는 그 피의자의 진술은 비록 임의성은 인정되더라도 위법하게 수집된 증거로서 증거능력이 부정되어야 한다."라고 판시하여 자백배제법칙이 아닌 위법수집증거배제법칙에 근거함을 명백히 한 판례이다(대판 1992.6.23, 92도682). 09. 9급 국가직, 20. 순경 2차

ⓔ 거짓말탐지기에 의한 자백 : 피검자의 동의가 있는 경우에는 거짓말탐지기 검사를 위법한 침해로 볼 수 없으므로 그 결과 취득한 자백은 증거능력이 인정된다. 물론 이 경우에도 검사결과가 적정할 것을 요한다.

ⓕ 마취분석에 의한 자백 : 약물을 투여하여 무의식적인 상태에서 진술을 얻는 수사방법인바, 이는 당연히 증거능력이 부정되어야 한다.

(4) 임의성의 입증

① **거증책임** : 진술의 임의성을 잃게 하는 사정은 이례적인 것에 해당한다고 할 것이므로 진술의 임의성은 추정된다(대판 1983.3.8, 82도3248). 그러나 임의성에 다툼이 있을 때에는 피고인이 그 임의성을 의심할 만한 합리적인 이유가 되는 구체적인 사실을 입증할 것이 아니고, 검사가 그 임의성에 대한 의문점을 해소하는 입증을 하여야 한다(대판 2000.1.21, 99도4940). 16 · 18. 7급 국가직, 14 · 20. 경찰간부, 20. 순경 1차 · 순경 2차, 18 · 20. 수사경과, 16 · 21. 경찰승진

② **증명방법** : 자백의 임의성은 소송법적인 사실에 해당하므로 자유로운 증명으로 족하다(대판 1986.11.25, 83도1718). 18. 수사경과 임의성 여부는 조서의 형식 · 내용, 진술자의 신분 · 사회적 지위 · 학력 · 지능의 정도 기타 여러 사정을 종합하여 판단하여야 하며, 임의성이 있어 증거능력이 인정된다 하여도 자백의 진실성과 신빙성까지도 당연히 인정된 것은 아니다(대판 2007.9.6, 2007도4959). 16. 경찰승진 · 수사경과

(5) 자백배제법칙의 효과

① 임의성이 없거나 의심되는 자백은 증거동의가 있는 경우라도 증거능력이 없으며, 13 · 14. 경찰간부, 15. 경찰승진, 16. 9급 법원직 탄핵증거로도 사용할 수 없다. 07. 9급 국가직, 11 · 12 · 15 · 16. 경찰승진, 13 · 14. 경찰간부, 17. 수사경과, 18. 순경 1차, 20. 순경 2차

② 임의성이 없거나 의심되는 자백에 의해 유죄판결을 한다면 상대적 항소이유(제361조의 5 제1호) 및 상대적 상고이유(제383조 제1호)에 해당한다.

③ 임의성 없는 자백에 의하여 수집된 제2차적 증거의 증거능력을 인정할 것인가에 대하여 독수과실이론에 입각하여 증거능력을 부정함이 학자들의 거의 일치된 견해이다.

> ✓ **Key Point**
> • 임의성 없거나, 임의성에 의심이 있는 자백 ⇨ 절대적으로 증거능력 부정(당사자 동의 ⇨ 증거능력 ×, 탄핵증거로도 사용 불가)
> • 30시간 잠 안 재우기 수사 : 임의성에 의심이 있는 자백으로 증거능력 부정(판례)
> • 진술거부권 불고지에 의한 자백 : 위법수집증거배제법칙에 의거 증거능력 부정(판례)
> • 자백의 임의성에 대한 거증책임 : 검사

Chapter

02 기출문제

01 자백배제법칙에 대한 설명으로 가장 적절하지 않은 것은?(다툼이 있는 경우 판례에 의함)

18. 순경 1차

① 임의성이 인정되지 아니하여 증거능력이 없는 진술증거는 피고인이 증거로 함에 동의하더라도 증거로 삼을 수 없다.

② 일정한 증거가 발견되면 피의자가 자백하겠다고 한 약속이 검사의 강요나 위계에 의하여 이루어졌다던가 또는 불기소나 경한 죄의 소추 등 이익과 교환조건으로 된 것으로 인정되지 않는다면 위와 같은 자백의 약속하에 된 자백이라 하여 곧 임의성 없는 자백이라고 단정할 수는 없다.

③ 형사소송법 제309조는 "피고인의 자백이 고문, 폭행, 협박, 신체구속의 부당한 장기화 또는 기망 기타의 방법으로 임의로 진술한 것이 아니라고 의심할 만한 이유가 있을 때에는 이를 유죄의 증거로 하지 못한다."고 규정하고 있는데, 위 법조에서 규정된 피고인의 진술의 자유를 침해하는 위법사유는 원칙적으로 예시사유로 보아야 한다.

④ 피고인이 수사기관에서 가혹행위 등으로 인하여 임의성 없는 자백을 하고 그 후 법정에서도 임의성 없는 심리상태가 계속되어 동일한 내용의 자백을 하였더라도 법정에서의 자백은 임의성 없는 자백이라고 볼 수 없다.

해설 ① 대판 2013.7.11, 2011도14044
② 대판 1983.9.13, 83도712
③ 대판 1985.2.26, 82도2413
④ 피고인이 수사기관에서 가혹행위 등으로 인하여 임의성 없는 자백을 하고 그 후 법정에서도 임의성 없는 심리상태가 계속되어 동일한 내용의 자백을 하였다면 법정에서의 자백은 임의성 없는 자백이라고 보아야 한다(대판 2012.11.29, 2010도3029).

02 자백에 대한 설명으로 가장 적절하지 않은 것은?(다툼이 있는 경우 판례에 의함) 19. 순경 1차

① 형사소송법 제310조 소정의 '피고인의 자백'에 공범인 공동피고인의 진술은 포함되지 아니하므로 공범인 공동피고인들의 각 진술은 상호간에 서로 보강증거가 될 수 있다.

② 검찰에서의 피고인의 자백이 법정진술과 다르다는 사유만으로는 그 자백의 신빙성이 의심스럽다고 볼 수 없다.

Answer 01. ④ 02. ④

③ 일정한 증거가 발견되면 피의자가 자백하겠다고 한 약속이 검사의 강요나 위계에 의하여 이루어졌다든가 경한 죄의 소추 등 이익과 교환조건으로 된 것으로 인정되지 않는 한, 위와 같은 약속하에 된 자백이라 하여 곧 임의성 없는 자백이라고 단정할 수는 없다.

④ 피고인의 자백에 임의성이 없다고 의심할 만한 사유가 있다면, 임의성이 없다고 의심하게 된 사유와 피고인의 자백과의 사이에 인과관계 여부를 불문하고 그 자백의 증거능력은 부정된다.

해설 ① 대판 1990.10.30, 90도1939
② 대판 2010.7.22, 2009도1151
③ 대판 1983.9.13, 83도712
④ 피고인의 자백이 임의성이 없다고 의심할 만한 사유가 있는 때에 해당한다 할지라도 그 임의성이 없다고 의심하게 된 사유들과 피고인의 자백과의 사이에 인과관계가 존재하지 않은 것이 명백한 때에는 그 자백은 임의성이 있는 것으로 인정된다(대판 1984.11.27, 84도2252).

03 자백에 대한 설명 중 가장 적절하지 않은 것은?(다툼이 있는 경우 판례에 의함) 20. 순경 1차

① 형사소송법 제309조의 자백배제법칙을 인정하는 것은 자백취득 과정에서의 위법성 때문에 그 증거능력을 부정하는 것이므로 만약 자백에서 임의성을 의심할 만한 사유가 있으면 그 사유와 자백 간의 인과관계가 명백히 없더라도 자백의 증거능력을 부정한다.

② 형사소송법 제309조에서 피고인의 진술이 임의로 한 것이 아니라고 특히 의심할 사유의 입증은 자유로운 증명으로 족하다.

③ 피고인이 위조신분증을 제시 행사한 사실을 자백하고 있고 위 제시 행사한 신분증이 현존한다면 그 자백이 임의성이 없는 것이 아닌 한 위 신분증은 피고인의 위 자백사실의 진실성을 인정할 간접증거가 된다.

④ 자백에 대한 보강증거는 범죄사실의 전부 또는 중요부분을 인정할 수 있는 정도가 되지 아니하더라도 피고인의 자백이 가공적인 것이 아닌 진실한 것임을 인정할 수 있는 정도만 되면 족할 뿐만 아니라 직접증거가 아닌 간접증거나 정황증거도 보강증거가 될 수 있으며 또한 자백과 보강증거가 서로 어울려서 전체로서 범죄사실을 인정할 수 있으면 유죄의 증거로 충분하다.

해설 ① 피고인의 자백이 임의성이 없다고 의심할 만한 사유가 있는 때에 해당한다 할지라도 그 임의성이 없다고 의심하게 된 사유들과 피고인의 자백과의 사이에 인과관계가 존재하지 않은 것이 명백한 때에는 그 자백은 임의성이 있는 것으로 인정된다(대판 1984.11.27, 84도2252).
② 대판 2013.7.25, 2011도6380
③ 대판 1983.2.22, 82도3107
④ 대판 2011.9.29, 2011도8015

Answer 03. ①

04 자백배제법칙에 대한 설명으로 가장 적절한 것은?(다툼이 있는 경우 판례에 의함) 20. 순경 2차

① 피고인이나 그 변호인이 검사 작성의 당해 피고인에 대한 피의자 신문조서의 임의성을 인정하는 진술을 하였다가 이를 번복하는 경우에는 검사가 아니라 피고인이 그 임의성의 의문점을 없애는 증명을 하여야 한다.

② 임의성이 의심되는 자백은 피고인이 증거동의를 하더라도 유죄의 증거로는 사용할 수 없으나, 탄핵증거로는 사용할 수 있다.

③ 진술거부권을 고지하지 아니하고 받은 자백도 진술의 임의성이 인정되는 경우에는 증거능력이 인정된다.

④ 일정한 증거가 발견되면 피의자가 자백하겠다고 한 약속이 검사의 강요나 위계에 의하여 이루어졌다던가 또는 불기소나 경한 죄의 소추 등 이익과 교환 조건으로 된 것으로 인정되지 않는다면 위와 같은 자백의 약속하에 된 자백이라 하여 곧 임의성이 없는 자백이라고 단정할 수 없다.

해설\ ① 검사가 그 임의성의 의문점을 없애는 증명을 하여야 한다(대판 2000.1.21, 99도4940).
② 임의성이 의심되는 자백은 피고인이 증거동의를 하더라도 유죄의 증거로는 사용할 수 없으며, 탄핵증거로도 사용할 수 없다(통설).
③ 진술거부권을 고지하지 아니하고 받은 자백은 진술의 임의성이 인정되는 경우라도 위법하게 수집된 증거로서 증거능력이 부정된다(대판 1992.9.25, 90도1586).
④ 대판 1983.9.13, 83도712

제4절 ▌ 전문증거의 증거능력

1 전문증거

(1) 의 의

전문증거란 요증사실(증거에 의해 증명하려는 사실)을 체험한 자가 법원에 그 경험내용을 직접 보고하지 않고 중간매체(서면이나 타인의 진술)를 통하여 간접적으로 보고하는 경우를 말한다. 12. 9급 검찰

따라서 사실을 체험한 자가 중간매체를 통하지 않고 직접 법원에 진술하는 원본증거와 구별된다.

예 피고인 A가 B를 살해한 혐의로 기소된 사건에서 甲이 A가 B를 살해하고 있는 현장을 목격하였을 경우에 甲이 증인으로서 법정에 출석하여 "나는 A가 B를 살해하는 것을 보았다."라고 증언하였다면 이는 본래의 증거이다(원본증거). 그러나 甲이 목격한 바를 乙에게 말하고 乙이 증인으로 법정에 출석하여 "나는 甲으로부터 A가 B를 살해하는 것을 보았다는 말을 전해들었다."라고 증언하였다면 乙의 증언은 전문증거에 해당됨.

⚠ • 현행범인을 체포한 경찰관의 법정증언(원본증거) 01. 순경, 10·15·21. 경찰승진
  • 피고인의 공판정 자백(원본증거) 06. 순경
  • 범행목격자의 증언(원본증거) 06. 순경, 14. 수사경과
  • "피고인이 피해자에게 토지를 싸게 구입해 주겠다고 거짓말했다."는 취지로 증언(원본증거) 13. 7급 국가직
  • 범죄 피해자의 법정증언(원본증거) 02. 행시
  • 공판기일에서 감정인의 진술(원본증거) 09. 9급 국가직
  • 협박죄사건에서 "내말을 안 듣고 이혼을 요구하면 죽여버린다."고 甲(남편)이 말하였다고 A(아내)가 증언(원본증거) 16. 9급 검찰·마약수사
  • 경찰관이 범인의 자백을 듣고 법정에서 한 증언(전문증거) 04. 순경
  • 범죄피해자로부터 피해내용을 전해들었다는 증인의 법정증언(전문증거)

(2) 유 형

전문증거에는 전문진술과 전문서류가 있다.

① **전문진술** : 사실을 직접 경험한 자의 진술을 청취한 제3자가 그 원진술의 내용을 법원에 대하여 구두로 진술하는 경우이다(전문증언).

② **전문서류**

  ㉠ **진술서** : 사실을 직접 경험한 자 자신이 경험한 내용을 서면에 기재한 후 그 서면을 법원에 제출하는 경우이다. 예 자술서, 감정서, 진단서 등

  ㉡ **진술녹취서** : 사실을 직접 경험한 자의 원진술을 청취한 제3자가 그 원진술의 내용을 서면에 기재한 후 그 서면을 법원에 제출하는 경우이다. 예 피의자신문조서, 참고인진술조서

> ✓ **Key Point** 전문증거
>
> 1. **전문진술** : 경험사실을 들은 자가 전문한 사실을 법원에 진술하는 경우
> 2. **전문서류** ┌ 진술서 : 원진술자(경험자) 자신이 체험사실을 서면에 기재하는 경우 예 피의자진술서, 피고인진술서, 참고인진술서
>   └ 진술녹취서 : 원진술자가 체험사실을 진술하고 이를 전해들은 타인이 내용을 서면에 기재하는 경우 예 피의자신문조서

(3) 전문증거의 범위

① **진술증거** : 전문증거는 요증사실을 직접 지각한 사람의 진술을 내용으로 하는 진술증거이다. 따라서 흉기와 같은 증거물은 비진술증거로서 전문증거가 될 수 없다.

ⓘ '피해자의 상해부위를 촬영한 사진'은 비진술증거로서 전문법칙이 적용되지 않는다(대판 2007.7.26, 2007도3906).

② **요증사실** : 어떤 증거가 전문증거인가의 여부는 그 증거에 의하여 증명하려는 사실(요증사실)과의 관계에 따라 정하여진다. 즉, 원진술의 내용이 된 사실의 존부(원진술자의 진술내용의 사실여부)가 요증사실인 경우에는 전문증거이나, 원진술 존재 자체가 요증사실로 되는 경우에는 본래의 증거이지 전문증거가 아니다(대판 2012.7.26, 2012도2937). 17. 수사경과

예 증인 甲이 공판정에서 "乙이 저에게 丙의 절도현장을 목격하였다고 말하였습니다."라고 증언하였을 경우에 甲의 증언은 丙에 대한 절도사건에 있어서는 전문증거라고 하겠으나, 乙에 대한 명예훼손 사건에 있어서는 본래의 증거이지 전문증거가 아니다. 왜냐하면 전자의 경우에 있어서는 증명하려고 하는 사실(요증사실)은 丙이 절도를 하였다는 사실이므로 그 사실을 체험한 자는 乙(원진술자)이고 증인 甲은 乙로부터 전문하여 증언하였으므로 이 증언은 바로 전문증거로 될 것이나, 이에 반하여 후자의 경우에 있어서는 증명하려고 하는 사실(요증사실)은 乙이 명예훼손적 언사(丙이 절도하였다는 말)를 말하였다라는 사실이므로 그 사실을 체험한 자는 증인 甲 자신이다. 이 경우에 甲은 스스로 체험한 사실을 증언하였으므로 그 증언은 본래의 증거이지 전문증거는 아니다. 따라서 애당초 전문법칙의 적용이 없고 당연히 증거능력을 가진다.

ⓘ 원진술의 존재 자체 또는 그 내용인 사실이 요증사실인 경우에는 전문증거이다. (×) 14. 경찰간부

🔎 관련판례

1. 제1심 법정에서 피해자 甲이 '피고인 1이 88체육관 부지를 공시지가로 매입하게 해 주고 KBS와의 시설이주 협의도 2개월 내로 완료하겠다고 말하였다.'고 진술한 경우, 위와 같은 원진술의 존재 자체가 이 부분 각 사기죄 또는 변호사법 위반죄에 있어서의 요증사실이므로, 이를 직접 경험한 피해자 甲 등이 피고인으로부터 위와 같은 말을 들었다고 하는 진술은 전문증거가 아니라 본래증거에 해당한다고 할 것이다(대판 2012.7.26, 2012도2937). 13. 7급 국가직, 19. 9급 교정·보호·철도경찰

2. 어떤 진술이 범죄사실에 대한 직접증거로 사용함에 있어서는 전문증거가 된다고 하더라도 그와 같은 진술을 하였다는 것 자체 또는 그 진술의 진실성과 관계없는 간접사실에 대한 정황증거로 사용함에 있어서는 반드시 전문증거가 되는 것은 아니다(대판 2000.2.25, 99도1252). 14. 순경 1차·9급 법원직, 16. 9급 검찰·마약·교정·보호·철도경찰·9급 법원직, 18. 경찰승진

ⓘ 문건을 간접사실에 대한 정황증거로 사용하는 경우 언제나 전문증거에 해당하므로 공판준비기일 또는 공판기일에 그 작성자의 진술에 의해 성립의 진정이 증명되어야 한다. (×) 15. 7급 국가직, 17. 경찰간부

3. 공소외 1(전 청와대 경제수석비서관)의 진술 중 '지시 사항 부분'은 전직 대통령인 피고인이 공소외 1에게 지시를 한 사실을 증명하기 위한 것이라면 원진술의 존재 자체가 요증사실인 경우에 해당하여 본래증거이고 전문증거가 아니다. 그리고 공소외 1의 업무수첩 중 지시 사항 부분은 형사소송법 제313조 제1항에 따라 공판준비나 공판기일에서 그 작성자인 공소외 1의 진술로 성립의 진정함이 증명된 경우에는 진술증거로 사용할 수 있다(대판 2019.8.29, 2018도14303 전원합의체).

2 전문법칙

(1) 의 의

전문증거는 증거능력이 없다는 것을 전문법칙이라 한다(제310조의 2). 다시 말하면 원진술자가 직접 체험한 사실이 요증사실인 경우에 그 증거로써 전문증거를 사용함은 금지된다(전문법칙은 영미증거법에서 유래하는 원칙임).

예 증인 甲이 공판정에서 "나는 乙로부터 A가 B를 살해하는 것을 보았다는 말을 들었습니다."라고 진술하였을 경우 甲의 진술을 A가 B를 살해하였다는 사실의 증거로 하는 것은 전문법칙에 의해 배척된다. 즉, 전문증거이므로 증거능력이 없다.

증거능력이 인정되지 않는 전문증거는 사실인정의 자료로 사용할 수 없을 뿐 아니라 증거조사 자체도 허용되지 않는다.

🔎 관련판례

1. 정보통신망을 통하여 공포심이나 불안감을 유발하는 글을 반복적으로 상대방에게 도달하게 하는 행위를 하였다는 공소사실에 대하여 휴대전화기에 저장된 문자정보가 그 증거가 되는 경우, 그 문자정보는 범행의 직접적인 수단이고 경험자의 진술에 갈음하는 대체물에 해당하지 않으므로, 형사소송법 제310조의 2에서 정한 전문법칙이 적용되지 않는다. 15·16·17. 수사경과, 19. 변호사시험·9급 교정·보호·철도경찰, 20. 경찰승진·순경 1차, 21. 순경 2차 또한, 범행의 직접적 수단이 된 문자정보가 저장된 휴대전화기의 화면을 촬영한 사진이 증거로 제출된 경우, 이를 증거로 사용하려면 문자정보가 저장된 휴대전화기를 법정에 제출할 수 없거나 그 제출이 곤란한 사정이 있고, 그 사진의 영상이 휴대전화기의 화면에 표시된 문자정보와 정확하게 같다는 사실이 증명되어야 한다(대판 2008.11.13, 2006도2556). 10. 순경, 12. 9급 법원직, 13·14. 경찰승진, 14. 순경 1차, 16. 순경 2차·7급 국가직, 18. 9급 교정·보호·철도경찰

   ① 휴대전화로 협박내용을 반복적으로 보냈다는 공소사실에 대한 증거로 제출된 '전송된 문자정보를 휴대전화 화면에 띄워 촬영한 사진'에 대해 피고인이 성립 및 내용의 진정을 부인하는 경우 이는 유죄인정의 증거가 될 수 없다. (×) 18. 경찰간부

   ① 피해자가 피고인으로부터 당한 공갈 등 피해 내용을 담아 남동생에게 보낸 문자메시지를 촬영한 사진은 형사소송법 제313조에 규정된 '피해자의 진술서'에 준하는 것으로 보아야 한다(대판 2010.11.25, 2010도8735). 18. 순경 3차

2. 피고인 또는 피고인 아닌 사람이 컴퓨터용디스크 그 밖에 이와 비슷한 정보저장매체에 입력하여 기억된 문자정보 또는 그 출력물을 증거로 사용하는 경우, 이는 실질에 있어서 피고인 또는 피고인 아닌 사람이 작성한 진술서나 그 진술을 기재한 서류와 크게 다를 바 없고, 압수 후의 보관 및 출력과정에 조작의 가능성이 있으며, 기본적으로 반대신문의 기회가 보장되지 않는 점 등에 비추어 그 내용의 진실성에 관하여는 전문법칙이 적용되고, 따라서 원칙적으로 형사소송법 제313조 제1항에 의하여 작성자 또는 진술자의 진술에 의하여 성립의 진정함이 증명된 때에 한하여 이를 증거로 사용할 수 있다. 21. 경찰승진 다만, 정보저장매체에 기억된 문자정보의 내용의 진실성이 아닌 그와 같은 내용의 문자정보의 존재 자체가 직접 증거로 되는 경우에는 전문법칙이 적용되지 아니한다(대판 2013.2.15, 2010도3504). 18. 경찰승진·5급 검찰·교정승진

▶ **유사판례**

① "A선생 앞 : '2011년 면담은 1월 30일~2월 1일까지 북경에서 하였으면 하는 의견입니다.'라는 등의 내용이 담겨져 있는 파일들이 피고인의 컴퓨터에 '저장'되어 있는 경우 이 파일이 피고인 甲과 A의 회합을 입증하기 위한 경우에는 문건 내용이 진실한지가 문제되므로 전문법칙이 적용된다고 할 것이다."(대판 2013.7.26, 2013도2511) 19. 9급 교정 · 보호 · 철도경찰

② 반국가단체로부터 지령을 받고 국가기밀을 탐지 · 수집하였다는 공소사실과 관련하여 수령한 지령 및 탐지 · 수집하여 취득한 국가기밀이 문건의 형태로 존재하는 경우나 편의제공의 목적물이 문건인 경우 등에는, 문건 내용의 진실성이 문제 되는 것이 아니라 그러한 내용의 문건이 존재하는 것 자체가 증거가 되는 것으로서, 위와 같은 공소사실에 대하여는 전문법칙이 적용되지 않는다(대판 2013.7.26, 2013도2511). 19. 9급 교정 · 보호 · 철도경찰

3. 피고인이 수표를 발행하였으나 예금부족 또는 거래정지처분으로 지급되지 아니하게 하였다는 부정수표단속법위반의 공소사실을 증명하기 위하여 제출되는 수표는 그 서류의 존재 또는 상태 자체가 증거가 되는 것이어서 증거물인 서면에 해당하고 어떠한 사실을 직접 경험한 사람의 진술에 갈음하는 대체물이 아니므로, 증거능력은 증거물의 예에 의하여 판단하여야 하고, 이에 대하여는 형사소송법 제310조의 2에서 정한 전문법칙이 적용될 여지가 없다(대판 2015.4.23, 2015도2275). 16. 변호사시험, 19. 순경 2차, 20. 9급 법원직

ⓘ 피고인이 수표를 발행한 후 예금부족으로 지급되지 않도록 한 혐의로 공소제기된 부정수표단속법 위반사실을 증명하기 위하여 제출된 원본수표를 복사한 사본에는 전문법칙이 적용되지 않는다. (○) 17 · 19. 7급 국가직

4. 甲(민원인)이 공판정에서 "乙(공무원)로부터 '해외여행을 가려고 하는데 여행사에 대금을 대신 내주면 잘 봐 주겠다.'라는 말을 들었다."는 취지의 진술을 한 경우, 甲의 진술로 증명하고자 하는 사실이 '乙이 위와 같은 내용의 말을 하였다.'는 것(뇌물죄)이라면, 甲이 乙로부터 위와 같은 말을 들었다고 하는 진술은 전문증거가 아니라 본래증거에 해당한다(대판 2008.11.13, 2008도8007). 18. 7급 국가직

(2) 전문법칙의 이론적 근거

전문법칙의 이론적 근거를 어디에서 찾을 것인가에 대하여 견해가 갈리고 있다.

① **반대신문권의 보장** : 다수의 학자는 전문증거의 증거능력이 배제되는 이유를 전문증거에 있어서는 원진술자를 법정에서 직접 진술하게 하는 것을 생략한 것이므로 원진술의 진실성을 당사자의 반대신문으로 음미(test)할 수 있는 기회가 주어지지 않는 데 있다고 본다.

② **신용성의 결여** : 전문증거는 신용성이 희박하기 때문에 증거능력이 부정된다고 보는 견해이다.

③ **직접주의의 요청** : 법원이 원진술자의 진술을 공판정에서 직접 증거조사해야만 그의 진술내용뿐만 아니라 그의 진술태도를 관찰할 수 있고 그러한 태도증거로부터 심증을 형성할 가능성이 있는 것인데, 전문증거는 이를 가로막기 때문에 증거로 사용할 수 없다는 견해이다.

④ **결** : 위 어느 견해도 전문법칙의 입법취지를 설명할 수 있는 유일한 학설은 될 수 없고, 제310조의 2가 추구하는 목표의 여러 측면을 설명하는 것으로 이해해야 할 것이므로 모두 다 타당하다고 볼 것이다.

(3) 전문법칙이 적용되지 않는 경우

비진술 증거	전문법칙은 진술증거에 적용되므로 물건이나 장소와 같은 비진술증거는 전문법칙 적용이 없다.
언어적 행동	원진술자의 행동의 의미를 설명하기 위한 방편으로 사용되는 경우 전문법칙 적용이 없다. 예 • 甲이 공무원 乙에게 선물하면서, '이것은 뇌물이 아닙니다.'라고 말하는 것을 丙이 증언 • B가 C를 껴안은 행동이 폭행인지 우정의 표현인지를 설명하기 위하여 그 장면을 목격한 A가 법정에서 "B는 C에게 나쁜 놈이라고 격노에 찬 말을 하였다."라고 증언한 경우 13. 경찰간부
요증사실의 구성요소	乙로부터 A가 B를 살해하는 것을 보았다는 말을 듣고 甲이 전해 들은 사실을 증언한 경우, 증명하려고 하는 사실이 A에 대한 乙의 명예훼손사건이라면 甲의 증언은 원본증거(본래증거)가 된다.
정황증거	전문진술이 정신적 상황 등을 증명하기 위한 정황증거로 사용되는 경우에 전문법칙 적용이 없다. 예 甲이 살인혐의로 재판을 받고 있는 경우, 甲으로부터 범행 후 "나는 신이다."라는 말을 들은 乙이 그 사실을 증언
탄핵증거	요증사실을 증명하기 위한 증거가 아니라 진술의 증명력을 다투기 위한 증거이므로 전문법칙 적용이 없다.
동 의	전문법칙의 예외설(판례)과 전문법칙적용배제설(다수설)이 대립한다.
간이공판 절차	전문법칙에 의해 증거능력이 부정되는 증거일지라도 증거동의가 의제되어 증거능력이 인정된다(제318조의 3).
약식절차	공판절차에 의하지 않으므로 전문증거라도 증거능력이 인정된다.
즉결심판 절차	전문법칙규정 중 제312조 제3항, 제313조는 적용되지 않는다(즉결심판에 관한 절차법 제10조).

3 전문법칙의 예외

전문법칙만을 지나치게 고집한다면 재판의 지연을 초래할 뿐 아니라, 재판에 필요한 증거를 잃어 버리게 됨으로써 도리어 정당한 사실인정을 방해할 염려가 있다. 따라서 실체적 진실발견과 소송경제를 위해 전문법칙의 예외를 인정할 필요가 있다.

(1) 예외인정의 일반적 기준

① **일반적 기준**: 영미의 통설은 전문법칙의 예외를 인정하기 위하여 신용성의 정황적 보장과 필요성을 요구하고 있으며, 우리 형사소송법의 경우에도 이러한 기준을 그대로 사용할 수 있다고 하는 점에는 견해가 일치되어 있다.

    ㉠ **신용성의 정황적 보장**: 신용성의 정황적 보장이란 공판정 외의 진술이 특히 신용할 수 있는 정황하에서 행하여져서 공판정에서 반대신문의 기회를 상대방에게 주지 아니하더라도 허위의 위험이 없는 경우를 말한다. 물론 여기의 신용성은 증거능력과 관련된 것이므로 진술내용의 진실성을 의미하는 것이 아니라 진실성을 보장할 만한 외부적 정황을 의미하는 것이다.

예 甲이 "나는 乙이 丁을 살해하고 있는 것을 보았다."라고 丙에게 말하고 丙이 공판정에서 甲으로부터 들은 사실을 증언하였을 경우에 丙의 증언이 전문증거로서 배척되는 것은 원진술자인 甲에 대하여 피고인이 반대신문을 하여 그 진술의 진실성을 테스트할 수 없기 때문이나 이것은 통상의 경우이고, 만약 甲의 진술이 임종시 진술처럼 특히 신용할 수 있는 상황하에서 행하여졌을 경우에는 반대신문에 의한 테스트가 불필요할 정도로 신용성이 있는 것으로 볼 수 있어 전문증거라도 증거능력을 인정하여도 좋을 것으로 본다.

☒ 관련판례

진술이 특히 신빙할 수 있는 상태하에서 행하여진 때라 함은 그 진술을 하였다는 것에 허위개입의 여지가 거의 없고, 그 진술내용의 신빙성이나 임의성을 담보할 구체적이고 외부적인 정황이 있는 경우를 가리킨다(대판 2000.3.10, 2000도159).

✓ Key Point 신용성의 정황적 보장이 인정된 경우의 예

- 죽음에 직면한 자의 임종의 진술(진술의 양심성)
- 사건 직후의 충동적 발언과 같은 자연적 · 반사적 진술(진술의 자연성)
- 재산상 이익에 반하는 진술(진술의 불이익성)
- 원진술이 법관면전에서 행하여진 경우
- 공문서나 업무상 문서와 같이 업무상 통상의 과정에서 작성된 문서(진술의 공시성)

ⓒ **필요성** : 원진술자를 공판정에 출석케 하여 진술시키는 것이 불가능하거나 곤란하기 때문에 부득이 전문증거를 증거로 사용할 필요가 있는 경우를 말한다. **예** 사망, 질병 등

② **양자의 관계** : 신용성의 정황적 보장과 필요성이 구비되면 전문증거라 할지라도 예외적으로 증거능력이 인정된다. 다만, 이 두 요건은 모든 경우에 있어서 동등한 정도로 엄격하게 적용되는 것은 아니고 상호보완관계 또는 반비례관계에 있는 경우가 많다. 따라서 신용성의 정황적 보장이 강력하면 필요성의 요건은 어느 정도 완화될 수 있으며, 그 역의 경우도 가능하다. 현행 형사소송법은 대체로 이상과 같은 점을 고려하여 아래와 같은 전문법칙의 예외(제311조~제316조)를 인정하고 있다.

(2) 현행법상 전문법칙의 예외

현행 형사소송법은 제311조 내지 제316조에서 전문법칙의 예외규정을 두어 증거능력을 인정하고 있다(제311조에서 제315조까지는 전문서류를, 제316조에서는 전문진술을 규정). 이러한 예외규정에 해당하지 않으면 전문증거는 증거능력이 없다(제310조의 2).

① 법원 또는 법관의 면전조서

㉠ **의의** : 법원 또는 법관면전에서 행한 진술을 기재한 조서는 그 성립이 진정하고 신용성의 정황적 보장도 높으므로 무조건 증거능력을 인정하고 있다(제311조). 이 경우에도 법관의 자유심증에 따라 그 신용성이 없다고 판단하는 경우에는 심증형성의 자료로 사용하지 않을 수 있음은 물론이다. 증거능력과 증명력은 다르기 때문이다. **예** 공판조서, 법원 또는 법관의 검증조서, 증거보전절차에서 작성한 조서, 증인신문청구절차에서 작성한 조서 등

⚖ 관련판례

1. 증인신문조서가 증거보전절차에서 피고인이 증인으로서 증언한 내용을 기재한 것이 아니라 증인 (甲)의 증언내용을 기재한 것이고, 다만 피의자였던 피고인이 당사자로 참여하여 자신의 범행사실을 시인하는 전제하에 위 증인에게 반대신문한 내용이 기재되어 있을 뿐이라면, 위 조서는 공판준비 또는 공판기일에 피고인 등의 진술을 기재한 조서도 아니고, 반대신문과정에서 피의자가 한 진술에 관한 한 형사소송법 제184조에 의한 증인신문조서도 아니므로 위 조서 중 피의자의 진술기재부분에 대하여는 형사소송법 제311조에 의한 증거능력을 인정할 수 없다(대판 1984.5.15, 84도508). 12. 9급 법원직, 13. 경찰승진, 14. 변호사시험, 16. 순경 2차, 18. 수사경과

2. 사인(私人)이 피고인이 아닌 사람과의 대화내용을 녹음한 녹음테이프에 대해 법원이 그 진술당시 진술자의 상태 등을 확인하기 위하여 작성한 검증조서는 법원의 검증 결과를 기재한 조서로서 형사소송법 제311조에 의하여 당연히 증거로 할 수 있다(대판 2008.7.10, 2007도10755). 16. 9급 검찰·마약수사

  ⓛ **다른 사건의 공판준비조서와 공판조서** : 제311조 규정의 '공판준비조서 또는 공판조서'가 당해 사건의 조서를 의미한다는 데는 견해가 일치한다. 다만, 다른 사건의 조서를 어떻게 처리할 것인가에 대하여 견해의 대립이 있는데, 제315조 제3호의 '특히 신용할 만한 정황에서 작성된 문서'로서 증거로 사용할 수 있다고 보는 것이 다수설·판례의 입장이다.

⚖ 관련판례

다른 피고사건의 공판조서는 형사소송법 제315조 제3호의 문서로서 당연히 증거능력이 있다(대판 2005.1.14, 2004도6646). 14. 변호사시험

  ⓒ **공동피고인의 진술을 기재한 조서** : 공동피고인이 공범자인 경우에는 피고인의 동의가 없더라도 증거능력이 인정된다. 그러나 피고인과는 별개의 범죄사실로 기소되고, 다만 병합심리된 것일 뿐인 공동피고인은 피고인에 대하여 선서 없는 증인에 불과하므로 그가 선서 없이 공판정에서 한 진술은 피고인에 대한 공소사실을 인정하는 증거로 쓸 수 없다 (다수설·판례).

② **피의자신문조서**

  ㉠ **의의** : 피의자신문조서란 검사 또는 사법경찰관이 피의자를 신문하여 그 진술을 기재한 조서를 말한다.

⚖ 관련판례

1. 피의자의 진술을 녹취 내지 기재한 서류 또는 문서가 수사기관에서의 조사 과정에서 작성된 것이라면, 그것이 '진술조서, 진술서, 자술서'라는 형식을 취하였다고 하더라도 피의자신문조서와 달리 볼 수 없다. 18. 순경 1차, 20. 수사경과 따라서 수사기관이 피의자를 신문함에 있어서 피의자에게 미리 진술거부권을 고지하지 않은 때에는 그 피의자의 진술은 위법하게 수집된 증거로서 진술의 임의성이 인정되는 경우라도 증거능력이 부인되어야 한다(대판 2009.8.20, 2008도8213). 09·14. 순경 2차, 11. 9급 법원직, 15. 수사경과, 16. 순경 1차, 17. 경찰간부, 15·20. 경찰승진

2. 수사과정에서 검사가 피의자와 대담하는 장면을 녹화한 비디오테잎에 대한 법원의 검증조서도 피의 자신문조서에 준하여 증거능력을 가려야 한다(대판 1992.6.23, 92도682). 09. 9급 국가직, 12. 9급 법원직, 13 · 14. 경찰승진

> ▶ 수사기관 영상녹화물을 본증으로 사용할 수 없는 현행법하에서는 실익이 없는 판례라고 볼 수 있다.

ⓒ **증거능력 인정의 전제조건** : 피의자신문조서의 증거능력을 인정하기 위한 전제조건으로 조서에 기재된 진술의 임의성이 인정되어야 한다. 즉, 진술내용이 자백인 때에는 제309조에 의하여, 자백 이외의 진술인 때에는 제317조에 의하여 임의성이 인정될 것을 요한다.

ⓒ **검사 작성의 피의자신문조서** : 검사가 작성한 피의자신문조서는 적법한 절차와 방식에 따라 작성된 것으로서 공판준비, 공판기일에 그 피의자였던 피고인 또는 변호인이 그 내용을 인정할 때에 한정하여 증거로 할 수 있다(제312조 제1항). <2022. 1. 1. 시행>

ⓘ 개정 전 형사소송법에서는 검사 작성 피의자신문조서의 증거능력 요건과 사법경찰관 작성 피의자신문 조서의 증거능력 요건 사이에 차등을 두었으나, 개정 형사소송법에서는 양자 모두 동일하게 조정되었다.

ⓘ 검사 작성 피의자신문조서에 대하여 피고인이 그 조서의 성립의 진정을 부인하는 경우에 영상녹화물 등에 의한 대체적 증명방법을 규정하였던 개정 전 형사소송법 제312조 제2항은 2021. 1. 1. 삭제되었다. 따라서 검사 작성 피의자신문조서에 대해 진정성립의 영상녹화물 등에 의한 대체적인 증명방법은 허용되 지 아니한다.

ⓘ 제312조 제1항의 개정규정은 같은 개정규정 시행 후 공소제기된 사건부터 적용한다(부칙 제1조의 2 제1항). 제312조 제1항의 개정규정 시행 전에 공소제기된 사건에 관하여는 종전의 규정에 따른다(부칙 제1조 의 2 제2항).

🔍 관련판례

1. 검찰에 송치되기 전에 구속피의자로부터 받은 검사 작성의 피의자신문조서는 송치 후에 작성된 검사 작성 피의자신문조서와 마찬가지로 취급하기는 어렵다(대판 1994.8.9, 94도1228). 16. 경찰간부, 18. 변호 사시험

> ▶ 사법경찰관이 작성한 피의자신문조서와 동일하게 취급해야 한다는 취지인 것 같다.

2. 사법연수생인 검사 직무대리가 검찰총장으로부터 명 받은 범위 내에서 법원조직법에 의한 합의부의 심판사건에 해당하지 아니하는 사건에 관하여 검사의 직무를 대리하여 피고인에 대한 피의자신 문조서를 작성할 경우, 그 피의자신문조서는 형사소송법 제312조 제1항의 요건을 갖추고 있는 한 당해 지방검찰청 또는 지청 검사가 작성한 피의자신문조서와 마찬가지로 그 증거능력이 인정된다 (대판 2010.4.15, 2010도1107). 13. 9급 국가직

3. 피고인에 대한 검사 작성의 피의자신문조서가 그 내용 중 일부를 가린 채 복사를 한 다음 원본과 상위 없다는 인증을 하여 초본의 형식으로 제출된 경우에, 위와 같은 피의자신문조서초본은 피의자 신문조서원본 중 가려진 부분의 내용이 가려지지 않은 부분과 분리 가능하고 당해 공소사실과 관련 성이 없는 경우에만, 그 피의자신문조서의 원본이 존재하거나 존재하였을 것, 피의자신문조서의 원 본 제출이 불능 또는 곤란한 사정이 있을 것, 원본을 정확하게 전사하였을 것 등 3가지 요건을 전제로 피고인에 대한 검사 작성의 피의자신문조서원본과 동일하게 취급할 수 있다(대판 2002.10.22, 2000도 5461). 05. 순경

ⓐ **적법한 절차와 방식** : 검사가 작성한 피의자신문조서가 증거능력을 인정받으려면, 먼저 '적법한 절차와 방식'에 따라 작성된 것이어야 한다. 여기서 '적법한 절차와 방식'이라 함은 2007년 개정 전의 형식적 진정성립(조서에 기재된 서명·날인 등이 진술자의 것임이 틀림없는 경우)보다는 넓은 개념이다. 즉, 형식적 진정성립 이외에도 검사에 의한 작성과 참여자(제243조), 변호인참여(제243조의 2), 피의자신문조서의 작성방법(제244조), 수사기관의 피의자에 대한 진술거부권의 고지(제244조의 3), 수사과정의 기록(제244조의 4) 등 개정법이 정한 절차와 방식에 따라 조서가 작성되어야 한다는 것을 의미한다.

▲ 관련판례

1. 조서말미에 피고인의 서명만이 있고, 그 날인(무인 포함)이나 간인이 없는 검사 작성의 피고인에 대한 피의자신문조서는 증거능력이 없다. 그 날인이나 간인이 없는 것이 피고인이 그 날인이나 간인을 거부하였기 때문이어서 그러한 취지가 조서말미에 기재되었다거나, 피고인이 법정에서 그 피의자신문조서의 임의성을 인정하였다고 하더라도 증거능력이 인정될 수 없다(대판 1999.4.13, 99도237). 05·06. 순경, 18. 9급 교정·보호·철도경찰, 11·20. 경찰승진, 20. 경찰간부

2. 검사 작성의 피의자신문조서에 작성자인 검사의 서명날인이 되어 있지 아니한 경우 그 피의자신문조서는 공무원이 작성하는 서류로서의 요건을 갖추지 못한 것으로서 무효이고 따라서 이에 대하여 증거능력을 인정할 수 없다고 보아야 할 것이며, 그 피의자신문조서에 진술자인 피고인의 서명날인이 되어 있다거나, 피고인이 법정에서 그 피의자신문조서에 대하여 진정성립과 임의성을 인정하였다고 하더라도 증거능력을 인정할 수 없다(대판 2001.9.28, 2001도4091). 03·05. 순경, 10·16. 7급 국가직, 18. 순경 2차

3. 수사기관이 피의자신문조서를 작성함에 있어서는 그것을 열람하게 하거나 읽어 들려야 하는 것이나 그 절차가 비록 행해지지 안했다 하더라도 그것만으로 그 피의자신문조서가 증거능력이 없게 된다고는 할 수 없고 제312조에서 규정하고 있는 피의자신문조서의 증거능력 인정 요건을 갖추게 되면 그것을 증거로 할 수 있다(대판 1988.5.10, 87도2716). 05·06. 순경

4. 피고인의 기명만이 있고 그 날인이나 무인이 없는, 검사 작성의 피고인에 대한 피의자신문조서는 증거능력이 없다(대판 1981.10.27, 81도1370).

ⓑ **내용인정** : 검사가 작성한 피의자신문조서가 증거능력을 인정 받으려면, 적법한 절차와 방식에 따라 작성되어야 하고 공판준비, 공판기일에 그 피의자였던 피고인 또는 변호인이 그 내용을 인정해야 한다. 내용인정은 조서의 기재내용이 객관적 진실에 부합함을 인정하는 진술을 의미한다(피의자신문조서의 기재내용이 진술한 대로 기재되어 있다는 의미인 '실질적 진정성립'과는 구별을 요함).

💬 **제312조 제1항 적용범위**
피고인이 된 피의자뿐만 아니라 당해 피고인과 공범관계가 있는 공동피고인 또는 피의자에 대해서도 제312조 제1항을 적용할 것인가에 대하여 명문의 규정은 없으나, 판례에 의하면 사법경찰관작성 피의자신문조서의 경우 제312조 제3항의 적용을 당해사건의 피고인에 한정하지 않고 공범자 등에 대한 피의자신문조서에까지 확장하고 있다(대판 2004.7.15, 2003도7185 전원합의체).

ⓒ 제314조의 적용 여부 : 피고인은 공판정에서 심판받고 있는 사람을 전제로 하는데, 제314조는 피고인이 사망·질병·외국거주·소재불명 그 밖에 이에 준하는 사유로 진술할 수 없는 상황을 전제로 한 규정이므로, 검사작성 피의자신문조서에 제314조의 적용을 부정하는 것이 타당하다고 보여진다.

✓ **Key Point** 검사 작성 피의자신문조서의 증거능력 인정요건

적법한 절차와 방식에 따른 작성(형식적 진정성립) + 피의자였던 피고인 또는 변호인의 내용인정

ⓓ **사법경찰관 작성의 피의자신문조서** : 검사 이외의 수사기관이 작성한 피의자신문조서는 적법한 절차와 방식에 따라 작성된 것으로서 공판준비 또는 공판기일에 그 피의자였던 피고인 또는 변호인이 그 내용을 인정할 때에 한하여 증거로 할 수 있다(제312조 제3항). 09. 순경, 10. 경찰승진, 13. 경찰간부, 17. 순경 2차, 20. 순경 1차·수사경과 **외국수사기관의 피의자신문조서**도 같다. 10·12. 순경 피의자신문의 주체는 사법경찰관이나, 사법경찰관사무취급의 자격으로 사법경찰리가 작성한 피의자신문조서도 여기에 해당되며, 뿐만 아니라 이 규정은 피의자였던 피고인뿐만 아니라 공동피의자였던 다른 피고인에 대한 관계에서도 적용된다. 11. 순경

📌 **관련판례**

1. 형사소송법 제312조 제3항(사법경찰관작성 피의자신문조서)은 검사 이외의 수사기관이 작성한 당해 피고인에 대한 피의자신문조서를 유죄의 증거로 하는 경우뿐만 아니라 검사 이외의 수사기관이 작성한 당해 피고인과 공범관계에 있는 다른 피고인이나 피의자에 대한 피의자신문조서를 당해 피고인에 대한 유죄의 증거로 채택할 경우에도 적용된다. 따라서 당해 피고인과 공범관계가 있는 다른 피의자에 대하여 검사 이외의 수사기관이 작성한 피의자신문조서는, 그 피의자의 법정진술에 의하여 그 성립의 진정이 인정되는 등 형사소송법 제312조 제4항의 요건을 갖춘 경우라고 하더라도 당해 피고인이 공판기일에서 그 조서의 내용을 부인한 이상 이를 유죄인정의 증거로 사용할 수 없다(대판 2009.7.9, 2009도2865). 13. 7급 국가직·9급 검찰·마약수사, 14·15. 수사경과, 15·16. 9급 교정·보호·철도경찰, 13·18. 순경 2차 18. 순경 3차, 19. 변호사시험, 14·15·20. 경찰승진, 20. 순경 1차·해경, 14·21. 9급 법원직, 21. 순경 2차

2. 검찰주사가 검사의 지시에 따라 검사가 참석하지 않은 상태에서 피의자였던 피고인을 신문하여 작성하고 검사는 검찰주사의 조사직후 피고인에게 개괄적으로 질문한 사실이 있을 뿐인데도 검사가 작성한 것으로 되어 있는 검사 작성의 피의자신문조서는 검사의 서명·날인이 되어 있다고 하더라도 검사 작성의 피의자신문조서로 볼 수 없고, 17. 순경 2차 검사 이외의 수사기관이 작성한 피의자신문조서와 마찬가지로 보아야 할 것이므로 위 피의자신문조서는 피고인이 그 내용을 부인하는 이상 유죄의 증거로 삼을 수 없다(대판 2003.10.9, 2002도4372). 11. 7급 국가직·순경, 12. 경찰승진, 19. 경찰간부·수사경과
   ① 피고인 甲이 공판정에서 공범 乙에 대한 사법경찰관 작성의 피의자신문조서의 내용을 부인하면 乙이 법정에서 그 조서의 내용을 인정하더라도 그 조서를 피고인 甲의 공소사실에 대한 증거로 사용할 수 없다. (○)

3. 검사 이외의 수사기관이 작성한 피의자신문조서는 그 피의자였던 피고인이나 변호인이 그 내용을 인정할 때에 한하여 증거로 할 수 있다고 규정하고 있는바, 여기서 말하는 검사 이외의 수사기관에는 달리 특별한 사정이 없는 한 외국의 권한 있는 수사기관도 포함된다(대판 2006.1.13, 2003도6548). 13. 7급 국가직, 11·15. 경찰승진

4. 형사소송법 제312조 제2항(현 312조 제3항)은 당해 사건에서 피의자였던 피고인에 대한 검사 이외의 수사기관 작성의 피의자신문조서에만 적용되는 것은 아니고 전혀 별개의 사건에서 피의자였던 피고인에 대한 검사 이외의 수사기관 작성의 피의자신문조서도 그 적용대상으로 하고 있는 것이라고 보아야 한다(대판 1995.3.24, 94도2287). 21. 순경 2차

5. 양벌규정은 법인의 대표자나 법인 또는 개인의 대리인, 사용인, 그 밖의 종업원 등 행위자가 법규위반행위를 저지른 경우, 일정 요건하에 이를 행위자가 아닌 법인 또는 개인이 직접 법규위반행위를 저지른 것으로 평가하여 행위자와 같이 처벌하도록 규정한 것으로서, 이때의 법인 또는 개인의 처벌은 행위자의 처벌에 종속되는 것이 아니라 법인 또는 개인의 직접책임 내지 자기책임에 기초하는 것이기는 하다. 그러나 양벌규정에 따라 처벌되는 행위자와 행위자가 아닌 법인 또는 개인 간의 관계는, 행위자가 저지른 법규위반행위가 사업주의 법규위반행위와 사실관계가 동일하거나 적어도 중요 부분을 공유한다는 점에서 내용상 불가분적 관련성을 지닌다고 보아야 하고, 따라서 형법 총칙의 공범관계 등과 마찬가지로 인권보장적인 요청에 따라 형사소송법 제312조 제3항이 이들 사이에서도 적용된다(대판 2020.6.11, 2016도9367 ∴ 내용인정, 제314조 적용 대상 ×).

ⓐ 적법한 절차와 방식 : 사법경찰관 작성의 피의자신문조서의 경우에도 적법한 절차와 방식에 따라 작성된 것이어야 한다. 적법한 절차와 방식의 의미에 대해서는 검사 작성의 피의자신문조서에서와 같다.

🔖 관련판례

1. "피의자는 진술거부권을 행사할 것인가요?"라는 질문에 "아니요, 진술할 것입니다."라는 답변이 기재되어 있기는 하나 그 답변이 위 피고인들의 자필로 기재된 것이 아니거나, 사법경찰관이 답변을 작성한 부분에 피고인들의 기명날인 또는 서명이 되어 있지 아니한 사법경찰관작성의 피의자신문조서는 형사소송법 제312조 제3항에서 정하는 '적법한 절차와 방식'에 따라 작성된 조서로 볼 수 없으므로 이를 증거로 쓸 수 없다(대판 2013.3.28, 2010도3359). 18. 순경 2차, 20. 경찰승진·순경 1차

2. 피의자가 변호인의 참여를 원한다는 의사를 명백하게 표시하였음에도 수사기관이 정당한 사유 없이 변호인을 참여하게 하지 아니한 채 피의자를 신문하여 작성한 피의자신문조서는 형사소송법 제312조에 정한 '적법한 절차와 방식'에 위반된 증거일 뿐만 아니라, 형사소송법 제308조의 2에서 정한 '적법한 절차에 따르지 아니하고 수집한 증거'에 해당하므로 이를 증거로 할 수 없다(대판 2013.3.28, 2010도3359). 20. 해경, 21. 수사경과

ⓑ 내용의 인정 : 사법경찰관 작성의 피의자신문조서는 공판준비 또는 공판기일에 그 피의자였던 피고인 또는 변호인이 내용을 인정한 때에 한하여 증거능력이 인정된다. 따라서 사법경찰관이 작성한 피의자신문조서는 피고인이 법정에서 내용을 부인하면 증거로 쓸 수 없다. 03. 법원주사보, 09. 9급 국가직, 18. 순경 1차, 10·19. 경찰승진

내용의 인정이라 함은 조서의 기재내용이 객관적 진실에 부합함을 인정하는 진술을 말한다. 11. 경찰승진 그리고 당해 피고인과 공범관계가 있는 다른 공동피고인 또는 피의자에 대한 사법경찰관 작성의 피의자신문조서는, 당해 피고인 또는 변호인이 그 내용을 인정하여야만 증거능력이 부여된다. 16. 변호사시험, 18. 9급 검찰·마약·교정·보호·철도경찰

관련판례

1. '내용을 인정할 때'라 함은 검사 이외의 수사기관 작성의 피의자신문조서의 기재내용이 진술내용대로 기재되어있다는 의미가 아니고(그것은 문서의 진정성립에 속하는 사항임), 그와 같이 진술한 내용이 실제사실과 부합한다는 것을 의미한다(대판 2010.6.24, 2010도5040). 12. 경찰간부, 13. 9급 검찰·마약·교정·보호·철도경찰, 16. 순경 1차, 18. 순경 2차, 19. 수사경과, 10·11·20. 경찰승진

   ⚠ 내용의 인정이란 조서의 기재내용이 진술내용대로 기재되어 있다는 것을 의미한다. (×)

2. 사법경찰관이 작성한 실황조사서에 피의자이던 피고인이 사법경찰관의 면전에서 자백한 범행내용을 현장에 따라 진술, 재연하고 사법경찰관이 그 진술, 재연의 상황을 기재하거나 이를 사진으로 촬영한 것 외에 별다른 기재가 없는 경우에 있어서 피고인이 공판정에서 실황조사서에 기재된 진술내용 및 범행재연의 상황을 모두 부인하고 있다면 그 실황조사서는 증거능력이 없다(대판 1984.5.29, 84도378). 10. 순경, 11. 경찰승진

3. 피고인이 제1심 법정 이래 공소사실을 계속 부인하는 경우, 증거목록에 피고인이 경찰 작성의 피의자신문조서의 내용을 인정한 것으로 기재되었더라도 이는 착오 기재거나 조서를 잘못 정리한 것이어서 위 피의자신문조서가 증거능력을 가지게 되는 것은 아니다(대판 2006.5.26, 2005도6271). 12. 경찰승진·경찰간부, 14. 수사경과

   ▶ **유사판례** : 피고인이 제1심 제4회 공판기일부터 공소사실을 일관되게 부인하여 경찰 작성 피의자신문조서의 진술 내용을 인정하지 않는 경우, 제1심 제4회 공판기일에 피고인이 위 서증의 내용을 인정한 것으로 공판조서에 기재된 것은 착오 기재 등으로 보아 위 피의자신문조서의 증거능력을 부정하여야 한다(대판 2010.6.24, 2010도5040). 19. 경찰승진·수사경과, 20. 순경 1차

4. 피고인이 당해 공소사실에 대하여 법정에서 부인한 경우에는 사법경찰리 작성의 피의자신문조서의 내용을 인정하지 아니한 것이므로 그 피의자신문조서의 기재는 증거능력이 없고, 이러한 경우 피고인을 조사하였던 경찰관이 법정에 나와 "피고인의 진술대로 조서가 작성되었고, 작성 후 피고인이 조서를 읽어보고 내용을 확인한 후 서명·무인하였으며, 피고인이 내용의 정정을 요구한 일은 없었다."고 증언하더라도 그 피의자신문조서가 증거능력을 가지게 되는 것은 아니다(대판 1997.10.28, 97도2211). 10. 9급 법원직

5. 미국 범죄수사대(CID), 연방수사국(FBI)의 수사관들이 작성한 수사보고서 및 피고인이 위 수사관들에 의한 조사를 받는 과정에서 작성하여 제출한 진술서는 피고인이 그 내용을 부인하는 이상 증거로 쓸 수 없다(대판 2006.1.13, 2003도6548). 15. 수사경과, 19. 경찰승진

ⓒ 제314조의 적용 여부 : 형사소송법 제314조는 원진술자가 공판정에 출석할 수 없는 경우를 전제로 하여 마련된 것이므로, 사법경찰관 작성의 피의자신문조서에 대하여도 검사 작성의 경우와 마찬가지로 제314조가 적용될 여지는 없다.

문제는 당해 피고인과 공범관계에 있는 다른 피의자에 대하여 사법경찰관이 작성한 피의자신문조서에 제314조가 적용될 것인가에 있다. 원진술자인 공동피의자의 법정 진술에 의하여 성립의 진정이 인정된다고 하더라도 당해사건의 피의자였던 피고인이나 변호인이 내용을 부인하면 증거능력이 부정되므로, 공동피의자에 대한 피의자신문조서를 그 피의자의 사망 등으로 진술할 수 없다는 이유를 들어 제314조를 적용하여 증거능력을 인정할 수는 없다고 해야 한다.

관련판례

형사소송법 제312조 제3항은 검사 이외의 수사기관이 작성한 당해 피고인과 공범관계에 있는 다른 피고인이나 피의자에 대한 피의자신문조서에도 적용된다. 따라서 당해 피고인과 공범관계가 있는 다른 피의자에 대한 검사 이외의 수사기관 작성의 피의자신문조서는 그 피의자의 법정진술에 의하여 그 성립의 진정이 인정되더라도 당해 피고인이 공판기일에서 그 조서의 내용을 부인하면 증거능력이 부정 되므로 20. 해경 그 당연한 결과로 그 피의자신문조서에 대하여는 사망 등 사유로 인하여 법정에서 진술할 수 없는 때에 예외적으로 증거능력을 인정하는 규정인 형사소송법 제314조가 적용되지 아니한다(대판 2004.7.15, 2003도7185 전원합의체). 11. 교정특채, 13. 9급 법원직, 17. 순경 2차 · 7급 국가직, 18. 순경 1차, 19. 변호사시 험, 10 · 14 · 20. 경찰승진, 20. 해경, 21. 경찰간부

✓ **Key Point** **사법경찰관 작성 피의자신문조서의 증거능력 인정요건**
적법한 절차와 방식(형식적 진정성립 포함) + 피의자였던 피고인 또는 변호인의 내용인정

③ **진술조서**

　㉠ **진술조서의 의의** : 검사 또는 사법경찰관이 피고인이 아닌 자(참고인)의 진술을 기재한 조 서는 적법한 절차와 방식에 따라 작성된 것으로서 그 조서가 검사 또는 사법경찰관 앞에 서 진술한 내용과 동일하게 기재되어 있음이 원진술자의 공판준비 또는 공판기일에서의 진술이나 영상녹화물 또는 그 밖의 객관적인 방법에 의하여 증명되고, 09. 7급 국가직 피고인 또는 변호인이 공판준비 또는 공판기일에 그 기재내용에 관하여 원진술자를 신문할 수 있었던 때에는 증거로 할 수 있다. 다만, 그 조서에 기재된 진술이 특히 신빙할 수 있는 상태하에서 행하여졌음이 증명된 때에 한한다(제312조 제4항).

　㉡ **적법한 절차와 방식** : 검사 · 사법경찰관 작성의 피의자신문조서의 경우와 같다.

관련판례

피고인이 아닌 자가 수사과정에서 진술서를 작성하였지만 수사기관이 그에 대한 조사과정을 기록하지 아니하여 형사소송법 제244조의 4 제3항, 제1항에서 정한 절차를 위반한 경우에는, 특별한 사정이 없는 한 '적법한 절차와 방식'에 따라 수사과정에서 진술서가 작성되었다 할 수 없으므로 증거능력을 인정할 수 없다(대판 2015.4.23, 2013도3790). 21. 순경 2차

　㉢ **실질적 진정성립** : 조서가 검사 또는 사법경찰관 앞에서 진술한 내용과 동일하게 기재되 어 있음이 인정되어야 한다(간인 · 서명날인의 진정이 인정된 것만으로는 부족 15. 경찰승진). 실 질적 진정성립은 원진술자의 공판준비 또는 공판기일에서의 진술에 의해 증명되거나, 영 상녹화물 기타 객관적인 방법으로 증명되어야 한다. 따라서 실질적 성립이 인정된 이상 원진술자가 내용을 부인하여도 증거능력이 인정된다. 검사가 작성한 공범에 대한 피의자 신문조서도 진술조서로 취급된다.

▶ **참고판례** : 실질적 진정성립을 증명할 수 있는 수단으로서 형사소송법 제312조 제2항에 규정된 '영상녹화물이나 그 밖의 객관적인 방법'이라 함은 형사소송법 및 형사소송규칙에 규정된 방식과 절차에 따라 제작된 영상녹화물 또는 그러한 영상녹화물에 준할 정도로 피고인의 진술을 과학적·기계적·객관적으로 재현해 낼 수 있는 방법만을 의미한다고 봄이 타당하고, 그 외에 조사관 또는 조사 과정에 참여한 통역인 등의 증언은 이에 해당한다고 볼 수 없다(대판 2016.2.18, 2015도16586).

관련판례

1. 공판준비 또는 공판기일에서 이미 증언을 마친 증인을 검사가 소환한 후 피고인에게 유리한 그 증언 내용을 추궁하여 이를 일방적으로 번복시키는 방식으로 작성한 진술조서를 유죄의 증거로 삼는 것은 당사자주의·공판중심주의·직접주의를 지향하는 현행 형사소송법의 소송구조에 어긋나는 것일 뿐만 아니라, 헌법 제27조가 보장하는 기본권, 즉 법관의 면전에서 모든 증거자료가 조사·진술되고 이에 대하여 피고인이 공격·방어할 수 있는 기회가 실질적으로 부여되는 재판을 받을 권리를 침해하는 것이므로, 이러한 진술조서는 피고인이 증거로 할 수 있음에 동의하지 아니하는 한 그 증거능력이 없다고 하여야 할 것이고, 그 후 원진술자인 종전 증인이 다시 법정에 출석하여 증언을 하면서 그 진술조서의 성립의 진정함을 인정하고 피고인 측에 반대신문의 기회가 부여되었다고 하더라도 그 증언 자체를 유죄의 증거로 할 수 있음은 별론으로 하고 위와 같은 진술조서의 증거능력이 없다는 결론은 달리할 것이 아니다. 이는 검사가 공판준비 또는 공판기일에서 이미 증언을 마친 증인에게 수사기관에 출석할 것을 요구하여 그 증인을 상대로 위증의 혐의를 조사한 내용을 담은 피의자신문조서의 경우도 마찬가지이다(대판 2000.6.15, 99도1108 전원합의체 ; 대판 2013.8.14, 2012도13665). 14. 9급 법원직

2. 사법경찰리 작성의 피해자에 대한 진술조서가 피해자의 화상으로 인한 서명불능을 이유로 입회하고 있던 피해자의 동생에게 대신 읽어 주고 그 동생으로 하여금 서명날인하게 하는 방법으로 작성된 경우, 이는 형식적 요건을 결여한 서류로서 증거로 사용할 수 없다(대판 1997.4.11, 96도2865). 10. 순경, 15. 경찰간부, 16. 9급 교정·보호·철도경찰, 15·20. 경찰승진

3. 공범이나 제3자에 대한 검사 작성의 피의자신문조서등본이 피고인 甲사건에 증거로 제출된 경우 피고인이 위 공범 등에 대한 피의자신문조서를 증거로 함에 동의하지 않는 이상, 원진술자인 공범이나 제3자가 각기 자신에 대한 공판절차나 다른 공범에 대한 형사공판의 증인신문절차에서 위 수사서류의 진정성립을 인정해 놓은 것만으로는 피고인 甲사건에 증거능력을 부여할 수 없고, 반드시 공범이나 제3자가 현재의 피고인 甲사건에 증인으로 출석하여 그 서류의 성립의 진정을 인정하여야 甲사건에 증거능력이 인정된다(대판 1999.10.8, 99도3063). ─ 참고인진술조서의 증거능력 인정요건으로 원진술자의 성립의 진정 이외에 특신상태, 반대신문권보장 등이 필요하다(제312조 제4항 참조).
① 공범·제3자에 대한 검사 작성 피의자신문조서를 제312조 제4항의 참고인조서로 보았던 2022. 1. 1. 이전의 형사소송법에 입각한 판례이다.

4. 법정에서 사법경찰관 작성의 2회, 4회 진술조서는 그 내용이 자신이 말한대로 적혀 있다고 진술하였으나, 2회 진술조서에 4시간 10여 분에 달하는 녹음파일을 재생하여 들려준 것으로 기재되어 있음에도 조사는 3시간 25분 만에 종료된 것으로 기재되어 있는 점, 4회 진술조서에도 10시간에 달하는 녹음파일을 재생하여 들려준 것으로 기재되어 있음에도 조사는 4시간 만에 종료된 것으로 기재되어 있는 점, 조서가 작성된 곳이 수사기관이 아니라 호텔방이고, 조서의 양이 수십 페이지에 달하는 방대한 양이며, 조사 과정에 대한 영상녹화물이 존재하지 않는 점 등 여러 사정을 고려해 보면, 실질

적 진정성립이 합리적인 의심을 배제할 정도로 증명되었다고 할 수 없다(대판 2015.1.22, 2014도 10978 전원합의체).

5. '수사기관에서 사실대로 진술하고 진술한 대로 기재되어 있는지 확인하고 서명무인하였다.'는 취지로 증언하였을 뿐이어서 그 진술이 진술조서의 진정성립을 인정하는 취지인지 분명하지 아니하고, 오히려 공소사실에 부합하는 진술 부분은 자신이 진술한 사실이 없음에도 잘못 기재되었다는 취지로 증언한 사안에서, 위 진술조서 중 그 진술 기재 부분은 증거능력이 없다(대판 2013.8.14, 2012도13665).

6. 제1심 및 항소심에서 증인으로 나와 그 진술기재의 내용을 열람하거나 고지받지 못한 채 단지 검사나 재판장의 신문에 대하여 수사기관에서 사실대로 진술하였다는 취지의 증언만을 하고 있을 뿐이라면, 그 진술조서는 증거능력이 없어 이를 유죄의 증거로 삼을 수 없다(대판 1994.11.11, 94도343).

7. 진술자가 법정에서 진술조서들의 진술기재내용이 자기가 진술한 것과 다른데도 검사 또는 사법경찰관리가 마음대로 공소사실에 부합되도록 기재한 다음 괜찮으니 서명날인하라고 요구하여서 할 수 없이 각 진술조서의 끝부분에 서명날인한 것이라고 진술하였다면 위 진술조서들은 그 증거능력이 없다(대판 1990.10.16, 90도1474). 15. 경찰승진

8. 검사 또는 사법경찰관이 작성한 피의자 아닌 자의 진술을 기재한 조서에 대하여 성립의 진정은 인정되나, 원진술자가 공판기일에서 그 조서의 내용과 다른 진술을 하거나 변호인의 반대신문에 아무런 답변을 하지 아니하였다 하여 증거능력을 부정할 사유는 되지 못한다(대판 1985.10.8, 85도1843 ; 대판 2001.9.14, 2001도1550).

9. 진술조서말미의 진술자란의 서명 옆에 날인이 없고 진술자란의 서명이 그의 필적이라고 단정하기는 분명하지 않다 하더라도 위조서에는 진술자의 간인이 되어 있고 그 인영이 압수물가환부청구서와 압수물영수증 중의 인영과 동일한 것으로 인정되는 등의 정황에 비추어 위 날인이 없는 것은 단순한 착오에 의한 누락이라고 보여질 뿐 위 조사는 진정한 것으로 인정된다(대판 1982.3.9, 82도63).

10. 피의자 아닌 자의 진술을 기재한 조서는 공판정에서 원진술자의 진술에 의하여 그 성립의 진정함이 인정된 것이 아니면 설사 공판정에서 피고인이 그 성립을 인정하여도 이를 증거로 할 수 있음에 동의한 것이 아닌 이상 증거로 할 수 없다(대판 1983.8.23, 83도196).

11. 증인이 법정에서 이 건으로 검찰·경찰에서 진술한 내용이 틀림없다는 증언을 하고 있을 뿐인 경우에는 위 진술만으로는 동인에 대한 검찰 또는 경찰에서 작성한 진술조서의 진정성립을 인정하기 부족하다(대판 1979.11.27, 76도3962).

12. 형사소송법은 조서에 진술자의 실명 등 인적 사항을 확인하여 이를 그대로 밝혀 기재할 것을 요구하는 규정을 따로 두고 있지는 아니하다. 따라서 특정범죄신고자 등 보호법 등에서처럼 명시적으로 진술자의 인적 사항의 전부 또는 일부의 기재를 생략할 수 있도록 한 경우가 아니라 하더라도, 진술자와 피고인의 관계, 범죄의 종류, 진술자 보호의 필요성 등 여러 사정으로 볼 때 상당한 이유가 있는 경우에는 수사기관이 진술자의 성명을 가명으로 기재하여 조서를 작성하였다고 해서 그 이유만으로 그 조서가 '적법한 절차와 방식'에 따라 작성되지 않았다고 할 것은 아니다. 그러한 조서라도 공판기일 등에 원진술자가 출석하여 자신의 진술을 기재한 조서임을 확인함과 아울러 그 조서의 실질적 진정성립을 인정하고 나아가 그에 대한 반대신문이 이루어지는 등 형사소송법 제312조 제4항에서 규정한 조서의 증거능력 인정에 관한 다른 요건이 모두 갖추어진 이상 그 증거능력을 부정할 것은 아니라고 할 것이다(대판 2012.5.24, 2011도7757). 21. 순경 2차

ⓔ **반대신문의 기회보장** : 형사소송법 제312조 제4항에서 수사기관의 진술조서에 대해 증거능력 인정요건의 하나로 반대신문의 기회보장을 명시하고 있다. 따라서 피고인 또는 변호인이 공판준비 또는 공판기일에서 그 기재내용에 대하여 원진술자를 신문할 수 있어야 한다. 이는 증인이나 참고인의 진술의 허위를 방지하고 이를 밝히는 유일한 수단이 반대신문이기 때문이다.

　ⓘ 반대신문의 기회를 주어야 한다는 것이지 공판정에서 원진술자를 실제로 신문한 경우에만 증거능력이 인정되는 것은 아니다.

ⓜ **특히 신빙할 수 있는 상태** : 조서에 기재된 진술이 특히 신빙할 수 있는 상태에서 행하여졌음이 증명되어야 한다.

🔎 관련판례

1. 형사소송법 제312조 제4항에서 '특히 신빙할 수 있는 상태'란 진술 내용이나 조서 작성에 허위개입의 여지가 거의 없고, 진술 내용의 신빙성이나 임의성을 담보할 구체적이고 외부적인 정황이 있는 것을 말한다. 그리고 이러한 '특히 신빙할 수 있는 상태'는 자유로운 증명으로 족하다(대판 2012.7.26, 2012도2937). 13. 9급 검찰·마약·교정·보호·철도경찰, 15. 변호사시험, 20. 해경

2. 검찰관이 피고인을 뇌물수수 혐의로 기소한 후, 형사사법공조절차를 거치지 아니한 채 과테말라공화국에 현지출장하여 그곳 호텔에서 뇌물공여자 甲을 상대로 참고인 진술조서를 작성한 사안에서, 甲이 자유스러운 분위기에서 임의수사 형태로 조사에 응하였고 조서에 직접 서명·무인하였다는 사정만으로 특신상태를 인정하기에 부족할 뿐만 아니라, 검찰관이 군사법원의 증거조사절차 외에서, 그것도 형사사법공조절차나 과테말라공화국 주재 우리나라 영사를 통한 조사 등의 방법을 택하지 않고 직접 현지에 가서 조사를 실시한 것은 수사의 정형적 형태를 벗어난 것이라고 볼 수 있는 점 등 제반 사정에 비추어 볼 때, 진술이 특별히 신빙할 수 있는 상태에서 이루어졌다는 점에 관한 증명이 있다고 보기 어려워 甲의 진술조서는 증거능력이 인정되지 아니하므로, 이를 유죄의 증거로 삼을 수 없다(대판 2011.7.14, 2011도3809).

3. 참고인의 진술 또는 작성이 '특히 신빙할 수 있는 상태하에서 행하여졌음에 대한 증명'은 단지 그러할 개연성이 있다는 정도로는 부족하고 합리적인 의심의 여지를 배제할 정도에 이르러야 한다(대판 2014.2.21, 2013도12652). 20. 경찰간부

ⓗ **제314조의 적용 여부** : 검사 또는 사법경찰관이 작성한 진술조서는 제314조가 적용된다. 따라서 공판준비 또는 공판기일에서 진술을 요할 자가 사망·질병·외국거주·소재불명 그 밖에 이에 준하는 사유로 인하여 진술할 수 없고 신용성의 정황적 보장이 인정되는 때에는 원진술자에 의하여 성립의 진정이 인정되지 않아도 증거로 할 수 있다.

✓ Key Point 진술조서의 증거능력 인정요건

적법한 절차와 방식(형식적 진정성립 포함) + 실질적 진정성립 증명(원진술자가 부인하는 경우 영상녹화물 등에 의한 증명) + 반대신문기회 부여 + 특신상태 증명 09·11·12. 순경

④ **진술서**

ⓙ **의의** : 진술서란 자신의 의사·사상·관념 및 사실관계 등을 기재한 서면을 말한다. 진술서·시말서·자술서·보고서 등 명칭은 문제되지 않으며, 컴퓨터 디스켓에 들어있는 것도 여기에 해당한다. 진술서는 당해 사건의 수사절차나 공판절차에서 작성된 것임을 요하지 않으며, 반드시 자필일 필요는 없고 타이프나 부동문자에 의한 것이라도 무방하다.

　ⓘ 작성주체가 법원이나 수사기관 이외의 자라는 점에서 진술조서와 구별된다.

　ⓘ 메모나 일기 등도 포함된다(반대견해도 있음).

관련판례

1. 압수물인 디지털 저장매체로부터 출력한 문건을 증거로 사용하기 위해서는 디지털 저장매체 원본에 저장된 내용과 출력한 문건의 동일성이 인정되어야 하고, 이를 위해서는 디지털 저장매체 원본이 압수시부터 문건 출력시까지 변경되지 않았음(무결성)이 담보되어야 한다. 특히 디지털 저장매체 원본을 대신하여 저장매체에 저장된 자료를 '하드카피' 또는 '이미징'한 매체로부터 출력한 문건의 경우에는 디지털 저장매체 원본과 '하드카피' 또는 '이미징'한 매체 사이에 자료의 동일성도 인정되어야 할 뿐만 아니라, 이를 확인하는 과정에서 이용한 컴퓨터의 기계적 정확성, 프로그램의 신뢰성, 입력·처리·출력의 각 단계에서 조작자의 전문적인 기술능력과 정확성이 담보되어야 한다. 그리고 압수된 디지털 저장매체로부터 출력한 문건을 진술증거로 사용하는 경우, 그 기재 내용의 진실성에 관하여는 전문법칙이 적용되므로 형사소송법 제313조 제1항에 따라 그 작성자 또는 진술자의 진술에 의하여 그 성립의 진정함이 증명된 때에 한하여 이를 증거로 사용할 수 있다(대판 2007.12.13, 2007도7257). 12. 변호사시험, 14. 순경 2차, 15. 순경 1차·7급 국가직, 16. 9급 법원직, 10·16·21. 경찰승진

2. 압수된 디지털 저장매체로부터 출력한 문건을 증거로 사용하기 위해서는 정보저장매체 원본에 저장된 내용과 출력 문건의 동일성이 인정되어야 하고, 이를 위해서는 정보저장매체 원본이 압수시부터 문건 출력시까지 변경되지 않았다는 사정, 즉 무결성이 담보되어야 한다. 이 점은, 피압수·수색 당사자가 정보저장매체 원본과 '하드카피' 또는 '이미징'한 매체의 해쉬(Hash) 값이 동일하다는 취지로 서명한 확인서면을 교부받아 법원에 제출하는 방법에 의하여 증명하는 것이 원칙이나, 그와 같은 방법에 의한 증명이 불가능하거나 현저히 곤란한 경우에는, 정보저장매체 원본에 대한 압수, 봉인, 봉인해제, '하드카피' 또는 '이미징' 등 일련의 절차에 참여한 수사관이나 전문가 등의 증언에 의해 정보저장매체 원본과 '하드카피' 또는 '이미징'한 매체 사이의 해쉬 값이 동일하다거나 정보저장매체 원본이 최초 압수시부터 밀봉되어 증거 제출시까지 전혀 변경되지 않았다는 등의 사정을 증명하는 방법 또는 법원이 그 원본에 저장된 자료와 증거로 제출된 출력 문건을 대조하는 방법 등으로도 그와 같은 무결성·동일성을 인정할 수 있으며, 반드시 압수·수색 과정을 촬영한 영상녹화물 재생 등의 방법으로만 증명하여야 한다고 볼 것은 아니다(대판 2013.7.26, 2013도2511).

3. 진술서에 작성자의 서명이나 날인이 없고 단지 기명 다음에 싸인이 되어 있을 뿐이어도 진술서로서 유효하다(대판 1979.8.31, 79도1431).

ⓛ **종류** : 진술서는 작성의 주체에 따라 피고인진술서, 피의자진술서, 참고인진술서(공동피고인 진술서 포함)로 나눌 수 있으며, 진술서가 작성되는 과정에 따라 공판심리 중에 작성된

진술서, 검사의 수사과정에서 작성된 진술서 및 사법경찰관의 수사과정에서 작성된 진술서로 구분할 수 있다.

ⓘ 의사의 진단서도 참고인진술서의 일종(대판 1969.8.19, 69도1002) 02. 행시

ⓒ **수사과정에서 작성된 진술서** : 수사과정에서 작성된 진술서의 증거능력 인정요건에 대해서는 제312조 제1항부터 제4항까지가 준용된다(제312조 제5항). 따라서 검사의 수사과정에서 작성된 피고인(피의자)진술서는 검사 작성 피의자신문조서 규정(제312조 제1항·제2항)이 준용되므로 적법절차와 방식에 따라 작성된 것이어야 하고, 실질적 진정성립이 인정(부인한 경우에는 영상녹화물 등으로 증명)되고 특신상태가 증명되어야 증거능력이 인정된다. 사법경찰관의 수사과정에서 작성된 피고인(피의자)진술서는 사법경찰관 작성의 피의자신문조서 규정(제312조 제3항)이 준용되므로 내용까지 인정되어야 증거능력이 있다. 09·10. 순경 검사·사법경찰관의 수사과정에서 작성된 참고인진술서는 검사·사법경찰관 작성의 참고인진술조서에 관한 규정(제312조 제4항)이 준용되기 때문에 적법절차와 방식에 의한 작성, 실질적 진정성립 증명(부인한 경우 영상물 등으로 증명), 반대신문의 기회 보장, 특신상태 증명의 요건이 인정되면 증거능력이 있다.

관련판례

1. 피고인이 아닌 자가 수사과정에서 진술서를 작성하였지만 수사기관이 그에 대한 조사과정을 기록하지 아니하여 형사소송법 제244조의4 제3항, 제1항에서 정한 절차를 위반한 경우에는, 특별한 사정이 없는 한 '적법한 절차와 방식'에 따라 수사과정에서 진술서가 작성되었다 할 수 없으므로 증거능력을 인정할 수 없다(대판 2015.4.23, 2013도3790). 16. 7급 국가직, 17. 검찰·교정승진, 18. 9급 법원직·9급 교정·보호·철도경찰

2. 수사기관인 검찰주사보가 외국에 거주하고 있는 참고인에 대한 고소보충 기타 참고사항에 관하여 조사함에 있어서 그들에게 국제전화를 걸어 그 대화내용을 문답형식으로 기재한 후 그들의 서명 또는 기명날인이 없이 검찰주사보만 기명날인을 한 검찰주사보 작성의 각 수사보고서는 전문증거로서 제311조 내지 제316조에 규정된 것 이외에는 이를 증거로 삼을 수 없는 것인데, 위 수사보고서는 제311조, 제312조, 제315조, 제316조의 적용대상이 되지 아니함이 분명하므로, 결국 제313조의 진술을 기재한 서류에 해당할 수 있느냐의 여부가 문제될 것인바, 제313조가 적용되기 위하여는 그 진술을 기재한 서류에 그 진술자의 서명 또는 날인이 있어야 할 것이다(대판 1999.2.26, 98도2742). 11. 경찰승진, 12. 경찰간부, 15. 7급 국가직

ⓘ 판례에 의할 경우, 위 수사보고서에 진술자의 서명 또는 날인이 있게 되면 제313조의 '진술을 기재한 서류'에 해당하게 되므로 개정법 제312조 제4항(제312조 제5항 참조)의 요건을 구비하거나 제314조의 요건을 구비하게 되면 증거능력이 인정될 것이다.

3. 피고인이 경찰에서 작성한 자술서가 진정성립을 인정할 자료가 없을 뿐만 아니라 피고인이 경찰에서 엄문을 당하면서 작성한 것이라고 보여진다면 그 자술서에 임의성을 인정하기 어렵다 할 것이고 유죄의 증거로 삼을 수 없다(대판 1980.8.12, 80도1289).

4. 피고인이 지하철역 에스컬레이터에서 휴대전화기의 카메라를 이용하여 성명불상 여성 피해자의 치마속을 몰래 촬영하다가 현행범으로 체포되어 성폭력범죄의 처벌 등에 관한 특례법 위반(카메라 등

이용촬영)으로 기소된 사안에서, 체포 당시 임의제출 방식으로 압수된 피고인 소유 휴대전화기에 대한 압수조서 중 '압수경위'란에 기재된 내용은 피고인이 범행을 저지르는 현장을 직접 목격한 사람의 진술이 담긴 것으로서 형사소송법 제312조 제5항에서 정한 '피고인이 아닌 자가 수사과정에서 작성한 진술서'에 준하는 것으로 볼 수 있고, 이에 따라 휴대전화기에 대한 임의제출절차가 적법하였는지에 영향을 받지 않는 별개의 독립적인 증거에 해당한다(대판 2019.11.14, 2019도13290). 21. 7급 국가직

ㄹ 그 밖의 과정에서 작성된 진술서

> **제313조 제1항** 전 2조의 규정 이외에 피고인 또는 피고인이 아닌 자가 작성한 진술서나 그 진술을 기재한 서류로서 그 작성자 또는 진술자의 자필이거나 그 서명 또는 날인이 있는 것(피고인 또는 피고인 아닌 자가 작성하였거나 진술한 내용이 포함된 문자·사진·영상 등의 정보로서 컴퓨터용 디스크, 그 밖에 이와 비슷한 정보저장매체에 저장된 것을 포함한다)은 공판준비나 공판기일에 서의 그 작성자 또는 진술자의 진술에 의하여 그 성립의 진정함이 증명된 때에는 증거로 할 수 있다. 15. 수사경과 단, 피고인의 진술을 기재한 서류는 공판준비 또는 공판기일에서의 그 작성자의 진술에 의하여 그 성립의 진정함이 증명되고 그 진술이 특히 신빙할 수 있는 상태하에서 행하여진 때에 한하여 피고인의 공판준비 또는 공판기일에서의 진술에 불구하고 증거로 할 수 있다. 〈개정 2016. 5. 29〉
>
> **제313조 제2항** 제1항 본문에도 불구하고 진술서의 작성자가 공판준비나 공판기일에서 그 성립의 진정을 부인하는 경우에는 과학적 분석결과에 기초한 디지털포렌식 자료, 감정 등 객관적 방법으로 성립의 진정함이 증명되는 때에는 증거로 할 수 있다. 다만, 피고인 아닌 자가 작성한 진술서는 피고인 또는 변호인이 공판준비 또는 공판기일에 그 기재 내용에 관하여 작성자를 신문할 수 있었을 것을 요한다. 〈개정 2016.5.29〉

💬 **제313조 개정이유**

최근 디지털증거의 비중이 증가함에 따라 디지털 증거를 전문증거 대상에 포함시킬 필요가 있었으며, 기존 제313조에 의하면 진술서 등 작성자가 자신이 쓴 것이 아니라고 주장할 경우 그 진술서 등을 증거로 사용할 수 없는 문제점을 보완하기 위하여 개정이 이루어졌다. 즉, 문자·사진·영상 등의 정보가 저장된 컴퓨터용 디스크 등 디지털 증거까지 진술서 등의 대상에 포함시켰으며(제313조 제1항 본문), 진술서 작성자가 공판준비기일이나 공판기일에서 그 성립의 진정을 부인하는 경우에도 과학적 분석결과에 기초한 디지털포렌식 자료나 감정 등 객관적 방법으로 진정 성립이 증명되는 때에는 증거로 할 수 있으며(동조 제2항), 21. 9급 검찰·마약·교정·보호·철도경찰 피고인 아닌 사람이 작성한 진술서(참고인진술서)는 위 객관적 방법에 의한 진정 성립의 증명 이외에 피고인이나 변호인이 공판에서 그 기재 내용에 관해 원진술자를 신문할 수 있었을 때(반대신문권 보장) 증거로 할 수 있다는 규정을 두었다(동조 제2항 단서).

▶ 진술서와는 달리 진술 기재 서류(진술자와 작성자가 다름)는 개정 대상에서 제외되었다. 따라서 피고인 또는 피고인 아닌 자의 진술을 기재한 서류에 대해서는 객관적 방법에 의한 증명과 반대신문권 보장에 관한 규정이 적용되지 아니한다.

ⓐ 적용대상 : 검사나 사법경찰관의 수사과정에서 작성된 것이 아니라 그 밖의 과정에서 작성된 진술서가 제313조 제1항의 적용대상이다.

ⓑ 증거능력 인정의 요건

피고인 아닌 자(참고인)가 직접 작성한 진술서	피고인 아닌 자가 작성한 진술서는 그 작성자(진술자)의 자필이거나 그 서명 또는 날인이 있는 것은 공판준비나 공판기일에서의 그 작성자의 진술에 의하여 성립의 진정함이 증명된 때에는 증거로 할 수 있다(제313조 제1항). ▶ 진술서의 작성자가 성립의 진정을 부인 ⇨ 객관적 방법으로 성립의 진정 증명＋피고인 또는 변호인 측의 반대신문 기회가 제공되었다면 증거 가능(제313조 제2항) 17. 7급 국가직, 19. 수사경과 ① 피고인 아닌 자가 작성한 진술서에 대하여 작성자가 그 진정성립을 부인하는 경우에는 과학적 분석결과에 기초한 디지털포렌식 자료, 감정 등 객관적인 방법으로 성립의 진정이 증명되고, 반대신문의 기회가 제공되었다면 증거로 할 수 있다. (○) 17. 7급 국가직
피고인 아닌 자(참고인)의 진술을 타인이 기재한 진술서	피고인 아닌 자의 진술을 제3자가 기재한 서류로서 그 진술자의 서명 또는 날인이 있는 것은 공판준비나 공판기일에서의 그 진술자의 진술에 의하여 성립의 진정함이 증명된 때에는 증거로 할 수 있다(제313조 제1항).
피고인(피의자)이 직접 작성한 진술서	피고인이 작성한 진술서는 그 작성자(진술자)인 피고인의 자필이거나 그의 서명 또는 날인이 있는 것은 공판준비나 공판기일에서의 그 작성자인 피고인의 진술에 의하여 그 성립의 진정함이 증명되고(제313조 제1항 본문), 그 진술이 특히 신빙할 수 있는 상태하에서 행하여진 때에 한하여 피고인의 공판준비 또는 공판기일에서의 진술에 불구하고 증거로 할 수 있다(제313조 제1항 단서). ▶ 제313조 제1항 단서 적용(대판 2001.9.4, 2000도1743) ▶ 진술서의 작성자가 성립의 진정을 부인 ⇨ 객관적 방법으로 성립의 진정 증명되었다면 증거 가능(제313조 제2항)
피고인(피의자)의 진술을 타인이 기재한 진술서	공판준비 또는 공판기일에서의 그 작성자의 진술에 의하여 그 성립의 진정함이 증명되고 그 진술이 특히 신빙할 수 있는 상태하에서 행하여진 때에 한하여 피고인의 공판준비 또는 공판기일에서의 진술에 불구하고 증거로 할 수 있다(제313조 제1항 단서). ▶ 진술에 불구하고 의미 : '피고인이 법관면전에서 형식적 진정성립 또는 실질적 진정성립을 부인하는 진술에도 불구하고'라는 의미로 이해된다.

① 피고인의 진술이 쉽게 유죄인정의 자료로 사용됨으로써 오판을 초래할 위험이 있기 때문에 제313조 제1항 단서에서 피고인(피의자)의 진술서면에 대해서는 증거능력 인정요건을 강화하고 있다.

관련판례

1. 사인(私人)이 피고인 아닌 자와의 전화대화를 녹음한 녹음테이프에 대하여 법원이 검증을 실시한 경우에 검증의 내용이 녹음테이프에 녹음된 전화대화의 내용이 검증조서에 첨부된 녹취서에 기재된 내용과 같다는 것에 불과한 때에는 증거자료가 되는 것은 녹음테이프에 녹음된 대화 내용이므로, 그중 피고인 아닌 자와의 대화의 내용은 실질적으로 피고인 아닌 자의 진술을 기재한 서류(참고인 진술기재서)와 다를 바 없어서, 검증조서의 기재 중 피고인 아닌 자의 진술내용을 증거로 사용하기 위해서는 형사소송법 제313조 제1항에 따라 공판준비나 공판기일에서 원진술자의 진술에 의하여 그 녹음테이프에 녹음된 진술내용이 자신이 진술한 대로 녹음된 것이라는 점이 인정되어야 한다(대판 2008.7.10, 2007도10755). 14. 변호사시험

▶ 이와는 달리 녹음테이프에 대한 법원의 검증의 내용이 그 진술 당시 진술자의 상태 등을 확인하기 위한 것인 경우에는, 녹음테이프에 대한 검증조서의 기재 중 진술내용을 증거로 사용하는 경우에 관한 위 법리는 적용되지 아니하고, 따라서 위 검증조서는 법원의 검증의 결과를 기재한 조서로서 형사소송법 제311조에 의하여 당연히 증거로 할 수 있다(대판 2008.7.10, 2007도10755). 18. 경찰간부

2. 피고인과 피해자 사이의 대화내용에 관한 녹취서가 공소사실의 증거로 제출되어 그 녹취서의 기재 내용과 녹음테이프의 녹음내용이 동일한지 여부에 관하여 법원이 검증을 실시한 경우에 증거자료가 되는 것은 녹음테이프에 녹음된 대화내용 그 자체이고, 그중 피고인의 진술내용은 실질적으로 피고인의 진술을 기재한 서류와 다름없어 피고인이 그 녹음테이프를 증거로 할 수 있음에 동의하지 않은 이상 그 녹음테이프 검증조서의 기재 중 피고인의 진술내용을 증거로 사용하기 위해서는 형사소송법 제313조 제1항 단서에 따라 공판준비 또는 공판기일에서 그 작성자인 피해자의 진술에 의하여 녹음테이프에 녹음된 피고인의 진술내용이 피고인이 진술한 대로 녹음된 것임이 증명되고 나아가 그 진술이 특히 신빙할 수 있는 상태하에서 행하여진 것임이 인정되어야 한다(대판 2008.3.13, 2007도10804).

3. 피고인의 동료 교사가 학생들과의 사적인 대화 중에 피고인이 수업시간에 학생들에게 북한을 찬양·고무하는 발언을 하였다는 사실에 대한 학생들의 대화내용을 학생들 모르게 녹음한 녹음테이프에 대하여 실시한 검증의 내용은 녹음테이프에 녹음된 대화의 내용이 검증조서에 첨부된 녹취서에 기재된 내용과 같다는 것에 불과하여 증거자료가 되는 것은 여전히 녹음테이프에 녹음된 대화의 내용이라고 할 것인바, 그중 위와 같은 내용의 학생들의 대화의 내용은 실질적으로 형사소송법 제311조, 제312조 규정 이외의 피고인 아닌 자의 진술을 기재한 서류와 다를 바 없으므로, 피고인이 그 녹음테이프를 증거로 할 수 있음에 동의하지 않은 이상 녹음테이프의 녹음내용 중 위와 같은 내용의 학생들의 진술 및 이에 관한 검증조서의 기재 중 학생들의 진술내용을 공소사실을 인정하기 위한 증거자료로 사용하기 위하여서는 형사소송법 제313조 제1항에 따라 공판준비나 공판기일에서 원진술자인 학생들의 진술에 의하여 이 사건 녹음테이프에 녹음된 각자의 진술내용이 자신이 진술한 대로 녹음된 것이라는 점이 인정되어야 한다(대판 1997.3.28, 96도2417).

4. 피해자가 피고인으로부터 풀려난 당일에 남동생에게 도움을 요청하면서 피고인이 협박한 말을 포함하여 공갈 등 피고인으로부터 피해를 입은 내용을 문자메시지로 보낸 것이므로, 문자메시지의 내용을 촬영한 사진은 증거서류 중 피해자의 진술서에 준하는 것으로 취급함이 상당할 것인바, 진술서에 관한 형사소송법 제313조에 따라 이 사건 문자메시지의 작성자인 피해자가 제1심 법정에 출석하여 자신이 이 사건 문자메시지를 작성하여 동생에게 보낸 것과 같음을 확인하고, 동생도 제1심 법정에

출석하여 피해자가 보낸 문자메시지를 촬영한 사진이 맞다고 확인한 이상, 이 사건 문자메시지를 촬영한 사진은 그 성립의 진정함이 증명되었다고 볼 수 있으므로 이를 증거로 할 수 있다(대판 2010. 11.25, 2010도8735). 15. 7급 국가직, 17. 변호사시험

5. 피고인과 甲·乙의 대화에 관한 녹취록은 피고인의 진술에 관한 전문증거인데 피고인이 위 녹취록에 대하여 부동의한 경우, 乙이 위 대화를 자신이 녹음하였고 녹취록의 내용이 다 맞다고 법정에서 진술하였다 하더라도, 녹취록에 그 작성자가 기재되어 있지 않을 뿐만 아니라 검사 역시 녹취록 작성의 토대가 된 위 대화내용을 녹음한 원본 녹음테이프 등을 증거로 제출하지도 아니하는 등 형사소송법 제313조 제1항에 따라 위 녹취록의 진정성립을 인정할 수 있는 요건이 전혀 갖추어지지 아니한 이상, 그 녹취록의 기재는 증거능력이 없어 이를 증거로 사용할 수 없다(대판 2010.3.11, 2009도14525).

6. 피고인이 자신이 운영하는 피씨방에서 타인의 서버를 임대받아 성인도박 사이트인 '메트로 게임' 사이트를 운영하면서 게임이용료 명목의 금품을 지급받는 방법으로 도박을 개장하고, 영상물등급분류위원회의 등급분류를 받지 아니한 게임물을 일반인의 이용에 제공하였다는 공소사실에 대하여, 증거물로 제출된 타인의 성명, 계좌번호 등이 기재된 메모지는 그 작성자 및 작성·보관의 경위, 그리고 그 기재 내용과 공소사실과의 관련성 등이 불분명하여 형사소송법 제313조 제1항에 정한 전문증거로서 증거능력 인정을 위한 요건(그 작성자나 진술자의 자필이거나 그 서명 또는 날인이 있는 것은 공판준비나 공판기일에서의 그 작성자 또는 진술자의 진술에 의하여 그 성립의 진정함이 증명된 때에는 증거로 할 수 있다)을 구비하지 못하였으므로 증거능력이 부정된다(대판 2009.5.28, 2008도7769).

7. 컴퓨터 디스켓에 들어 있는 문건이 증거로 사용되는 경우 그 컴퓨터 디스켓은 그 기재의 매체가 다를 뿐 실질에 있어서는 피고인 또는 피고인 아닌 자의 진술을 기재한 서류와 크게 다를 바 없으므로, 진술서 적용규정인 제313조 제1항에 의하여 이를 증거로 사용할 수 있다(대판 1999.9.3, 99도2317).

8. 사건의뢰를 받은 변호사가 작성하여 이메일로 전송한 법률의견서는 압수된 디지털 저장매체로부터 출력한 문건으로서 그 실질에 있어서 형사소송법 제313조 제1항에 규정된 '피고인 아닌 자가 작성한 진술서나 그 진술을 기재한 서류'에 해당한다고 할 것인데, 공판준비 또는 공판기일에서 그 작성자 또는 진술자인 위 변호사의 진술에 의하여 그 성립의 진정함이 증명되지 아니하였으므로 위 규정에 의하여 이 사건 법률의견서의 증거능력을 인정할 수는 없다(대판 2012.5.17, 2009도6788 전원합의체). 19. 변호사시험, 20. 7급 국가직

ⓤ **제314조의 적용 여부** : 진술서의 작성자가 사망·질병·외국거주·소재불명 그 밖에 이에 준하는 사유로 인하여 진술할 수 없는 때에는 그 작성이 특히 신빙할 수 있는 상태하에서 행해졌음이 증명된 때에 한하여 증거로 할 수 있다.

⑤ **검증조서**

ㄱ **의의** : 검증조서란 법원 또는 수사기관이 검증(사람·물건·장소의 성질과 상태를 시각·미각·청각·후각·촉각 등의 오관작용에 의하여 인식하는 강제처분)의 결과를 기재한 조서를 말한다. 검증조서에는 법원·법관의 검증조서와 수사기관 작성의 검증조서가 있다.

ㄴ **법원·법관의 검증조서** : 공판준비기일이나 공판기일에서 법원·법관의 검증의 결과를 기재한 조서는 당연히 증거능력이 인정된다(제311조).

ⓒ **검사 또는 사법경찰관의 검증조서** : 검사 또는 사법경찰관이 작성한 검증조서란 수사기관이 영장에 의하거나(제215조) 영장에 의하지 아니하는 강제처분(제216조) 또는 피검자의 승낙에 의하여 검증한 결과를 기재한 조서를 말한다.

관련판례

1. 수사보고서(사법경찰관이 수사의 경위와 결과를 내부적으로 보고하기 위하여 작성한 서류)에 검증의 결과에 해당하는 기재가 있다고 하여 이를 '검사 또는 사법경찰관이 검증의 결과를 기재한 조서'라고 할 수 없으므로 그 기재부분은 증거로 할 수 없다(대판 2001.5.29, 2000도2933). 06. 순경, 20. 해경
2. 수사기관이 범행장소에서 긴급을 요하여 영장 없이 행한 검증은 사후영장이 발부되지 아니한 경우에는 그 검증조서를 유죄의 증거로 할 수 없다(대판 1984.3.13, 83도3006).

ⓐ 검증조서의 증거능력 : 검사 또는 사법경찰관이 작성한 검증조서는 적법한 절차와 방식에 따라 작성된 것으로서 공판준비 또는 공판기일에서 작성자의 진술에 따라 그 성립의 진정함이 증명된 때에 한하여 증거능력이 있다(제312조 제6항). 09·12. 순경, 18. 순경 2차·3차, 19. 수사경과, 21. 경찰승진
㉮ 작성자라 함은 검사 또는 사법경찰관을 말하며, 검증에 참여한 자에 불과한 자는 포함되지 아니한다.
㉯ 검증조서는 당해사건에서 작성된 것만 아니라 다른 사건에 관한 것도 포함된다.
㉰ 공판준비 또는 공판기일에서 법원 또는 법관의 검증의 결과를 기재한 조서는 당연히 증거능력이 인정된다(제311조).
ⓑ 검증조서에 기재된 진술의 증거능력 : 검증조서에 기재된 피의자 또는 피의자 아닌 자의 진술의 증거능력에 대하여 견해의 대립이 있으나, 조서작성의 주체와 진술자에 따라 피의자신문조서, 참고인진술조서 규정(제312조 제1항 내지 제4항 등)이 적용된다고 해석함이 타당하다(통설·판례).

관련판례

사법경찰관 작성의 검증조서에 대하여 피고인이 증거로 함에 동의만 하였을 뿐 공판정에서 검증조서에 기재된 진술내용 및 범행을 재연한 부분에 대하여 그 성립의 진정 및 내용을 인정한 흔적을 찾아볼 수 없고 오히려 이를 부인하고 있는 경우에는 그 증거능력을 인정할 수 없으므로, 위 검증조서 중 범행에 부합되는 피고인의 진술을 기재한 부분과 범행을 재연한 부분을 제외한 나머지 부분만을 증거로 채용하여야 함에도 이를 구분하지 아니한 채 그 전부를 유죄의 증거로 인용한 항소심의 조치는 위법하다(대판 1998.3.13, 98도159). 11. 경찰승진, 12. 경찰간부

ⓒ 제314조 적용 여부 : 검증조서 작성자가 사망·질병·외국거주·소재불명 그 밖에 이에 준하는 사유로 진술할 수 없게 된 때에는 그 작성이 특히 신빙할 수 있는 상태하에서 행하여진 때에 한하여 증거로 할 수 있다.

ⓓ 실황조사서의 증거능력

㉮ 의의 : 실황조사서란 교통사고, 화재사고 등 각종 재난사고 후에 수사기관이 사고현장의 상황을 임의로 조사하여 그 결과를 기재한 서류를 말한다.

㉯ 실황조사서의 증거능력 : 사법경찰관이 작성한 실황조사서는 판사의 영장 없이 시행된 것이므로 이는 긴급검증에 해당한다. 그런데 사후에 영장을 받지 않았으므로 이 실황조사서는 유죄의 증거로 삼을 수 없다(대판 1989.3.14, 88도1399). 06. 순경, 09. 9급 법원직

ⓘ 사고발생 직후 사고장소에서 사법경찰관 사무취급이 작성한 실황조서가 긴급을 요하여 판사의 영장 없이 작성된 것이어서 형사소송법 제216조 제3항에 의한 검증에 해당한다면, 이 조서는 적법한 절차에 따라 작성된 것이므로 특별한 사유가 없는 한 증거능력이 있다. (×) 18. 순경 2차

㉰ 실황조사서에 기재된 진술 : 실황조사서에는 참여인의 진술을 기재한 부분이 있을 수 있고, 사진을 첨부할 수도 있는데 어떠한 조건하에서 증거능력을 인정할 것인가가 문제되는데, 누구의 진술이냐에 따라 피의자이면 피의자신문조서와 같이, 참고인이면 참고인진술조서와 같이 다루면 된다는 견해가 타당하다(판례).

⚖ **관련판례**

사고 당시의 상황을 재현한 사진과 그 진술내용으로 된 사법경찰리 작성의 실황조사서는 피고인이 공판정에서 그 범행 재현의 상황을 모두 부인하고 있는 이상 이를 범죄사실의 인정자료로 할 수 없다(대판 1989.12.26, 89도1557). ▶ 사법경찰관 작성 피의자신문조서의 증거능력 인정요건을 요구하는 판례이다.

✓ **Key Point** 검사·사법경찰관 작성의 검증조서 증거능력 인정요건

적법한 절차와 방식 + 작성자에 의한 실질적 진정성립 증명

⑥ 감정서 : 감정서란 감정의 경과와 결과를 기재한 서류를 말한다. 감정은 법원의 명령에 의한 경우와 수사기관의 촉탁에 의한 경우가 있다. 감정서도 진술서에 준하여 증거능력이 인정된다(제313조 제2항). 02. 행시, 10. 순경 사인인 의사가 작성한 진단서는 감정서가 아니라 진술서에 해당한다. 02. 행시 감정인이 사망·질병 등으로 진술할 수 없는 때에는 감정서는 그 작성이 특히 신빙할 수 있는 상태하에서 행하여진 때에 한하여 증거능력이 인정된다(제314조).

⑦ 제314조의 해석

㉠ 의의 : 제312조 또는 제313조의 경우에 공판준비 또는 공판기일에 진술을 요할 자가 사망, 질병, 외국거주, 소재불명 그 밖의 이에 준하는 사유로 인하여 진술할 수 없는 때에는 그 조서 및 그 밖의 서류를 증거로 할 수 있다(필요성). 다만, 그 진술 또는 작성이 특히 신빙할 수 있는 상태(특신상태)하에서 행하여졌음이 증명된 때에 한한다(제314조). 적용대상은 외국의 수사기관 작성의 서류도 포함한다.

ⓘ 제314조는 제312조와 제313조의 요건을 충족하지 못한 전문서류라도 필요성과 신용성의 정황적 보장이라는 요건을 구비하면 증거능력을 인정하는 규정이다.

ⓛ **구체적 고찰**

ⓐ **사망, 질병, 외국거주, 소재불명** : 질병의 경우 출장신문도 불가능한 경우를 가리킨다. 외국거주는 영구적임을 요하지 아니하고 일시적인 경우도 포함된다.

☆ 관련판례

1. '외국거주'라 함은 진술을 요할 자가 외국에 있다는 것만으로는 부족하고, 가능하고 상당한 수단을 다하더라도 그 진술을 요할 자를 법정에 출석하게 할 수 없는 사정이 있어야 예외적으로 그 요건이 충족된다(대판 2008.2.28, 2007도10004). 10. 7급 국가직, 21. 9급 검찰·마약·교정·보호·철도경찰

2. 소재불명이 되려면 단순히 소환장의 송달불능만으로 충분하지 않고, 소재수사에 의하여도 그 소재지를 확인할 방도가 없어야 한다(대판 1983.5.24, 83도768).

   ⓘ 단순히 소환에 출석하지 않는 것만으로는 제314조 적용 ×

3. 통상적으로 제314조의 외국거주의 충족 여부는 소재의 확인, 소환장의 발송과 같은 절차를 거쳐 확정되는 것이기는 하지만 항상 그와 같은 절차를 거쳐야만 위 요건이 충족될 수 있는 것은 아니고, 경우에 따라서는 비록 그와 같은 절차를 거치지 않더라도 법원이 그 진술을 요할 자를 법정에서 신문할 것을 기대하기 어려운 사정이 있다고 인정할 수 있다면, 이로써 그 요건은 충족된다고 보아야 할 것이다(진술을 요할 자가 미국으로 불법도피하여 그 곳에 거주하고 있고, 그 소재를 확인하여 소환장을 발송한다고 하더라도 법정에 증인으로 출석할 것을 기대하기는 어렵다고 할 것이므로, 미국에 거주하고 있는 사실이 확인된 후 검찰이 미국 내 소재를 확인하여 증인소환장을 발송하는 등의 조치를 다하지 않았다고 하더라도 요건은 충족이 되었다고 할 것이다)(대판 2002.3.26, 2001도5666).

ⓑ **그 밖에 이에 준하는 사유** : 형사소송법은 포괄적인 규정을 두어 해석의 여지를 남겨 놓고 있으나, 판례는 엄격하게 해석하고 있는 경향을 보이고 있다.

   ⓘ 제314조의 '그 밖에 이에 준하는 사유'로 인하여 진술을 요할 자가 진술할 수 없게 되는 경우에는 전문증거라도 증거로 할 필요성이 인정된다.

ⓒ 필요성이 인정되는 경우라도 그 진술 또는 작성이 특히 신빙할 수 있는 상태(특신상태)하에서 행해진 경우에 증거능력이 인정된다.

   ⓘ 특히 신빙할 수 있는 상태하에서 행하여진 때라 함은 그 진술내용이나 조서 또는 서류의 작성에 허위개입의 여지가 거의 없고 그 진술내용의 신빙성이나 임의성을 담보할 구체적이고 외부적인 정황이 있는 경우를 가리킨다. 그리고 특히 신빙할 수 있는 상태는 검사의 자유로운 증명으로 족하다(대판 2012.7.26, 2012도2937). 18. 순경 2차

   ⓘ '특히 신빙할 수 있는 상태하에서 행하여졌음에 대한 증명'은 단지 그러할 개연성이 있다는 정도로는 부족하고 합리적인 의심의 여지를 배제할 정도에 이르러야 한다(대판 2014.2.21, 2013도12652). 19. 7급 국가직, 20. 경찰간부

   ⓘ 제314조에 따라 증거능력을 인정하기 위하여는 단순히 그 진술이나 조서의 작성과정에 뚜렷한 절차적 위법이 보이지 않는다거나 진술의 임의성을 의심할 만한 구체적 사정이 없다는 것만으로는 부족하고, 이를 넘어 법정에서의 반대신문 등을 통한 검증을 굳이 거치지 않더라도 진술의 신빙성과 임의성을 충분히 담보할 수 있는 구체적이고 외부적인 정황이 있어 그에 기초하여 법원이 유죄의 심증을 형성하더라도 증거재판주의의 원칙에 어긋나지 않는다고 평가할 수 있는 정도에 이르러야 한다(대판 2014.8.26, 2011도6035).

관련판례

[제314조 관련판례]
- **제314조의 사유에 해당하는 경우**

1. 피해자가 공판정에서 진술을 한 경우라도 증인신문 당시 일정한 사항에 관하여 기억이 나지 않는다는 취지로 진술하여 그 진술의 일부가 재현 불가능하게 된 경우에도 제314조에서 규정하는 '원진술자가 진술을 할 수 없는 때'에 해당한다(대판 1999.11.26, 99도3786). 10. 7급 국가직, 13 · 17. 경찰승진, 18. 수사경과

2. 공판기일에 진술을 요하는 자가 노인성 치매로 인한 기억력 장애 등으로 진술할 수 없는 상태에 있는 경우는 제314조에 규정된 사유로 인하여 진술할 수 없는 때에 해당한다(대판 1992.3.13, 91도2281). 15. 9급 교정 · 보호 · 철도경찰, 10 · 16. 경찰승진, 16. 9급 법원직, 20. 수사경과

3. 진술을 요할 자가 일정한 주거를 가지고 있더라도 법원의 소환에 계속 불응하고 구인하여도 구인장이 집행되지 아니하는 등 법정에서의 신문이 불가능한 상태의 경우 제314조의 "공판정에 출정하여 진술을 할 수 없는 경우"라는 요건이 충족되었다고 보아야 한다(대판 1995.6.13, 95도523). 12 · 16. 9급 법원직, 13. 경찰승진, 18. 수사경과

4. 수회에 걸쳐 소환장과 구인영장을 발부하여 그가 소환장을 직접 받은 적도 있었으나, 중풍, 언어장애 등 장애등급 3급 5호의 장애로 인하여 법정에 출석할 수 없었던 것이고, 그 후 그에 대한 소재탐지가 불가능하게 된 경우는 제314조에 규정된 사유로 인하여 진술할 수 없는 때에 해당한다(대판 1999.5.14, 99도202) 12. 9급 법원직, 13 · 16 · 17. 경찰승진, 18. 수사경과

5. 증인으로 채택하여 국내의 주소지 등으로 소환하였으나 소환장이 송달불능되었고, 미국으로 출국하여 그곳에 거주하고 있음이 밝혀지자 다시 미국 내 주소로 증인소환장을 발송하였으나, 제1심법원에 경위서를 제출하면서 장기간 귀국할 수 없음을 통보한 경우 외국거주 등 사유로 인하여 법정에서의 신문이 불가능한 상태의 경우에 해당된다고 할 것이다(대판 2007.6.14, 2004도5561). 14. 순경 2차, 17. 경찰승진

6. 이메일작성자인 乙은 프랑스에 거주하고 있고, 피고인과 이적단체 구성(코리아연대) 등 공동정범에 해당하기 때문에, 법원으로부터 소환장을 송달받는다고 하더라도 법정에 증인으로 출석할 것을 기대하기 어렵다고 봄이 상당하므로, 법원이 그의 소재 확인, 소환장 발송 등의 조치를 다하지 않았다고 하더라도 제314조의 '외국거주' 요건이 충족되었다고 할 수 있다(대판 2016.10.13, 2016도8137).

7. 일본으로 이주한 이래 전자우편에 의한 연락 이외에 그 주거지나 거소 등이 파악되지 않는 상태이고, 국가정보원에서의 진술 당시 이사할 계획을 밝히기는 하였지만 이사 후 자신의 진술과 관련된 자료를 찾아 제출하겠다고 진술하기도 하였으며, 수사기관은 유일한 연락처인 그의 전자우편 주소로 증인 출석을 수차례 권유하였으나 자필진술서를 통하여 그 증언을 거부할 뜻을 명확히 표시하였음을 알 수 있다. 소재를 확인하여 소환장을 발송하더라도 그가 법정에 증인으로 출석할 것을 기대하기는 어렵다고 할 것이므로, 설령 그의 일본 주소 등을 확인하여 증인소환장을 발송하는 등의 조치를 다하지 않았다 하더라도 형사소송법 제314조에 정한 '외국거주' 요건은 충족되었다고 보아야 할 것이다(대판 2013.7.26, 2013도2511).

8. 법원이 증인으로 채택, 소환하였으나 계속 불출석하여 3회에 걸쳐 구인영장을 발부하였으나 가출하여 소재불명이라는 이유로 집행되지 아니한 경우는 형사소송법 제314조의 공판기일에 진술을 요할 자가 기타 사유로 인하여 진술할 수 없는 때에 해당한다(대판 1986.2.5, 85도2788).

9. 형사소송법 제314조의 이른바 공판기일에 진술을 요할 자가 사망, 질병 기타 사유로 인하여 진술할 수 없는 때라고 함은 그 진술을 요할 자가 주소지를 떠나 그 주소를 알 수 없어 이를 공판기일에 출석하게 할 수 없으므로 인하여 진술할 수 없는 경우도 이에 포함된다 할 것이다(대판 1984.10.10, 84도1734).

10. 소환장의 송달이 불능되고 소재 탐지에 의하여서도 무단전출 또는 주민등록 미등재 등의 사유로 그 소재를 확인할 방도가 없는 경우 제314조의 진술을 요할 자가 진술할 수 없는 때에 해당한다(대판 1983.6.28, 83도931).

11. 우리 나라 법원의 형사사법공조요청에 따라 미합중국 법원의 지명을 받은 수명자(미합중국 검사)가 작성한 피해자 및 공범에 대한 증언녹취서는 형사소송법 제314조의 규정에 의하여 그 증거능력을 인정할 수 있다(대판 1997.7.25, 97도1351). 19. 경찰간부

▶ **비교판례** : 미국 범죄수사대(CID), 연방수사국(FBI)의 수사관들이 작성한 수사보고서 및 피고인이 위 수사관들에 의한 조사를 받는 과정에서 작성하여 제출한 진술서는 피고인이 그 내용을 부인하는 이상 증거로 쓸 수 없다(대판 2006.1.13, 2003도6548).

● **제314조 사유에 해당하지 않는 경우**

1. 법정에 출석한 증인이 정당하게 증언거부권을 행사(제148조, 제149조 참조)하여 증언을 거부한 경우는 형사소송법 제314조의 '그 밖에 이에 준하는 사유로 인하여 진술할 수 없는 때'에 해당하지 아니한다(대판 2012.5.17, 2009도6788 전원합의체). 12·13·14·15·16. 9급 법원직, 15. 9급 교정·보호·철도경찰, 13·17. 경찰승진, 12·18. 순경 2차, 18. 수사경과

▶ **유사판례** : 수사기관에서 진술한 참고인이 법정에서 증언을 거부하여 피고인이 반대신문을 하지 못한 경우에는 정당하게 증언거부권을 행사한 것이 아니라도(피고인이 증인의 증언거부 상황을 초래하였다는 등의 특별한 사정이 없는 한), 형사소송법 제314조의 '그 밖에 이에 준하는 사유로 인하여 진술할 수 없는 때'에 해당하지 않는다(대판 2019.11.21, 2018도13945). 20. 7급 국가직

2. 만 5세 무렵에 당한 성추행으로 인하여 외상 후 스트레스 증후군을 앓고 있다는 등의 이유로 공판정에 출석하지 아니한 약 10세 남짓의 성추행 피해자에 대한 진술조서가 형사소송법 제314조에 정한 필요성의 요건과 신용성 정황적 보장의 요건을 모두 갖추지 못하여 증거능력이 없다(대판 2006.5.25, 2004도3619). 09·13. 경찰승진, 10. 경찰승진·7급 국가직, 12. 9급 법원직, 20. 수사경과

3. 피고인이 증거서류의 진정성립을 묻는 검사의 질문에 대하여 진술거부권을 행사하여 진술을 거부한 경우는 형사소송법 제314조의 '그 밖에 이에 준하는 사유로 인하여 진술할 수 없는 때'에 해당하지 아니한다(대판 2013.6.13, 2012도16001). 15. 7급 국가직, 16. 9급 법원직, 18. 5급 검찰·교정승진

4. 증인의 주소지가 아닌 곳으로 소환장을 보내 송달불능이 되자 그 곳을 중심한 소재탐지 끝에 소재불능회보를 받은 경우에는 제314조에서 말하는 원진술자가 공판정에서 진술할 수 없는 때라고 할 수 없다(대판 1979.12.11, 79도1002). 09·10·18. 경찰승진

5. 공판기일에 증인으로 소환받고도 출산을 앞두고 있다는 이유로 출석하지 아니한 것은 사망, 질병, 외국거주 기타 사유로 인하여 진술할 수 없는 때에 해당한다고 할 수 없어 제314조에 의한 증거능력이 있다고 할 수 없다(대판 1999.4.23, 99도915). 09. 경찰승진, 20. 수사경과

6. "비자(Visa) 조건이 외국 또는 대한민국으로 방문을 하였을시 3년간 호주 입국을 할 수 없는 임시체류 비자 'E'라는 조건으로 되어 있어 피고인에 대한 재판에 증인으로 참석이 불가능하다."는 이유로 공판정 출석을 거부하더라도 증언 자체를 거부하는 의사가 분명한 경우가 아닌 한 거주하는 외국

의 주소나 연락처 등이 파악되고, 해당 국가와 대한민국 간에 국제형사사법공조조약이 체결된 상태라면 우선 사법공조의 절차에 의하여 증인을 소환할 수 있는지를 검토해 보아야 하고, 소환을 할수 없는 경우라도 외국의 법원에 사법공조로 증인신문을 실시하도록 요청하는 등의 절차를 거쳐야하고, 이러한 절차를 전혀 시도해 보지도 아니한 것은 가능하고 상당한 수단을 다하더라도 진술을요하는 자를 법정에 출석하게 할 수 없는 사정이 있는 때에 해당한다고 보기 어렵다(대판 2016.2.18, 2015도17115). – 따라서 제314조 적용 부정

7. 제1심법원이 증인 甲의 주소지에 송달한 증인소환장이 송달되지 아니하자 甲에 대한 소재탐지를촉탁하여 소재탐지 불능 보고서를 제출받은 다음 甲이 '소재불명'인 경우에 해당한다고 보아 甲에대한 경찰 및 검찰 진술조서를 증거로 채택한 사안에서, 검사가 제출한 증인신청서에 휴대전화번호가 기재되어 있고, 수사기록 중 甲에 대한 경찰 진술조서에는 집 전화번호도 기재되어 있으며, 그 이후 작성된 검찰 진술조서에는 위 휴대전화번호와 다른 휴대전화번호가 기재되어 있는데도, 검사가 직접 또는 경찰을 통하여 위 각 전화번호로 甲에게 연락하여 법정 출석의사가 있는지 확인하는 등의 방법으로 甲의 법정 출석을 위하여 상당한 노력을 기울였다는 자료가 보이지 않는 사정에 비추어, 甲의 법정 출석을 위한 가능하고도 충분한 노력을 다하였음에도 부득이 甲의 법정 출석이 불가능하게 되었다는 사정이 증명된 경우라고 볼 수 없어 형사소송법 제314조의 '소재불명 그밖에 이에 준하는 사유로 인하여 진술할 수 없는 때'에 해당한다고 인정할 수 없다(대판 2013.4.11, 2013도435).

8. 경찰이 증인과 가족의 실거주지를 방문하지 않은 상태에서 전화상으로 증인의 모(母)로부터 법정에출석케 할 의사가 없다는 취지의 진술을 들었다는 내용의 구인장 집행불능 보고서를 제출하고 있을뿐이고, 검사가 기록상 확인된 증인의 휴대전화번호로 연락하여 법정 출석의사가 있는지를 확인하는 등의 방법으로 출석을 적극적으로 권유·독려하는 등 증인의 법정 출석을 위하여 상당한 노력을기울이지 않은 경우, 형사소송법 제314조의 '기타 사유로 인하여 진술할 수 없는 때'에 해당하지 않는다(대판 2007.1.11, 2006도7228).

9. 단지 소환장이 주소불명 등으로 송달불능되었다거나 소재탐지촉탁을 하였으나 그 회보가 오지 않은상태인 것만으로는 제314조 소정의 '공판기일에 진술을 요할 자가 사망, 질병 기타 사유로 인하여진술할 수 없는 때'에 해당한다고 보기에 부족하다(대판 1996.5.14, 96도575).

10. 증인에 대한 진술조서의 진술내용이 상치되어 어느 것이 진실인지 알 수 없고, 증인으로 채택되어소환장을 두 번이나 받고도 소환에 불응하고 주소지를 떠나 행방을 감춘 경우라면 동인의 위 진술이특히 신빙할 수 있는 상태에서 행하여진 것으로 볼 수 없다(대판 1986.2.5, 85도2788).

11. 1심에서 송달불능이 된 증인을 항소심에서 다시 증인으로 채택하여 소환함에 있어서 1심에서 송달불능된 주소로만 소환하고 기록상 용이하게 알 수 있는 다른 주소로 소환하지 아니한 경우 제314조의 적용대상이 아니다(대판 1973.10.31, 73도2124).

12. 소환장이 송달불능된 자에 대하여는 소재탐사도 한 바 없이 또 소환을 받고도 2회나 출석하지 아니한 자에 대하여는 구인신청도 하지 아니한 채 검사가 도리어 양자의 소환신청을 철회함으로써 공판정에서의 신문을 할 수 없게 된 경우에 제314조의 진술을 요할 자가 사망, 질병, 기타 사유로 인하여진술할 수 없는 경우에 해당된다고 볼 수 없다(대판 1969.5.13, 69도364).

⑧ **당연히 증거능력이 있는 서류**(제315조) : 제315조는 당연히 증거능력이 있는 서류를 규정하고 있는데 이는 특히 신용성이 높고 그 작성자를 증인으로 신문함이 부적당하거나 실익이 없기 때문에 증거능력을 인정하도록 한 것이다.

당연히 증거능력이 있는 서류(제315조)

직무상 증명할 수 있는 사항에 관한 공무원 작성 문서	① 가족관계 기록사항에 관한 증명서 08. 순경 3차·9급 법원직, 14·15. 경찰승진
	② 군의관 작성의 진단서 04·05·14. 경찰승진, 09. 순경 2차
	  ▶ 개인병원 의사의 진단서 ⇨ 제315조 적용 ×(진술서 규정인 제313조에 따라 증거능력 인정) 16. 9급 교정·보호·철도경찰
	③ 외국공무원이 직무상 작성한 문서 02·04·08. 순경
	④ 국립과학수사연구소장 작성의 감정의뢰회보서 11·13. 순경
	⑤ 일본하관 세관서 통괄심리관 작성의 범칙물건감정서등본과 분석의뢰서 16·19. 경찰승진
	⑥ 등기부등(초)본 13. 경찰간부
	⑦ 세관공무원 시가감정서 12. 교정특채, 14. 수사경과
	⑧ 공정증서등본 08. 9급 법원직
	⑨ 보건복지부장관의 시가보고서 08. 순경 3차
	⑩ 신원증명서
	⑪ 인감증명 19. 경찰간부
	⑫ 경찰관이 작성한 전과조회회보 19. 경찰간부
	  ▶ 수사기관이 작성한 문서 ⇨ 당연히 증거능력이 인정되는 것은 아님.
	  예 공소장, 수사보고서(외국수사기관 작성 포함), 피의자신문조서, 수사기관검증조서 19. 경찰간부
	  ⚠ 미연방 범죄수사관이 범죄현장을 확인하고 작성한 보고서는 당연히 증거능력이 인정되는 것에 해당한다. (×) 13. 순경 2차, 16. 경찰승진
	  ⚠ 미국 연방수사국(FBI)의 수사관이 작성한 수사보고서 ⇨ 제312조 제3항에 의하여 피고인 또는 변호인이 내용을 인정할 때에 한하여 증거능력이 인정(대판 2006.1.13, 2003도6548) 17. 순경 2차

업무상 필요로 작성한 통상문서	① 성매매업소에서 고객정보를 입력하여 작성한 메모리카드 13. 순경 2차, 14. 9급 검찰·마약수사, 14·15. 수사경과, 15·19. 경찰승진 ② 상업장부 02. 순경, 03. 여경, 08. 9급 법원직, 16. 9급 교정·보호·철도경찰 ▶ 비밀장부를 만들면서 외부에 보이기 위하여 작성한 표면상의 장부는 제315조 적용 × ③ 항해일지 13. 경찰간부, 16. 9급 교정·보호·철도경찰 ④ 의사의 진료부 09. 순경 2차, 19. 경찰간부 ⑤ 금전출납부 ⑥ 전표 ⑦ 통계표

기타 특히 신용할만한 정황에 의하여 작성된 문서	① 구속적부심에서의 심문조서 09·11. 순경, 13. 순경 2차, 14. 9급 검찰·마약수사, 14·15. 경찰승진 ② 다른 피고사건의 공판조서 08. 순경, 14. 9급 검찰·마약수사, 18. 수사경과, 19. 경찰승진 ③ 사법경찰관작성 새세대 16호(이적표현물)에 대한 수사보고서 08. 순경 3차 ④ 군법회의 판결문 사본 08. 9급 법원직, 11. 순경, 13·19. 경찰간부 ⑤ 공공기록 ⑥ 보고서 ⑦ 역서 ⑧ 정기간행물의 시장가격표 ⑨ 스포츠기록 ⑩ 공무소 작성의 통계와 연감 ▶ 주민들의 진정서 사본 ⇨ 당연히 증거능력이 인정된 것이 아니다(대판). 07·11. 순경, 09. 9급 국가직, 18. 수사경과

관련판례

● 제315조 제1호 관련

1. 외국공무원이 직무상 증명할 수 있는 사항에 관하여 작성한 문서는 이를 증거로 할 수 있으므로 (형사소송법 제315조 제1호), 원심이 이 사건 일본하관 세관서 통괄심리관 작성의 범칙물건감정서 등본과 분석의뢰서 및 분석 회답서등본 등을 증거로 하였음은 적법하다(대판 1984.2.28, 83도3145). 12. 순경 1차, 14. 9급 검찰·마약수사, 15. 순경 3차, 16. 경찰승진, 18. 수사경과

2. 국립과학수사연구소장 작성의 감정의뢰 회보서는 공무원인 위 연구소장이 직무상 증명할 수 있는사항에 관하여 작성한 문서라고 할 것이므로 당연히 증거능력있는 서류라고 할 것이다(대판 1982.9.14, 82도1504). 11. 순경 1차, 13. 순경 2차, 15. 순경 3차

3. 군의관이 작성한 진단서는 직무상 증명할 수 있는 사항에 관하여 작성한 문서이므로 당연히 증거능력이 있다(대판 1972.6.13, 72도922). 04·05·14. 경찰승진, 09. 순경 2차

4. 특별한 자격이 있지는 아니하나 범칙물자에 대한 시가감정업무에 4~5년 종사해온 세관공무원이 세관에 비치된 기준과 수입신고서에 기재된 가격을 참작하여 작성한 감정서는 공무원이 그 직무상 작성한 공문서라 할 것이므로 제315조 제1호에 의하여 당연히 증거능력이 있다(대판 1985.4.9, 85도225). 18. 9급 법원직, 20. 7급 국가직

● 제315조 제2호 관련

1. 업무의 기계적 반복성으로 인하여 허위가 개입될 여지가 적고, 또 문서의 성질에 비추어 고도의 신용성이 인정되어 반대신문의 필요가 없거나 작성자를 소환해도 서면제출 이상의 의미가 없는 것들에 해당하기 때문에 당연히 증거능력이 인정된다는 것이 입법 취지이며, 어떠한 문서가 제315조 제2호가 정하는 업무상 통상문서에 해당하는지를 구체적으로 판단함에 있어서는, 당해 문서가 정규적·규칙적으로 이루어지는 업무활동으로부터 나온 것인지 여부, 당해 문서를 작성하는 것이 일상적인 업무 관행 또는 직무상 강제되는 것인지 여부, 당해 문서에 기재된 정보가 취득된 즉시 또는 그 직후에

이루어져 정확성이 보장될 수 있는 것인지 여부, 당해 문서의 기록이 비교적 기계적으로 행하여지는 것이어서 기록 과정에 기록자의 주관적 개입의 여지가 거의 없다고 볼 수 있는지 여부, 당해 문서가 공시성이 있는 등으로 사후적으로 내용의 정확성을 확인·검증할 기회가 있어 신용성이 담보되어 있는지 여부 등을 종합적으로 고려하여야 한다(대판 2015.7.16, 2015도2625 전원합의체).

2. 성매매업소에 고용된 여성들이 성매매를 업으로 하면서 영업에 참고하기 위하여 성매매 상대방의 아이디와 전화번호 및 성매매방법 등을 메모지에 적어두었다가 직접 메모리카드에 입력하거나 업주가 고용한 다른 여직원이 그 내용을 입력한 경우, 위 메모리카드의 내용은 형사소송법 제315조 제2호의 '영업상 필요로 작성한 통상문서'로서 당연히 증거능력 있는 문서에 해당한다(대판 2007.7.26, 2007도3219). 09. 순경·9급 국가직, 12. 순경 1차, 10·13. 순경 2차, 14. 9급 검찰·마약수사, 10·13·14·15. 경찰승진, 15. 순경 3차·7급 국가직, 18. 9급 법원직

3. 상업장부나 항해일지, 진료일지 또는 이와 유사한 금전출납부 등과 같이 범죄사실의 인정 여부와는 관계없이 자기에게 맡겨진 사무를 처리한 내역을 그때그때 계속적, 기계적으로 기재한 문서는 사무 처리 내역을 증명하기 위하여 존재하는 문서로서 형사소송법 제315조 제2호에 의하여 당연히 증거 능력이 인정된다(대판 2015.7.16, 2015도2625 전원합의체). 12. 순경 2차

● 제315조 제3호 관련

1. 형사소송법 제315조 제3호에서 규정한 '기타 특히 신용할 만한 정황에 의하여 작성된 문서'는 형사소송법 제315조 제1호와 제2호에서 열거된 공권적 증명문서 및 업무상 통상문서에 준하여 '굳이 반대 신문의 기회 부여 여부가 문제 되지 않을 정도로 고도의 신용성의 정황적 보장이 있는 문서'를 의미한다(대판 2015.7.16, 2015도2625 전원합의체).

2. 구속된 피의자를 심문하고 그에 대한 피의자의 진술 등을 기재한 구속적부심문조서는 형사소송법 제311조가 규정한 문서에는 해당하지 않는다 할 것이나, 특히 신용할 만한 정황에 의하여 작성된 문서라고 할 것이므로 특별한 사정이 없는 한, 피고인이 증거로 함에 부동의하더라도 형사소송법 제315조 제3호에 의하여 당연히 그 증거능력이 인정된다(대판 2004.1.16, 2003도5693). 11·12·13. 순경, 13. 순경 2차, 14. 9급 검찰·마약수사, 18. 9급 법원직·순경 3차·수사경과, 14·15·19. 경찰승진

3. 다른 피고인에 대한 형사사건의 공판조서는 형사소송법 제315조 제3호에 정한 서류로서 당연히 증거 능력이 있는바, 공판조서 중 일부인 증인신문조서 역시 형사소송법 제315조 제3호에 정한 서류로서 당연히 증거능력이 있다고 보아야 할 것이다(대판 2005.4.28, 2004도4428). 08. 순경, 14. 9급 검찰·마약수사, 18. 수사경과

4. 군법회의판결사본(교도소장이 교도소에 보관 중인 판결등본을 사본한 것)은 특히 신용할 만한 정황에 의하여 작성된 문서라고 볼 여지가 있으므로 피고인이 증거로 함에 부동의하거나 그 진정성립의 증명이 없다는 이유로 그 증거능력을 부인할 수 없다(대판 1981.11.24, 81도2591). 08. 9급 법원직, 11. 순경, 13. 경찰간부

5. 사법경찰관 작성의 새세대 16호에 대한 수사보고서는 피고인이 검찰에서 소지 탐독사실을 인정하고 있는 새세대 16호라는 유인물의 내용을 분석하고, 이를 기계적으로 복사하여 그 말미에 그대로 첨부한 문서로서 그 신용성이 담보되어 있어 형사소송법 제315조 제3호 소정의 "기타 특히 신용할 만한 정황에 의하여 작성된 문서"에 해당되는 문서로서 당연히 증거능력이 인정된다(대판 1992.8.14, 92도1211). 08. 순경

• 제315조 적용대상이 아닌 경우

1. 주민들의 진정서 사본은 피고인이 증거로 함에 동의하지 않고 기록상 원본의 존재나 그 진정성립을 인정할 아무런 자료도 없을 뿐 아니라 형사소송법 제315조 제3호의 규정사유도 없으므로 이를 증거로 할 수 없다(대판 1983.12.13, 83도2613). 02·07. 순경, 09. 9급 국가직, 11. 순경, 18. 수사경과

2. 육군과학수사연구소 실험분석관이 작성한 감정서는 피고인들이 이를 증거로 함에 동의하지 아니하는 경우에는 유죄의 증거로 할 수 있는 증거능력이 없다(대판 1976.10.12, 76도2960). 14. 수사경과, 11·12·15. 순경, 16. 경찰승진

3. 검사의 공소장은 법원에 대하여 형사재판을 청구하는 서류로서 그 기재내용이 실체적 사실인정의 증거자료가 될 수는 없다(대판 1978.5.23, 78도575). 11. 순경, 15·16. 경찰승진

4. 외국수사기관이 수사결과 얻은 정보를 회답하여 온 문서들은 공무원이 직무상 증명할 수 있는 사항에 관하여 작성한 문서 또는 제315조 제3호의 이른바 특히 신용할 만한 정황에 의하여 작성된 문서에 해당한다고 볼 수 없다(대판 1979.9.25, 79도1852). 09. 9급 국가직, 14. 경찰승진

5. 체포·구속인접견부는 유치된 피의자가 죄증을 인멸하거나 도주를 기도하는 등 유치장의 안전과 질서를 위태롭게 하는 것을 방지하기 위한 목적으로 작성되는 서류로 보일 뿐이어서 형사소송법 제315조 제2, 3호에 규정된 당연히 증거능력이 있는 서류로 볼 수는 없다(대판 2012.10.25, 2011도5459). 16. 9급 검찰·마약·교정·보호·철도경찰, 19. 7급 국가직

6. 대한민국 주중국 대사관 영사가 작성한 사실확인서 중 공인 부분을 제외한 나머지 부분이 비록 영사의 공무수행 과정 중 작성되었지만 공적인 증명보다는 상급자 등에 대한 보고를 목적으로 하는 것인 경우, 형사소송법 제315조 제1호의 '공무원의 직무상 증명할 수 있는 사항에 관하여 작성한 문서' 또는 제3호의 '기타 특히 신뢰할 만한 정황에 의하여 작성된 문서'라고 볼 수 없으므로 증거능력이 없다(대판 2007.12.13, 2007도7257).

7. 국가정보원 심리전단 직원의 이메일계정에서 압수한 425지논 파일, 시큐리티 파일은 형사소송법 제315조 제2호 또는 제3호에 정한 당연히 증거능력이 인정되는 문서라고 할 수 없다(대판 2015.7.16, 2015도2625 전원합의체).

8. 보험사기 사건에서 건강보험심사평가원이 수사기관의 의뢰에 따라 보내온 자료를 토대로 입원진료의 적정성에 대한 의견을 제시하는 내용의 '건강보험심사평가원의 입원진료 적정성 여부 등 검토의뢰에 대한 회신'은 형사소송법 제315조 제3호의 '기타 특히 신용할 만한 정황에 의하여 작성된 문서'에 해당하지 않는다(대판 2017.12.5, 2017도12671). 18. 9급 법원직, 19. 경찰승진

9. 공소외 1(전 청와대 경제수석비서관)의 업무수첩은 공소외 1이 사무처리의 편의를 위하여 자신이 경험한 사실 등을 기재해 놓은 것에 지나지 않는다. 이것은 '굳이 반대신문의 기회 부여가 문제되지 않을 정도로 고도의 신용성에 관한 정황적 보장이 있는 문서'라고 보기 어려우므로, 형사소송법 제315조 제3호의 '기타 특히 신용할 만한 정황에 의하여 작성된 문서'에 해당하지 않는다(대판 2019.8.29, 2018도14303 전원합의체).

⑨ 전문진술

> 종래 판례는 피고인을 피의자로 신문한 사법경찰관이 경찰에서 조사받을 때 자백한 피고인의 진술내용을 법정에서 증언하는 경우 제316조 제1항을 적용하지 않고 피의자신문조서의 취지에 비추어 내용까지 인정하여야 증거능력을 인정하였다. 그러나 이와 같이 해석한다면 수사절차에서 사법경찰관이 획득한 피고인의 진술은 피고인이 법정에서 내용을 부인하는 한 일절 증거로 쓸 수가 없어, 결국 검사의 피의자신문이 필수적으로 요구되어(검사의 경우는 내용을 부인해도 증거능력이 있기 때문) 경찰에서 자백한 피의자에 대한 검사의 이중수사로 인한 피의자의 불편이 따랐고, 사법경찰관의 책임 있는 수사를 어렵게 하는 문제가 있을 뿐 아니라, 피의자진술의 확보방안으로 유일한 것이 검사 작성 피의자신문조서이기 때문에 검사 면전에서의 자백을 획득하기 위한 강압수사의 위험성도 없지 않아, 2007년 개정법은 조사자 증언제도를 도입하였다.

㉠ **제316조 제1항**(피고인의 진술을 내용으로 하는 3자의 진술) : 피고인이 아닌 자(공소제기 전에 피고인을 피의자로 조사하였거나 그 조사에 참여하였던 자를 포함한다.)의 공판준비 또는 공판기일에서의 진술이 피고인의 진술을 그 내용으로 하는 것인 때에는 그 진술이 특히 신빙할 수 있는 상태하에서 행하여졌음이 증명된 때에 한하여 이를 증거로 할 수 있다. 09. 순경, 10·11·12·14. 경찰승진, 13. 9급 검찰·마약수사, 17. 수사경과, 18. 순경 3차

ⓘ 공소제기 전에 피고인을 피의자로 조사하였거나, 조사에 참여하였던 자에는 사법경찰관리뿐 아니라 검사와 검찰사무관 등도 포함된다.

ⓘ 공소제기 전 피고인을 피의자로 신문한 사법경찰관이 그 진술내용을 법정에서 진술한 경우 형사소송법 제316조 제1항의 적용대상이 될 수 없다. (×) 14. 순경 2차

ⓘ "검거 당시 피고인이 범행사실을 순수히 자백하였다."라는 경찰관의 법정증언은 피고인이 공판정에서 범행을 부인하는 이상 증거능력이 인정되지 않는다. (×) 15. 수사경과, 16. 7급 국가직

관련판례

1. 전문의 진술을 증거로 함에 있어서는 전문진술자가 원진술자로부터 진술을 들을 당시 원진술자가 증언능력에 준하는 능력을 갖춘 상태에 있어야 할 것인데, 20. 경찰승진 증인의 증언능력은 증인 자신이 과거에 경험한 사실을 그 기억에 따라 공술할 수 있는 정신적인 능력이라 할 것이므로, 유아의 증언능력에 관해서도 그 유무는 단지 공술자의 연령만에 의할 것이 아니라 그의 지적수준에 따라 개별적이고 구체적으로 결정되어야 함은 물론 공술의 태도 및 내용 등을 구체적으로 검토하고, 경험한 과거의 사실이 공술자의 이해력, 판단력 등에 의하여 변식될 수 있는 범위 내에 속하는가의 여부도 충분히 고려하여 판단하여야 한다(대판 2006.4.14, 2005도9561). 17. 경찰승진·경찰간부

ⓘ 전문의 진술을 증거로 함에 있어서는 전문진술자가 원진술자로부터 진술을 들을 당시 원진술자가 증언능력에 준하는 능력을 갖춘 상태에 있어야 하는 것은 아니다. (×) 18. 경찰승진

2. 형사소송법 제316조 제1항에서 말하는 '그 진술이 특히 신빙할 수 있는 상태하에서 행하여진 때'라 함은 그 진술을 하였다는 것에 허위 개입의 여지가 거의 없고, 그 진술내용의 신빙성이나 임의성을 담보할 구체적이고 외부적인 정황이 있는 경우를 가리킨다(대판 2012.5.24, 2010도5948). 17. 경찰승진·경찰간부

3. 증인 甲의 증언내용이 "피고인이 경찰에서 피의자로서 조사받을 때 담당수사경찰이 없는 자리에서 자기에게 자백진술을 하였다."는 내용이라면 이는 전문증거라고 할 것이므로 원진술자의 진술이 특히 신빙할 수 있는 상태에서 이루어진 것이라고 보기 어렵다면 이러한 증거들을 유죄의 증거로 삼을 수 없다(대판 1980.8.12, 80도1289).

4. 공소외 1(전 청와대 경제수석비서관)의 업무수첩 등의 대화 내용 부분이 전직 대통령인 피고인과 개별 면담자 사이에서 대화한 내용을 증명하기 위한 진술증거인 경우에는 전문진술로서 형사소송법 제316조 제1항에 따라 그 진술이 특히 신빙할 수 있는 상태에서 한 것임이 증명된 때에 한하여 증거로 사용할 수 있다. 이 사건에서 공소외 1의 업무수첩 등이 이 요건을 충족하지 못한다. 따라서 공소외 1의 업무수첩 등은 피고인과 개별 면담자가 나눈 대화 내용을 추단할 수 있는 간접사실의 증거로 사용하는 것도 허용되지 않는다(대판 2019.8.29, 2018도14303 전원합의체).

✓ **Key Point** | **피고인의 진술을 내용으로 하는 3자의 진술에 대한 증거능력 인정요건**

특신상태 증명(원진술자인 피고인이 출석하여 진술할 수 있으므로 필요성은 요건이 아니다.)

ⓛ **제316조 제2항**(피고인 아닌 자의 진술을 내용으로 하는 3자의 진술) : 피고인 아닌 자의 공판준비 또는 공판기일에서의 진술이 피고인 아닌 타인의 진술을 그 내용으로 하는 것인 때에는 원진술자가 사망, 질병, 외국거주, 소재불명 그 밖에 이에 준하는 사유로 인하여 진술할 수 없고(필요성), 그 진술이 특히 신빙할 수 있는 상태하에서 행하여졌음이 증명된 때(특신상태)에 한하여 이를 증거로 할 수 있다.

ⓘ 여기서 피고인 아닌 자에는 3자는 말할 것도 없고, 공범과 공동피고인 모두 포함된다(대판 1984. 11.27, 84도2279). 09 · 12 · 14. 경찰승진, 15. 순경 2차 · 경찰간부, 19. 수사경과

ⓘ 원진술자가 사망, 질병, 외국거주, 소재불명 그 밖에 이에 준하는 사유로 인하여 진술할 수 없어야 하므로, 원진술자가 법정에 출석한 경우라면 제316조 제2항 적용이 없다.

ⓘ 공범자의 진술을 내용으로 하는 제3자의 진술 ⇨ 제316조 제2항에 의거 필요성 + 특신상태를 구비하면 증거능력 인정

🔍 **관련판례**

1. 피고인 아닌 자를 조사한 자의 증언이 형사소송법 제316조 제2항에 따라 증거능력이 인정되기 위해서는 원진술자가 사망, 질병, 외국거주, 소재불명 그 밖에 이에 준하는 사유로 진술할 수 없어야 하므로, 원진술자가 법정에 출석하여 수사기관에서 한 진술을 부인하는 취지로 증언한 이상 원진술자의 진술을 내용으로 하는 조사자의 증언은 증거능력이 없다(대판 2008.9.25, 2008도6985). 13. 7급 국가직, 12 · 17. 경찰간부, 10 · 11 · 14 · 17. 경찰승진, 19. 수사경과

ⓘ 원진술자가 법정에 출석하여 수사기관에서 한 진술을 부인하는 취지로 증언하더라도 원진술자의 진술을 내용으로 하는 조사자의 증언은 증거능력이 있다. (×)

2. 전문진술의 원진술자가 공동피고인의 경우 형사소송법 제316조 제2항 소정의 '피고인 아닌 타인'에는 해당하나, 법정에서 공소사실을 부인하고 있어서 '원진술자가 사망, 질병 기타 사유로 인하여 진술할 수 없는 때'에는 해당되지 않아 증거능력을 인정할 수 없다(대판 2000.12.27, 99도5679). 10 · 11 · 20. 경찰승진

3. 형사소송법 제316조 제2항의 '그 진술이 특히 신빙할 수 있는 상태하에서 행하여진 때'라 함은 그 진술을 하였다는 것에 허위개입의 여지가 거의 없고 그 진술내용의 신빙성이나 임의성을 담보할 구체적이고 외부적인 정황이 있는 경우를 말한다(대판 2000.3.10, 2000도159). 12. 경찰간부, 17.경찰승진

4. 피고인이 증거로 함에 부동의한 사법경찰관직무취급 작성의 甲에 대한 진술조서 중의 진술기재가 乙로부터 들어서 안다는 것이라면 원진술자인 乙이 사망, 질병 기타 사유로 인하여 진술할 수 없는 사유가 있는지의 여부에 대하여 아무런 자료도 찾아볼 수 없는 경우 甲의 증언과 진술조서기재는 유죄의 증거로 삼을 수 없다(대판 1990.12.11, 89도55).

5. 원진술자가 제1심법원에 출석하여 진술을 하였다가 항소심에 이르러 진술할 수 없게 된 경우를 위 규정에서 정한 원진술자가 진술할 수 없는 경우에 해당한다고는 할 수 없다(대판 2001.9.28, 2001도3997).

6. 형사소송법 제314조의 '특신상태'와 관련된 법리는 마찬가지로 원진술자의 소재불명 등을 전제로 하고 있는 형사소송법 제316조 제2항의 '특신상태'에 관한 해석에도 그대로 적용된다(대판 2014.4.30, 2012도725).

7. 전문의 진술을 증거로 함에 있어서는 전문진술자가 원진술자로부터 진술을 들을 당시 원진술자가 증언능력에 준하는 능력을 갖춘 상태에 있어야 할 것이다(대판 2006.4.14, 2005도9561). 18. 수사경과

✓ **Key Point** 피고인 아닌 자의 진술을 내용으로 하는 3자의 진술에 대한 증거능력 인정 요건

필요성 + 특신상태 증명

⑩ **재전문증거** : 재전문이란 전문진술을 기재한 조서 또는 타인의 전문진술을 들었다는 진술 또는 그 사실을 기재한 조서와 같이 이중의 전문이 되는 경우를 말한다. 재전문증거에 대하여 현행법상 증거능력을 인정하는 조문이 없으므로 증거능력 인정 여부에 대하여 견해의 대립이 있으나, 대법원 판례에 의하면 원칙적으로 증거능력을 부정하고 있으며, 예외적으로 전문진술이 기재된 조서에 대하여 일정한 요건하에 증거능력을 인정하고 있다.

💬 원본증거, 전문증거, 재전문증거

- A(피해자)가 "甲이 돈을 내놓지 않으면 죽인다고 말하며 현금을 빼앗아갔다."라고 피해사실을 법정에서 증언 ⇨ 원본증거
- 甲의 강도행위를 목격한 B의 증언 ⇨ 원본증거
- 목격자 B로부터 목격사실을 전해들은 C의 증언 ⇨ 전문진술
- 목격자 B에 대하여 검사가 작성한 참고인진술조서 ⇨ 전문서류
- 피해자 A에 대하여 검사가 작성한 참고인진술조서 ⇨ 전문서류
- 목격자 B로부터 전해들은 C에 대하여 검사가 작성한 참고인진술조서 ⇨ 재전문서류(전문진술을 기재한 조서)
- C가 목격자 B로부터 들은 내용을 D에게 전하고 D가 법정에서 증언 ⇨ 재전문진술(타인의 전문진술을 들었다는 진술)
- C로부터 전해들은 D에 대하여 검사가 작성한 참고인진술조서 ⇨ 재재전문서류(타인의 전문진술을 들었다는 진술을 기재한 조서, 재전문진술을 기재한 조서)

관련판례

● 원 칙

형사소송법은 재전문진술이나 재전문진술을 기재한 조서에 대하여는 달리 그 증거능력을 인정하는 규정을 두고 있지 아니하고 있으므로, 피고인이 증거로 하는 데 동의하지 아니하는 한 형사소송법 제310 조의 2의 규정에 의하여 이를 증거로 할 수 없다(대판 2000.3.10, 2000도159). 11. 9급 국가직, 14. 순경 1차, 15 · 16 · 19. 수사경과 , 12 · 13 · 14 · 17 · 20. 경찰승진, 14 · 16 · 17 · 20. 경찰간부, 15 · 20. 순경 2차, 12 · 21. 9급 법원직

① 피해자가 어머니에게 진술한 내용을 전해들은 아버지가 법정에서 진술한 경우 재전문진술이므로 피해자와 어머니의 진술이 불능하고 특신상태가 증명되더라도 증거능력이 없다. (○)

● 예 외

1. 전문진술이나 전문진술을 기재한 조서는 형사소송법 제310조의 2의 규정에 의하여 원칙적으로 증거 능력이 없으나, 다만 피고인 아닌 자의 공판준비 또는 공판기일에서의 진술이 피고인의 진술을 그 내용으로 하는 것인 때에는 형사소송법 제316조 제1항의 규정에 따라 그 진술이 특히 신빙할 수 있는 상태하에서 행하여진 때에 한하여 이를 증거로 할 수 있고, 그 전문진술이 기재된 조서는 제312 조 내지 314조의 규정에 의하여 그 증거능력이 인정될 수 있는 경우에 해당하여야 함은 물론 나아가 제316조 제1항의 규정에 따른 위와 같은 조건을 갖춘 때에 예외적으로 증거능력을 인정하여야 할 것이다(대판 2000.9.8, 99도4814). 14. 경찰간부

2. 전문진술이나 전문진술을 기재한 조서는 형사소송법 제310조의 2의 규정에 의하여 원칙적으로 증거 능력이 없는 것인데, 다만 피고인 아닌 자의 공판준비 또는 공판기일에서의 진술이 피고인 아닌 타 인의 진술을 내용으로 하는 경우 그 전문진술은 제316조 제2항의 규정에 따라 원진술자가 사망, 질 병, 외국거주 기타 사유로 인하여 진술할 수 없고 그 진술이 특히 신빙할 수 있는 상태하에서 행하여 진 때에 한하여 예외적으로 증거능력이 있다고 할 것이고, 그 전문진술이 기재된 조서는 제312조 또는 제314조의 규정에 의하여 각 그 증거능력이 인정될 수 있는 경우에 해당하여야 함은 물론 나아 가 제316조 제2항의 규정에 따른 위와 같은 요건을 갖추어야 예외적으로 증거능력이 있다(대판 2001.7.27, 2001도2891). 19. 순경 1차

4 진술의 임의성

전문증거는 진술증거의 속성 때문에 아무리 전문법칙의 예외에 해당하더라도 진술의 임의성(서 류의 경우에는 작성의 임의성)이 인정되지 않으면 증거능력을 인정할 수 없다. 04. 여경, 10. 9급 법원직 즉, 자백이라는 진술증거는 제309조가 임의성을 요건으로 증거능력을 인정하는 것과 마찬가지 로, 전문증거의 경우에도 당해 진술의 성립과정에 대해 임의성을 필요로 한다. 따라서 진술의 임의성을 규정한 제317조는 전문법칙의 예외에 대한 제한규정으로서의 성격을 가진다고 할 수 있다.

5 전문법칙의 관련문제

과학기술의 발달과 함께 입법자가 예상하지 못하였던 새로운 형태의 증거방법이 등장하면서 그 증거능력 문제를 둘러싸고 여러 논의들이 대두되고 있다.

(1) 영상녹화물의 증거능력

① **영상녹화물의 의의** : 영상녹화물이란 일정한 진술을 청취하는 과정에서 그 진술을 영상녹화장치를 사용하여 영상녹화(녹음포함)한 것을 말하며, 수사기관 이외의 사람이 본인이나 다른 사람의 진술을 녹화해 놓은 기록물은 여기에 해당하지 않는다. 형사소송법은 이러한 경우를 별도로 '녹음테이프', '비디오테이프'라는 표현을 사용하고 있다(제292조의 3).

② **영상녹화물의 사용범위**

㉠ 수사기관이 촬영한 영상녹화물을 범죄사실을 인정하는 엄격한 증명의 자료로 사용할 수 없다(피의자신문조서나 참고인진술조서를 대체하는 것은 허용되지 않는다). 16. 7급 국가직

🔎 **관련판례**

수사기관이 참고인을 조사하는 과정에서 작성한 영상녹화물은, 특별한 사정이 없는 한, 공소사실을 직접 증명할 수 있는 독립적인 증거로 사용될 수는 없다(대판 2014.7.10, 2012도5041). 20. 순경 1차, 20 · 21. 9급 법원직

㉡ 수사기관의 영상녹화물은 피의자신문조서나 참고인진술조서의 실질적 진정성립을 증명하는 자료로 사용할 수 있다.

㉢ 수사기관의 영상녹화물은 탄핵증거로 사용이 불가능하며, 진술자의 기억을 환기시키기 위한 자료로 사용하는 것은 가능하다.

③ **영상녹화물과 기타 증거방법과의 관계** : 녹음테이프나 비디오테이프가 수사기관에서 작성한 것인 때에는 영상녹화물에 관한 규정의 적용을 받으므로, 전문법칙에 의한 증거능력 인정 문제는 수사기관 이외의 사람이 본인이나 다른 사람의 진술을 녹화한 비디오테이프(녹음테이프 포함)가 문제될 것이다.

(2) 녹음테이프의 증거능력

녹음테이프도 사진의 경우처럼 기록과 재생능력의 정확성 때문에 높은 증거가치를 갖는 과학적 증거방법이라 할 수 있다. 그러나 한편으로는 녹음이나 편집이 조작될 가능성도 있으므로 그 증거능력이 문제로 되는데 진술녹음과 현장녹음으로 나누어 살펴보기로 한다.

① **진술녹음의 증거능력**

㉠ **의의** : 진술녹음이란 사람의 진술이 녹음되어 있고 그 진술내용의 진실성이 증명의 대상으로 되는 것을 말한다. 진술녹음도 진술증거로서 전문법칙이 적용된다는 점에 견해가 일치되어 있다.

ⓒ **근거규정** : 개정법에 의하면 수사기관의 영상녹화물은 범죄사실을 인정하기 위한 증거로 사용할 수 없으며, 피고인의 진술을 탄핵하기 위한 증거로 사용할 수 없다. 따라서 녹음테이프의 증거능력문제는 수사기관 이외의 사람이 채록한 것만을 대상으로 한다고 보아야 할 것이므로, 진술서에 관한 규정(제313조)이 근거규정으로 되어야 할 것으로 본다. 피고인 아닌 자의 진술이 녹음된 경우 참고인진술서와 같이 성립의 진정이 증명될 것이 요구되므로, 원진술자의 진술에 의하여 그 녹음테이프에 녹음된 내용이 자신들이 한 내용대로 녹음된 것이라는 점이 인정되어야 증거능력이 있다고 볼 것이다.

② **현장녹음의 증거능력**

ⓐ **의의** : 현장녹음이란 범죄현장에서 범행에 수반하여 발성된 말이나 기타 음향을 녹음한 것을 말한다. 현장녹음의 증거능력에 관하여 견해의 대립이 있다.

ⓑ **비진술증거설** : 녹음테이프는 비진술증거이므로 전문법칙이 적용되지 않으며, 범죄 사실과의 관련성만 인정되면 증거능력이 인정된다고 한다.

ⓒ **진술증거설** : 녹음테이프도 진술증거이므로 전문법칙이 적용되며, 제312조 제6항의 검증조서에 준하여 증거능력이 인정된다는 견해이다.

ⓓ **검증조서유사설** : 현장녹음은 사람의 내심의 의사를 외부로 표현하는 진술을 녹취한 것이 아니므로 비진술증거이지만 조작 가능성 때문에 검증조서에 준하여 증거능력을 판단해야 한다는 견해이다.

ⓔ **결** : 현장녹음의 경우도 사실을 보고하는 성질을 가지고 있고 녹음과 편집과정에서 조작의 위험성이 있다는 점에서 진술증거설이 타당하다. 따라서 녹음자의 진술에 의해 성립의 진정이 증명되면(제312조 제6항) 증거능력이 인정된다고 하겠다.

③ **증거조사의 방법** : 녹음테이프는 형사소송법 제292조에 규정하고 있는 증거조사의 방법 등으로는 불가능하다. 따라서 녹음테이프를 녹음재생기에 걸어서 공판정에서 재현하거나 검증에 의하여 그 결과를 기재하는 방법으로 조사하지 않을 수 없다.

④ **비밀녹음의 증거능력**

ⓐ **수사기관에 의한 비밀녹음** : 수사기관이 법령에 의하지 않고 타인의 대화를 감청 내지 비밀녹음한 경우에는 녹음 자체가 위법하므로 증거능력이 부정된다.

관련판례

수사기관이 증거를 확보할 목적으로, 구속수감되어 있던 자에게 그의 압수된 휴대전화를 제공하여 피고인과 통화하고 범행에 관한 통화 내용을 녹음하게 한 행위는 수사기관 스스로가 주체가 되어 수감된 자만의 동의만 받고 상대방인 피고인의 동의가 없는 상태에서 그들의 통화내용을 녹음한 경우로서 불법감청에 해당하므로, 그 녹음 자체는 물론 이를 근거로 작성된 녹취록 첨부 수사보고는 피고인의 증거동의에 상관없이 그 증거능력이 없다(대판 2010.10.14, 2010도9016). 20.경찰승진 · 순경 1차

ⓛ **사인에 의한 비밀녹음** : 제3자가 타인 간의 대화를 비밀녹음한 경우는 그 녹음내용을 증거로 할 수 없다(통신비밀보호법 제14조). 문제는 대화 일방 당사자가 상대방의 동의 없이 녹음한 경우 증거로 할 수 있느냐이다. 판례에 의하면, 이 경우 통신비밀보호법 적용을 받지 않으므로 일정한 요건하에 증거로 사용하는 것이 가능하다는 입장이다.

⚖ 관련판례

1. 수사기관이 아닌 사인이 피고인 아닌 사람과의 대화내용을 녹음한 녹음테이프는 피고인 아닌 자의 진술을 기재한 서류(제313조 제1항)와 다를 바 없으므로, 피고인이 그 녹음테이프를 증거로 할 수 있음에 동의하지 아니하는 이상 그 증거능력을 부여하기 위하여는 첫째, 녹음테이프가 원본이거나 원본으로부터 복사한 사본일 경우(녹음디스크에 복사할 경우에도 동일하다)에는 복사과정에서 편집되는 등의 인위적 개작 없이 원본의 내용 그대로 복사된 사본일 것, 둘째 형사소송법 제313조 제1항에 따라 공판준비나 공판기일에서 원진술자의 진술에 의하여 그 녹음테이프에 녹음된 진술내용이 자신이 진술한 대로 녹음된 것이라는 점이 인정되어야 할 것이다(대판 1999.3.9, 98도3169). 09. 9급 국가직, 14. 순경 1차, 16·17. 경찰간부

   ▶ **비교판례** : 녹음테이프에 대한 검증의 내용이 그 진술 당시 진술자의 상태 등을 확인하기 위한 것인 경우에는, 녹음테이프에 대한 검증조서의 기재 중 진술내용을 증거로 사용하는 경우에 관한 전문법칙에 관한 법리는 적용되지 아니한다(대판 2008.7.10, 2007도10755).

   ⓘ A가 진술당시 술에 취하여 횡설수설하였다는 것을 확인하기 위하여 제출된 A의 진술이 녹음된 녹음테이프는 전문증거에 해당한다. (×) 18. 변호사시험

2. 녹음테이프는 성질상 작성자나 진술자의 서명이나 날인이 없을 뿐만 아니라 녹음자의 의도나 특정한 기술에 의하여 내용이 편집·조작될 위험이 있으므로, 그 대화내용을 녹음한 원본이거나 혹은 원본으로부터 복사한 사본일 경우에는 복사과정에서 편집되는 등의 인위적 개작 없이 원본의 내용 그대로 복사된 사본임이 증명되어야만 하고, 16·19. 7급 국가직, 21. 경찰승진 그러한 증명이 없는 경우에는 쉽게 증거능력을 인정할 수 없으며, 녹음테이프에 수록된 대화내용이 이를 풀어쓴 녹취록의 기재와 일치한다거나 녹음테이프의 대화내용이 중단되었다고 볼 만한 사정이 없다는 점만으로는 위와 같은 증명이 있다고 할 수 없다(대판 2014.8.26, 2011도6035). 20. 순경 1차

3. 사인이 피고인의 진술을 녹음한 녹음테이프에 대하여 실시한 법원의 검증의 내용은 녹음테이프에 녹음된 대화의 내용이 검증조서에 첨부된 녹취서에 기재된 내용과 같다는 것에 불과하여 증거자료가 되는 것은 여전히 녹음테이프에 녹음된 대화의 내용이라 할 것인바, 그중 피고인의 진술내용은 피고인의 진술을 기재한 서류와 다를 바 없으므로, 피고인이 그 녹음테이프를 증거로 할 수 있음에 동의하지 않은 이상 그 녹음테이프 검증조서의 기재 중 피고인의 진술내용을 증거로 사용하기 위해서는 형사소송법 제313조 제1항 단서에 따라 공판준비 또는 공판기일에서 그 작성자인 고소인의 진술에 의하여 녹음테이프에 녹음된 피고인의 진술내용이 피고인이 진술한 대로 녹음된 것이라는 점이 증명되고 그 진술이 특히 신빙할 수 있는 상태하에서 행하여진 것으로 인정되어야 한다(대판 2001.10.9, 2001도3106).

   ⓘ 사인이 녹음한 녹음테이프의 검증조서 기재 중 피고인의 진술 내용을 증거로 하기 위해서는 피고인이 내용을 인정하여야 한다. (×) 10. 경찰승진, 16. 9급 교정·보호·철도경찰

4. 디지털 녹음기에 녹음된 내용을 전자적 방법으로 테이프에 전사한 사본인 녹음테이프를 대상으로 법원이 검증절차를 진행하여, 녹음된 내용이 녹취록의 기재와 일치하고 그 음성이 진술자의 음성임을 확인하는데 그치고, 위 녹음 테이프가 인위적 개작없이 원본의 내용 그대로 복사된 것인지 여부

에 대하여 별도로 확인하거나 달리 증거조사를 실시하지 아니하였으므로 녹음테이프의 증거능력을 인정할 수 없다(대판 2008.12.24, 2008도9414). 16. 9급 법원직·9급 교정·보호·철도경찰, 18·19. 경찰승진

5. 디지털 녹음기로 피고인과의 대화를 녹음한 후 저장된 녹음파일 원본을 컴퓨터에 복사하고 디지털 녹음기의 파일 원본을 삭제한 뒤 다음 대화를 다시 녹음하는 과정을 반복하여 작성한 녹음파일 사본과 해당 녹취록의 경우 복사 과정에서 편집되는 등의 인위적 개작 없이 원본 내용 그대로 복사된 것으로 대화자들이 진술한 대로 녹음된 것이 인정되고, 제반 상황에 비추어 그 진술이 특히 신빙할 수 있는 상태하에서 행하여진 것으로 인정된다면 그 녹음파일 사본과 녹취록의 증거능력은 인정된다(대판 2012.9.13, 2012도7461). 14. 순경 1차

6. 디지털 녹음기로 녹음한 내용이 콤팩트디스크에 다시 복사되어 그 콤팩트디스크에 녹음된 내용을 담은 녹취록이 증거로 제출된 사안에서, 위 콤팩트디스크가 현장에서 녹음하는 데 사용된 디지털 녹음기의 녹음내용 원본을 그대로 복사한 것이라는 입증이 없는 이상, 그 콤팩트디스크의 내용이나 이를 녹취한 녹취록의 기재는 증거능력이 없다(대판 2007.3.15, 2006도8869). 14. 순경 1차

7. 피고인과 A의 대화를 녹음한 녹취록에 관하여 피고인이 위 녹취록에 대하여 부동의한 사건에서, A가 위 대화를 자신이 녹음하였고 위 녹취록의 내용이 다 맞다고 1심 법정에서 진술하였을 뿐 그 이외에 위 녹취록에 그 작성자가 기재되어 있지 않을 뿐만 아니라 검사는 위 녹취록 작성의 토대가 된 위 대화내용을 녹음한 원본 녹음테이프 등을 증거로 제출하지도 아니하는 경우, 위 녹취록의 기재는 증거능력이 없다(대판 2012.2.9, 2011도17658). 16. 9급 검찰·마약수사

8. 제1심이 검증을 실시한 판시 녹음테이프는 피해자가 피고인과의 대화내용을 디지털 녹음기(보이스펜)에 녹음해 두었다가 그 녹음내용을 카세트테이프에 재녹음한 복제본이고, 위 복제된 녹음테이프나 이를 풀어 쓴 녹취록이 편집 혹은 조작되었다고 주장하면서 그 증거능력을 일관되게 부정하여 왔음을 알 수 있는바, 그렇다면 원본의 녹음내용을 옮겨 복제한 녹음테이프에 수록된 대화내용이 녹취록의 기재와 일치함을 확인한 것에 불과한 제1심의 검증 결과만으로는 녹음의 원본, 즉 디지털 녹음기에 수록된 피고인의 진술내용이 녹취록의 기재와 일치한다고 단정할 수는 없다 할 것이므로, 위 검증조서를 증거로 채택하기 위해서는 피해자가 소지중이라고 하는 위 녹음 원본이 수록된 디지털 녹음기를 제출받아 이를 검증한 다음 작성자인 피해자의 진술 혹은 녹음상태 감정 등의 증거조사를 거쳐 그 채택 여부를 결정하였어야 할 것임에도 이러한 증거조사절차를 거치지도 아니한 채 만연히 위 검증조서에 기재된 피고인의 진술부분을 유죄의 증거로 채택한 조치는 잘못이라 할 것이다(대판 2005.12.23, 2005도2945). 10. 경찰승진

9. 피고인과의 대화내용을 녹음한 보이스펜 자체의 청취 결과 피고인의 변호인이 피고인의 음성임을 인정하고 이를 증거로 함에 동의하였고, 보이스펜의 녹음내용을 재녹음한 녹음테이프, 녹음테이프의 음질을 개선한 후 재녹음한 시디 및 녹음테이프의 녹음내용을 풀어쓴 녹취록 등에 대하여는 증거로 함에 부동의하였으나, 극히 일부의 청취가 불가능한 부분을 제외하고는 보이스펜, 녹음테이프 등에 녹음된 대화내용과 녹취록의 기재가 일치하는 것으로 확인된 경우, 원본인 보이스펜이나 복제본인 녹음테이프 등에 대한 검증조서(녹취록)에 기재된 진술은 그 성립의 진정을 인정하는 작성자의 법정 진술은 없었으나, 피고인의 변호인이 보이스펜을 증거로 함에 동의하였고, 보이스펜, 녹음테이프 등에 녹음된 대화내용과 녹취록의 기재가 일치함을 확인하였으므로, 결국 그 진정성립이 인정된다고 할 것이고, 나아가 녹음의 경위 및 대화내용에 비추어 그 진술이 특히 신빙할 수 있는 상태하에서 행하여진 것으로 인정되므로 이를 증거로 사용할 수 있다(대판 2008.3.13, 2007도10804). 20. 경찰간부

⑪ 피고인과의 대화내용을 녹음한 보이스펜 자체에 대하여는 증거동의가 있었지만 그 녹음내용을 재녹음한 녹음테이프, 녹음테이프의 음질을 개선한 후 재녹음한 시디 및 녹음테이프의 녹음내용을 풀어 쓴 녹취록 등에 대하여는 증거로 함에 부동의 하였다면, 극히 일부의 청취가 불가능한 부분을 제외하고는 보이스펜, 녹음테이프 등에 녹음된 대화내용과 녹취록의 기재가 일치하는 것으로 확인되고 그 진술이 특히 신빙할 수 있는 상태하에서 행하여진 것으로 인정되더라도 이를 증거로 사용할 수 없다. (×) 14. 순경 1차

10. 피고인의 동료 교사가 학생들과의 사적인 대화 중에 피고인이 수업시간에 학생들에게 북한을 찬양·고무하는 발언을 하였다는 사실에 대한 학생들의 대화 내용을 학생들 모르게 녹음한 녹음테이프에 대하여 실시한 검증의 내용은 녹음테이프에 녹음된 대화의 내용이 검증조서에 첨부된 녹취서에 기재된 내용과 같다는 것에 불과하여 증거자료가 되는 것은 여전히 녹음테이프에 녹음된 대화의 내용이라고 할 것인바, 그중 위와 같은 내용의 학생들의 대화의 내용은 피고인 아닌 자의 진술을 기재한 서류와 다를 바 없으므로, 피고인이 그 녹음테이프를 증거로 할 수 있음에 동의하지 않은 이상 형사소송법 제313조 제1항에 따라 공판준비나 공판기일에서 원진술자인 학생들의 진술에 의하여 이 사건 녹음테이프에 녹음된 각자의 진술내용이 자신이 진술한 대로 녹음된 것이라는 점이 인정되어야 한다(대판 1997.3.28, 96도2417).

11. 피해자가 피고인으로부터 걸려온 전화내용을 비밀녹음한 경우 위법수집증거라고 할 수 없다(대판 1997.3.28, 97도240). 08. 순경, 09. 9급 국가직

12. 전화통화 당사자의 일방이 상대방 모르게 통화내용을 녹음하는 것은 여기의 감청에 해당하지 아니하지만(따라서 전화통화 당사자의 일방이 상대방 몰래 통화내용을 녹음하더라도, 대화 당사자 일방이 상대방 모르게 그 대화내용을 녹음한 경우와 마찬가지로 법 제3조 제1항 위반이 되지 아니한다), 제3자의 경우는 설령 전화통화 당사자 일방의 동의를 받고 그 통화내용을 녹음하였다 하더라도 통신비밀보호법 제3조 제1항 위반이 된다고 해석하여야 할 것이다(대판 2002.10.8, 2002도123). 10·12·16. 경찰승진, 14. 순경 1차

13. 3인 간의 대화에 있어서 그중 한 사람이 그 대화를 녹음하는 경우에 다른 두 사람의 발언은 그 녹음자에 대한 관계에서 '타인 간의 대화'라고 할 수 없으므로, 이와 같은 녹음행위가 통신비밀보호법 제3조 제1항에 위배된다고 볼 수는 없다(대판 2006.10.12, 2006도4981).

(3) 사진의 증거능력

① **의의** : 사진을 진술증거로 보아 전문법칙 적용을 받게 할 것인가, 비진술증거로 취급할 것인가가 문제되는데 성질과 용법에 따라서 검토해야 한다.

② **구체적 검토**

㉠ **사본으로서의 사진** : 사본으로서의 사진이란 본래의 증거물에 대한 대용물로 제출되는 경우(団 문서를 촬영한 사진, 범행에 사용된 흉기의 사진)를 말한다. 사본인 사진의 증거능력에 대해서 최량증거법칙에 따라 원본증거를 공판정에 제출할 수 없고, 원본의 정확한 사본임과 사건관련성이 증명되는 경우에 한하여 증거로 할 수 있다.

⑪ 진술기재서면 원본의 서명·날인이 사진에 찍혀 있는 이상 사진 자체에 서명·날인이 없더라도 무방

관련판례

1. 피고인에 대한 검사 작성 피의자신문조서의 그 내용 중 일부를 가린 채 복사를 한 다음 원본과 상위 없다는 인증을 하여 초본의 형식으로 제출된 경우에, 위와 같은 피의자신문조서 초본은 피의자신문 조서 원본 중 가려진 부분의 내용이 가려지지 않은 부분과 분리 가능하고 당해 공소사실과 관련성이 없는 경우(관련성이 있는 경우 ×)에만, 그 피의자신문조서의 원본이 존재하거나 존재하였을 것, 피의자신문조서의 원본 제출이 불능 또는 곤란한 사정이 있을 것, 원본을 정확하게 전사하였을 것 등 3가지 요건을 전제로 피고인에 대한 검사 작성의 피의자신문조서 원본과 동일하게 취급할 수 있다 (대판 2002.10.22, 2000도5461). 05. 순경

2. 문서의 원물을 법정에 제출함이 곤란한 경우에는 그 문서의 원물의 존재와 이를 촬영한 사진인 것임이 확인되는 이상 그 사진을 증거물로 하여 조사하고 이를 증거로 할 수 있다(대판 1961.3.31, 4293형상440).

ⓒ **진술의 일부인 사진** : 사진이 진술증거의 일부로 사용되는 경우(예 검증조서나 감정서에 사진을 첨부하는 경우)를 말하며, 이 경우에 사진은 진술증거의 일부를 이루는 보조수단에 불과하므로 사진의 증거능력도 진술증거인 검증조서·감정서와 일체적으로 판단해야 한다 (통설). 판례는 사법경찰관 작성의 검증조서 중 피고인의 범행재연의 사진에 관한 부분에 대하여 성립의 진정성립과 내용인정의 요건이 갖춰진 때 증거능력이 인정된다는 태도를 취하고 있다(대판 1998.3.13.98도159).

ⓒ **현장사진** : 범행상황과 그 전후 상황을 촬영한 사진(예 은행 폐쇄회로에 찍힌 사진)으로서 독립증거로 이용되는 증거를 말한다. 현장사진의 증거능력에 관하여 견해의 대립이 있는데 현장사진은 사실을 보고한다는 기능을 가지고 있기 때문에 진술증거로 보아야 하며, 사진은 조작이 얼마든지 가능한데, 비진술증거로 보게 되면 전문법칙의 적용을 받지 않기 때문에 증거사용이 용이하여 위험하다는 측면에서 보더라도 진술증거로서 전문법칙이 적용된다는 진술증거설이 타당하다. 따라서 사진의 증거능력은 검증조서(제312조 제6항)에 준하여 촬영자의 진술에 따라 진정하게 성립되었다는 것이 증명되었을 때에 한하여 증거로 할 수 있다고 하겠다.

관련판례

1. 무인장비에 의한 제한속도 위반차량 단속은 이러한 수사활동의 일환으로서 도로에서의 위험을 방지하고 교통의 안전과 원활한 소통을 확보하기 위하여 도로교통법령에 따라 정해진 제한속도를 위반하여 차량을 주행하는 범죄가 현재 행하여지고 있고, 그 범죄의 성질·태양으로 보아 긴급하게 증거보전을 할 필요가 있는 상태에서 일반적으로 허용되는 한도를 넘지 않는 상당한 방법에 의한 것이라고 판단되므로, 이를 통하여 운전차량의 차량번호 등을 촬영한 사진을 두고 위법하게 수집된 증거로서 증거능력이 없다고 말할 수 없다(대판 1999.12.7, 98도3329).

2. 피고인의 동의하에 촬영된 나체사진의 존재만으로 피고인의 인격권과 초상권을 침해하는 것으로 볼 수 없고, 가사 사진을 촬영한 제3자가 그 사진을 이용하여 피고인을 공갈할 의도였다고 하더라도 사진의 촬영이 임의성이 배제된 상태에서 이루어진 것이라고 할 수는 없으며, 그 사진은 범죄현장의 사진으로서 피고인에 대한 형사소추를 위하여 반드시 필요한 증거로 보이므로, 공익의 실현을 위하

여는 그 사진을 범죄의 증거로 제출하는 것이 허용되어야 하고, 이로 말미암아 피고인의 사생활의 비밀을 침해하는 결과를 초래한다 하더라도 이는 피고인이 수인하여야 할 기본권의 제한에 해당된다 (대판 1997.9.30, 97도1230).

③ **증거조사의 방법** : 증거물의 사본인 사진과 현장사진은 이를 제시하여 보여주는 방법으로 증거조사를 하여야 한다. 서증의 사본인 사진에 관해서는 제시와 낭독이 필요하다(제292조, 제292조의 2). 이에 반하여 진술의 일부인 사진은 소송관계인에게 보여줄 것을 요한다고 해야 한다(동조 제5항). 왜냐하면 낭독이나 고지로 증거조사를 할 수 없기 때문이다.

(4) 비디오테이프의 증거능력

개정법에 의하면 수사기관의 영상녹화물은 범죄사실을 인정하기 위한 증거로 사용할 수 없으며, 피고인의 진술을 탄핵하기 위한 탄핵증거로도 사용할 수 없다. 따라서 비디오테이프의 증거능력문제는 수사기관 이외의 사람이 녹화한 것을 대상으로 검토할 필요가 있다.

수사기관이 아닌 사인이 피고인이나 피고인이 아닌 타인과의 대화내용을 녹화한 비디오테이프는 진술서에 준하여 제313조에 따라 증거능력을 판단하면 될 것이다. 05. 순경

🔎 관련판례

1. 수사기관이 아닌 사인(私人)이 피고인 아닌 사람과의 대화내용을 촬영한 비디오테이프는 형사소송법 제311조, 제312조의 규정 이외에 피고인 아닌 자의 진술을 기재한 서류와 다를 바 없으므로, 피고인이 그 비디오테이프를 증거로 함에 동의하지 아니하는 이상 그 진술 부분에 대하여 증거능력을 부여하기 위하여는, 첫째 비디오테이프가 원본이거나 원본으로부터 복사한 사본일 경우에는 복사과정에서 편집되는 등 인위적 개작 없이 원본의 내용 그대로 복사된 사본일 것, 둘째 형사소송법 제313조 제1항에 따라 공판준비나 공판기일에서 원진술자의 진술에 의하여 그 비디오테이프에 녹음된 각자의 진술내용이 자신이 진술한 대로 녹음된 것이라는 점이 인정되어야 할 것인바, 비디오테이프는 촬영대상의 상황과 피촬영자의 동태 및 대화가 녹화된 것으로서, 녹음테이프와는 달리 피촬영자의 동태를 그대로 재현할 수 있기 때문에 비디오테이프의 내용에 인위적인 조작이 가해지지 않은 것이 전제된다면, 비디오테이프에 촬영·녹음된 내용을 재생기에 의해 시청을 마친 원진술자가 비디오테이프의 피촬영자의 모습과 음성을 확인하고 자신과 동일인이라고 진술한 것은 비디오테이프에 녹음된 진술내용이 자신이 진술한 대로 녹음된 것이라는 취지의 진술을 한 것으로 보아야 한다 (대판 2004.9.13, 2004도3161). 05. 순경, 12. 9급 국가직, 18. 순경 2차

2. 누구든지 자기의 얼굴 기타 모습을 함부로 촬영당하지 않을 자유를 가지나 이러한 자유도 국가권력의 행사로부터 무제한으로 보호되는 것은 아니고 국가의 안전보장·질서유지·공공복리를 위하여 필요한 경우에는 상당한 제한이 따르는 것이고, 수사기관이 범죄를 수사함에 있어 현재 범행이 행하여지고 있거나 행하여진 직후이고, 증거보전의 필요성 및 긴급성이 있으며, 일반적으로 허용되는 상당한 방법에 의하여 촬영을 한 경우라면 위 촬영이 영장 없이 이루어졌다 하여 이를 위법하다고 단정할 수 없다(대판 1999.9.3, 99도2317).

(5) 거짓말탐지기 검사결과의 증거능력

① **의의** : 거짓말탐지기의 검사결과란 피의자 등의 피검자에 대하여 피의사실과 관계있는 질문을 하여 진술하게 하고 그때 피검자의 호흡·혈압·맥박 등에 나타난 생리적 반응을 거짓말탐지기의 검사지에 기록한 후, 이를 관찰·분석하여 피검자의 피의사실에 대한 진술의 허위나 피의사실에 관한 인식의 유무를 판단하는 것을 말한다.

② **검사결과의 증거능력** : 피검자의 동의를 받지 아니한 거짓말탐지기의 사용은 인격권의 침해이자 진술거부권의 침해이므로 검사결과의 증거능력은 인정될 수 없다.

문제는 피검자의 동의를 얻어서 실시한 거짓말탐지기 검사결과의 증거능력을 인정할 것인가에 대하여 견해가 대립되고 있다.

△ 관련판례

1. 검사결과에 대하여 사실적 관련성을 가진 증거로서 증거능력을 인정할 수 있으려면 ① 거짓말을 하면 반드시 일정한 심리상태의 변동이 일어나고, ② 그 심리상태의 변동은 반드시 일정한 생리적 반응을 일으키며, ③ 그 생리적 반응에 의하여 피검사자의 말이 거짓인지 아닌지가 정확히 판정될 수 있다는 세 가지 전제요건이 충족되어야 할 것이다. 특히 마지막의 생리적 반응에 대한 거짓 여부 판정은 거짓말탐지기가 검사에 동의한 피검사자의 생리적 반응을 정확히 측정할 수 있는 장치이어야 하고 질문조항의 작성과 검사의 기술 및 방법이 합리적이어야 하며, 검사자가 탐지기의 측정내용을 객관성 있고 정확하게 판독할 능력을 갖춘 경우라야만 그 정확성을 확보할 수 있는 것이다라고 판시하였으며, 이러한 이유에서 검사결과의 증거능력을 부정하는 것은 대법원의 일관된 판례의 태도라고 할 수 있다(대판 1983.9.13, 83도712). 한편 대법원은 거짓말탐지기의 검사결과가 위에서 들고 있는 요건을 갖추었을 경우에만 감정서(제313조 제2항)에 준하여 증거로 할 수 있으며, 증거능력이 인정되는 경우라 할지라도 그 검사, 즉 감정의 결과는 검사를 받는 사람의 신빙성을 가늠하는 정황증거로서의 기능을 다하는 데 그친다고 하여 그 사용에 신중을 기하고 있다(대판 1987.7.21, 87도968). 07. 경찰승진, 09. 순경

2. 거짓말탐지기 검사 결과, 甲의 진술에 대하여는 거짓으로 진단할 수 있는 특이한 반응이 나타나지 않은 반면, 乙의 진술에 대하여는 거짓으로 진단할 수 있는 현저한 반응이 나타났다. 그러나 거짓말탐지기 검사 결과가 항상 진실에 부합한다고 단정할 수 없을 뿐 아니라, 검사를 받는 사람의 진술의 신빙성을 가늠하는 정황증거로서 기능을 하는 데 그치므로, 그와 같은 검사결과만으로 범행 당시의 상황이나 범행 이후 정황에 부합하는 乙진술의 신빙성을 부정할 수 없다(대판 2017.1.25, 2016도15526).

③ **검사결과를 토대로 하여 얻은 자백의 증거능력** : 거짓말탐지기를 사용하여 얻은 피의자의 자백이 증거능력이 있는가에 대하여 판례는 거짓말탐지기 검사시 피해자의 옷을 보고 가슴이 떨린다고 한 것이 확인되면 자백을 하기로 약속한 후 그 사실이 확인되자 자백을 한 경우 임의성 없는 자백으로 볼 수는 없다고 하여 증거능력을 긍정하는 입장을 보이고 있다(대판 1983.9.13, 83도712).

증거능력의 인정요건 정리

구 분			증거능력의 인정요건
법원 · 법관의 면전 작성조서			무조건 증거능력 인정
제315조 (직무상 증명문서, 업무상 통상문서 …)			당연히 증거능력 인정
피의자 신문조서	검사 작성		적법한 절차와 방식(형식적 진정성립) + 내용인정 ▶ 제314조 적용 ×
	사법경찰관 작성		적법한 절차와 방식(형식적 진정성립) + 내용인정 ▶ 제314조 적용 ×
참고인진술조서 (검사 · 사법경찰관 작성)			적법한 절차와 방식(형식적 진정성립) + 실질적 진정성립 증명(원진술자가 부인하는 경우 객관적 방법 등에 의한 증명) + 반대신문기회부여 + 특신상태 증명 ▶ 제314조 적용
진술서	수사과정 작성		수사기관이 작성한 조서와 동일하게 취급 ▶ 제314조 적용(피고인 · 피의자 진술서는 제외함이 타당)
	그 밖의 과정	참고인 작성 진술서	작성자(진술자)의 자필이거나, 서명 또는 날인 + 작성자에 의한 성립의 진정 증명 ▶ 작성자가 성립진정 부인 ⇨ 객관적 방법으로 증명+반대신문 기회보장
		피고인 작성 진술서	작성자(진술자)의 자필이거나, 서명 또는 날인 + 작성자 성립의 진정 증명 + 특신정황(대판 2001.9.4, 2000도1743) ▶ 작성자가 성립진정 부인 ⇨ 객관적 방법으로 증명 가능
		참고인 진술기재서	진술자의 서명 또는 날인 + 진술자에 의한 성립의 진정함을 증명
		피고인 진술기재서	작성자의 성립의 진정 증명 + 특신정황
감정서			제313조 제1항 및 제2항과 동일 ▶ 제314조 적용
검증조서 (검사사법경찰관 작성)			적법한 절차와 방식 + 실질적 진정성립 증명 ▶ 제314조 적용
전문진술	제316조 제1항		특신상태 증명
	제316조 제2항		필요성 + 특신상태 증명

제5절 ┃ 당사자의 동의와 증거능력

1 동의의 의의

(1) 의 의

검사와 피고인이 증거로 할 수 있음을 동의한 서류 또는 물건은 진정한 것으로 인정한 때에는 증거로 할 수 있다(제318조 제1항)고 규정하고 있다.

(2) 인정취지

이 규정의 취지는 증거능력이 없는 전문증거일지라도 당사자가 동의한 경우에는 증거로 할 수 있도록 하는 것이 재판의 신속과 소송경제에 부합한다는 점을 고려한 것이라 할 수 있다. 현행법은 비록 당사자가 동의한 증거일지라도 법원이 진정하다고 인정한 것에 한해 증거로 할 수 있도록 규정하고 있어 증거동의제도는 당사자주의와 직권주의를 조화한 제도라 할 수 있다.

(3) 동의의 본질

증거동의의 본질이 무엇인가(어떻게 보느냐에 따라 동의의 대상이 달라진다)에 대하여 학설이 대립하고 있다.

① **처분권설** : 증거의 증거능력에 대한 당사자의 처분권을 인정하는 것이라고 보는 견해이다. 이에 의하면, 전문증거뿐 아니라 위법한 절차에 의하여 수집된 증거 등 모두가 동의의 대상이 된다.

② **반대신문권포기설** : 동의가 실질적으로 반대신문권의 포기를 의미한다는 견해이다(다수설·판례). 이에 의하면 반대신문권과 관계 없는 것은 동의가 있더라도 증거로 할 수 없게 된다.
예 임의성 없는 자백, 위법수집증거 등 ⇨ 동의대상 ×

> **⚖ 관련판례**
>
> 형사소송법 제318조 제1항은 전문증거금지의 원칙에 대한 예외로서 반대신문권을 포기하겠다는 피고인의 의사표시에 의하여 서류 또는 물건의 증거능력을 부여하려는 규정이므로 피고인의 의사표시가 위와 같은 내용을 적극적으로 표시하는 것이라고 인정되는 경우이면 증거동의로서의 효력이 있다(대판 1983.3.8, 82도2873). 18. 5급 검찰·교정승진

③ **결** : 처분권설에 의하면 형사절차에 당사자처분권주의를 인정하는 결과가 된다는 점에서 반대신문권포기로 보는 견해가 타당하다.

(4) 증거동의와 전문법칙과의 관계

당사자의 동의가 전문증거에만 적용된다고 해석하는 경우에도 전문법칙과 동의와의 관계에 대하여 견해가 대립되고 있다.

① **전문법칙예외설** : 제318조 '진정한 것으로 인정할 때'의 의미를 '신용성의 정황적 보장'과 같은 의미로 이해하여 이 조문을 전문증거의 예외적 사용을 규정한 제311조 내지 제316조까지 규정의 연장선에 있는 것으로 보는 견해이다(판례).

② **전문법칙배제설** : 제318조는 전문법칙에 의하여 증거능력이 배제되고 제311조 내지 제316조에도 해당하지 않기 때문에 증거능력이 없는 증거가 증거능력을 부여받는 경우이므로 전문법칙이 적용되지 않는 경우라고 해석하는 견해이다(다수설).

③ **결** : 제318조를 적용함에 있어서 결론에는 아무런 차이가 없으므로 논의의 실익이 없어 보인다.

2 동의의 방법

(I) 동의의 주체와 상대방

① 동의의 주체는 당사자인 검사와 피고인이다. 그러나 항상 양자의 동의를 구하여야 한다는 것은 아니다. 법원이 직권으로 수집한 증거에 대해서는 양 당사자의 동의가 있어야 하나, 일방 당사자가 신청한 증거에 대해서는 타방 당사자의 동의가 있으면 족하다. 98. 7급 검찰, 07. 9급 법원직 변호인도 동의할 수 있지만, 피고인의 의사에 반할 수 없다는 견해(종속대리권설)와 피고인의 명시한 의사에 반하지 않는 한 동의할 수 있다는 견해(독립대리권설)가 있으며, 판례는 후자의 입장이다. 18. 순경 3차

⚠ 증거동의의 주체는 법원이다. (×)

🔎 관련판례

1. 변호인은 피고인의 명시한 의사에 반하지 아니하는 한 피고인을 대리하여 증거로 함에 동의할 수 있으므로, 18. 9급 법원직, 18. 5급 검찰 · 교정승진, 19. 9급 검찰 · 마약수사, 20. 수사경과 피고인이 증거로 함에 동의하지 아니한다고 명시적인 의사표시를 한 경우 이외에는 변호인은 서류나 물건에 대하여 증거로 함에 동의할 수 있고, 이 경우 변호인의 동의에 대하여 피고인이 즉시 이의하지 아니하는 경우에는 변호인의 동의로 증거능력이 인정되고 증거조사 완료 전까지 동의가 취소 또는 철회하지 아니한 이상 일단 부여된 증거능력은 그대로 존속한다(대판 1988.11.8, 88도1628). 10 · 12 · 13. 경찰승진, 11. 9급 법원직, 12. 변호사시험, 13. 9급 교정 · 보호 · 철도경찰, 16. 순경 2차, 12 · 16 · 18. 7급 국가직, 20. 순경 1차

   ⚠ 일단 증거조사가 완료된 뒤에는 취소 또는 철회가 인정되지 아니하므로 피고인이 증거조사완료 후에 변호인의 증거동의에 관해 이의를 제기하였더라도 이미 취득한 증거능력은 상실되지 않는다.

2. 피고인이 출석한 공판기일에서 증거로 함에 부동의한다는 의견이 진술된 경우에는 그 후 피고인이 출석하지 아니한 공판기일에 변호인만이 출석하여 종전 의견을 번복하여 증거로 함에 동의하였다 하더라도 이는 특별한 사정이 없는 한 효력이 없다고 보아야 한다(대판 2013.3.28, 2013도3). 14 · 16. 순경 1차, 15. 9급 교정 · 보호 · 철도경찰, 17. 해경, 18. 7급 국가직, 19 · 20. 9급 법원직

3. 피고인이 변호인과 함께 출석한 공판기일의 공판조서에 검사가 제출한 증거에 대하여 동의한다는 기재가 되어 있다면, 이는 피고인이 증거 동의를 한 것으로 보아야 한다(대판 2016.3.10, 2015도19139). 17. 검찰 · 교정승진, 18. 수사경과, 20. 경찰간부

4. 형사재판에 있어서는 유죄의 자료로 쓸 수 있는 서류는 그 진정성립이 인정되거나 피고인과 검사가 증거로 함에 동의해야만 하게 되어 있으며 이 동의는 법원이 직권으로 증거조사를 할 때에는 양 당사자의 동의가 필요함은 물론이라 하겠으나 당해 서류를 제출한 당사자는 그것을 증거로 함에 동의하고 있음은 명백한 것이므로 상대방의 동의만 얻으면 충분하다. 그리고 피고인이나 변호인이 피고인의 무죄에 관한 자료로 제출한 서증 가운데 도리어 유죄임을 뒷받침하는 내용이 있다 하여도 법원은 상대방의 원용(동의)이 없는 한 당해 서류의 진정성립 여부 등을 조사하고 아울러 당해 서류에 대한 피고인이나 변호인의 의견과 변명의 기회를 준 다음이 아니면 당해 서증을 유죄인정의 증거로 쓸 수 없다(대판 1989.10.10, 87도966). 13. 순경 1차

5. 검사가 유죄의 자료로 제출한 증거들이 그 진정성립이 인정되지 아니하고 이를 증거로 함에 상대방의 동의가 없더라도, 이는 유죄사실을 인정하는 증거로 사용하는 것이 아닌 이상 공소사실과 양립할 수 없는 사실을 인정하는 자료로 쓸 수 있다고 보아야 한다(대판 1994.11.11, 94도1159). 13. 순경 1차

② 동의의 상대방은 법원이어야 한다. 동의는 반대신문권을 포기하여 증거능력 없는 증거에 대하여 증거능력을 부여하는 의사표시이기 때문이다. 따라서 당사자에 대한 증거동의(에 피고인이 검사에게 동의 의사표시)는 효력이 없다.

① 피고인이 행하는 동의의 상대방은 검사이다. (×)

(2) 동의의 대상

① 서류 또는 물건

○ **서류** : 형사소송법은 증거동의 대상으로 서류 또는 물건으로 규정하고 있으나 서류이외에 전문증거가 되는 진술도 동의의 대상이 된다는 점에는 이견이 없다.

판례에 의하면 피의자신문조서, 진술조서, 조서나 서류의 사본과 사진, 재전문증거 등도 동의의 대상으로 보며, 조서의 일부에 대해서도 동의가 가능하다.

★ 관련판례

1. 피고인들이 제1심 법정에서 경찰의 검증조서 가운데 범행부분만 부동의하고 현장상황 부분에 대해서는 모두 증거로 함에 동의하였다면, 위 검증조서 중 범행상황 부분만을 증거로 채용한 제1심판결에 잘못이 없다(대판 1990.7.24, 90도1303).

2. 문서의 사본이라도 피고인이 증거로 함에 동의하였고 진정으로 작성되었음이 인정되는 경우에는 증거능력이 있다(대판 1996.1.26, 95도2526). 07. 순경, 10. 경찰승진

○ **물건** : 물건(에 장물, 범행도구 등)이 동의의 대상이 될 수 있는가에 대하여는 이를 포함한다는 적극설(제318조 문언에 입각)과 증거물은 반대신문과 관계가 없을 뿐 아니라 물적증거로서 전문법칙의 제한도 받지 않으므로 증거동의의 대상이 될 수 없다는 소극설(다수설)이 대립한다.

② **증거능력이 없는 증거** : 동의의 대상이 되는 것은 증거능력이 없는 전문증거에 한한다. 이미 증거능력이 인정된 증거(에 피고인이 성립의 진정을 인정하고, 특신상태가 증명된 검사 작성의 피의

자신문조서)는 동의 여부에 불구하고 증거로 삼을 수 있기 때문이다. 98. 7급 검찰

그리고 임의성 없는 자백(제309조)은 언제나 동의의 대상이 되지 않으며, 위법수집증거 역시 원칙적으로 동의의 대상이 되지 않는다. 판례는 유죄증거에 대하여 반대증거로 제출된 서류는 성립의 진정이 증명되지 않거나 동의가 없더라도 증거판단 자료로 할 수 있기 때문에 동의의 대상이 아니라고 한다. 그러나 피고인이 제출한 증거에 대하여 검사가 행하는 반증은 증거능력이 있는 증거에 의할 것이 요구되므로 동의의 대상이 된다.

관련판례

1. 유죄의 자료가 되는 것으로 제출된 증거의 반대증거 서류에 대하여는 그것이 유죄사실을 인정하는 증거가 되는 것이 아닌 이상 반드시 그 진정성립이 증명되지 아니하거나 이를 증거로 함에 있어서의 상대방의 동의가 없다고 하더라도 증거판단의 자료로 할 수 있다(대판 1981.12.22, 80도1547). 07. 순경, 10 · 12 · 13 · 17. 경찰승진, 12. 9급 법원직, 16 · 18. 경찰간부, 19. 9급 검찰 · 마약수사, 20. 해경

   ▶ **비교판례** : 피고인이나 변호인이 무죄에 관한 자료로 제출한 서증 가운데 도리어 유죄임을 뒷받침하는 내용이 있다고 하여도, 법원은 상대방의 원용(동의)이 없는 한 그 서류의 진정성립 여부 등을 조사하고 아울러 그 서류에 대한 피고인이나 변호인의 의견과 변명의 기회를 주지 않았다면 그 서증을 유죄인정의 증거로 쓸 수 없다. 그러나 해당 서류를 제출한 당사자는 그것을 증거로 함에 동의하고 있음이 명백한 것이므로 상대방인 검사의 원용이 있으면 그 서증을 유죄의 증거로 사용할 수 있다(대판 2017.9.21, 2015도12400).

2. 진술증거의 임의성에 관하여 의심할 만한 사정이 나타나 있는 경우에는 법원은 직권으로 그 임의성 여부에 관하여 조사를 하여야 하고, 임의성이 인정되지 아니하여 증거능력이 없는 진술증거는 피고인이 증거로 함에 동의하더라도 증거로 삼을 수 없다(대판 2006.11.23, 2004도7900). 13. 변호사시험, 18. 경찰간부 · 9급 교정 · 보호 · 철도경찰, 19. 9급 법원직

3. 긴급체포를 하며 압수한 물건에 관하여 지체 없이 압수영장을 청구하지 않거나 청구하여 이를 발부받지 아니하고도 즉시 반환하지 아니한 압수물은 유죄인정의 증거로 사용할 수 없는 것이고, 피고인이나 변호인이 이를 증거로 함에 동의하였다고 하더라도 증거능력이 없다(대판 2009.12.24, 2009도11401). 16. 순경 2차, 17. 해경, 20. 경찰승진 · 순경 1차

4. 증거보전절차로 증인신문을 하는 경우에 검사, 피의자 또는 변호인에게 증인신문의 시일과 장소를 미리 통지하여 증인신문에 참여할 수 있는 기회를 주어야 하나 참여의 기회를 주지 아니한 경우라도 피고인과 변호인이 증인신문조서를 증거로 할 수 있음에 동의하여 별다른 이의없이 적법하게 증거조사를 거친 경우에는 위 증인신문조서는 증인신문절차가 위법하였는지의 여부에 관계없이 증거능력이 부여된다(대판 1988.11.8, 86도1646).

5. 형사소송법 제218조는 "사법경찰관은 소유자, 소지자 또는 보관자가 임의로 제출한 물건을 영장 없이 압수할 수 있다"고 규정하고 있는바, 위 규정을 위반하여 소유자, 소지자 또는 보관자가 아닌 자로부터 제출받은 물건을 영장 없이 압수한 경우 그 '압수물' 및 '압수물을 찍은 사진'은 이를 유죄인정의 증거로 사용할 수 없는 것이고, 헌법과 형사소송법이 선언한 영장주의의 중요성에 비추어 볼 때 피고인이나 변호인이 이를 증거로 함에 동의하였다고 하더라도 달리 볼 것은 아니다(대판 2010.1.28, 2009도10092). 20. 수사경과

✓ **Key Point**

- **동의본질** : 반대신문권 포기(다수설·판례)
- **동의의 주체와 상대방** ┌ 주체 ⇨ 검사와 피고인
  └ 상대방 ⇨ 법원(반대당사자에게 행한 동의는 효력 ×)
- **동의 대상** ┌ 서류 또는 물건
  └ 증거능력 없는 증거
- **변호인의 동의** ┌ 독립대리권설(판례)
  └ 종속대리권설(다수설)

---

3 동의의 시기와 방식

(1) 동의의 시기

동의는 원칙적으로 증거조사 전에 하여야 한다. 동의는 증거능력의 요건이고 증거능력 없는 증거는 증거조사대상이 되지 않기 때문이다. 다만, 증거조사 후에 동의가 있는 때에도 변론종결시까지는 그 하자가 치유되어 증거능력이 소급하여 인정된다(다수설). 동의는 반드시 공판기일에서 할 것을 요하지 않고 공판준비기일에서 하더라도 상관없다.

(2) 동의의 방식

동의는 서면 또는 구술로 할 수 있다. 98. 7급 검찰 동의는 명시적 의사표시가 있어야 하며, 개개의 증거에 대해서 동의의 의사표시를 하여야 하고 포괄적인 동의는 허용될 수 없다는 견해가 다수설이다. 그러나 판례는 소극적 의사표시나 포괄적 동의도 허용된다는 입장이다.

⚖ **관련판례**

1. 피고인이 신청한 증인의 증언이 피고인 아닌 타인의 진술을 그 내용으로 하는 전문진술이라고 하더라도 피고인이 그 증언에 대하여 별 의견이 없다고 진술하였다면 그 증언을 증거로 함에 동의한 것으로 볼 수 있다(대판 1983.9.27, 83도516). 16. 7급 국가직, 19. 9급 검찰·마약수사, 20. 경찰간부
2. 개개의 증거에 대하여 개별적인 증거조사방식을 거치지 아니하고 검사가 제시한 모든 증거에 대하여 피고인이 증거로 함에 동의한다는 방식으로 이루어진 것이라 하여도 증거동의로서의 효력이 있다(대판 1983.3.8, 82도2873). 09. 9급 국가직, 03·05·10. 경찰승진, 18. 순경 3차·5급 검찰·교정승진, 13·16·20·21. 7급 국가직, 20. 순경 1차

4 동의의 의제

(1) 피고인의 불출석

피고인의 출정 없이 증거조사를 할 수 있는 경우에 피고인이 출정하지 아니한 때에는 피고인의 대리인 또는 변호인이 출정한 때를 제외하고 피고인이 증거로 함에 동의한 것으로 간주한다(제318조 제2항). 12. 순경, 11 · 19. 9급 법원직, 21. 경찰승진 이 규정은 피고인의 불출석으로 인한 소송지연을 방지하기 위하여 경미사건에 한하여 동의를 의제한 것이다.

ⓘ 피고인의 출정 없이 증거조사가 가능한 경우에 피고인이 출정하지 아니한 때에는 비록 변호인이 출정한 때라도 증거동의가 있는 것으로 간주한다. (×)

📌 관련판례

1. 약식명령에 불복하여 정식재판을 청구한 피고인이 정식재판절차에서 2회 불출정하여 법원이 피고인의 출정 없이 증거조사를 하는 경우에 위 법 제318조 제2항에 따른 피고인의 증거동의가 간주된다(대판 2010.7.15, 2007도5776). 12. 변호사시험, 13. 9급 교정 · 보호 · 철도경찰, 18 · 20. 9급 법원직, 13 · 20. 경찰승진

2. 피고인이 공시송달의 방법에 의한 공판기일의 소환을 2회 이상 받고도 출석하지 아니하여 법원이 피고인의 출정 없이 증거조사를 하는 경우에는 형사소송법 제318조 제2항에 따른 피고인의 증거동의가 있는 것으로 간주된다고 할 것이다(대판 2011.3.10, 2010도15977). 15. 9급 교정 · 보호 · 철도경찰, 16 · 20. 9급 법원직

3. 필요적 변호사건이라 하여도 피고인이 재판거부의 의사를 표시하고 재판장의 허가 없이 퇴정하고 변호인마저 이에 동조하여 퇴정해 버린 것은 모두 피고인 측의 방어권의 남용 내지 변호인의 포기로 볼 수밖에 없는 것이므로 수소법원으로서는 형사소송법 제330조에 의하여 피고인이나 변호인의 재정 없이도 심리판결할 수 있으며, 피고인과 변호인들이 출석하지 않은 상태에서 증거조사를 할 수밖에 없는 경우에는 제318조 제2항의 규정상 피고인의 진의와는 관계없이 형사소송법 제318조 제1항의 동의가 있는 것으로 간주하게 되어 있다(대판 1991.6.28, 91도865). 13. 변호사시험

(2) 간이공판절차에서의 특칙

간이공판절차의 결정이 있는 사건의 증거에 관하여는 전문증거에 대하여도 동의가 있는 것으로 간주한다. 다만, 검사나 피고인 또는 변호인이 증거로 함에 이의가 있는 때에는 그러하지 아니하다(제318조의 3). 16. 변호사시험

ⓘ 간이공판절차에서는 전문증거에 대하여 동의가 있는 것으로 간주되므로 증거능력이 부정되는 전문증거라도 증거능력이 인정된다.

5 동의의 효과

(1) 전문증거의 증거능력

① 증거능력 인정

㉠ 당사자가 동의한 서류 또는 물건은 증거능력 인정요건(제311조 내지 제316조)을 갖추지 못한 경우라도 그 진정성이 인정되면 증거능력(증명력 ×)이 부여된다. 12·13. 변호사시험, 13. 경찰승진

ⓛ 당사자가 증거로 함에 동의한 경우에도 법원이 진정한 것으로 인정한 때에 한하여 증거로 할 수 있는데, 여기서 진정성의 의미에 관하여 "동의의 대상인 전문증거의 신용성을 의심스럽게 하는 유형적 상황(예 진술서에 서명·날인이 없는 경우, 진술서 기재내용이 진술과 상이한 경우, 진술내용이 진실과 다른 경우)이 없음을 의미한다."고 보는 견해가 다수설이다.

ⓛ '진정성' 여부는 자유로운 증명으로 증명이 가능하다.

관련판례

1. 형사소송법 제318조 제1항은 "검사와 피고인이 증거로 할 수 있음을 동의한 서류 또는 물건은 진정한 것으로 인정한 때에는 증거로 할 수 있다."고 규정하고 있을 뿐 진정한 것으로 인정하는 방법을 제한하고 있지 아니하므로, 증거동의가 있는 서류 또는 물건은 법원이 제반 사정을 참작하여 진정한 것으로 인정하면 증거로 할 수 있다(대판 2015.8.27, 2015도3467). 18. 7급 국가직
2. 진술조서말미의 진술자란의 서명 옆에 날인이 없고 진술자란의 서명이 그의 필적이라고 단정하기는 분명하지 않다 하더라도 진술자의 간인이 되어 있고 그 인영이 압수물가환부청구서와 압수물영수증 중의 인영과 동일한 것으로 인정되는 등의 정황에 비추어 위 날인이 없는 것은 단순한 착오에 의한 누락이라고 보여질뿐 위 조서는 진정한 것으로 인정된다(대판 1982.3.9, 82도63).

㉡ 동의를 한 당사자가 동의한 증거의 증명력을 다툴 수 있는가에 대하여 부정하는 입장도 있으나, 증거능력과 증명력은 구별되어야 하고 증거동의는 증거능력의 인정근거가 되므로 증거동의한 당사자도 그 증거의 증명력을 다툴 수 있다는 견해가 타당하다(다수설).

㉢ 증거동의의 본질이 반대신문권의 포기에 있으므로, 반대신문을 통해 증명력을 다투는 것은 허용되지 않는다. 따라서 법원이 증거의 진정 여부를 조사·확인하기 위하여 원진술자를 증인으로 신문하는 경우에 당사자는 반대신문을 할 수 없으며, 증거의 증명력을 다투기 위하여 원진술자를 증인으로 신청하는 것은 허용되지 않는다. 동의한 당사자가 증명력을 다투려면 반대신문 이외의 방법을 사용해야 할 것이다.

② 동의의 효력이 미치는 범위

㉠ 원칙적으로 동의의 효력은 그 대상인 서류 또는 물건 전체에 미친다. 따라서 일부에 대한 동의는 허용되지 않는다. 다만, 동의한 서류 또는 물건의 내용을 나눌 수 있는 경우에는 일부에 대한 동의도 가능하다.21. 경찰승진(예 검증조서 가운데 현장상황을 기재한 부분에 대해서만 동의를 한 경우 현장진술 부분에 대해서는 동의효력이 미치지 않음; 대판 1990. 7.24, 90도1303).

⚖ **관련판례**

1. 검사 작성의 피고인 아닌 자에 대한 진술조서에 관하여 피고인이 공판정진술과 배치되는 부분은 부동의한다고 진술한 것은 조서내용의 특정부분에 대하여 증거로 함에 동의한다는 특별한 사정이 있는 때와는 달리 그 조서를 증거로 함에 동의하지 아니한다는 취지로 해석하여야 한다(대판 1984. 10.10, 84도1552). 16. 순경 2차

2. 뇌물공여자가 작성한 고발장에 대하여 피고인의 변호인이 증거 부동의 의견을 밝히고, 같은 고발장을 첨부문서로 포함하고 있는 검찰주사보 작성의 수사보고에 대하여는 증거에 동의하여 증거조사가 행하여졌는데, 수사보고에 대한 증거동의가 있다는 이유로 그에 첨부된 고발장까지 증거로 채택해 두었다가 판결을 선고하는 단계에 이르러 이를 유죄인정의 증거로 삼은 것은 실질적 적법절차의 원칙에 비추어 수긍할 수 없다. 결국 이 사건 수사보고에 첨부된 고발장은 유죄의 증거로 삼을 수 없다(대판 2011.7.14, 2011도3809). 18. 7급 국가직, 20. 경찰간부

ⓛ 증거동의는 동의한 피고인에 대해서만 그 효력이 미친다. 공동피고인의 경우 1인이 동의한 경우 다른 공동피고인에 대해서는 동의의 효력이 미치지 않는다. 08. 9급 국가직

ⓒ 증거동의 효력은 공판절차의 갱신이 있거나 심급을 달리한 경우에도 소멸되지 않는다 07. 순경, 18. 9급 법원직(예 제1심 법정에서 피고인이 경찰작성조서에 대해 증거동의를 하였다면, 항소심에서 피고인이 범행 여부를 다투어도 제1심에서 행한 증거동의의 효력은 계속 유지). 09. 9급 국가직, 10. 경찰승진, 19. 9급 검찰 · 마약수사

⚖ **관련판례**

1심 공판조서 및 그 조서의 일부를 이루는 증거목록에 피고인 또는 변호인이 증거로 함에 동의한다는 의사표시를 한 것으로 기재되어 있고, 증거조사가 완료되기 전까지 그 의사표시를 철회 또는 취소하였다고 볼 흔적을 찾아 볼 수 없는 사법경찰관 사무취급 작성의 참고인 진술조서는 진정한 것으로 인정되는 한 제2심에서 피고인이 증거로 함에 부동의하거나 범행을 부인하였어도 이미 적법하게 부여된 증거능력이 상실되는 것은 아니다(대판 1994.7.29, 93도955). 09. 9급 국가직, 12. 9급 법원직, 13. 7급 국가직, 14. 순경 1차

✓ **Key Point**

• 증거의 동의 시기 : 증거조사 전까지(완료 후 ⇨ 철회 ×)
• 동의 방식 : 서면 또는 구술(소극적, 포괄적 동의 허용함이 판례)
• 동의 의제 : 피고인 불출석, 간이공판절차
• 동의 효과 ┌ 동의 대상에 진정성 인정되면 증거능력 인정
            ├ 1심에서 한 증거동의는 항소심 · 상고심에서도 그 효력 유지
            ├ 일부에 대한 동의는 허용 ×(다만, 기재내용이 가분적인 경우에는 일부동의 허용)
            └ 공동피고인 중 1인의 동의 ⇨ 동의를 한 피고인에게만 효력 인정

6 증거동의의 철회 · 취소

(1) 철 회

증거동의를 철회할 수 있다는 점에는 이론이 없다. 언제까지 철회를 허용할 것인가에 대하여 견해의 대립이 있으나, 절차의 확실성과 소송경제를 고려하여 증거조사 완료 전까지 철회가 가능한 것으로 봄이 다수설과 판례의 입장이다. 20. 수사경과 따라서 제1심에서 한 증거동의를 제2심에서 철회할 수 없다. 12. 경찰간부 · 순경, 13. 9급 검찰 · 마약수사, 14. 순경 1차, 15. 순경 2차, 10 · 16. 경찰승진, 13 · 14 · 16. 7급 국가직, 11 · 12 · 18. 9급 법원직

ⓘ 피고인이 불출석으로 증거동의가 의제된 경우라도 아직 증거조사가 완료되지 않았다면 차후 공판기일에 피고인이 출석하여 증거동의를 철회할 수 있다. (○) 14. 7급 국가직

📌 **관련판례**

1. 형사소송법 제318조에 규정된 증거동의의 의사표시는 증거조사가 완료되기 전까지 취소 또는 철회할 수 있으나, 일단 증거조사가 완료된 뒤에는 취소 또는 철회가 인정되지 아니하므로 제1심에서 한 증거동의를 제2심에서 취소할 수 없고, 일단 증거조사가 종료된 후에 증거동의의 의사표시를 취소 또는 철회하더라도 취소 또는 철회 이전에 이미 취득한 증거능력이 상실되지 않는다(대판 2010.7.8, 2008도7546). 17. 해경, 18. 순경 3차

2. 약식명령에 불복하여 정식재판을 청구한 피고인이 정식재판절차의 제1심에서 2회 불출정하여 증거동의가 간주된 후 증거조사를 완료한 이상, 피고인이 항소심에 출석하여 공소사실을 부인하면서 간주된 증거동의를 철회 또는 취소한다는 의사표시를 하더라도 그로 인하여 적법하게 부여된 증거능력이 상실되는 것이 아니다(대판 2010.7.15, 2007도5776). 19. 9급 법원직

(2) 취 소

증거동의에 대하여 착오나 강박을 이유로 취소할 수 있는가의 문제에 대하여, 증거동의를 취소할 수 없다는 견해(동의의 절차형성행위측면을 강조하는 입장)와 중대한 착오나 수사기관의 강박에 의한 경우 또는 증거동의한 본인의 귀책사유 없이 착오한 경우에는 증거동의를 취소할 수 있다는 견해(동의의 실체형성행위측면을 강조하는 입장)가 대립한다.

📌 **관련판례**

피고인이 사법경찰관 작성의 피해자진술조서를 증거로 동의함에 있어서 그 동의가 법률적으로 어떠한 효과가 있는지를 모르고 한 것이었다고 주장하더라도 변호인이 그 동의시 공판정에 재정하고 있으면서 피고인이 하는 동의에 대하여 아무런 이의나 취소를 한 사실이 없다면 그 동의에 하자가 있다고 할 수 없다(대판 1983.6.28, 83도1019). 16. 순경 2차

Chapter

02 기출문제

01 다음 〈보기〉 중 전문증거에 해당하지 않는 것은 모두 몇 개인가?　21. 해경 2차

> ㉠ 범행목격자의 공판정에서의 증언
> ㉡ 검사가 피해자의 진술을 기재한 진술조서
> ㉢ 해양경찰관이 범인에게 들은 내용에 대해 법정에서 한 진술
> ㉣ 목격자로부터 들은 사실을 법원에 출두하여 전달하는 진술
> ㉤ 피고인이 스스로 작성한 자술서
> ㉥ 사법경찰관 작성의 피의자신문조서
> ㉦ 피고인이 공판정에서 스스로 하는 자백

① 1개　　　　　② 2개　　　　　③ 3개　　　　　④ 4개

해설\ ㉠㉦은 원본증거이고 나머지는 모두 전문증거에 해당한다.

02 피의자신문조서에 대한 설명으로 가장 적절하지 않은 것은?(다툼이 있는 경우 판례에 의함)

17. 순경 2차

① 검사 이외의 수사기관이 작성한 피의자신문조서는 적법한 절차와 방식에 따라 작성된 것으로서 공판준비 또는 공판기일에 그 피의자였던 피고인 또는 변호인이 그 내용을 인정할 때에 한하여 증거로 할 수 있다.

② 당해 피고인과 공범관계가 있는 다른 피의자에 대한 검사 이외의 수사기관 작성의 피의자신문조서는 사망 등 사유로 인하여 법정에서 진술할 수 없는 때에 예외적으로 증거능력을 인정하는 규정인 형사소송법 제314조가 적용되지 아니한다.

③ 검찰주사가 검사의 지시에 따라 검사가 참석하지 않은 상태에서 피의자였던 피고인을 신문하여 작성하고 검사는 검찰주사의 조사 직후 피고인에게 개괄적으로 질문한 사실이 있을 뿐인데도 검사가 작성한 것으로 되어 있는 피고인에 대한 피의자신문조서는 검사 작성의 피의자신문조서로서 인정될 수 없다.

④ 피고인이 그 진술을 기재한 검사 작성의 피의자신문조서 중 일부에 관하여만 실질적 진정성립을 인정하는 경우에는 법원은 당해 조서 중 어느 부분이 그 진술대로 기재되어 있고 어느 부분이 달리 기재되어 있는지 여부를 구체적으로 심리함이 없이 전체 피의자신문조서의 증거능력을 부정하여야 한다.

Answer　**01.** ② **02.** ④

해설＼ ① 제312조 제3항 ② 대판 2009.11.26, 2009도6602 ③ 대판 1990.9.28, 90도1483
④ 검사가 피의자나 피의자 아닌 자의 진술을 기재한 조서 중 일부에 관하여만 원진술자가 공판준비 또는
공판기일에서 실질적 진정성립을 인정하는 경우에는 법원은 당해 조서 중 어느 부분이 원진술자가 진술한
대로 기재되어 있고 어느 부분이 달리 기재되어 있는지 여부를 구체적으로 심리한 다음 진술한 대로 기재되
어 있다고 하는 부분에 한하여 증거능력을 인정하여야 하고, 그 밖에 실질적 진정성립이 부정되는 부분에
대해서는 증거능력을 부정하여야 한다(대판 2005.6.10, 2005도1849).

03 사법경찰관 작성 피의자신문조서의 증거능력에 대한 설명으로 가장 적절하지 않은 것은?(다툼
이 있는 경우 판례에 의함)
18. 순경 1차

① 사법경찰관이 작성한 피의자신문조서는 적법한 절차와 방식에 따라 작성된 것으로서 공
판준비 또는 공판기일에 그 피의자였던 피고인 또는 변호인이 그 내용을 인정할 때에
한하여 증거로 할 수 있다.

② 피의자의 진술을 녹취 내지 기재한 서류 또는 문서가 수사기관에서의 조사 과정에서 작성된
것이지만 그것이 진술서라는 형식을 취하였다면 피의자신문조서와 달리 보아야 한다.

③ 당해 피고인과 공범관계가 있는 다른 피의자에 대한 사법경찰관 작성 피의자신문조서에
대하여는 사망 등 사유로 인하여 법정에서 진술할 수 없는 때에 예외적으로 증거능력을
인정하는 규정인 형사소송법 제314조가 적용되지 아니한다.

④ 형사소송법 제312조 제3항은 사법경찰관이 작성한 당해 피고인에 대한 피의자신문조서
를 유죄의 증거로 하는 경우뿐만 아니라 사법경찰관이 작성한 당해 피고인과 공범관계에
있는 다른 피고인이나 피의자에 대한 피의자신문조서를 당해 피고인에 대한 유죄의 증거
로 채택할 경우에도 적용된다.

해설＼ ① 제312조 제3항
② 피의자의 진술을 녹취 내지 기재한 서류 또는 문서가 수사기관에서의 조사 과정에서 작성된 것이라면
그것이 진술서, 진술조서, 자술서라는 형식을 취하였더라도 피의자신문조서와 달리 볼 수는 없다(대판
2009.8.20, 2008도8213).
③ 대판 2004.7.15, 2003도7185 전원합의체
④ 대판 2009.7.9, 2009도2865

04 사법경찰관 작성 피의자신문조서의 증거능력에 대한 설명 중 가장 적절하지 않은 것은?(다툼이
있는 경우 판례에 의함)
20. 순경 1차

① 검사 이외의 수사기관이 작성한 피의자신문조서는 적법한 절차와 방식에 따라 작성된
것으로서 공판준비 또는 공판기일에 그 피의자였던 피고인 또는 변호인이 그 내용을 인
정할 때에 한하여 증거로 할 수 있다.

Answer　03. ② 04. ③

② 피고인이 제1심 제4회 공판기일부터 공소사실을 일관되게 부인하여 경찰 작성 피의자신 문조서의 진술 내용을 인정하지 않는 경우, 제1심 제4회 공판기일에 피고인이 그 서증의 내용을 인정한 것으로 공판조서에 기재된 것은 착오 기재 등으로 보아 피의자 신문조서 의 증거능력을 부정하여야 한다.

③ 사법경찰관이 피의자에게 진술거부권을 행사할 수 있음을 알려주고 그 행사 여부를 질문 하였다면, 비록 형사소송법 제244조의 3 제2항에 규정된 방식에 위반하여 진술거부권 행 사 여부에 대한 피의자의 답변이 자필로 기재되어 있지 않더라도 사법경찰관 작성의 피 의자신문조서는 특별한 사정이 없는 한 그 증거능력을 인정할 수 있다.

④ 당해 피고인과 공범관계에 있는 공동피고인에 대하여 검사 이외의 수사기관이 작성한 피의자신문조서는 그 공동피고인의 법정진술에 의하여 성립의 진정이 인정되더라도 당 해 피고인이 공판기일에서 그 조서의 내용을 부인하면 증거능력이 부정된다.

해설\ ① 제312조 제3항
② 대판 2001.9.28, 2001도3997
③ 비록 사법경찰관이 피의자에게 진술거부권을 행사할 수 있음을 알려 주고 그 행사 여부를 질문하였다 하더라도, 형사소송법 제244조의 3 제2항에 규정한 방식에 위반하여 진술거부권 행사 여부에 대한 피의자의 답변이 자필로 기재되어 있지 아니하거나 그 답변 부분에 피의자의 기명날인 또는 서명이 되어 있지 아니한 사법경찰관 작성의 피의자신문조서는 특별한 사정이 없는 한 형사소송법 제312조 제3항에서 정한 '적법한 절차와 방식'에 따라 작성된 조서라 할 수 없으므로 그 증거능력을 인정할 수 없다(대판 2013.3.28, 2010도3359).
④ 대판 2009.10.15, 2009도1889

05 사법경찰관이 작성한 조서의 증거능력에 관한 설명으로 가장 적절한 것은?(다툼이 있는 경우 판 례에 의함)   21. 순경 2차

① 검사 이외의 수사기관이 작성한 피의자신문조서의 증거능력에 관한 형사소송법 제312조 제3항은 당해 사건에서 작성한 피의자 신문조서뿐만 아니라 별개 사건에서 작성한 피의자 신문조서에 대해서도 적용되므로, 피의자였던 피고인이 별개 사건에서 작성된 피의자신문 조서의 내용을 부인하는 이상 그 조서는 당해 사건에 대한 유죄의 증거로 할 수 없다.

② 형사소송법 제312조 제3항은 검사 이외의 수사기관이 작성한 당해 피고인 甲에 대한 피 의자신문조서를 유죄의 증거로 하는 경우에만 적용되고 甲과 공범관계에 있는 다른 피의 자 乙에 대한 피의자신문조서에는 적용되지 않으므로, 乙에 대한 사법경찰관 작성의 피 의자신문조서는 甲이 공판기일에서 그 조서의 내용을 부인하더라도 乙의 법정진술에 의 하여 그 성립의 진정이 인정되면 증거로 할 수 있다.

③ 사법경찰관이 피의자 아닌 자의 진술을 기재한 조서를 작성함에 있어서 진술자의 성명을 가명으로 기재하였다면 그 이유만으로도 그 조서는 적법한 절차와 방식에 따라 작성되었

Answer 05. ①

다고 할 수 없고, 공판기일에 원진술자가 출석하여 자신의 진술을 기재한 조서임을 확인함과 아울러 그 조서의 실질적 진정성립을 인정하고 나아가 그에 대한 반대신문이 이루어졌다고 하더라도 그 증거능력이 인정되지 않는다.

④ 사법경찰관이 피의자를 조사하는 경우와는 달리 피의자가 아닌 자를 조사하는 경우에는 조사과정의 진행경과를 확인하기 위하여 필요한 사항을 조서에 기록하거나 별도의 서면에 기록한 후 수사기록에 편철할 것을 요하지 않으므로, 사법경찰관이 그 조사과정을 기록하지 아니하였더라도 다른 특별한 사정이 없는 한 피의자 아닌 자가 조사과정에서 작성한 진술서는 증거로 할 수 있다.

해설\ ① 대판 1995.3.24, 94도2287

② 형사소송법 제312조 제3항은 검사 이외의 수사기관이 작성한 당해 피고인 甲에 대한 피의자신문조서를 유죄의 증거로 하는 경우뿐만 아니라, 甲과 공범관계에 있는 다른 피의자 乙에 대한 피의자신문조서에도 적용된다. 따라서 乙에 대한 사법경찰관 작성의 피의자신문조서는 당해 피고인 甲이 공판기일에서 그 조서의 내용을 부인하면 이를 유죄의 증거로 사용할 수 없다(대판 2009.7.9, 2009도2865).

③ 형사소송법은 조서에 진술자의 실명 등 인적 사항을 확인하여 이를 그대로 밝혀 기재할 것을 요구하는 규정을 따로 두고 있지는 아니하다. 따라서 특정범죄신고자 등 보호법 등에서처럼 명시적으로 진술자의 인적 사항의 전부 또는 일부의 기재를 생략할 수 있도록 한 경우가 아니라 하더라도, 진술자와 피고인의 관계, 범죄의 종류, 진술자 보호의 필요성 등 여러 사정으로 볼 때 상당한 이유가 있는 경우에는 수사기관이 진술자의 성명을 가명으로 기재하여 조서를 작성하였다고 해서 그 이유만으로 그 조서가 '적법한 절차와 방식'에 따라 작성되지 않았다고 할 것은 아니다. 그러한 조서라도 공판기일 등에 원진술자가 출석하여 자신의 진술을 기재한 조서임을 확인함과 아울러 그 조서의 실질적 진정성립을 인정하고 나아가 그에 대한 반대신문이 이루어지는 등 형사소송법 제312조 제4항에서 규정한 조서의 증거능력 인정에 관한 다른 요건이 모두 갖추어진 이상 그 증거능력을 부정할 것은 아니라고 할 것이다(대판 2012.5.24, 2011도7757).

④ 피고인이 아닌 자가 수사과정에서 진술서를 작성하였지만 수사기관이 그에 대한 조사과정을 기록하지 아니하여 형사소송법 제244조의 4 제3항, 제1항에서 정한 절차를 위반한 경우에는, 특별한 사정이 없는 한 '적법한 절차와 방식'에 따라 수사과정에서 진술서가 작성되었다 할 수 없으므로 증거능력을 인정할 수 없다(대판 2015.4.23, 2013도3790).

06 다음 중 전문법칙에 관한 설명으로 가장 옳지 않은 것은?(다툼이 있는 경우 판례에 의함)

20. 해경

① 형사소송법 제312조 제3항은 검사 이외의 수사기관이 작성한 당해 피고인에 대한 피의자신문조서를 유죄의 증거로 하는 경우 뿐만 아니라 검사 이외의 수사기관이 작성한 당해 피고인과 공범관계에 있는 다른 피고인이나 피의자에 대한 피의자신문조서를 당해 피고인에 대한 유죄의 증거로 채택할 경우에도 적용된다.

② 공판준비 또는 공판기일에 피고인이나 피고인 아닌 자의 진술을 기재한 조서와 법원 또는 법관의 검증의 결과를 기재한 조서는 증거로 할 수 있다.

Answer 06. ③

③ 검사 이외의 수사기관이 작성한 피의자신문조서는 적법한 절차와 방식에 따라 작성된 것으로서 공판준비 또는 공판기일에 그 피의자였던 피고인 또는 변호인이 그 성립의 진정함을 증명한 때에 한하여 증거로 할 수 있다.

④ 사법경찰관이 수사의 경위 및 결과를 내부적으로 보고하기 위하여 수사보고서를 작성하면서 그 수사보고서에 검증의 결과와 관련한 기재를 하였더라도 그 수사보고서를 두고 형사소송법 제312조 제6항이 규정하고 있는 '검사 또는 사법경찰관이 검증의 결과를 기재한 조서'라고 할 수는 없다.

해설\ ① 대판 20009.7.9, 2009도2865

② 제311조

③ 검사 이외의 수사기관이 작성한 피의자신문조서는 적법한 절차와 방식에 따라 작성된 것으로서 공판준비 또는 공판기일에 그 피의자였던 피고인 또는 변호인이 그 내용을 인정할 때에 한하여 증거로 할 수 있다(제312조 제3항).

④ 대판 2001.5.29, 2000도2933

07 전문법칙 예외요건에 대한 설명으로 가장 적절하지 않은 것은?(다툼이 있는 경우 판례에 의함)
18. 순경 2차

① 피고인 甲이 공판정에서 공동피고인인 공범 乙에 대한 사법경찰관 작성 피의자신문조서의 내용을 부인하면 乙이 법정에서 그 조서의 내용을 인정하더라도 그 조서를 피고인 甲의 공소사실에 대한 증거로 사용할 수 없다.

② 참고인과의 전화대화 내용을 문답형식으로 기재한 사법경찰리 작성의 수사보고서는 진술자의 서명 또는 날인이 없으므로 형사소송법 제313조의 진술기재서류가 아니지만, 피고인이 증거로 함에 동의한 경우에는 증거로 사용할 수 있다.

③ 형사소송법 제314조에 규정된 '특히 신빙할 수 있는 상태'란 그 진술내용이나 조서의 작성에 허위개입의 여지가 거의 없고, 그 진술내용의 신용성이나 임의성을 담보할 구체적이고 외부적인 정황이 있는 경우를 말하며, 검사가 자유로운 증명을 통하여 증명하여야 한다.

④ 검사 또는 사법경찰관이 검증의 결과를 기재한 조서는 적법한 절차와 방식에 따라 작성된 것으로서 공판준비 또는 공판기일에서의 원진술자의 진술에 따라 그 성립의 진정함이 증명된 때에는 증거로 할 수 있다.

해설\ ① 대판 2015.10.29, 2014도5939

② 대판 1999.2.26, 98도2742 ▶ 피고인이 증거로 함에 동의한 경우에는 증거로 사용할 수 있는지에 대한 언급은 없어 애매한 점은 있으나 상대적으로 옳은 지문으로 처리한다.

③ 대판 2012.7.26, 2012도2937

④ 원진술자가 아니라 작성자의 진술에 따라 그 성립의 진정함이 증명된 때에는 증거로 할 수 있다(제312조 제6항).

Answer 07. ④

08 전문진술의 증거능력에 관한 설명 중 가장 적절하지 않은 것은?(다툼이 있으면 판례에 의함)

① 형사소송법은 전문진술에 대하여 제316조에서 실질상 단순한 전문의 형태를 취하는 경우에 한하여 예외적으로 그 증거능력을 인정하는 규정을 두고 있을 뿐, 재전문진술이나 재전문 진술을 기재한 조서에 대하여는 달리 그 증거능력을 인정하는 규정을 두고 있지 아니하고 있으므로, 피고인이 증거로 하는 데 동의하지 아니하는 한 이를 증거로 할 수 없다.

② 피고인 아닌 자의 공판준비 또는 공판기일에서의 진술이 피고인 아닌 타인의 진술을 그 내용으로 하는 것인 때에는 원진술자가 사망, 질병 기타 사유로 인하여 진술할 수 없고 그 진술이 특히 신빙할 수 있는 상태하에서 행하여진 때에 한하여 이를 증거로 할 수 있는데, 여기서 말하는 피고인 아닌 자에는 공동피고인이나 공범자는 포함되지 아니한다.

③ 형사소송법 제316조에 규정된 '그 진술이 특히 신빙할 수 있는 상태하에서 행하여진 때' 라 함은 그 진술을 하였다는 것에 허위개입의 여지가 거의 없고, 그 진술 내용의 신빙성 이나 임의성을 담보할 구체적이고 외부적인 정황이 있는 경우이어야만 한다.

④ 전문의 진술을 증거로 함에 있어서는 전문진술자가 원진술자로부터 진술을 들을 당시 원진술자가 증언능력에 준하는 능력을 갖춘 상태에 있어야 할 것이다.

해설＼ ① 대판 2000.3.10, 2000도159
② 제3자는 물론이고, 공동피고인이나 공범자도 포함한다(대판 2007.2.23, 2004도8654).
③ 대판 1999.11.26, 99도3786
④ 대판 2006.4.14, 2005도9561

09 형사소송법 제315조에 의해서 당연히 증거능력이 인정되는 것으로 가장 적절하지 않은 것은?
(다툼이 있는 경우 판례에 의함)

① 미국 연방수사국(FBI)의 수사관이 작성한 수사보고서

② 성매매업소에서 영업에 참고하기 위하여 성매매상대방에 관한 정보를 입력하여 작성한 메모리카드의 내용

③ 구속적부심사절차에서 피의자를 심문하고 그 진술을 기재한 구속적부심문조서

④ 다른 피고인에 대한 형사사건의 공판조서

해설＼ ① 미국 연방수사국(FBI)의 수사관이 작성한 수사보고서는 제312조 제3항에 의하여 피고인 또는 변호 인이 내용을 인정할 때에 한하여 증거능력이 인정된다(대판 2006.1.13, 2003도6548).
②(대판 2007.7.26, 2007도3219) ③(대판 2004.1.16, 2003도5693) ④(대판 2005.4.28, 2004도4428) 모 두 당연히 증거능력이 있다.

Answer 08. ② 09. ①

10 다음 〈보기〉 중 형사소송법 제315조에 의해서 당연히 증거능력이 인정되는 것은 모두 몇 개인 가?(다툼이 있으면 판례에 의함)   21. 해경 1차

㉠ 검사의 공소장	㉡ 인감증명	㉢ 전과조회회보
㉣ 주민들의 진정서사본	㉤ 상업장부	㉥ 민사판결문사본
㉦ 항해일지	㉧ 육군과학수사연구소 실험분석관이 작성한 감정서	

① 3개   ② 4개   ③ 5개   ④ 6개

해설\ ㉡㉢㉤㉥㉦의 서류가 당연히 증거능력이 인정된다.

11 증거에 관한 설명으로 가장 적절하지 않은 것은?(다툼이 있는 경우 판례에 의함)   21. 순경 2차

① 공연히 사실을 적시하여 사람의 명예를 훼손한 행위가 형법 제310조의 규정에 따라서 위법성이 조각되기 위하여는 그것이 진실한 사실로서 오로지 공공의 이익에 관한 때에 해당된다는 점을 행위자가 증명하여야 하나, 그 증명은 엄격한 증거에 의할 것을 요하지 아니하므로 전문증거의 증거능력에 관한 형사소송법 제310조의 2는 적용될 여지가 없다.

② 정보통신망을 통하여 공포심이나 불안감을 유발하는 글을 반복적으로 상대방에게 도달 하게 하는 행위를 하였다는 공소사실에 대하여 휴대전화기에 저장된 문자정보가 그 증거 가 되는 경우, 그 문자정보는 범행의 직접적인 수단이고 경험자의 진술에 갈음하는 대체 물에 해당하지 않으므로 형사소송법 제310조의 2에서 정한 전문법칙이 적용되지 않는다.

③ 영장 발부의 사유로 된 범죄 혐의사실과 무관한 별개의 증거를 압수하였을 경우 이는 원칙적으로 유죄의 증거로 사용할 수 없으나, 수사기관이 그 증거를 피압수자에게 환부한 후에 임의제출받아 다시 압수하였다면 최초의 절차 위반행위와 최종적인 증거수집 사이 의 인과관계가 단절되었다고 평가할 수 있고, 제출에 임의성이 있다는 점을 검사가 합리적 의심을 배제할 수 있을 정도로 증명한 경우에는 증거능력을 인정할 수 있다.

④ 피고인의 수사기관에서나 제1심 법정에서의 자백이 항소심에서의 법정진술과 다른 경우 그 자백의 증명력 내지 신빙성이 의심스럽다고 할 것이고, 같은 사람의 검찰에서의 진술 과 법정에서의 증언이 다를 경우 검찰에서의 진술을 믿고서 범죄사실을 인정하는 것은 자유심증주의의 한계를 벗어나는 것이다.

해설\ ① 대판 1996.10.25, 95도1473 ② 대판 2008.11.13, 2006도2556
③ 대판 2016.3.10, 2013도11233(다만, 임의로 제출된 것이라고 볼 수 없는 경우에는 그 증거능력을 인정할 수 없다.) ④ 증거의 취사와 사실인정은 채증법칙에 위반되지 아니하면 사실심의 전권사항에 속하는 것이고 같은 사람의 검찰에서의 진술과 법정에서의 증언이 다를 경우 반드시 후자를 믿어야 된다는 법칙은 없다고 할 것이므로 같은 사람의 법정에서의 증언과 다른 검찰에서의 진술을 믿고서 범죄사실을 인정하더라도 그것 이 위법하게 진술된 것이 아닌 이상 자유심증에 속한다(대판 1988.6.28, 88도740).

Answer   10. ③   11. ④

12 사진 및 영상녹화물의 증거능력에 대한 설명으로 가장 적절하지 않은 것은?(다툼이 있는 경우 판례에 의함)

① 성폭력범죄의 처벌 등에 관한 특례법 제30조에 의하면 성폭력범죄의 피해자가 19세 미만인 경우 피해자의 진술내용과 조사과정을 영상녹화하여야 하는데, 해당 영상물에 수록된 피해자의 진술은 공판준비기일 또는 공판기일에 피해자의 진술에 의하여 성립의 진정이 증명되면 증거능력이 인정된다.

② 사법경찰관이 작성한 검증조서에 피의자이던 피고인이 검사 이외의 수사기관 앞에서 자백한 범행내용을 현장에 따라 진술·재연한 내용이 기재되고 그 재연 과정을 촬영한 사진이 첨부되어 있다면, 그러한 사진은 피고인이 공판정에서 그 진술내용 및 범행재연의 상황을 모두 부인하는 이상 증거능력이 없다.

③ 정보통신망 이용촉진 및 정보보호 등에 관한 법률에 의하면 정보통신망을 통하여 공포심을 유발하는 글을 반복적으로 상대방에게 도달케 하는 행위를 처벌하고 있는데, 검사가 위 죄에 대한 증거로 휴대전화기에 저장된 문자정보를 촬영한 사진을 법원에 제출한 경우, 해당 증거에 대해서는 피고인이 성립 및 내용의 진정을 부인하면 증거능력이 부정된다.

④ 검사가 피의자와 그 사건에 관하여 대화하는 내용과 장면을 녹화한 비디오테이프에 대한 법원의 검증조서는 이러한 비디오테이프의 녹화내용이 피의자의 진술을 기재한 피의자신문조서와 실질적으로 같다고 볼 것이므로 피의자신문조서에 준하여 그 증거능력을 가려야 한다.

해설\ ① 촬영한 영상물에 수록된 피해자의 진술은 공판준비기일 또는 공판기일에 피해자나 조사과정에 동석하였던 신뢰관계에 있는 사람 또는 진술조력인의 진술에 의하여 그 성립의 진정함이 인정된 경우에 증거로 할 수 있다(성폭력범죄의 처벌 등에 관한 특례법 제30조 제6항).
② 대판 2006.1.13, 2003도6548
③ 정보통신망을 통하여 공포심이나 불안감을 유발하는 글을 반복적으로 상대방에게 도달하게 하는 행위를 하였다는 공소사실에 대하여 휴대전화기에 저장된 문자정보가 그 증거가 되는 경우와 같이, 그 문자정보가 범행의 직접적인 수단이 될 뿐 경험자의 진술에 갈음하는 대체물에 해당하지 않는 경우에는 형사소송법 제310조의 2에서 정한 전문법칙이 적용될 여지가 없다(대판 2008.11.13, 2006도2556).
④ 대판 1992.6.23, 92도682〔개정법령으로 의미를 상실한 판례이다. 현행법에 의할 때 수사기관 촬영의 영상녹화물은 조서의 진정성립의 증명(제312조 제2항·제4항·제5항)과 기억환기용(제318조의 2 제2항)으로 사용될뿐 피의자신문조서나 참고인진술조서 등으로 대체하는 것은 허용되지 아니하기 때문이다.〕

Answer 12. ③

13 사인이 동의를 받고 피해자와 피고인이 아닌 자 간의 대화내용을 촬영한 비디오테이프의 증거능력에 대한 설명으로 가장 적절한 것은?(다툼이 있는 경우 판례에 의함)   18. 순경 2차

① 수사기관이 아닌 사인이 피고인 아닌 사람들 간의 대화내용을 촬영한 비디오테이프는 수사과정에서 피고인이 아닌 자가 작성한 진술서에 관한 규정이 준용된다.

② 피고인이 비디오테이프를 증거로 함에 동의하지 아니하는 이상, 그 진술부분에 대하여 증거능력을 부여하기 위해서는 비디오테이프가 원본이어야만 한다.

③ 비디오테이프는 공판준비나 공판기일에서 작성자인 촬영자의 진술에 의하여 그 비디오테이프에 녹음된 진술내용이 진술한 대로 녹음된 것이라는 점이 인정되어야 성립의 진정을 인정할 수 있다.

④ 비디오테이프의 내용에 인위적인 조작이 가해지지 않은 것을 전제로, 원진술자가 비디오테이프의 시청을 마친 후 피촬영자인 자신의 모습과 음성을 확인하고 자신과 동일인이라고 진술한 것은 비디오테이프에 녹음된 진술내용이 자신이 진술한 대로 녹음된 것이라는 취지의 진술을 한 것으로 보아야 한다.

해설 ① 수사기관이 아닌 사인이 피고인 아닌 사람들 간의 대화내용을 촬영한 비디오테이프는 수사과정에서 피고인이 아닌 자가 작성한 진술서에 관한 규정이 준용되는 것이 아니라 제311조, 제312조 규정 이외에 피고인 아닌 자의 진술을 기재한 서류와 다를 바 없다(대판 2004.9.13, 2004도3161).
② 피고인이 비디오테이프를 증거로 함에 동의하지 아니하는 이상, 그 진술부분에 대하여 증거능력을 부여하기 위해서는 비디오테이프가 원본이거나, 원본의 내용을 그대로 복사한 사본이어야 한다(대판 2004.9.13, 2004도3161).
③ 제313조 제1항에 따라 원진술자의 진술에 의하여 그 비디오테이프에 녹음된 진술내용이 진술한 대로 녹음된 것이라는 점이 인정되어야 한다(대판 2004.9.13, 2004도3161).
④ 대판 2004.9.13, 2004도3161

14 증거능력에 대한 다음 설명(㉠~㉣) 중 옳고 그름이 표시(○, ×)가 바르게 된 것은?(다툼이 있는 경우 판례에 의함)   20. 순경 1차

> ㉠ 대화 내용을 녹음한 파일 등의 전자매체는 성질상 작성자나 진술자의 서명 혹은 날인이 없을 뿐만 아니라, 녹음자의 의도나 특정한 기술에 의하여 내용이 편집·조작될 위험성이 있음을 고려하여 대화 내용을 녹음한 원본이거나 혹은 원본으로부터 복사한 사본일 경우에는 복사과정에서 편집되는 등 인위적 개작 없이 원본의 내용 그대로 복사된 사본임이 입증되어야만 하고, 그러한 입증이 없는 경우에는 쉽게 그 증거능력을 인정할 수 없다.
> ㉡ 수사기관이 참고인을 조사하는 과정에서 형사소송법 제221조 제1항에 따라 작성한 영상녹화물은 다른 법률에서 달리 규정하고 있는 등의 특별한 사정이 없는 한, 공소사실을 직접 증명할 수 있는 독립적인 증거로 사용될 수 있다고 해석함이 타당하다.

Answer   13. ④   14. ②

ⓒ 정보통신망을 통하여 공포심이나 불안감을 유발하는 글을 반복적으로 상대방에게 도달하게 하는 행위를 하였다는 공소사실에 대하여 휴대전화기에 저장된 문자정보가 그 증거가 되는 경우 형사소송법 제310조의 2에서 정한 전문법칙이 적용되지 않는다.

ⓓ 수사기관이 甲으로부터 피고인의 마약류관리에 관한 법률위반(향정) 범행에 대한 진술을 듣고 추가적인 증거를 확보할 목적으로, 구속수감되어 있던 甲에게 그의 압수된 휴대전화를 제공하여 피고인과 통화하고 위 범행에 관한 통화 내용을 녹음하게 하여 작성된 녹취록 첨부 수사보고는 피고인이 동의하는 한 증거능력이 있다.

① ㉠(○), ㉡(×), ㉢(×), ㉣(○)

② ㉠(○), ㉡(×), ㉢(○), ㉣(×)

③ ㉠(×), ㉡(○), ㉢(○), ㉣(○)

④ ㉠(○), ㉡(×), ㉢(×), ㉣(×)

해설 ㉠ ○ : 대판 2012.9.13, 2012도7461

㉡ × : 수사기관이 참고인을 조사하는 과정에서 형사소송법 제221조 제1항에 따라 작성한 영상녹화물은, 다른 법률에서 달리 규정하고 있는 등의 특별한 사정이 없는 한, 공소사실을 직접 증명할 수 있는 독립적인 증거로 사용될 수는 없다고 해석함이 타당하다(대판 2014.7.10, 2012도5041).

㉢ ○ : 대판 2008.11.13, 2006도2556

㉣ × : 수사기관이 甲으로부터 피고인의 마약류관리에 관한 법률 위반 범행에 대한 진술을 듣고 추가적인 증거를 확보할 목적으로, 구속수감되어 있던 甲에게 그의 압수된 휴대전화를 제공하여 피고인과 통화하고 위 범행에 관한 통화 내용을 녹음하게 한 행위는 불법감청에 해당하므로, 그 녹음 자체는 물론 이를 근거로 작성된 녹취록 첨부 수사보고는 피고인의 증거동의에 상관없이 그 증거능력이 없다(대판 2010.10.14, 2010도9016).

15 전문증거에 대한 다음 설명으로 가장 적절하지 않은 것은?(다툼이 있는 경우 판례에 의함)

19. 순경 1차

① 전문진술이 기재된 조서로서 재전문서류는 형사소송법 제312조 또는 제314조의 전문서류의 증거능력 인정요건을 갖추어야 함은 물론 나아가 형사소송법 제316조 제2항의 전문진술의 증거능력 인정요건을 모두 갖추어야 증거능력이 인정된다.

② 디지털 저장매체에 저장된 로그파일의 원본이 아니라 그 복사본의 일부내용을 요약·정리하는 방식으로 새로운 문서파일이 작성된 경우에 피고인이 증거사용에 동의하지 않은 상황에서 새로운 문서파일에 대해 진술증거로서 증거능력을 인정하기 위해서는 로그파일 원본과의 동일성이 인정되는 외에 전문법칙에 따라 작성자 또는 진술자의 진술에 의해 성립의 진정이 증명되어야 한다.

③ 구속적부심문조서는 법원 또는 법관의 면전에서 작성된 조서로서 법원 또는 법관의 검증의 결과를 기재한 조서이므로 형사소송법 제311조에 따라 당연히 증거능력이 인정된다.

Answer 15. ③

④ 대한민국 법원의 형사사법공조요청에 따라 미합중국 법원의 지명을 받은 수명자(미합중국 검사)가 작성한 피해자 및 공범에 대한 증언녹취서(deposition)는 이를 형사소송법 제315조 소정의 당연히 증거능력이 인정되는 서류로 볼 수 없다.

해설\ ① 대판 2001.7.27, 2001도2891 ② 대판 2007.12.13, 2007도7257
③ 구속적부심문조서는 형사소송법 제311조가 규정한 문서에는 해당하지 않는다 할 것이나, 특히 신용할 만한 정황에 의하여 작성된 문서라고 할 것이므로 특별한 사정이 없는 한, 피고인이 증거로 함에 부동의하더라도 형사소송법 제315조 제3호에 의하여 당연히 그 증거능력이 인정된다(대판 2004.1.16, 2003도5693).
④ 대판 1997.7.25, 97도1351

16 전문법칙에 대한 설명으로 적절한 것만을 고르면 모두 몇 개인가?(다툼이 있는 경우 판례에 의함)

> ㉠ 다른 사람의 진술을 내용으로 하는 진술이 전문증거인지는 요증사실이 무엇인지에 따라 정해지는 바, 다른 사람의 진술, 즉 원진술의 내용인 사실이 요증사실인 경우에는 전문증거이지만 원진술의 존재 자체가 요증사실인 경우에는 본래증거이지 전문증거가 아니다.
> ㉡ 어떤 진술이 기재된 서류가 어떠한 내용의 진술을 하였다는 사실 자체에 대한 정황증거로 사용될 것이라는 이유로 서류의 증거능력을 인정한 다음 그 사실을 다시 진술 내용이나 그 진실성을 증명하는 간접사실로 사용하는 경우에 그 서류는 전문증거에 해당한다.
> ㉢ 甲이 乙로부터 들은 피고인 A의 진술내용을 수사기관이 진술조서에 기재하여 증거로 제출하였다면, 그 진술조서 중 피고인 A의 진술을 기재한 부분은 乙이 증거로 하는 데 동의하지 않는 한 형사소송법 제310조의 2의 규정에 의하여 이를 증거로 할 수 없다.
> ㉣ 형사소송법 제312조부터 제316조까지의 규정에 따라 증거로 할 수 없는 서류나 진술이라도 공판준비 또는 공판기일에서의 피고인 또는 피고인 아닌 자의 진술의 증명력을 다투기 위하여 증거로 할 수 있다.

① 1개   ② 2개   ③ 3개   ④ 4개

해설\ ㉠ ○ : 대판 2012.7.26.2012도2937
㉡ ○ : 어떤 진술이 기재된 서류가 그 내용의 진실성이 범죄사실에 대한 직접증거로 사용될 때는 전문증거가 되지만, 그와 같은 진술을 하였다는 것 자체 또는 진술의 진실성과 관계없는 간접사실에 대한 정황증거로 사용될 때는 반드시 전문증거가 되는 것이 아니다. 그러나 어떠한 내용의 진술을 하였다는 사실 자체에 대한 정황증거로 사용될 것이라는 이유로 서류의 증거능력을 인정한 다음 그 사실을 다시 진술 내용이나 그 진실성을 증명하는 간접사실로 사용하는 경우에 그 서류는 전문증거에 해당한다. 서류가 그곳에 기재된 원진술의 내용인 사실을 증명하는 데 사용되어 원진술의 내용인 사실이 요증사실이 되기 때문이다. 이러한 경우 형사소송법 제311조부터 제316조까지 정한 요건을 충족하지 못한다면 증거능력이 없다(대판 2019.8.29, 2018도14303 전원합의체).
㉢ × : 재전문진술을 기재한 조서이므로 피고인 A가 증거로 함에 동의하지 아니하는 한 증거로 할 수 없다(대판 2010.3.10, 2000도159).
㉣ ○ : 제318조의 2

Answer 16. ③

17 증거동의에 대한 설명으로 가장 적절하지 않은 것은?(다툼이 있는 경우 판례에 의함) 17. 순경 2차

① 필요적 변호사건이라 하여도 피고인이 재판거부의 의사를 표시하고 재판장의 허가 없이 퇴정하고 변호인마저 이에 동조하여 퇴정해 버렸다면, 법원은 피고인이나 변호인의 재정 없이도 심리·판결할 수 있고 이 경우 피고인의 진의와는 관계없이 증거동의가 있는 것 으로 간주된다.

② 개개의 증거에 대하여 개별적인 증거조사방식을 거치지 아니하고 검사가 제시한 모든 증거에 대하여 피고인이 증거로 함에 동의한다는 방식의 증거동의도 효력이 있다.

③ 약식명령에 불복하여 정식재판을 청구한 피고인이 정식재판 절차의 제1심에서 2회 불출 정하여 형사소송법 제318조 제2항에 따른 증거동의가 간주된 후 증거조사를 완료하였더 라도 피고인이 항소심에 출석하여 간주된 증거동의를 철회 또는 취소한다는 의사표시를 하면 제1심에서 부여된 증거의 증거능력은 상실된다.

④ 피고인이 신청한 증인의 증언이 피고인 아닌 타인의 진술을 그 내용으로 하는 전문진술 이라고 하더라도 피고인이 그 증언에 대하여 별 의견이 없다고 진술하였다면 그 증언을 증거로 함에 동의한 것으로 볼 수 있으므로 이는 증거능력이 있다.

해설\ ① 대판 1991.6.28, 91도865 ② 대판 1983.3.8, 82도2873
③ 약식명령에 불복하여 정식재판을 청구한 피고인이 정식재판 절차의 제1심에서 2회 불출정하여 증거동의가 간주된 후 증거조사를 완료한 이상, 피고인이 항소심에 출석하여 간주된 증거동의를 철회 또는 취소한다는 의사표시를 하더라도 제1심에서 부여된 증거의 증거능력은 상실된 것이 아니다(대판 2010.7.15, 2007도5776).
④ 대판 1983.9.27, 83도516

18 증거동의에 대한 설명으로 가장 적절하지 않은 것은?(다툼이 있으면 판례에 의함) 18. 순경 3차

① 검사와 피고인이 증거로 할 수 있음을 동의한 서류 또는 물건은 진정한 것으로 인정한 때에는 증거로 할 수 있다.

② 일단 증거조사가 완료된 뒤에는 취소 또는 철회가 인정되지 아니하므로 취소 또는 철회 전에 이미 취득한 증거능력은 상실되지 아니한다.

③ 피고인이 증거로 함에 동의하지 아니한다고 명시적인 의사표시를 한 경우 이외에는 변호 인도 증거로 함에 동의할 수 있다.

④ 개개의 증거에 대하여 개별적인 증거조사방식을 거치지 아니하고 검사가 제시한 모든 증거에 대하여 피고인이 증거로 함에 동의한다는 방식은 증거동의로서의 효력이 없다.

해설\ ① 제318조 제1항 ② 대판 2015.8.27, 2015도3467 ③ 대판 2005.4.28, 2004도4428
④ 개개의 증거에 대하여 개별적인 증거조사방식을 거치지 아니하고 검사가 제시한 모든 증거에 대하여 피고인이 증거로 함에 동의한다는 방식으로 이루어진 것이라 하여도 증거동의로서의 효력을 부정할 이유가 되지 못한다(대판 1983.3.8, 82도2873).

Answer　17. ③　18. ④

19 증거동의에 관한 설명으로 옳은 것은 모두 몇 개인가?(다툼이 있는 경우 판례에 의함)

21. 순경 2차

> ⊙ 소유자, 소지자 또는 보관자가 아닌 자로부터 제출받은 물건을 영장 없이 압수한 경우 그 압수물 및 압수물을 찍은 사진은 유죄의 증거로 사용할 수 없고, 피고인이나 변호인이 이를 증거로 함에 동의하였다고 하더라도 달리 볼 것은 아니다.
>
> ⓛ 긴급체포현장에서 영장 없이 압수한 물건에 대하여 압수·수색 영장을 청구하여 이를 발부받지 아니하고도 즉시 반환하지 아니한 경우 그 압수물은 유죄의 증거로 사용할 수 없고, 피고인이나 변호인이 이를 증거로 함에 동의하였다고 하더라도 달리볼 것은 아니다.
>
> ⓒ 수사기관이 법원으로부터 영장 또는 감정처분허가장을 발부받지 아니한 채 피의자의 동의 없이 피의자의 신체로부터 혈액을 채취하고 사후적으로도 지체 없이 그에 대한 영장을 발부받지도 아니한 채 피의자의 혈액 중 알코올농도에 관한 감정이 이루어졌다면, 그 감정결과보고서는 영장주의 원칙을 위반하여 수집한 증거로서 피고인이나 변호인의 증거동의가 있다고 하더라도 유죄의 증거로 사용할 수 없다.
>
> ⓔ 수사기관이 마약사범 수사에 협조해 온 공소외인으로부터 피고인의 필로폰 판매 범행에 대한 진술을 들은 다음, 추가증거를 확보할 목적으로 필로폰투약 혐의로 구속수감되어 있는 공소외인에게 압수된 그의 휴대전화기를 제공하여 그로 하여금 피고인과 통화하고 범행에 관한 통화 내용을 몰래 녹음하게 한 행위는 불법감청에 해당하고, 그 녹취내용은 피고인의 증거동의에 상관없이 증거능력이 없다.

① 1개 ② 2개 ③ 3개 ④ 4개

해설\ 모든 항목이 옳은 내용이다.
⊙ 대판 2010.1.28, 2009도10092
ⓛ 대판 2009.12.24, 2009도11401
ⓒ 대판 2012.11.15, 2011도15258
ⓔ 대판 2010.10.14, 2010도9016

Answer 19. ④

제6절 ┃ 탄핵증거

1 탄핵증거의 의의·성질

(1) 탄핵증거의 의의

① **개념** : 진술의 증명력을 다투기 위한 증거(진술의 증거가치를 깎아내리기 위한 증거)를 가리켜 탄핵증거라 한다. 10. 순경

형사소송법은 "증거로 할 수 없는 전문서류나 전문진술이라도 공판준비 또는 공판기일에서의 피고인 또는 피고인 아닌 자의 진술의 증명력을 다투기 위하여는 이를 증거로 할 수 있다."라고 규정하고 있다(제318조의 2). 여기서 전문법칙에 의하여 증거능력이 없는 전문증거라도 진술의 증명력을 다투기 위하여 탄핵증거로 사용할 수 있음을 밝히고 있다.

> 📖 **예** 甲이 乙을 권총으로 살해하였다는 살인피고사건에 대하여 증인 A가 공판정에서 "甲이 乙을 향하여 권총을 쏜 것을 보았다."고 증언한 경우에, "총소리를 듣고 달려가 보니 乙이 쓰러져 있었으며 범인은 보지 못하였다는 말을 그 사건 직후에 A로부터 들었다."는 증인 B의 전문증언은 원진술자인 A가 출석하고 있으므로, 즉 필요성이 없으므로 제316조 제2항에 의해서 증거능력은 없으나 A의 증언의 증명력을 다투기 위한 증거로는 사용될 수 있는바, 이를 탄핵증거라 한다.

> 💬 **구별개념** : 진술의 증명력을 다투는 방법에는 탄핵증거 외에 반대신문과 반증이 있다.

탄핵증거	증거능력 없는 전문증거로서 증인뿐만 아니라 증인 이외의 자의 진술의 증명력을 다투기 위한 증거
반대신문	증언의 증명력을 다투기 위하여 구두로 법관 앞에서 행하여짐
반 증	진술증거의 증명력을 다투는 또다른 방법으로 반증이 있다. 반증은 본증(거증책임을 지는 자가 제출한 증거)에 대하여 반대되는 사실을 증명하는 방법으로서 본증의 경우와 마찬가지로 증거능력이 인정되는 증거방법을 사용하여 법률이 정하는 증거조사절차를 거쳐서 증명이 행해진다. 따라서 증거능력이 부인되는 전문증거를 수단으로 하는 탄핵증거와 구별된다. ▶ 그러나 판례는 유죄증거에 대한 반증은 성립의 진정이 증명되지 않거나 증거동의가 없어도 증거로 할 수 있다는 입장이다(대판 1981.12.22, 80도1547).

② **제도의 존재이유** : 탄핵증거는 범죄사실을 인정하는 데 사용되는 증거가 아니므로, 전문법칙의 취지에 어긋나지 않고 오히려 법관으로 하여금 일정한 증거의 가치를 다시 음미함으로써 법관의 합리적인 증명력 판단을 유도하는 역할을 한다(탄핵증거 ⇨ 영미법상 개념이다).

(2) 탄핵증거의 성질

① **탄핵증거와 전문법칙** : 탄핵증거가 전문법칙의 예외인가, 그 적용이 없는 경우인가에 관하여 대립되고 있으나, 전문법칙은 원진술자의 진술내용이 범죄사실의 존부를 증명하는 증거가 될 경우에만 적용되는 것이나, 탄핵증거는 범죄사실 등 주요사실의 존부를 증명하는 증거가 아니고, 진술의 증명력을 다투기 위한 증거이므로 전문법칙의 적용이 없는 경우라 해석하여야 한다(통설).

② **탄핵증거와 자유심증주의** : 탄핵증거에 의해 탄핵되는 증거의 증명력은 법관의 자유판단에 의하여 결정된다. 따라서 탄핵증거는 자유심증주의의 예외가 아니며 이를 보강하는 기능을 갖는다.

2 탄핵증거의 사용범위

탄핵증거로 사용할 수 있는 증거의 범위에 대하여 한정설(현재 진술자의 과거에 한 자기모순의 진술에 한정하는 견해), 비한정설(탄핵증거의 범위를 제한하지 아니하는 견해), 절충설(자기모순의 진술뿐만 아니라 진술자의 신빙성에 관한 사실, 즉 진술자의 성격, 이해관계, 전과사실, 평판 등을 입증하는 증거도 탄핵증거로 사용될 수 있다는 견해), 이원설(검사와 피고인이 제출할 수 있는 탄핵증거의 범위를 구별하는 견해) 등이 대립하고 있으나, 탄핵증거는 진술자의 신빙성을 다투는 증거이므로 자기모순의 진술이나 증인의 신빙성에 대한 보조사실을 증명하는 것이라면 무방하다 할 것이므로 절충설이 타당하다고 본다.

3 탄핵의 대상과 범위

(1) 대 상

제318조의 2는 탄핵의 대상으로 '공판준비 또는 공판기일에서의 피고인 또는 피고인 아닌 자의 진술'이라고 규정하고 있다. 여기서 피고인 아닌 자의 진술(예 증인의 증언)이 탄핵의 대상이 됨은 의문의 여지가 없으며 진술에는 진술 자체뿐 아니라 진술을 기재한 서면도 포함된다. 18. 수사경과 그러나 탄핵대상과 관련하여 다음 두 가지가 문제된다.

① **피고인 진술** : 피고인의 진술도 탄핵의 대상이 되는가에 대해서 대립이 있으나, 판례는 적극설을 취하고 있다.

🔍 관련판례

1. 사법경찰리 작성의 피고인에 대한 피의자신문조서와 피고인이 작성한 자술서들은 모두 검사가 유죄의 자료로 제출한 증거들로서 피고인이 각 그 내용을 부인하는 이상 증거능력이 없으나, 그러한 증거라 하더라도 그것이 임의로 작성된 것이 아니라고 의심할 만한 사정이 없는 한 피고인의 법정에서의 진술을 탄핵하기 위한 반대증거로 사용할 수 있다(대판 1998.2.27, 97도1770). 09. 7급 국가직, 09 · 11. 순경, 13. 9급 국가직, 15 · 18. 수사경과, 17 · 18. 변호사시험, 20. 9급 검찰 · 마약 · 교정 · 보호 · 철도경찰, 11 · 21. 경찰승진, 20 · 21. 순경 1차

2. 피고인이 내용을 부인하여 증거능력이 없는 사법경찰리 작성의 피의자신문조서에 대하여 비록 당초 증거제출 당시 탄핵증거라는 입증취지를 명시하지 아니하였지만 피고인의 법정 진술에 대한 탄핵증거로서의 증거조사절차가 대부분 이루어졌다고 볼 수 있는 점 등의 사정에 비추어 위 피의자신문조서를 피고인의 법정 진술에 대한 탄핵증거로 사용할 수 있다(대판 2005.8.19, 2005도2617). 11 · 15. 경찰승진, 15. 순경 3차, 18. 변호사시험, 21. 순경 1차

② **자기측 증인의 탄핵** : 자기측 증인의 증언에 대한 탄핵도 가능하다고 보는 견해가 지배적이다. 증인을 자신이 신청했다는 이유로 자신의 기대에 반하는 불리한 내용을 담은 증언을 탄핵할 수 없다는 것은 비합리적인 것이기 때문이다.

(2) 범 위

제318조의 2에서 "진술의 증명력을 다투기 위하여는 이를 증거로 할 수 있다."고 규정하고 있는데, '증명력을 다투기 위하여'란 증명력을 감쇄시키기 위한 경우를 의미하고, 처음부터 증명력을 지지·보강하는 경우를 의미하지 않는다. 따라서 범죄사실 또는 간접사실을 인정하는 증거로는 사용될 수 없다(대판 2012.10.25, 2011도5459). 09. 7급 국가직, 11. 순경 1차, 17. 변호사시험, 20. 9급 검찰·마약·교정·보호·철도경찰, 18·21. 수사경과, 19·21. 경찰승진, 21. 해경

> 🔎 **관련판례**
>
> 검사가 탄핵증거로 신청한 체포·구속인접견부 사본은 피고인의 부인진술을 탄핵한다는 것이므로 결국 검사에게 입증책임이 있는 공소사실 자체를 입증하기 위한 것에 불과하므로 형사소송법 제318조의 2 제1항의 피고인의 진술의 증명력을 다투기 위한 탄핵증거로 볼 수 없다(대판 2012.10.25, 2011도 5459). 20. 순경 1차, 21. 수사경과

4 탄핵증거의 자격

(1) 전문증거

탄핵증거로 사용될 수 있는 것은 증거능력이 인정되지 않는 전문증거이다. 이 전문증거에는 서류 및 진술이 포함된다(제318조의 2 제1항).

(2) 임의성 없는 자백

임의성이 없는 자백이나 진술은 탄핵증거로도 사용할 수 없다. 09. 순경, 11. 경찰승진

(3) 성립의 진정

진술자의 서명·날인이 없는 전문서류는 탄핵증거로 사용할 수 없다는 것이 다수설이나, 판례는 반대견해이다. 즉, 탄핵증거에 관하여 성립의 진정을 요구하지 않는다.

> 🔎 **관련판례**
>
> 진정성립이 인정되지 아니하고 이를 증거로 함에 상대방의 동의가 없었기는 하나, 그러한 증거라고 하더라도 유죄사실을 인정하는 증거로 사용하는 것이 아닌 이상 공소사실과 양립할 수 없는 사실을 인정하는 자료로 쓸 수 있다(대판 1994.11.11, 94도1159).

(4) 공판정에서 진술 이후의 자기모순 진술

증인의 공판정의 증언을 탄핵하기 위하여 증언 이후에 수사기관에서 작성한 진술조서를 제출하

는 것은 공판중심주의와 공정한 재판의 이념에 반하기 때문에 허용되지 않는다고 해석함이 타당하다. 10. 7급 국가직, 14. 순경 2차

(5) 영상녹화물의 탄핵증거 사용 여부

피고인 또는 피고인 아닌 자의 진술을 내용으로 하는 영상녹화물은 탄핵증거로 사용할 수 없다 (제318조의 2 제2항). 08. 9급 법원직, 09. 7급 국가직, 10 · 11. 경찰승진, 15. 수사경과, 18. 순경 1차

ⓘ 피고인이나 참고인이 수사기관에서의 진술을 번복한 경우에, 수사기관에서 영상녹화하였더라도 이를 가지고 탄핵증거로 사용할 수는 없다. 다만, 피고인이나 참고인이 수사기관에서 조서에 기재된 대로 진술하였는지 잘 기억이 나지 않는다고 할 경우에 기억환기를 위해 영상녹화물을 피고인 또는 피고인 아닌 자에게 재생하여 시청하게 할 수 있다(제318조의 2 제2항).

ⓘ 제318조의 2 제2항의 영상녹화물의 재생은 검사의 신청이 있는 경우에 한하고, 기억의 환기가 필요한 피고인 또는 피고인 아닌 자에게만 재생하여 시청하게 하여야 한다(규칙 제134조의 5 제1항).

5 탄핵증거의 조사방식

탄핵증거는 공판정에서의 증거조사는 필요하나, 범죄사실을 인정하는 증거가 아니므로 정식의 증거조사절차와 방식(엄격한 증거조사)은 필요치 않다(판례 · 다수설). 09. 경찰승진 · 7급 국가직, 10. 9급 법원직 · 교정특채, 11. 순경, 13. 9급 국가직, 17. 변호사시험, 21. 수사경과

관련판례

1. 탄핵증거는 범죄사실을 인정하는 증거가 아니므로 엄격한 증거조사를 거쳐야 할 필요가 없음은 형사소송법 제318조의 2의 규정에 따라 명백하나 법정에서 이에 대한 탄핵증거로서의 증거조사는 필요한 것이고, 17. 해경간부, 18. 수사경과 · 순경 1차, 19. 경찰승진 탄핵증거의 제출에 있어서도 상대방에게 이에 대한 공격방어의 수단을 강구할 기회를 사전에 부여하여야 한다는 점에서 그 증거와 증명하고자 하는 사실과의 관계 및 입증취지 등을 미리 구체적으로 명시하여야 할 것이므로, 증명력을 다투고자 하는 증거의 어느 부분에 의하여 진술의 어느 부분을 다투려고 한다는 것을 사전에 상대방에게 알려야 한다(대판 2005.8.19, 2005도2617). 14. 순경 2차, 15. 순경 3차, 17. 변호사시험, 13 · 20. 9급 검찰 · 마약 · 교정 · 보호 · 철도경찰, 20. 7급 국가직, 13 · 16 · 18 · 20. 순경 1차, 15 · 21. 수사경과, 15 · 19 · 21. 경찰승진

2. 비록 증거목록에 기재되지 않았고 증거결정이 있지 아니하였다 하더라도 공판과정에서 그 입증취지가 구체적으로 명시되고 제시까지 된 이상 위 각 서증들에 대하여 탄핵증거로서의 증거조사는 이루어졌다고 보아야 할 것이다(대판 2006.5.26, 2005도6271). 13. 9급 검찰 · 마약 · 교정 · 보호 · 철도경찰, 17. 해경간부

☑ **Key Point**

- **탄핵의 대상** : 피고인 또는 피고인 아닌 자의 진술
- **탄핵증거의 자격** ─ 증거능력 없는 전문증거
  ├ 임의성 없는 증거는 탄핵증거 사용 ×
  ├ 성립의 진정 인정되지 않아도 무방(판례)
  └ 영상녹화물 ⇨ 탄핵증거로 사용 ×
- **탄핵증거의 증거조사** : 필요(엄격한 방식은 불필요)

Chapter 02 기출문제

01 탄핵증거에 대한 다음 설명으로 가장 적절하지 않은 것은?(다툼이 있는 경우 판례에 의함)

18. 순경 1차

① 탄핵증거는 진술의 증명력을 감쇄하기 위하여 인정되는 것이고 범죄사실 또는 그 간접사실의 인정의 증거로서는 허용되지 않는다.

② 피고인의 진술을 내용으로 하는 영상녹화물은 공판준비 또는 공판기일에 피고인 진술의 증명력을 다투기 위한 증거로 사용할 수 없다.

③ 탄핵증거의 제출에 있어서도 상대방에게 이에 대한 공격방어의 수단을 강구할 기회를 사전에 부여하여야 한다는 점에서 그 증거와 증명하고자 하는 사실과의 관계 및 입증취지 등을 미리 구체적으로 명시하여야 할 것이므로, 증명력을 다투고자 하는 증거의 어느 부분에 의하여 진술의 어느 부분을 다투려고 한다는 것을 사전에 상대방에게 알려야 한다.

④ 탄핵증거는 범죄사실을 인정하는 증거가 아니므로 엄격한 증거조사를 거쳐야 할 필요가 없으며, 법정에서 이에 대한 탄핵증거로서의 증거조사도 필요하지 않다.

해설\ ① 대판 2012.10.25, 2011도5459
② 제318조의 2 제2항
③ 대판 2005.8.19, 2005도2617
④ 탄핵증거는 범죄사실을 인정하는 증거가 아니므로 엄격한 증거조사를 거쳐야 할 필요는 없으나, 법정에서 이에 대한 탄핵증거로서의 증거조사는 필요하다(대판 2005.8.19, 2005도2617).

02 탄핵증거에 대한 다음 설명 중 가장 적절한 것은?(다툼이 있는 경우 판례에 의함) 20. 순경 1차

① 사법경찰리 작성의 피고인에 대한 피의자신문조서와 피고인이 작성한 자술서들은 모두 검사가 유죄의 자료로 제출한 증거들로서 피고인이 각 그 내용을 부인하는 이상 증거능력이 없으므로 그것이 임의로 작성된 것이 아니라고 의심할 만한 사정이 없더라도 피고인의 법정에서의 진술을 탄핵하기 위한 반대증거로도 사용할 수 없다.

② 탄핵증거의 제출에 있어서도 상대방에게 이에 대한 공격방어의 수단을 강구할 기회를 사전에 부여하여야 할 것이지만, 증명력을 다투고자 하는 증거의 어느 부분에 의하여 진술의 어느 부분을 다투려고 한다는 것을 사전에 상대방에게 알려야 할 필요는 없다.

Answer 01. ④ 02. ④

③ 탄핵증거는 진술의 증명력을 감쇄하기 위하여 인정되는 것이지만, 범죄사실 또는 간접사실의 인정의 증거로도 허용된다.

④ 검사가 탄핵증거로 신청한 체포·구속인접견부 사본은 피고인의 부인진술을 탄핵한다는 것이므로 결국 검사에게 입증책임이 있는 공소사실 자체를 입증하기 위한 것에 불과하므로 형사소송법 제318조의 2 제1항 소정의 피고인의 진술의 증명력을 다투기 위한 탄핵증거로 볼 수 없다.

해설\ ① 임의로 작성된 것이라면 탄핵증거로 사용할 수 있다(대판 1998.2.27, 97도1770).
② 탄핵증거의 제출에 있어서도 상대방에게 이에 대한 공격방어의 수단을 강구할 기회를 사전에 부여하여야 한다는 점에서 그 증거와 증명하고자 하는 사실과의 관계 및 입증취지 등을 미리 구체적으로 명시하여야 할 것이므로, 증명력을 다투고자 하는 증거의 어느 부분에 의하여 진술의 어느 부분을 다투려고 한다는 것을 사전에 상대방에게 알려야 한다(대판 2005.8.19, 2005도2617).
③ 탄핵증거는 진술의 증명력을 감쇄하기 위하여 인정되는 것이고 범죄사실 또는 그 간접사실의 인정의 증거로서는 허용되지 않는다(대판 2012.10.25, 2011도5459).
④ 대판 2012.10.25, 2011도5459

03 탄핵증거에 대한 다음 설명으로 가장 적절하지 않은 것은?(다툼이 있는 경우 판례에 의함)

21. 순경 1차

① 탄핵증거는 범죄사실을 인정하는 증거가 아니어서 엄격한 증거능력을 요하지 아니한다.

② 법정에서 증거로 제출된 바가 없어 전혀 증거조사가 이루어지지 아니한 채 수사기록에만 편철되어 있는 증거를 피고인의 진술을 탄핵하는 증거로 사용할 수는 없다.

③ 검사가 유죄의 자료로 제출한 사법경찰리 작성의 피고인에 대한 피의자신문조서는 피고인이 그 내용을 부인하는 이상 증거능력이 없지만, 그것이 임의로 작성된 것이 아니라고 하더라도 피고인의 법정에서의 진술을 탄핵하기 위한 반대증거로는 사용할 수 있다.

④ 비록 증거목록에 기재되지 않았고 증거결정이 있지 아니하였다 하더라도 공판과정에서 그 입증취지가 구체적으로 명시되고 제시까지 된 이상, 그 제시된 증거에 대하여 탄핵증거로서의 증거조사는 이루어졌다고 보아야 할 것이다.

해설\ ① 대판 2012.9.27, 2012도7467
② 대판 1998.2.27, 97도1770
③ 피의자신문조서가 임의로 작성된 것이 아니라면 탄핵증거로도 사용할 수 없다(대판 2014.3.13, 2013도12507).
④ 대판 2006.5.26, 2005도6271

Answer 03. ③

04 다음 〈보기〉 중 탄핵증거와 관련된 설명으로 옳은 것은 모두 몇 개인가?(다툼이 있는 경우 판례에 의함)

21. 해경 1차

> ㉠ 전문법칙을 통과하지 못한 증거는 탄핵증거로는 사용할 수 없다.
> ㉡ 탄핵증거는 굳이 증거조사를 거치지 않아도 탄핵의 목적으로 쓸 수 있다.
> ㉢ 증인의 법정진술은 탄핵의 대상이 되나 피고인의 법정진술은 탄핵의 대상이 되지 아니한다.
> ㉣ 탄핵증거의 제출에 있어서는 상대방에게 이에 대한 공격방어의 수단을 강구할 기회를 사전에 부여하여야 하는 것은 아니다.
> ㉤ 탄핵증거는 진술의 증명력을 감쇄하기 위한 증거로서뿐만 아니라 범죄사실 또는 그 간접사실을 인정하기 위한 증거로도 사용될 수 있다.
> ㉥ 검사가 유죄의 자료로 제출한 사법경찰리 작성의 피고인에 대한 피의자신문조서는 피고인이 그 내용을 부인하는 이상 증거능력이 없고, 피고인의 법정에서의 진술을 탄핵하기 위한 반대증거로도 사용할 수 없다.

① 없 음
② 1개
③ 2개
④ 3개

해설\ ㉠ × : 전문법칙을 통과하지 못한 증거는 탄핵증거로 사용할 수 있다(제318조의 2 제1항).
㉡ × : 탄핵증거는 범죄사실을 인정하는 증거가 아니므로 엄격한 증거조사를 거쳐야 할 필요가 없음은 형사소송법 제318조의 2의 규정에 따라 명백하나 법정에서 이에 대한 탄핵증거로서의 증거조사는 필요하다(대판 2005.8.19, 2005도2617).
㉢ × : 피고인의 법정진술도 탄핵의 대상이 된다(대판 2005.8.19, 2005도2617).
㉣ × : 탄핵증거의 제출에 있어서는 상대방에게 이에 대한 공격방어의 수단을 강구할 기회를 사전에 부여하여야 한다(대판 2005.8.19, 2005도2617).
㉤ × : 탄핵증거는 진술의 증명력을 감쇄하기 위해 인정되는 것이고, 범죄사실 또는 그 간접사실을 인정하기 위한 증거로도 사용될 수 없다(대판 2012.10.25, 2011도5459).
㉥ × : 검사가 유죄의 자료로 제출한 사법경찰리 작성의 피고인에 대한 피의자신문조서는 피고인이 그 내용을 부인하는 이상 증거능력이 없으나, 그러한 증거라 하더라도 피고인의 법정에서의 진술을 탄핵하기 위한 반대증거로도 사용할 수 있다(대판 1998.2.27, 97도1770).

Answer　04. ①

05 탄핵증거에 관한 다음 설명 중 가장 적절하지 않은 것은?(다툼이 있는 경우 판례에 의함)

16. 순경 1차

① 검사가 유죄의 자료로 제출한 사법경찰리 작성의 피고인에 대한 피의자신문조서는 피고인이 그 내용을 부인하는 이상 증거능력이 없으나, 그것이 임의로 작성된 것이 아니라고 의심할 만한 사정이 없는 한 피고인의 법정에서의 진술을 탄핵하기 위한 반대증거로 사용할 수 있다.

② 탄핵증거는 범죄사실을 인정하는 증거가 아니므로 엄격한 증거조사를 거쳐야 할 필요가 없음은 형사소송법 제318조의 2의 규정에 따라 명백하고 법정에서 이에 대한 탄핵증거로서의 증거조사도 필요 없다.

③ 탄핵증거의 제출에 있어서도 상대방에게 이에 대한 공격방어의 수단을 강구할 기회를 사전에 부여하여야 한다는 점에서 그 증거와 증명하고자 하는 사실과의 관계 및 입증취지 등을 미리 구체적으로 명시하여야 할 것이므로, 증명력을 다투고자 하는 증거의 어느 부분에 의하여 진술의 어느 부분을 다투려고 한다는 것을 사전에 상대방에게 알려야 한다.

④ 형사소송법 제318조의 2에 규정된 이른바 탄핵증거는 범죄사실을 인정하는 증거가 아니어서 엄격한 증거능력을 요하지 아니하는 것이다.

해설\ ① 대판 1998.2.27, 97도1770

②③④ 검사가 유죄의 자료로 제출한 사법경찰리 작성의 피고인에 대한 피의자신문조서는 피고인이 그 내용을 부인하는 이상 증거능력이 없으나, 그것이 임의로 작성된 것이 아니라고 의심할 만한 사정이 없는 한 피고인의 법정에서의 진술을 탄핵하기 위한 반대증거로 사용할 수 있으며, 또한 탄핵증거는 범죄사실을 인정하는 증거가 아니므로 엄격한 증거조사를 거쳐야 할 필요가 없음은 형사소송법 제318조의 2의 규정에 따라 명백하나 법정에서 이에 대한 탄핵증거로서의 증거조사는 필요한 것이고, 한편 증거신청의 방식에 관하여 규정한 형사소송규칙 제132조 제1항의 취지에 비추어 보면 탄핵증거의 제출에 있어서도 상대방에게 이에 대한 공격방어의 수단을 강구할 기회를 사전에 부여하여야 한다는 점에서 그 증거와 증명하고자 하는 사실과의 관계 및 입증취지 등을 미리 구체적으로 명시하여야 할 것이므로, 증명력을 다투고자 하는 증거의 어느 부분에 의하여 진술의 어느 부분을 다투려고 한다는 것을 사전에 상대방에게 알려야 한다(대판 2005.8.19, 2005도2617).

Answer   05. ②

03 증명력

법원은 적법하게 수집한 증거자료를 기초로 하여 사실의 존부에 관한 심증을 형성하게 된다. 법원은 엄격한 증명을 요하는 사실에 대해서는 증거능력이 있는 증거를 법정된 증거조사 절차를 통하여 수집하며, 그 밖에 자유로운 증명으로 족한 사실에 대해서는 이러한 제한을 받지 않고 여러 가지 형태로 증거를 모으게 된다. 이와 같이 수집된 증거를 바탕으로 법원은 그 증거의 실질가치를 평가하게 되는바, 증거로 사실을 밝히는 것을 증명이라 하며, 증명할 수 있는 증거의 실질적 가치를 증명력이라 부른다. 형사소송법은 자유심증주의(제308조)에 따라 법관의 증명력 판단에 제한을 두지 않음을 원칙으로 하면서도, 오판의 위험을 방지하기 위해 자백의 증명력을 제한하여 보강증거를 요구하고 있고(제310조), 공판절차 진행의 적법성을 둘러싼 논란의 여지를 봉쇄하기 위하여 공판조서의 배타적 증명력(제56조)을 인정하고 있다.

✓ **Key Point**

증거능력 문제	증명력 문제
• 위법수집증거 배제법칙(제308조의 2)	• 자유심증주의(제308조)
• 자백배제법칙(제309조)	• 자백보강법칙(제310조)
• 전문법칙(제310조의 2)	• 공판조서의 배타적 증명력(제56조)

제1절 ▌ 자유심증주의

1 의의 · 연혁

(1) 의 의

자유심증주의란 증거의 증명력 평가를 법률로 규정하지 않고 법관의 자유로운 판단에 맡기는 원칙을 말한다(제308조).

① 형사소송법에서의 자유심증주의는 민사소송법에서의 자유심증주의와 일치하지 않는다. 즉, 민사소송법의 자유심증주의는 법관이 변론의 전체취지와 증거조사의 결과를 참작하여 사실주장의 진실 여부를 판단하는 것을 의미(증거자료 없이 변론의 전체취지에 입각하여 사실인정 가능)하지만, 형사소송에 있어서는 증거를 기초로 한 주장사실의 전부만 문제될 뿐이고, 변론의 전체 취지를 기초로 한 자유심증은 허용되지 않는다.

> **➕ 보충 법정증거주의**
>
> 증거의 증명력을 법률로 정해 놓은 주의이다. 즉, 각종 증거의 증명력을 미리 법률로 정해 둔 다음 일정한
> 증거가 존재하면 반드시 일정한 사실의 존재를 인정해야 하고, 그 반대의 경우에 일정한 사실의 존재를
> 인정할 수 없도록 하는 주의를 말한다(자유심증주의에 대립 개념). 이는 법관의 자의를 방지할 수는 있지만
> 자백을 얻기 위하여 인권을 침해할 우려가 있다. 우리 형사소송법은 법정증거주의가 아닌 자유심증주의를
> 채택하고 있다.

(2) 연 혁

프랑스 혁명 후 1808년 치죄법이 법정증거주의를 버리고 자유심증주의를 채택한 이래 대륙법계 형사소송법의 기본원칙으로 자리하게 되었다(영미법에서는 자유심증주의라는 용어는 사용하지 않고 있지만, 증거의 증명력 판단에 자유심증주의가 인정되고 있다는 점에 이론이 없음).

(3) 제도의 취지

증거의 증명력 평가를 법관의 자유판단에 맡겨 사실인정의 합리성을 도모함으로써 실체적 진실 발견에 기여하기 위한 제도이다.

2 자유심증주의의 내용

(1) 자유판단의 주체

증명력 판단의 주체는 개개의 법관(수소법원인 합의부나 단독판사가 아님)이다. 자유심증주의는 개별 법관을 전제로 하는 것이므로 합의체 법원에 있어서도 그 구성원인 법관은 각자의 합리적인 이성에 의하여 증거의 증명력을 판단하게 된다.

① 국민참여재판의 경우 ⇨ 개별 배심원이 증명력 판단의 주체

(2) 자유판단의 대상

판단의 대상은 증거의 증명력이다. 여기서 증거라 함은 엄격한 증명을 요하는 사실에 관한 증거뿐 아니라 자유로운 증명을 요하는 사실에 관한 증거도 포함된다.

(3) 자유판단의 의미

① **자유판단** : 증거의 증명력 평가는 법관의 자유판단에 의한다(제308조). 자유판단이란 법관이 증거의 증명력을 판단함에 있어서 법률이 규정해놓은 법칙에 따르지 않고 자신의 합리적 이성에 의하여 사실의 존부에 대한 판단을 행하는 것을 말한다. 따라서 법관은 증거능력이 있는 증거라도 증명력이 없으면 이를 배척할 수 있다. 물론 법관의 자유심증주의에서의 자유가 '자의'를 의미할 수는 없으며, 합리성을 이념으로 한다.

② **구체적인 예**

㉠ **피고인의 진술** : 자백이 항상 절대적 증거가 되는 것은 아니다. 따라서 법관은 피고인이 자백한 때에도 자백과 다른 사실을 인정할 수도 있다.

㉡ **증인의 증언** : 법관은 증인의 성년·미성년·책임무능력 여부와 관계 없이 취사선택하여 증명력을 판단한다. 따라서 선서하지 않은 증인의 증언을 선택하고 선서한 증인의 증언을 배척할 수도 있다.

㉢ **감정인의 의견** : 법관은 감정인의 의견에 구속되지 않는다. 따라서 심신상실의 감정결과에 대하여 유죄판결을 할 수도 있고 그 반대도 가능하다.

㉣ **증거서류** : 서증의 증명력에 대한 판단도 법관의 자유심증에 의한다. 따라서 공판조서의 내용이 공판정 외에서 작성된 조서보다 반드시 우월한 것도 아니며, 피고인의 공판정 진술이 증거서류에 기재된 내용보다 우월한 증명력을 가진 것도 아니다.

㉤ **간접증거**(정황증거) : 형사재판에서 유죄인정을 위한 심증형성은 반드시 직접증거에 의하여 형성되어야 하는 것은 아니고 간접증거에 의해서도 가능하다(대판 1999.10.22, 99도3273). 18. 9급 검찰·마약수사, 19. 수사경과 간접증거가 개별적으로 완전한 증명력을 갖지 못한 경우라도 전체증거를 종합적으로 고찰할 경우 종합적 증명력이 있는 것으로 판단되면 그에 의하여 범죄사실을 인정할 수도 있다(대판 2000.10.24, 2000도3307). 09. 9급 국가직, 19. 수사경과

⚖ 관련판례

살인죄와 같이 법정형이 무거운 범죄의 경우에도 직접증거 없이 간접증거만으로도 유죄를 인정할 수 있으나, 그 경우에도 주요사실의 전제가 되는 간접사실의 인정은 합리적 의심을 허용하지 않을 정도의 증명이 있어야 하고, 그 하나하나의 간접사실이 상호 모순, 저촉이 없어야 함은 물론 논리와 경험칙, 과학법칙에 의하여 뒷받침되어야 한다. 19. 수사경과 그러므로 유죄의 인정은 여러 간접사실로 보아 피고인이 범행한 것으로 보기에 충분할 만큼 압도적으로 우월한 증명이 있어야 하고, 피고인이 고의적으로 범행한 것이라고 보기에 의심스러운 사정이 병존하고 증거관계 및 경험법칙상 고의적 범행이 아닐 여지를 확실하게 배제할 수 없다면 유죄로 인정할 수 없다. 피고인은 무죄로 추정된다는 것이 헌법상의 원칙이고, 그 추정의 번복은 직접증거가 존재할 경우에 버금가는 정도가 되어야 한다(대판 2017.5.30, 2017도1549). 18. 9급 검찰·마약수사, 19. 수사경과

㉥ **동일증거의 일부와 종합증거** : 법관은 하나의 증거의 일부만을 믿을 수 있고, 또한 단독으로는 증명력이 없는 여러 개의 증거가 결합하여 증명력을 가지는 경우 종합증거에 의한 사실인정도 가능하다(대판 2013.6.27, 2013도4172). 09. 경찰승진·9급 국가직, 18. 9급 검찰·마약수사

(4) **자유판단의 기준**

사실인정은 법관의 자유판단에 의하지만, 통상인이면 누구나 의심하지 않을 정도로 보편타당성을 가져야 한다. 이러한 보편타당성을 확보하기 위해서는 법관의 사실인정이 논리와 경험법칙에 위배되지 않아야 한다.

① **논리법칙** : 일정한 증거로부터 일정한 판단을 도출하고 그 판단을 전제로 하여 다시 다른 판단에 도달하는 과정이 모순이 없어야 한다. 따라서 계산착오, 판결이유의 모순 등은 논리 법칙에 부합하지 아니한 것이다. 경험법칙과 개념적으로는 구별되나, 양자불가분의 관계에 있다.

② **경험법칙** : 개별적인 체험의 관찰과 그 일반화에 의하여 경험적으로 얻어진 법칙을 의미한 다. 법관은 필연적 경험법칙(예 DNA 분석 등 확실한 과학적 지식)에 구속되어 사실관계를 판단 해야 하지만, 개연적 경험법칙(일반인들이 통상 취하게 되는 행동이나 생각)에 대해서는 그 확실 성의 정도에 따라 법관이 합리적으로 판단이 가능하다.

⑸ 심증의 정도

증거의 증명력은 법관의 자유판단에 맡겨져 있으나(형사소송법 제308조) 그 판단은 논리와 경험칙 에 합치하여야 하고, 형사재판에 있어서 유죄로 인정하기 위한 심증형성의 정도는 합리적 의심을 할 여지가 없을 정도여야 한다(형사소송법 제307조 제2항). 여기서 합리적인 의심이라 함은 모든 가능한 의심을 배제할 정도에 이를 것까지 요구하는 것은 아니라, 18. 9급 검찰·마약수사, 19. 수사경과 논리와 경험칙에 기하여 요증사실과 양립할 수 없는 사실의 개연성에 대한 합리성 있는 의문을 의미하는 것으로서, 피고인에게 유리한 정황(불리한 정황 ×)을 사실인정과 관련하여 파악한 이성 적 추론에 그 근거를 둔 것이어야 하므로, 단순히 관념적인 의심이나 추상적인 가능성에 기초한 의심은 합리적 의심에 포함된다고 할 수 없다(대판 2008.8.21, 2008도3570). 09. 9급 국가직

⚖ 관련판례

[증명력 판단]

• **과학적 증거방법 관련**

1. 공소사실을 뒷받침하는 과학적 증거방법은 전제로 하는 사실이 모두 진실인 것이 입증되고 추론의 방법이 과학적으로 정당하여 오류 가능성이 전혀 없거나 무시할 정도로 극소한 것으로 인정되는 경우라야 법관이 사실인정을 하는 데 상당한 정도로 구속력을 가진다 할 것인데, 이를 위해서는 그 증거방법이 전문적인 지식·기술·경험을 가진 감정인에 의하여 공인된 표준 검사기법으로 분석을 거쳐 법원에 제출된 것이어야 할 뿐만 아니라, 채취·보관·분석 등 모든 과정에서 자료의 동일성이 인정되고 인위적인 조작·훼손·첨가가 없었다는 것이 담보되어야 한다(대판 2011.5.26, 2011도1902).

2. 유전자검사나 혈액형검사 등 과학적 증거방법은 그 전제로 하는 사실이 모두 진실임이 입증되고 그 추론의 방법이 과학적으로 정당하여 오류의 가능성이 전무하거나 무시할 정도로 극소한 것으로 인정되는 경우에는 법관이 사실인정을 함에 있어 상당한 정도로 구속력을 가지므로, 비록 사실의 인정이 사실심의 전권이라 하더라도 아무런 합리적 근거 없이 함부로 이를 배척하는 것은 자유심증 주의의 한계를 벗어나는 것으로서 허용될 수 없다(대판 2009.3.12, 2008도8486).

3. 마약류관리에 관한 법률 위반사건의 피고인 모발에서 메스암페타민 성분이 검출되었다는 국립과학 수사연구소장의 감정의뢰회보가 있는 경우, 그 회보의 기초가 된 감정에 있어서 실험물인 모발이 바뀌었다거나 착오나 오류가 있었다는 등의 구체적인 사정이 없는 한 피고인으로부터 채취한 모발 에서 메스암페타민 성분이 검출되었다고 인정하여야 하고, 따라서 논리와 경험의 법칙상 피고인은

감정의 대상이 된 모발을 채취하기 이전 언젠가에 메스암페타민을 투약한 사실이 있다고 인정하여야 한다(대판 2008.2.14, 2007도10937).

4. 그러나 피고인 모발에서 메스암페타민 성분이 검출되지 않았다는 국립과학수사연구소장의 감정의뢰회보가 있는 경우, 개인의 연령, 성별, 인종, 영양상태, 개체차 등에 따라 차이가 있으나 모발이 평균적으로 한 달에 1cm 정도 자란다고 볼 때 감정의뢰된 모발의 길이에 따라 필로폰 투약시기를 대략적으로 추정할 수 있으므로, 위 감정의뢰회보는 적어도 피고인은 모발채취일로부터 위 모발이 자라는 통상적 기간 내에는 필로폰을 투약하지 않았다는 유력한 증거에 해당한다(대판 2008.2.14, 2007도10937).

5. 유전자검사 결과 주사기에서 마약성분과 함께 피고인의 혈흔이 확인됨으로써 피고인이 필로폰을 투약한 사정이 적극적으로 증명되는 경우, 반증의 여지가 있는 소변 및 모발검사에서 마약성분이 검출되지 않았다는 소극적 사정에 관한 증거만으로 이를 쉽사리 뒤집을 수 없다(대판 2009.3.12, 2008도8486).

6. 폐수 수질검사와 같은 과학적 증거방법이 사실인정에 있어서 상당한 정도로 구속력을 갖기 위해서는 감정인이 전문적인 지식·기술·경험을 가지고 공인된 표준 검사기법으로 분석을 거쳐 법원에 제출하였다는 것만으로는 부족하고, 시료의 채취·보관·분석 등 모든 과정에서 시료의 동일성이 인정되고 인위적인 조작·훼손·첨가가 없었음이 담보되어야 하며 각 단계에서 시료에 대한 정확한 인수·인계 절차를 확인할 수 있는 기록이 유지되어야 한다(대판 2010.3.25, 2009도14772).

7. 모발성분분석 결과 40% 오차 이내이면 동일인의 모발로 본다는 감정결과가 있기는 하나 위 40%의 오차에 관하여는 경험상 그렇다는 진술뿐 그 근거를 명확하게 제시하지 못하고 있으므로 피해자의 손에서 수거된 모발이 피고인의 모발과 오차범위 내에 있다는 사정만으로는 피고인을 범인으로 단정할 수 없다(대판 1996.7.26, 96도1144).

● 범인식별 관련

1. 범인식별 절차의 경우 용의자와 목격자 및 비교대상자들이 상호 사전에 접촉하지 못하도록 하여야 하나, 범죄 발생 직후 목격자의 기억이 생생하게 살아있는 상황(피해자가 경찰관과 함께 범행 현장에서 범인을 추적하다 골목길에서 범인을 놓친 직후)에서 현장이나 그 부근에서 범인식별 절차를 실시하는 경우에는, 목격자에 의한 생생하고 정확한 식별의 가능성이 열려 있고 범죄의 신속한 해결을 위한 즉각적인 대면의 필요성도 인정할 수 있으므로, 용의자와 목격자의 일대일 대면도 허용된다(대판 2009.6.11, 2008도12111).

2. 범인식별 절차에 있어 목격자의 진술의 신빙성을 높게 평가할 수 있게 하려면, 범인의 인상착의 등에 관한 목격자의 진술 내지 묘사를 사전에 상세히 기록화한 다음, 용의자를 포함하여 그와 인상착의가 비슷한 여러 사람을 동시에 목격자와 대면시켜 범인을 지목하도록 하여야 하고, 용의자와 목격자 및 비교대상자들이 상호 사전에 접촉하지 못하도록 하여야 한다(대판 2008.1.17, 2007도5201).

3. 강간 피해자가 수사기관이 제시한 47명의 사진 속에서 피고인을 범인으로 지목하자 이어진 범인식별 절차에서 수사기관이 피해자에게 피고인 한 사람만을 촬영한 동영상을 보여주거나 피고인 한 사람만을 직접 보여주어 피해자로부터 범인이 맞다는 진술을 받고, 다시 피고인을 포함한 3명을 동시에 피해자에게 대면시켜 피고인이 범인이라는 확인을 받은 사안에서, 위 피해자의 진술은 범인식별 절차에서 목격자 진술의 신빙성을 높이기 위하여 준수하여야 할 절차를 지키지 않은 상태에서 얻어진 것으로서 범인의 인상착의에 관한 피해자의 최초 진술과 피고인의 그것이 불일치하는 점이 많아 신빙성이 낮다(대판 2008.1.17, 2007도5201).

● 음주측정 관련

1. 호흡측정기에 의한 음주측정치와 혈액검사에 의한 음주측정치가 다른 경우에 혈액검사에 의한 음주
   측정치가 호흡측정기에 의한 음주측정치보다 측정 당시의 혈중알코올농도에 더 근접한 음주측정치
   라고 보는 것이 경험칙에 부합한다(대판 2004.2.13, 2003도6905). 11. 순경

2. 음주운전에 있어서 소위 위드마크 공식을 사용하여 수학적 방법에 따른 결과로 운전 당시의 혈중알코
   올농도를 추정할 수 있고, 이때 위드마크 공식에 의한 역추산 방식을 이용하여 특정 운전시점으로부터
   일정한 시간이 지난 후에 측정한 혈중알코올농도를 기초로 하고 여기에 시간당 혈중알코올의 분해소
   멸에 따른 감소치에 따라 계산된 운전시점 이후의 혈중알코올분해량을 가산하여 운전시점의 혈중알
   코올농도를 추정함에 있어서는, 피검사자의 평소 음주정도, 체질, 음주속도, 음주 후 신체활동의 정도
   등 다양한 요소들이 시간당 혈중알코올의 감소치에 영향을 미칠 수 있으나 그 시간당 감소치는 대체로
   0.03%에서 0.008% 사이라는 것은 이미 알려진 신빙성 있는 통계자료에 의하여 인정되는바, 위와 같은
   역추산 방식에 의하여 운전시점 이후의 혈중알코올분해량을 가산함에 있어서 시간당 0.008%는 피고
   인에게 가장 유리한 수치이므로 특별한 사정이 없는 한 이 수치를 적용하여 산출된 결과는 운전 당시의
   혈중알코올농도를 증명하는 자료로서 증명력이 충분하다(대판 2001.8.21, 2001도2823). 10. 경찰승진

3. 음주종료 후 4시간 정도 지난 시점에서 물로 입 안을 헹구지 아니한 채 호흡측정기로 측정한 혈중알
   코올농도 수치가 0.05%로 나타난 사안에서, 위 증거만으로는 피고인이 혈중알코올농도 0.05% 이상
   의 술에 취한 상태에서 자동차를 운전하였다고 인정하기 부족하다(대판 2010.6.24, 2009도1856).

4. 물로 입 안을 헹굴 기회를 달라는 피고인의 요구를 무시한 채 호흡측정기로 측정한 혈중알코올농도
   수치가 0.05%로 나타난 사안에서, 피고인이 당시 혈중알코올농도 0.05% 이상의 술에 취한 상태에서
   운전하였다고 단정할 수 없다(대판 2006.11.23, 2005도7034).

5. 피고인에 대한 음주측정시 구강 내 잔류 알코올 등으로 인한 과다측정을 방지하게 하기 위한 조치를
   전혀 취하지 않았고, 1개의 불대만으로 연속적으로 측정한 점 등의 사정에 비추어, 혈중알코올농도
   측정치가 0.058%로 나왔다는 사실만으로는 피고인이 음주운전의 법정 최저기준인 혈중알코올농
   도 0.05% 이상의 상태에서 자동차를 운전하였다고 단정할 수 없다(대판 2006.5.26, 2005도7528).

6. 음주운전 시점이 혈중알코올농도의 상승시점인지 하강시점인지 확정할 수 없는 상황에서 사후 측정
   수치에 혈중알코올농도 감소치를 가산하는 방법으로 산출한 혈중알코올농도가 처벌기준치를 약간
   넘는다고 하여 음주운전시점의 혈중알코올농도가 처벌기준치를 초과한 것이라고 단정할 수 없다
   (대판 2001.7.13, 2001도1929).

● 판결 관련

1. 형사재판에서 이와 관련된 다른 형사사건의 확정판결에서 인정된 사실은 특별한 사정이 없는 한
   유력한 증거자료가 되는 것이나, 당해 형사재판에서 제출된 다른 증거 내용에 비추어 관련 형사사건
   확정판결의 사실판단을 그대로 채택하기 어렵다고 인정될 경우에는 이를 배척할 수 있다(대판 2012.
   6.14, 2011도15653). 14. 경찰승진, 15. 9급 검찰·마약수사, 20. 경찰간부

2. 형사재판에서 항소심은 사후심 겸 속심의 구조이므로, 제1심이 채용한 증거에 대하여 그 신빙성에
   의문은 가지만 그렇다고 직접 증거조사를 한 제1심의 자유심증이 명백히 잘못되었다고 볼 만한 합
   리적인 사유도 나타나 있지 아니한 경우에는, 비록 동일한 증거라고 하더라도 다시 한번 증거조사
   를 하여 항소심이 느끼고 있는 의문점이 과연 그 증거의 신빙성을 부정할 정도의 것인지 알아보거
   나, 그 증거의 신빙성에 대하여 입증의 필요성을 느끼지 못하고 있는 검사에 대하여 항소심이 가지

고 있는 의문점에 관하여 입증을 촉구하는 등의 방법으로 그 증거의 신빙성에 대하여 더 심리하여 본 후 그 채부를 판단하여야 하고, 그 증거의 신빙성에 의문이 간다는 사유만으로 더 이상 아무런 심리를 함이 없이 그 증거를 곧바로 배척하여서는 아니된다(대판 1996.12.6, 96도2461). 11. 7급 국가직, 12. 경찰승진

ⓘ 항소심법원이 1심에서 채용된 증거의 신빙성에 의문을 가지면 심리 없이 곧바로 그 증거를 배척할 수 있다. (×)

3. 배심원이 증인신문 등 사실심리의 전 과정에 함께 참여한 후 증인이 한 진술의 신빙성 등 증거의 취사와 사실의 인정에 관하여 만장일치의 의견으로 내린 무죄의 평결이 재판부의 심증에 부합하여 그대로 채택된 경우라면, 이러한 절차를 거쳐 이루어진 증거의 취사 및 사실의 인정에 관한 제1심의 판단은 실질적 직접심리주의 및 공판중심주의의 취지와 정신에 비추어 항소심에서의 새로운 증거조사를 통해 그에 명백히 반대되는 충분하고도 납득할 만한 현저한 사정이 나타나지 않는 한 한층 더 존중될 필요가 있다. 따라서 국민참여재판으로 진행된 제1심에서 배심원이 만장일치로 한 평결 결과를 받아들여 강도상해의 공소사실을 무죄로 판단하였으나, 항소심에서는 피해자에 대하여만 증인신문을 추가로 실시한 다음 제1심의 판단을 뒤집어 이를 유죄로 인정한 것은 공판중심주의와 실질적 직접심리주의 원칙의 위반 및 증거재판주의에 관한 법리오해의 위법이 있다(대판 2010.3.25, 2009도14065). 12. 9급 국가직

4. 제1심 증인이 한 진술의 신빙성 유무에 대한 제1심의 판단이 그대로 유지하는 것이 현저히 부당하다고 인정하는 예외적인 경우가 아니라면, 항소심의 판단과 다르다는 이유만으로 이에 대한 제1심의 판단을 함부로 뒤집어서는 안 된다(대판 1991.10.22, 91도1672). 08. 9급 법원직

5. 증거의 취사 선택 및 평가와 이를 토대로 한 사실의 인정은 논리와 경험의 법칙을 위반하여 자유심증주의의 한계를 벗어나지 않는 한 사실심법원의 전권에 속하고 상고법원도 이에 기속된다(대판 2017.1.25, 2016도13489).

● 자백 관련

1. 피고인이 평소 투약량의 20배에 달하는 1g의 메스암페타민을 한꺼번에 물에 타서 마시는 방법으로 투약하였다는 것은 피고인의 생명이나 건강에 위험이 발생하였을 가능성이 없지 않았을 것으로 보여져, 피고인의 자백을 신빙하기 어렵다(대판 2003.2.11, 2002도6766). 09. 경찰승진

2. 공동피고인 중의 1인이 다른 공동피고인들과 공동하여 범행을 하였다고 자백한 경우, 반드시 그 자백을 전부 믿어 공동피고인들 전부에 대하여 유죄를 인정하거나 그 전부를 배척하여야 하는 것은 아니고, 자유심증주의의 원칙상 법원으로서는 자백한 피고인 자신의 범행에 관한 부분만을 취신하고, 다른 공동피고인들이 범행에 관여하였다는 부분을 배척할 수 있다(대판 1995.12.8, 95도2043). 15. 9급 검찰·마약수사, 20. 7급 국가직

3. 검찰에서의 피고인의 자백 등이 법정진술과 다르다는 사유만으로 그 자백의 신빙성이 의심스럽다고 할 사유로 삼아야 한다고 볼 수 없다(대판 1985.7.9, 85도826). 21. 수사경과, 21. 순경 2차

4. 자백의 신빙성 유무를 판단함에 있어서는 첫째로 자백의 진술내용 자체가 객관적인 합리성을 띠고 있는가, 둘째로 자백의 동기나 이유 및 자백에 이르게 된 경위가 어떠한가, 셋째로 자백 외의 정황증거 중 자백과 저촉되거나 모순되는 것이 없는가 하는 점 등을 고려하여 판단하여야 한다(대판 1983.9.13, 83도712).

5. 검찰에 송치되자마자 검찰에서의 자백은 강요에 의한 것이라고 주장하면서 범행을 부인할 뿐더러 연 4일을 계속하여 매일 한장씩 진술서 등을 작성한다는 것은 부자연하다는 느낌이 드는 등 사정에 비추어 보면 위의 자백은 신빙성이 희박하다(대판 1980.12.9, 80도2656).

6. 검찰에서의 피고인의 자백이 법정진술과 다르다거나 피고인에게 지나치게 불리한 내용이라는 사유만으로는 그 자백의 신빙성이 의심스럽다고 할 수는 없는 것이다(대판 2010.7.22, 2009도1151). 18. 수사경과

● **의료 관련**

1. 상해죄의 피해자가 제출하는 상해진단서는 일반적으로 의사가 당해 피해자의 진술을 토대로 상해의 원인을 파악한 후 의학적 전문지식을 동원하여 관찰·판단한 상해의 부위와 정도 등을 기재한 것으로서 거기에 기재된 상해가 곧 피고인의 범죄행위로 인하여 발생한 것이라는 사실을 직접 증명하는 증거가 되기에 부족한 것이지만, 그 상해에 대한 진단일자 및 상해진단서 작성일자가 상해 발생시점과 시간상으로 근접하고 상해진단서 발급 경위에 특별히 신빙성을 의심할 만한 사정이 없으며 거기에 기재된 상해 부위와 정도가 피해자가 주장하는 상해의 원인 내지 경위와 일치하는 경우에는, 그 무렵 피해자가 제3자로부터 폭행을 당하는 등으로 달리 상해를 입을 만한 정황이 발견되거나 의사가 허위로 진단서를 작성한 사실이 밝혀지는 등의 특별한 사정이 없는 한, 그 상해진단서는 피해자의 진술과 더불어 피고인의 상해 사실에 대한 유력한 증거가 되고, 합리적인 근거 없이 그 증명력을 함부로 배척할 수 없다(대판 2011.1.27, 2010도12728). 14. 경찰승진, 15. 9급 검찰·마약수사

2. 부검의가 사체에 대한 부검을 실시한 후 어떤 것을 유력한 사망원인으로 지시한다고 하여 그 밖의 다른 사인이 존재할 가능성을 가볍게 배제하여서는 아니 되고, 특히 형사재판에서 부검의의 소견에 주로 의지하여 유죄의 인정을 하기 위해서는 다른 가능한 사망원인을 모두 배제하기 위한 치밀한 논증의 과정을 거치지 않으면 아니 된다(대판 2012.6.28, 2012도231). 14. 경찰승진

3. 피고인이 배우자 甲의 목을 졸라 살해하였다는 내용으로 기소된 사안에서, 甲의 사망원인이 손에 의한 목눌림 질식사인지와 범인이 피고인인지에 관하여 치밀한 검증 없이 여러 의문점이 있는 부검소견이나 자료에만 의존하여 유죄를 인정한 원심판결에 법리오해 등 위법이 있다(대판 2012.6.28, 2012도231).

● **서증 관련**

1. 수사기관이 원진술자의 진술을 기재한 조서는 원본 증거인 원진술자의 진술에 비하여 본질적으로 낮은 정도의 증명력을 가질 수밖에 없다는 한계를 지니는 것이고, 특히 원진술자의 법정 출석 및 반대신문이 이루어지지 못한 경우에는 그 조서에 기재된 진술이 직접 경험한 사실을 구체적인 경위와 정황의 세세한 부분까지 정확하고 상세하게 묘사하고 있어 구태여 반대신문을 거치지 않더라도 진술의 정확한 취지를 명확히 인식할 수 있고 그 내용이 경험칙에 부합하는 등 신빙성에 의문이 없어 조서의 형식과 내용에 비추어 강한 증명력을 인정할 만한 특별한 사정이 있거나, 그 조서에 기재된 진술의 신빙성과 증명력을 뒷받침할 만한 다른 유력한 증거가 따로 존재하는 등의 예외적인 경우가 아닌 이상, 그 조서는 진정한 증거가치(증명력)를 가진 것으로 인정받을 수 없다. 이는 원진술자의 사망이나 질병 등으로 인하여 원진술자의 법정 출석 및 반대신문이 이루어지지 못한 경우는 물론 수사기관의 조서를 증거로 함에 피고인이 동의한 경우에도 마찬가지이다(대판 2006.12.8, 2005도9730). 12. 경찰승진

2. 수사보고에 기재된 내용은 원 자료로부터 독립하여 공소사실에 대한 증명력을 가질 수 없고, 첨부문서인 고발장도 공소사실을 뒷받침하는 증명력을 가진 증거가 아니므로 이를 유죄의 증거로 삼을 수 없다(대판 2011.7.14, 2011도3809).

3. 경찰에서의 자술서, 검사 작성의 각 피의자신문조서, 다른 형사사건의 공판조서의 기재와 당해 사건의 공판정에서의 같은 사람의 증인으로서의 진술이 상반되는 경우 반드시 공판정에서의 증언은 믿어야 된다는 법칙은 없다(대판 1986.9.23, 86도1547).

4. 경찰 또는 검찰조서라 할지라도 법정증거능력을 구비한 것이면 법원이 조사한 증거와 동등의 증거가치가 있다 할 것이므로 그의 취사선택은 사실심의 자유심증에 의하여 결정될 것이다(대판 1958.1.24, 4290형상433).

5. 검사의 강제처분에 의한 판사의 신문조서와 공판정에서의 판사의 신문조서와는 그 증거가치에 우열이 없다(대판 1956.3.16, 4288형상184).

● 뇌물 관련

1. 뇌물을 수수하였다는 내용으로 기소된 사안에서, 공소사실을 뒷받침하는 객관적 물증이 없는 상태에서 금품공여의 시기와 방법, 외화의 출처, 환전과정에 관한 금품공여자들의 진술이 전후 일관되지 않거나 서로 모순, 상반되고 객관적 상황과도 일치하지 않는 부분이 있어 금품공여자의 진술을 전적으로 신빙하기 어렵고, 따라서 공소사실에 기재된 금품제공의 일시, 방법, 금액 등 전부에 관한 합리적 의심이 모두 배제되었다고 보기 어려운데도, 금품공여자들의 진술 중 공소사실에 부합하는 부분만 선택적으로 믿고 이에 배치되는 피고인의 주장을 모두 배척함으로써 위 공소사실을 모두 유죄로 인정한 원심판결에 증명의 정도에 관한 법리오해 또는 논리와 경험법칙을 위반하여 합리적인 자유심증의 범위와 한계를 넘어서 사실을 인정한 위법이 있다(대판 2011.4.28, 2010도14487).

2. 수뢰자로 지목된 피고인이 수수사실을 부인하고 있고 이를 뒷받침할 객관적 물증이 없는 경우, 금원을 제공하였다는 사람의 진술만으로 유죄를 인정하기 위해서는 그 사람의 진술이 증거능력이 있어야 함은 물론 합리적인 의심을 배제할 만한 신빙성이 있어야 한다. 여러 차례에 걸쳐 금원을 제공하였다고 주장하는 사람의 진술의 신빙성을 배척하는 경우라면, 나머지 일부 금원제공 진술 부분에 관하여는 이를 그대로 믿을 수 없는 객관적 사정 등이 직접 밝혀지지 않았다고 하더라도, 함부로 인정하는 것은 원칙적으로 허용될 수 없다. 따라서 여러 차례에 걸쳐 금원을 제공하였다는 사람의 진술 중 상당한 액수에 해당하는 부분의 신빙성을 배척하면서도 나머지 적은 액수 부분 진술의 신빙성을 인정한 것은 위법하다(대판 2009.1.15, 2008도8137).

3. 뇌물죄에 있어서 증뢰자의 진술만으로 유죄를 인정하기 위해서는 증뢰자의 진술이 증거능력이 있어야 함은 물론, 신빙성이 있어야 하고, 신빙성을 판단하기 위해서는 그 진술내용의 합리성, 객관적 상당성, 전후의 일관성 등 뿐만 아니라 그의 인간됨, 그 진술로 얻게 되는 이해관계 유무 등도 아울러 살펴보아야 한다(대판 2008.2.14, 2005도4202).

● 기 타

1. 비가 오는 야간에 우연히 지나다가 20~30여명이 몰려 있던 싸움현장을 목격하였음에 불과한 사람이 그로부터 1개월여가 지난 뒤에 단순한 당시의 기억만으로 피해자를 때리려고 한 사람이 바로 피고인이었다고 지목하는 것은 경험칙상 그 확실성 여부가 의심스러운 것이다(대판 1984.12.11, 84도2058). 09. 경찰승진

2. 형벌법규의 해석과 적용은 엄격하여야 하므로, 범행 결과가 매우 중대하고 범행 동기나 방법 및 범행 정황에 비난 가능성이 크다는 사정이 있더라도, 이를 양형에 불리한 요소로 고려하여 형을 무겁게 정하는 것은 별론, 그러한 사정을 이유로 고의를 쉽게 인정할 것은 아니고 이를 인정할 때에는 신중을 기하여야 한다(대판 2015.10.29, 2015도5355).

3. 국회의원인 피고인이 불법정치자금을 수수하였다는 내용으로 기소되었는데, 정치자금 공여자가 검찰의 소환 조사에서는 자금을 조성하여 피고인에게 정치자금으로 제공하였다고 진술하였다가, 제1심 법정에서는 이를 번복하여 자금 조성 사실은 시인하면서도 피고인에게 정치자금으로 제공한 사실을 부인하고 자금의 사용처를 달리 진술한 사안에서, 법정에서 검찰진술을 번복하였다는 이유만으로 조성 자금을 피고인에게 정치자금으로 공여하였다는 검찰진술의 신빙성이 부정될 수는 없다 (대판 2015.8.20, 2013도11650 전원합의체).

4. 적외선 분광광도계에 의한 수지성분 및 접착제류 확인시험 등을 통해 피해자의 손을 묶고 입을 막는데 사용된 접착테이프와 피고인의 집에서 발견된 테이프가 동일한 것이라는 결과가 나왔다더라도 이를 통해 피고인의 집에서 압수된 테이프가 범행에 사용된 것이라고 단정할 수 없다(대판 1996.7.26, 96도1144).

5. 피고인이 과도를 들이대고 "소리치면 찔러 죽여버려."라고 위협하는 과정의 불과 10분 또는 3초 사이의 당황한 상태에서 피고인의 인상착의 상태, 목소리를 확실히 기억하고 그것도 사건발생 후 약 18일이 지난 후까지 명백하게 기억한다 함은 경험칙상 이례에 속한다(대판 1985.11.12, 85도1974).

6. 증거보전 절차에서의 진술이 법원의 관여하에 행하여지는 것으로서 수사기관에서의 진술보다 임의성이 더 보장되는 것이기는 하나 보전된 증거가 항상 진실이라고 단정지을 수는 없는 것이므로 법원이 그것을 믿지 않을 만한 사유가 있어서 믿지 않는 것에 자유심증주의의 남용이 있다고 볼 수 없다 (대판 1980.4.8, 79도2125). 18. 수사경과

7. 피고인을 유죄로 판단하기 위해서는 진술 내용 자체의 합리성과 타당성뿐만 아니라 객관적인 정황과 경험칙에 비추어 피해자의 진술 또는 피해자와 밀접한 관계에 있는 자의 진술이 합리적인 의심을 할 여지가 없을 정도로 공소사실이 진실한 것이라는 확신을 가지게 하고, 피고인의 무죄 주장을 배척하기에 충분할 정도로 신빙성이 있어야 한다(대판 2017.10.31, 2016도21231).

⑹ 증명력판단의 합리성 보장

현행법상 증명력판단의 합리성은 다음과 같은 제도에 의하여 보장된다.

① **증거요지의 명시** : 유죄판결 이유에 증거의 요지를 명시토록 요구하고(제323조 제1항) 있음은 1차적으로는 증거재판주의의 요청이지만, 증명력판단의 합리성을 유도하는 의미도 지닌다. 유죄판결 이유에 기재된 증거요지를 기초로 당사자 등 소송관계인은 증거평가의 오류를 발견·지적할 수 있기 때문이다.

② **상소에 의한 구제** : 증명력의 판단이 논리법칙과 경험법칙에 위배된 경우는 판결에 영향을 미친 사실오인(제361조의 5 제14호)에 해당하여 상소이유로 되므로 증명력 평가의 오류는 상소에 의해 구제된다.

③ **증거능력의 제한** : 엄격한 증명의 경우에는 증거능력이 없는 증거는 증명력평가의 대상으로 되지 아니한다.

④ **탄핵증거** : 현행법은 증명력판단의 합리성을 보장하기 위해서 증거의 증명력을 탄핵하는 탄핵증거제도를 채택하고 있다(법 제318조의 2). 이러한 의미에서 탄핵증거는 자유심증주의의 예외가 아니라 이를 보강하는 의미를 가진 제도라 할 수 있다.

3 자유심증주의 예외

(1) 자백의 증명력 제한

증거능력 있는 자백에 의해서 법관이 유죄를 확신하는 경우에도 다른 보강증거가 없으면 유죄로 인정할 수 없다는 자백보강의 법칙(제310조)은 자유심증주의에 대한 예외에 해당한다.

(2) 공판조서의 배타적 증명력

공판조서에 기재된 소송절차는 심증여하에 불구하고 이를 인정하여야 되므로(제56조), 자유심증주의에 대한 예외이다.

(3) 법률상 추정

법률상의 추정은 어떠한 의미에서는 자유심증주의에 대한 예외라고 할 수 있다. 왜냐하면 법률상 추정의 원인으로 된 사실이 인정된 이상 특히 반증이 없는 한 법관은 심증여하를 불문하고 당연히 추정된 사실을 인정하여야 하기 때문이다. 이에 비하여 사실상 추정은 자유심증주의의 적용을 받는 하나의 경우로는 될지언정 그 예외는 아니다.

4 자유심증주의와 in dubio pro reo의 원칙

자유심증주의에 의한 증거평가의 결과 법관이 확신을 가질 수 없어 범죄사실의 증명이 되지 아니한 때에 적용되는 원칙이 바로 의심스러운 때에는 피고인의 이익으로(in dubio pro reo)라는 원칙이다. 따라서 이 원칙은 자유심증주의를 제한하는 원칙이 아니라 서로 밀접한 관계를 가진 원칙이라고 해야 한다.

관련판례

형사재판에서 범죄사실의 인정은 법관으로 하여금 합리적인 의심을 할 여지가 없을 정도의 확신을 가지게 하는 증명력을 가진 엄격한 증거에 의하여야 하므로, 검사의 증명이 위와 같은 확신을 가지게 하는 정도에 이르지 못한 경우에는 비록 피고인의 주장이나 변명에 모순되거나 석연치 않은 면이 있는 등 유죄의 의심이 든다고 하더라도 피고인의 이익으로 판단하여야 한다(대판 2015.5.14, 2015도119).
16. 7급 국가직

✓ **Key Point**

자유심증주의의 제한(○)	자유심증주의의 제한(×)
• 증거의 증거능력 제한 • 상소제도 • 피고인의 진술거부권 행사에 대한 불이익 추정금지 • 논리와 경험법칙 • 법률상 추정 • 공판조서의 배타적 증명력 • 자백보강법칙	• 의심스러운 때에는 피고인의 이익으로 • 탄핵증거 • 사실상 추정 • 직권주의

제2절 ┃ 자백보강법칙

1 의의 · 근거

(1) 의 의

피고인이 임의로 한 자백이 증거능력이 있고 신빙성이 있어서 법관이 유죄의 심증을 얻었다 할지라도, 자백이 유일한 증거이고 다른 보강증거가 없는 경우에는 유죄로 인정할 수 없다는 것을 자백보강의 법칙이라 한다(제310조). 17. 수사경과

① 영미법에서 확립된 것으로서 우리 형사소송법도 증명력판단에 자유심증주의를 원칙적으로 채택하면서 한편으로 법관의 심증형성이 자백에 편중됨을 막기 위하여 제310조에서 "피고인의 자백이 피고인에게 불이익한 유일한 증거인 때에는 이를 유죄의 증거로 하지 못한다."라고 규정하여 자백보강법칙을 선언하고 있다(자유심증주의의 예외). 10. 9급 국가직

① 자백 이외의 증거는 유일한 유죄증거일지라도 보강증거 불필요(전문증거일지라도 증거능력만 인정되면 보강증거 없이 유죄로 할 수 있다.)

(2) 근 거

자백보강법칙의 근거는 자백의 진실성을 담보하여 오판의 위험을 배제하고 자백편중으로 인한 인권침해를 방지하려는 데 있다. 10. 9급 국가직

2 보강을 필요로 하는 자백

보강증거에 의해 보강을 필요로 하는 것은 피고인의 자백에 대해서이다. 그러므로 증인의 증언·참고인의 진술 등은 보강증거가 없어도 유죄의 증거가 될 수 있다.

피고인의 자백이란 반드시 피고인의 지위에서 행한 자백에 한하지 않는다. 피의자의 지위에서

수사기관에 대한 자백이나 참고인 또는 증인의 지위에서 행한 자백도 그가 후에 피고인이 되었을 때에는 피고인의 자백이 된다. 수사기관 이외의 사인에 대하여 한 자백도 포함된다.

구두에 의한 자백뿐만 아니라, 서면에 기재된 진술서나 일기장·수첩·비망록 등도 포함된다.

문제는 피고인의 자백과 관련하여 공판정에서의 자백과 공범자의 자백이 포함되는가이다.

(1) 공판정에서의 피고인의 자백

피고인이 공판정에서 행한 자백에도 보강증거가 필요한가에 대해 견해가 나뉘고 있으나 필요하다는 입장이 다수설·판례의 태도이다. 17. 9급 법원직

(2) 공범자의 자백

제310조의 '피고인의 자백'이란 피고인 본인의 자백만을 의미하는지 아니면 공범자의 자백도 피고인의 자백에 포함되어 공범자의 자백이 있는 때에도 다른 보강증거가 있어야 유죄로 인정할 것인가에 대하여 견해가 대립되고 있다.

① **보강증거필요설** : 이 설은 공범자의 자백을 피고인의 자백에 포함시키는 견해로서 공범자의 자백이 있더라도 다른 보강증거가 없으면 피고인을 유죄로 인정할 수 없다는 입장이다(다수설).

　　예 피고인은 부인하고 있고 공범자의 자백이 유일한 증거인 경우에 피고인을 유죄로 인정하려면 다른 보강증거가 필요하다.

② **보강증거불요설** : 이 설은 공범자의 자백을 피고인의 자백에 불포함시키려는 견해로서 공범자의 자백이나 공범인 공동피고인의 자백은 보강증거가 될 수 있다는 입장이다(대판).

⚖ 관련판례

1. 형사소송법 제310조 소정의 "피고인의 자백"에 공범인 공동피고인의 진술은 포함되지 아니하므로 공범인 공동피고인의 진술은 다른 공동피고인에 대한 범죄사실을 인정하는 증거로 할 수 있는 것일 뿐만 아니라, 공범인 공동피고인들의 각 진술은 상호간에 서로 보강증거가 될 수 있다(대판 1990.10.30, 90도1939). 10·12. 9급 법원직, 13·15. 7급 국가직, 14·16. 순경 1차, 16. 9급 검찰·마약·교정·보호·철도경찰, 10·11·15·17. 경찰승진, 12·17. 경찰간부, 17. 해경간부, 13·19. 변호사시험, 14·20·21. 수사경과

   ⓘ 피고인은 부인하고 있고 공범자의 자백이 유일한 증거인 경우에 다른 보강증거가 없다면 공범자의 자백을 가지고 피고인을 유죄로 인정할 수 없다는 것이 판례의 입장이다. (×)

2. 공동피고인의 자백은 이에 대한 피고인의 반대신문권이 보장되어 있어 증인으로 신문한 경우와 다를 바 없으므로 독립한 증거능력이 있고, 18. 순경 3차 이는 피고인들간에 이해관계가 상반된다고 하여도 마찬가지라 할 것이다(대판 2006.5.11, 2006도1944). 17. 9급 법원직, 20. 경찰승진

3 보강증거의 자격

어떠한 증거가 보강증거가 될 수 있느냐 문제이다. 보강증거도 증거능력 있는 증거일 것을 요하므로 증거능력에 대한 제한이 보강증거에도 적용된다는 점에는 의문이 없다. 따라서 전문증거는 전문법칙의 예외가 되는 경우를 제외하고는 보강증거로 될 수 없다. 00. 9급 검찰, 13. 변호사시험 보강증거는 자백과는 독립된 독립증거일 것을 요한다.

(1) 독립증거

① 피고인의 자백을 보강하는 증거가 되기 위해서는 피고인의 자백과는 실질적으로 독립된 증거라야 한다. 따라서 피고인의 공판정에서의 자백을 공판정 외에서의 자백으로 보강하는 것은 허용되지 않는다.

> **예** • 제1심에서 행한 자백을 기재한 조서는 항소심에서 행한 자백의 보강증거 ×
> • 피고인이 범행장면을 재연한 사진도 자백에 대한 보강증거 ×

관련판례

피고인이 범행을 자인하는 것을 들었다는 피고인 아닌 자의 진술내용은 형사소송법 제310조의 피고인의 자백에는 포함되지 아니하나 피고인의 자백을 내용으로 하고 있는 이와 같은 진술기재내용을 피고인의 자백의 보강증거로 삼는다면 결국 피고인의 자백을 피고인의 자백으로서 보강하는 결과가 되어 아무런 보강도 없는 것이니 보강증거가 되지 못하고 오히려 보강증거를 필요로 하는 피고인의 자백과 동일하게 보아야 할 것이다(대판 1981.7.7, 81도1314). 12 · 14. 경찰간부, 14. 순경 1차 · 9급 검찰 · 마약수사, 14 · 17. 9급 법원직, 17. 해경간부, 13 · 18. 순경 2차, 15 · 16 · 18 · 19. 수사경과, 19 · 20. 7급 국가직, 11 · 13 · 19 · 20. 경찰승진

② 자백과는 별개의 독립증거로서 증거로 할 수 있는 증거인 이상 인증이든 물증이든 증거서류이든 묻지 않고 보강증거가 될 수 있다.

③ 자백에 대한 보강증거는 반드시 직접증거에 한하지 않고 간접증거 내지 정황증거로도 보강증거가 될 수 있다(대판 2008.11.27, 2008도7883). 10. 교정특채, 11 · 12 · 14. 9급 법원직, 12. 순경 3차, 13. 순경 2차, 14. 경찰간부, 12 · 15. 순경 1차, 10 · 16. 경찰승진, 18. 7급 국가직, 14 · 20. 수사경과

판례정리

보강증거가 될 수 있는 경우	보강증거가 될 수 없는 경우
• 피고인이 업무추진과정에서 지출한 자금내역을 기록한 수첩의 기재내용이 자백에 대한 독립적인 보강증거가 될 수 있다(대판 1996.10.17, 94도2865). 11. 순경 1차, 12. 9급 국가직 · 9급 법원직, 14. 경찰간부, 14 · 15. 수사경과, 16. 9급 검찰 · 마약 · 교정 · 보호 · 철도경찰, 13 · 15 · 16 · 17. 경찰승진, 19. 변호사시험 • 자동차등록증에 차량소유자등록은 그 차량을 운전하였다는 자백의 보강증거가 될 수 있고, 결과적으	• 필로폰 매수대금을 송금한 사실에 대한 증거는 필로폰 매수행위에 대한 보강증거는 될 수 있어도, 그와 실체적 경합관계에 있는 필로폰 투약행위에 대한 보강증거는 될 수 없다(대판 2008.2.14, 2007도10937). 16. 검찰 · 마약 · 교정 · 보호 · 철도경찰, 10 · 19. 경찰승진, 15 · 16 · 18 · 20. 수사경과, 20. 경찰간부 • 검사가 보강증거로서 제출한 증거의 내용이 피고인과 친구(甲)이 현대자동차 춘천영업소를 점거했다

로 무면허 운전이라는 전체 범죄사실의 보강증거로도 충분하다(대판 2000.9.26, 2000도2365). 10. 경찰승진 · 교정특채, 12. 경찰간부, 16. 순경 2차, 19. 7급 국가직, 14 · 19 · 20. 수사경과

- 다세대주택의 여러 세대에서 7건의 절도행위를 한 것으로 기소되었는데, 그중 4건은 범행장소인 구체적인 호수가 특정되지 않았으나, 자백하고 있는 경우, 피고인의 집에서 피해품을 압수한 압수조서와 압수물의 사진은 자백에 대한 보강증거가 된다고 봄이 상당하다(대판 2008.5.29, 2008도2343). 10 · 17. 경찰승진, 12. 순경 · 경찰간부, 15 · 16. 수사경과, 17. 순경 2차

- 피고인이 위조신분증을 제시 · 행사하였다고 자백하고 있는 때에 그 신분증의 현존은 간접증거로서 자백을 보강하는 보강증거가 된다(대판 1983.2.22, 82도3107). 06. 순경, 14. 7급 국가직, 15. 경찰승진

- 뇌물공여 상대방이 뇌물공여자를 만났던 사실 및 청탁을 받은 사실을 시인한 것은 뇌물공여자의 자백에 대한 보강증거가 된다(대판 1995.6.30, 94도993). 08. 순경, 14. 변호사시험, 16. 순경 2차, 20. 경찰승진

- 뇌물수수자가 무자격자인 뇌물공여자로 하여금 건축공사를 하도급 받도록 알선하고 그 하도급계약을 승인받을 수 있도록 하였으며 공사와 관련된 각종의 편의를 제공한 사실을 인정할 수 있는 증거들이 뇌물공여자의 자백에 대한 보강증거가 될 수 있다(대판 1998.12.22, 98도2890). 08. 순경, 10. 경찰승진, 17. 순경 2차

- 가정불화로 유아를 살해했다는 공소사실에 대하여 낙태를 시키려 한 정황적 사실은 보강증거가 될 수 있다(대판 1960.3.18, 4292형상880). 15. 경찰승진

- 공동피고인의 자백은 이에 대한 피고인의 반대신문권이 보장되어 있어 증인으로 신문한 경우와 다를 바 없으므로 독립한 증거능력이 있다(대판 2006.5.11, 2006도1944) ∴ 보강증거 가능 17. 경찰승진

- 피고인이 甲과 합동하여 乙의 재물을 절취하려다가 미수에 그쳤다는 내용의 공소사실을 자백한 사안에서, 피고인을 현행범으로 체포한 乙의 수사기관에서의 진술과 현장사진이 첨부된 수사보고서가 피고인 자백의 진실성을 담보하기에 충분한 보강증거가 된다(대판 2011.9.29, 2011도8015). 16. 7급 국가직, 17. 순경 2차, 19. 경찰승진

가 甲이 처벌받았다는 것이고, 피고인의 자백내용은 현대자동차 점거로 甲이 처벌받은 것은 학교측의 제보 때문이라 하여 피고인이 그 보복으로 학교 총장실을 침입점거했다는 것이라면, 위 보강증거로서 제출한 증거는 주거침입사실과는 관련이 없는 범행의 침입동기에 관한 정황증거에 지나지 않으므로 위 증거는 자백에 대한 보강증거가 될 수 없다(대판 1990.12.7, 90도2010). 14. 7급 국가직

- 성남시 태평동 자기집 앞에 세워둔 봉고 화물차 1대를 도난당하였다는 사건에서 피고인이 위 차량으로 충주까지 가서 소매치기 범행을 하였다고 자백하고 있는 경우 피고인이 범행장소인 충주까지 가기 위한 교통수단으로 이용하였다는 취지에 불과하여 소매치기 범행과는 직 · 간접적으로 아무런 관계가 없어 보강증거가 될 수 없다(대판 1986. 2.25, 85도2656).

- 검사의 피고인에 대한 피의자신문조서기재에 피고인이 성명불상자로부터 반지 1개를 편취한 후 이 반지를 甲에게 매도하였다는 취지로 진술하고 있고 한편 검사의 甲에 대한 진술조서기재에 위 일시경 피고인으로부터 금반지 1개를 매입하였다고 진술하고 있다면 위 甲의 진술은 피고인이 자백하고 있는 편취물품의 소재 내지 행방에 부합하는 진술로서 형식적으로 피고인의 자백의 진실성을 보강하는 증거가 될 수 있다. 다만, 피고인이 자백한 범죄사실은 성명불상 여자로부터 동인이 끼고 있는 금반지를 편취하였다는 내용이어서 위 참고인 甲에 대한 진술조서기재에 의하면 피고인이 매도한 금반지는 남자용 반지라는 것이므로, 위 甲의 진술조서의 진술은 피고인의 자백한 범죄사실과 저촉되는 내용이어서 그 보강증거가 될 수 없을 것이다(대판 1985.11.12, 85도1838).

- 피고인의 자백을 내용으로 하는 피고인 아닌 자의 진술은 피고인의 자백에 대한 보강증거가 되지 못한다(대판 1981.7.7, 81도1314).

- 피고인이 점포바닥에 타다남은 성냥개비를 버렸다는 자백에 대해서, 점포 내의 상품이 화학성섬유로 되어 있는 의류와 같은 경우에는 훈소현상의 발생이 희박하다는 감정 증인의 증언부분을 아울러 보면 동인의 훈소성 화원에 의한 발화라는 감정내용

- 피고인으로부터 금반지 1개를 매입하였다는 甲의 진술은 피고인이 성명불상자로부터 반지 1개를 편취한 후 반지를 甲에게 매도하였다는 자백의 진실성을 보강하는 증거가 될 수 있다(대판 1985.11.12, 85도1838). 14. 7급 국가직
- 필로폰을 건네받은 후 피고인이 차량을 운전해 갔다고 한 甲의 진술과 피고인으로부터 채취한 소변에서 나온 필로폰 양성 반응은, 피고인이 필로폰 투약으로 정상적으로 운전하지 못할 우려가 있는 상태에 있었다는 도로교통법위반 공소사실 부분에 대한 자백을 보강하는 증거가 되기에 충분하다(대판 2010.12.23, 2010도11272). 12. 순경 1차, 17. 순경 2차, 18. 변호사시험, 18 · 19. 수사경과
- 피고인이 제1심 법정에서 공문서변조 및 동행사의 공소범죄사실을 모두 자백하였고, 제출된 증거자료 중 형사민원사무처리부에 피고인이 변조하였다는 내용이 기재되어 있고 피고인은 제1심에서 위 증거자료를 증거로 함에 동의한 사실을 알 수 있으므로, 위 형사민원사무처리부는 피고인의 자백에 대한 보강증거로 삼기에 족하다 할 것이고, 필적감정결과 피고인의 평소 필적과 서로 다른 것으로 판명되었다고 하여 위 형사민원사무처리부가 보강증거가 되지 못한다고 볼 수는 없다(대판 2001.9.28, 2001도4091). 08. 순경, 16. 수사경과
- 상업장부나 항해일지, 진료일지 또는 이와 유사한 금전출납부 등과 같이 범죄사실의 인정 여부와는 관계없이 자기에게 맡겨진 사무를 처리한 사무 내역을 그때그때 계속적 · 기계적으로 기재한 문서 등의 경우는 별개의 독립된 증거자료이고, 설사 그 문서가 우연히 피고인이 작성하였고, 공소사실에 일부 부합되는 사실의 기재가 있다고 하더라도, 이를 피고인이 범죄사실을 자백하는 문서라고 볼 수는 없다(대판 1996.10.17, 94도2865). ∴ 보강증거 ○ 07. 9급 법원직, 18. 7급 국가직 · 순경 2차
- 히로뽕, 주사기, 자기앞수표 등에 대한 압수조서는 압수된 양을 넘는 부분의 히로뽕 소지 및 매매사실에 대한 자백의 보강증거가 될 수 있다(대판 1997. 4.11, 97도470). 06. 순경

- 은 자백에 대한 보강증거로서 미흡하다(대판 1979. 7.24, 78도3226).
- 수사기관에서 행한 자백을 공판정에서의 자백에 대한 보강증거로 사용할 수 없다(대판 1978.6.27, 78도743).
- 피고인이 1968. 11.경 군청직원에게 20,000원을 뇌물로 교부한 사실을 자백하였다 하더라도 피고인에게 같은 해 9.경 20,000원을 장사자금으로 대여한 바 있다는 증인의 증언은 위 자백에 대한 보강증거가 될 수 없다(대판 1970.1.27, 69도2200).

- 기소된 대마 흡연일자로부터 한 달 후 피고인의 주거지에서 압수된 대마 잎이 피고인의 자백에 대한 보강증거가 된다(대판 2007.9.20, 2007도5845).

- 자신이 운영하는 게임장에서 미등급 게임기를 판매·유통시켰다는 공소사실에 대하여 경찰 및 제1심 법정에서 자백한 후 이를 다시 번복한 사안에서, 미등급 게임기가 설치된 게임장 내부 사진 및 피고인 명의의 게임제공업자등록증 등의 증거가 자백의 진실성을 담보하기에 충분한 보강증거가 된다(대판 2008.9.25, 2008도6045).

- 피고인이 검문당시 버린 주사기에서 메스암페타민 염이 검출된 사실 등을 인정할 수 있는 정황증거들은 메스암페타민 투약사실에 대한 피고인의 검찰에서의 자백에 대한 보강증거로 사용할 수 있다(대판 1999.3.23, 99도338).

- 오토바이 시동을 걸려는 것을 보고 오토바이를 압수하였다는 사법경찰관 작성의 압수조서는 무면허운전의 범죄사실의 보강증거로 충분하다(대판 1994.9.30, 94도1146).

- 국가보안법상 회합죄를 피고인이 자백하는 경우 회합 당시 상대방으로부터 받았다는 명함의 현존은 보강증거로 될 수 있다(대판 1990.6.22, 90도741). 18. 변호사시험

- 고추를 절취했다는 피고인의 자백과 누가 훔쳐간지는 모르지만 고추를 도난 당했다는 피해자의 진술로 절도공소사실을 인정함은 적법하다(대판 1968.3.26, 68도148).

- 공동피고인 중의 한 사람이 자백하였고 피고인 역시 자백했다면 다른 공동피고인 중의 한 사람이 부인한다 하여도 위 공동피고인 중의 한 사람이 자백은 피고인의 자백에 대한 보강증거가 된다(대판 1968.3.19, 68도43).

- 쉐타(스웨터)가 장물이라는 점을 알면서 운반한 사실을 자백하는 경우, 압수되어 현존하는 쉐타(스웨터)는 자백의 보강증거로 충분하다(대판 1967.12.18, 67도1084).

- 피고인이 향정신성의약품인 러미라를 3회에 걸쳐 甲에게 제공하고, 2회에 걸쳐 스스로 투약하였다고 하여 마약류 관리에 관한 법률 위반으로 기소된 사

안에서, 피고인의 수사기관에서 '乙로부터 러미라 약 1,000정을 건네받아 그중 일부는 甲에게 제공하고, 남은 것은 자신이 투약하였다.'고 한 자백에 대하여, 乙은 피고인의 최초 러미라 투약행위가 있었던 시점에 피고인에게 50만원 상당의 채무변제에 갈음하여 '러미라 약 1,000정이 들어있는 플라스틱 통 1개를 건네주었다.'고 하고 있고, '甲은 乙에게 피고인으로부터 러미라를 건네받았다는 취지의 카카오톡 메시지를 보냈다.'는 乙에 대한 검찰 진술조서 및 수사보고는 피고인의 자백에 대한 보강증거가 된다(대판 2018.3.15, 2017도20247).

- 범행에 사용된 노루발못뽑이와 손괴된 쇠창살의 모습이 촬영되어 수사보고서에 첨부된 현장사진은 형법 제331조 제1항(야간손괴침입절도)의 죄에 관한 피고인의 자백에 대한 보강증거로 인정될 수 있다(대판 2011.9.29, 2011도8015).

- 피고인이 증거로 함에 동의한 압수조서상에 피고인의 범행장면(휴대폰으로 여성치마속 촬영)을 현장에서 목격한 사법경찰관리가 이를 묘사한 진술내용이 포함된 경우, 이러한 내용은 형사소송법 제312조 제5항에서 정한 '피고인이 아닌 자가 수사과정에서 작성한 진술서'에 준하는 것으로서, 압수절차가 적법하였는지 여부에 영향을 받지 않는 별개의 독립적인 증거에 해당한다. 따라서 이는 지하철역 에스컬레이터에서 휴대전화기로 여성피해자의 치마속을 몰래 촬영하였다는 자백에 대한 보강증거가 된다(대판 2019.11.14, 2019도13290).

(2) 공범자의 자백

피고인과 공범자 모두 자백한 경우 공범자의 자백을 보강증거로 하여 피고인을 유죄로 인정할 수 있는가가 문제된다. 피고인의 자백에 공범자의 자백이 포함되지 않는다는 견해(보강증거불요설)에 의하면, 공범자의 자백은 독립증거가 되므로 당연히 보강증거로 될 수 있다. 이에 반하여 공범자의 자백이 피고인의 자백에 포함된다는 견해(보강증거필요설)에 의하면 공범자의 자백이 보강증거가 될 수 없다고 해야 함이 논리적이다. 그러나 현재 보강증거필요설에 입각한 학자들도 일치하여 공범자의 자백을 피고인의 자백에 대한 보강증거로 사용할 수 있다고 한다.

예 공범인 甲 · 乙이 모두 범죄사실을 자백하였으나 그 밖에 다른 증거가 없을 경우 공범자들의 자백은 상호 보강증거가 되어 甲 · 乙 모두 유죄판결 가능(다수설 · 판례) 09. 전의경, 10. 9급 국가직 · 9급 법원직, 10 · 11 · 16. 경찰승진, 20. 해경

4 보강증거의 범위

(1) 보강의 범위

보강증거가 어느 범위까지 자백을 보강해야 하는가에 대하여 죄체(罪體)설과 진실성 담보설이 대립하고 있다. 죄체설은 죄체의 전부 또는 중요부분에 대해서 보강증거가 있어야 한다는 견해이며, 진실성 담보설은 보강증거는 자백의 진실성을 담보할 수 있을 정도이면 족하다는 견해이다. 자백에 보강증거를 요구하는 이유가 오판의 방지에 있으며 자백의 진실성이 담보되면 오판의 위험은 없다 할 것이므로 진실성 담보설이 타당하다고 본다(다수설·판례).

> **관련판례**
>
> 1. 자백에 대한 보강증거는 범죄사실의 전부 또는 중요부분을 인정할 수 있는 정도가 되지 아니하더라도 피고인의 자백이 가공적인 것이 아닌 진실한 것임을 인정할 수 있는 정도만 되면 족할 뿐만 아니라 직접증거가 아닌 간접증거나 정황증거도 보강증거가 될 수 있으며, 또한 자백과 보강증거가 서로 어울려서 전체로서 범죄사실을 인정할 수 있으면 유죄의 증거로 충분하다(대판 2002.1.8, 2001도1897). 07·10·11. 9급 법원직, 16. 7급 국가직, 17. 해경간부, 10·13·17·19. 경찰승진, 13·19. 변호사시험, 16·18·19. 순경 2차, 20. 순경 1차·해경
>
> 2. 피고인이 甲과 합동하여 乙의 재물을 절취하려다가 미수에 그쳤다는 내용의 공소사실을 자백한 사안에서, 피고인을 현행범으로 체포한 乙의 수사기관에서의 진술과 현장사진이 첨부된 수사보고서가 피고인 자백의 진실성을 담보하기에 충분한 보강증거가 된다(대판 2011.9.29, 2011도8015). 16. 7급 국가직, 18. 수사경과
>
> 3. 자백에 대한 보강증거는 피고인의 임의적인 자백사실이 가공적인 것이 아니고 진실하다고 인정될 정도의 증거이면 직접증거이거나 간접증거이거나 보강증거능력이 있다 할 것이고, 반드시 그 증거만으로 객관적 구성요건에 해당하는 사실을 인정할 수 있는 정도의 것임을 요하는 것이 아니라 할 것이므로, 피고인이 위조신분증을 제시행사한 사실을 자백하고 있고, 위 제시행사한 신분증이 현존한다면 그 자백이 임의성이 없는 것이 아닌한 위 신분증은 피고인의 위 자백사실의 진실성을 인정할 간접증거가 된다고 보아야 한다(대판 1983.2.22, 82도3107). 16. 순경 2차
>
> 4. 사람의 기억에는 한계가 있는 만큼 자백과 보강증거 사이에 어느 정도의 차이가 있어도 중요부분이 일치하고 그로써 진실성이 담보되면 보강증거로서의 자격이 있다(대판 2008.5.29, 2008도2343).

(2) 보강의 대상

① 보강증거는 자백한 범죄의 객관적 구성사실에 한해서만 인정된다(다수설·판례). 따라서 범죄구성사실 이외의 사실, 즉 범죄의 주관적 요소(고의·목적), 누범가중사유인 전과, 객관적 처벌조건에 관한 사실, 정상, 범행동기, 확정판결의 존부 등은 범죄사실이 아니므로 자백만으로 인정할 수 있고 달리 보강증거를 요하지 않는다.

⊿ 관련판례

1. 범의, 전과는 보강증거가 필요하지 않고 자백만으로 인정할 수 있다(대판 1961.8.16, 4294형상171 ; 대판 1973.3.20, 73도280). 14 · 17. 9급 법원직, 18. 변호사시험
2. 확정판결은 엄격한 의미의 범죄사실과는 구별되는 것이어서 피고인의 자백만으로서도 그 존부를 인정할 수 있다(대판 1983.8.23, 83도820). 11. 순경, 13. 경찰승진

② 죄수와 관련하여 경합범의 경우 독립된 범죄에 대하여 별도로 보강증거를 요함은 이론이 없다. 상상적 경합은 실체법상 수죄이므로 각각의 범죄에 대하여 보강증거가 필요하다는 견해가 타당하며, 포괄적 1죄의 경우에는 각 행위가 독립된 의미가 없는 경우이면 보강증거를 필요로 하지 않지만, 구성요건상 독립된 의미를 가지는 경우(상습범 · 연속범)에는 보강증거를 요한다(다수설). 판례는 상습범에 있어서 개별적인 보강증거를 요구하고 있다.

⊿ 관련판례

1. 포괄1죄인 상습범에 있어서 각 행위에 관하여 개별적으로 보강증거를 요구하므로, 17. 해경간부, 19. 7급 국가직, 20. 경찰간부 · 해경 투약습성에 관한 정황증거만으로 향정신성의약품관리법위반죄의 객관적 구성요건인 각 투약행위가 있었다는 점에 관한 보강증거로 삼을 수는 없다(대판 1996.2.13, 95도1794). 07. 순경 1차, 11. 9급 법원직, 12. 순경 3차, 11 · 13. 경찰승진, 13 · 15. 경찰간부, 19. 수사경과
   ① 약 3개월에 걸쳐 8회의 도박을 하였다는 혐의로 검사가 피고인에 대해 상습도박죄로 기소한 경우, 총 8회의 도박 중 3회의 도박사실에 대해서는 피고인의 자백 외에 보강증거가 없는 경우에도 법원은 소위 진실성담보설에 입각하여 8회의 도박행위 전부에 대하여 유죄판결을 할 수 있다. (×) 18. 변호사시험
2. 실체적 경합범은 실질적으로 수죄이므로 각 범죄사실에 관하여 자백에 대한 보강증거가 있어야 한다(대판 2008.2.14, 2007도10937). 16. 경찰승진, 20. 7급 국가직

(3) 보강증거의 증명력

이는 보강증거는 어느 정도의 증명력이 있는 증거임을 요하는가의 문제로서 보강증거는 그 자체만으로 범죄사실을 증명하여야 한다는 견해와 보강증거 그 자체만으로 범죄사실을 인정할 수 있음을 요하지 않고 자백과 보강증거를 종합해서 범죄사실을 인정할 수 있으면 족하다는 견해가 대립되고 있으나 후설이 타당하며 다수설 · 판례의 입장이다.

5 보강법칙의 배제 · 위반의 효과

(1) 배 제

자백보강법칙은 형사소송법이 적용되는 일반 형사소송절차에 적용된다. 따라서 즉결심판에 관한 절차법의 적용을 받는 즉결심판 10 · 12. 9급 법원직, 13. 변호사시험, 19. 7급 국가직과 소년법의 적용을 받는 소년보호사건 00. 9급 검찰, 10. 9급 법원직에는 보강법칙의 적용이 없다. 12. 순경, 17. 9급 법원직

(2) 위반의 효과

자백을 유일한 증거로 하여 공소사실을 유죄로 인정한 경우는 판결이 헌법 제12조 제7항과 형사소송법 제310조를 위반하였으므로 항소사유(제361조의 5 제1호) 또는 상고이유(제383조 제1호)로 되며, 그 유죄판결이 확정된 경우는 비상상고의 이유(제441조)로 된다.

유죄판결이 보강법칙을 위반한 경우는 무죄의 증거가 새로 발견된 때가 아니므로 재심사유(제420조 제5호)로 되지 아니한다.

> **△ 관련판례**
>
> 피고인의 자백이 그 피고인에게 불이익한 유일의 증거인 때에는 이를 유죄의 증거로 하지 못하는 것이므로, 보강증거가 없이 피고인의 자백만을 근거로 공소사실을 유죄로 판단한 경우에는 그 자체로 판결 결과에 영향을 미친 위법이 있는 것으로 보아야 한다(대판 2007.11.29, 2007도7835).

> **✓ Key Point**
>
> - **공범자 자백** ┌ 피고인 유죄 가능(보강증거 필요 × : 판례)
>   └ 공범자와 피고인 모두 자백 ⇨ 상호 보강증거가 되어 모두 유죄 가능
> - **보강증거** ⇨ 증거능력이 있는 증거, 자백과는 별개의 독립증거
> - **보강증거의 대상** : 구성요건의 객관적 요소(주관적 요소는 대상 ×)
> - **보강범위** : 자백의 진실성 담보(진실성담보설)
> - **자백보강법칙의 적용과 배제** ┌ 적용 ○ : 형사소송법이 적용되는 절차(**예** 약식절차, 간이공판절차)
>   └ 적용 × : 즉결심판절차, 소년법이 적용되는 소년보호사건

제3절 ┃ 공판조서의 증명력

▪1 공판조서의 증명력의 의의

(1) 의 의

형사소송법 제56조는 "공판기일의 소송절차로서 공판조서에 기재된 것은 그 조서만으로 증명한다."라고 규정하여 공판조서에 배타적 증명력을 인정하고 있다. 여기서 "조서만으로 증명한다."의 의미는 공판조서 이외의 다른 증거를 참작하거나 반증을 허용하지 않고 공판조서의 기재 그대로를 인정한다는 뜻이다. 10. 순경, 11. 9급 검찰, 11 · 12. 9급 법원직, 12. 경찰간부, 19. 변호사시험

> **△ 관련판례**
>
> 공판조서의 절대적 증명력을 규정한 형사소송법 제56조는 헌법에 위반되지 아니한다(헌재결 2012.4.24, 2010헌바379).

(2) 입법취지

공판조서에의 배타적인 증명력을 인정한 이유는 공판절차 진행의 적법성 여부를 둘러싼 분쟁 때문에 상소심 심리가 지연되거나 심리의 초점이 흐려지는 것을 방지하기 위한 목적을 가지고 있으며, 원심 공판절차의 위법을 다투기 위해 원심법원의 법관이나 사무관 등을 증인으로 신문해야 한다면 많은 법관이나 직원들이 증인으로 출두해야 하는 결과를 초래하여 재판업무 자체를 마비시킬 수도 있기 때문이다.

(3) 자유심증주의와의 관계

공판조서에 기재된 소송절차에 관한 사실은 법관의 심증 여하를 불문하고 공판조서에 기재된 대로 인정하여야 하므로, 제56조는 자유심증주의에 대한 예외이다.

2 배타적 증명력의 적용범위

(1) 공판기일의 소송절차

① **공판기일의 소송절차** : 공판조서의 배타적 증명력은 공판기일의 소송절차에 한하므로11. 9급 검찰 공판기일 전의 증인신문청구나 증거보전절차는 물론이고 공판준비기일의 증인신문이나 검증의 경우에도 배타적 증명력이 인정되지 않는다.

② **소송절차** : 공판기일의 절차라 하더라도 소송절차에 대해서만 배타적 증명력이 인정되고 실체면에 관한 사항(예 증언)에 대해서는 공판조서는 증거능력만 인정될 뿐(제311조) 다른 증거에 의해 얼마든지 그 증명력을 다툴 수 있다. 96. 행시

> 🗨 **배타적 증명력이 인정되는 경우의 예**
> • 필요적 변호사건에서 변호인의 출석 여부
> • 검사의 공소장 낭독의 여부
> • 피고인의 모두진술 여부
> • 진술거부권의 고지 여부
> • 증거조사결과에 대한 피고인의 의견조회 및 피고인에 대한 증거조사신청권의 고지
> • 증거동의 여부(대판 2008.4.24, 2007도10058)
> • 최후진술권의 기회부여 여부
> • 판결선고 유무 및 일자 등

(2) 공판조서에 기재된 소송절차

공판기일의 소송절차로서 공판조서에 기재된 것에 한하여 배타적 증명력이 인정된다. 여기서 공판조서란 당해 사건의 공판조서를 의미하므로 다른 사건의 공판조서는 배타적 증명력이 인정되지 않는다.

> 예 甲사건에서 증언한 증인이 위증죄로 재판을 받은 경우에 선서를 하였는가를 판단함에 있어서 甲사건의 공판조서가 배타적 증명력을 갖는 것은 아니다.

공판조서에 기재되지 아니한 소송절차라 하더라도 그 존재가 부인되는 것은 아니며11. 9급 검찰 이에 대하여 다른 자료에 의하여 증명할 수 있다(자유로운 증명).

공판조서에 명백한 오기가 있는 경우에는 정확한 내용에 따라 증명력이 인정되며, 공판조서의 기재내용이 동일사항에 관하여 서로 다른 내용인 경우 어느 쪽이 진실한 것으로 보아야 하느냐 의 문제는 법관의 자유심증에 따를 수밖에 없다는 것이 판례의 입장이다.

⚖ 관련판례

1. 동일한 사항에 관하여 두 개의 서로 다른 내용이 기재된 공판조서가 병존하는 경우 양자는 동일한 증명력을 가지는 것으로서 그 증명력에 우열이 있을 수 없다고 보아야 할 것이므로 그중 어느 쪽이 진실한 것으로 볼 것인지는 공판조서의 증명력을 판단하는 문제로서 법관의 자유로운 심증에 따를 수밖에 없다(대판 1988.11.8, 86도1646). 09. 경찰승진, 10. 순경, 11. 9급 검찰, 20. 7급 국가직

2. 검사 제출의 증거에 관하여 동의 또는 진정성립 여부 등에 관한 피고인의 의견이 증거목록에 기재된 경우에는 그 증거목록의 기재는 공판조서의 일부로서 명백한 오기가 아닌 이상 절대적인 증명력을 가지게 된다(대판 1998.12.22, 98도2890). 07. 9급 법원직, 10. 순경, 18. 경찰승진, 19. 변호사시험, 20. 7급 국가직

3. 피고인이 변호인과 함께 출석한 공판기일의 공판조서에 검사가 제출한 증거에 대하여 동의한다는 기재가 되어 있다면 이는 피고인이 증거 동의를 한 것으로 보아야 하고, 그 기재는 절대적인 증명력을 가진다(대판 2016.3.10, 2015도19139). 16 · 17 · 20. 7급 국가직

4. 공판조서에 제1심법원이 공개금지결정을 선고한 후 위 수사관들에 대하여 비공개 상태에서 증인신문절차를 진행한 것으로 기재된 이상 그 공개금지결정 선고 여부에 대하여 공판조서 이외의 다른 방법에 의한 증명이나 반증은 허용되지 않는다고 할 것이다(대판 2013.7.26, 2013도2511). 14. 경찰간부

5. 공판조서의 기재가 명백한 오기인 경우를 제외하고는,14. 경찰간부 공판기일의 소송절차로서 공판조서에 기재된 것은 조서만으로써 증명하여야 하고 그 증명력은 공판조서 이외의 자료에 의한 반증이 허용되지 않는 절대적인 것이다. 따라서 피고인에게 판결을 선고한 것으로 기재되어 있음이 명백한 이상 선고를 연기한다고 하였다가 피고인의 재촉에 판결을 선고하면서 연기결정 취소절차를 거치지 아니하였더라도 적법하다(대판 1996.9.10, 96도1252). 07. 9급 법원직

6. 공판조서에 공판절차 갱신절차에 따른 재판장과 소송관계인의 진술, 검사의 항소이유서 진술, 피고인의 진술, 증거관계에 대한 진술 등이 있었던 것으로 기재되어 있다면 그 기재가 명백한 오기라고 볼 만한 자료가 없는 한 공판조서의 기재 내용을 다투는 상고이유는 받아들일 수 없다(대판 2010.12.9, 2007도10121).

7. 피고인에게 증거조사결과에 대한 의견을 묻고 증거조사를 신청할 수 있음을 고지하였을 뿐만 아니라 최종의견진술의 기회를 주었는지 여부와 같은 소송절차에 관한 사실은 공판조서에 기재된 대로 공판절차가 진행된 것으로 증명되고 다른 자료에 의한 반증은 허용되지 않는다(대판 1990.2.27, 89도2304).

8. 공판조서에 피고인에 대하여 인정신문을 한 기재가 없다 하여도 같은 조서에 피고인이 공판기일에 출석하여 공소사실 신문에 대하여 이를 시인하고 있는 기재가 있다면 인정신문이 있었던 사실이 추정된다 할 것이다(대판 1972.12.26, 72도2421).

3 공판조서의 멸실 및 무효

공판조서의 배타적 증명력은 유효한 공판조서의 존재를 전제로 한다. 공판조서가 멸실되었거나 무효인 경우에 상소심에서 원심판결의 소송절차가 위법함을 주장함에 있어 다른 자료에 의한 증명이 허용되는가에 대해 견해가 나뉘고 있으나 허용된다고 봄이 다수설이다.

△ 관련판례

1. 공판조서의 일부가 된 변호인의 피고인에 대한 신문사항을 기재한 별지가 공판조서에 첨부되지 않은 사실만으로는 그 공판조서가 무효라고 볼 수 없다(대판 1999.11.26, 98도3040).
2. 당해 공판기일에 열석하지 아니한 판사가 재판장으로서 서명날인한 공판조서는 소송법상 무효라 할 것이므로 공판기일에 있어서의 소송절차를 증명할 공판조서로서의 증명력이 없다(대판 1983.2.8, 82도2940). 08. 9급 법원직, 09. 7급 국가직, 10. 경찰승진
3. 간인이 없다는 사유만으로는 공판조서를 무효라고 할 수 없다(대판 1960.1.29, 4292형상747).

✓ Key Point

- **공판조서의 증거능력**
  - 당해 사건 : 제311조에 의거 무조건 증거능력 인정
  - 다른 사건 : 제315조 제3호에 의거 무조건 증거능력 인정(대판)
- **공판조서의 증명력**
  - 공판기일의 소송절차로서 당해 사건의 공판조서에 기재된 것 ⇨ 배타적 증명력 인정
  - 다른 사건의 공판조서 ⇨ 배타적 증명력이 인정되지 않음.

Chapter 03 기출문제

01 다음 중 자백보강법칙에 관한 설명으로 가장 옳지 않은 것은?(다툼이 있는 경우 판례에 의함)

20. 해경

① 피고인의 습벽을 범죄구성요건으로 하며 포괄일죄인 상습범에 있어서 이를 구성하는 각 행위별로 보강증거를 요하는 것이 아니고 포괄적으로 보강증거를 요한다.

② 공범인 공동피고인들의 각 진술은 상호간에 서로 보강증거가 될 수 있다.

③ 자백에 대한 보강증거는 범죄사실의 전부 또는 중요 부분을 인정할 수 있는 정도가 되지 아니하더라도 피고인의 자백이 가공적인 것이 아닌 진실한 것임을 인정할 수 있는 정도만 되면 족하다.

④ 자백에 대한 보강증거는 직접증거가 아닌 간접증거나 정황증거도 보강증거가 될 수 있으며, 또한 자백과 보강증거가 서로 어울려서 전체로서 범죄사실을 인정할 수 있으면 유죄의 증거로 충분하다.

해설\ ① 피고인의 습벽을 범죄구성요건으로 하며 포괄1죄인 상습범에 있어서도 이를 구성하는 각 행위에 관하여 개별적으로 보강증거가 필요하다(대판 1996.2.13, 95도1794).
② 대판 1990.10.30, 90도1939 ③④ 대판 2002.1.8, 2001도1897

02 자백의 보강법칙에 대한 다음 설명으로 가장 적절한 것은?(다툼이 있는 경우 판례에 의함)

18. 순경 2차

① 피고인이 범행을 자인하는 것을 들었다는 피고인 아닌 자의 진술내용은 형사소송법 제310조의 피고인의 자백에 포함되지 아니하므로 피고인의 자백에 대한 보강증거가 될 수 있다.

② 즉결심판절차에는 자백의 보강법칙이 적용된다.

③ 자백에 대한 보강증거는 범죄사실의 전부 또는 중요 부분을 인정할 수 있는 정도가 되어야 하고, 피고인의 자백이 가공적인 것이 아닌 진실한 것임을 인정할 수 있는 정도만으로는 부족하다.

④ 금전출납부 등과 같이 자기에게 맡겨진 사무를 처리한 사무내역을 그때그때 계속적·기계적으로 기재한 문서의 경우는 그 존재 자체 및 기재가 그러한 내용의 사무가 처리되었음의 여부를 판단할 수 있는 별개의 독립된 증거자료이므로, 피고인이 우연히 작성한 그 문서의 내용 중 공소사실에 일부 부합되는 사실의 기재가 있다면 피고인의 자백에 대한 보강증거가 될 수 있다.

Answer 01. ① 02. ④

해설 ① 피고인이 범행을 자인하는 것을 들었다는 피고인 아닌 자의 진술내용은 형사소송법 제310조의 피고인의 자백에는 포함되지 아니하나 피고인의 자백을 내용으로 하고 있는 이와 같은 진술기재 내용을 피고인의 자백의 보강증거로 삼는다면 결국 피고인의 자백을 피고인의 자백으로서 보강하는 결과가 되어 아무런 보강도 없는 것이니 보강증거가 되지 못하고 오히려 보강증거를 필요로 하는 피고인의 자백과 동일하게 보아야 할 것이다(대판 1981.7.7, 81도1314).
② 즉결심판절차에는 자백의 보강법칙이 적용되지 아니한다(즉결심판에 관한 절차법 제10조).
③ 자백에 대한 보강증거는 범죄사실의 전부 또는 중요 부분을 인정할 수 있는 정도가 되지 않더라도, 피고인의 자백이 가공적인 것이 아닌 진실한 것임을 인정할 수 있는 정도만 되면 충분하다(대판 2018.3.15, 2017도20247).
④ 대판 1996.10.17, 94도2865 전원합의체

03 자백의 보강법칙에 대한 설명으로 가장 적절하지 않은 것은?(다툼이 있는 경우 판례에 의함)

17. 순경 2차

① 뇌물수수자가 무자격자인 뇌물공여자로 하여금 건축공사를 하도급 받도록 알선하고 그 하도급계약을 승인받을 수 있도록 하였으며, 공사와 관련된 각종의 편의를 제공한 사실을 인정할 수 있는 증거들은 뇌물공여자의 자백에 대한 보강증거가 될 수 있다.

② 2010. 2. 18. 01 : 35경 자동차를 타고 온 피고인으로부터 필로폰을 건네받은 후 피고인이 위 차량을 운전해 갔다고 한 甲의 진술과 2010. 2. 20. 피고인으로부터 채취한 소변에서 나온 필로폰 양성 반응은, 피고인이 2010. 2. 18. 02 : 00경의 필로폰 투약으로 정상적으로 운전하지 못할 우려가 있는 상태에 있었다는 도로교통법위반 공소사실 부분에 대한 자백을 보강하는 증거가 되기에 충분하다.

③ 피고인이 자신이 거주하던 다세대주택의 여러 세대에서 7건의 절도행위를 한 것으로 기소되었는데 그중 4건은 범행장소인 구체적 호수가 특정되지 않은 사안에서, 위 4건에 관한 피고인의 범행 관련 진술이 매우 사실적·구체적·합리적이고 진술의 신빙성을 의심할 만한 사유도 없어 자백의 진실성이 인정되므로, 피고인의 집에서 해당 피해품을 압수한 압수조서와 압수물 사진은 위 자백에 대한 보강증거가 된다.

④ 피고인이 甲과 합동하여 乙의 재물을 절취하려다가 미수에 그쳤다는 내용의 공소사실을 자백한 사안에서, 피고인을 현행범으로 체포한 乙의 수사기관에서의 진술과 현장사진이 첨부된 수사보고서가 피고인 자백에 대한 보강증거가 될 수 없다.

해설 ① 대판 1998.12.22, 98도2890
② 대판 2010.12.23, 2010도11272
③ 대판 2008.5.29, 2008도2343
④ 피고인이 甲과 합동하여 乙의 재물을 절취하려다가 미수에 그쳤다는 내용의 공소사실을 자백한 사안에서, 피고인을 현행범으로 체포한 乙의 수사기관에서의 진술과 현장사진이 첨부된 수사보고서가 피고인 자백의 진실성을 담보하기에 충분한 보강증거가 된다(대판 2011.9.29, 2011도8015).

Answer 03. ④

04 자백에 대한 설명 중 가장 적절하지 않은 것은?(다툼이 있는 경우 판례에 의함)   20. 순경 1차

① 형사소송법 제309조의 자백배제법칙을 인정하는 것은 자백취득 과정에서의 위법성 때문에 그 증거능력을 부정하는 것이므로 만약 자백에서 임의성을 의심할 만한 사유가 있으면 그 사유와 자백 간의 인과관계가 명백히 없더라도 자백의 증거능력을 부정한다.

② 형사소송법 제309조에서 피고인의 진술이 임의로 한 것이 아니라고 특히 의심할 사유의 입증은 자유로운 증명으로 족하다.

③ 피고인이 위조신분증을 제시 행사한 사실을 자백하고 있고 위 제시 행사한 신분증이 현존한다면 그 자백이 임의성이 없는 것이 아닌 한 위 신분증은 피고인의 위 자백사실의 진실성을 인정할 간접증거가 된다.

④ 자백에 대한 보강증거는 범죄사실의 전부 또는 중요부분을 인정할 수 있는 정도가 되지 아니하더라도 피고인의 자백이 가공적인 것이 아닌 진실한 것임을 인정할 수 있는 정도만 되면 족할 뿐만 아니라 직접증거가 아닌 간접증거나 정황증거도 보강증거가 될 수 있으며 또한 자백과 보강증거가 서로 어울려서 전체로서 범죄사실을 인정할 수 있으면 유죄의 증거로 충분하다.

해설\ ① 피고인의 자백이 임의성이 없다고 의심할 만한 사유가 있는 때에 해당한다 할지라도 그 임의성이 없다고 의심하게 된 사유들과 피고인의 자백과의 사이에 인과관계가 존재하지 않은 것이 명백한 때에는 그 자백은 임의성이 있는 것으로 인정된다(대판 1984.11.27, 84도2252).
② 대판 2013.7.25, 2011도6380
③ 대판 1983.2.22, 82도3107
④ 대판 2011.9.29, 2011도8015

05 자백보강법칙에 관한 다음 설명 중 가장 적절하지 않은 것은?(다툼이 있으면 판례에 의함)

  15. 순경 1차

① 피고인이 범행을 자인하는 것을 들었다는 피고인 아닌 자의 진술내용은 피고인의 자백에 대한 보강증거가 될 수 없다.

② 공범인 공동피고인의 진술은 다른 공동피고인의 자백에 대한 보강증거가 될 수 있다.

③ 자백에 대한 보강증거는 범죄사실의 전부 또는 중요부분을 인정할 수 있는 정도가 되지 아니하더라도 피고인의 자백이 가공적인 것이 아닌 진실한 것임을 인정할 수 있는 정도만 되면 족할 뿐만 아니라, 직접증거가 아닌 간접증거나 정황증거도 보강증거가 될 수 있다.

④ 제1심법원이 증거의 요지에서 피고인의 자백을 뒷받침할 만한 보강증거를 거시하지 않았음에도, 항소심이 적법하게 증거조사를 마쳐 채택한 증거들로 피고인의 자백을 뒷받침하기에 충분한 경우 제1심법원의 판단을 유지한 것은 정당하다.

Answer   **04.** ①   **05.** ④

해설\ ① 대판 1981.7.7, 81도1314
② 대판 1990.10.30, 90도1939
③ 대판 2011.9.29, 2011도8015, 대판 1998.12.22, 98도2890
④ 제1심법원이 증거의 요지에서 피고인의 자백을 뒷받침할 만한 보강증거를 거시하지 않았음에도, 항소심법원이 조사·채택한 증거들로 피고인의 자백을 뒷받침하기에 충분하다는 이유로 제1심법원의 판단을 유지한 것은 위법하다(대판 2007.11.29, 2007도7835).

06 다음 사례에 관한 설명 중 가장 적절하지 않은 것은?(다툼이 있는 경우 판례에 의함)

16. 순경 1차

> 甲과 乙은 공동으로 공원에서 술에 취하여 잠을 자고 있는 피해자 丙의 손목시계를 절취하였다는 공소사실로 기소되어 공동피고인으로 재판을 받고 있다. 공판정에서 甲은 공소사실을 자백하고 있으나, 乙은 공소사실을 부인하고 있다.

① 형사소송법 제310조의 피고인의 자백에는 공범인 공동피고인의 진술은 포함되지 않는다.
② 乙의 진술은 甲에 대한 범죄사실을 인정하는데 있어서 증거로 쓸 수 있다.
③ 위 ②의 경우 그에 대한 보강증거의 요부는 법관의 자유심증에 맡긴다.
④ 甲이 범행을 자백하는 것을 들었다는 丁의 진술내용은 형사소송법 제310조의 피고인의 자백에는 포함되지 아니하나 이는 피고인의 자백의 보강증거로는 될 수 있다.

해설\ ① 대판 1990.10.30, 90도1939
② 위 사안에서 乙이 부인을 하고는 있으나, 만일 자백진술을 하였다면 그 진술은 甲의 범죄사실을 인정하는데 증거로 쓸 수 있다(대판 1990.10.30, 90도1939).
③ 공범자의 진술을 유죄의 증거로 사용할 것인지의 여부는 법관의 자유심증에 의한다.
④ 피고인이 범행을 자인하는 것을 들었다는 피고인 아닌 자의 진술내용은 형사소송법 제310조의 피고인의 자백에는 포함되지 않고 이는 피고인의 자백의 보강증거로도 될 수 없다.

Answer 06.④

저자 저서

조충환
주요저서
- SPA 형법
- SPA 형사소송법
- 객관식 테마 형법
- 객관식 테마 형사소송법
- COPSPA 경찰 형법
- COPSPA 경찰 형사소송법
- 3+3 형법
- 3+3 형사소송법
- 논문 다수

상 훈
- 중앙대 강의평가 우수강사 총장 표창(3회)
- 모범강사 전국학원연합회 회장표창

양 건
주요저서
- SPA 형법
- SPA 형사소송법
- 객관식 테마 형법
- 객관식 테마 형사소송법
- COPSPA 경찰 형법
- COPSPA 경찰 형사소송법
- 3+3 형법
- 3+3 형사소송법

오상훈
주요저서
- 형법 서브OX(윌비스)
- 형법 한권에 기초가 쏘~ㄱ
- 형법 합격이 보이는 조문·기출
- 형법 기본이론서(총론·각론)
- 형법 기출문제집(총론·각론)
- 형법 최신판례집
- 형법 테마노트
- 수사·증거 기본이론서
- 수사·증거 기출문제집

ALL THAT 형사법 수사·증거

초판인쇄 | 2022. 2. 5. **초판발행** | 2022. 2. 10. **편저** | 조충환·양건·오상훈

발행인 | 박 용 **발행처** | (주)박문각출판 **등록** | 2015년 4월 29일 제2015-000104호

주소 | 06654 서울시 서초구 효령로 283 서경빌딩 **팩스** | (02)584-2927

전화 | 교재 주문 (02)6466-7202

저자와의
협의하에
인지생략

정가 26,000원
ISBN 979-11-6704-597-3